Raymond Chandler

MORD IM REGEN

Kriminalstories

Aus dem Amerikanischen von
Hans Wollschläger

Verlag Volk und Welt
Berlin

ISBN 3-353-00363-0

1. Auflage
Lizenzausgabe des Verlages Volk und Welt, Berlin 1988
für die Deutsche Demokratische Republik
L. N. 302, 410/131/88

Originalausgabe: *Killer in the Rain*, erschienen bei Hamish Hamilton,
London 1964; © Philip Marlowe bv 1935
Printed in the German Democratic Republic
Einbandentwurf: Andreas Brexendorff
Satz, Druck und Einband: Karl-Marx-Werk Pößneck V 15/30
LSV 7334
Bestell-Nr. 648 932 3

00740

Mord im Regen

I

Wir saßen in einem Zimmer im Berglund. Ich saß auf der Bettkante, und Dravec saß in einem Sessel. Es war mein Zimmer.

Regen schlug sehr hart gegen die Fenster. Sie waren fest geschlossen, und es war heiß im Zimmer, und ich hatte einen kleinen Ventilator auf dem Tisch laufen. Der Luftzug traf Dravecs Gesicht an der Stirn, hob sein schweres schwarzes Haar, bewegte die längeren Borsten in dem fetten Brauenbogen, der in grobem Strich quer über sein Gesicht lief. Er sah aus wie ein Rausschmeißer, der zu Geld gekommen ist.

Er zeigte mir ein paar von seinen Goldzähnen und sagte: »Was haben Sie über mich?«

Er sagte das mit so wichtiger Miene, als könnte jeder, der überhaupt etwas über ihn wüßte, sich schon glücklich preisen.

»Nichts«, sagte ich. »Ihr Register ist sauber, soviel ich weiß.«

Er hob eine breite haarige Hand und starrte sie eine Weile lang solide an. »Sie verstehen mich falsch. Ein Bursche namens M'Gee hat mich hergeschickt. Veilchen M'Gee.«

»Nett von ihm. Wie geht's denn Veilchen so?« Veilchen M'Gee war Beamter der Mordkommission im Sheriffsamt.

Er betrachtete erneut seine breite Hand und runzelte die Stirn. »Nein – Sie verstehen mich immer noch falsch. Ich hab einen Auftrag für Sie.«

»Ich gehe nicht mehr viel ins Freie«, sagte ich. »Ich werde langsam gebrechlich.«

Er sah sich sorgfältig im Zimmer um, mit leicht übertriebener Miene, wie ein Mann, der seiner Umwelt normalerweise keine besondere Aufmerksamkeit schenkt.

»Vielleicht ist's eine Geldfrage«, sagte er.

»Vielleicht«, sagte ich.

Er hatte einen wildledernen Regenmantel mit Gürtel an. Er riß ihn lässig auf und zog eine Brieftasche heraus, die nicht ganz so dick war wie ein Heuballen. An den Seiten sahen Geldscheine heraus, schief und unordentlich. Als er sie aufs Knie klatschte, gab es ein fettes Geräusch, das dem Ohr nicht unangenehm klang. Er schüttelte Geld heraus, wählte ein paar Scheine aus dem Packen aus, stopfte den Rest zurück, ließ die Brieftasche auf den Boden fallen und dort liegen, fächerte fünf Hunderter wie ein Pokerblatt und schob sie unter den Fuß des Ventilators auf dem Tisch.

Das war eine Menge Arbeit. Er beendete sie mit einem Grunzen.

»Ich hab den Kies karrenweise«, sagte er.

»Das sehe ich. Und was hätte ich zu tun, um das Häufchen da einzustreichen?«

»Sie kennen mich also jetzt, was?«

»Ein bißchen besser.«

Ich zog einen Umschlag aus der Brusttasche und las ihm laut vor, was auf der Rückseite gekritzelt stand.

»Dravec, Anton oder Tony. Früher Pittsburgh, Stahlarbeiter, Lastwagenbeifahrer, Muskelarbeit aller Art. Drehte mal ein krummes Ding und kam hinter Gitter. Verließ anschließend die Stadt, kam in den Westen. Arbeitete auf einer Avocado-Ranch bei El Seguro. Brachte es zu einer eigenen Ranch. Saß direkt über der Quelle, als in El Seguro der Ölboom ausbrach. Wurde steinreich. Verlor einen Haufen durch Beteiligung an anderen Unternehmungen. Hat immer noch genug. Von Geburt Serbe, einsachtzig groß, hundertzwanzig Kilo, eine Tochter, von einer Ehefrau nichts bekannt. Polizeiakte praktisch sauber. Keinerlei Vorstrafen mehr seit Pittsburgh.«

Ich zündete mir eine Pfeife an.

»Herr mein Heiland«, sagte er. »Wo haben Sie das denn geklaut?«

»Beziehungen. Worum dreht sich's?«

Er hob die Brieftasche vom Boden auf und stöberte ein Weilchen mit zwei plumpen Fingern darin herum, die Zunge zwischen den dicken Lippen. Schließlich angelte er eine dünne braune Karte und ein paar zerknitterte Zettel heraus. Er hielt sie mir hin.

Die Karte hatte einen goldenen Aufdruck, sehr exquisit. Er lautete: »Mr. Harold Hardwicke Steiner«, und in der Ecke stand noch ganz klein: »Seltene Bücher und Luxusausgaben«. Sonst weder Adresse noch Telephonnummer.

Die weißen Zettel, drei insgesamt, waren einfache Schuldscheine, je über tausend Dollar, unterschrieben »Carmen Dravec« – in kriechender, geradezu imbeziller Handschrift.

Ich gab sie ihm zurück und sagte: »Erpressung?«

Er schüttelte langsam den Kopf, und etwas Sanftes, Zartes trat in sein Gesicht, das vorher nicht darin gewesen war.

»Ist mein kleines Mädchen – die Carmen. Dieser Steiner, er belästigt sie. Sie läuft dauernd zu ihm auf die Bude, tobt sich da aus. Wahrscheinlich geht er ins Bett mit ihr. Das paßt mir nicht.«

Ich nickte. »Was ist mit den Scheinen?«

»Ach, das Geld ist mir schnuppe. Sie spielt mit ihm, Glücksspiele, was weiß ich. Zum Teufel damit. Sie ist das, was man mannstoll nennt. Gehn Sie zu diesem Steiner und sagen Sie ihm, er soll die Finger von Carmen lassen. Sonst brech ich ihm das Genick, mit meinen eigenen Händen. Ist das klar?«

All dies brach förmlich aus ihm hervor, in tiefer Erregung. Seine Augen wurden klein und rund und wild. Seine Zähne schlugen fast klappernd aufeinander.

Ich fragte: »Warum soll denn ich ihm das sagen? Warum sagen Sie's ihm nicht selbst?«

»Weil ich vielleicht die Wut kriege und ihn umbringe, den . . .!« brüllte er.

Ich zog ein Streichholz aus der Tasche und prokelte damit in der lockeren Asche in meinem Pfeifenkopf. Ich betrachtete ihn einen Moment lang aufmerksam, denn mir kam ein Gedanke.

»Alles Quatsch, Sie haben bloß Angst«, stellte ich fest.

Seine beiden großen Fäuste kamen hoch. Er hielt sie in Schulterhöhe und schüttelte sie, mächtige Knoten aus Knochen und Muskulatur. Er ließ sie langsam wieder sinken, seufzte dann tief und ehrlich auf und sagte: »Tja. Stimmt schon, ich hab Angst davor. Ich weiß einfach nicht, wie ich sie behandeln soll, daß ich mit ihr klarkomme. Andauernd hat sie irgendeinen neuen Macker, und jedesmal ist es ein Lump. Vor einiger Zeit hab ich mal einem Kerl namens Joe Marty fünf Riesen gegeben, damit er sie in Ruhe ließ. Deswegen hat sie immer noch eine Wut auf mich.«

Ich starrte zum Fenster hinüber, sah zu, wie der Regen dagegenschlug, breitklatschte und in dicken Wellen daran niederglitt, wie geschmolzene Gelatine. Es war noch zu früh im Herbst für diese Art Regen.

»Wenn Sie denen Zucker geben, kommen Sie keinen Schritt weiter«, sagte ich. »Das könnten Sie praktisch Ihr Leben lang tun. Also haben Sie sich gedacht, es wäre ganz schön, wenn ich mir diesen Steiner mal vorknöpfte.«

»Sagen Sie ihm, ich brech ihm das Genick!«

»Die Mühe kann ich mir sparen«, sagte ich. »Nützt nichts. Ich kenne Steiner. Ich würde ihm selber das Genick brechen, wenn's zu was gut wäre.«

Er beugte sich vor und grapschte nach meiner Hand. Seine Augen wurden kindlich. In jedem erschien eine graue Träne.

»Hören Sie, M'Gee sagt, Sie sind ein guter Kerl. Ich sage Ihnen jetzt was, das hab ich noch keinem erzählt – noch nie. Carmen – sie ist überhaupt nicht mein Kind. Ich hab sie bloß aufgegriffen damals, in Smoky, als kleines Baby auf der Straße. Sie hatte keinen Menschen. Vielleicht müßte ich sogar sagen, ich hab sie gestohlen, was?«

»Klingt mir ganz danach«, sagte ich und mußte regelrecht kämpfen, um meine Hand freizubekommen. Mit der andern rieb ich sie dann, bis sie nicht mehr gefühllos war. Der Mann hatte einen Griff, unter dem ein Telephonmast in Stücke gehen konnte.

»Ich hab mich dann redlich durchgebracht«, sagte er grimmig und zugleich doch zart. »Bin hier in die Gegend gekommen und hab's zu was gebracht. Jetzt ist sie erwachsen. Ich liebe sie.«

Ich sagte: »Hm, hm. Das ist nur natürlich.«

»Sie verstehen mich falsch. Ich will sie heiraten.«

Ich starrte ihn an.

»Sie wird älter, kommt zu Verstand. Vielleicht heiratet sie mich, finden Sie nicht?«

Seine Stimme flehte mich an, als hätte ich die Entscheidung darüber zu fällen.

»Schon mal sie selber gefragt?«

»Hab ich zuviel Angst«, sagte er kleinlaut.

»Ist sie scharf auf Steiner, was meinen Sie?«

Er nickte. »Aber das hat nichts zu bedeuten.«

Das konnte ich ihm glauben. Ich stand vom Bett auf, warf ein Fenster hoch und ließ mir eine Minute lang den Regen ins Gesicht prasseln.

»Eins wollen wir mal klarstellen«, sagte ich, zog das Fenster wieder herunter und ging zum Bett zurück. »Sicher, ich kann Ihnen Steiner vom Hals schaffen. Das ist blitzeinfach. Bloß, ich sehe nicht, was Sie davon haben.«

Er grapschte wieder nach meiner Hand, aber diesmal war ich ein bißchen zu schnell für ihn.

»Sie sind mit ziemlich hartem Schritt hier reingekommen und haben mit Ihrem Geldbündel gewedelt«, sagte ich. »Jetzt gehen Sie mit weichen Knien wieder raus. Nicht weil ich dies oder das gesagt habe. Das haben Sie alles schon selber gewußt. Ich bin keine Briefkastentante wie Dorothy Dix und nur manchmal so behämmert, wie ich aussehe. Aber ich werde Sie von Steiner befreien, wenn Sie das wirklich wollen.«

Er stand schwerfällig auf, schwenkte seinen Hut und starrte auf meine Füße nieder.

»Schaffen Sie ihn mir vom Hals, wie Sie gesagt haben. Der Kerl ist sowieso nichts für sie.«

»Ihr Hals könnte dabei leicht ein bißchen was abkriegen.«

»Mir egal. Dafür ist er da«, sagte er.

Er knöpfte sich zu, stülpte sich den Hut auf seinen zottelhaarigen Kopf und trollte sich. Er schloß die Tür so behutsam, als verließe er ein Krankenzimmer.

Ich hielt ihn zwar für so verrückt wie ein Pärchen Mäuse, die Walzer tanzen, aber irgendwie mochte ich ihn doch.

Ich verstaute seine papierenen Goldfüchse an einem sicheren

Ort, mixte mir einen langen Drink und hockte mich in den Sessel, der noch warm war von ihm.

Während ich mit dem Drink spielte, überlegte ich, ob er wohl eine Ahnung hatte, welches Gewerbe Steiner trieb.

Steiner hatte eine Sammlung von seltenen bis halbseltenen schweinischen Büchern, die er gegen eine Gebühr von zehn Dollar pro Tag verlieh – an Leute, die darauf geeicht waren.

II

Es regnete den ganzen nächsten Tag. Am späten Nachmittag saß ich in einem blauen Chrysler-Roadster schräg gegenüber einer schmalen Ladenfassade am Boulevard, über der in grüner Neonschrift der Name »H. H. Steiner« stand.

Der Regen spritzte kniehoch von den Gehsteigen, füllte die Gossen, und große Polizisten in Regenmänteln, die wie Pistolenläufe glänzten, hatten einen Heidenspaß daran, kleine Mädchen in Seidenstrümpfen und schicken Gummistiefelchen über die schlimmen Stellen zu tragen, was zu einer Menge Gequietsche Anlaß gab.

Der Regen trommelte auf das Verdeck des Chrysler, schlug prasselnd auf den straff gespannten Stoff, drang an den Knöpfstellen durch und lieferte mir auf dem Boden eine Pfütze, in die ich die Füße halten konnte.

Ich hatte eine große Flasche Scotch bei mir. Ich bediente mich ihrer oft genug, um mein Interesse nicht einschlafen zu lassen.

Steiner machte Umsatz, selbst bei diesem Wetter; vielleicht florierte sein Geschäft gerade bei diesem Wetter. Sehr feine Wagen hielten vor seinem Laden, und sehr feine Leute schlüpften hinein, schlüpften wieder heraus, eingewickelte Pakete unter dem Arm. Natürlich konnten sie durchaus zum Kauf seltener Bücher und Luxusausgaben dort gewesen sein.

Um fünf Uhr dreißig kam ein pickelgesichtiger Junge in lederner Windjacke aus dem Laden und lief in raschem Trab die Seitenstraße hinauf. Er kam zurück mit einem eleganten cremegrauen Coupé. Steiner kam heraus und stieg in das Coupé. Er trug einen dunkelgrünen Lederregenmantel, eine Zigarette in einer Bernsteinspitze, keinen Hut. Sein Glasauge konnte ich auf die Entfernung nicht erkennen, aber ich wußte, er hatte eins. Der Junge in der Windjacke hielt ihm einen Regenschirm über, als er von der Ladentür zum Wagen schritt, klappte den Schirm dann zu und reichte ihn in das Coupé.

Steiner fuhr auf dem Boulevard nach Westen. Auch ich fuhr auf dem Boulevard nach Westen. Am Ende des Geschäftsviertels, am

Pepper Canyon, wandte er sich nördlich, und ich hängte mich mühelos in einem Block Abstand an. Ich war ziemlich sicher, daß er nach Hause fuhr, natürlicherweise.

Er verließ den Pepper Drive und bog auf ein gewundenes nasses Zementband, das La Verne Terrace hieß, fuhr darauf bis fast zur Höhe. Es war eine schmale Straße mit hohem Steilhang auf der einen und ein paar wenigen, großzügig plazierten, hüttenartigen Häusern auf der steil abfallenden anderen Seite. Ihre Dächer lagen nicht viel über Straßenhöhe. Die Frontseiten waren von Gebüsch maskiert. In der ganzen Landschaft tropfte es von den regendurchtränkten Bäumen.

Steiners Schlupfwinkel lag hinter einer eckig geschnittenen, mehr als fensterhohen Buchsbaumhecke. Der Zugangsweg war eine Art Labyrinth, und die Haustür war von der Straße aus nicht zu sehen. Steiner stellte sein cremegraues Coupé in einer kleinen Garage unter, schloß ab, ging mit aufgespanntem Regenschirm durch seinen labyrinthischen Garten, und Licht flammte auf im Haus.

Währenddessen hatte ich seinen Wagen an der Straße überholt und war bis zur Höhe gefahren. Ich wendete dort, fuhr zurück und parkte vor dem nächsten Haus oberhalb des seinen. Es schien unbewohnt oder gar leer zu sein, hatte aber keinerlei Schilder. Ich zog meine Flasche Scotch zu Rate und blieb dann erst einmal einfach sitzen.

Um sechs Uhr fünfzehn schossen plötzlich Lichter den Berg herauf. Es war inzwischen schon ganz dunkel geworden. Ein Wagen hielt vor Steiners Hecke. Ein schlankes, hochgewachsenes Mädchen in einem Regenmantel stieg aus. Durch das Heckenfilter drang genug Licht zu mir heraus, um mich erkennen zu lassen, daß sie dunkelhaarig war und möglicherweise hübsch.

Stimmen wehten auf Regenwellen herüber, und eine Tür schlug zu. Ich stieg aus dem Chrysler und stapfte den Berg hinunter, richtete einen kurzen Taschenlampenstrahl in den Wagen. Es war ein Packard-Kabriolett, kastanien- oder dunkelbraun. Die Zulassung lautete auf Carmen Dravec, 3596 Lucerne Avenue. Ich ging zu meinem Schlitten zurück.

Eine träge volle Stunde kroch vorbei. Keinerlei Wagen kamen mehr den Berg herauf oder herunter. Die ganze Gegend schien sehr still zu sein.

Dann zuckte auf einmal ein grelles weißes Licht auf in Steiners Haus, wie ein Blitz bei einem Sommergewitter. Als es wieder finster geworden war, sickerte ein dünner, klirrender Schrei durch die Dunkelheit und verklang in mattem Echo zwischen den nassen Bäumen. Ich war aus dem Chrysler und auf dem Weg, bevor noch der letzte Echolaut erstorben war.

Es hatte keine Angst gelegen in dem Schrei. Eher war etwas von angenehmer Überraschung darin gewesen, mit einem Akzent von Trunkenheit und einer Beifärbung reiner Idiotie.

Das Steinersche Anwesen lag in völliger Stille, als ich durch die Heckenlücke sprang, um den Mauervorbau sprintete, der die Haustür schirmte, und die Hand hob, um an die Tür zu klopfen.

In genau diesem Augenblick, so exakt, als hätte jemand nur darauf gewartet, krachten drei Schüsse dicht nacheinander hinter der Tür. Dann hörte ich ein langes, rasselnd scharfes Seufzen, einen matten Aufschlag, rasche Schritte, die sich in den Hintergrund des Hauses entfernten.

Ich verplemperte Zeit mit dem Versuch, die Tür mit der Schulter einzurennen, ohne genug Anlauf zu nehmen. Es schmiß mich zurück wie der Tritt eines Kommißstiefels.

Die Tür hatte eine direkte Verbindung zur höhergelegenen Straße, einen schmalen Laufsteg, fast so etwas wie eine kleine Brücke. Es gab keine Seitenveranda, keine Möglichkeit, in der Schnelle an die Fenster heranzukommen. Es gab auch keinen Weg zur Rückseite des Hauses, außer durch das Haus selbst oder über einen langen Treppenpfad aus Holzstufen, der von der alleenähnlichen Straße unten heraufführte. Auf diesen Stufen hörte ich jetzt das Getrappel von Schritten.

Das gab mir neuen Ansporn, und ich warf mich wieder gegen die Tür, diesmal mit vollem Schwung. Das Schloß gab nach, und ich stürzte zwei Stufen hinunter in einen großen, dämmrigen, vollgestopften Raum. Ich sah in diesem Moment noch nicht viel von der Einrichtung. Ich bahnte mir einen Weg hindurch nach hinten.

Ich wußte ziemlich sicher, daß der Tod in diesem Haus war.

Ein Wagen sprang unten auf der Straße an, als ich die Hinterveranda erreichte. Der Wagen brauste davon, ohne Licht. Aussichtslos. Ich ging zum Wohnraum zurück.

III

Das Zimmer reichte über die ganze Vorderbreite des Hauses und hatte eine niedrige Balkendecke, braun gestrichene Wände. Überall hingen Wandteppiche. Bücher füllten niedrige Regale. Es gab einen dicken rosa Teppich auf dem Boden, auf den aus zwei Stehlampen mit blaßgrünem Schirm etwas Licht fiel. Mitten auf dem Teppich standen ein großer, niedriger Schreibtisch sowie ein schwarzer Sessel mit gelbem Satinkissen. Der ganze Schreibtisch war mit Büchern bedeckt.

Auf einer Art Estrade vor einer der Seitenwände stand ein teakhölzerner Armsessel mit hoher Rückenlehne. Ein dunkelhaariges Mädchen saß darin, auf einem roten Fransenschal.

Sie saß sehr steif und gerade, die Hände auf den Armlehnen, die Knie dicht nebeneinander, den Körper starr gestreckt, das Kinn erhoben. Ihre Augen standen weit offen und waren irre und so gut wie ohne Pupillen.

Sie sah aus, als sei sie ohne jedes Bewußtsein von dem, was hier vorging und vorgegangen war, aber ihre Haltung war durchaus nicht die der Bewußtlosigkeit. Sie saß in einer Pose da, als sei sie mit etwas beschäftigt, was sehr wichtig war und große Anforderungen an sie stellte.

Aus ihrem Mund kam ein blechernes Kichergeräusch, das weder ihren Gesichtsausdruck veränderte noch ihre Lippen bewegte. Sie schien mich überhaupt nicht zu sehen.

Sie trug ein Paar langer Jade-Ohrringe, und davon abgesehen war sie splitternackt.

Ich wandte den Blick von ihr ab und dem anderen Ende des Zimmers zu.

Steiner lag auf dem Rücken am Boden, gleich neben dem Rand des rosa Teppichs und vor einem Ding, das wie ein kleiner Totempfahl aussah. Es hatte eine runde Mundöffnung, in der das Objektiv einer Kamera zu sehen war. Das Objektiv schien auf das Mädchen in dem Teakholzstuhl gerichtet zu sein.

Auf dem Boden neben Steiners aus einem lockeren Seidenärmel vorgestreckter Hand lag ein Blitzlichtgerät. Die Schnur des Auslösers führte hinter den Totempfahl.

Steiner trug chinesische Pantoffeln mit dicken weißen Filzsohlen. Seine Beine steckten in schwarzen Pyjamahosen aus Satin, und seinen Oberkörper umhüllte eine reich bestickte chinesische Jacke. Ihre Vorderseite bestand zum größten Teil aus Blut. Sein Glasauge schimmerte hell und war bei weitem das Lebendigste an ihm. Soweit man nach dem ersten Blick urteilen konnte, hatte keiner der drei Schüsse ihn verfehlt.

Das Wetterleuchten, das aus dem Haus zu mir herübergedrungen war, mußte das Aufflammen der Blitzbirne gewesen sein, und der halb kichernde Schrei war die Reaktion des unter Rauschgift stehenden nackten Mädchens darauf gewesen. Die drei Schüsse hatte jemand Drittes beigesteuert, um dem Vorgang einen eigenwilligen Schlußakzent zu geben. Vermutlich der Bursche, der so sehr eilig die Hintertreppe hinuntergelaufen war.

Wenn ich's mir recht überlegte, hatte sein Verhalten durchaus Hand und Fuß. In diesem Stadium der Betrachtung kam mir der gute Einfall, die Haustür zu schließen und mit der kurzen Kette, die sich daran befand, zu befestigen. Das Schloß war durch die heftige Art, in der ich mir Zutritt verschafft hatte, ruiniert worden.

Zwei dünne purpurrote Gläser standen auf einem roten Lacktablett auf der einen Seite des Schreibtischs. Daneben eine bauchige

Karaffe mit braunem Inhalt. Die Gläser rochen nach Äther und Opium. Ich hatte diese Mischung zwar selber noch nie probiert, doch schien sie mir recht zu der Szene hier zu passen.

Ich fand die Kleider des Mädchens auf einem Diwan in der Ecke, griff mir erst einmal ein braunes, langärmliges Kleid und ging damit zu ihr hinüber. Sie roch ebenfalls nach Äther, schon aus dem Abstand von mehreren Schritten.

Das blecherne Kichern dauerte immer noch an, und eine Flocke Speichelschaum rutschte ihr langsam über das Kinn. Ich schlug ihr ins Gesicht, nicht sehr fest. Mir lag gar nichts daran, sie nun jäh und plötzlich aus ihrer Trance zu reißen, welcher Art die immer sein mochte, so daß sie womöglich einen Schreikrampf bekam.

»Kommen Sie, Kindchen«, sagte ich aufgeräumt. »Jetzt sind wir mal ganz brav und ziehen uns an.«

Sie sagte: »G-g-gehn Sie z-zum T-t-teufel«, ohne aber irgendeine Gefühlsregung dabei zu zeigen, die ich hätte wahrnehmen können.

Ich gab ihr einen zweiten Klaps, ein bißchen fester. Es machte aber keinerlei Eindruck auf sie, und so ging ich an die Arbeit, ihr das Kleid überzuziehen.

Auch diese Tätigkeit machte keinen Eindruck auf sie. Zwar ließ sie sich gehorsam die Arme hochhalten, spreizte aber dann plötzlich die Finger, und zwar mit einer Miene, als wäre das ein besonders reizendes Entgegenkommen von ihr. So mußte ich mich mit den Ärmeln weidlich plagen. Schließlich saß das Kleid. Ich zog ihr die Strümpfe über und die Schuhe und stellte sie dann auf die Füße.

»Jetzt machen wir einen kleinen Spaziergang«, sagte ich. »Einen netten kleinen Spaziergang.«

Wir gingen. Ein Stück weit schlugen mir dauernd ihre Ohrringe gegen die Brust, und dann wieder sahen wir aus wie ein Tänzerpaar, das beim Adagio Spagat übt. Wir gingen zu Steiners Leiche hinüber und wieder zurück. Sie schenkte Steiner und seinem funkelnden Glasauge nicht die mindeste Aufmerksamkeit.

Sie fand es sehr amüsant, daß sie nicht gehen konnte, und versuchte mir allerlei darüber mitzuteilen, brachte aber nur Schaumblasen hervor. Ich legte sie auf den Diwan, während ich ihr Unterzeug zusammenknüllte und in die eine tiefe Tasche meines Regenmantels schob. In die andere stopfte ich ihr Handtäschchen. Ich durchsuchte Steiners Schreibtisch und fand ein kleines blaues Notizbuch, das Eintragungen in Geheimschrift enthielt und interessant aussah. Auch das steckte ich in die Tasche.

Dann versuchte ich, von der Rückseite des Totempfahls an die Kamera heranzukommen, um die Platte herauszunehmen, konnte aber den Verschlußmechanismus in der Schnelle nicht finden. Ich wurde allmählich nervös und überlegte mir, daß ich später, wenn ich noch einmal zurückkam, um danach zu sehen, und dabei der Polizei in die Hände lief, jedenfalls eine bessere Ausrede zustande bringen würde, als wenn sie mich jetzt hier erwischte.

Ich ging zu dem Mädchen zurück und zog ihr den Regenmantel an, durchschnüffelte das Zimmer, um mich zu vergewissern, daß nichts sonst mehr von ihr herumlag, wischte eine Menge Fingerabdrücke weg, die ich vermutlich gar nicht gemacht hatte, und wenigstens ein paar von denen, die Miss Dravec gemacht haben mußte. Ich öffnete die Tür und schaltete beide Lampen aus.

Ich legte nun wieder den linken Arm um sie, und wir kämpften uns in den Regen hinaus und in ihren Packard hinein. Mir gefiel zwar ganz und gar nicht, daß ich meinen eigenen Bus hier nun stehenlassen mußte, aber es ging ja nicht anders. Ihre Schlüssel steckten. Wir glitten den Berg hinunter.

Auf dem Weg zur Lucerne Avenue geschah praktisch nichts, außer daß Carmen aufhörte, Schaum vor ihrem schönen Mund zu erzeugen und zu kichern, und zu kräftigem Schnarchen überging. Daß ihr Kopf an meiner Schulter lag, konnte ich nicht verhindern. Es war die einzige Möglichkeit, ihn mir wenigstens vom Schoß zu halten. Ich mußte ziemlich langsam fahren, und es war ohnehin ein langes Stück, ganz rüber bis zum westlichen Stadtrand.

Das Dravec-Haus war ein großer altmodischer Backsteinbau auf einem großen Grundstück, um das eine Mauer lief. Eine grau gepflasterte Zufahrt führte durch ein eisernes Tor und, an Blumenbeeten und Rasenflächen vorüber, einen Hang hinauf zu einer mächtigen Haustür mit schmalen bleigefaßten Fenstern auf jeder Seite. Hinter den Scheiben war mattes Licht, so als wäre niemand Wichtiges zu Hause.

Ich schob Carmens Kopf in die Ecke, legte ihre Sachen auf den Sitz und stieg aus.

Ein Dienstmädchen machte auf. Sie sagte, Mister Dravec wäre nicht da und sie wüßte auch nicht, wo er wäre. Irgendwo in der Stadt. Sie hatte ein langes, gelbliches, zartes Gesicht, eine lange Nase, keinerlei Kinn und große feuchte Augen. Sie sah aus wie ein gutes altes Pferd, dem man nach langen treuen Diensten die Gnadenweide gewährt hat, und machte mir ganz den Eindruck, als ob sie für Carmen schon das Richtige tun würde.

Ich zeigte in den Packard hinunter und knurrte: »Am besten bringen Sie das Mädel mal gleich ins Bett. Sie kann von Glück sagen, daß wir sie nicht in die Zelle gesperrt haben. Mit so einem Hieb in der Krone durch die Gegend zu fahren!«

Sie lächelte traurig, und ich ging weg.

Ich mußte fünf Blocks weit durch den Regen laufen, bis ein schmales Apartmenthaus mich in die Halle und an sein Telephon ließ. Dann durfte ich weitere fünfundzwanzig Minuten auf ein Taxi warten. Während des Wartens begann ich mir über den Rest der Geschichte Gedanken zu machen, die ich noch nicht bewältigt hatte.

Ich mußte mir noch die belichtete Platte aus Steiners Kamera holen.

IV

Ich bezahlte das Taxi am Pepper Drive vor einem Haus, in dem offenbar eine Abendgesellschaft stattfand, und ging dann zu Fuß wieder die Windungen der La Verne Terrace hinauf, bis ich vor dem Gebüsch stand, das Steiners Haus verdeckte.

Nichts sah im geringsten verändert aus. Ich betrat das Grundstück durch die Heckenlücke, schob behutsam die Haustür auf und roch Zigarettenrauch.

Der war vorher noch nicht dagewesen. Es hatte zwar nach allem möglichen gerochen, einschließlich des scharfen Rückstands von rauchlosem Pulver. Aber Zigarettenrauch war in der Mischung nicht zu spüren gewesen.

Ich schloß die Tür und ließ mich auf ein Knie nieder und lauschte, hielt den Atem an. Ich hörte nicht das geringste, nur das Rauschen des Regens auf dem Dach. Ich riskierte es, den Strahl meiner kleinen Taschenlampe einmal kurz über den Boden huschen zu lassen. Niemand schoß auf mich.

Ich richtete mich auf, fand die baumelnde Quaste einer der Lampen und machte im Zimmer Licht.

Als erstes bemerkte ich, daß zwei von den Teppichen an der Wand verschwunden waren. Ich hatte sie nicht gezählt, aber die Leere der Stellen, wo sie gehangen hatten, fiel mir sofort ins Auge.

Dann sah ich, daß auch Steiners Leiche vor dem Totempfahl mit dem Kameraauge im Mund verschwunden war. Über die Bodenstelle, wo sie gelegen hatte, gleich neben dem Rand des rosa Teppichs, hatte jemand eine Brücke gelegt. Ich brauchte die Brücke nicht zu lüften, um zu wissen, was sie verdeckte.

Ich zündete mir eine Zigarette an und stand dann mitten in dem matt erleuchteten Zimmer und dachte über alles nach. Nach einer Weile ging ich zu der Kamera im Totempfahl hinüber. Diesmal fand ich den Verschlußmechanismus gleich. Es steckte keine Plattenkassette mehr in der Kamera.

Meine Hand wollte wie instinktiv nach dem maulbeerfarbenen Telephon auf Steiners niedrigem Schreibtisch greifen, aber dann besann ich mich doch.

Ich ging hinüber in den kleinen Flur hinter dem Wohnzimmer und steckte den Kopf in ein aufgetakeltes Schlafzimmer, das mehr wie das einer Frau als das eines Mannes aussah. Über dem Bett lag eine lange Tagesdecke mit Volantbesatz. Ich hob sie an und leuchtete kurz mit der Taschenlampe darunter.

Steiner lag nicht unter dem Bett. Er war nirgends mehr im ganzen Haus. Jemand hatte ihn weggeschafft. Auf eigenen Beinen konnte er sich ja schwerlich entfernt haben.

Die Polizei war es nicht gewesen, sonst hätte noch jemand die Stellung gehalten.

Es war erst anderthalb Stunden her, daß Carmen und ich das Haus verlassen hatten. Und nirgends war etwas von dem Durcheinander entstanden, das Polizeiphotographen und Spurensicherungsleute gewöhnlich hinterlassen.

Ich ging ins Wohnzimmer zurück, schob das Blitzlichtgerät mit dem Fuß hinter den Totempfahl, schaltete die Lampe aus, verließ das Haus, stieg in meinen regendurchweichten Wagen und würgte ihn in Gang.

Mir konnte es durchaus recht sein, wenn jemand den Mord an Steiner für ein Weilchen zu vertuschen suchte. Ich bekam dadurch eine Chance, in Ruhe herauszufinden, ob ich ihn melden konnte, ohne Carmen Dravec und die Sache mit der Nacktaufnahme zu erwähnen.

Es war schon nach zehn, als ich ins Berglund zurückkam, meinen Schlitten abstellte und nach oben in mein Apartment ging. Ich stellte mich unter die Dusche, zog dann einen Pyjama an und braute mir einen anständigen heißen Grog. Ich sah ein paarmal das Telephon an, überlegte, ob ich nicht bei Dravec anrufen sollte, um zu sehen, ob er schon wieder zu Hause war, und fand es dann doch am besten, ihn noch bis zum nächsten Tag in Ruhe zu lassen.

Ich stopfte mir eine Pfeife und hockte mich dann mit meinem heißen Grog und Steiners blauem Notizbuch hin. Es war in Geheimschrift geschrieben, aber die Anordnung der Eintragungen und der Index-Schnitt der Blätter ließen erkennen, daß es sich um eine Namen- und Adressenliste handelte. Es gab über vierhundertfünfzig solche Posten darin. Wenn das Steiners Deppen-Katalog war, dann hatte er da eine Goldgrube gehabt – von den Erpressungsmöglichkeiten einmal ganz abgesehen.

Praktisch konnte jeder Name auf der Liste der des Mörders sein. Ich beneidete die Bullen wahrhaftig nicht um ihren Job, wenn ihnen das hier in die Hände kam.

Ich trank zuviel Whisky über dem Versuch, den Code zu knakken. Gegen Mitternacht ging ich zu Bett und träumte von einem Mann in chinesischer Jacke, der blutüberströmt ein nacktes Mädchen mit langen Jade-Ohrringen jagte, während ich die Szene mit einer Kamera zu photographieren suchte, in der überhaupt keine Platte war.

V

Veilchen M'Gee rief mich am Morgen an, noch ehe ich angezogen war, aber erst nachdem ich mir die Zeitung angesehen und nicht das geringste über Steiner darin gefunden hatte. Seine Stimme hatte den munteren Klang eines Menschen, der gut geschlafen und nicht allzu hohe Schulden hat.

»Na, wie geht's unserm Jungchen denn?« fing er an.

Ich sagte, mir ginge es ganz passabel, bloß daß ich zu viele weiße Mäuse im Haus hätte. Er lachte ein bißchen abwesend, und dann wurde seine Stimme um einen Grad zu beiläufig.

»Dieser Dravec, den ich dir rübergeschickt hatte – schon was für ihn gemacht?«

»Zu schlechtes Wetter«, antwortete ich, wenn das eine Antwort war.

»Hm, hm. Scheint mir einer zu sein, dem dauernd was passiert. Ein Wagen, der ihm gehört, liegt vorm Fischereihafen von Lido in der Brandung.«

Ich sagte nichts. Ich hielt den Hörer sehr fest.

»Tja«, fuhr M'Gee fröhlich fort. »Ein schöner neuer Cad, total ruiniert jetzt von Sand und Seewasser ... Ach, das hatt' ich ganz vergessen. Es sitzt jemand drin.«

Ich atmete langsam aus, sehr langsam. »Dravec?« flüsterte ich.

»Nö. Ein junger Kerl. Ich hab's Dravec noch gar nicht erzählt. Also erst mal ganz unter uns. Hast du Lust, mit mir hinzufahren und dir die Geschichte mal anzuschauen?«

Ich sagte, das würde ich gern.

»Dann mach dich mal auf die Beine. Du findest mich in meiner Denkerklause«, sagte M'Gee und legte auf.

Rasiert, angezogen und mit einem raschen Frühstück im Magen war ich eine halbe Stunde später oder so im County Building. Ich fand M'Gee damit beschäftigt, eine gelbe Wand anzustarren, von einem kleinen gelben Schreibtisch aus, auf dem nichts als M'Gees Hut und einer von M'Gees Füßen lagen. Er nahm beides vom Tisch, und wir gingen zusammen nach unten, zum Behördenparkplatz, und stiegen in einen kleinen schwarzen Sedan.

Der Regen hatte während der Nacht aufgehört, und der Morgen war ganz Bläue und Gold. Es lag genug Schmiß in der Luft, daß man das Leben so richtig schlicht und schön finden konnte, wenn man nicht zuviel im Kopf hatte. Ich hatte zuviel im Kopf.

Es waren dreißig Meilen bis Lido, die ersten zehn davon durch Stadtverkehr. M'Gee schaffte es in einer Dreiviertelstunde. Als wir die überstanden hatten, kamen wir schliddernd vor einem Stuckbogen zum Halten, hinter dem ein langer schwarzer Pier begann. Ich löste die Füße vom Boden, und wir stiegen aus.

Vor dem Bogen standen ein paar Wagen und ein paar Leute. Ein Beamter vom motorisierten Streifendienst hielt die Leute vom Pier zurück. M'Gee zeigte ihm einen Bronzestern, und wir gingen auf den Pier hinaus, in einen Geruch hinein, den selbst zwei Tage Regen nicht hatten wegwaschen können.

»Da haben wir ihn – auf dem Schlepper«, sagte M'Gee.

Ein flacher schwarzer Schleppdampfer hockte am Ende des Piers im Wasser. Etwas Großes, Grünes, Verchromtes stand auf seinem Deck vor dem Ruderhaus. Männer standen darum herum.

Wir gingen über schlüpfrige Stufen an Deck des Schleppers.

M'Gee begrüßte mit kurzem Hallo einen Beamten in grünem Khaki und einen anderen Mann in Zivil. Die dreiköpfige Mannschaft des Schleppers zog sich zum Ruderhaus zurück und lehnte sich mit dem Rücken dagegen, beobachtete uns.

Wir sahen uns den Wagen an. Die Stoßstange vorn war eingedrückt, ebenso einer der Scheinwerfer und die Kühlerhaube. Lack und Chrom waren vom Sand zerkratzt, und die Polsterung drinnen war von Nässe verquollen und schwarz. Ansonsten hatte der Wagen nicht viel abgekriegt. Es war ein großer Kasten in zweierlei Grün, mit einem weinroten Streifen, der die Farben gegeneinander absetzte.

M'Gee und ich sahen vorn hinein. Ein schlanker, dunkelhaariger Junge, der einmal gut ausgesehen hatte, hing schlaff über der Steuersäule, den Kopf schief vom übrigen Körper abgewinkelt. Sein Gesicht war bläulichweiß. Seine Augen zeigten einen schwachen stumpfen Schimmer unter den gesenkten Lidern. In seinem offenen Mund war Sand. Seitlich am Kopf hatte er ein paar Blutspuren, die das Seewasser nicht ganz weggewaschen hatte.

M'Gee wich langsam zurück, gab einen kehligen Laut von sich und fing an, auf ein paar von den nach Veilchen duftenden Atempastillen herumzukauen, denen er seinen Spitznamen verdankte.

»Wie sieht's aus?« fragte er dann ruhig.

Der uniformierte Beamte zeigte zum Ende des Piers hinüber. Ein schmutzig-weißes Geländer aus zwei mal vier Zoll starken Holzstangen war auf beträchtlicher Breite durchbrochen, und das zersplitterte Holz leuchtete gelb und hell.

»Ist dort drüben durch. Muß mit ziemlicher Wucht aufgeprallt sein. Der Regen hat hier unten früh aufgehört, so um neun, und das zersplitterte Holz ist an den Bruchstellen trocken. Folglich ist's erst nach neun passiert. Mehr wissen wir nicht, außer höchstens noch, daß das Wasser ziemlich hoch gestanden haben muß, weil der Wagen nicht stärker beschädigt ist, mindestens auf halber Fluthöhe, würde ich sagen. Die war gleich nach Aufhören des Regens erreicht. Der Wagen war unter Wasser zu sehen, als die Jungens heute morgen zum Fischen runterkamen. Wir haben dann den

Schlepper geholt, um ihn zu heben. Danach erst fanden wir den Toten.«

Der andere Beamte scharrte mit der Schuhspitze auf den Deckbohlen herum. M'Gee sah mich mit fuchsigen Äuglein von der Seite an. Ich machte ein leeres Gesicht und sagte nichts.

»Muß ziemlich besoffen gewesen sein, der Bursche«, sagte M'Gee leise, sanft. »Ganz allein im Regen derart anzugeben. Wahrscheinlich ein Auto-Fan. Tja – ganz schön besoffen.«

»Von wegen besoffen«, sagte der Beamte in Zivil. »Das Handgas stand auf halb, und außerdem hat der Junge seitlich einen Schlag gegen den Kopf bekommen. Wenn Sie mich fragen, dann sage ich, es war Mord.«

M'Gee sah ihn höflich an, wandte sich dann wieder an den Mann in Uniform. »Was meinen Sie?«

»An sich könnte's durchaus Selbstmord sein. Er hat das Genick gebrochen, und die Kopfverletzung könnte beim Sturz entstanden sein. Den Gashebel könnte er ebenfalls dabei mit der Hand runtergeschlagen haben. Allerdings – der Gedanke an Mord schmeckt mir auch nicht schlecht.«

M'Gee nickte, sagte: »Schon gefilzt? Wer ist der Knabe?«

Die beiden Beamten bedachten erst mich, dann die Schleppermannschaft mit einem Blick.

»Okay. Können wir uns sparen«, sagte M'Gee. »Ich weiß sowieso, wer er ist.«

Ein kleiner Mann mit Brille und einem müden Gesicht kam langsam mit einer schwarzen Tasche über den Pier und die schlüpfrigen Stufen herunter. Er suchte sich eine leidlich saubere Stelle auf Deck und stellte dort seine Tasche hin. Er nahm den Hut ab und rieb sich den Nacken und lächelte müde.

»Hallo, Doc. Da drüben ist Ihr Patient«, sagte M'Gee zu ihm. »Ist mit seiner Karre gestern abend vom Pier gehupft. Mehr wissen wir im Moment noch nicht.«

Der Amtsarzt schaute mürrisch zu dem Toten hinein. Er fingerte an dessen Kopf herum, bewegte ihn ein wenig, tastete die Rippen des Mannes ab. Er hob eine schlaffe Hand und starrte auf die Fingernägel. Er ließ sie wieder fallen, trat zurück und griff wieder nach seiner Tasche.

»Ungefähr zwölf Stunden«, sagte er. »Genickbruch natürlich. Ich bezweifle, daß er noch groß Wasser geschluckt hat. Holen Sie ihn lieber raus da, bevor er uns anfängt steif zu werden. Den Rest erzähle ich Ihnen, wenn ich ihn auf dem Tisch gehabt habe.«

Er nickte in die Runde, ging die Stufen wieder hinauf und über den Pier zurück. Ein Ambulanzwagen brachte sich vor dem Stuckbogen am Pier vorn in Position.

Die beiden Beamten grunzten und plagten sich ab, den Toten aus dem Wagen zu zerren, und legten ihn auf den Deckbohlen nieder, auf der vom Strand abgewandten Seite.

»Na, dann wolln wir mal gehen«, sagte M'Gee zu mir. »Für uns ist die Vorstellung hier erst mal zu Ende.«

Wir verabschiedeten uns, und M'Gee wies die beiden Beamten an, auf jeden Fall dichtzuhalten, bis sie von ihm hörten. Wir gingen über den Pier zurück und stiegen in den kleinen schwarzen Sedan und fuhren wieder in Richtung Stadt, eine weiße Schnellstraße entlang, die der Regen saubergewaschen hatte, vorüber an flach gewellten, moosbewachsenen Hügeln aus gelbweißem Sand. Ein paar Möwen kreisten über einem Etwas in der Brandung, stießen nieder. Weit draußen auf See lag ein Paar weißer Yachten am Horizont, und es sah aus, als hingen sie mitten im dunstigen Himmel.

Wir legten ein paar Meilen zurück, ohne auch nur ein Wort zu wechseln. Dann reckte M'Gee mir das Kinn zu und sagte: »Na, schon einen Einfall?«

»Laß erst mal selber den Dampf ab«, sagte ich. »Hab den Burschen noch nie gesehen. Wer ist es?«

»Zum Teufel, ich dachte, ich krieg was erzählt von dir!«

»Also nun komm schon, Veilchen«, sagte ich.

Er grummelte, zuckte die Achseln, und ums Haar wären wir von der Straße ab und auf den Dünensand gekommen.

»Dravecs Chauffeur. Ein Jungchen namens Carl Owen. Woher ich das weiß? Wir hatten ihn vor einem Jahr mal in der Mangel wegen Entführung. War mit Dravecs feschem Töchterchen nach Yuma abgehauen. Dravec fuhr hinterher und brachte die beiden zurück und gab uns das Bürschchen dann in Pension. Dann hat sich das Mädel den Alten wohl vorgenommen, denn am nächsten Morgen schon kam er angedampft und bettelte ihn wieder raus. Sagte, der Junge hätte sie heiraten wollen, bloß hätte sie nicht gewollt. Und dann, hol's der Kuckuck, ist der Bursche einfach wieder Chauffeur bei ihm geworden und seither auch geblieben. Na, was sagst du dazu?«

»Klingt ganz nach Dravec«, sagte ich.

»Tja – aber der Bursche könnte auch rückfällig geworden sein.«

M'Gee hatte silbriges Haar und ein knubbliges Kinn und ein Schmollmündchen, wie geschaffen dazu, kleine Babys zu küssen. Ich betrachtete sein Gesicht von der Seite, und auf einmal begriff ich, was er meinte. Ich lachte.

»Du glaubst, daß Dravec ihn vielleicht umgebracht hat?« fragte ich.

»Wieso eigentlich nicht? Das Jungchen streckt wieder seine Finger nach dem Mädel aus, und Dravec haut ihm ein bißchen zu kräftig drauf. Er ist ein Schrank von einem Kerl und könnte einem sozusagen im Handumdrehen das Genick brechen. Dann kriegt er's mit der Angst. Fährt den Wagen nach Lido runter und läßt ihn da vom Pier plumpsen. Denkt, da liegt er sicher. Denkt vielleicht überhaupt nicht. Hat einfach nur einen Rappel gekriegt.«

»Logischer Volltreffer«, sagte ich. »Anschließend brauchte er dann bloß noch dreißig Meilen im Regen nach Hause zu laufen.«

»Weiter. Nimm mich nur auf den Arm.«

»Dravec hat ihn erledigt, klar«, sagte ich. »Aber sie haben Bockspringen gespielt zusammen. Und Dravec ist auf ihn draufgefallen.«

»Okay, mein Freund. Eines Tages spielen wir beide auch mal zusammen. Katze und Maus.«

»Hör zu, Veilchen«, sagte ich ernst. »Wenn der Junge ermordet worden ist – und bis jetzt bist du ja noch gar nicht sicher, daß es sich überhaupt um Mord handelt –, dann ist das ein Verbrechen, das Dravec ganz und gar nicht ähnlich sieht. Der könnte im Affekt zwar durchaus einen Menschen umbringen – aber er würde ihn liegenlassen. Er würde keine derart komplizierten Umstände machen.«

Wir schuckerten schlingernd auf der Straße dahin, während M'Gee darüber nachdachte.

»Ein schöner Freund«, beklagte er sich. »Da hat unsereins mal eine blendende Idee – und nun schau dir an, was du daraus gemacht hast. Zum Teufel, ich wollte, ich hätte dich gar nicht mitgenommen. Scher dich zum Henker. Ich nehme mir Dravec trotzdem vor.«

»Klar«, stimmte ich zu. »Das mußt du ja wohl auch. Aber Dravec hat den Jungen nie und nimmer getötet. Er ist innerlich zu weich, um einen derartigen Vertuschungsversuch zu machen.«

Es war Mittag, als wir glücklich wieder in der Stadt waren. Ich hatte gestern nichts zu Abend gegessen, nur Whisky getrunken, und das Frühstück heute früh war sehr bescheiden gewesen. Ich stieg am Boulevard aus und ließ M'Gee allein weiterfahren, Dravec zu besuchen.

Es interessierte mich durchaus, was Carl Owen zugestoßen war; aber der Gedanke, daß Dravec ihn ermordet haben könnte, interessierte mich nicht.

Ich nahm in einer Stehimbißhalle einen Lunch zu mir und blätterte flüchtig in der Frühausgabe einer Nachmittagszeitung. Ich erwartete nichts über Steiner darin zu finden und fand auch nichts darin.

Nach dem Lunch ging ich sechs Blocks weit den Boulevard entlang, um mir Steiners Laden einmal anzusehen.

VI

Er nahm nur die halbe Frontbreite ein, die andere Hälfte gehörte einem Juweliergeschäft, das auf Raten verkaufte. Der Juwelier stand in seinem Eingang, ein großer weißhaariger, schwarzäugiger Jude mit rund neun Karat Diamanten an der Hand. Ein schwaches, wissendes Lächeln krümmte seine Lippen, als ich an ihm vorbei in Steiners Laden ging.

Ein dicker blauer Teppich bedeckte den Boden von Wand zu Wand. Es gab mehrere blaue Ledersessel darauf, mit Aschenbecherständern daneben. Ein Sortiment geprägter Lederbände war auf schmalen Tischen ausgelegt. Die restlichen Vorräte standen hinter Glas. Eine getäfelte Trennwand mit einer einzelnen Tür darin teilte den hinteren Laden ab, und in der Ecke davor saß eine Frau an einem kleinen Schreibtisch, den eine Schirmlampe erhellte.

Sie stand auf und kam auf mich zu, schwang dabei schlanke Schenkel in einem knappen Kleid aus irgendeinem schwarzen Stoff, der keinerlei Licht reflektierte. Sie war aschblond, mit grünlichen Augen unter dick getuschten Wimpern. In den Ohrläppchen trug sie große Jetknöpfe; ihr Haar wellte sich weich darüber nach hinten. Ihre Fingernägel waren versilbert.

Sie zeigte mir, was sie wahrscheinlich für ein Begrüßungslächeln hielt, mir aber wie eine krampfige Grimasse vorkam.

»Suchen Sie etwas Bestimmtes?«

Ich zog mir den Hut tief über die Augen und gab mich leicht nervös. Ich sagte: »Steiner?«

»Mr. Steiner ist heute nicht hier. Wenn vielleicht ich Ihnen dafür . . .«

»Ich bin Verkäufer«, sagte ich. »Habe was für ihn, wonach er schon lange sucht.«

Die versilberten Fingernägel berührten das Haar über dem einen Ohr. »Ach, Sie wollen nur verkaufen . . . Nun, da könnten Sie vielleicht morgen wieder vorbeikommen.«

»Ist er krank? Ich könnte zu ihm nach Hause fahren«, regte ich hoffnungsvoll an. »Er wird bestimmt sehen wollen, was ich habe.«

Das brachte sie aus der Fassung. Sie mußte eine Minute lang nach Luft schnappen. Aber ihre Stimme war glatt genug, als sie's geschafft hatte.

»Das – das hätte wohl kaum viel Zweck. Er ist auswärts heute.«

Ich nickte, machte ein angemessen enttäuschtes Gesicht, berührte meinen Hut und wollte mich gerade abwenden, als der pikkelgesichtige Junge vom Abend vorher den Kopf durch die Tür in der Täfelung steckte. Er fuhr zurück, sobald er mich sah, war aber nicht so fix, daß ich nicht noch ein paar lose gepackte Bücherkisten hinter ihm auf dem Boden des rückwärtigen Raums hätte sehen können.

Die Kisten waren klein und standen offen, und man hatte sie offensichtlich in aller Hast vollgepackt. Ein Mann in nagelneuem Overall hantierte mit ihnen herum. Ein Teil von Steiners Beständen wurde ausgelagert.

Ich verließ den Laden und ging bis zur Ecke, bog dort in die Seitengasse ein. Hinter dem Steinerschen Gebäude stand ein kleiner schwarzer Lastwagen mit Drahtgitterseiten. Er trug keinerlei Firmenaufschrift. Durch den Draht waren Kistenstapel zu sehen, und als ich eben noch näher hinsehen wollte, kam der Mann im Overall mit einer weiteren Kiste heraus und hievte sie hinauf.

Ich ging zum Boulevard zurück. Einen halben Block weiter parkte ein Taxi der Green Top, und darin saß ein junger Mann mit frischem Gesicht und las in einer Zeitschrift. Ich zeigte ihm Geld und sagte: »Kleine Schattenfahrt. Okay?«

Er musterte mich der Länge nach, riß die Tür auf und steckte seine Zeitschrift hinter den Rückspiegel.

»Genau mein Fall, Boss«, sagte er munter.

Wir fuhren zum Ende der Seitengasse vor und warteten neben einem Hydranten.

Es waren etwa ein Dutzend Kisten auf dem Laster, als der Mann in dem sehr neuen Overall vorn einstieg und den Motor anwarf. Er fuhr sehr schnell die Gasse hinauf und bog am Ende nach links auf die Hauptstraße. Mein Fahrer tat dasselbe. Der Laster fuhr nach Norden zur Garfield, dann nach Osten. Er fuhr sehr schnell, und auf der Garfield war eine Menge Verkehr. Mein Fahrer hielt zuviel Abstand.

Ich sagte ihm das gerade, als der Laster von der Garfield wieder nach Norden abbog. Die Straße, auf die er hinüber wollte, hieß Brittany. Als wir die Brittany erreichten, war kein Laster mehr zu sehen.

Der junge Mann mit dem frischen Gesicht, der mich fuhr, schickte mir durch die gläserne Trennwand allerlei tröstende Geräusche herüber, und wir fuhren im Viermeilentempo die Brittany hinauf und guckten dabei hinter die Büsche, ob der Laster dort wohl zu entdecken wäre. Ich lehnte es ab, mich trösten zu lassen.

Die Brittany machte zwei Blocks weiter einen leichten Schwenk nach Osten und mündete in schrägem Winkel auf die nächste Straße, die Randall Place. Auf der Landzunge dazwischen stand ein weißes Apartmenthaus, dessen Frontseite der Randall Place zugekehrt war, während sich die Einfahrt zu seiner Kellergarage, einen Stock tiefer, an der Brittany befand. Wir fuhren daran vorbei, und mein Fahrer setzte mir gerade auseinander, daß der Laster nicht sehr weit weg sein könnte, als ich ihn in der Garage sah.

Wir fuhren um das Apartmenthaus herum zur Vorderseite, und ich stieg aus und ging in die Halle.

Eine eigentliche Rezeption gab es nicht. Ein Tisch war an die Wand gedrückt worden, ganz als würde er nicht mehr gebraucht. Darüber standen Namen auf einer Serie vergoldeter Briefkästen.

Der Name, der zu Apartment 405 gehörte, lautete Joseph Marty. Joe Marty hieß der Mann, der mit Carmen Dravec herumgespielt hatte, bis ihr Papa ihm fünftausend Dollar gab, damit er von der Bildfläche verschwand und seine Spiele bei einem andern Mädchen fortsetzte. Es konnte durchaus derselbe Joe Marty sein.

Ich ging eine Treppe hinunter und schob mich durch eine Tür mit einer Scheibe aus Drahtglas ins Dämmerlicht der Garage. Der Mann in dem sehr neuen Overall war gerade damit beschäftigt, Kisten in den automatischen Fahrstuhl zu stapeln.

Ich blieb bei ihm stehen und zündete mir eine Zigarette an und beobachtete ihn. Das gefiel ihm zwar nicht sonderlich, aber er sagte keinen Ton. Nach einer Weile sagte ich: »Passen Sie bloß mit dem Gewicht auf, Freund. Die Schaukel trägt höchstens eine halbe Tonne. Wo geht's denn hin?«

»Marty, vier-null-fünf«, sagte er und machte dann ein Gesicht, als täte es ihm schon leid, daß er's gesagt hatte.

»Schön«, sagte ich. »Der hat dann ja eine ganze Masse zu lesen.«

Ich ging die Treppe wieder hinauf und aus dem Haus, stieg wieder in mein Green Top.

Wir fuhren in die Stadtmitte zurück, zu dem Gebäude, wo ich ein Büro habe. Ich gab dem Fahrer zuviel Geld, und er gab mir eine dreckige Karte, die ich in den Messingspucknapf neben den Fahrstühlen fallen ließ.

Vor meiner Bürotür war Dravec damit beschäftigt, die Flurwand festzuhalten.

VII

Nach dem Regen jetzt war es warm und heiter, aber er hatte immer noch den wildledernen Regenmantel mit Gürtel an. Nur daß er vorn offenstand, ebenso wie Rock und Weste darunter. Der Schlips saß ihm unter dem einen Ohr. Sein Gesicht wirkte wie eine Maske aus grauem Kitt, mit schwarzem Gestoppel um die untere Hälfte.

Er sah einfach gräßlich aus.

Ich schloß die Tür auf, klopfte ihm auf die Schulter und schob ihn hinein und in einen Sessel. Er atmete schwer, sagte aber kein Wort. Ich holte eine Flasche Roggenwhisky aus dem Schreibtisch und goß zwei Gläschen ein. Er trank sie beide aus, ohne einen Mucks von sich zu geben. Dann sackte er im Sessel zusammen und verdrehte die Augen und stöhnte und zog einen quadratischen weißen Umschlag aus einer Innentasche. Er legte ihn auf die Tischplatte und seine große haarige Hand darüber.

»Schlimme Sache, das mit Carl«, sagte ich. »M'Gee hat mich heute morgen mitgenommen.«

Er sah mich mit leerem Gesicht an. Nach einer kleinen Weile sagte er: »Ja-ah. Carl war ein guter Junge. Ich hab Ihnen nicht viel erzählt von ihm.«

Ich wartete, sah auf den Umschlag unter seiner Hand. Auch er selbst sah darauf nieder.

»Ich muß es Ihnen zeigen«, murmelte er. Dann schob er ihn langsam über den Tisch und nahm die Hand weg, ganz als gäbe er mit dieser Bewegung praktisch alles auf, was das Leben lebenswert machte. Zwei Tränen quollen in seinen Augen auf und glitten über seine unrasierten Backen.

Ich griff nach dem quadratischen Umschlag und sah ihn mir an. Er war an seine Privatadresse gerichtet, in sauber gemalten Druckbuchstaben, und trug einen Eilbotenaufkleber. Ich öffnete ihn und betrachtete das Hochglanzphoto, das darin steckte.

Carmen Dravec saß, mit ihren Jadeohrringen bekleidet, in Steiners Teakholzsessel. Ihre Augen wirkten, falls das überhaupt möglich war, noch irrer, als ich sie gesehen hatte. Ich drehte das Photo um, sah, daß die Rückseite leer war, und legte das Ding mit der Bildseite nach unten auf meinen Schreibtisch.

»Erzählen Sie mal«, sagte ich vorsichtig.

Dravec wischte sich mit dem Ärmel die Tränen vom Gesicht, legte die Hände flach auf den Tisch und starrte auf seine dreckigen Fingernägel nieder. Seine Finger zitterten auf dem Tisch.

»Ein Kerl hat mich angerufen«, sagte er mit toter Stimme. »Zehn Riesen für die Platte und die Abzüge. Der Handel muß noch heute abend perfekt sein, sonst geben sie das Zeug an irgendein Skandalblatt weiter.«

»Das ist doch fauler Zauber«, sagte ich. »Ein Skandalblatt könnte gar nichts damit anfangen, es sei denn, es hinge eine Geschichte dran. Was für eine Geschichte hängt denn dran?«

Er hob ganz langsam die Brauen, als wären sie sehr schwer. »Das ist noch nicht alles. Der Kerl hat gesagt, ich könnte in Teufels Küche kommen. Ich sollte's mir ja nicht zu lange überlegen, sonst wäre mein Mädchen inzwischen im Knast gelandet.«

»Was für eine Geschichte hängt noch dran?« fragte ich zum zweitenmal und stopfte mir meine Pfeife. »Was sagt denn Carmen dazu?«

Er schüttelte seinen großen Zottelkopf. »Ich hab sie gar nicht gefragt. Hab's nicht übers Herz gebracht. Das arme kleine Mädelchen. Überhaupt nichts an . . . Nein, ich hab's nicht übers Herz bringen können ... Wegen Steiner haben Sie wahrscheinlich noch nichts unternommen.«

»Brauchte ich nicht«, sagte ich. »Jemand ist mir da schon zuvorgekommen.«

Er starrte mich offenen Mundes an, begriff nicht. Es war offensichtlich, daß er von der Sache gestern abend nichts wußte.

»Ist Carmen gestern abend überhaupt zu Hause gewesen?« fragte ich beiläufig.

Er starrte immer noch mit offenem Mund, tappte im Dunkel seiner Gedanken.

»Ja – sicher. Sie war krank. Sie lag krank im Bett, als ich nach Hause kam. Sie war überhaupt nicht ausgegangen ... Wie haben Sie das gemeint eben – mit Steiner?«

Ich griff nach der Flasche Roggenwhisky und goß uns jedem einen Schluck ein. Dann zündete ich meine Pfeife an.

»Steiner ist tot«, sagte ich. »Irgendwer hat seine Tricks satt gekriegt und ihm ein paar Löcher in die Gestalt geschossen. Gestern abend, während des Regens.«

»Ach du guter Gott«, sagte er verdutzt. »Sie waren dabei?«

Ich schüttelte den Kopf. »Ich nicht. Aber Carmen war dabei. Das hat der Kerl, der Sie anrief, gemeint, von wegen Sie könnten in Teufels Küche kommen. Aber natürlich hat nicht Carmen geschossen.«

Dravecs Gesicht wurde rot und wütend. Er ballte die Fäuste. Sein Atem ging in schweres Keuchen über, und der Puls schlug ihm sichtbar an der Halsseite.

»Das ist nicht wahr! Sie war krank. Sie ist überhaupt nicht ausgegangen. Sie lag krank im Bett, als ich nach Hause kam!«

»Das haben Sie mir schon gesagt«, antwortete ich. »Und *das* ist nicht wahr. Ich habe Carmen selber nach Hause gebracht. Das Dienstmädchen weiß Bescheid, hat aber wohl diskret sein wollen. Carmen war bei Steiner im Haus, und ich saß draußen auf Posten, in meinem Wagen. Ein Schuß krachte, dreimal insgesamt, und jemand lief weg. Ich habe ihn nicht gesehen. Carmen war derart betrunken, daß sie ihn ebenfalls nicht sehen konnte. *Das* war ihre Krankheit.«

Seine Augen versuchten sich auf mein Gesicht zu konzentrieren, aber sie waren vage und leer, als sei alles Licht in ihnen erloschen. Er umklammerte die Armlehnen des Sessels. Die Haut über seinen starken Knöcheln spannte sich und wurde weiß.

»Das hat sie mir gar nicht erzählt«, flüsterte er. »Das hat sie mir gar nicht erzählt. Mir, der ich doch alles für sie tun würde!« Es lag keinerlei Empfindung in seiner Stimme; nur die tote Erschöpfung des Verzweifeltseins.

Er schob seinen Sessel ein wenig zurück. »Ich gehe das Geld besorgen«, sagte er. »Die zehn Riesen. Vielleicht hält der Kerl den Mund.«

Dann brach er zusammen. Sein großer ruppiger Kopf sank auf den Schreibtisch nieder, und Schluchzen erschütterte seinen ganzen Körper. Ich stand auf und ging um den Tisch herum und tätschelte ihm die Schulter, tätschelte sie ihm weiter und immer weiter, sagte nichts dabei. Nach einer Weile hob er sein von Tränen verschmiertes Gesicht und grapschte nach meiner Hand. »Mein Gott, Sie sind ein guter Mensch«, schluchzte er.

»Sie wissen noch nicht einmal die Hälfte.«

Ich entzog ihm meine Hand und drückte ihm einen Drink in die Pfote, half ihm das Glas an die Lippen setzen, es leeren. Dann nahm ich ihm das leere Glas aus der Hand und stellte es wieder auf den Tisch. Und setzte mich wieder hin.

»Sie müssen sich zusammenreißen«, sagte ich grimmig. »Die Polizei weiß noch nichts von der Sache mit Steiner. Ich hab Carmen nach Hause gebracht und im übrigen den Mund gehalten. Ich wollte Ihnen und Carmen eine Chance geben. Damit sitze ich selber mit drin. Jetzt kommt alles auf Sie an.«

Er nickte langsam, schwerfällig. »Ja – ja, ich tue, was Sie sagen – alles, was Sie sagen.«

»Besorgen Sie sich das Geld«, sagte ich. »Halten Sie's auf Abruf bereit. Ich hab mir da so verschiedenes überlegt, und vielleicht werden Sie's gar nicht brauchen. Aber wir haben keine Zeit, um gerissene Pläne zu schmieden . . . Besorgen Sie sich das Geld und setzen Sie sich dann fest auf Ihren Hintern und machen Sie den Mund zu. Überlassen Sie das übrige alles mir. Meinen Sie, daß Sie das schaffen?«

»Ja-ah«, sagte er. »Mein Gott, Sie sind ein guter Mensch!«

»Und reden Sie nicht mit Carmen darüber«, sagte ich noch. »Je weniger ihr noch erinnerlich ist aus ihrem Rausch, desto besser. Dieses Bild« – ich berührte die Rückseite des Photos auf dem Tisch – »beweist, daß jemand mit Steiner zusammengearbeitet hat. Wir müssen ihn erwischen, und zwar schnell – selbst wenn es zehn Riesen kostet.«

Er stand langsam auf. »Das hat nichts zu sagen. Das ist bloß Geld. Ich hole es mir jetzt. Dann fahre ich nach Hause. Sie machen alles so, wie Sie's für richtig halten. Ich mache bloß, was Sie sagen.«

Er grapschte wieder nach meiner Hand, schüttelte sie und ging langsam aus dem Büro. Ich hörte, wie er sich mit schweren Schritten durch den Flur davonschleppte.

Ich nahm noch rasch ein paar Schlückchen zu mir und wischte mir die Sorgenfalten aus dem Gesicht.

VIII

Ich steuerte meinen Chrysler langsam die La Verne Terrace hinauf auf Steiners Haus zu.

Jetzt, bei Tageslicht, konnte ich den Steilhang besser erkennen und die hölzerne Treppe, über die der Mörder entkommen war. Die Straße unten war fast so schmal wie ein Gäßchen. Zwei kleine Häuser stießen daran, aber ein ganzes Stück von Steiners Gelände entfernt. Bei dem Geräusch, das der Regen gemacht hatte, ließ sich kaum annehmen, daß einem der Bewohner die Schüsse überhaupt aufgefallen waren.

Steiners Haus sah richtig friedlich aus unter der Nachmittagssonne. Die ungestrichenen Dachschindeln waren immer noch feucht vom Regen. Die Bäume auf der anderen Seite der Straße zeigten ein frisches Grün. Auf der Straße fuhren keinerlei Autos.

Etwas regte sich hinter der eckig geschnittenen Buchsbaumhecke, die Steiners Haustür abschirmte.

Carmen Dravec, in grün-weiß kariertem Mantel und ohne Hut, trat durch die Lücke, blieb jäh wie angewurzelt stehen, sah mich wildäugig an, als hätte sie den Wagen überhaupt nicht gehört. Sie wich rasch hinter die Hecke zurück. Ich fuhr weiter und parkte vor dem leeren Haus.

Ich stieg aus und ging zurück. So mitten im hellen Sonnenlicht hatte ich dabei das Gefühl, etwas sehr Leichtsinniges und Gefährliches zu tun.

Ich trat durch die Heckenlücke, und da stand das Mädchen sehr starr und sehr still vor der halboffenen Haustür. Eine Hand hob sie langsam zum Mund, und ihre Zähne bissen auf einen leicht komisch wirkenden Daumen, der wie ein zusätzlicher Finger aussah. Sie hatte tiefe purpurschwarze Ringe unter den angsterfüllten Augen.

Ich schob sie ins Haus zurück, ohne etwas zu sagen, schloß die Tür. Drinnen standen wir dann und sahen einander an. Sie ließ ganz langsam die Hand sinken und versuchte zu lächeln. Dann wich plötzlich aller Ausdruck aus ihrem weißen Gesicht, und sie sah so intelligent aus wie der Boden eines Schuhkartons.

Ich brachte liebenswürdige Sanftmut in meine Stimme und sagte: »Immer mit der Ruhe. Ich bin ein Freund. Setzen Sie sich mal in den Sessel da am Schreibtisch. Ich bin ein Freund Ihres Vaters. Geraten Sie nicht in Panik.«

Sie ging und setzte sich auf das gelbe Kissen in dem schwarzen Sessel an Steiners Schreibtisch.

Der Raum wirkte dekadent und nicht ganz astrein bei Tageslicht. Er stank immer noch nach Äther.

Carmen leckte sich die Mundwinkel mit der Spitze einer weißlichen Zunge. Ihre dunklen Augen wirkten stupide jetzt und eher verblüfft als verängstigt. Ich rollte eine Zigarette zwischen den Fingern und schob ein paar Bücher aus dem Weg, um mich auf die Schreibtischkante zu setzen. Ich zündete mir die Zigarette an, paffte ein Weilchen langsam vor mich hin, fragte dann: »Was machen Sie hier?«

Sie zupfte am Stoff ihres Mantels herum, gab keine Antwort. Ich versuchte es noch einmal.

»Wieviel ist Ihnen noch in Erinnerung von gestern abend?«

Darauf wußte sie eine Antwort. »In Erinnerung? Ich war krank gestern abend – zu Hause.« Ihre Stimme war ein vorsichtiges, kehliges Flüstern, das nur so eben noch mein Ohr erreichte.

»Vorher«, sagte ich. »Bevor ich Sie nach Hause brachte. Hier.«

Eine langsame Röte kroch ihr die Kehle hinauf, und ihre Augen weiteten sich. »Sie – Sie waren das?« hauchte sie und begann wieder auf ihrem komischen Daumen zu kauen.

»Tja, ich war das. Wievel davon haben Sie denn noch im Köpfchen?«

Sie sagte: »Sind Sie von der Polizei?«

»Nein. Ich hab Ihnen schon gesagt, ich bin ein Freund Ihres Vaters.«

»Sie sind nicht von der Polizei?«

»Nein.«

Endlich fiel bei ihr der Groschen. Sie stieß einen langen Seufzer aus. »Was – was wollen Sie dann?«

»Wer hat ihn erschossen?«

Ihre Schultern zuckten zusammen in dem karierten Mantel, aber in ihrem Gesicht änderte sich eigentlich nichts. Ihre Augen bekamen langsam etwas Hinterhältiges.

»Wer – wer weiß es sonst noch?«

»Das mit Steiner? Keine Ahnung. Die Polizei jedenfalls nicht, sonst wäre jemand hier. Vielleicht Marty.«

Das war bloß so ein Schuß ins Blaue, aber er entriß ihr einen jähen scharfen Schrei. »Marty!«

Wir waren beide eine Minute lang still. Ich sog an meiner Zigarette, und sie kaute auf ihrem Daumen.

»Bilden Sie sich bloß keine Flötentöne ein«, sagte ich. »Hat Marty ihn umgebracht?«

Ihr Kinn senkte sich einen Zoll. »Ja.«

»Und warum hat er's getan?«

»Ich – ich weiß nicht«, sagte sie sehr dumpf.

»Haben Sie ihn oft gesehen in letzter Zeit?«

Ihre Hände ballten sich. »Bloß so ein- oder zweimal.«

»Wissen Sie, wo er wohnt?«

»Ja!« Die Antwort spuckte sie mir fast ins Gesicht.

»Nanu, was ist denn? Ich dachte, Sie mögen Marty.«

»Ich hasse ihn!« schrie sie fast.

»Dann ist er Ihnen sicher ein paar Jährchen wert«, sagte ich.

Das war ihr nun wieder dunkel. Also mußte ich erklären. »Ich meine, dann sind Sie doch sicher bereit, vor der Polizei auszusagen, daß es Marty war, oder?«

Plötzliche Panik flammte in ihren Augen.

»Wenn ich die Sache mit dem Nacktphoto unter den Tisch fallenlasse«, sagte ich besänftigend.

Sie kicherte.

Das gab mir ein ziemlich fatales Gefühl. Wenn sie geschrien hätte oder weiß geworden oder sogar umgekippt wäre, so hätte sich das noch einigermaßen natürlich ausgenommen. Aber sie kicherte bloß einfach. Ich fing an, ihren Anblick zu hassen. Wenn ich sie bloß ansah, wurde mir schon mulmig zumute.

Ihr Gekicher hielt an, lief im Zimmer herum wie ein Rudel Ratten. Es steigerte sich nach und nach zur Hysterie. Ich rutschte von der Schreibtischkante, tat einen Schritt auf sie zu und schlug ihr ins Gesicht.

»Ganz wie gestern abend«, sagte ich.

Das Kichern hörte schlagartig auf, und die Daumenkauerei ging wieder los. Meine Schläge machten offenbar immer noch keinerlei Eindruck auf sie. Ich hockte mich wieder auf das Ende des Schreibtischs.

»Sie sind hergekommen, um nach der Platte in der Kamera zu sehen – der Aufnahme, wo Sie im Geburtskostüm drauf sind«, sagte ich ihr auf den Kopf zu.

Ihr Kinn kam hoch und senkte sich wieder.

»Zu spät. Ich hab schon gestern abend danach gesucht. Und da war es bereits weg. Vermutlich hat's Marty. Sie haben mir das mit Marty doch nicht bloß vorgeflunkert?«

Sie schüttelte heftig den Kopf. Sie stand langsam vom Sessel auf. Ihre Augen waren schmal und schlehenschwarz und so seicht und flach wie eine Austernmuschel.

»Ich muß jetzt gehen«, sagte sie, als hätten wir bloß eine Tasse Tee zusammen getrunken.

Sie ging zur Tür hinüber und streckte eben die Hand aus, um sie zu öffnen, als ein Wagen den Berg heraufkam und draußen vor dem Haus hielt. Jemand stieg aus dem Wagen.

Sie wandte sich um und starrte mich an, von jähem Schrecken erfüllt.

Die Tür ging in aller Ruhe auf, und ein Mann schaute zu uns herein.

IX

Er hatte ein scharfgeschnittenes Adlergesicht und trug einen braunen Anzug sowie einen schwarzen Filzhut. Sein linker Rockärmel war unten umgeschlagen und mit einer Sicherheitsnadel an der Jakkenseite festgesteckt.

Er nahm den Hut ab, schloß die Tür, indem er sie mit der Schulter zuschob, sah Carmen mit einem freundlichen Lächeln an. Er hatte kurzgestutztes schwarzes Haar und einen knochigen Schädel. Der Anzug stand ihm gut. Er wirkte nicht gerade gewalttätig.

»Ich bin Guy Slade«, sagte er. »Entschuldigen Sie, daß ich hier so einfach reinkomme. Die Klingel funktionierte nicht. Ist Steiner da?«

Er hatte die Klingel gar nicht probiert. Carmen sah ihn mit leeren Augen an, dann mich, dann wieder ihn. Sie leckte sich die Lippen, sagte aber keinen Ton.

Ich sagte: »Steiner ist nicht da, Mr. Slade. Wir wissen selber nicht, wo er steckt.«

Er nickte und berührte sein langes Kinn mit der Krempe seines Hutes.

»Freunde von ihm?«

»Wir haben bloß wegen eines Buches hereingeschaut«, sagte ich und gab ihm sein Lächeln zurück. »Die Tür stand halb offen. Wir haben geklopft und sind dann einfach reingegangen. Genauso wie Sie.«

»Ich verstehe«, sagte Slade gedankenvoll. »Ganz einfach.«

Ich sagte nichts. Carmen sagte nichts. Sie starrte nur wie gebannt auf seinen leeren Rockärmel.

»Eines Buches wegen, soso«, fuhr Slade fort. Die Art, wie er das sagte, sprach Bände. Er kannte Steiners Geschäfte, höchstwahrscheinlich jedenfalls.

Ich bewegte mich zur Tür hinüber. »Bloß daß *Sie* nicht geklopft haben«, sagte ich.

Er lächelte mit leichter Verlegenheit. »Das ist richtig. Ich hätte klopfen sollen. Tut mir leid.«

»Tja, dann wollen wir mal abschwirren«, sagte ich lässig. Ich griff nach Carmens Arm.

»Soll ich was ausrichten – wenn Steiner zurückkommt?« fragte Slade sanft.

»Wir möchten Ihnen keine Mühe machen.«

»Das tut mir aber leid«, sagte er, eine Spur zu gewichtig.

Ich ließ Carmens Arm los und tat einen langsamen Schritt von ihr fort. Slade hatte immer noch den Hut in der Hand. Er rührte sich nicht. Seine tiefliegenden Augen blinzelten freundlich.

Ich machte die Tür wieder auf.

Slade sagte: »Das Mädchen kann gehen. Aber mit Ihnen möchte ich mich gern noch ein bißchen unterhalten.«

Ich starrte ihn an, versuchte ein sehr leeres Gesicht zu machen.

»Kleiner Witzbold, was?« sagte Slade liebenswürdig.

Carmen gab einen plötzlichen Laut von sich an meiner Seite und rannte durch die Tür hinaus. Einen Augenblick später hörte ich sie den Berg hinunterlaufen. Ich hatte ihren Wagen nicht gesehen, doch war er vermutlich irgendwo in der Nähe abgestellt.

Ich setzte an: »Also was zum Teufel . . .«

»Sparen Sie sich das«, unterbrach Slade kalt. »Hier ist irgendwas faul. Ich will bloß rauskriegen, was das ist.«

Er begann lässig im Zimmer herumzuwandern – zu lässig. Er runzelte dabei die Stirn, achtete gar nicht weiter auf mich. Das machte mich nachdenklich. Ich warf einen raschen Blick aus dem Fenster, konnte aber nichts sehen, außer dem Verdeck seines Wagens über der Hecke.

Slade fand die bauchige Karaffe und die beiden dünnen purpurnen Gläser auf dem Schreibtisch. Er schnüffelte an einem davon. Ein angewidertes Lächeln kräuselte seine dünnen Lippen. »Diese lausige Tunte«, sagte er tonlos.

Er sah nach den Büchern auf dem Schreibtisch, berührte kurz eins oder zwei davon, ging dann um den Tisch herum und blieb vor dem Totempfahl stehen. Er starrte ihn an. Dann wanderte sein Blick nieder auf den Boden, auf den dünnen Teppich, der die Stelle bedeckte, wo Steiners Leiche gelegen hatte. Slade schob den Teppich mit dem Fuß beiseite und spannte sich plötzlich, blickte wie erstarrt.

Es war entweder eine blendend gelungene Vorstellung, die er gab – oder er besaß eine Nase, die ich in meinem Beruf hätte gebrauchen können. Ich war nicht ganz sicher, wofür ich mich entscheiden sollte – noch nicht; aber ich dachte jetzt doch angestrengt darüber nach.

Er ließ sich langsam auf ein Knie nieder. Der Schreibtisch verbarg ihn teilweise vor mir.

Ich zog meine Pistole unter dem Arm hervor, tat beide Hände auf den Rücken und lehnte mich gegen die Wand.

Ein scharfer, hastiger Ausruf erscholl, dann schoß Slade auf die Füße. Sein Arm blitzte hoch. Eine lange schwarze Lueger glitt gekonnt in seine Hand. Ich rührte mich nicht. Slade hielt die Lueger in langen, blassen Fingern, nicht auf mich gerichtet, überhaupt auf nichts gerichtet.

»Blut«, sagte er ruhig, grimmig, die tiefliegenden Augen jetzt schwarz und hart. »Blut auf dem Boden hier, unter einem Teppich. Eine ganze Menge Blut.«

Ich grinste ihn an. »Hab ich auch schon spitzgekriegt«, sagte ich. »Ist aber altes Blut. Schon lange getrocknet.«

Er glitt seitlich in den schwarzen Stuhl hinter Steiners Schreibtisch und angelte sich das Telephon, indem er mit der Lueger dahinterhakte. Er blickte stirnrunzelnd auf das Telephon nieder, dann stirnrunzelnd zu mir auf.

»Ich glaube, wir holen mal ein bißchen Polizei her«, sagte er.

»Von mir aus.«

Slades Augen wurden schmal und so hart wie Jet. Daß ich ihm beipflichtete, paßte ihm gar nicht. Die Tünche war von ihm abgeblättert, und übrig blieb ein gutgekleideter harter Boy mit einer Lueger, der auch ganz danach aussah, als könnte er damit umgehen.

»Wer, zum Teufel, sind Sie eigentlich?« grummelte er.

»Privatschnüffler. Name tut nichts zur Sache. Das Mädchen ist meine Klientin. Steiner hat mit ihr Schlitten fahren wollen, kleine dreckige Erpressung. Wir kamen her, um mit ihm zu reden. Er war nicht da.«

»Und da sind Sie hier einfach so reingestiefelt, was?«

»Stimmt auffallend. Wieso denn nicht? Denken Sie etwa, wir hätten Steiner umgepustet, Mr. Slade?«

Er lächelte leicht, dünn, sagte aber nichts.

»Oder denken Sie, Steiner hat irgendwen umgepustet und ist ausgerückt?« regte ich an.

»Steiner hat niemanden umgepustet«, sagte Slade. »Steiner hatte nicht mal so viel Mumm wie eine kranke Katze.«

Ich sagte: »Aber hier sehen Sie doch nun keinen Menschen, oder? Vielleicht hat Steiner sich zum Abendessen Hühnchen gebraten und die kleinen Viecher spaßeshalber im Wohnzimmer geschlachtet.«

»Ich versteh Ihre Witze nicht. Ich versteh überhaupt Ihr ganzes Spiel hier nicht.«

Ich grinste wieder. »Los, rufen Sie doch ruhig mal Ihre Freunde bei der Polizei an. Die Reaktion, die's dann gibt, dürfte Ihnen allerdings kaum zusagen.«

Er dachte darüber nach, ohne einen Muskel zu bewegen. Seine Lippen spannten sich über den Zähnen.

»Wieso nicht?« fragte er schließlich mit vorsichtiger Stimme.

Ich sagte: »Ich kenne Sie, Mr. Slade. Sie haben den Aladdin Club unten an den Palisades. Piekfeines Spiellokal. Gedämpftes Licht und Abendkleidung, dazu kaltes Buffet. Sie kennen Steiner gut genug, um ohne Anklopfen bei ihm ins Haus gehen zu können. Steiners Gewerbe brauchte hin und wieder ein bißchen Protektion. Die hatten Sie zu bieten.«

Slades Finger spannten sich um die Lueger, entspannten sich

dann wieder. Er legte die Lueger auf den Tisch, nahm aber die Hand nicht fort. Sein Mund wurde eine harte weiße Grimasse.

»Irgend jemand hat sich Steiner vorgeknöpft«, sagte er leise, und die Stimme und der Ausdruck auf seinem Gesicht waren so, als gehörten sie zwei verschiedenen Menschen. »Im Laden ist er heute den ganzen Tag nicht aufgetaucht. Er ist auch nicht ans Telephon gegangen. Da bin ich hier raufgefahren, um mal nach dem Rechten zu sehen.«

»Freut mich, zu hören, daß Sie Steiner nicht selber umgepustet haben«, sagte ich.

Die Lueger fuhr wieder hoch und suchte sich als Ziel meine Brust. Ich sagte: »Nun legen Sie die Kanone mal wieder hin, Slade. Sie wissen längst nicht genug, um jetzt schon losballern zu können. Daß ich nicht kugelfest bin, ist ein Gedanke, an den ich mich langsam gewöhnt habe. Also lassen Sie das Ding mal beiseite. Ich will Ihnen was verraten – falls Sie's nicht schon wissen. Jemand hat heute sämtliche Bücher aus Steiners Laden weggeschafft – die Bücher, mit denen er seine eigentlichen Geschäfte machte.«

Slade legte seine Pistole zum zweitenmal auf den Schreibtisch. Er lehnte sich zurück und quälte sich einen liebenswürdigen Ausdruck aufs Gesicht. »Ich höre«, sagte er.

»Ich bin ebenfalls der Ansicht, daß irgendwer sich Steiner vorgeknöpft hat«, erklärte ich ihm. »Ich halte das Blut da für sein Blut. Daß die Bücher aus seinem Laden weggeschafft worden sind, gibt zu der Vermutung Anlaß, daß man auch seine Leiche hier weggeschafft hat. Irgend jemand will das Geschäft übernehmen und wünscht nicht, daß Steiner gefunden wird, bevor alles unter Dach und Fach ist. Wer immer es war, er hätte das Blut aufwischen sollen. Das hat er aber nicht getan.«

Slade lauschte schweigend. Die Spitzen seiner Brauen bildeten scharfe Winkel auf der weißen Haut seiner Stirn. Ich fuhr fort: »Steiner umzubringen, um sich sein Geschäft unter den Nagel zu reißen, wäre ein blöder Einfall, und ich bin nicht sicher, ob die Sache so gelaufen ist. Ganz sicher aber weiß ich eins: wer immer die Bücher abgeholt hat, er ist jedenfalls im Bilde, und die Blondine unten im Laden hat vor irgendwas eine Todesangst.«

»Sonst noch was?« fragte Slade ungerührt.

»Im Moment nicht. Es gibt da noch ein Stückchen Skandalgeschichte, der ich nachgehen muß. Wenn ich's rausgekriegt habe, erzähl ich Ihnen vielleicht, wo's langgeht. Dann können Ihre Muskelmänner in Aktion treten.«

»Das können die noch besser jetzt gleich«, sagte Slade. Dann zog er die Lippen gegen die Zähne zurück und pfiff scharf, zweimal.

Ich fuhr auf. Draußen schlug eine Wagentür. Schritte klangen.

Ich brachte die Pistole hinter dem Rücken vor. Slades Gesicht verzerrte sich, und seine Hand schnappte nach der Lueger, die vor ihm lag, wollte den Kolben fassen.

Ich sagte: »Nicht anrühren!«

Er kam steif auf die Füße, vorgebeugt, die Hand auf der Pistole, aber die Pistole nicht in der Hand. Ich schlüpfte an ihm vorbei in den Flur und drehte mich um, als zwei Männer ins Zimmer kamen.

Der eine hatte kurzes rotes Haar, ein weißes, zerfurchtes Gesicht, unstete Augen. Der andere war offensichtlich Boxer, ein gutaussehender Junge, wenn man von der plattgeschlagenen Nase absah und dem einen Ohr, das so dick war wie ein Lendensteak.

Keiner der Neuankömmlinge hatte, soweit sichtbar, eine Pistole. Sie blieben stehen, starrten.

Ich stand hinter Slade in der Tür. Slade lehnte vor mir über dem Schreibtisch, rührte sich nicht.

Der Mund des Boxers öffnete sich zu einem breiten Knurren, zeigte scharfe weiße Zähne. Der Rotschopf sah ein bißchen zittrig und verängstigt aus.

Slade hatte blendende Nerven. Mit glatter, leiser, aber sehr klarer Stimme sagte er: »Dieser Lump hat Steiner umgelegt, Jungs. Schnappt ihn euch!«

Der Rotschopf faßte seine Unterlippe mit den Zähnen und wollte dann mit der Hand etwas fassen, was sich unter seinem linken Arm befand. Er kam aber nicht so weit. Ich war auf alles gefaßt und zögerte nicht, ich schoß ihn durch die rechte Schulter, so widerlich mir das auch war. Die Pistole machte einen Riesenkrach in dem geschlossenen Raum. Mir kam es so vor, als müßte man's in der ganzen Stadt gehört haben. Der Rotschopf ging zu Boden und wand sich und drosch um sich, als hätte ich ihn in den Bauch geschossen.

Der Boxer rührte sich nicht. Er wußte vermutlich, daß er nicht genug Tempo in seinem Arm hatte. Slade grapschte sich die Lueger und wollte sich herumwerfen. Ich trat einen Schritt vor und schmetterte ihm eins hinter das Ohr. Er sackte schlapp über den Schreibtisch nach vorn, und die Lueger flog gegen eine Bücherreihe.

Slade hörte mich nicht mehr, als ich sagte: »Ich finde's zum Kotzen, einen einarmigen Mann von hinten niederzuschlagen, Slade. Und *ich* war nicht scharf auf die Vorstellung hier. Sie haben's sich selber zuzuschreiben.«

Der Boxer grinste mich an und sagte: »Okay, Verehrtester. Was wird jetzt?«

»Ich möchte mich gern schlicht und einfach entfernen, wenn das ohne weitere Schießereien geht. Aber ich kann auch hierbleiben und warten, bis Polizei kommt. Mir ist das alles egal.«

Er dachte ruhig darüber nach. Der Rotschopf am Boden gab stöhnende Laute von sich. Slade war sehr still.

Der Boxer hob langsam die Hände und verschränkte sie im Nakken. Er sagte kühl: »Ich weiß nicht, worum sich's dreht hier, aber es ist mir schnurzegal, wo Sie hingehen und was Sie machen, wenn Sie da angekommen sind. Und der Laden hier entspricht auch nicht meinen Vorstellungen für eine Blei-Party. Hauen Sie ab!«

»Kluger Junge. Sie haben mehr Grips als Ihr Boss.«

Ich drückte mich um den Schreibtisch herum, zog mich in Richtung der offenen Tür zurück. Der Boxer drehte sich langsam mit, mir immer zugewandt, und behielt die Hände folgsam im Nacken. Auf seinem Gesicht lag ein schiefes, aber fast gutmütiges Grinsen.

Ich verzog mich durch die Tür und sprintete durch die Heckenlücke und den Berg hinauf, immer halb in der Erwartung, daß jeden Moment Blei hinter mir herfliegen würde. Es kam aber keins.

Ich sprang in den Chrysler und jagte ihn hoch über den Berghang und fort aus der ganzen Gegend.

X

Es war nach fünf, als ich gegenüber dem Apartmenthaus an der Randall Place hielt. Ein paar Fenster hatten bereits Licht, und Radios plärrten mißtönend ihre verschiedenen Programme. Ich fuhr mit dem automatischen Fahrstuhl in den dritten Stock. Apartment 405 lag am Ende eines langen Flurs, der mit einem grünen Teppich ausgelegt und elfenbeingelb getäfelt war. Aus den offenen Türen, die zur Feuertreppe führten, blies eine kühle Brise durch den Flur.

Neben der Tür mit der Ziffer 405 befand sich ein kleiner Elfenbeinknopf. Ich drückte drauf.

Nach einer ganzen Weile erst öffnete ein Mann die Tür, kaum mehr als einen Fußbreit. Es war ein langbeiniger, dünner Mann mit dunkelbraunen Augen in einem sehr braunen Gesicht. Drahtiges Haar wuchs ihm weit hinten auf dem Kopf, so daß seine braune Stirn sehr hoch und gewölbt wirkte. Seine braunen Augen prüften mich mit einem unpersönlichen Blick.

Ich sagte: »Steiner?«

Nichts im Gesicht des Mannes veränderte sich. Er brachte hinter der Tür eine Zigarette hervor und steckte sie sich langsam zwischen feste braune Lippen. Rauchfetzen kamen auf mich zu und hinter ihnen Worte einer kühlen, hastlosen Stimme ohne Modulation. »Was haben Sie gesagt?«

»Steiner. Harold Hardwicke Steiner. Der Bursche, der die Bücher hat.«

Der Mann nickte. Er bedachte meine Bemerkung ohne Eile. Er schielte auf das Mundstück seiner Zigarette, sagte: »Glaube, den kenn ich. Macht aber keine Besuche hier. Wer hat Sie geschickt?«

Ich lächelte. Das gefiel ihm gar nicht. Ich sagte: »Sie sind Marty?«

Das braune Gesicht wurde härter. »Na und? Wollen Sie irgendein faules Ei legen – oder amüsieren Sie sich bloß?«

Ich bewegte ganz beiläufig den linken Fuß ein wenig vor, weit genug, daß er die Tür nicht mehr zuschlagen konnte.

»Sie haben die Bücher«, sagte ich. »Und ich hab die Kundenliste. Wie wär's mit einem kleinen Plausch darüber?«

Marty wandte die Augen nicht von meinem Gesicht. Seine rechte Hand verschwand wieder hinter der Tür, und seiner Schulter war anzusehen, daß er irgendwelche Bewegungen machte mit der Hand. Im Zimmer hinter ihm war ein schwaches Geräusch zu hören – ganz schwach aber nur. Ein Vorhangring klickte leicht an einer Stange.

Dann öffnete er weit die Tür. »Warum nicht? Wenn Sie meinen, Sie haben was anzubieten«, sagte er kühl.

Ich trat an ihm vorbei in das Zimmer. Es war ein freundlicher Raum, gut möbliert und nicht allzu überladen. Fenstertüren führten in der gegenüberliegenden Wand auf einen Balkon hinaus, mit Aussicht auf die Vorberge, die sich in der Dämmerung schon langsam purpurn färbten. Neben den Fenstern befand sich eine geschlossene Tür. Eine weitere Tür in derselben Wand, aber auf der anderen Seite, war von einem Vorhang verdeckt, der an einer Messingstange über dem Türsturz hing.

Ich setzte mich auf ein Sofa an der Wand, in der sich keine Türen befanden. Marty schloß die Tür und ging seitlich, mich immer im Auge, zu einem großen Eichenschreibschrank hinüber, der einen Zierbeschlag aus quadratischen Nägeln hatte. Eine Zigarrenkiste aus Zedernholz mit vergoldeten Scharnieren stand auf der heruntergelassenen Platte des Schreibschranks. Marty griff sie sich, ohne den Blick von mir zu wenden, trug sie zu einem niedrigen Tischchen neben einem Sessel. Dann ließ er sich in dem Sessel nieder.

Ich legte meinen Hut neben mich und öffnete den obersten Knopf meines Mantels und lächelte Marty an.

»Nun, also – ich höre«, sagte er.

Er quetschte seine Zigarette aus, hob den Deckel der Zigarrenkiste und nahm zwei dicke Zigarren heraus.

»Rauchen Sie?« fragte er beiläufig und schnippte mir die eine Zigarre hinüber.

Ich fing sie mit beiden Händen auf, und damit war ich reingefallen. Marty ließ die andere Zigarre in das Kistchen zurückgleiten und hatte ganz plötzlich eine Pistole in der Hand.

Ich sah die Pistole höflich an. Es war eine 38er, ein Polizei-Colt. Dagegen hatte ich im Augenblick kein Argument.

»Jetzt stehen Sie mal ein bißchen auf«, sagte Marty. »Treten Sie vor, aber bloß ein paar Schritte. Sie können sich dabei ruhig in der

Luft über Ihrem Kopf festhalten.« Seine Stimme hatte einen bemüht beiläufigen Klang.

Ich kochte innerlich vor Wut, grinste ihn aber bloß an. Ich sagte: »Sie sind heut schon der zweite, der sich einbildet, er hat die ganze Welt am Schwanz, wenn er eine Kanone in den Fingern hält. Stekken Sie das Ding wieder weg und lassen Sie uns reden.«

Martys Brauen zogen sich zusammen, und er schob das Kinn ein wenig vor. Seine braunen Augen zeigten eine vage Beunruhigung.

Wir starrten einander an. Ich vermied es, den Blick auf den spitzen schwarzen Schuh zu richten, der unter dem Türvorhang zu meiner Linken zu sehen war.

Marty trug einen dunkelblauen Anzug, ein blaues Hemd und eine schwarze Krawatte. Sein braunes Gesicht wirkte düster über den dunklen Farben. Er sagte leise, mit zögernder Stimme: »Verstehen Sie mich nicht falsch. Ich bin kein Rabauke – bloß vorsichtig. Ich hab ja keinen blassen Schimmer, wer Sie überhaupt sind. Schließlich könnten Sie ja auch ein Killer sein.«

»Sie sind nicht vorsichtig genug«, sagte ich. »Das Spielchen mit den Büchern war lausig.«

Er holte tief Luft und atmete still wieder aus. Dann lehnte er sich zurück und schlug die langen Beine übereinander, ließ den Colt auf dem Knie ruhen.

»Bilden Sie sich bloß nicht ein, ich würde von dem hier keinen Gebrauch machen im Bedarfsfall. Was haben Sie zu erzählen?«

»Sagen Sie erst mal Ihrer Freundin mit den spitzen Schuhen, sie soll reinkommen«, sagte ich. »Sie hat's schon satt, dauernd die Luft anzuhalten.«

Ohne den Kopf zu wenden, rief Marty: »Komm rein, Agnes.«

Der Vorhang über der Tür schwenkte zur Seite, und die grünäugige Blondine aus Steiners Laden gesellte sich zu uns. Ich war nicht besonders erstaunt, sie hier zu sehen. Sie sah mich bitter an.

»Ich wußte's doch gleich, daß von Ihnen nichts Gutes kommt«, sagte sie wütend zu mir. »Ich hab Joe schon gesagt, er soll sich bloß ja in acht nehmen.«

»Spar dir das«, schnappte Marty. »Joe nimmt sich jede Menge in acht. Mach mal Licht an, damit ich sehen kann, wohin ich schieße, wenn's so weit kommt.«

Die Blondine knipste eine große Stehlampe an, mit einem quadratischen roten Schirm. Sie ließ sich in einem großen Veloursessel darunter nieder und behielt ein erstarrt gequältes Lächeln auf dem Gesicht. Sie hatte Angst, war schon völlig erschöpft vor lauter Angst.

Ich erinnerte mich der Zigarre, die ich aufgefangen hatte, und steckte sie in den Mund. Martys Colt war sehr fest auf mich gerichtet, während ich Streichhölzer hervorholte und mir Feuer gab.

Ich stieß eine Rauchwolke aus und sagte durch den Rauch: »Die Kundenliste, von der ich gesprochen habe, ist in Geheimschrift geschrieben. Ich konnte die Namen also noch nicht lesen, aber es sind rund fünfhundert insgesamt. Sie haben zwölf Kisten Bücher, sagen wir dreihundert. Ebenso viele dürften ausgeliehen sein. Sagen wir mal fünfhundert für den ganzen Lack, bloß als vorsichtige Schätzung. Wenn die Kundenliste gut ist und man nach und nach sämtliche Bücher durchlaufen lassen könnte, gäbe das eine Viertelmillion Leihgebühren. Setzen wir die durchschnittliche Leihgebühr niedrig an – sagen wir auf einen Dollar. Das ist zu niedrig gegriffen, aber sagen wir mal bloß einen Dollar. Das wäre heutzutage ein ganz schönes Sümmchen. Genug, um dafür einen Burschen aus dem Weg zu räumen.«

Die Blondine kreischte auf: »Sie sind ja verrückt, wenn Sie . . .«

»Halt die Klappe!« fuhr Marty sie an.

Die Blondine duckte sich und legte den Kopf wieder gegen den hinteren Sesselrand. Ihr Gesicht war vor innerer Anspannung verzerrt.

»Das Ganze ist kein Geschäft für Ganoven«, fuhr ich gemächlich fort. »Man muß sich Vertrauen erwerben und bewahren. Ich persönlich finde, daß die Erpressungen nebenbei ein Fehler sind. Ich bin dafür, das alles abzustellen.«

Martys dunkelbraune Augen blieben starr und kalt auf mein Gesicht gerichtet. »Sie sind ein komischer Vogel«, sagte er glatt, die Worte in die Länge gezogen. »Wer hat denn dieses wunderschöne Geschäft?«

»Sie haben es«, sagte ich. »Fast.«

Marty sagte keinen Ton.

»Sie haben Steiner erschossen, um es zu kriegen«, sagte ich. »Vergangene Nacht im Regen. War gutes Schießwetter. Das Dumme ist bloß, daß er nicht allein war, als es passierte. Entweder haben Sie das gar nicht gemerkt, oder Sie haben es mit der Angst gekriegt. Jedenfalls sind Sie weggelaufen. Aber dann hatten Sie doch wieder genug Nerven, um zurückzukommen und die Leiche irgendwo zu verstecken – damit Sie das mit den Büchern arrangieren konnten, bevor der Fall an die große Glocke kam.«

Die Blondine gab einen erstickten Laut von sich, wandte dann das Gesicht ab und starrte gegen die Wand. Ihre versilberten Fingernägel gruben sich in ihre Handflächen. Ihre Zähne verbissen sich in ihrer Lippe.

Marty zuckte mit keiner Wimper. Er regte sich überhaupt nicht, und auch der Colt regte sich nicht in seiner Hand. Sein braunes Gesicht war so hart wie ein Stück geschnitztes Holz.

»Jungejunge, Sie riskieren aber was«, sagte er schließlich sanft. »Ein Glück für Sie, daß ich Steiner nicht umgebracht habe.«

Ich grinste ihn an, aber ohne große Begeisterung. »Sie könnten trotzdem dafür drangekriegt werden«, sagte ich.

Martys Stimme war ein trockenes Rascheln von Lauten. »Wollen Sie damit etwa sagen, daß Sie's mir schon angehängt haben?«

»Genauso ist es.«

»Wie das denn?«

»Es gibt jemand, der's so bezeugen wird.«

Da fing er an zu fluchen. »Diese – diese verdammte kleine ...! Das sähe ihr ähnlich – genau das – so ein Dreckstück!«

Ich sagte nichts. Ich ließ ihn darauf herumkauen. Sein Gesicht klärte sich langsam, und er legte den Colt auf den Tisch, behielt aber die Hand in der Nähe.

»Was Sie sagen, klingt nicht nach faulem Schwindel, soweit ich mich da auskenne«, sagte er langsam, die Augen ein schmaler Schimmer zwischen dunklen, verengten Lidern. »Und dann sehe ich überhaupt keine Bullen hier. Was wollen Sie eigentlich?«

Ich zog an meiner Zigarre und behielt seine Pistolenhand im Auge. »Die Platte, die in Steiners Kamera war. Sämtliche Abzüge, die davon gemacht worden sind. Jetzt gleich und auf der Stelle. Sie haben sie – weil Sie sonst nämlich gar nicht wissen könnten, wer gestern abend hier war.«

Marty wandte leicht den Kopf, um Agnes anzusehen. Ihr Gesicht war immer noch zur Wand gerichtet, und immer noch bohrten sich ihre Nägel in ihre Handflächen. Marty sah wieder mich an.

»Da haben Sie sich aber gewaltig geschnitten, wenn Sie das glauben, mein Lieber«, sagte er.

Ich schüttelte den Kopf. »Durchaus nicht. Sie sind ein Vollidiot, wenn Sie sich da stur stellen, Marty. Es ist geradezu kinderleicht, Sie wegen des Mordes dranzukriegen. Alles greift logisch ineinander. Wenn das Mädchen aussagt, spielen die Bilder überhaupt keine Rolle. Aber sie will gar nicht unbedingt aussagen.«

»Sie sind ein Schnüffler?« fragte er.

»Stimmt.«

»Wie sind Sie auf mich gekommen?«

»Ich hatte mich mit Steiner beschäftigt. Steiner hatte sich an Dravec rangemacht. Dravec ist eine sprudelnde Geldquelle. Sie haben ja auch schon mal was davon abgekriegt. Ich bin den Büchern auf der Spur geblieben, von Steiners Laden bis hierher. Der Rest war leicht, als ich dann die Geschichte des Mädchens kannte.«

»Sie sagt, ich hätte Steiner erledigt?«

Ich nickte. »Aber sie könnte sich auch irren.«

Marty seufzte. »Sie haßt mich wie die Pest«, sagte er. »Ich hab ihr den Laufpaß gegeben. Ich bin zwar dafür bezahlt worden, aber getan hätte ich's sowieso. Sie war mir einfach zu anstrengend.«

Ich sagte: »Holen Sie die Bilder, Marty.«

Er stand langsam auf, sah auf den Colt nieder, steckte ihn in die Seitentasche. Seine Hand bewegte sich langsam zur Brusttasche hinauf.

Jemand drückte draußen auf den Klingelknopf und nahm den Finger nicht wieder herunter.

XI

Marty gefiel das gar nicht. Seine Unterlippe zog sich unter die Zähne zurück, und seine Brauen senkten sich an den Ecken. Sein ganzes Gesicht wurde gemein.

Die Klingel schrillte fort.

Die Blondine stand mit einer jähen Bewegung auf. Die Nervenanspannung machte ihr Gesicht alt und häßlich.

Ohne mich aus den Augen zu lassen, riß Marty eine kleine Schublade auf in dem großen Schreibtisch und zog eine kleine, weißgriffige Automatik heraus. Er hielt sie der Blondine hin. Sie kam zu ihm herüber und nahm sie zimperlich entgegen, widerwillig.

»Setz dich da neben den Schnüffler«, befahl er heiser. »Halt ihn in Schach damit. Wenn er auf komische Gedanken kommt, verpaßt du ihm ein paar.«

Die Blondine setzte sich auf das Sofa, kaum einen Meter von mir entfernt, auf der von der Tür abgewandten Seite. Sie richtete die Pistole auf mein Bein. Der verkrampfte Blick in ihren grünen Augen gefiel mir ganz und gar nicht.

Das Klingeln verstummte, und jemand begann an die Tür zu klopfen, rasch, leicht, ungeduldig. Marty ging hinüber und machte auf. Er schob die rechte Hand in die Rocktasche und öffnete die Tür mit der linken, riß sie weit auf.

Carmen Dravec schob ihn ins Zimmer zurück, die Mündung eines kleinen Revolvers auf sein braunes Gesicht gerichtet.

Marty wich vor ihr zurück, behende, fast geschmeidig. Sein Mund stand sperrangelweit offen, und ein Ausdruck von Panik lag auf seinem Gesicht. Er kannte Carmen ziemlich gut.

Carmen schloß die Tür, drang dann vor mit ihrer kleinen Waffe. Sie sah niemanden an außer Marty, schien überhaupt niemanden außer Marty zu sehen. Ihr Gesicht hatte einen benommenen Ausdruck, als stünde sie unter Drogen.

Die Blondine begann auf einmal zu zittern, am ganzen Körper, und riß die weißgriffige Automatik hoch und richtete sie auf Carmen. Meine Hand schoß vor und packte ihre Hand, meine Finger schlossen sich blitzschnell darüber, der Daumen schob die Sicherung vor und hielt sie fest. Es gab ein kurzes Handgemenge, dem weder Marty noch Carmen die geringste Beachtung schenkten. Dann hatte ich die Pistole.

Die Blondine atmete tief und starrte Carmen Dravec an. Carmen blickte Marty an, mit benommenen Augen, und sagte: »Ich will meine Bilder.«

Marty schluckte und versuchte sie anzulächeln. Er sagte: »Aber sicher, Kleines, klar«, mit einer engen, flachen Stimme, die gar nicht mehr die Stimme war, mit der er vorher zu mir gesprochen hatte.

Carmen sah fast so irre aus, wie sie auf Steiners Stuhl ausgesehen hatte. Aber diesmal hatte sie ihre Stimme und ihre Muskeln in der Gewalt. Sie sagte: »Du hast Hal Steiner erschossen.«

»Moment mal, warten Sie, Carmen!« schrie ich.

Carmen wandte nicht einmal den Kopf. In die Blondine kam ganz plötzlich Leben, sie fuhr mit dem Kopf auf mich los, als wollte sie mich damit rammen, und grub ihre Zähne in meine rechte Hand, die Hand, in der ich ihre Pistole hielt.

Ich schrie noch einmal. Niemand scherte sich drum.

Marty sagte: »Hör doch, Kleines, nie im Leben hab ich . . .«

Die Blondine nahm ihre Zähne aus meiner Hand und spuckte mir mein eigenes Blut entgegen. Dann stürzte sie sich auf mein Bein und versuchte auch daran herumzubeißen. Ich versetzte ihr einen leichten Schlag mit dem Pistolenlauf auf den Kopf und versuchte aufzustehen. Sie rutschte an meinen Beinen nieder und schlang die Arme um meine Knöchel. Ich fiel wieder auf das Sofa zurück. Die Blondine war stark vor wahnsinniger Angst.

Marty grapschte mit der linken Hand nach Carmens Waffe, verfehlte sie. Der kleine Revolver machte ein dumpfes, schweres Geräusch, das gar nicht laut war. Eine Kugel verfehlte Marty und zerschlug die Scheibe in einer der halb aufgezogenen Fenstertüren.

Marty stand wieder vollkommen still. Er sah aus, als hätten ihn auf einmal alle seine Muskeln im Stich gelassen.

»Runter mit Ihnen, reißen Sie sie um, Sie verdammter Idiot!« schrie ich ihn an.

Dann versetzte ich der Blondine einen weiteren Schlag, seitlich gegen den Kopf, viel härter diesmal, und sie rutschte mir von den Füßen weg. Ich kam frei und glitt aus ihrer Nähe.

Marty und Carmen standen einander immer noch gegenüber, wie zwei Statuen.

Etwas sehr Wuchtiges und Schweres prallte draußen gegen die Tür und spaltete sie diagonal von oben bis unten.

Das brachte Marty ins Leben zurück. Er riß den Colt aus der Tasche und sprang zurück. Ich gab einen Schuß auf seine rechte Schulter ab und traf daneben, weil ich ihn nicht schwer hatte verletzen wollen. Das wuchtige Etwas draußen prallte ein zweitesmal gegen die Tür, mit einem Krach, der das ganze Gebäude ins Wanken zu bringen schien.

Ich ließ die kleine Automatik fallen und zerrte meine eigene Pistole heraus, als Dravec zusammen mit den Trümmern der Tür ins Zimmer kam.

Sein Blick war wild, wuttrunken, wie rasend. Seine mächtigen Arme droschen die Luft. Seine Augen waren blutunterlaufen und funkelten, und auf seinen Lippen lag Schaum.

Er traf mich sehr hart seitlich am Kopf, ohne mir dabei auch nur einen Blick zu gönnen. Ich sackte gegen die Wand, zwischen dem Ende des Sofas und der zertrümmerten Tür.

Ich schüttelte den Kopf und versuchte eben, einigermaßen wieder ins Gleichgewicht zu kommen, als Marty zu schießen begann.

Etwas hob jäh die Jacke von Dravecs Rücken ab, als hätte eine Kugel seinen Körper glatt durchschlagen. Er taumelte, richtete sich aber unmittelbar wieder in die Höhe, ging wie ein Stier los.

Ich zielte und schoß Marty in den Leib. Das hieb ihn um, aber der Colt in seiner Hand zuckte und donnerte fort. Dann war Dravec zwischen uns, und Carmen flog wie ein welkes Blatt aus dem Weg, und dann war einfach nichts mehr zu machen.

Martys Kugeln konnten Dravec nicht aufhalten. Nichts hätte das gekonnt. Und wenn er tot gewesen wäre, er hätte Marty immer noch erwischt.

Er bekam ihn an der Kehle zu fassen, als Marty dem großen Mann seine leere Pistole ins Gesicht schlug. Sie prallte ab wie ein Gummiball. Marty schrie gellend auf, und Dravec packte ihn bei der Kehle und hob ihn glatt von den Füßen.

Einen Moment lang kämpften Martys braune Hände um Halt an den Handgelenken des großen Mannes. Etwas krachte scharf, und Martys Hände fielen schlaff nieder. Dann gab es ein zweites, dumpferes Krachen. Grad noch ehe Dravec Martys Hals losließ, sah ich, daß Martys Gesicht eine purpurschwarze Färbung angenommen hatte. Ich entsann mich, fast beiläufig, daß Menschen, die das Genick gebrochen haben, manchmal ihre Zunge verschlucken, bevor sie sterben.

Dann fiel Marty in die Ecke nieder, und Dravec wich langsam von ihm zurück. Er bewegte sich wie ein Mensch, der das Gleichgewicht verliert, der nicht mehr imstande ist, die Füße unter seinem Schwerpunkt zu halten. So tat er vier torkelnde Rückwärtsschritte. Dann kippte sein großer Körper nach hinten, und er stürzte rücklings zu Boden, die Arme weit auseinandergeworfen.

Blut kam ihm aus dem Mund. Seine Augen verzerrten sich, als sähe er durch einen Nebel.

Carmen Dravec sank neben ihm nieder und begann wie ein verängstigtes Tier zu klagen.

Draußen auf dem Flur war Geräusch zu hören, aber niemand zeigte sich in der offenen Tür. Es war zuviel Blei durch die Gegend geflogen.

Ich ging rasch zu Marty hinüber und beugte mich über ihn und fuhr ihm mit der Hand in die Brusttasche. Ich zog einen dicken, quadratischen Umschlag hervor, in dem sich etwas Steifes und Hartes befand. Ich richtete mich damit auf und drehte mich um.

Weit weg klang schwach das Heulen einer Sirene durch die Abendluft, schien langsam lauter zu werden. Ein weißgesichtiger Mann lugte vorsichtig um die Türecke. Ich kniete neben Dravec nieder.

Er versuchte etwas zu sagen, aber ich konnte die Worte nicht verstehen. Dann wich der angestrengte Blick aus seinen Augen, und sie wurden reserviert und gleichgültig, wie die Augen eines Menschen, der in die Ferne schaut, über eine weite Ebene hin.

Carmen sagte wie versteinert: »Er war betrunken. Er zwang mich, ihm zu erzählen, wo ich hinging. Ich hab nicht gewußt, daß er mir nachkam.«

»Wie sollten Sie auch«, sagte ich leer.

Ich stand auf und öffnete den Umschlag. Es waren ein paar Abzüge darin und ein gläsernes Negativ. Ich ließ die Platte auf den Boden fallen und zermahlte sie mit dem Absatz. Ich fing an, die Abzüge in kleine Stücke zu reißen, und ließ die Stücke aus meinen Händen niederflattern.

»Man wird jetzt eine ganze Menge Photos von Ihnen bringen, Mädelchen«, sagte ich. »Aber das hier bringt nun keiner mehr.«

»Ich hab nicht gewußt, daß er mir nachkam«, sagte sie noch einmal und begann auf ihrem Daumen zu kauen.

Die Sirene war jetzt sehr laut geworden vor dem Gebäude draußen. Ihr Heulen erstarb zu einem durchdringenden Dröhnen und verstummte dann ganz, grad um die Zeit, als ich mit dem Zerreißen der Abzüge fertig wurde.

Ich stand still in der Mitte des Zimmers und fragte mich, warum ich mir überhaupt die Mühe gemacht hatte. Aber es spielte jetzt keine Rolle mehr.

XII

Den Ellbogen auf dem großen Nußbaumtisch in Inspektor Ishams Büro und eine brennende Zigarette müßig zwischen den Fingern, sagte Guy Slade, ohne mich anzusehen: »Besten Dank, daß Sie so viel für meinen Leumund getan haben, Schnüffler. Es freut einen doch immer wieder, wenn man Gelegenheit kriegt, den Jungs von der Polizei gegenüberzusitzen.« Er verzog die Augenwinkel zu einem unangenehmen Lächeln.

Ich saß an der Längsseite des Tisches, Isham gegenüber. Isham war hager und grau und trug einen Kneifer. Er sah gar nicht wie ein Bulle aus, verhielt sich auch nicht so und redete auch nicht so. Veilchen M'Gee und ein fröhlich dreinblickender irischer Polizeibeamter namens Grinnell saßen in rundlehnigen Stühlen vor einer halbgläsernen Trennwand, die einen Teil des Büros als Vorzimmer abtrennte.

Ich sagte zu Slade: »Ich war der Ansicht, Sie hätten das Blut ein bißchen zu schnell entdeckt. Da habe ich mich ja wohl geirrt. Entschuldigen Sie vielmals, Mr. Slade.«

»Tja. Das macht es so gut wie ungeschehen.« Er stand auf, nahm einen Malakkastock und einen Handschuh vom Tisch. »Ist das alles für mich, Inspektor?«

»Für heute abend ist das alles, Slade.« Ishams Stimme war trokken, kühl, sardonisch.

Slade hängte sich die Krücke seines Spazierstocks über das Handgelenk, um die Tür zu öffnen. Er lächelte in die Runde, bevor er hinausschlenderte. Das letzte, auf dem seine Augen ruhten, war vermutlich mein Nacken, aber ich sah mich nicht nach ihm um.

Isham sagte: »Ich brauche Ihnen wohl nicht lang und breit zu erzählen, wie sich Ihre Art, einen Mord zu vertuschen, in den Augen der Polizei ausnimmt.«

Ich seufzte. »Pistolenschüsse«, sagte ich. »Ein toter Mann auf dem Boden. Ein nacktes, unter Rauschgiftwirkung stehendes Mädchen auf einem Stuhl, ohne die mindeste Ahnung, was passiert war. Ein Killer, den ich nicht mehr hätte erwischen können und den auch Sie nicht mehr hätten erwischen können, damals. Hinter dem allen ein armer alter Irrer, der versuchte, in einer elenden Situation das Richtige zu tun, und dem dabei das Herz brach. Nur zu – hauen Sie mich in die Pfanne. Leid tut's mir nicht.«

Isham wischte das alles beiseite. »Wer hat Steiner getötet?«

»Das wird die Blondine Ihnen sagen.«

»Ich will's aber von Ihnen hören.«

Ich zuckte die Achseln. »Wenn ich raten soll – Dravecs Fahrer, dieser Carl Owen.«

Isham machte kein allzu überraschtes Gesicht. Veilchen M'Gee grunzte laut.

»Wieso glauben Sie das?«

»Ich hab eine Zeitlang gemeint, Marty könnte es gewesen sein, zum Teil weil das Mädchen das behauptete. Aber das hat nichts weiter zu sagen. Sie wußte es nicht und benutzte die nächstbeste Chance, Marty ans Messer zu liefern. Und sie ist ganz und gar nicht der Typ, der einen Gedanken so leicht wieder aufgibt, wenn er einmal draufgekommen ist. Aber Martys Benehmen war nicht das eines Killers. Und ein so kühler Mensch wie Marty wäre auch nicht so Hals über Kopf davongelaufen. Ich hatte ja noch nicht mal an die Tür geklopft, als der Killer auch schon die Beine in die Hand nahm. Natürlich hab ich dann auch an Slade gedacht. Aber Slade ist ebenfalls nicht ganz der Typ. Er schleppt zwei Revolvermänner mit sich herum, und die hätten das Ganze irgendwie als Kampf arrangiert. Und dann schien Slade auch echt überrascht zu sein, als er das Blut auf dem Fußboden fand heute nachmittag. Slade steckte mit Steiner unter einer Decke und hielt ihn unter Kontrolle, aber umgebracht hat er ihn nicht, er hatte überhaupt keinen Grund, ihn umzubringen, und wenn er einen gehabt hätte, dann hätte er ihn nicht auf die Tour umgebracht, in Gegenwart eines Zeugen. Aber Carl Owen, der hätte. Er war mal in das Mädchen verliebt gewesen und hat das wahrscheinlich nie so recht überwunden. Er hatte die Gelegenheit, ihr nachzuspionieren, rauszukriegen, wohin sie ging und was sie machte. Er lauerte Steiner auf, kam durch die Hintertür rein, sah den miesen Trick mit dem Nacktphoto und drehte durch. Er machte Steiner fertig. Dann überkam ihn die Panik, und er lief einfach weg.«

»Er fuhr«, sagte Isham trocken, »und zwar in einem Rutsch bis zum Lido-Pier und noch ein Stück darüber hinaus. Vergessen Sie da nicht, daß der Knabe seitlich am Kopf eine Schlagwunde hatte?«

Ich sagte: »Nein. Und ich vergesse auch nicht, daß Marty irgendwie ja gewußt hat, was auf der Photoplatte war – oder jedenfalls so viel gewußt hat, daß er hinging und sie sich holte und Steiners Leiche dann in der Garage versteckte, um sie erst einmal aus dem Weg zu haben.«

Isham sagte: »Holen Sie mal Agnes Laurel rein, Grinnell.«

Grinnell hievte sich aus seinem Stuhl und schlenderte quer durchs Büro, verschwand durch eine Tür.

Veilchen M'Gee sagte: »Mann, o Mann, du bist mir ja ein netter Kumpel!«

Ich sah ihn nicht an. Isham zupfte an den Hautfalten vor seinem Adamsapfel und betrachtete die Fingernägel seiner anderen Hand.

Grinnell kam mit der Blondine zurück. Das Haar hing ihr unordentlich über den Kragen ihres Mantels. Sie hatte die Jetknöpfe aus den Ohren genommen. Sie sah müde aus, aber sie sah nicht im mindesten mehr verängstigt aus. Sie ließ sich langsam auf dem Stuhl am Ende des Tisches nieder, wo Slade gesessen hatte, faltete vor sich die Hände mit den versilberten Nägeln.

Isham sagte ruhig: »Also gut, Miss Laurel. Jetzt möchten wir mal gern ein bißchen was von Ihnen hören.«

Das Mädchen blickte auf die gefalteten Hände nieder und begann ohne Zögern zu sprechen, mit ruhiger, gleichmäßiger Stimme.

»Ich habe Joe Marty etwa drei Monate gekannt. Er hat sich vermutlich mit mir angefreundet, weil ich für Steiner arbeitete. Ich dachte allerdings, der Grund wäre, daß er mich mag. Ich hab ihm alles erzählt, was ich über Steiner wußte. Ein bißchen wußte er selber schon. Er hatte eine Weile von dem Geld gelebt, das er von Carmen Dravecs Vater gekriegt hatte, aber das war jetzt futsch, er war total pleite und mußte zusehen, daß er irgendwo anders was herkriegte. Er überlegte sich, daß Steiner einen Partner brauchen könnte, und beobachtete ihn eine Weile, um zu ermitteln, ob er vielleicht irgendwelche rabiaten Freunde im Hintergrund hätte. Gestern abend saß er in seinem Wagen an der Straße unterhalb von Steiners Haus. Er hörte die Schüsse, sah den Jungen die Treppe herunterhetzen, in einen großen Sedan springen und wie irre davonpreschen. Joe jagte hinter ihm her. Auf dem halben Weg zum Strand holte er ihn ein und drängte ihn von der Straße ab. Der Junge zog eine Pistole, war aber so mit den Nerven fertig, daß Joe ihn niederschlagen konnte. Während er weggetreten war, ging Joe ihm die Taschen durch und stellte fest, wer er war. Als er dann wieder zu sich kam, spielte Joe den Bullen, und der Junge gab klein bei und gestand ihm die Geschichte. Während Joe dann noch überlegte, was er jetzt machen sollte, wurde der Junge auf einmal wieder lebendig und stieß ihn vom Trittbrett und preschte wieder los. Er fuhr wie ein Verrückter, und Joe ließ ihn sausen, kehrte zu Steiners Haus zurück. Den Rest kennen Sie ja wohl. Joe ließ die Platte entwickeln, und als er sah, was er da in der Hand hatte, entschloß er sich zu einem blitzschnellen Coup, damit wir noch aus der Stadt konnten, bevor die Polizei Steiner fand. Wir wollten ein paar von Steiners Büchern nehmen und damit in einer anderen Stadt einen Laden aufmachen.«

Agnes Laurel hörte auf zu reden. Isham schnippte mit den Fingern, sagte: »Das alles hat Marty Ihnen so erzählt, oder?«

»Hm, ja.«

»Ganz sicher, daß er diesen Carl Owen nicht ermordet hat?«

»Ich bin natürlich nicht dabeigewesen. Aber Joe benahm sich nicht so, wie wenn er jemanden umgebracht hätte.«

Isham nickte. »Das wäre im Moment alles, Miss Laurel. Wir brauchen das alles schriftlich. Und natürlich müssen wir Sie dabehalten.«

Das Mädchen stand auf. Grinnell brachte sie hinaus. Sie ging, ohne irgendwem von uns einen Blick zu gönnen.

Isham sagte: »Marty kann nicht gewußt haben, daß Carl Owen tot war. Aber er konnte mit Sicherheit annehmen, daß er versuchen würde, sich zu verstecken. Bis wir ihn schnappten, hätte Marty dann längst bei Dravec kassiert und das Weite gesucht. Ich finde, die Geschichte des Mädchens klingt plausibel.«

Niemand sagte ein Wort. Nach einem Augenblick sagte Isham zu mir: »Sie haben einen schweren Fehler gemacht. Sie hätten Marty dem Mädchen gegenüber nicht erwähnen dürfen, solange Sie nicht ganz sicher waren, daß er tatsächlich Ihr Mann war. Dadurch sind zwei Menschen ganz unnötigerweise ums Leben gekommen.«

Ich sagte: »Hm, hm. Vielleicht sollte ich losziehen und die ganze Schose noch mal von vorn probieren.«

»Nun werden Sie mal nicht kiebig.«

»Bin ich gar nicht. Ich hab für Dravec gearbeitet und versucht, ihn vor einem kleinen Herzenskummer zu bewahren. Ich wußte nicht, daß das Mädchen derart verrückt ist beziehungsweise daß Dravec die Gäule durchgehen würden. Ich wollte bloß die Bilder. Steiner, Joe Marty und seine Freundin, das ganze Gesocks war mir schnurzegal und ist es auch jetzt noch.«

»Okay, okay«, sagte Isham ungeduldig. »Ich brauch Sie heute abend nicht mehr. Beim Inquest werden Sie wahrscheinlich ganz schön in die Mangel genommen werden.«

Er stand auf, und ich stand auf. Er hielt mir die Hand hin.

»Aber das wird Ihnen weit mehr Nutzen bringen als Schaden«, fügte er trocken hinzu.

Ich schüttelte ihm die Hand und ging hinaus. M'Gee kam mir nach. Wir fuhren zusammen im Fahrstuhl nach unten, ohne ein Wort zu wechseln. Als wir aus dem Gebäude traten, ging M'Gee um meinen Chrysler herum auf die rechte Seite und stieg ein.

»Hast du irgendwelchen Schnaps auf deiner Bude?«

»Jede Menge«, sagte ich.

»Na, dann wolln wir mal.«

Ich ließ den Wagen an und fuhr die First Street entlang nach Westen, durch einen langen, widerhallenden Tunnel. Als wir den hinter uns hatten, sagte M'Gee: »Wenn ich dir das nächste Mal einen Klienten schicke, erwarte ich aber, daß er's lebend übersteht, mein Junge.«

Wir fuhren weiter durch den stillen Abend zum Berglund. Ich fühlte mich müde und alt und unnütz für alle Welt.

Der Mann, der Hunde liebte

I

Ein nagelneuer aluminiumgrauer DeSoto-Sedan stand vor der Tür. Ich ging um ihn herum und drei weiße Stufen hinauf, durch eine Glastür und drei weitere, teppichbelegte Stufen hinauf. Ich drückte auf eine Klingel an der Wand.

Augenblicklich begannen ein Dutzend Hundestimmen das Dach zu erschüttern. Während sie bellten und heulten und jaulten, betrachtete ich ein kleines abgeteiltes Büro mit einem Zylinderschreibtisch und ein Wartezimmer mit ledernen Missionsstühlen und drei Diplomen an der Wand, an einem Missionstisch, auf dem verschiedene Exemplare der *Dog Fancier's Gazette* verstreut lagen.

Hinten im Haus beruhigte jemand die Hunde, dann öffnete sich eine innere Tür, und ein kleiner Mann mit nettem Gesicht kam herein, in lohbraunem Kittel und auf Gummisohlen, ein beflissenes Lächeln unter einem bleistiftschmalen Schnurrbart. Er blickte sich um, sah um mich herum, sah keinen Hund. Sein Lächeln wurde beiläufiger.

Er sagte: »Ich würde ihnen das gern abgewöhnen, aber es geht nicht. Jedesmal wenn sie's schellen hören, legen sie los. Sie langweilen sich und wissen, daß es Besuch gibt, wenn es schellt.«

Ich sagte: »Ja-ah« und gab ihm meine Karte. Er las sie, drehte sie um und betrachtete die Rückseite, drehte sie wieder um und las noch einmal, was vorne stand.

»Ein Privatdetektiv«, sagte er sanft und leckte sich die feuchten Lippen. »Nun – ich bin Doktor Sharp. Was kann ich für Sie tun?«

»Ich bin auf der Suche nach einem gestohlenen Hund.«

Seine Augen blitzten mich an. Sein weicher kleiner Mund schloß sich fest. Sehr langsam lief sein ganzes Gesicht rot an. Ich sagte: »Ich will damit keineswegs andeuten, daß etwa *Sie* den Hund gestohlen hätten, Doc. Fast jeder könnte ein Tier in einem Haus wie diesem unterbringen, ohne daß Sie sich jedesmal Gedanken darüber machten, ob der Betreffende auch der rechtmäßige Besitzer sei, stimmt's?«

»Man denkt so etwas nicht gern«, sagte er steif. »Um was für einen Hund handelt es sich?«

»Einen Polizeihund.«

Er scharrte mit der Schuhspitze auf dem dünnen Teppich, sah in einen Winkel der Decke hinauf. Die Röte wich aus seinem Gesicht, ließ eine Art glimmender Blässe zurück. Nach einer ganzen Weile erst sagte er: »Ich habe nur einen Polizeihund hier, und ich kenne die Leute, denen er gehört. Ich fürchte also . . .«

»Dann haben Sie sicher nichts dagegen, wenn ich ihn mir einmal ansehe«, unterbrach ich ihn und ging auf die innere Tür zu.

Dr. Sharp rührte sich nicht. Er scharrte nur wieder ein bißchen. »Ich weiß nicht, ob jetzt die passende Zeit ist«, sagte er sanft. »Vielleicht später am Tag.«

»Mir würde es jetzt besser passen«, sagte ich und griff nach der Klinke.

Er trippelte quer durch das Wartezimmer zu seinem kleinen Zylinderschreibtisch. Seine schmale Hand umkreiste das Telephon dort.

»Ich – ich rufe die Polizei, wenn Sie zudringlich werden«, sagte er gehetzt.

»Ach ja, machen Sie das doch«, sagte ich. »Fragen Sie nach Chief Fulwider. Sagen Sie ihm, Carmady wäre hier. Ich komme nämlich grad aus seinem Büro.«

Dr. Sharp nahm die Hand vom Telephon. Ich grinste ihn an und rollte eine Zigarette zwischen meinen Fingern.

»Nun kommen Sie schon, Doc«, sagte ich. »Wischen Sie sich den Trübsinn aus den Augen und bleiben Sie auf dem Teppich. Wenn Sie nett sind, erzähle ich Ihnen vielleicht die ganze Geschichte.«

Er kaute abwechselnd auf seinen beiden Lippen herum, starrte auf die braune Schreibunterlage auf seinem Tisch, fummelte an einer der Ecken, stand auf und durchquerte den Raum in seinen weißen Galoschen, öffnete vor mir die Tür und ging mit mir einen schmalen grauen Flur entlang. Durch eine offene Tür war kurz ein Operationstisch zu sehen. Wir gingen durch eine weiter hinten gelegene Tür und betraten einen kahlen Raum mit Betonfußboden, einem Gasofen in der Ecke mit einer Schüssel Wasser daneben und entlang der einen Wand zwei Reihen von Stallverschlägen, die schwere Türen aus Maschendraht hatten.

Hunde und Katzen starrten uns schweigend entgegen, erwartungsvoll, hinter dem Maschendraht. Ein winziger Chihuahua schnüffelte unter einem großen roten Afghanen mit breitem Schaffellkragen um den Hals herum. Es gab einen sauertöpfischen Scottie und einen Köter, dessen eines Bein alles Fell eingebüßt hatte, und eine seidengraue Angora und einen Sealyham und zwei undefinierbare Promenadenmischungen und einen rasiermesserscharfen Foxterrier mit stumpfer Schnauze, die an der Spitze genau mit dem richtigen schlaffen Drall auslief.

Ihre Nasen waren feucht, und ihre Augen waren hell, und sie wollten wissen, wen von ihnen ich besuchen kam.

Ich sah sie kurz durch. »Das sind alles Schoßhunde, Doc«, knurrte ich. »Was ich suche, ist ein Polizeihund. Grau und schwarz, kein Braun. Ein Rüde. Neun Jahre alt. Blendend gebaut rundum, nur daß sein Schwanz zu kurz ist. Langweile ich Sie?«

Er starrte mich an, machte eine unglückliche Handbewegung. »Ja, aber . . .«, murmelte er. »Also gut, hier entlang.«

Wir gingen wieder hinaus. Die Tiere machten enttäuschte Gesichter, besonders der Chihuahua, der sich durch den Maschendraht zu zwängen versuchte und es auch fast schaffte. Wir traten durch eine Hintertür auf einen zementierten Hof hinaus, an den zwei Garagen grenzten. Eine davon war leer. Die andere, deren Tür einen Fußbreit offenstand, war ein gottverlassener Kasten, in dessen Hintergrund ein großer Hund an einer Kette klirrte und die Schnauze flach auf die alte Steppdecke streckte, die sein Bett war.

»Seien Sie vorsichtig«, sagte Sharp. »Er ist ziemlich wild manchmal. Ich hab ihn erst mit drinnen gehabt, aber die andern waren bange vor ihm.«

Ich trat in die Garage. Der Hund knurrte. Ich ging auf ihn zu, und er fuhr mit einem Ruck bis zum Kettenende in die Höhe. Ich sagte: »Hallo, Voss. Gib mir mal die Pfote, mein Alter.«

Er legte den Kopf zurück auf die Steppdecke. Seine Ohren richteten sich halb auf. Er war sehr still. Seine Augen waren wölfisch, schwarzgerandet. Dann begann der gekrümmte, zu kurze Schweif langsam den Boden zu schlagen. Ich sagte: »Na komm, gib die Pfote, alter Junge« und streckte die Hand aus. In der Tür hinter mir redete der kleine Tierdoktor immer noch auf mich ein, daß ich doch ja vorsichtig sein sollte. Der Hund richtete sich langsam auf den großen rauhen Pfoten in die Höhe, legte die Ohren in die normale Stellung zurück und hob den linken Vorderlauf. Ich schüttelte ihn.

Der kleine Tierarzt beklagte sich: »Das kommt mir aber wirklich sehr überraschend, Mr. – äh . . .«

»Carmady«, sagte ich. »Tja, das mag wohl sein.«

Ich tätschelte dem Hund den Kopf und trat wieder aus der Garage.

Wir gingen ins Haus zurück, in das Wartezimmer. Ich schob mir ein paar Zeitschriften aus dem Weg und setzte mich auf die Ecke des Missionstischchens, betrachtete den netten kleinen Mann von oben bis unten.

»Okay«, sagte ich. »Rücken Sie raus damit. Wie heißen die Besitzer, und wo wohnen sie?«

Er dachte mürrisch nach. »Der Name ist Voss. Sie sind in den Osten gezogen und wollen den Hund nachholen lassen, sobald sie sich eingerichtet haben.«

»Allerliebst«, sagte ich. »Der Hund heißt Voss nach einem deutschen Jagdflieger im Kriege. Und die Leute hat man dann nach dem Hund genannt, was?«

»Sie glauben, ich lüge?« sagte der kleine Mann hitzig.

»Hm, hm. Für einen richtigen Ganeff kann man Ihnen zu schnell Angst einjagen. Ich glaube, jemand hat den Hund verstecken wollen. Hier ist meine Geschichte. Ein Mädchen namens Isobel Snare, in San Angelo zu Hause, ist vor zwei Wochen plötzlich verschwunden. Sie wohnt bei ihrer Großtante, einer netten alten Dame in grauer Seide, die sich nicht so leicht was vormachen läßt. Das Mädchen hatte sich zuletzt in ziemlich scheckiger Gesellschaft rumgetrieben, so in Nachtlokalen und Spielsalons. Deshalb witterte die alte Dame einen Skandal und ging nicht zur Polizei. Sie kam aber auch nicht weiter mit ihrem Latein, bis zufällig eine Freundin von der Snare den Hund in Ihrem Etablissement hier sah. Sie erzählte's der Tante. Die Tante engagierte daraufhin mich – denn als die Nichte in ihrem Roadster wegfuhr und nicht wiederkam, hatte sie den Hund bei sich.«

Ich trat meine Zigarette mit dem Absatz breit und zündete mir eine neue an. Dr. Sharps kleines Gesicht war so weiß wie Teig. Schweiß glitzerte in seinem feschen kleinen Schnurrbart.

Ich fügte sanft hinzu: »Die Polizei ist bis jetzt noch nicht damit befaßt. Das mit Chief Fulwider vorhin, da hab ich Sie bloß auf den Arm genommen. Wie wär's, wenn wir zwei beide das Ganze unter uns regelten?«

»Was – was wollen Sie denn von mir?« stammelte der kleine Mann.

»Glauben Sie, daß Sie wegen dem Hund noch was hören?«

»Aber ja«, sagte er rasch. »Der Mann schien ihn sehr zu mögen. Ein echter Hundeliebhaber. Der Hund war ihm gegenüber auch sehr anhänglich und brav.«

»Dann hören Sie bestimmt wieder von ihm«, sagte ich. »Und wenn's soweit ist, dann will ich's wissen. Wie sah der Bursche aus?«

»Er war groß und dünn und hatte sehr scharfe schwarze Augen. Seine Frau ist genauso groß und dünn wie er. Gutgekleidete, ruhige Leute.«

»Dieses Mädchen, die Snare, ist bloß ein winziges Persönchen«, sagte ich. »Wieso eigentlich die ganze Heimlichtuerei?«

Er starrte auf seinen Fuß nieder und sagte kein Wort.

»Okay«, sagte ich. »Geschäft ist Geschäft. Spielen Sie mit, dann kommt die Sache nicht an die große Glocke. Ist das ein Vorschlag?« Ich hielt ihm die Hand hin.

»Gut, ich spiele mit«, sagte er leise und legte eine feuchte, fischig glitschige kleine Pfote in die meine. Ich schüttelte sie vorsichtig, um sie ihm nicht aus dem Gelenk zu reißen.

Ich sagte ihm noch, wo ich wohnte, und ging dann auf die sonnige Straße zurück und einen Block weit zu der Stelle, wo ich meinen Chrysler abgestellt hatte. Ich stieg ein und rutschte dann so weit um die Ecke vor, daß ich den DeSoto sehen konnte und die Vorderfront von Sharps Haus.

Ich saß wohl eine halbe Stunde so da. Dann kam Dr. Sharp im Straßenanzug aus seinem Haus und stieg in den DeSoto. Er fuhr damit um die Ecke und bog in das Gäßchen, das hinter seinem Hof entlanglief.

Ich warf den Chrysler an und preschte in der entgegengesetzten Richtung den Block hoch, legte mich am anderen Ende des Gäßchens auf die Lauer.

Auf einem Drittel der Wegstrecke hinter mir hörte ich Knurren, Bellen, Fauchen. Das ging eine ganze Zeitlang so. Dann stieß der DeSoto rückwärts aus dem Betonhof und kam auf mich zu. Ich wich ihm bis zur nächsten Ecke aus.

Der DeSoto fuhr nach Süden zum Arguello Boulevard, dann auf diesem nach Osten. Ein großer Polizeihund mit einem Maulkorb um den Kopf saß, angekettet, auf dem Hintersitz des Sedan. Ich konnte nur grad noch seinen Kopf sehen, der sich gegen die Kette sträubte.

Ich fuhr dem DeSoto nach.

II

Die Carolina Street lag weit abseits vom Rand der kleinen Küstenstadt. Sie endete an einer stillgelegten Kleinbahnstrecke, hinter der sich eine Wüstenei von japanischen Gemüsegärtnereien ausbreitete. Der letzte Block hatte nur noch zwei Häuser, also versteckte ich mich hinter dem ersten, das an der Ecke stand, auf einem verunkrauteten Rasenplatz, und vor dessen Front eine hohe staubrotgelbe Lantana mit einer wuchernden Heckenkirsche kämpfte.

Dahinter lagen zwei oder drei abgebrannte Leergrundstücke, aus deren verkohltem Gras nur ein paar Unkrautstengel ragten, und dann ein baufälliger lehmfarbener Bungalow mit einem Drahtzaun. Vor ihm hielt der DeSoto an.

Die Tür flog auf, und Dr. Sharp zerrte den maulkorbgebändigten Hund vom Rücksitz und schleifte ihn mit Gewalt durch ein Tor und den Gartenweg hinauf. Eine große faßförmige Palme benahm mir die Sicht auf die Haustür. Ich stieß mit dem Chrysler zurück und wendete im Schutz des Eckhauses, fuhr drei Blocks weit zurück und bog in eine Parallelstraße zur Carolina ein. Diese Straße endete ebenfalls an der Bahnstrecke. Die Schienen waren verrostet und von einem wahren Unkrautdschungel überwuchert. Jenseits stieß ich auf einen Feldweg und fuhr auf ihm in Richtung der Carolina zurück.

Der Feldweg senkte sich, bis ich nicht mehr über den Bahndamm sehen konnte. Als ich so weit gefahren war, wie es meinem Gefühl nach drei Blocks entsprach, hielt ich an und stieg aus, kraxelte den Bahndamm hinauf und warf einen verstohlenen Blick hinüber.

Das Haus mit dem Drahtzaun lag einen halben Block von mir entfernt. Der DeSoto stand immer noch davor. Dumpf grollend trug die Nachmittagsluft das tiefe Bellen des Polizeihunds zu mir herüber. Ich packte meinen Bauch in das Unkraut, richtete meinen Blick auf den Bungalow und wartete.

Etwa fünfzehn Minuten lang geschah praktisch nichts, außer daß der Hund ständig weiterbellte. Dann wurde das Bellen ganz plötzlich härter und heiserer. Dann brüllte jemand. Dann schrie ein Mann jäh auf.

Ich rappelte mich aus dem Unkraut hoch und sprintete über die Geleise und auf der anderen Seite den Damm hinunter zum Ende der Straße. Als ich das Haus erreichte, hörte ich das leise wilde Knurren des Hundes, den offenbar irgend etwas beunruhigte, und dahinter das schnatternde Stakkato einer Frauenstimme, aus der eher Wut klang als Furcht.

Hinter dem Drahtzaun lag ein Rasenfleck, auf dem hauptsächlich Löwenzahn und Teufelsgras wuchsen. An der faßförmigen Palme hing ein Fetzen Pappe, Rest eines Schilds. Die Wurzeln des Baums hatten den Gartenweg ruiniert, die Platten hochgebrochen und die rohen Kanten zu Stufen aufgeworfen.

Ich ging durch das Tor und polterte hölzerne Stufen hinauf in eine Vorveranda. Ich schlug mit der Faust gegen die Tür.

Das Knurren drinnen ging immer noch weiter, aber die zankende Stimme war verstummt. Niemand kam an die Tür.

Ich probierte die Klinke, öffnete die Tür und ging hinein. Ein schwerer Geruch von Chloroform lag in der Luft.

Mitten auf dem Boden, auf einem verzerrten Teppich, lag Dr. Sharp auf dem Rücken, alle viere von sich gestreckt, und seitlich aus seinem Hals pulste Blut. Das Blut hatte eine dicke schimmernde Pfütze um seinen Kopf gebildet. Ein Stück davon entfernt kauerte der Hund, auf die Vorderläufe geduckt, die Ohren flach angelegt, Fragmente eines zerrissenen Maulkorbs um den Hals. Sein Fell war über Kehle und Rückgrat borstig gesträubt, und ein leises pulsierendes Knurren drang tief aus seiner Kehle herauf.

Hinter dem Hund stand die Tür eines Wandschranks offen, zurückgeworfen gegen die Wand, und auf dem Boden des Schranks lag ein dickes Paket Baumwollwatte, von dem übelkeiterregende Chloroformschwaden in die Luft aufstiegen.

Eine dunkle hübsche Frau in bedrucktem Hauskleid hielt eine große Automatik auf den Hund gerichtet und drückte nicht ab.

Sie warf mir einen raschen Blick über die Schulter zu, wollte sich umdrehen. Der Hund beobachtete sie, mit verengten, schwarzgerandeten Augen. Ich zog meine Lueger heraus und hielt sie abwärts gerichtet an meiner Seite.

Etwas quietschte, und ein großer schwarzäugiger Mann in verschossen blauem Overall und blauem Arbeitshemd kam durch die Schwingtür im Hintergrund, eine abgesägte doppelläufige Schrotflinte in den Händen. Er richtete sie auf mich.

»He, Sie! Lassen Sie die Knarre fallen!« sagte er wütend.

Ich bewegte den Kiefer, unter dem Einfall, irgend etwas zu sagen. Der Finger des Mannes spannte sich auf dem vorderen Abzug. Meine Pistole ging los – ohne daß ich selber viel dazu getan hätte. Die Kugel traf den Schaft der Schrotflinte, schlug sie dem Mann sauber aus den Händen. Sie polterte zu Boden, und der Hund tat einen jähen Sprung zur Seite, an die sieben Fuß weit, und duckte sich dort wieder hin.

Mit völlig fassungslosem Ausdruck auf dem Gesicht hob der Mann die Hände in die Luft.

Ich durfte nicht lockerlassen. Ich sagte: »Jetzt weg mit Ihrer, meine Dame.«

Sie fuhr sich mit der Zunge die Lippen entlang und senkte die Automatik an ihrer Seite und trat von dem Körper am Boden fort.

Der Mann sagte: »Zum Teufel, erschießen Sie ihn mir bloß nicht! Ich kann mit ihm umgehen.«

Ich blinzelte, begriff dann, was er meinte. Er hatte Angst gehabt, ich wollte den Hund erschießen. Um sich selber war ihm nicht bange gewesen.

Ich senkte die Lueger ein bißchen. »Was ist passiert?«

»Der da – hat versucht, ihn zu chloroformieren – einen auf den Mann dressierten Hund!«

Ich sagte: »Tja. Wenn Sie Telephon haben, rufen Sie am besten mal gleich einen Krankenwagen. Mit dem Leck im Hals würde er's sonst kaum noch lange machen.«

Die Frau sagte tonlos: »Ich dachte, *Sie* wären von der Polizei.«

Ich sagte nichts. Sie ging an der Wand entlang zu einem Fensterplatz, der voll lag von zerknüllten Zeitungen, griff am einen Ende davon nach einem Telephon.

Ich blickte auf den kleinen Tierdoktor nieder. Das Blut hatte aufgehört, aus seinem Hals zu sprudeln. Sein Gesicht war das weißeste Gesicht, das ich je gesehen hatte.

»Den Krankenwagen können Sie sich sparen«, sagte ich zu der Frau. »Rufen Sie nur gleich im Polizeipräsidium an.«

Der Mann im Overall nahm die Hände herunter und ließ sich auf ein Knie nieder, begann vor sich auf den Boden zu klopfen und besänftigend auf den Hund einzureden.

»Immer mit der Ruhe, mein Alter, immer mit der Ruhe. Wir sind alle gute Freunde jetzt – alle gute Freunde. Ruhig, Voss, ruhig.«

Der Hund knurrte, und sein Hinterteil kam ein wenig ins Rukken. Der Mann redete weiter auf ihn ein. Der Hund hörte auf zu knurren, und das gesträubte Rückenhaar legte sich. Der Mann im Overall sprach in leisem Singsang weiter auf ihn ein.

Die Frau am Fensterplatz legte den Hörer hin und sagte: »Schon unterwegs. Glaubst du, daß du mit ihm fertig wirst, Jerry?«

»Aber sicher«, sagte der Mann, ohne die Augen von dem Hund zu wenden.

Der Hund ließ jetzt seinen Bauch den Boden berühren und öffnete das Maul und ließ seine Zunge heraushängen. Von der Zunge tropfte Speichel, rosa Speichel, mit Blut untermischt. Das Fellhaar seitlich des Hundemauls war mit Blut befleckt.

III

Der Mann, der Jerry genannt worden war, sagte: »He, Voss. He, Voss, mein Alterchen. Jetzt ist alles wieder gut. Alles wieder gut.«

Der Hund keuchte, rührte sich nicht. Der Mann richtete sich auf und trat dicht an ihn heran, kraulte eins der Ohren des Hundes. Der Hund drehte den Kopf zur Seite und ließ sich das Ohr kraulen. Der Mann streichelte ihm den Kopf, schnallte den zerbissenen Maulkorb auf und nahm ihn ab.

Er stand auf, das Ende der abgerissenen Kette in der Hand, und der Hund erhob sich folgsam, ging durch die Schwingtür hinaus in den rückwärtigen Trakt des Hauses, immer an der Seite des Mannes.

Ich bewegte mich ein bißchen aus der Sichtlinie der Schwingtür. Jerry konnte noch weitere Schrotflinten haben. Es lag etwas in Jerrys Gesicht, was mir Sorgen machte. Als hätte ich ihn schon einmal gesehen, wenn auch nicht in allerletzter Zeit, ihn selber oder ein Zeitungsphoto von ihm.

Ich betrachtete die Frau. Sie war eine hübsche Brünette Anfang der Dreißig. Ihr bedrucktes Hauskleid schien mir eigentlich gar nicht recht zu ihren feingeschwungenen Brauen und den langen sanften Händen zu passen.

»Wie ist's passiert?« fragte ich beiläufig, als spiele das gar keine besondere Rolle.

Ihre Stimme legte los, als sei sie geradezu versessen darauf, ihre Geschichte an den Mann zu bringen. »Wir wohnen seit etwa einer Woche in dem Haus hier. Möbliert gemietet. Ich war in der Küche,

Jerry im Hof. Der Wagen hielt draußen, und der kleine Bursche kam hereinmarschiert, wie wenn er selber hier wohnte. Die Tür war wohl zufällig nicht abgeschlossen. Ich machte die Schwingtür einen kleinen Spalt auf und sah, wie er den Hund in den Wandschrank schob. Dann roch ich das Chloroform. Dann ging alles Hals über Kopf, und ich lief mir eine Pistole holen und rief Jerry durchs Fenster. Ich war grade ins Zimmer gekommen, als Sie reingeplatzt kamen. Wer sind Sie?«

»Da war schon alles vorbei?« fragte ich. »Der Hund war Sharp schon an die Gurgel gefahren?«

»Ja – wenn der Mann da Sharp heißt.«

»Sie beide haben ihn gar nicht gekannt?«

»Wir hatten ihn noch nie gesehen. Auch den Hund nicht. Aber Jerry liebt Hunde sehr.«

»Da sollten Sie sich lieber was anderes einfallen lassen«, sagte ich. »Jerry kannte den Namen des Hundes. Voss.«

Ihre Augen wurden schmal, und ihr Mund bekam etwas Störrisches. »Ich glaube, da irren Sie sich«, sagte sie mit hitziger Stimme. »Ich habe Sie eben gefragt, wer Sie sind, Mister.«

»Wer ist Jerry?« fragte ich. »Ich hab ihn schon mal irgendwo gesehen. Vielleicht auf einem Steckbrief. Wo hatte er die abgesägte Knarre her? Wollen Sie die eigentlich so offen rumliegen lassen, bis die Bullen kommen?«

Sie biß sich auf die Lippe, stand dann plötzlich auf, ging zu der hingefallenen Schrotflinte hinüber. Ich ließ sie das Ding aufheben, sah aber zu, daß sie mit der Hand vom Abzug wegblieb. Sie ging damit zum Fensterplatz und schob es unter einen Stoß Zeitungen.

Sie wandte mir das Gesicht zu. »Okay, wo sitzt die Pointe?« fragte sie grimmig.

Ich sagte langsam: »Der Hund ist gestohlen. Seine Eigentümerin, ein Mädchen, wird vermißt. Ich bin engagiert worden, sie ausfindig zu machen. Die Leute, von denen Sharp den Hund bekommen haben wollte, waren Ihnen und Jerry gar nicht unähnlich. Sie heißen Voss. Sind in den Osten gezogen. Schon mal von einer Dame namens Isobel Snare gehört?«

Die Frau sagte »Nein«, tonlos, und starrte auf meine Kinnspitze.

Der Mann im Overall kam durch die Schwingtür zurück und wischte sich mit dem Ärmel seines blauen Arbeitshemds das Gesicht. Er hatte offenbar auf jede Wiederbewaffnung verzichtet. Er musterte mich ohne sonderliches Interesse.

Ich sagte: »Ich könnte bei der Polizei eine ganze Menge für Sie tun, wenn Ihnen irgendwas zu dieser Snare einfiele.«

Die Frau starrte mich an, kräuselte die Lippe. Der Mann lächelte, fast nachsichtig, als hätte er alle Karten in der Hand. Reifen quietschten, ein Wagen nahm in der Ferne mit Tempo eine Kurve.

»Also, nun lassen Sie die Katze schon aus dem Sack«, sagte ich rasch. »Sharp hatte Angst. Er brachte den Hund dahin zurück, wo er ihn herbekommen hatte. Er muß vermutet haben, das Haus wäre leer. Der Einfall mit dem Chloroform war nicht besonders gut, aber der kleine Bursche war völlig mit den Nerven fertig.«

Sie gaben keinen Laut von sich, beide. Sie starrten mich einfach an.

»Okay«, sagte ich und ging in die Zimmerecke hinüber. »Ich halte Sie für Leute, denen der Boden unter den Füßen zu heiß geworden ist. Falls jemand hier reinkommt, der nicht zur Polizei gehört, fange ich an zu schießen. Darauf können Sie Gift nehmen.«

Die Frau sagte sehr ruhig: »Tun Sie, was Sie nicht lassen können, Sie Kiebitz!«

Dann preschte ein Wagen den Block entlang und kam mit mahlenden Rädern vor dem Haus zum Stehen. Ich warf einen raschen Blick hinaus, sah den roten Scheinwerfer an der Windschutzscheibe, das P. D. an der Seite. Zwei große Rabauken in Zivil sprangen heraus und stürmten durch das Tor, die Stufen herauf.

Eine Faust hämmerte gegen die Tür. »Es ist offen«, brüllte ich.

Die Tür sprang weit auf, und die beiden Polizeibeamten stürmten herein, mit gezogenen Pistolen.

Sie blieben wie angewurzelt stehen, starrten auf das, was auf dem Boden lag. Ihre Pistolen richteten sich mit einem Ruck auf Jerry und mich. Der eine, der mich in Schach hielt, war ein großer rotgesichtiger Mann in einem ausgebeulten grauen Anzug.

»Hoch die Finger – und zwar leer!« brüllte er mit rabiater Stimme.

Ich hob die Hände, behielt die Lueger aber im Griff. »Immer mit der Ruhe«, sagte ich. »Ein Hund hat ihn getötet, keine Waffe. Ich bin Privatdetektiv aus San Angelo. Ich arbeite hier an einem Fall.«

»Ach ja?« Er trat dicht an mich heran, bohrte mir seine Pistole in den Bauch. »Vielleicht stimmt's ja sogar, Kamerad. Das werden wir später alles genau rauskriegen.«

Er griff in die Höhe und zerrte mir die Pistole aus der Hand, schnüffelte daran und drückte mir seine Waffe tiefer in den Leib.

»Abgefeuert, was? Das ist ja reizend! Drehn Sie sich um.«

»Hören Sie . . .«

»Drehn Sie sich um, Kamerad.«

Ich drehte mich langsam um. Und während ich das tat, ließ er seine Pistole in eine Seitentasche gleiten und griff nach seiner Hüfte.

Das hätte mich warnen sollen, tat's aber nicht. Vielleicht habe ich das Zischen des Totschlägers noch gehört. Bestimmt muß ich's gefühlt haben. Zu meinen Füßen entstand plötzlich ein Abgrund der Finsternis. Ich tauchte hinein und fiel . . . und fiel . . . und fiel . . .

IV

Als ich wieder zu mir kam, war das Zimmer voller Rauch. Der Rauch hing in der Luft, in dünnen senkrechten Linien, wie ein Perlenvorhang. An einer Außenwand schienen zwei Fenster offenzustehen, aber der Rauch bewegte sich nicht. Ich hatte das Zimmer noch nie gesehen.

Ich lag ein Weilchen still da und dachte nach, dann öffnete ich den Mund und schrie: »Feuer!«, aus Leibeskräften.

Dann fiel ich aufs Bett zurück und fing an zu lachen. Was ich da aus mir lachen hörte, gefiel mir gar nicht. Es hatte einen einfältigen Klang, selbst für mich.

Schritte kamen von irgendwo gelaufen, und ein Schlüssel drehte sich in der Tür, und die Tür ging auf. Ein Mann in kurzem weißen Kittel schaute zu mir herein, mit hartem Blick. Ich wandte ein wenig den Kopf und sagte: »Lassen Sie's gut sein, Jack. Ist mir nur so rausgeschlüpft.«

Er runzelte scharf die Stirn. Er hatte ein hartes schmales Gesicht, winzige Knopfaugen. Ich kannte ihn nicht.

»Vielleicht juckt's Sie wieder nach der Zwangsjacke«, sagte er höhnisch.

»Mir geht's schon gut, Jack«, sagte ich. »Wirklich schon ganz gut. Ich werd mal jetzt ein kleines Nickerchen halten.«

»Das möcht ich Ihnen auch geraten haben«, knurrte er.

Die Tür fiel zu, der Schlüssel drehte sich, die Schritte verklangen.

Ich lag still und betrachtete den Rauch. Ich wußte jetzt, daß es in Wirklichkeit gar keinen Rauch hier gab. Es mußte Nacht sein, denn eine Porzellanschale, die an drei Ketten von der Decke hing, verbreitete Licht. Sie hatte kleine farbige Höcker rund um den Rand, orangen und blau im Wechsel. Während ich sie beobachtete, öffneten sie sich wie winzige Bullaugen, und Köpfe lugten daraus hervor, winzige Köpfe wie Puppenköpfe, aber lebendig. Da war ein Mann mit Segelmütze und eine üppige, flaumweiche Blondine und ein dünner Mann mit schiefsitzender Fliege, der immerfort sagte: »Möchten Sie Ihr Steak halbroh oder mittel, Sir?«

Ich griff nach dem Zipfel des groben Lakens und wischte mir den Schweiß vom Gesicht. Ich setzte mich auf, stellte die Füße auf den Boden. Sie waren nackt. Ich trug einen Pyjama aus Kanton-Flanell. Meine Füße waren ohne Gefühl, als ich sie auf den Boden stellte. Nach einer Weile begannen sie zu prickeln, und dann waren sie plötzlich ein einziges Gewirr von Nadelstichen.

Dann konnte ich den Boden spüren. Ich hielt mich an der Bettkante fest und stand auf und ging.

Eine Stimme, die vermutlich meine eigene war, sagte in einem fort zu mir: »Du hast Delirium tremens ... du hast Delirium tremens .. du hast Delirium tremens ...«

Ich erblickte eine Flasche Whisky auf einem weißen Tischchen zwischen den beiden Fenstern. Ich machte mich zu ihr auf den Weg. Es war Johnny Walker, die Flasche halb voll. Ich hob sie zum Mund, genehmigte mir einen tiefen Schluck. Ich stellte die Flasche wieder hin.

Der Whisky hatte einen komischen Geschmack. Während mir langsam bewußt wurde, daß er einen komischen Geschmack hatte, sah ich ein Waschbecken in der Ecke. Ich schaffte es grad noch bis zu dem Waschbecken, bevor ich mich übergab.

Ich stolperte zum Bett zurück und legte mich wieder lang. Das Erbrechen hatte mich sehr schwach gemacht, aber das Zimmer kam mir jetzt ein bißchen gegenständlicher vor, ein bißchen weniger phantastisch. Ich konnte Gitter vor den beiden Fenstern erkennen, einen schweren Holzstuhl. Sonst gab es kein Mobiliar, nur den weißen Tisch mit dem präparierten Whisky darauf. Die Tür zu einem Wandschrank war zu, vermutlich abgeschlossen.

Das Bett war ein Krankenhausbett, und an den Seiten waren zwei Lederriemen befestigt, etwa da, wo ein liegender Mensch seine Handgelenke hatte. Ich wußte, ich befand mich in einer Art Gefängnisklinik.

Mein linker Arm begann plötzlich zu schmerzen. Ich rollte den lockeren Ärmel hoch, erblickte ein halbes Dutzend Einstiche auf dem Oberarm, deren jeder von einem schwarzblauen Kreis umgeben war. Man hatte mich, um mich ruhigzustellen, so mit Drogen vollgepumpt, daß ich jetzt, wo die Wirkung nachließ, Halluzinationen hatte. Das erklärte den Rauch und die kleinen Köpfe an der Deckenlampe. Der mit Drogen versetzte Whisky gehörte wahrscheinlich zur Kur von jemand anderem.

Ich stand wieder auf und ging, ging pausenlos im Zimmer herum. Nach einer Weile trank ich einen Schluck Wasser aus dem Hahn, behielt es bei mir, trank noch mehr. Nach einer halben Stunde oder mehr war ich so schließlich imstande, wieder mit jemandem zu reden.

Die Tür zum Wandschrank war verschlossen, und der Stuhl war zu schwer für mich. Ich räumte das Bett ab, kippte die Matratze auf die eine Seite. Der Federrahmen darunter bestand aus einem Drahtgeflecht, das oben und unten mit schweren, neun Zoll langen Spiralfedern befestigt war. Es kostete mich eine halbe Stunde und elende Anstrengung, eine davon loszubekommen.

Ich ruhte ein bißchen aus und trank noch ein bißchen kaltes Wasser und ging dann hinüber zur Angelseite der Tür.

Ich schrie gellend »Feuer!«, mehrmals, aus Leibeskräften.

Ich wartete, aber nicht lange. Auf dem Flur draußen kamen

Schritte gelaufen. Der Schlüssel fuhr ins Schloß, das Schloß klickte. Der kleine Mann mit dem harten Blick und dem kurzen weißen Kittel kam wie wild hereingeplatzt, die Augen auf das Bett gerichtet.

Ich hieb ihm die Spiralfeder gegen das Kiefergelenk und dann, als er zu Boden ging, noch einmal auf den Hinterkopf. Ich packte ihn bei der Kehle. Er wehrte sich nicht schlecht. Ich mußte ihm das Knie ins Gesicht setzen. Das Knie tat mir weh davon.

Er sagte mir nicht, wie sein Gesicht sich dabei fühlte. Ich zog ihm einen Totschläger aus der rechten Hüfttasche und holte den Schlüssel, der von draußen in der Tür steckte, nach innen und schloß ab. An dem Bund befanden sich noch weitere Schlüssel. Einer davon öffnete meinen Wandschrank. Ich schaute hinein, nach meinen Kleidern.

Ich legte sie langsam an, mit flatternden Fingern. Ich gähnte eine Menge. Der Mann auf dem Boden rührte sich nicht.

Ich schloß ihn ein und ging.

V

Von einem breiten stillen Flur mit Parkettboden und einem schmalen Läufer in der Mitte schwangen sich flache weiße Eichenstufen mit einem ebensolchen Geländer in weiten Bögen zur Eingangshalle hinunter. Es gab viele verschlossene Türen, groß, schwer, altmodisch. Keinerlei Laute dahinter. Ich ging auf dem Läufer nach unten, trat nur mit den Fußballen auf.

Mattglastüren führten in ein Vestibül, von dem aus die Haustür nach draußen ging. Ein Telephon schellte, als ich so weit gekommen war. Eine Männerstimme meldete sich, hinter einer halboffenen Tür, durch die Licht in die dämmrige Halle fiel.

Ich ging zurück, riskierte einen Blick um die Ecke der offenen Tür, sah an einem Schreibtisch einen Mann, der in das Telephon sprach. Ich wartete, bis er aufgelegt hatte. Dann trat ich ein.

Er hatte einen bleichen, knochigen, hochstirnigen Kopf mit einer dünnen Welle braunen Lockenhaars, das wie aufgestuckt wirkte auf seinem Schädel. Sein Gesicht war lang, bleich, freudlos. Seine Augen sprangen mich an. Seine Hand sprang zu einem Knopf auf seinem Schreibtisch.

Ich grinste, knurrte ihn an: »Machen Sie das nicht. Sie haben einen verzweifelten Menschen vor sich, werter Herr.« Ich zeigte ihm den Totschläger.

Sein Lächeln war so steif wie gefrorener Fisch. Seine langen bleichen Hände zappelten wie kranke Schmetterlinge auf der Schreibtischplatte. Eine von ihnen begann sich auf eine Seitenschublade des Schreibtischs zuzubewegen.

Er löste seine Zunge mit Anstrengung. »Sie sind sehr krank gewesen, Sir. Ein sehr kranker Mann. Ich würde Ihnen dringend raten ...«

Ich versetzte ihm mit dem Totschläger eins auf die wanderlustige Hand. Sie zog sich in sich selbst zurück wie eine Schnecke auf einem heißen Stein. Ich sagte: »Nicht krank, werter Herr, bloß mit Drogen vollgepumpt, und zwar so, daß ich ums Haar den Verstand verloren hätte. Jetzt will ich hier raus und außerdem einen Schluck sauberen Whisky. Geben Sie her.« Er fuchtelte vage mit den Fingern.

»Ich bin Dr. Sundstrand«, sagte er. »Und das Haus hier ist eine Privatklinik – kein Gefängnis.«

»Whisky«, krächzte ich. »Das übrige hab ich schon alles verstanden. Eine Privatklapsmühle. Reizendes Gewerbe. Whisky!«

»Im Medizinschränkchen«, sagte er mit einem tiefen, erschöpften Atemzug.

»Legen Sie die Hände hinter den Kopf.«

»Ich fürchte, Sie werden dies alles noch sehr bedauern.« Er legte die Hände hinter den Kopf.

Ich trat auf die andere Seite des Schreibtischs, öffnete die Schublade, die seine Hand hatte erreichen wollen, nahm eine Automatik heraus. Ich steckte den Totschläger weg, ging um den Schreibtisch zurück zu dem Medizinschränkchen an der Wand. Es stand eine Pintflasche Bourbon darin, ohne Zollbanderole, dazu ein Satz Gläser. Ich nahm zwei davon.

Ich goß zwei Drinks ein. »Zuerst Sie, werter Doktor.«

»Ich – ich trinke nicht. Ich bin vollkommener Abstinenzler«, murmelte er, die Hände immer noch hinter dem Kopf.

Ich zog den Totschläger wieder heraus. Er nahm sehr schnell eine Hand herunter, leerte eins der Gläser. Ich beobachtete ihn. Es schien ihm nichts zu schaden. Ich schnupperte an meiner Portion, kippte sie dann hinter die Binde. Sie wirkte rasch, und ich genehmigte mir eine weitere, ließ die Flasche dann in meine Manteltasche gleiten.

»Okay«, sagte ich. »Wer hat mich hier eingeliefert? Spucken Sie's aus. Ich hab's eilig.«

»Die – die Polizei natürlich.«

»Wer von der Polizei?«

Er zog die Schultern zusammen in seinem Stuhl. Er sah krank aus. »Ein Mann namens Galbraith hat die Anzeige erstattet und auch als Zeuge unterschrieben. Genau nach gesetzlicher Vorschrift, versichere ich Ihnen. Er ist Beamter.«

Ich sagte: »Seit wann kann ein Bulle in einem Psycho-Fall Anzeige erstatten und als Zeuge unterschreiben?«

Er sagte nichts.

»Wer hat mir eigentlich die erste Drogenladung verpaßt?«

»Das weiß ich nicht. Ich nehme an, Sie sind schon sehr lange davon abhängig.«

Ich befühlte mein Kinn. »Genau zwei Tage«, sagte ich. »Die Lumpen hätten mich lieber abknallen sollen. Auf die Länge gesehen gibt's da weniger lästige Spätfolgen. Machen Sie's gut, Sie Heilkünstler.«

»Wenn Sie das Haus verlassen«, sagte er dünn, »werden Sie sofort verhaftet.«

»Aber nicht, weil ich hier ausgerückt bin«, sagte ich sanft.

Als ich ging, hatte er immer noch die Hände hinter dem Kopf.

Die Haustür hatte, außer dem Schloß, noch eine Kette und einen Riegel. Aber niemand versuchte mich am Öffnen zu hindern. Ich durchquerte eine große altmodische Vorveranda, ging einen breiten, mit Blumen gesäumten Pfad hinunter. Eine Spottdrossel sang in einem dunklen Baum. An der Straße lief ein weißer Staketenzaun entlang. Es war ein Eckhaus, an der Neunundzwanzigsten und dem Descanso.

Ich ging zu Fuß vier Blocks weit zu einer Haltestelle und wartete auf einen Bus. Es gab keinen Alarm, kein Streifenwagen suchte nach mir. Der Bus kam, und ich fuhr in die Stadt, ging in ein Türkisches Bad und genehmigte mir ein Dampfbad, eine eiskalte Dusche, eine Massage, eine Rasur und den ganzen restlichen Whisky.

Dann konnte ich essen. Ich aß und ging in ein fremdes Hotel, trug mich unter falschem Namen ein. Es war halb zwölf. Die Lokalzeitung, die ich bei einem weiteren Whisky mit Wasser las, informierte mich darüber, daß ein gewisser Dr. Richard Sharp, der in einem leerstehenden möblierten Haus an der Carolina Street tot aufgefunden worden war, der Polizei immer noch viele Kopfschmerzen verursache. Bis jetzt hatte sich noch keinerlei Hinweis auf den Mörder ergeben.

Das Datum der Zeitung informierte mich darüber, daß man mir ohne mein Wissen und meine Zustimmung über achtundvierzig Stunden meines Lebens entwendet hatte.

Ich ging zu Bett und schlief ein, hatte Alpträume und wachte mit kaltem Schweiß bedeckt aus ihnen auf. Das war die letzte der Entziehungserscheinungen. Am Morgen war ich wieder kerngesund.

VI

Polizeichef Fulwider war ein ausgepichtes, fettiges Schwergewicht mit rastlosen Augen und jenem Typus von rotem Haar, der fast rosa ist. Er trug es sehr kurz geschnitten, und seine rosa Kopfhaut schimmerte durch das rosa Haar. Gekleidet war er in einen rehbraunen Flanellanzug mit aufgesetzten Taschen und breiten Ziernähten, und der Anzug hatte einen Schnitt, wie ihn nicht jeder Schneider bei Flanell zuwege bringt.

Er schüttelte mir die Hand, drehte seinen Stuhl nach der Seite und schlug die Beine übereinander. Das zeigte mir französische Florsocken zu drei oder vier Dollar das Paar und handgearbeitete englische Halbschuhe, nußbaumbraun, das Paar zu fünfzehn bis achtzehn, bei Preissenkung.

Vermutlich hatte er eine Frau mit Geld.

»Ah, Carmady«, sagte er und haschte nach meiner Karte auf der Glasplatte seines Schreibtischs, »mit zweimal A, ja? Sind Sie geschäftlich hier?«

»Ein bißchen Ärger«, sagte ich. »Sie können ihn leicht aus der Welt schaffen, wenn Sie wollen.«

Er warf sich in die Brust, machte eine großspurige Bewegung mit einer rosa Hand und senkte die Stimme um ein paar Grade. »Ärger«, sagte er, »ist etwas, das gibt es hier in unserer kleinen Stadt so gut wie nie. Unsere kleine Stadt ist zwar nur ein sehr kleines Städtchen, aber sehr, sehr sauber. Ich sehe aus meinem Westfenster und sehe da den Pazifik. Nichts sauberer als der. Im Norden der Arguello Boulevard und die Vorberge. Im Osten das schönste kleine Geschäftsviertel, das man sich nur wünschen mag, und dahinter ein Paradies von gepflegten Häusern und Gärten. Im Süden – wenn ich ein Südfenster hätte, was aber leider nicht der Fall ist –, im Süden würde ich den schönsten kleinen Yachthafen der Welt sehen, von den Kleinyachthäfen jedenfalls.«

»Ich habe meinen Ärger mitgebracht«, sagte ich. »Das heißt einen Teil davon. Der Rest war mir schon vorausgelaufen. Ein Mädchen namens Isobel Snare ist in der großen Stadt von zu Hause ausgerückt, und ihren Hund hatte man hier gesehen. Ich fand den Hund, aber die Leute, die den Hund hatten, strengten sich ganz mächtig an, mich aufs Kreuz zu legen.«

»Ach wirklich?« fragte der Polizeichef abwesend. Seine Brauen krochen auf seiner Stirn herum. Ich war mir ganz und gar nicht im klaren darüber, ob nun eigentlich ich ihn auf den Arm nahm oder er mich.

»Drehn Sie doch bitte mal den Schlüssel in der Tür um, ja?« sagte er. »Sie sind ein bißchen jünger als ich.«

Ich stand auf und drehte den Schlüssel um und setzte mich wieder hin und zog eine Zigarette heraus. Inzwischen hatte der Polizeichef eine nicht übel aussehende Flasche und zwei Schnapsgläser auf den Tisch gestellt, dazu eine Handvoll Kardamomenkerne.

Wir tranken einen Schluck zusammen, und er knackte drei oder vier von den Kardamomenkernen, und wir kauten darauf herum und sahen uns an.

»So, nun erzählen Sie mal«, sagte er dann. »Jetzt kann ich's vertragen.«

»Haben Sie schon mal von einem Burschen gehört, der Farmer Saint genannt wird?«

»Und *ob* ich von dem gehört habe!« Er schlug auf seinen Schreibtisch, und die Kardamomenkerne sprangen. »Tausend Dollar sind auf den Schlawiner ausgesetzt. Ein Bankräuber, stimmt's?«

Ich nickte, versuchte ihm hinter die Augen zu blicken, ohne daß man es mir anmerkte. »Er und seine Schwester arbeiten zusammen. Diana heißt sie. Sie kleiden sich wie Leute vom Lande und nehmen Kleinstadtbanken aus, städtische Sparkassen. Deswegen nennt man ihn Farmer Saint. Auf die Schwester ist ebenfalls ein Riese ausgesetzt.«

»Dem Pärchen würde ich natürlich liebend gerne die Manschetten anlegen«, sagte der Polizeichef steif und fest.

»Warum zum Teufel haben Sie's dann nicht getan?« fragte ich ihn.

Er ging nicht gerade an die Decke, aber er riß doch den Mund so weit auf, daß ich Angst hatte, der Unterkiefer würde ihm in den Schoß fallen. Die Augen traten ihm wie gepellte Eier aus den Höhlen. Ein dünner Speichelfaden zeigte sich in der fetten Falte seines Mundwinkels. Er schloß den Mund mit der Bedächtigkeit eines Schaufelbaggers.

Es war eine großartige Vorstellung, wenn es eine Vorstellung war.

»Sagen Sie das noch einmal«, flüsterte er.

Ich schlug eine zusammengefaltete Zeitung auf, die ich bei mir hatte, und deutete auf einen Artikel.

»Sehn Sie sich mal den Sharp-Mord hier an. Ihr Lokalblättchen hat da keine besonders glückliche Hand gehabt. Es behauptet, irgendein Unbekannter hätte die Polizei angerufen, und die Jungs wären rausgefahren und hätten in einem leeren Haus einen Toten gefunden. Das ist Quatsch mit Soße. Ich war dort. Farmer Saint und sein Schwesterchen waren ebenfalls dort. Und Ihre Bullen waren auch dort, als wir dort waren.«

»Verrat!« brüllte er plötzlich. »Verräter bei der Polizei!« Sein Gesicht war jetzt so grau wie Fliegenpapier mit Arsen. Er goß zwei weitere Drinks ein, mit zitternder Hand.

Jetzt war es an mir, die Kardamomenkerne zu knacken.

Er kippte sein Glas in einem Zug hinunter und stürzte sich dann auf eine Mahagoni-Sprechanlage auf seinem Schreibtisch. Ich bekam nur den Namen Galbraith mit. Ich ging hinüber und schloß die Tür wieder auf.

Wir brauchten nicht sehr lange zu warten, aber es dauerte immerhin noch so, daß der Chief Zeit fand, zwei weitere Drinks zu sich zu nehmen. Sein Gesicht bekam dadurch eine bessere Farbe.

Dann ging die Tür auf, und der große rotgesichtige Polizeibeamte, der mich niedergeschlagen hatte, kam hereingeschlakst, eine Bulldog-Pfeife zwischen die Zähne geklemmt und die Hände in den Taschen. Er warf mit der Schulter die Tür zu, lehnte sich gemächlich dagegen.

Ich sagte: »Hallo, Sergeant.«

Er sah mich mit einem Blick an, als würde er mir gern ins Gesicht treten, ohne sich dabei beeilen zu müssen.

»Ihre Marke!« brüllte der fette Chief. »Her mit dem Ding! Legen Sie's auf den Tisch. Sie sind entlassen!«

Galbraith ging langsam zum Schreibtisch hinüber und stützte sich mit dem Ellbogen darauf, näherte sein Gesicht der Nase des Chiefs bis auf zwei Handspannen. »Was war das für 'n Quatsch eben?« fragte er belegt.

»Sie haben Farmer Saint in den Fingern gehabt und ihn laufenlassen«, brüllte der Chief. »Sie und dieser Vollidiot Duncan. Sie haben sich von ihm eine Schrotflinte in den Bauch rammen und ihn entwischen lassen. Sie sind erledigt. Entlassen. Sie haben hier nichts weiter mehr zu suchen als eine eingeweckte Auster. Geben Sie Ihre Marke!«

»Wer, zum Teufel, ist Farmer Saint?« fragte Galbraith, gänzlich unbeeindruckt, und blies dem Chief Pfeifenrauch ins Gesicht.

»Das weiß er nicht!« jammerte der Chief zu mir herüber. »Das weiß er nicht einmal! Und mit so was soll unsereins hier arbeiten!«

»Haben Sie ›arbeiten‹ gesagt?« erkundigte sich Galbraith lässig.

Der fette Polizeichef sprang auf, als hätte ihn eine Wespe in die Nasenspitze gestochen. Dann ballte er eine fleischige Faust und hieb sie Galbraith gegen den Kiefer, mit einer Wucht, die keineswegs so aussah, als wäre sie von schlechten Eltern. Galbraiths Kopf bewegte sich etwa einen halben Zoll.

»Machen Sie das lieber nicht noch mal«, sagte er. »Sie werden sich bloß einen Bruch holen, und was soll dann aus dem ganzen Laden hier werden?« Er warf mir einen Blick zu, sah dann wieder Fulwider an. »Soll ich's ihm erzählen?«

Fulwider streifte mich mit einem Blick, um festzustellen, wie die Vorstellung bei mir ankam. Ich hatte den Mund offen und einen leeren Ausdruck auf dem Gesicht, wie ein Bauernjunge in der Lateinstunde.

»Ja, los, erzählen Sie's ihm«, knurrte er und rieb sich die Knöchel.

Galbraith legte ein dickes Bein über eine Ecke des Schreibtischs und klopfte seine Pfeife aus, griff nach dem Whisky und goß sich einen Schuß in das Glas des Chiefs. Er wischte sich die Lippen, grinste. Beim Grinsen riß er den Mund weit auf, und er hatte einen Mund, in dem ein Zahnarzt mit beiden Armen, bis zu den Ellbogen, hätte arbeiten können.

Er sagte ruhig: »Als ich und Dunc die Bude stürmten, lagen Sie stocksteif auf dem Boden, und der schlanke Bursche stand über Ihnen mit einem Totschläger. Die Schickse saß an einem Fensterplatz, eine Masse Zeitungen um sich rum. Okay. Der schlanke Bursche fing grad an, uns irgendein Garn zu erzählen, da heulte draußen ein Hund los. Wir natürlich in die Richtung gekuckt, und da holt die Frau ein abgesägtes Kaliber 12 unter den Zeitungen vor und hält's uns unter die Nase. Na schön, was konnten wir da schon anderes machen als artig sein? Sie hätte uns bestimmt nicht verfehlt, wir aber sie vielleicht durchaus. Tja, und der Bursche holte auch noch verschiedene Kanonen aus der Hose, und dann haben sie uns wie Postpakete verschnürt und in einen Wandschrank gesteckt, in dem genug Chloroform war, um uns stillzumachen, auch ohne die Stricke. Nach einer Weile hörten wir sie dann abfahren, in zwei Autos. Als wir dann loskamen, war bloß noch die Leiche da. Also haben wir das für die Zeitungen ein bißchen frisiert. Bis jetzt haben wir noch keine neue Spur. Wie paßt das zu Ihrer Version?«

»Gar nicht schlecht«, sagte ich. »Soweit ich mich erinnere, hat die Frau zwar selber nach der Polizei telephoniert. Aber da kann ich mich auch irren. Der Rest paßt insofern, als ich ja niedergeschlagen wurde und gar nichts weiter mitgekriegt habe.«

Galbraith warf mir einen garstigen Blick zu. Der Chief betrachtete seinen Daumen.

»Als ich wieder zu mir kam«, sagte ich, »befand ich mich in einem Privatsanatorium für Säufer und Drogensüchtige an der Neunundzwanzigsten. Wird von einem Mann namens Sundstrand geleitet. Ich war selber so mit Stoff vollgepumpt, daß ich mir vorkam wie Rockefellers Notpfennig beim Versuch, sich selber zu ehren.«

»Soso, dieser Sundstrand«, sagte Galbraith schwer. »Der Bursche sitzt uns schon seit langem wie eine Hummel in der Hose. Sollen wir mal rausfahren und ihm eins in die Fresse schlagen, Chief?«

»Es liegt auf der Hand, daß Carmady von Farmer Saint selber dort hingebracht wurde«, sagte Fulwider feierlich. »Also muß da eine Verbindung bestehen. Ich würde sagen, ja, und nehmen Sie Carmady mit. Sie wollen doch sicher gern dabeisein, oder?« fragte er mich.

»Und ob ich das will«, sagte ich, und es kam von Herzen.

Galbraith betrachtete die Whiskyflasche. Er sagte bedachtsam: »Auf diesen Saint und seine Schwester ist doch je ein Riese ausgesetzt. Wenn wir sie uns schnappen, wie dividieren wir das?«

»Überhaupt nicht«, sagte ich. »Ich hab mein festes Honorar plus Spesen.«

Galbraith grinste abermals. Er wippte auf den Absätzen und grinste dabei mit faustdicker Freundlichkeit. »Ei, ei, wie schön. Wir haben Ihre Karre unten in die Garage gestellt. Irgendein Japs rief deswegen an. Wir werden am besten damit rausfahren – bloß wir zwei beide.«

»Vielleicht sollten Sie sich doch ein paar Helfer mitnehmen, Gal«, sagte der Chief zweifelnd.

»Och nö. Bloß wir zwei beide, das reicht dicke. Er ist ein zähes Kindchen, sonst liefe er hier nicht mehr so rum.«

»Na schön«, sagte der Polizeichef heiter. »Und darauf wollen wir jetzt mal noch ein Schlückchen trinken.«

Aber er war doch ein bißchen aus dem Gleichgewicht. Er vergaß die Kardamomenkerne.

VII

Es war ein reizendes Fleckchen bei Tageslicht. Teerosenbegonien bildeten eine dichte Hecke unter den Vorderfenstern und Stiefmütterchen einen runden Teppich um den Stamm einer Akazie. Eine scharlachrote Kletterrose bedeckte auf der einen Seite des Hauses ein ganzes Spalier, und ein bronzegrüner Kolibri schwirrte allerliebst zwischen den wuchernden Gartenwicken herum, die an der Garagenmauer emporwuchsen.

Das Ganze sah aus wie das Heim eines gutsituierten älteren Ehepaars, das ans Meer gezogen ist, um auf seine alten Tage noch soviel Sonne wie möglich zu haben.

Galbraith spuckte aufs Trittbrett meines Wagens, schüttelte seine Pfeife aus und tippte das Gartentor auf, stampfte den Weg hoch und pflanzte seinen Daumen breit auf eine funkelnde Kupferklingel.

Wir warteten. Ein Gitterfenster ging auf in der Tür, und ein langes fahles Gesicht blickte unter einer gestärkten Schwesternhaube zu uns hinaus.

»Aufmachen. Polizei«, knurrte der große Bulle sie an.

Eine Kette rasselte, und ein Riegel glitt zurück. Die Tür ging auf. Die Schwester war mindestens einsachtzig groß und hatte lange Arme und große Hände, die ideale Assistentin für einen Folterknecht. Irgend etwas ging in ihrem Gesicht vor, und ich sah, daß sie lächelte.

»Ach, das ist ja Mr. Galbraith!« zirpte sie, mit einer Stimme, die hoch und kehlig zugleich war. »Wie geht's Ihnen denn, Mr. Galbraith? Wollten Sie den Doktor sprechen?«

»Jaah, und zwar ein bißchen plötzlich«, knurrte Galbraith und schob sich an ihr vorbei.

Wir gingen durch die Halle. Die Bürotür war zu. Galbraith stieß sie mit dem Fuß auf, während ich ihm dicht auf den Fersen blieb und die große Schwester auf die meinen einzirpte.

Dr. Sundstrand, der vollkommene Abstinenzler, war gerade damit beschäftigt, aus einer frischen Quartflasche einen Morgentrunk zu sich zu nehmen. Sein dünnes Haar war zu strähnigen Dochten verschwitzt, und die knochige Maske seines Gesichts schien eine Menge Falten zu haben, die in der Nacht zuvor noch nicht darauf gewesen waren.

Er nahm eilig die Hand von der Flasche und schenkte uns sein Gefrorener-Fisch-Lächeln. Er sagte nervös: »Was soll denn das? Was soll denn das? Ich habe doch angeordnet . . .«

»Ach lassen Sie doch die Luft raus«, sagte Galbraith und rückte sich einen Stuhl vor den Tisch. »Ziehn Sie Leine, Schwester.«

Die Krankenschwester zirpte noch irgend etwas und zog sich zurück. Die Tür wurde geschlossen. Dr. Sundstrand bearbeitete mein Gesicht mit seinen Blicken und schaute sehr unglücklich drein.

Galbraith setzte seine beiden Ellbogen auf den Schreibtisch und nahm seine schwammigen Backen in die Faust. Er starrte den sich windenden Arzt giftig an.

Nach einer Weile, die mir sehr lang vorkam, sagte er fast sanft: »Wo ist Farmer Saint?«

Die Augen des Arztes sprangen weit auf. Sein Adamsapfel hüpfte über den Halsbund seines Kittels. Seine grünlichen Augen bekamen langsam ein galliges Aussehen.

»Keine Ausflüchte!« brüllte Galbraith. »Wir wissen alles über Ihre saubere Privatklinik hier – daß Sie flüchtige Verbrecher verstecken und nebenbei mit Rauschgift und Weibern handeln! Aber als Sie diesen Schnüffler aus der Großstadt mit Gewalt entführt haben, da sind Sie einen Schritt übers Ziel hinausgeschossen. Und diesmal werden Ihnen Ihre Beziehungen in der Großstadt nichts nützen. Also kommen Sie schon, wo ist Saint? Und wo steckt das Mädchen?«

Mir fiel ein, ganz beiläufig, daß ich in Galbraiths Gegenwart gar nichts von Isobel Snare gesagt hatte – falls sie das Mädchen war, das er meinte.

Dr. Sundstrands Hand flappte auf dem Schreibtisch herum. Schieres Erstaunen schien seine Steifheit bis zur Lähmung zu vollenden.

»Wo sind sie?« brüllte Galbraith noch einmal.

Die Tür ging auf, und die große Krankenschwester fuchtelte wieder herein. »Aber, aber, Mr. Galbraith, die Patienten! Bitte denken Sie an die Patienten, Mr. Galbraith.«

»Rutschen Sie sich selber den Buckel runter«, fuhr Galbraith sie über die Schulter an.

Sie lungerte weiter an der Tür herum. Sundstrand fand endlich die Stimme wieder. Es war ein bloßes Wispern von Stimme. Sie sagte müde: »Als ob Sie das nicht genau wüßten!«

Dann fuhr seine Hand ganz plötzlich in seinen Kittel und kam mit einer funkelnden Pistole wieder hervor. Galbraith warf sich zur Seite, glatt aus dem Stuhl. Der Arzt schoß zweimal auf ihn, verfehlte ihn zweimal. Meine Hand berührte eine Pistole, zog sie aber nicht. Galbraith auf dem Boden lachte, und seine große rechte Hand zuckte nach seiner Achselhöhle, kam mit einer Lueger hoch. Sie sah wie meine Lueger aus. Sie ging los, nur einmal.

Nichts veränderte sich in dem langen Gesicht des Arztes. Ich konnte nicht sehen, wo die Kugel ihn getroffen hatte. Sein Kopf sackte vor und schlug auf den Tisch, und seine Pistole fiel mit einem dumpfen Prall zu Boden. Er lag mit dem Gesicht auf dem Schreibtisch, völlig reglos.

Galbraith richtete seine Pistole auf mich und stand vom Boden auf. Ich betrachtete noch einmal die Waffe. Ich war sicher, daß es meine Pistole war.

»Das ist ja eine reizende Art, zu Informationen zu kommen«, sagte ich planlos.

»Hände runter, Schnüffler. Sie wollen sich doch nicht übernehmen, oder?«

Ich nahm die Hände herunter. »Allerliebst«, sagte ich. »Vermutlich haben Sie die ganze Szene von vornherein so arrangiert, um den Doc von der Bildfläche zu pusten.«

»Er hat zuerst geschossen, oder nicht?«

»Tja«, sagte ich dünn. »Er hat zuerst geschossen.«

Die Schwester schob sich seitlich an der Wand auf mich zu. Kein Laut war von ihr gekommen, seit Sundstrand seine Vorstellung gegeben hatte. Sie hatte mich fast schon erreicht. Ganz plötzlich, viel zu spät, sah ich das Blitzen eines Schlagrings an ihrer festen rechten Hand und Haar auf dem Handrücken.

Ich wich aus, aber nicht schnell genug. Ein knirschender Schlag schien mir den Kopf zu spalten. Ich hielt mich an der Wand, die Knie voll Wasser und das Gehirn auf Hochtouren, um meine rechte Hand davon abzuhalten, nach der Pistole zu greifen.

Ich richtete mich auf. Galbraith grinste mich höhnisch an.

»Gar nicht so sehr schlau«, sagte ich. »Sie haben immer noch meine Lueger in der Hand. Das ruiniert den Plan doch ziemlich, oder?«

»Ich sehe, bei Ihnen dämmert's, Schnüffler.«

Die Schwester mit der zirpenden Stimme sagte, mitten in eine hohle Pause: »Himmel noch mal, der Bursche hat einen Kiefer – glatt wie ein Elefantenfuß. Verdammt, ich hab mir doch tatsächlich den Knöchel an ihm aufgeschlagen.«

Galbraiths kleine Augen hatten den Tod in sich. »Wie sieht's oben aus?« fragte er die Schwester.

»Alle noch gestern nacht weg. Soll ich noch mal einen Schwinger versuchen?«

»Wozu? Er hat seine Knarre steckenlassen, und für dich ist er zu zähe, Kindchen. Der braucht Blei.«

Ich sagte: »Sie sollten Ihr Kindchen aber zweimal täglich rasieren für den Job.«

Die Schwester grinste, schob die gestärkte Haube und die strähnige blonde Perücke auf einem kahlen Kugelschädel nach hinten. Sie – oder jetzt richtiger er – zog eine Pistole unter der weißen Schwesterntracht hervor.

Galbraith sagte: »Es war Notwehr, verstehn Sie? Sie haben mit dem Doktor Streit angefangen, aber zuerst geschossen hat er. Wenn Sie keine Sperenzien machen, werden Dunc und ich versuchen, uns in diesem Sinne zu erinnern.«

Ich rieb mir mit der linken Hand den Kiefer. »Hören Sie, Sergeant. Ich bin kein Spielverderber und kann einen Witz vertragen. Sie haben mich in dem Haus an der Carolina Street niedergeschlagen und nichts davon erzählt. Auch ich hab den Mund gehalten. Ich hab mir gesagt, Sie werden schon Ihre Gründe gehabt haben und mich zur gegebenen Zeit sicher einweihen. Vielleicht kann ich die Gründe ja sogar erraten. Ich glaube, Sie wissen, wo Saint ist, oder können's jedenfalls feststellen. Saint weiß, wo die Snare steckt, denn er hatte ihren Hund. Drehn wir die Sache doch so hin, daß wir beide was davon haben.«

»Was *wir* brauchen, das haben wir schon, Dummchen. Ich hatte dem Doc versprochen, ich bring Sie wieder zurück und lasse ihn mit Ihnen spielen. Und dann hatte ich Dunc hier in die Schwesternkluft gesteckt, daß er mit Hand anlegen konnte bei Ihnen. Aber in Wirklichkeit war *er* es, den wir uns vorknöpfen wollten.«

»Schön und gut«, sagte ich. »Aber was springt für mich dabei raus?«

»Vielleicht ein bißchen längeres Leben.«

Ich sagte: »Tja. Denken Sie jetzt bitte nicht, ich wollte Sie auf den Arm nehmen – aber werfen Sie doch mal einen Blick auf das kleine Fenster da hinter Ihnen in der Wand.«

Galbraith rührte sich nicht, wandte kein Auge von mir. Ein dikkes Lächeln des Hohns verzog seine Lippen.

Duncan, unser Frauenrollendarsteller, warf einen Blick – und schrie auf.

Ein kleines quadratisches Buntglasfenster hoch oben in der Ecke der Rückwand war ganz still aufgegangen. Ich hatte es direkt im Blick, sah an Galbraiths Ohr vorbei direkt in die schwarze Mündung einer Maschinenpistole, die auf dem Sims ruhte, direkt in die beiden harten schwarzen Augen dahinter.

Eine Stimme, die ich zuletzt gehört hatte, als sie einen Hund besänftigte, sagte: »Wie wär's, wenn Sie die Knarre fallen ließen, Schwester? Und Sie da am Schreibtisch – greifen Sie mal 'ne Wolke!«

VIII

Der Mund des großen Bullen schnappte nach Luft. Dann spannte sich sein ganzes Gesicht, und er fuhr herum, und die Lueger spuckte einmal hart und scharf.

Ich ließ mich zu Boden fallen, als die Maschinenpistole mit einer kurzen Garbe losbrach. Galbraith sackte neben dem Schreibtisch zusammen, fiel mit verdrehten Beinen auf den Rücken. Blut kam ihm aus Nase und Mund.

Der Polizist in Schwesterntracht wurde so weiß wie die gestärkte Haube. Seine Pistole plumpste zu Boden. Seine Hände versuchten fast die Decke zu erreichen.

Eine sonderbare, lähmende Stille trat ein. Es roch nach Pulverqualm. Farmer Saint sprach von seinem Hochsitz am Fenster aus zu jemandem draußen vor dem Haus hinunter.

Man hörte deutlich eine Tür auf- und zugehen, und Schritte kamen durch den Flur gelaufen. Die Tür unseres Zimmers wurde weit aufgestoßen. Diana Saint kam herein, in jeder Hand eine Automatik. Eine hochgewachsene hübsche Frau, gepflegt und dunkel, mit einem flotten schwarzen Hütchen und zwei behandschuhten Händen, die Pistolen hielten.

Ich erhob mich vom Boden, hielt die Hände in Sicht. Sie hob ihre Stimme gelassen zum Fenster, ohne aber auch den Blick zu heben. »Okay, Jerry. Ich kann sie in Schach halten.«

Saints Kopf und Schultern und seine Maschinenpistole verschwanden aus dem Fensterrahmen, ließen blauen Himmel und die dünnen, fernen Zweige eines hohen Baums darin zurück.

Es gab einen Prall, als wären Füße von einer Leiter auf den Holzboden einer Veranda gesprungen. Im Zimmer befanden sich fünf Statuen, zwei davon umgefallen.

Irgendwer mußte sich jetzt rühren. Die Situation verlangte zwei weitere Morde. Von Saints Standpunkt aus konnte ich's nicht anders sehen. Es mußte reiner Tisch gemacht werden.

Der Trick hatte nicht geklappt, als er kein Trick war. Jetzt, wo er's war, probierte ich ihn noch einmal. Ich sah an der Schulter der Frau vorbei, stieß ein hartes Grinsen auf mein Gesicht, sagte heiser: »Hallo, Mike. Grad im richtigen Moment.«

Ich führte sie nicht hinters Licht damit, natürlich, aber es machte sie wütend. Ihr Körper versteifte sich, und ein Schuß peitschte aus der Pistole in ihrer rechten Hand. Für eine Frau war es eine schwere Waffe, und sie zuckte. Die andere Pistole zuckte zugleich. Ich sah nicht mehr, wohin der Schuß ging. Ich duckte mich und sprang unter die Waffen.

Meine Schulter traf ihren Schenkel, und sie verlor das Gleichgewicht und schlug mit dem Kopf gegen den Türpfosten. Ich verfuhr nicht allzu rücksichtsvoll dabei, ihr die Pistolen aus den Händen zu schlagen. Ich trat die Tür zu, langte hoch und zerrte den Schlüssel im Schloß herum, verzog mich dann vor einem hochhackigen Schuh, der sich redliche Mühe gab, mir die Nase aus dem Gesicht zu treten.

Duncan sagte: »Sauber, sauber« und tauchte nach seiner Pistole, die auf dem Boden lag.

»Behalten Sie das kleine Fenster im Auge, wenn Ihnen Ihr Leben lieb ist«, knurrte ich ihn an.

Dann war ich hinter dem Schreibtisch, zog das Telephon unter Dr. Sundstrands Leiche hervor, zog es so weit aus der Sicht- und Schußlinie der Tür, wie die Kabelschnur mich nur ließ. Ich legte mich damit auf den Boden und begann zu wählen, flach auf dem Bauch.

Beim Anblick des Telephons kam Leben in Dianas Augen. Sie kreischte laut: »Sie haben mich, Jerry! Sie haben mich erwischt!«

Die Maschinenpistole begann die Tür zu zerfetzen, als ich grad einem gelangweilten Sergeant vom Dienst die Ohren vollgebrüllt hatte.

Stuckbrocken und Holzstücke pfiffen durch die Luft wie Fäuste bei einer irischen Hochzeit. Kugeln durchzuckten die Leiche von Dr. Sundstrand, daß es aussah, als schüttelte ihn ein Fieberschauer zurück ins Leben. Ich warf das Telephon weg, grapschte Dianas Pistolen und eröffnete unsererseits nun das Feuer auf die Tür. Durch einen breiten Spalt konnte ich Stoff erkennen. Ich schoß darauf.

Ich konnte nicht sehen, was Duncan machte. Dann wußte ich es. Ein Schuß, der nicht durch die Tür gekommen sein konnte, traf Diana Saint mitten in die Kinnspitze. Sie ging wieder zu Boden, blieb liegen.

Ein weiterer Schuß, der nicht durch die Tür kam, hob mir den Hut. Ich rollte mich herum und schrie Duncan an. Seine Pistole bewegte sich in steifem Bogen, folgte mir. Sein Mund war ein einziges tierisches Knurren. Ich schrie noch einmal.

Vier runde Flecke Rot erschienen in diagonaler Linie auf der Schwesterntracht, in Brusthöhe. Sie vergrößerten sich rapide, selbst in der kurzen Zeit, die Duncan brauchte, um zu fallen.

Irgendwo erklang eine Polizeisirene. Es war meine Sirene, sie kam in meiner Richtung näher, wurde lauter.

Die Maschinenpistole verstummte, und ein Fuß trat gegen die Tür. Sie erbebte, aber das Schloß hielt. Ich jagte vier weitere Kugeln hinein, wohlweislich nicht allzu nah am Schloß.

Die Sirene wurde immer lauter. Saint mußte verschwinden. Ich hörte seine Schritte durch die Halle davonlaufen. Eine Tür schlug zu. Ein Wagen sprang an, draußen in einer Hintergasse. Das Motorengeräusch verebbte, je stärker das kreischende Crescendo der sich nähernden Sirene wuchs.

Ich kroch zu der Frau hinüber und sah das Blut auf ihrem Gesicht und Haar und die durchweichten Stellen vorn auf ihrem Mantel. Ich berührte ihr Gesicht. Sie schlug ganz langsam die Augen auf, als wären die Lider sehr schwer.

»Jerry . . .«, flüsterte sie.

»Tot«, log ich grimmig. »Wo ist Isobel Snare, Diana?«

Die Augen schlossen sich wieder. Tränen glitzerten, die Tränen der Sterbenden.

»Wo ist Isobel, Diana?« flehte ich inständig. »Seien Sie ehrlich und sagen Sie's mir. Ich bin kein Bulle. Ich bin ihr Freund. Sagen Sie's mir, Diana.«

Ich legte Zärtlichkeit und Sehnsucht hinein, alles was ich hatte.

Die Augen gingen halb auf. Das Flüstern kam wieder: »Jerry . . .«, dann zerfiel es, und die Augen schlossen sich. Dann bewegten sich die Lippen noch einmal, hauchten ein Wort, das wie Monty klang.

Das war alles. Sie starb.

Ich stand langsam auf und lauschte den Sirenen.

IX

Es wurde langsam spät, und in dem großen Bürogebäude auf der anderen Straßenseite ging hier und da schon Licht an. Ich war den ganzen Nachmittag in Fulwiders Büro gewesen. Ich hatte meine Geschichte wohl zwanzigmal erzählt. Es war alles wahr – was ich erzählt hatte.

Ganze Scharen von Bullen waren gekommen und gegangen, Ballistiker und Spurensicherer, Leute vom Erkennungsdienst, Reporter auch, ein halbes Dutzend Funktionäre der Stadtverwaltung, sogar ein Korrespondent der A. P. Dem Korrespondenten gefiel die offizielle Verlautbarung nicht, die man ihm in die Hand gedrückt hatte, und er machte kein Hehl daraus.

Der fette Polizeichef war schweißgebadet und mißtrauisch. Er hatte die Jacke abgelegt, und seine Achselhöhlen waren schwarz, und sein kurzes rotes Haar krüllte sich, als wäre es angesengt worden. Da er nicht ahnte, wieviel oder wie wenig ich wußte, wagte er nicht, mich aufs Kreuz zu legen. Er beschränkte sich darauf, mich umsichtig anzubrüllen und anzuwinseln, und versuchte zwischendurch, mich betrunken zu machen.

Ich wurde langsam betrunken und gewann immer mehr Gefallen daran.

»Also daß überhaupt keiner mehr was gesagt hat!« jammerte er mir zum hundertstenmal vor.

Ich nahm einen weiteren Schluck, schlenkerte schlaff die Hand, machte ein blödes Gesicht. »Nicht ein Wort, Chief«, sagte ich eulenhaft. »Ich muß es ja schließlich wissen. Sie sind alle zu plötzlich gestorben.«

Er packte sein Kinn und zerrte daran herum. »Verdammt witzig«, höhnte er. »Vier Tote am Boden, und Sie nicht mal angekratzt!«

»Ich war eben der einzige«, sagte ich, »der schon am Boden lag, als er noch bei Gesundheit war.«

Er packte sein rechtes Ohr und quälte es. »Sie sind jetzt grad drei Tage hier«, heulte er. »In den drei Tagen haben wir hier mehr Verbrechen gehabt als in den drei Jahren vor Ihrer Ankunft. Das ist nicht mehr menschlich. Ich muß einen Alptraum haben.«

»Mir können Sie das aber nicht zum Vorwurf machen, Chief«, grummelte ich. »Ich bin bloß hergekommen, um nach einem Mädchen zu suchen. Ich suche immer noch danach. Ich hab auch Saint und seiner Schwester nicht gesagt, sie sollten sich hier in Ihrer Stadt verstecken. Als ich ihm auf die Spur kam, hab ich Ihnen sofort einen Tip gegeben, was Ihre eigenen Leute nicht getan hatten. Ich hab auch Doktor Sundstrand nicht erschossen, bevor man was aus ihm rausbringen konnte. Ich hab noch immer keine blasse Ahnung, wieso man die falsche Krankenschwester da reingeschmuggelt hat.«

»Ich doch auch nicht!« brüllte Fulwider. »Aber schließlich ist's mein Job, der auf einmal lauter Löcher abgekriegt hat. Bei all den Chancen, die ich habe, aus der Geschichte rauszukommen, kann ich praktisch gleich angeln gehen.«

Ich nahm einen weiteren Schluck, rülpste angeheitert. »Sagen Sie doch das nicht, Chief«, protestierte ich. »Sie haben die Stadt schon einmal gesäubert und schaffen das bestimmt auch ein zweitesmal. Daß ein Schuß mal nach hinten losgeht, kommt schließlich in den besten Familien vor.«

Er drehte eine Runde durch sein Büro und versuchte, mit der Faust ein Loch in die Rückwand zu schlagen, warf sich dann krachend wieder in seinen Sessel. Er beäugte mich wild, grapschte nach der Whiskyflasche, rührte sie dann aber doch nicht an – als sei ihm der Gedanke gekommen, in *meinem* Magen würde ihm der Whisky weit besser tun.

»Ich werde ein Geschäft mit Ihnen abschließen«, knurrte er. »Sie machen, daß Sie wieder nach San Angelo kommen, und ich vergesse, daß es Ihre Knarre war, die Sundstrand ausgepustet hat.«

»Das ist aber gar nicht nett gegenüber einem Mann, der sich für sein tägliches Brot plagen muß, Chief. Sie wissen doch, wieso es meine Pistole war.«

Sein Gesicht sah wieder ganz grau aus, einen Moment lang. Er betrachtete mich, als nähme er Maß für einen Sarg. Dann verflog auch diese Grille, und er klatschte auf seinen Schreibtisch und sagte herzlich: »Sie haben recht, Carmady. Das kann ich Ihnen wirklich nicht zumuten. Sie müssen ja immer noch dieses Mädchen suchen, stimmt's? Okay, dann laufen Sie mal in Ihr Hotel und ruhen Sie sich etwas aus. Ich werde heut abend noch weiterarbeiten an der Sache und seh Sie dann morgen früh.«

Ich nahm noch einen weiteren kleinen Schluck, den Rest, der noch in der Flasche war. Ich schüttelte ihm zweimal die Hand und taumelte aus seinem Büro. Auf dem Korridor platzten überall Blitzlichter los.

Ich ging die Treppe der City Hall hinunter und seitlich um das Gebäude herum zur Polizeigarage. Mein blauer Chrysler war wieder zu Hause. Ich ließ die Maske des Betrunkenen fallen und ging durch die Seitenstraßen weiter zum Strandgelände, schlenderte über die breite Zementpromenade auf die beiden Vergnügungs-Piers und das Grand Hotel zu.

Es wurde jetzt langsam dämmrig. An den Piers gingen Lichter an. Mastlaternen wurden auf den kleinen Yachten angezündet, die hinter dem Wellenbrecher des Yachthafens vor Anker lagen. An einem Barbecue-Strand kitzelte ein Mann Wiener Würstchen mit einer langen Gabel und brummte dabei eintönig vor sich hin: »Kriegt Kohldampf, Leute. Schöne heiße Würstchen. Kriegt Kohldampf, Leute.«

Ich zündete mir eine Zigarette an, blieb stehen und sah aufs Meer hinaus. Ganz plötzlich leuchteten, weit draußen, Lichter auf, von einem großen Schiff. Ich beobachtete sie, aber sie bewegten sich nicht. Ich ging zu dem Würstchenmann hinüber.

»Ankert der Kasten da?« fragte ich und zeigte hin.

Er warf einen Blick um die Ecke seiner Bude, rümpfte verächtlich die Nase. »Ach, das ist das schwimmende Spielkasino. Kreuzfahrt nach Nirgendwo sagen die hier dazu, weil das Ding nirgends hinfährt. Wenn Ihnen der Nepp im Tango nicht reicht, können Sie's da versuchen. Jawohl, Sir, das ist die gute alte *Montecito.* Wie wär's mit einem Paar Heiße?«

Ich legte ihm einen Vierteldollar hin. »Genehmigen Sie sich selber eins«, sagte ich sanft. »Wo fahren die Taxiboote ab?«

Ich hatte keine Pistole. Ich ging zum Hotel zurück, um mir meine Reserveknarre zu holen.

Die sterbende Diana Saint hatte »Monty« gesagt.

Vielleicht hatte sie bloß nicht mehr lange genug gelebt, um »Montecito« zu sagen.

Im Hotel legte ich mich hin und schlief ein, als wäre ich narkotisiert worden. Es war acht Uhr, als ich aufwachte, und ich hatte Hunger.

Ich wurde vom Hotel aus beschattet, aber nicht sehr weit. Natürlich kamen in dieser sauberen kleinen Stadt nicht genügend Verbrechen vor, daß die Polizisten hätten lernen können, besonders gute Beschatter zu sein.

X

Es war eine lange Fahrt für vierzig Cent. Das Wassertaxi, ein altes Schnellboot ohne Trimmung, glitt zwischen den ankernden Yachten durch und umrundete den Wellenbrecher. Die Dünung traf uns. Die ganze Gesellschaft, die ich außer dem verwegen dreinblikkenden Bürger am Steuer hatte, waren zwei schmusende Pärchen, die sofort anfingen, sich die Gesichter zu schlecken, als die Dunkelheit uns umfing.

Ich starrte zurück auf die Lichter der Stadt und versuchte, mein Abendessen in Schach zu halten. Zuerst verstreute Diamantensplitter, wuchsen die Lichter zusammen und wurden zu einem Armband aus funkelnden Juwelen, ausgelegt im Schaufenster der Nacht. Dann waren sie nur noch ein orangegelb verschwimmender Schimmer über der Dünung. Das Taxi klatschte in die unsichtbaren Wellen und stampfte wie ein Brandungsboot. Kalter Nebel lag in der Luft.

Die Bullaugen der *Montecito* wurden groß, und das Taxi holte zu einem weiten Bogen aus, legte sich in einem Winkel von fünfundvierzig Grad hinein und hielt schließlich sauber längsseits einer hell erleuchteten Anlegebrücke. Die Maschine lief leer und knatterte Fehlzündungen in den Nebel.

Ein schlehenäugiger Junge in knapp sitzender blauer Kasinojacke und mit einem Gangstermund half den Mädchen heraus, streifte ihre Begleiter mit einem scharfen Blick, schickte sie nach oben. Der Blick, den ich von ihm abbekam, erzählte mir einiges über ihn. Die Art, wie er mir gegen das Pistolenhalfter knuffte, erzählte mir noch mehr.

»Nix«, sagte er sanft. »Nix.«

Er winkte dem Taximann mit dem Kinn. Der Taximann ließ eine kurze Schlinge über einen Poller fallen, gab dem Steuer eine leichte Drehung und kletterte auf die Brücke. Er trat hinter mich.

»Nix«, schnurrte der Bursche in der Kasinojacke. »Keine Schießeisen an Bord, Mister. Tut mir leid.«

»Gehört bei mir zum Anzug«, sagte ich. »Bin Privatdetektiv. Ich geb's an der Garderobe ab.«

»Tut mir leid, Mann. Keine Garderobe für Schießeisen. Ziehn Sie Leine.«

Der Taximann hakte ein Handgelenk um meinen rechten Arm. Ich zuckte die Achseln.

»Zurück ins Boot«, knurrte der Taximann hinter mir. »Ich schulde Ihnen vierzig Cent, Mister. Kommen Sie schon.«

Ich stieg ins Boot zurück.

»Okay«, blubberte ich die Kasinojacke an. »Wenn Sie mein Geld nicht wollen, dann lassen Sie's eben bleiben. Feine Art ist das, einen Besucher zu behandeln. Also wirklich . . .«

Sein öliges stummes Lächeln war das letzte, was ich sah, als das Taxi ablegte und sich wieder in die Dünung stürzte. Es fiel mir schwer, dieses Lächeln hinter mir zu lassen.

Der Rückweg kam mir länger vor. Ich sprach kein Wort mit dem Taximann, und er sprach kein Wort mit mir. Als ich am Pier ausstieg, höhnte er mir in den Rücken: »Vielleicht ein andermal, wenn wir nicht soviel zu tun haben, Schnüffler!«

Ein halbes Dutzend Kunden, die darauf warteten, hinausgefahren zu werden, starrten mich an. Ich ging an ihnen vorbei, vorbei an der Tür des Warteraums auf der Landebrücke, auf die Treppe zu, die an Land führte.

Ein großer rothaariger Stiernacken in schmutzigen Segelschuhen, teerigen Hosen und einer abgetragenen blauen Strickjacke richtete sich an der Reling auf und stieß wie zufällig mit mir zusammen.

Ich blieb stehen, machte mich auf allerlei gefaßt. Er fragte aber bloß sanft: »Was war denn los, Spürauge? Keinen Dusel gehabt mit dem verdammten Kahn?«

»Muß ich Ihnen das erzählen?«

»Ich bin einer, der zuhören kann.«

»Wer sind Sie.«

»Nennen Sie mich einfach Red.«

»Aus dem Weg mit Ihnen, Red. Ich hab zu tun.«

Er lächelte traurig, berührte meine linke Seite. »Die Knarre trägt ein bißchen auf in dem leichten Anzug«, sagte er. »Wollen Sie an Bord? Läßt sich schon machen, wenn Sie einen Grund haben.«

»Auf wieviel käme der Grund?« fragte ich ihn.

»Fünfzig Eier. Zehn mehr, wenn Sie bluten in meinem Boot.«

Ich wandte mich ab. »Fünfundzwanzig für die Hinstrecke«, sagte er rasch. »Zurück kommen Sie ja vielleicht mit Freunden, was?«

Ich entfernte mich vier Schritte von ihm, ehe ich mich halb umdrehte, sagte: »Abgemacht« und ging weiter.

Am Fuß des hell erleuchteten Vergnügungs-Piers lag ein protziger Tango-Parlour, gerammelt voll schon trotz der frühen Stunde. Ich ging hinein, lehnte mich an eine Wand und sah zu, wie ein Ziffernpaar auf dem elektrischen Indikator erschien, beobachtete einen Hausspieler mit präparierter Sequenz, wie er unter dem Tisch mit dem Knie seine Signale gab.

Massige Bläue nahm neben mir Gestalt an, und ich roch Teer. Eine sanfte, tiefe, traurige Stimme sagte: »Brauchen Sie Hilfe da draußen?«

»Ich suche nach einem Mädchen, aber ich suche allein danach. Was machen Sie denn eigentlich so?« Ich sah ihn nicht an.

»Mal hier einen Dollar, mal da einen Dollar. Der Mensch muß gelegentlich was essen. Ich war bei der Polizei früher, aber die haben mich rausgeschmissen.«

Daß er mir das erzählte, gefiel mir. »Sie müssen denen zu ehrlich gewesen sein«, sagte ich und beobachtete den Hausspieler, wie er seine Karte mit dem Daumen über die falsche Nummer schob, beobachtete seinen Gegenspieler, wie er seinen Daumen an die gleiche Stelle brachte und die Karte hochhielt.

Ich konnte Reds Grinsen spüren. »Wie ich sehe, sind Sie schon ein bißchen rumgekommen in unserer kleinen Stadt. Die Sache funktioniert folgendermaßen. Ich hab ein Boot mit Unterwasser-Auspuff. Ich kenne eine Ladeluke, die ich aufmachen kann. Hin und wieder schaffe ich mal für jemanden eine Ladung raus. Unter Deck sind nicht allzu viele Leute. Paßt Ihnen das?«

Ich zog meine Brieftasche heraus und entnahm ihr einen Zwanziger und einen Fünfer, reichte sie ihm zusammengerollt hinüber. Sie wanderten in eine teerige Tasche.

Red sagte: »Danke«, sanft, und ging weg. Ich ließ ihm einen kleinen Vorsprung und machte mich dann hinter ihm her. Durch seine Größe war er leicht zu verfolgen, selbst in einer dichten Menschenmenge.

Wir gingen am Yachthafen vorbei und am zweiten Vergnügungs-Pier, und dahinter wurden die Lichter seltener, und die Menschenmenge verdünnte sich zum Nichts. Ein kurzer schwarzer Pier ragte ins Wasser hinaus, voller Boote, die längsseits vertäut lagen. Mein Mann wandte sich darauf zu.

Erst fast am Ende blieb er stehen, neben einer hölzernen Leiter.

»Ich hole das Ding her«, sagte er. »Der Motor macht ziemlichen Krach, bis er sich warmgelaufen hat.«

»Hören Sie«, sagte ich dringlich. »Ich muß noch schnell telephonieren. Hatt ich vergessen.«

»Läßt sich machen. Kommen Sie.«

Er ging ein Stück weiter auf dem Pier, rasselte mit Schlüsseln an einer Kette und öffnete ein Vorhängeschloß. Er hob eine kleine Klappe und nahm einen Telephonhörer heraus, horchte daran.

»Funktioniert noch«, sagte er mit einem Grinsen in der Stimme. »Muß irgendwelchen Ganeffs gehören. Vergessen Sie nicht, das Schloß wieder einschnappen zu lassen.«

Er schlüpfte lautlos in die Dunkelheit davon. Zehn Minuten lang lauschte ich dem Klatschen des Wassers gegen die Pierpfosten, dem gelegentlichen Kreisen einer Möwe in der Finsternis. Dann dröhnte weit weg ein Motor auf, dröhnte minutenlang weiter. Dann verstummte der Krach abrupt. Weitere Minuten vergingen. Etwas schlug dumpf gegen den Fuß der Leiter, und eine gedämpfte Stimme drang zu mir herauf.

»Alles bereit.«

Ich eilte zum Telephon zurück, wählte eine Nummer, fragte nach Chief Fulwider. Er war schon nach Hause gegangen. Ich wählte eine andere Nummer, bekam eine Frau, fragte sie nach dem Chief, sagte, hier spräche das Präsidium.

Ich wartete wieder. Dann hörte ich die Stimme des fetten Polizeichefs. Sie klang wie randvoll von Bratkartoffeln.

»Ja-ah? Kann der Mensch denn nicht mal in Ruhe essen? Wer ist da?«

»Carmady, Chief. Saint ist auf der *Montecito.* Ein Jammer, daß die außerhalb Ihres Amtsbereichs liegt.«

Er fing an, wie ein Verrückter zu brüllen. Ich legte ihm ins Gesicht hinein auf, tat den Hörer in sein gemütliches, mit Zinkblech tapeziertes Stübchen zurück und ließ das Vorhängeschloß zuschnappen. Ich stieg die Leiter zu Red hinunter.

Sein großes schwarzes Schnellboot glitt über die öligen Wasser hinaus. Der Auspuff machte keinerlei Geräusch, nur seitlich am Rumpf war ein gleichmäßiges Blubbern zu hören.

Die Lichter der Stadt wurden wieder zu einem gelb verschwimmenden Schimmer auf dem schwarzen Wasser, und die Bullaugen der guten alten *Montecito* wurden wieder groß und hell und rund nach See heraus.

XI

Auf der Seeseite des Schiffes gab es kein Flutlicht. Red drosselte den Motor bis auf ein Minimum und steuerte unter den Überhang des Hecks, schlich sich an die glitschigen Platten so schüchtern heran wie ein Vereinsmeier in eine Hotelhalle.

Eiserne Doppeltüren ragten hoch über uns, ein wenig rechts von den schleimigen Gliedern einer Kabelkette. Das Schnellboot schrammte die alten Platten der *Montecito,* und das Seewasser klatschte schlapp gegen die Bootssohle unter unseren Füßen. Der Schatten des massigen Ex-Polizisten wuchs neben mir in die Höhe. Ein in Schlingen gelegtes Tau flog in die Dunkelheit empor, verfing sich irgendwo und fiel ins Boot zurück. Red zog es stramm, schlang es um einen Haken an der Motorhaube.

Er sagte sanft: »Sie liegt hoch wie ein Hindernisrenner. Wir müssen an den Platten hochklettern.«

Ich nahm das Steuer und richtete den Bug des Schnellboots gegen den schlüpfrigen Rumpf, und Red griff nach einer Eisenleiter, die flach am Schiff in die Höhe lief, und zog sich in die Dunkelheit hinauf, grunzend, den Körper rechtwinklig versteift, die Segelschuhe glitschend auf den nassen Eisensprossen.

Nach einer Weile quietschte etwas über mir, und schwachgelbes

Licht sickerte in die neblige Luft hinaus. Der Umriß einer schweren Tür wurde sichtbar und in ihrem Lichtschein Reds geduckter Kopf.

Ich stieg die Leiter hinauf, ihm nach. Es war keine leichte Arbeit. Sie ließ mich schließlich keuchend in einem säuerlich riechenden Verschlag landen, der voll von unordentlich herumliegenden Kisten und Fässern war. Ratten huschten in den dunklen Ecken außer Sicht. Der große Mann legte seine Lippen an mein Ohr: »Von hier führt ein leichter Weg zur Laufplanke im Kesselraum. Eine der Hilfsmaschinen dürfte unter Dampf stehen, fürs heiße Wasser und die Generatoren. Das bedeutet als Bedienung einen Mann. Den übernehme ich. Die Mannschaft tut Doppeldienst oben, piekfein in Schale. Im Maschinenraum werde ich Ihnen einen Ventilator zeigen, der kein Gitter hat. Führt direkt aufs Bootsdeck. Was Sie dann machen, ist Ihre Sache.«

»Sie müssen Verwandte an Bord haben«, sagte ich.

»Ach was. Man kriegt halt allerlei mit, wenn man sich dauernd am Ufer rumtreibt. Vielleicht gehöre ich zu einem Verein, der sich vorgenommen hat, den Kahn zum Kentern zu bringen. Kommen Sie schnell wieder zurück?«

»Es dürfte einen ganz hübschen Platsch geben, wenn ich vom Bootsdeck komme«, sagte ich. »Hier.«

Ich fischte noch ein paar Scheine aus meiner Brieftasche, schob sie ihm hin.

Er schüttelte seinen roten Kopf. »Hm, nee. Das ist erst für die Rückfahrt.«

»Die kaufe ich mir jetzt schon«, sagte ich. »Selbst wenn ich sie nicht brauche. Nun nehmen Sie schon, bevor ich in Tränen ausbreche.«

»Na ja, also – danke, Kumpel. Sie sind richtig.«

Wir stiegen zwischen die Kisten und Fässer. Das gelbe Licht kam von einem Gang dahinter, und wir gingen den Gang entlang bis zu einer schmalen Eisentür. Die führte zur Laufplanke im Maschinenraum. Wir schlichen darauf entlang, stiegen eine ölige Stahlleiter hinunter, hörten das langsame Zischen von Ölbrennern und gingen zwischen Bergen von Eisen auf das Geräusch zu.

Als wir um eine Ecke bogen, erblickten wir einen gedrungenen, schmutzigen Italiener in purpurnem Seidenhemd, der in einem drahtgeflickten Bürostuhl saß, unter einer nackten Glühbirne, und mit Hilfe einer stahlgefaßten Brille und eines schwarzen Zeigefingers die Zeitung las.

Red sagte liebenswürdig: »He, alter Freund. Wie geht's denn den kleinen Bambinos?«

Der Italiener riß den Mund auf und wollte rasch auf. Da traf ihn Reds Schlag. Wir legten ihn lang auf den Boden und rissen sein purpurnes Hemd in Streifen, um ihn damit zu fesseln und zu knebeln.

»An sich sollte man ja einen Menschen mit Brille nicht schlagen«, sagte Red. »Aber die Sache ist die, daß Sie einen Heidenkrach machen, wenn Sie den Ventilator raufgehen – für jemand hier unten. Oben hört kein Mensch was.«

Ich sagte, das wäre mir durchaus lieb, und wir ließen den Italiener gebunden auf dem Boden liegen und suchten uns den Ventilator, der kein Gitter hatte. Ich schüttelte Red die Hand, sagte, ich hoffte ihn wiederzusehen, und bestieg die Leiter im Ventilatorschacht.

Es war kalt und rabenschwarz, und die neblige Luft rauschte zugig darin herunter, und der Weg nach oben kam mir lang vor. Nach drei Minuten, die für mein Gefühl wie eine Stunde waren, erreichte ich die Schachtmündung und steckte vorsichtig den Kopf hinaus. Segeltuchbespannte Boote ragten in der Nähe an den Davits des Bootsdecks. Sanftes Flüstern drang zwischen zweien davon aus dem Dunkel. Das dumpfe Bumsen von Musik pulste von unten herauf. Hoch oben über mir brannte eine Mastlaterne, und durch die dünnen, hohen Nebelschichten starrten bitter ein paar Sterne nieder.

Ich lauschte, konnte aber keine Polizeiboot-Sirenen hören. Ich stieg aus dem Ventilatorschacht, ließ mich aufs Deck hinunter.

Das Flüstern kam von einem knutschenden Pärchen, das unter einem der Boote kauerte. Sie schenkten mir keinerlei Aufmerksamkeit. Ich ging das Deck entlang, vorüber an den geschlossenen Türen von drei oder vier Kabinen. Hinter den Läden von zweien davon war etwas Licht. Ich lauschte, hörte aber nichts als das fidele Lärmen der Kunden unten auf dem Hauptdeck.

Ich wich in einen dunklen Schatten zurück, nahm die Lungen voll Luft und stieß sie in einem Heulen wieder aus – dem knurrenden Heulen eines grauen Wolfs, der einsam ist und hungrig und fern der Heimat und das Böse von sieben Plagen in sich hat.

Das tiefe, grollende Bellen eines Polizeihunds antwortete mir. Ein Mädchen schrillte über das dunkle Deck, und eine Männerstimme sagte: »Ich dachte, diese Fuselsäufer wärn alle tot.«

Ich richtete mich auf und takelte meine Pistole ab und lief auf das Bellen zu. Es kam aus einer Kabine auf der anderen Seite des Decks.

Ich legte ein Ohr an die Tür, hörte, wie eine Männerstimme den Hund besänftigte. Der Hund hörte auf zu bellen und knurrte nur noch ein- oder zweimal, war dann still. Ein Schlüssel drehte sich in der Tür, an der ich mich befand.

Ich wich zurück, ließ mich auf ein Knie nieder. Die Tür ging einen Fußbreit auf, und ein glatter Kopf kam hinter der Kante vor.

Licht aus einer abgeschirmten Decklaterne warf einen matten Schein auf das schwarze Haar.

Ich stand auf und schmetterte den Pistolenlauf auf den Kopf. Der Mann sackte weich nach vorn aus der Tür, mir direkt in die Arme. Ich schleifte ihn in die Kabine zurück, stieß ihn auf ein gemachtes Kojenbett.

Ich warf die Tür wieder zu, schloß sie ab. Ein kleines Mädchen kauerte auf dem anderen Bett, mit weit aufgerissenen Augen. Ich sagte: »Hallo, Miss Snare. War keine Kleinigkeit, Sie zu finden. Wollen Sie nach Hause?«

Farmer Saint rollte sich herum und setzte sich auf, hielt sich den Kopf. Dann war er sehr still, starrte mich nur an mit seinen scharfen schwarzen Augen. Sein Mund zeigte ein angespanntes, fast gutmütiges Lächeln.

Ich maß die Kabine mit einem raschen Blick, sah nicht, wo der Hund war, sah aber eine innere Tür, hinter der er sein konnte. Ich wandte mich wieder dem Mädchen zu.

Sie war ganz und gar nicht ansehnlich, wie die meisten Leute, die das meiste Durcheinander anrichten. Sie kauerte mit angezogenen Knien auf dem Bett, und das Haar fiel ihr über das eine Auge. Sie trug ein Strickkleid und Golfsocken und Sportschuhe mit breiten Laschen, die den Spann bedeckten. Ihre Knie waren nackt und knochig unter dem Saum des Kleids. Sie sah wie ein Schulmädchen aus.

Ich durchsuchte Saint nach einer Waffe, fand keine. Er grinste mich an.

Das Mädchen hob die Hand und warf ihr Haar zurück. Sie sah mich an, als wäre ich ein paar Häuserblocks von ihr entfernt. Dann holte sie tief Luft und fing an zu weinen.

»Wir sind verheiratet«, sagte Saint sanft. »Sie glaubt, Sie legen jetzt los und durchlöchern mich wie ein Sieb. War ein schlauer Trick, das mit dem Wolfsgeheul.«

Ich sagte nichts. Ich lauschte. Keinerlei Geräusch draußen.

»Woher wußten Sie denn, wo Sie suchen mußten?« fragte Saint.

»Das hat mir Diana gesagt – bevor sie starb«, sagte ich brutal.

Seine Augen zuckten, als hätte ich ihn verletzt. »Ich glaube Ihnen kein Wort, Schnüffler.«

»Sie sind weggelaufen und haben sie in der Patsche gelassen. Was erwarten Sie da denn anderes?«

»Ich hatte mir gedacht, die Bullen würden eine Frau wohl nicht so einfach über den Haufen schießen, und ich könnte draußen irgendwie mit ihnen handelseinig werden. Wer hat sie erwischt?«

»Einer von Fulwiders Bullen. Den dann Sie erwischt haben.«

Sein Kopf zuckte zurück, und ein wilder Ausdruck kam über sein Gesicht, schwand dann wieder. Er lächelte zu dem weinenden Mädchen hinüber. »Hallo, Schatzi. Ich krieg dich schon frei, keine

Bange.« Er wandte sich wieder an mich. »Mal angenommen, ich ergebe mich ohne weiteren Krawall. Ist dann eine Möglichkeit drin, daß sie aus der Sache rausbleibt?«

»Was meinen Sie denn mit Ihrem weiteren Krawall?« feixte ich.

»Och, ich hab eine Menge Freunde hier auf dem Schiff, Schnüffler. Sie stehen erst grad am Anfang.«

»Sie haben sie selber reingeritten«, sagte ich. »Raushalten ist nicht mehr. Das ist ein Posten auf der Rechnung.«

XII

Er nickte langsam, sah auf den Boden nieder zwischen seinen Füßen. Das Mädchen hörte grad lange genug auf zu weinen, um sich die Backen zu wischen, dann fing sie wieder an.

»Fulwider weiß, daß ich hier bin?« fragte Saint mich langsam.

»Ja-ah.«

»Den Tip haben Sie ihm gegeben?«

»Ja-ah.«

Er zuckte die Achseln. »Von Ihrem Standpunkt aus ganz verständlich. Klar. Nur werde ich nie mehr dazu kommen, den Mund aufzumachen, wenn Fulwider mich einmal beim Kragen hat. Wenn ich mit einem von der Staatsanwaltschaft reden könnte, wär's vielleicht drin, daß ich ihn überzeuge, daß *sie* mit den ganzen Sachen von mir nichts zu tun gehabt hat.«

»Auch das hätten Sie sich früher überlegen können«, sagte ich grob. »Sie brauchten nicht unbedingt zu Sundstrand zurückzukehren und mit Ihrer Stotterkanone loszuballern.«

Er warf den Kopf zurück und lachte. »Nicht? Stellen Sie sich mal vor, Sie haben einem Burschen zehn Riesen für Protektion gezahlt, und der legt Sie aufs Kreuz, grapscht sich Ihre Frau, sperrt sie in eine Bekloppteanstalt und richtet Ihnen aus, Sie sollen sich gefälligst zum Teufel scheren und ja schön brav sein, sonst würde die nächste Flut Ihnen Ihre Ehehälfte an Land spülen! Was würden Sie da machen – kopfstehn und lachen? Oder dem Kerl mit einem Stück Eisen auf die Bude rücken, um ein Wörtchen mit ihm zu reden?«

»Sie war da schon gar nicht mehr dort«, sagte ich. »Nein, Sie hatten bloß die Schießwut. Und wenn Sie nicht so närrisch mit dem Hund gewesen wären, daß er schließlich einen Mann getötet hat, dann hätte's auch Ihr Protektionsgeber nicht mit der Angst gekriegt und Sie fallenlassen.«

»Ich liebe Hunde«, sagte Saint ruhig. »Ich bin ein ganz umgänglicher Mensch, wenn ich nicht arbeite, aber ich vertrag's nicht, wenn man mich blödmachen will.«

Ich lauschte. Immer noch alles still auf Deck draußen.

»Hören Sie zu«, sagte ich rasch. »Wenn wir einen Kuhhandel machen wollen – ich habe ein Boot vor einer Ladeluke draußen, und ich werde versuchen, das Mädchen nach Hause zu bringen, bevor die Polizei Rabatz macht. Was mit Ihnen passiert, ist nicht mehr mein Bier. Ich würde auch keinen Finger für Sie rühren, und wenn Sie zehnmal Hunde lieben.«

Das Mädchen sagte plötzlich, mit schriller Kleinmädchenstimme: »Ich will aber nicht nach Hause! Ich will nicht nach Hause!«

»Heute in einem Jahr werden Sie's mir danken«, fuhr ich sie an.

»Er hat recht, Schatzi«, sagte Saint. »Hau lieber ab mit ihm.«

»Ich will aber nicht«, schrillte das Mädchen wütend. »Ich will ganz einfach nicht. Das ist alles.«

Mitten aus der Stille auf Deck schlug etwas hart von außen gegen die Tür. Eine grimmige Stimme brüllte: »Aufmachen! Polizei!«

Ich zog mich rasch zur Tür zurück, behielt Saint im Auge. Ich sprach nach hinten über die Schulter. »Ist Fulwider dort?«

»Ja-ah«, knurrte die fette Stimme des Polizeichefs. »Carmady?«

»Hören Sie, Chief. Saint ist hier, und er ist bereit, sich zu ergeben. Aber es ist noch jemand anders bei ihm, das Mädchen, von dem ich Ihnen erzählt habe. Kommen Sie also ein bißchen behutsam rein, ja?«

»Wird gemacht«, sagte der Chief. »Schließen Sie auf.«

Ich drehte den Schlüssel, sprang durch die Kabine und stellte mich mit dem Rücken an die innere Teilwand, neben die Tür, hinter der sich der Hund jetzt rührte, mit leisem Knurren.

Die Außentür flog auf. Zwei Männer, die ich bis jetzt noch nicht gesehen hatte, stürmten mit gezogenen Pistolen herein. Der fette Chief war hinter ihnen. Ganz kurz erhaschte ich noch einen Blick auf Schiffsuniformen, bevor er die Tür hinter sich zuwarf.

Die beiden Beamten sprangen Saint an, wirbelten ihn herum, streiften ihm Handschellen über. Dann traten sie zurück, neben den Chief. Saint grinste sie an, und Blut tröpfelte von seiner Unterlippe.

Fulwider sah mich tadelnd an und bewegte eine Zigarre in seinem Mund. An dem Mädchen schien niemand Interesse zu nehmen. »Sie sind mir ja ein feiner Stratege, Carmady. Mich ohne jeden blassen Schimmer zu lassen, wo ich hier landen würde«, knurrte er.

»Ich wußte's selber nicht«, sagte ich. »Außerdem dachte ich, das wäre außerhalb Ihres Amtsbereichs.«

»Zum Teufel damit. Wir haben die Bundespolizei benachrichtigt. Die kommen hier raus.«

Einer der Beamten lachte. »Aber nicht allzu bald«, sagte er grob. »Stecken Sie die Knarre weg, Schnüffler.«

»Versuchen Sie's mal, mich zu zwingen«, gab ich zurück.

Er wollte auf mich los, aber der Chief winkte ab. Der andere Beamte hatte nur Saint im Auge, nichts anderes.

»Wie haben Sie ihn denn gefunden?« wollte Fulwider wissen.

»Nicht indem ich Geld von ihm annahm, um ihn zu verstecken«, sagte ich.

Nichts veränderte sich in Fulwiders Gesicht. Seine Stimme wurde fast träge. »Ei, ei, Sie haben durchs Schlüsselloch geguckt«, sagte er freundlich.

Ich sagte angewidert: »Für was für einen Idioten halten Sie und Ihre Bande mich eigentlich? Ihre kleine saubere Stadt stinkt. Sie ist das sattsam bekannte getünchte Grab. Eine Freistatt für Ganoven, die hier ihre Schießeisen stecken lassen können – vorausgesetzt, sie zahlen immer schön pünktlich und leisten sich am Ort selbst keine Kapriolen – und in einem Katzensprung per Schnellboot in Mexiko sind, wenn der Arm der Justiz mal zu lang wird und sie hier aufstöbert.«

Der Chief sagte sehr behutsam: »Sonst noch was?«

»Jawohl«, brüllte ich. »Und das hab ich verdammt viel zu lange schon für Sie aufgespart. *Sie* haben mich mit Drogen vollpumpen lassen, bis ich halb dämlich war, und mich in ein Privatgefängnis gesteckt. Als das mich nicht hielt, haben *Sie* mit Galbraith und Duncan einen Plan ausgeheckt, wonach Sundstrand, Ihr Helfershelfer, mit meiner Pistole getötet und ich selber dann abgeknallt werden sollte, weil ich mich der Festnahme widersetzt hätte. Die Party hat Saint Ihnen verdorben und mir das Leben gerettet. Nicht mit Absicht vielleicht, aber immerhin. *Sie* haben die ganze Zeit gewußt, wo das Mädchen, die kleine Snare, steckte. Sie war Saints Frau, und Sie haben sie selber in Gewahrsam gehalten, damit er parierte. Zum Teufel, was glauben Sie wohl, weshalb ich Ihnen den Tip gegeben hab, daß er hier draußen war? Das haben Sie zur Abwechslung mal *nicht* gewußt!«

Der Beamte, der versucht hatte, mir meine Pistole abzuschwatzen, sagte: »Tja, Chief. Wir sollten das am besten doch schnell erledigen. Die Kerls von der Bundespolizei . . .«

Fulwiders Kinn zitterte. Sein Gesicht war grau, und die Augen lagen tief in ihren Höhlen. Die Zigarre zuckte in seinem fetten Mund. »Moment noch«, sagte er mit belegter Stimme zu dem Mann neben ihm. Dann zu mir: »Also gut – und weshalb haben Sie mir den Tip gegeben?«

»Um Sie an einen Ort zu kriegen, wo Sie so wenig Gesetzesvertreter sind wie Billy the Kid«, sagte ich, »und um zu sehen, ob Sie den Nerv haben, mit einem Mord auf hoher See weiterzumachen.«

Saint lachte. Er stieß einen leisen, fauchenden Pfiff durch die Zähne. Ein wütendes tierisches Knurren antwortete ihm. Die Tür neben mir krachte auf, als hätte ein Maultier sie eingetreten. Der große Polizeihund kam durch die Öffnung geschossen, mit einem Schleifensprung, der ihn glatt durch die ganze Kabine trug. Der graue Körper drehte sich in der Luft. Eine Pistole knallte harmlos.

»Pack sie, Voss!« schrie Saint gellend. »Friß sie mit Haut und Haaren, mein Junge!«

Die Kabine füllte sich mit Pistolenfeuer. Das Knurren des Hundes verschmolz mit einem dumpfen, erstickten Schrei. Fulwider und einer der Beamten lagen am Boden, und der Hund saß Fulwider an der Kehle.

Das Mädchen kreischte auf und grub das Gesicht in ein Kissen. Saint glitt sanft von der Koje zu Boden, und Blut lief ihm langsam in einer dicken Welle den Hals nieder.

Der Beamte, der nicht zu Boden gegangen war, sprang auf die Seite, fiel fast der Länge nach aufs Bett des Mädchens, gewann dann sein Gleichgewicht wieder und pumpte Kugeln in den langen grauen Körper des Hundes – wild, blind und ziellos.

Der Beamte auf dem Boden schlug nach dem Hund. Der Hund biß ihm fast die Hand ab. Der Mann schrie wie am Spieß. Fußgetrappel erklang auf Deck. Lautes Brüllen. Etwas Kitzliges lief mir übers Gesicht. Ich hatte ein ganz komisches Gefühl am Kopf, aber ich wußte nicht, was mich getroffen hatte.

Die Pistole in meiner Hand fühlte sich groß an und heiß. Ich erschoß den Hund, so widerlich mir das war. Der Hund rollte von Fulwider herunter, und ich sah, daß eine verirrte Kugel die Stirn des Polizeichefs durchbohrt hatte, genau zwischen den Augen, mit der peinlichen Präzision des puren Zufalls.

Der Schlagbolzen des Beamten, der noch stand, klickte auf eine schon abgeschossene Patrone. Er fluchte, fing wie rasend an nachzuladen.

Ich berührte das Blut auf meinem Gesicht und betrachtete es an meinen Fingern. Es kam mir sehr schwarz vor. Das Licht in der Kabine schien zu schwinden.

Die gleißende Schneide einer Axt spaltete plötzlich die Kabinentür, die von der Leiche des Chiefs zugekeilt war und vom Körper des stöhnenden Mannes neben ihm. Ich starrte das helle Metall an, sah zu, wie es wieder verschwand und wieder erschien, an einer anderen Stelle.

Dann gingen ganz langsam alle Lichter aus, wie im Theater, wenn sich der Vorhang hebt. Grad als es ganz dunkel wurde, tat mir auf einmal der Kopf weh, aber da wußte ich noch nicht, daß eine Kugel mir den Schädel angeschlagen hatte.

Ich wachte zwei Tage später im Krankenhaus wieder auf. Dort lag ich dann drei Wochen. Saint lebte nicht mehr lange genug, um zu hängen, aber er lebte noch lange genug, um seine Geschichte zu erzählen. Er muß sie sehr gut erzählt haben, denn sie ließen Mrs. Isobel Saint anschließend nach Hause gehen, zu ihrer Tante.

Inzwischen hatte das Große Schwurgericht des County die halbe Polizei der kleinen Küstenstadt unter Anklage gestellt. In der City Hall gab es eine Menge neuer Gesichter, wie ich hörte. Eins davon gehörte einem großen rothaarigen Polizei-Sergeant namens Norgard, der behauptete, er schulde mir fünfundzwanzig Dollar, habe sie aber dazu verwenden müssen, sich einen neuen Anzug zu kaufen, als er seinen Job zurückbekam. Er sagte, ich bekäme mein Geld, sobald er seinen ersten Gehaltsscheck in der Tasche hätte. Ich sagte, ich würde versuchen, mich so lange zu gedulden.

Der Vorhang

I

Als ich Larry Batzel zum erstenmal zu Gesicht bekam, saß er betrunken in einem Rolls-Royce aus zweiter Hand draußen vor dem Sardi. Bei ihm war eine hochgewachsene Blondine, mit Augen, die man nicht so leicht vergaß. Ich half ihr, ihn vom Steuer wegzureißen, so daß sie fahren konnte.

Als ich ihn zum zweitenmal sah, hatte er keinen Rolls-Royce und keine Blondine mehr und auch keinerlei Job beim Film. Er hatte bloß noch den Zitterich und einen Anzug, der dringend gebügelt werden mußte. Er entsann sich meiner noch. Er war der Typ Säufer, die das können.

Ich spendierte ihm so viel Drinks, daß er wieder laufen konnte, und schenkte ihm die Hälfte meiner Zigaretten. Von da an sah ich ihn immer wieder mal, »zwischen den Filmen«. Ich ließ mich von ihm anpumpen. Weiß eigentlich gar nicht, warum. Er war ein großes, hübsches Tier, mit Augen wie eine Kuh und etwas Unschuldigem und Ehrlichem darin. Etwas, wovon man in meinem Beruf nicht allzuviel zu sehen kriegt.

Das Komische war, daß er sich vor der Aufhebung der Prohibition als Schnapsschmuggler betätigt hatte, für eine ziemlich harte Bande. Beim Film brachte er's nie zu was, und nach einer Weile kam er mir aus den Augen.

Dann flatterte mir eines Tages aus heiterem Himmel ein Scheck ins Haus, über den gesamten Betrag, den er mir schuldete, und dazu eine Notiz, daß er jetzt in einem Lokal arbeite – Spiel-, nicht Speise- –, im Dardanella Club, und ich sollte doch mal rauskommen und mich sehen lassen. So erfuhr ich, daß er wieder in den alten Kreisen untergekommen war.

Ich ging ihn zwar nicht besuchen, aber irgendwie bekam ich in Erfahrung, daß besagtes Lokal Joe Mesarvey gehörte und daß Joe Mesarveys Frau jene Blondine mit den Augen war, die Larry Batzel damals in dem Rolls bei sich gehabt hatte. Ich fuhr trotzdem nicht zu ihm raus.

Dann stand auf einmal eines ganz frühen Morgens eine verschwommene Gestalt vor meinem Bett, zwischen mir und den Fenstern. Die Jalousien waren niedergezogen worden. Das mußte mich geweckt haben. Die Gestalt war groß und breit und hatte eine Pistole.

Ich wälzte mich herum und rieb mir die Augen. »Okay«, sagte ich grantig. »In meinen Hosen stecken zwölf Dollar, und meine Armbanduhr hat siebenundzwanzig-fuffzig gekostet. Dafür gibt Ihnen keiner was.«

Die Gestalt ging zum Fenster hinüber und zog die Jalousie einen Zoll an und sah auf die Straße hinunter. Als sie sich wieder umdrehte, sah ich, daß es Larry Batzel war.

Sein Gesicht war verspannt und müde, und er brauchte eine Rasur. Er trug immer noch einen Abendanzug und darüber einen zweireihigen dunklen Mantel mit einer welk hängenden Zwergrose im Knopfloch.

Er setzte sich und hielt die Pistole einen Moment auf dem Knie, bevor er sie wegsteckte, mit einem fast verdutzten Stirnrunzeln, so als wüßte er gar nicht, wie sie in seine Hand gekommen war.

»Sie werden mich nach Berdoo fahren«, sagte er. »Ich muß aus der Stadt verschwinden. Die Kerls haben den Bleistift genommen und einen Strich durch meinen Namen gemacht.«

»Okay«, sagte ich. »Erzählen Sie mal.«

Ich setzte mich auf und tastete mit den Zehen nach dem Teppich und zündete mir eine Zigarette an. Es war kurz nach halb sechs.

»Ich hab Ihr Schloß mit einem Stück Zelluloid aufgeklemmt«, sagte er. »Sie sollten gelegentlich nachts mal die Kette vorlegen. Ich war nicht sicher, welche Tür Ihre Bude hatte, und ich wollte nicht das ganze Haus wachmachen.«

»Das nächste Mal können Sie's an den Briefkästen feststellen«, sagte ich. »Aber reden Sie weiter. Betrunken sind Sie ja nicht, oder?«

»Ich wär's liebend gern, aber zuerst mal muß ich weg. Ich bin bloß mit den Nerven am Ende. Hab nicht mehr so viel Mumm in den Knochen wie früher. Sie haben doch bestimmt gelesen, daß O'Mara verschwunden ist.«

»Hab ich.«

»Hörn Sie mir trotzdem zu. Wenn ich rede, gehn mir die Nerven nicht durch. Ich glaube nicht, daß man mich hier suchen wird.«

»Ein kleiner Drink kann keinem von uns schaden«, sagte ich. »Der Scotch steht da vorn auf dem Tisch.«

Er goß uns rasch zwei Gläser voll und reichte mir eins. Ich zog einen Bademantel über und Pantoffeln. Das Glas klapperte ihm gegen die Zähne, als er trank.

Er stellte sein leeres Glas hin und legte die Hände fest zusammen. »Ich hab Dud O'Mara ziemlich gut gekannt. Wir haben früher Stoff rübergebracht, von Hueneme Point. Wir waren sogar in dasselbe Mädchen verknallt. Sie ist jetzt mit Joe Mesarvey verheiratet.

Dud hat sich dann nicht schlecht gebettet, fünf Millionen Dollar. General Dade Winslows spindlige Tochter, die geschiedene.«

»Weiß ich alles«, sagte ich.

»Tja. Hören Sie nur weiter. Sie hat ihn in einer Flüsterkneipe aufgegriffen, grad wie unsereins sich im Café ein Tablett greift. Aber ihm gefiel das schöne Leben nicht. Schätze, er hat sich noch weiter mit Mona getroffen. Dann kam er dahinter, daß Joe Mesarvey und Lash Yeager nebenbei einen schwungvollen Handel mit heißen Autos betrieben. Da haben sie ihn von der Bildfläche gewischt.«

»Einen Dreck haben sie«, sagte ich. »Trinken Sie mal noch was.«

»Nein. Hören Sie weiter. Bloß zwei Punkte noch. In der Nacht, wo der Vorhang vor O'Mara runterging – nein, in der Nacht, wo die Zeitungen es brachten –, ist auch Mona Mesarvey verschwunden. Allerdings nicht freiwillig. Sie haben sie in einem Schuppen draußen versteckt, ein paar Meilen hinter Realito, im Apfelsinengebiet. Gleich neben einer Garage, die ein Ganeff namens Art Huck betreibt, Versteck für heiße Autos. Hab ich rausgekriegt. Ich bin Joe gefolgt.«

»Wieso ging Sie das was an?« fragte ich.

»Ich hab immer noch eine Schwäche für die Kleine. Ich erzähl's Ihnen, weil Sie mal ziemlich anständig zu mir gewesen sind. Sie können was draus machen, wenn ich getürmt bin. Die haben sie da versteckt, daß es so aussieht, wie wenn Dud mit ihr abgehauen wäre. Natürlich waren die Bullen nicht so blöd, daß sie nach ihrem Verschwinden nicht auch bei Joe mal reingeschaut hätten. Aber sie haben Mona nicht gefunden. Sie haben bei Vermißtensachen so ein System, und das System spielen sie durch.«

Er stand auf und ging wieder zum Fenster hinüber, sah durch den Jalousiespalt hinaus. »Da steht ein blauer Sedan unten, den ich, glaub ich, schon mal gesehen habe«, sagte er. »Aber vielleicht auch nicht. Sehn viele so aus.«

Er setzte sich wieder. Ich sagte nichts.

»Der Schuppen hinter Realito liegt an der ersten Seitenstraße nördlich vom Foothill Boulevard. Sie können ihn gar nicht verfehlen. Steht ganz für sich, die Garage und das Haus nebenan. Da oben liegt noch eine alte Zyanid-Fabrik. Ich erzähl Ihnen das, damit . . .«

»Das wäre Punkt eins«, sagte ich. »Was war der zweite?«

»Der Kerl, der immer für Lash Yeager gefahren ist, hat sich vor ein paar Wochen verdrückt und ist in den Osten weg. Ich hab ihm fünfzig Eier geliehen. Er war pleite. Er hat mir erzählt, Yeager wäre in der Nacht, wo Dud O'Mara verschwand, draußen auf dem Grundstück der Winslows gewesen.«

Ich starrte ihn an. »Das ist interessant, Larry. Aber nicht interessant genug, um deswegen einen Eiertanz zu riskieren. Schließlich haben wir ja auch noch die Polizei.«

»Ja-ah. Dann zählen Sie mal folgendes noch dazu: Gestern abend hab ich mich vollaufen lassen und dabei Yeager erzählt, was ich wußte. Dann hab ich den Job im Dardanella an den Nagel gehängt. Und dann hat jemand, wie ich nach Hause kam, draußen auf mich geschossen. Seither bin ich in Deckung gegangen. Also, wie ist das, fahren Sie mich nun nach Berdoo?«

Ich stand auf. Es war Mai, aber mir war kalt. Auch Larry Batzel sah aus, als fröstelte er, selbst in dem Mantel, den er anhatte.

»Worauf Sie sich verlassen können«, sagte ich. »Aber immer mit der Ruhe. Später ist's viel sicherer als jetzt. Trinken Sie mal erst noch was. Sie *wissen* aber nicht mit Bestimmtheit, daß die Kerls O'Mara umgelegt haben, oder?«

»Wenn er ihnen mit den heißen Autos auf die Schliche gekommen war, dann *mußten* sie ihn einfach umlegen – wo doch Mona mit Joe Mesarvey verheiratet ist. Was anderes war bei einem Typ wie ihm nicht drin.«

Ich stand auf und ging auf die Tür des Badezimmers zu.

Larry ging wieder zum Fenster hinüber. »Steht immer noch da«, sagte er über die Schulter. »Nicht ausgeschlossen, daß auf Sie geschossen wird, wenn Sie mit mir fahren.«

»Das wäre mir äußerst unangenehm«, sagte ich.

»Sie sind ein Gauner mit Herz, Carmady. Es wird Regen geben. Ich fände's zum Kotzen, bei Regen beerdigt zu werden, oder Sie etwa nicht?«

»Sie reden zuviel, verdammt«, sagte ich und ging ins Bad.

Es war das letztemal, daß ich mit ihm gesprochen hatte.

II

Ich hörte ihn rumoren, während ich mich rasierte, aber natürlich nicht mehr, als ich unter der Dusche stand. Als ich rauskam, war er weg. Ich latschte rüber und sah in die Kochnische. Auch da war er nicht. Ich griff mir einen Bademantel und spähte in den Flur hinaus. Er war leer, bis auf einen Milchmann, der grad mit seinem Drahtkorb voll Flaschen die Hintertreppe runterging, und die frisch gefalteten Zeitungen, die an den verschlossenen Türen lehnten.

»He, Sie«, rief ich dem Milchmann nach, »ist hier vielleicht grad ein Bursche rausgekommen und an Ihnen vorbeigegangen?«

Er sah sich nach mir um, an der Ecke, und öffnete den Mund, um zu antworten. Er war ein nett aussehender Junge mit schönen großen weißen Zähnen. Ich entsinne mich seiner Zähne so gut, weil ich sie gerade ansah, als ich die Schüsse hörte.

Sie kamen von nicht sehr nah und nicht sehr fern. Draußen hinter dem Apartmenthaus, bei den Garagen, oder auf der Gasse, dachte ich. Erst kamen zwei rasche, harte Schüsse, dann folgte die Nietmaschine. Ein Feuerstoß von fünf oder sechs – alles, was ein MP-Fachmann braucht. Dann das Aufheulen des davonrasenden Wagens.

Der Milchmann schloß den Mund, als hätte irgendwer einen Hebel daran betätigt. Die Augen, mit denen er mich anblickte, waren riesig groß und leer. Dann setzte er sehr sorgfältig seine Flaschen auf der obersten Stufe ab und lehnte sich gegen die Wand. »Das klang wie Schüsse«, sagte er.

All dies brauchte nur ein paar Sekunden und kam einem doch wie eine halbe Stunde vor. Ich ging zurück in meine Wohnung und warf mir Kleider über, grapschte alle möglichen Sachen von der Kommode, taumelte auf den Flur hinaus. Er war immer noch leer, selbst der Milchmann war fort. Irgendwo in der Nähe heulte eine Sirene auf. Ein Kahlkopf mit einem handfesten Kater darunter spähte aus einer Tür und gab ein schnüffelndes Geräusch von sich.

Ich ging die Hintertreppe hinunter.

Im Flur unten standen zwei oder drei Leute, die aus ihren Türen getreten waren. Ich ging zum Hinterausgang hinaus. Die Garagen lagen zu beiden Seiten eines zementierten Hofs, einander gegenüber, und an dessen Ende befanden sich weitere zwei mit einem Durchgang in der Mitte, durch den man auf die Gasse gelangte. Zwei halbwüchsige Jungens kamen drei Häuser weiter über einen Zaun geklettert.

Larry Batzel lag auf dem Gesicht, der Hut einen Meter von seinem Kopf entfernt und die eine Hand weit ausgestreckt, in Reichweite einer großen schwarzen Automatik. Seine Füße waren an den Knöcheln gekreuzt, als hätte er sich im Fallen gedreht. Blut stand dick auf der einen Seite seines Gesichts, auf seinem blonden Haar, besonders im Nacken. Es stand auch dick auf dem Zement des Hofs.

Zwei Funkstreifenpolizisten und der Milchfahrer und ein Mann in braunem Sweater und latzlosem Overall beugten sich über ihn. Der Mann im Overall war unser Hausmeister.

Ich trat zu ihnen, zur selben Zeit etwa, wo die beiden Jungens über den Zaun in den Hof kamen. Der Milchfahrer sah mich mit einem eigenartigen, gespannten Ausdruck an. Einer der Polizisten richtete sich auf und sagte: »Kennt einer von euch den Mann, Leute? Sein halbes Gesicht hat er noch.«

Er hatte dabei nicht mich angesprochen. Der Milchfahrer schüttelte den Kopf und sah mich weiter aus dem Augenwinkel an. Der Hausmeister sagte: »Wohnen tut er hier nicht. Könnte zu Besuch gewesen sein. Ist allerdings noch ziemlich früh für einen Besuch, stimmt's?«

»Er hat einen Abendanzug an. Sie kennen Ihre Absteige hier besser als ich«, sagte der Polizist schwer. Er zog sein Notizbuch.

Der andere Polizist richtete sich nun ebenfalls auf und schüttelte den Kopf und ging auf das Haus zu, den Hausmeister neben sich.

Der Polizist mit dem Notizbuch winkte mir mit dem Daumen und fragte schroff: »Sie waren als erster hier nach den beiden Burschen. Kommt von Ihnen vielleicht was?«

Ich sah den Milchmann an. Larry Batzel war jetzt alles egal, und im übrigen muß der Mensch sich sein täglich Brot verdienen. Für die Funkstreife war der Fall sowieso nichts.

»Ich hab bloß die Schüsse gehört und bin hergelaufen«, sagte ich.

Der Polizist gab sich mit der Antwort zufrieden. Der Milchfahrer blickte in den finstergrauen Himmel hinauf und sagte nichts.

Nach einer Weile ging ich in mein Apartment zurück und zog mich fertig an. Als ich meinen Hut vom Fenstertisch neben der Scotchflasche nahm, sah ich die kleine Rosenknospe und darunter ein bekritzeltes Stück Papier.

Die Notiz lautete: »Sie sind ein guter Kerl, aber ich glaube, ich mach's alleine. Geben Sie Mona die Rose, wenn Sie eine Gelegenheit dazu finden. Larry.«

Ich legte die Sachen in meine Brieftasche und stärkte mich mit einem Drink.

III

Gegen drei Uhr am Nachmittag stand ich in der Haupthalle des Winslow-Hauses und wartete, daß der Butler zurückkam. Ich hatte den größten Teil des Tages damit verbracht, nicht in die Nähe meines Büros oder Apartments zu kommen und keinem Menschen von der Mordkommission zu begegnen. Es war nur eine Frage der Zeit, daß ich den Mund aufmachen mußte, aber zuerst wollte ich mit General Dade Winslow reden. Es war gar nicht einfach, zu ihm vorzudringen.

Ölgemälde hingen überall um mich herum, meistens Porträts. Es gab ein paar Statuen und verschiedene zeitverdunkelte Rüstungen auf Sockeln aus dunklem Holz. Hoch über dem riesigen Marmorkamin hingen in einem Glaskasten gekreuzt zwei von Kugeln zerrissene – oder von Motten zerfressene – Kavalleriefahnen, und darunter war das gemalte Porträt eines dünnen, unternehmend dreinblickenden Mannes angebracht, der einen schwarzen Bart und Schnurrbart trug und eine Regimentsuniform aus der Zeit etwa des Mexikanischen Krieges. Das mochte General Dade Winslows Vater sein. Der General selber war, obwohl schon ziemlich betagt, doch wohl kaum schon so alt.

Der Butler kam zurück und sagte, General Winslow befinde sich im Orchideenhaus und ich möchte ihm bitte folgen.

Wir traten durch Fenstertüren nach hinten hinaus und gingen

über die Rasenflächen zu einem großen Glaspavillon, der ein Stück hinter den Garagen lag. Der Butler öffnete die Tür in eine Art Vestibül und schloß sie, sobald ich eingetreten war, und es war bereits heiß. Dann öffnete er die Innentür, und jetzt war es wirklich heiß.

Die Luft dampfte. Wände und Decke des Glashauses tropften. Im Halblicht breiteten riesige Tropenpflanzen ihre Blüten und Zweige durch den ganzen Raum, und ihr Geruch war fast so überwältigend wie der Geruch kochenden Alkohols.

Der Butler, der alt war und dünn und von sehr aufrechtem Gang und weißhaarig, hielt Pflanzenzweige zurück, damit ich passieren konnte, und wir gelangten zu einer Lichtung, in der Mitte des Raums. Ein großer rötlicher türkischer Teppich war auf den sechseckigen Fliesen ausgebreitet. In der Mitte des Teppichs, in einem Rollstuhl, saß ein sehr alter Mann mit einer Reisedecke um den Leib und sah uns entgegen.

Nichts lebte mehr in seinem Gesicht außer seinen Augen. Schwarzen Augen, die tief in den Höhlen lagen, glänzend, unberührbar. Der Rest seines Gesichts war eine bleierne Totenmaske, mit eingesunkenen Schläfen, einer scharfen Nase, abstehenden Ohrläppchen, einem Mund, der nur noch ein dünner weißer Schlitz war. Er hatte sich fest eingehüllt, teils in einen rötlichen und sehr schäbigen Bademantel und teils in die Reisedecke. Auf dem Schädel hatte er sporadisch ein paar weiße Haarbüschel.

Der Butler sagte: »Dies ist Mr. Carmady, General.«

Der alte Mann starrte mich an. Nach einer Weile sagte eine scharfe, zänkische Stimme: »Schaffen Sie für Mr. Carmady einen Stuhl her.«

Der Butler zog einen Korbsessel heran, und ich setzte mich. Ich legte meinen Hut auf den Boden. Der Butler nahm ihn auf.

»Brandy«, sagte der General. »Wie möchten Sie Ihren Brandy, Sir?«

»Ganz gleich, irgendwie«, sagte ich.

Er schnaubte. Der Butler entfernte sich. Der General starrte mich an, mit Augen, deren Wimpern nicht zuckten. Er schnaubte abermals.

»Ich nehme meinen immer mit Champagner«, sagte er. »Ein Drittelglas Brandy unter den Champagner, und den Champagner so kalt wie Valley Forge. Noch kälter, wenn man ihn noch kälter bekommen kann.«

Ein Glucksen, das ein verhaltenes Kichern hätte sein können, drang aus seinem Mund.

»Nicht daß ich bei Valley Forge gewesen wäre«, sagte er. »Ganz so schlimm war's nicht. Sie können rauchen, Sir.«

Ich dankte ihm und sagte, ich hätte das Rauchen für eine Weile satt. Ich zog ein Taschentuch heraus und wischte mir das Gesicht.

»Legen Sie ruhig den Mantel ab, Sir. Dud hat das auch immer getan. Orchideen brauchen Wärme, Mr. Carmady – ganz wie kranke alte Männer.«

Ich zog meinen Mantel aus, einen Regenmantel, den ich für alle Fälle mitgenommen hatte. Es sah nach Regen aus. Larry Batzel hatte gesagt, es würde Regen geben.

»Dud ist mein Schwiegersohn. Dudley O'Mara. Ich glaube, Sie hatten mir etwas über ihn zu erzählen.«

»Bloß so vom Hörensagen«, sagte ich. »Ich wollte in die Sache nicht einsteigen, ohne Ihr Okay zu haben, General Winslow.«

Die Basiliskenaugen starrten mich an. »Sie sind Privatdetektiv. Sie wollen bezahlt werden, nehme ich an.«

»Die Branche stimmt«, sagte ich. »Aber das bedeutet nicht, daß man mich für jeden Atemzug bezahlen muß, den ich tue. Es geht da um eine Sache, die mir zu Ohren gekommen ist. Sie könnten vorziehen, sie selber an die Vermißtenstelle weiterzugeben.«

»Ich verstehe«, sagte er ruhig. »Ein Skandal irgendeiner Art.«

Der Butler kam zurück, ehe ich eine Antwort geben konnte. Er rollte einen Teewagen durch den Dschungel herein, stellte ihn neben meinen Ellbogen und mixte mir einen Brandy mit Soda. Dann ging er wieder weg.

Ich nippte an dem Drink. »Anscheinend gab es da ein Mädchen«, sagte ich. »Er kannte sie schon, bevor er Ihre Tochter kennenlernte. Sie ist jetzt mit einem Gangster verheiratet. Anscheinend . . .«

»Ich habe das alles auch schon gehört«, sagte er. »Es ist mir schnurzegal. Ich will nur wissen, wo er ist und ob es ihm gut geht. Ob er glücklich ist.«

Ich starrte ihn völlig perplex an. Nach einer Weile sagte ich schwach: »Vielleicht könnte ich das Mädchen finden – beziehungsweise die Jungs von der Polizei könnten es, mit Hilfe dessen, was ich ihnen erzählen könnte.«

Er zupfte an der Ecke seiner Decke herum und bewegte den Kopf etwa einen Zoll. Ich nehme an, das war ein Nicken. Dann sagte er sehr langsam: »Wahrscheinlich rede ich mehr, als meiner Gesundheit guttut, aber ich möchte da etwas klarstellen. Ich bin ein Krüppel. Meine beiden Beine sind ruiniert und mein halber Unterleib. Ich esse nicht mehr viel und schlafe nicht mehr viel. Ich bin mir selbst eine Last und für alle andern eine verdammte Plage. Darum vermisse ich Dud. Er hat immer viel Zeit bei mir verbracht. Warum, weiß der liebe Gott.«

»Tja, wenn das . . .«, setzte ich an.

»Halten Sie den Mund. Sie sind ein junger Mann, im Vergleich zu mir, also kann ich ruhig grob zu Ihnen sein. Dud ist verschwunden, ohne mir adieu zu sagen. Das sieht ihm gar nicht ähnlich. Er hat sich einfach eines Abends in seinen Wagen gesetzt und ist abgefahren, und seither hat kein Mensch mehr was von ihm gehört. Wenn er meine alberne Tochter und ihren Sprößling sattgekriegt hat, wenn er eine andere Frau wollte, dann ist das in Ordnung. Er hat einen Rappel gekriegt und ist fort, ohne adieu zu sagen, und nun tut's ihm leid. Das ist der Grund, weshalb ich nichts mehr von ihm höre. Suchen Sie ihn und sagen Sie ihm, daß ich verstehe. Das ist alles – es sei denn, er braucht Geld. Wenn ja, kann er soviel haben, wie er braucht.«

Seine bleiernen Backen hatten fast eine rosa Tönung angenommen. Seine schwarzen Augen waren heller geworden, wenn das möglich war. Er lehnte sich sehr langsam zurück und schloß die Lider.

Ich trank eine Menge aus meinem Glas auf einen einzigen langen Zug. Ich sagte: »Mal angenommen, er steckt in der Klemme. Sagen wir, durch den Ehemann des Mädchens. Diesen Joe Mesarvey.«

Er öffnete die Augen und blinzelte. »Nicht ein O'Mara«, sagte er. »Bei dem steckt immer der andere in der Klemme.«

»Okay. Soll ich nun einfach bei der Vermißtenstelle angeben, wo das Mädchen sich, soweit ich gehört habe, aufhält?«

»Natürlich nicht. Die Leute haben nichts unternommen. Dabei sollen sie ruhig bleiben. Finden Sie ihn selbst. Ich zahle Ihnen tausend Dollar – selbst wenn Sie bloß über die Straße zu gehen brauchen dafür. Sagen Sie ihm, daß hier alles in Ordnung geht. Der alte Mann wäre gut beisammen und ließe ihn herzlich grüßen. Das ist alles.«

Ich konnte es ihm nicht sagen. Ganz plötzlich konnte ich ihm einfach nicht mehr sagen, was Larry Batzel mir erzählt hatte und was dann mit Larry passiert war und überhaupt. Ich trank mein Glas leer und stand auf und zog den Mantel wieder an. Ich sagte: »Das ist zuviel Geld für den Job, General Winslow. Aber darüber können wir uns später unterhalten. Habe ich Vollmacht von Ihnen, Sie auf meine Weise zu vertreten?«

Er drückte auf eine Klingel an seinem Rollstuhl. »Sprechen Sie nur einfach mit ihm«, sagte er. »Ich will wissen, ob es ihm gut geht, und er soll wissen, daß es mir gut geht. Das ist alles – es sei denn, er braucht Geld. Und nun müssen Sie mich entschuldigen. Ich bin müde.«

Er schloß die Augen. Ich ging zurück durch den Dschungel, und der Butler erwartete mich an der Tür mit meinem Hut.

Ich sog ein bißchen frische, kühle Luft in die Lungen und sagte: »Der General wünscht, daß ich Mrs. O'Mara aufsuche.«

IV

Das Zimmer hatte einen weißen Teppich von Wand zu Wand. Elfenbeinfarbene Vorhänge von riesiger Höhe lagen gewellt vor den vielen Fenstern auf dem weißen Teppich. Die Fenster starrten auf die dunklen Vorberge hinaus, und auch die Luft hinter dem Glas war dunkel. Es hatte noch nicht zu regnen begonnen, aber man spürte etwas Drückendes in der ganzen Atmosphäre.

Mrs. O'Mara lag ausgestreckt auf einer weißen Chaiselongue, die Pantoffeln abgestreift und dic Füße von Netzstrümpfen umhüllt, wie man sie heute nicht mehr trägt. Sie war groß und dunkel und hatte einen Schmollmund. Hübsch wohl, aber schön nur nach amerikanischen Begriffen.

Sie sagte: »Was in aller Welt kann *ich* denn für Sie tun? Es ist doch alles bekannt. Viel zu bekannt schon. Nur daß ich Sie noch nicht kenne, oder doch?«

»Nun, wohl kaum«, sagte ich. »Ich bin bloß ein Privatdetektiv ziemlich kleinen Kalibers.«

Sie langte nach einem Glas, das ich noch nicht bemerkt hatte, nach dem ich mich aber im nächsten Moment schon umgesehen hätte, einmal aufgrund ihrer Sprechweise und dann, weil sie die Pantoffeln abgestreift hatte. Sie trank gleichgültig, schlaff, ließ einen Ring dabei funkeln.

»Ich habe ihn in einer Flüsterkneipe kennengelernt«, sagte sie mit scharfem Lachen. »Ein sehr hübscher Schnapsschmuggler, mit dichtem Kraushaar und einem irischen Grinsen. Da habe ich ihn denn geheiratet. Aus reiner Langeweile. Was ihn betrifft, so war der Schnapsschmuggel selbst damals ein unsicheres Geschäft – wenn man nicht nebenbei noch andere Attraktionen hatte.«

Sie wartete sichtlich darauf, daß ich antwortete, die hätte er ja doch gehabt, aber nicht wie wenn ihr sonderlich daran läge, daß ich damit überkam. Ich sagte bloß: »Sie haben ihn nicht wegfahren sehen an dem Tag, an dem er verschwand?«

»Nein. Ich hab ihn überhaupt nur selten abfahren sehen oder wiederkommen. Das lief eben so.« Sie trank weiter aus ihrem Glas.

»Soso«, grunzte ich. »Und natürlich haben Sie sich auch nie gestritten.« Das tun solche Leute nie.

»Es gibt so viele Möglichkeiten, sich zu streiten, Mr. Carmady.«

»Tja. Es gefällt mir, wie Sie das sagen. Von dem Mädchen haben Sie natürlich gewußt.«

»Ich bin froh, daß ich einem alten Familiendetektiv gegenüber so richtig schön offen sein kann. Ja, von dem Mädchen habe ich gewußt.« Sie strich sich eine Ranke dunkel getönten Haars hinter das Ohr.

»Wußten Sie schon davon, bevor er verschwand?« fragte ich höflich.

»Gewiß.«

»Und wie haben Sie's erfahren?«

»Sie sind ziemlich direkt, finden Sie nicht? Verbindungen, sagt man wohl. Ich komme viel in Lokalen herum. Oder wußten Sie das nicht?«

»Kannten Sie auch die Clique im Dardanella?«

»Auch dort bin ich schon gewesen.« Sie zeigte keinerlei Verwirrung, war nicht einmal überrascht. »Tatsächlich habe ich da praktisch eine ganze Woche lang mal gewohnt. Und da habe ich Dudley O'Mara auch kennengelernt.«

»Tja. Ihr Vater hat sehr spät geheiratet, nicht wahr?«

Ich beobachtete, wie die Farbe in ihren Wangen blaß wurde. Ich wollte sie auf die Palme bringen, aber es klappte nicht. Sie lächelte, und die Farbe kam wieder, und sie drückte auf eine Klingel an einer Schnur irgendwo zwischen den Schwanendaunenkissen der Chaiselongue.

»Sehr spät«, sagte sie, »wenn Sie das was angeht.«

»Tut es durchaus nicht«, sagte ich.

Ein Dienstmädchen, das einen scheuen Eindruck machte, kam herein und mixte an einem Seitentischchen zwei Drinks. Den einen gab sie Mrs. O'Mara, den anderen stellte sie neben mir hin. Sie ging wieder weg, zeigte ein hübsches Paar Beine unter einem kurzen Rock.

Mrs. O'Mara wartete, bis die Tür sich geschlossen hatte, und sagte dann: »Die ganze Sache hat Vater ziemlich verstimmt. Ich wünschte, Dud würde mal telegraphieren oder schreiben oder was.«

Ich sagte langsam: »Er ist ein alter, sehr alter Mann, ein Krüppel, schon halb im Grab. Nur ein dünner Faden der Teilnahme hatte ihn noch mit dem Leben verbunden. Der Faden ist gerissen, und kein Mensch schert sich drum. Er versucht so zu tun, als wär's ihm selber egal. Ich würde das nicht als Verstimmung bezeichnen. Ich würde sagen, es ist die Entfaltung einer sehr beachtlichen Seelenstärke.«

»Charmant«, sagte sie, und ihre Augen waren Dolche. »Aber Sie haben Ihr Glas noch überhaupt nicht angerührt.«

»Ich muß gehen«, sagte ich. »Trotzdem vielen Dank.«

Sie hielt mir eine schlanke getönte Hand hin, und ich ging hinüber und berührte sie. Ganz plötzlich barst der Donner hinter den Bergen, und sie sprang auf. Ein Windstoß schüttelte die Fenster. Ich ging ein gekacheltes Treppenhaus hinunter in die Halle, und der Butler tauchte aus dem Schatten auf und öffnete mir die Tür.

Ich blickte über die Gartenterrassen, die mit Blumenbeeten und importierten Bäumen geschmückt waren. Am Ende unten lief ein hoher Gitterzaun entlang, mit vergoldeten Speerspitzen und einer sechs Fuß hohen Hecke davor. Ein eingesunkener Zufahrtsweg kroch zum Haupttor hinunter und zu einem Pförtnerhaus daneben.

Hinter dem Grundstück senkte sich der Berg zur Stadt nieder und zu den alten Ölquellen von La Brea, jetzt teils ein Park, teils ein verlassener Streifen eingezäunten Wildlands. Manche der hölzernen Bohrtürme standen noch. Sie hatten den Reichtum der Familie Winslow begründet, und dann war die Familie vor ihnen den Berg hinauf geflohen, weit genug, um den Geruch der Ölsümpfe nicht mehr zu spüren, aber nicht so weit, daß sie aus ihren Vorderfenstern nicht mehr hätten sehen können, was sie reich machte.

Ich ging auf einer backsteinernen Treppe zwischen den terrassierten Rasenflächen hinunter. Auf einer davon war ein dunkelhaariger, blaßgesichtiger Junge von zehn oder elf damit beschäftigt, Wurfpfeile nach einer Zielscheibe zu schleudern, die an einem Baum hing. Ich schlenderte in seine Nähe. »Bist du der junge O'Mara?« fragte ich.

Er lehnte sich gegen eine Steinbank, vier Wurfpfeile in der Hand, und sah mich mit kalten, schiefergrauen Augen an, alten Augen.

»Ich bin Dade Winslow Trevillyan«, sagte er grimmig.

»Ah, dann ist Dudley O'Mara gar nicht dein Vater.«

»Natürlich nicht.« Seine Stimme war voller Geringschätzung. »Wer sind Sie?«

»Ich bin Detektiv. Ich suchen deinen – ich meine, Mr. O'Mara.«

Das brachte uns einander nicht näher. Detektive interessierten ihn nicht. Der Donner polterte in den Bergen herum wie eine Herde Elefanten, die Haschen spielt. Ich hatte einen anderen Einfall.

»Wetten, daß du auf dreißig Fuß nicht vier von fünf Pfeilen ins Schwarze bringst?«

Da kam plötzlich scharfes Leben in ihn. »Diese hier?«

»Hm-hm.«

»Was wetten Sie?« schnappte er.

»Oh, einen Dollar.«

Er rannte zur Zielscheibe und riß die Pfeile herunter, kam zurück und ging neben der Bank in Stellung.

»Das sind aber keine dreißig Fuß«, sagte ich.

Er bedachte mich mit einem sauren Blick und trat ein paar Schritte hinter die Bank zurück. Ich grinste, dann verging mir das Grinsen.

Seine kleine Hand schoß so geschwind vor, daß ich kaum folgen konnte. Fünf Wurfpfeile hingen im schwarzgoldenen Zentrum der Zielscheibe, in weniger als ebenso vielen Sekunden. Er starrte mich triumphierend an.

»Manometer, das war gar nicht schlecht, Master Trevillyan«, grunzte ich und zog meinen Dollar heraus.

Seine kleine Hand schnappte danach wie eine Forelle nach der Fliege am Angelhaken. Wie der Blitz hatte er ihn weggesteckt.

»Das ist noch gar nichts«, kicherte er. »Da sollten Sie mich mal an unserem Schießstand hinter den Garagen sehen. Was ist, kommen Sie mit und wollen Sie noch mal wetten?«

Ich blickte den Berg hinauf und sah im Schatten eines Hangstücks ein niedriges weißes Gebäude.

»Hm, heute nicht«, sagte ich. »Vielleicht nächstes Mal, wenn ich wieder zu Besuch komme. Dud O'Mara ist also nicht dein Vater. Wenn ich ihn nun trotzdem finde, wäre dir das recht?«

Er zuckte die dünnen, scharfen Achseln in seinem maronenbraunen Sweater. »Klar. Aber was können Sie schon machen, wo's die Polente nicht geschafft hat?«

»Ist ein Gesichtspunkt«, sagte ich und ging.

Ich ging weiter die gemauerten Stufen hinunter, bis der Rasen aufhörte, und dann an der Hecke entlang vor zum Pförtnerhaus. Durch die Hecke war hier und da ein Stück Straße zu sehen. Als ich den halben Weg zurückgelegt hatte, sah ich draußen den blauen Sedan. Es war ein kleiner schicker Wagen, langgestreckt und flach, sehr sauber, heller als ein Polizeiauto, aber etwa von gleicher Größe. Hinter ihm konnte ich meinen Roadster warten sehen, unter dem Pfefferbaum.

Ich blieb stehen und sah mir den Sedan durch die Hecke an. Ich konnte den Schwaden Zigarettenrauch sehen, der drinnen gegen die Windschutzscheibe trieb. Ich wandte dem Pförtnerhaus den Rücken zu und sah den Hügel hinauf. Der kleine Trevillyan war verschwunden, vielleicht um seinen Dollar irgendwo auf die hohe Kante zu legen, obwohl man ja eigentlich nicht hätte meinen sollen, daß ein Dollar ihm viel bedeuten könnte.

Ich beugte mich vor und zog die 7.65er Lueger heraus, die ich an diesem Tag bei mir trug, steckte sie mit der Mündung nach unten in den linken Stiefelschaft, unter den Strumpf. Es ließ sich einigermaßen gehen damit, wenn ich nicht zu schnell ging. Ich stapfte weiter zum Tor.

Das Tor wurde verschlossen gehalten, und niemand kam ohne Erlaubnis vom Haus herein. Der Pförtner, ein großer stämmiger Mann mit einer Pistole unter dem Arm, kam heraus und ließ mich durch eine schmale Seitentür neben dem Tor. Ich blieb noch etwa eine Minute stehen und sprach mit ihm durch die Gitterstäbe, beobachtete dabei den Sedan.

Er sah eigentlich ganz unverdächtig aus. Zwei Männer schienen drin zu sitzen. Er stand etwa hundert Schritt entfernt im Schatten der hohen Mauer auf der anderen Seite. Die Straße war sehr schmal, ohne Gehsteige. Ich hatte's zu meinem Roadster nicht weit.

Ich stapfte ein bißchen steif über das dunkle Pflaster und stieg ein, griff rasch nieder in ein kleines Fach vor dem Sitz, wo ich eine Reservepistole aufbewahrte. Es war ein Polizei-Colt. Ich ließ sie in das Halfter unter dem Arm gleiten und warf den Wagen an.

Ich löste die Handbremse und fuhr los. Ganz plötzlich kam nun der Regen nieder, in großen platschenden Tropfen, und der Himmel war so schwarz wie Carrie Nations Haube. Aber nicht so schwarz, daß ich nicht gesehen hätte, wie sich der Sedan hinter mir vom Bordstein löste.

Ich stellte die Scheibenwischer an und beschleunigte rasch auf vierzig Meilen. Ich war etwa acht Blocks weit gekommen; da ließen sie die Sirene heulen. Das übertölpelte mich. Es war eine stille Straße, totenstill. Ich nahm den Fuß vom Gas und fuhr an die Bordsteinkante. Der Sedan zog neben mir auf, und ich sah in die schwarze Mündung einer Maschinenpistole über dem Fensterrand der Hintertür.

Dahinter ein schmales Gesicht mit geröteten Augen, einem starren Mund. Eine Stimme über dem Rauschen des Regens und der Scheibenwischer und dem Krach der beiden Motoren. Sie sagte: »Steigen Sie mal zu uns rüber. Und denken Sie an Ihre Kinderstube – wenn Sie verstehen, was ich meine.«

Es waren keine Bullen. Aber das spielte jetzt auch keine Rolle mehr. Ich stellte die Zündung ab, ließ meine Wagenschlüssel auf den Boden fallen und stieg aus, aufs Trittbrett. Der Mann hinterm Steuer des Sedan schenkte mir keinen Blick. Der andere hinten stieß eine Tür auf und glitt auf dem Sitz zur Seite, die Maschinenpistole sauber im Anschlag.

Ich stieg in den Sedan.

»Okay, Louie. Filz ihn.«

Der Fahrer kam hinter dem Steuer vor und trat hinter mich. Er zog mir den Colt aus dem Armhalfter, klopfte mir auf die Hüften und Taschen, auf der Gürtellinie entlang.

»Sauber«, sagte er und stieg vorn wieder ein.

Der Mann mit der Maschinenpistole griff mit der linken Hand vor und nahm dem Fahrer meinen Colt ab, dann legte er die Maschinenpistole auf den Boden des Wagens und breitete eine braune Decke darüber. Er lehnte sich wieder in die Ecke zurück, gelassen und entspannt, den Colt auf dem Knie. »Okay, Louie. Dann wolln wir mal.«

V

Wir fuhren – gemächlich, gemütlich –, während der Regen aufs Dach trommelte und auf der einen Seite an den Fenstern niederströmte. Es ging auf kurvenreichen Bergstraßen dahin, zwischen hektargroßen Grundstücken, deren Häuser ferne nasse Giebelgruppen waren hinter verschwommenen Bäumen.

Ein Schwall Rauchermief trieb mir unter die Nase, und der rotäugige Mann sagte: »Was hat er Ihnen erzählt?«

»Wenig genug«, sagte ich. »Daß Mona an dem Abend aus der Stadt verschwunden ist, wo die Zeitungen damit kamen. Das wußte der alte Winslow aber schon.«

»Dazu brauchte er auch nicht sehr tief zu graben«, sagte Rotauge. »Sowenig wie die Polente. Was noch sonst?«

»Er sagte, man hätte auf ihn geschossen. Er wollte, daß ich ihn mit dem Wagen aus der Stadt bringe. Im letzten Moment ist er dann aber alleine weg. Keine Ahnung, wieso.«

»Packen Sie aus, Schnüffelmeier«, sagte Rotauge trocken. »Sonst wird Ihnen gleich der Kragen zu eng.«

»Es gibt nichts weiter auszupacken«, sagte ich und sah aus dem Fenster in den treibenden Regen hinaus.

»Hat der Alte Sie auf den Fall angesetzt?«

»Nö. Ist ein Geizkragen.«

Rotauge lachte. Die Pistole in meinem Schuh fühlte sich schwer an und unsicher, und sie war sehr weit weg. Ich sagte: »Das dürfte auch alles sein, was man über O'Mara in Erfahrung bringen kann.«

Der Mann auf dem Vordersitz wandte ein wenig den Kopf und knurrte: »Was, zum Teufel, hast du gesagt, wo die Straße wäre?«

»Oberhalb von Beverly Glen, du Idiot. Mulholland Drive.«

»Ach, da. Herrje, das wird ein schöner Dreck, die ist ja gar nicht gepflastert.«

»Wir werden sie mit dem Schnüffelmeier pflastern«, sagte Rotauge.

Die Grundstücke wurden allmählich seltener, und Zwergeichen ergriffen Besitz von den Hängen.

»Sie sind gar kein übler Bursche«, sagte Rotauge. »Bloß auch ein Geizkragen, wie der Alte. Haben Sie denn nicht kapiert? Wir wollen *alles* wissen, was er gesagt hat, damit wir wissen, ob wir Sie wegputzen müssen oder nicht.«

»Ach gehn Sie zum Teufel«, sagte ich. »Sie würden mir ja sowieso nicht glauben.«

»Probieren Sie's doch ruhig mal aus. Für uns ist das bloß ein Job. Der wird erledigt, und weiter geht's.«

»Muß viel Spaß machen«, sagte ich. »So lange, wie's klappt.«

»Sie riskieren auch noch mal 'ne Lippe zuviel, Mann.«

»Hab ich schon längst – wie Sie noch im Erziehungsheim waren. Man macht sich halt unbeliebt, so gut man kann.«

Rotauge lachte abermals. Er schien kein allzu hitziges Temperament zu haben.

»Soviel wir wissen, haben Sie bei der Polente die Klappe gehalten. Nichts gequatscht über heute morgen. Stimmt das?«

»Wenn ich ja sage, können Sie mich hier gleich jetzt umpusten. Okay.«

»Wie wär's mit einem Riesen Schweigegeld, und Sie vergessen die ganze Geschichte?«

»Da würden Sie mir doch ebenfalls nicht glauben.«

»Aber ja, wir würden. Alles ganz einfach. Wir erledigen den Job und fahrn weiter. Wir sind eine Organisation. Aber Sie wohnen hier, Sie haben Kundschaft und ein Geschäft. Sie würden schon mitspielen.«

»Sicher«, sagte ich. »Sicher würd ich mitspielen.«

»Wir«, sagte Rotauge sanft, »legen nie einen um, der was mit dem Gesetz zu tun hat. Wäre schlecht fürs Gewerbe.«

Er lehnte sich in die Ecke zurück, die Pistole auf dem rechten Knie, und griff in eine Innentasche. Er breitete eine große lohbraune Brieftasche auf dem Knie aus und fischte zwei Banknoten heraus, schob sie gefaltet über den Sitz. Die Brieftasche wanderte zurück in seine Tasche.

»Gehört Ihnen«, sagte er ernst. »Sie würden keine vierundzwanzig Stunden mehr dauern, wenn Sie ausstiegen.«

Ich griff nach den Scheinen. Zwei Fünfhunderter. Ich stopfte sie in meine Weste. »Ganz recht«, sagte ich. »Dann würde ich wohl nichts mit dem Gesetz zu tun haben, was?«

»Darüber denken Sie mal ganz scharf nach, Schnüffler.«

Wir grinsten uns an, zwei nette Burschen, die in einer ruppigen, unfreundlichen Welt miteinander klargekommen sind.

Dann wandte Rotauge scharf den Kopf. »Okay, Louie. Vergiß den Mulholland. Fahr drüben ran.«

Der Wagen befand sich auf halber Höhe einer langen öden Bergstraße. Der Regen hing wie ein grauer Vorhang über der Landschaft. Es gab keine Wolkendecke und keinen Horizont. Ich konnte eine Viertelmeile weit sehen und sah nichts Lebendiges außerhalb unseres Wagens.

Der Fahrer lenkte an den Straßenrand hinüber und schaltete den Motor ab. Er zündete sich eine Zigarette an und ließ einen Arm über die Rücklehne hängen.

Er lächelte mich an. Er hatte ein reizendes Lächeln – wie ein Alligator.

»Jetzt wollen wir mal einen heben zusammen«, sagte Rotauge.

»Ich wünschte, ich könnte auch mal so leicht einen Riesen machen. Bloß indem ich den Kopf in den Sand stecke.«

»Dazu müßtest du erst mal was zum Stecken haben«, sagte Louie und lächelte weiter.

Rotauge legte den Colt neben sich auf den Sitz und zog eine flache Halbpint-Flasche aus der Seitentasche. Sie sah nach gutem Stoff aus, grüne Stempelmarke, unverzollte Abfüllung. Er schraubte den Verschluß mit den Zähnen ab, schnüffelte daran und schmatzte mit den Lippen.

»Kein Balkenbrand«, sagte er. »Originalabfüllung der Organisation. Nehmen Sie ihn mal zur Brust.«

Er reichte mir die Flasche herüber. Ich hätte sein Handgelenk erwischen können, aber da war auch noch Louie, und dann war ich noch zu weit von meinem Fuß entfernt.

Ich atmete flach, nur mit den Lungenzipfeln sozusagen, und nahm die Flasche an die Lippen, schnüffelte vorsichtig daran. Hinter dem rauchigen Geruch des Bourbon war noch etwas anderes, ganz schwach, ein fruchtiger Duft, der mir unter anderen Umständen gewiß nicht aufgefallen wäre. Ganz plötzlich aber und ohne jeden Grund kam mir etwas in Erinnerung, was Larry Batzel gesagt hatte, etwas wie: »Im Osten von Realito, aufs Gebirge zu, in der Nähe der alten Zyanid-Fabrik.« Zyanid. Das war das Wort.

Es gab eine rasche Spannung in meinen Schläfen, als ich die Flasche an den Mund setzte. Ich spürte, wie ich eine Gänsehaut bekam, und die Luft war plötzlich eiskalt. Ich kippte die Flasche hoch und nahm einen langen gurgelnden Zug. Sehr herzhaft und entspannend. Etwa ein halber Teelöffel kam mir dabei in den Mund, aber auch davon blieb nichts drin.

Ich hustete scharf und krümmte mich nach vorn, würgend. Rotauge lachte.

»Nun sagen Sie bloß nicht, Ihnen wird von dem einen Schluck schon schlecht, Mann!«

Ich ließ die Flasche fallen und sackte auf dem Sitz zusammen, heftig würgend. Die Beine glitten mir weg nach links, das linke zuunterst. Ich spreizte mich über ihnen nieder, die Arme schlaff. Ich hatte die Pistole.

Ich schoß auf ihn unter dem linken Arm hindurch, fast ohne hinzusehen. Er konnte den Colt nur noch so weit berühren, daß er ihn vom Sitz stieß. Der eine Schuß genügte. Ich hörte ihn wegsacken. Ich feuerte einen weiteren Schuß schräg aufwärts in die Richtung, in der ich Louie vermutete.

Aber Louie war nicht mehr da. Er hatte sich hinter den Vordersitz geduckt. Er war ganz still. Der ganze Wagen, die ganze Landschaft war still. Selbst der Regen schien einen Moment lang völlig still zu werden.

Ich hatte noch keine Zeit, nach Rotauge zu sehen, aber er verhielt sich auch friedlich. Ich ließ die Lueger fallen und riß die Maschinenpistole unter der Decke hervor, bekam die linke Hand an den Vordergriff, setzte sie, so tief geduckt, wie ich war, an die Schulter. Louie hatte keinen Laut von sich gegeben.

»Hören Sie, Louie«, sagte ich sanft. »Ich habe die Stotterknarre. Wie finden Sie das?«

Ein Schuß kam durch die Sitzlehne, ein Schuß, von dem Louie genau wußte, daß er ihm gar nichts mehr nützen konnte. Er sprenkelte nur lauter Sternchen auf eine Scheibe aus unzerbrechlichem Glas. Dann herrschte wieder Stille. Louie sagte belegt: »Ich hab hier eine Handgranate. Wollen Sie die?«

»Ziehn Sie nur ab und halten Sie fest«, sagte ich. »Dann sind wir beide restlos versorgt.«

»Verdammter Mist!« sagte Louie heftig. »Ist der Kerl denn nicht mehr da? Ich hab gar keine Handgranate!«

Jetzt sah ich endlich nach Rotauge. Er lehnte in seiner Ecke und machte den Eindruck ungetrübter Behaglichkeit. Er schien drei Augen zu haben, von denen das eine noch röter war als die beiden andern. Für einen Schuß unter dem Arm hindurch war das eine Sache, deren man sich fast schon schämen mußte. Ich hatte ihn einfach zu gut getroffen.

»Tja, Louie, er ist von uns gegangen«, sagte ich. »Wie kommen wir beide nun klar?«

Ich hörte, wie er hart atmete jetzt, und auch der Regen war nicht mehr still. »Steigen Sie aus dem Schlitten«, knurrte er. »Ich haue ab.«

»*Sie* steigen aus, Louie, Und *ich* haue ab.«

»Herrje, Mann, ich kann von hier doch nicht zu Fuß nach Hause laufen!«

»Brauchen Sie auch gar nicht, Louie. Ich schicke Ihnen einen Wagen, der Sie abholt.«

»Herrje, ich hab doch gar nichts getan! Ich hab bloß den Wagen gefahren.«

»Dann wird die Anklage auch nur auf rücksichtsloses Verkehrsverhalten lauten, Louie. Das kriegen Sie schon hin – Sie und Ihre Organisation. Machen Sie, daß Sie rauskommen, bevor mein Schießgewehr hier seinen Korken fliegen läßt.«

Eine Türverriegelung klickte, und Füße trafen das Trittbrett, dann die Fahrbahn. Ich richtete mich mit der Maschinenpistole ganz plötzlich auf. Louie stand auf der Straße im Regen, die Hände leer und das Alligatorlächeln immer noch auf dem Gesicht.

Ich stieg über die sauber beschuhten Füße des Toten, nahm meinen Colt und die Lueger vom Boden, schob die schwere Maschinenpistole unter die Decke zurück. Ich zog Handschellen aus der

Hüfttasche, gab Louie einen Wink. Er drehte sich mürrisch um und legte die Hände auf dem Rücken zusammen.

»Sie können mir überhaupt nichts«, beklagte er sich. »Ich hab Protektion.«

Ich ließ die Handschellen zuschnappen und durchsuchte ihn nach weiteren Waffen, viel sorgfältiger, als er mich durchsucht hatte. Er besaß noch eine, außer der, die im Wagen geblieben war.

Ich zerrte Rotauge aus dem Wagen und überließ es ihm, sich's auf der nassen Fahrbahn bequem zu machen. Er begann wieder zu bluten, war aber mausetot.

Louie beäugte ihn bitter. »So ein Schlaumeier«, sagte er. »Wollte immer was Besseres sein. Immer Tricks im Kopf. Na, und was sagst du jetzt, du Schlaumeier?«

Ich zog den Handschellenschlüssel heraus und schloß die eine Schelle auf, zog sie nieder und schloß sie um das Handgelenk des Toten, das ich leicht anhob.

Louies Augen wurden rund und füllten sich mit Entsetzen, und endlich schwand auch das Lächeln daraus. »Herrje«, winselte er. »Heiliger . . .! Sie wollen mich doch nicht etwa so hier zurücklassen, Mann?«

»Wiedersehn, Louie«, sagte ich. »Der Mann heute morgen, den Sie umgelegt haben, war ein Freund von mir.«

»Heiliger . . .!« winselte Louie.

Ich stieg in den Sedan und startete, fuhr weiter bis zu einer Stelle, wo ich wenden konnte, fuhr wieder den Berg hinunter, an ihm vorbei. Er stand steif da wie ein kahlgebrannter Baum, das Gesicht weiß wie Schnee, den Toten zu seinen Füßen, dessen eine Hand zu seiner emporgestreckt war. In seinen Augen lag das Grauen von tausend Alpträumen.

Ich ließ ihn im Regen stehen.

Es wurde früh dunkel. Ich ließ den Sedan ein paar Blocks von meinem eigenen Wagen entfernt stehen und schloß ihn ab, steckte die Schlüssel in den Ölfilterstutzen. Ich ging zu meinem Roadster zurück und fuhr in die Stadt.

Ich rief von einer Telephonzelle aus beim Morddezernat an, fragte nach einem Mann namens Grinnell, erzählte ihm rasch, was passiert war und wo er Louie und den Sedan finden konnte. Ich teilte ihm auch meine Vermutung mit, die beiden wären die Killer, die Larry Batzel mit der Maschinenpistole erledigt hätten. Von Dud O'Mara sagte ich keinen Ton.

»Nette Arbeit«, sagte Grinnell mit sonderbarer Stimme. »Aber Sie sollten lieber ganz schnell mal bei uns vorbeikommen. Es läuft nämlich eine Fahndung nach Ihnen – aufgrund von Angaben, die uns ein Milchfahrer vor einer Stunde telephonisch gemacht hat.«

»Ich bin total fertig«, sagte ich. »Ich muß was essen. Lassen Sie mich aus Ihren Funksprüchen raus, dann komme ich in Kürze mal vorbei.«

»Das möchte ich Ihnen sehr dringend geraten haben, mein Junge. Tut mir leid, aber Sie müssen.«

»Also okay«, sagte ich.

Ich legte auf und verließ die Gegend, ohne mich weiter aufzuhalten. Ich mußte die Nuß jetzt knacken. Ich mußte, oder ich wurde selber geknackt.

Ich stopfte mir unweit vom Plaza was in den Magen und machte mich dann auf den Weg nach Realito.

VI

Gegen acht Uhr glommen zwei gelbe Dampflampen hoch oben im Regen auf, und ein verschwommenes Schablonenschild über der Straße verkündete: »Willkommen in Realito!«

Fachwerkhäuser an der Hauptstraße, ein plötzlicher Knäuel von Geschäften, die Lichter eines Eck-Drugstores hinter beschlagenen Scheiben, eine Fliegentraube von Autos vor einem winzigen Kino und eine dunkle Bank an einer anderen Ecke, mit einem Klump Menschen davor im Regen. Das war Realito. Ich fuhr weiter. Bald umgaben mich wieder leere Felder.

So sah es hinter dem Apfelsinengebiet aus: nichts als die leeren Felder und die geduckten Vorberge und Regen und Regen.

Es war gut und gern eine Meile, eher das Dreifache, was ich zurücklegen mußte, ehe ich eine Seitenstraße entdeckte und einen schwachen Lichtschimmer daneben, der aus einem Haus mit heruntergelassenen Jalousien kommen konnte. Und genau in diesem Moment ging meinem linken Vorderreifen mit einem wütenden Zischen die Luft aus. Das war ja allerliebst. Dann passierte dasselbe mit meinem rechten Hinterreifen.

Ich kam fast genau an der Abzweigung zum Stehen. Wirklich ganz allerliebst. Ich stieg aus, schlug den Kragen meines Regenmantels etwas höher, kramte eine Taschenlampe heraus und betrachtete mir die Bescherung – einen Haufen schwerer verzinkter Tapeziernägel mit Köpfen, so groß wie Zehncentstücke. Einer davon steckte flach und glänzend in meinem Reifen und blinzelte mich an.

Zwei Platte und nur ein Reserverad. Ich zog ein langes Gesicht und stapfte los, auf das schwache Licht zu, das oberhalb der Seitenstraße schimmerte.

Ich war an der richtigen Stelle. Der Schimmer kam aus dem geschrägten Oberlicht im Garagendach. Die großen Doppeltüren vorn waren fest verschlossen, aber durch die Spalten drang Licht, starkes weißes Licht. Ich ließ den Strahl der Taschenlampe nach oben schwirren und las: »Art Huck – Auto-Reparaturwerkstatt und Lakkiererei.«

Hinter der Garage, ein Stück weiter zurück von der schlammigen Straße, lag ein Haus, von einer dünnen Baumgruppe nur teilweise verdeckt. Es hatte ebenfalls Licht. Vor dem hölzernen Portikus konnte ich ein kleines Coupé erkennen.

Zuerst einmal mußten die Reifen in Ordnung gebracht werden, wenn sich das machen ließ, und sie kannten mich ja nicht. Es war eine etwas zu nasse Nacht, um zu Fuß zu gehen.

Ich knipste die Taschenlampe aus und klopfte damit ans Tor. Das Licht drinnen ging aus. Ich stand da und leckte mir den Regen von der Oberlippe, die Taschenlampe in der linken Hand, die rechte im Mantel. Ich hatte die Lueger wieder unter dem Arm.

Eine Stimme sprach durch die Tür, und sie klang nicht besonders erfreut. »Was wollen Sie? Wer sind Sie?«

»Machen Sie auf«, sagte ich. »Ich hab mir drüben auf der Hauptstraße einen doppelten Platten geholt und bloß ein Reserverad. Ich brauche Hilfe.«

»Wir haben geschlossen, Mister. Realito liegt eine Meile westlich von hier.«

Ich fing an, gegen die Tür zu treten. Drinnen erscholl Fluchen, dann ließ sich eine andere, viel sanftere Stimme hören. »Ein Superschlauberger, was? Mach auf, Art.«

Ein Riegel quietschte, und die Hälfte des Tors sackte nach innen. Ich knipste die Taschenlampe wieder an, und ihr Strahl traf ein hageres Gesicht. Dann fuhr ein Arm vor und schlug sie mir aus der Hand. Ich hatte grad noch sehen können, daß eine Pistole auf mich gerichtet war.

Ich ging in die Hocke, tastete nach der Taschenlampe und war still. Eine Waffe zu ziehen, konnte ich mir grad noch verkneifen.

»Weg mit dem Scheinwerfer, Mister. Mit so was hat sich schon mancher die Finger verbrannt.«

Die Taschenlampe brannte im Schlamm. Ich knipste sie aus, stand auf mit ihr. In der Garage ging Licht an, zeigte mir den Umriß eines großen Mannes im Overall. Er wich nach innen zurück, hielt mich mit seiner Pistole in Schach.

»Kommen Sie rein und machen Sie die Tür zu.«

Das tat ich. »Überall Tapeziernägel am Ende Ihrer Straße«, sagte ich. »Ich dachte, Ihnen ginge das Geschäft nicht flott genug.«

»Sie sind gut! Heute nachmittag ist in Realito eine Bank überfallen worden.«

»Ich bin fremd hier«, sagte ich und erinnerte mich an den Klump Menschen vor der Bank im Regen.

»Okay, okay. Jedenfalls ist das grad heute passiert, und die Lumpen haben sich hier irgendwo in den Bergen versteckt, heißt es. Und Sie sind also in denen ihre Nägel gefahren, was?«

»Scheint so.« Ich sah mir den anderen Mann in der Garage an.

Er war klein und gedrungen, mit einem kühlen braunen Gesicht und kühlen braunen Augen. Er trug einen braunledernen Regenmantel mit Gürtel. Sein brauner Hut hatte den üblichen schmissigen Schrägsitz und war trocken. Seine Hände steckten in seinen Taschen, und er sah gelangweilt aus. In der Luft hing der heiße süßliche Geruch von Nitrozelluloselack. Ein großer Sedan in der Ecke hatte eine Spritzpistole auf dem Kotflügel liegen. Es war ein Buick, fast neu. Er hatte die Lackierung gar nicht nötig, die er bekam.

Der Mann im Overall brachte seine Pistole durch eine Seitenpatte in seiner Kleidung außer Sicht. Er sah den braunen Mann an. Der braune Mann sah mich an und sagte liebenswürdig: »Wo kommen Sie denn her, Fremder?«

»Seattle«, sagte ich.

»Wolln wohl nach Westen – in die Großstadt?« Er hatte eine weiche Stimme, weich und trocken, wie das Rascheln von Leder, das durch langes Tragen geschmeidig geworden ist.

»Ja. Wie weit ist das noch?«

»So an die vierzig Meilen. Kommt einem aber weiter vor bei diesem Wetter. Sind die lange Strecke gekommen, stimmt's? Über Tahoe und Lone Pine?«

»Nicht Tahoe«, sagte ich. »Reno und Carson City.«

»Trotzdem die lange Strecke.« Ein flüchtiges Lächeln berührte die braunen Lippen.

»Nimm den Wagenheber und hol seine beiden Platten, Art.«

»Also hör mal, Lash . . .«, knurrte der Mann im Overall und verstummte dann, als sei ihm plötzlich die Kehle durchgeschnitten worden, von Ohr zu Ohr.

Ich hätte drauf schwören können, daß er zitterte. Es war totenstill.

Der braune Mann regte keinen Muskel. Irgend etwas zeigte sich in seinen Augen, und da senkten seine Augen sich, beinahe scheu. Seine Stimme war wieder dasselbe sanfte, trockene Rascheln. »Nimm zwei Wagenheber, Art. Er hat zwei Platte.«

Der hagere Mann schluckte. Dann ging er in eine Ecke hinüber und zog sich einen Mantel an, setzte eine Mütze auf. Er griff nach einem Schraubenschlüssel und einem Handheber und rollte dann einen großen Wagenheber zum Tor.

»Auf der Hauptstraße vorne, ja?« fragte er mich fast zartfühlend.

»Ja-ah. Für den einen können Sie das Reserverad nehmen, wenn Sie eilig sind«, sagte ich.

»Er ist nicht eilig«, sagte der braune Mann und schaute auf seine Fingernägel.

Art ging mit den Werkzeugen hinaus. Die Tür schloß sich wieder. Ich sah den Buick an. Ich sah nicht Lash Yeager an. Ich wußte, daß es Lash Yeager war. Es konnte wohl kaum zwei Männer geben, die beide Lash hießen und beide hier zur Garage kamen. Ich sah ihn nicht an, weil ich mit ihm zugleich auch die hingestreckte Leiche von Larry Batzel gesehen hätte, und das hätte sich in meinem Gesicht verraten. Einen Moment lang jedenfalls.

Er warf selber einen Blick zu dem Buick hinüber. »Bloß ein kleiner Blechschaden«, sagte er gedehnt. »Aber der Kerl, dem er gehört, hat Kies, und sein Fahrer brauchte dringend ein paar Eier. Sie wissen ja, wie das läuft.«

»Sicher«, sagte ich.

Die Minuten schlichen auf Zehenspitzen vorbei. Lange, träge Minuten. Dann knirschten Schritte draußen, und die Tür wurde aufgestoßen. Das Licht traf gebündelte Regenstriche und machte Silberdraht aus ihnen. Art rollte mürrisch zwei schlammverklebte Reifen herein, stieß die Tür mit einem Fußtritt zu, ließ einen der Reifen auf die Seite fallen. Der Regen und die frische Luft hatten ihm seine Fassung wiedergegeben. Er warf mir einen wilden Blick zu.

»Seattle«, knurrte er. »Seattle – ach du lieber Gott!«

Der braune Mann zündete sich eine Zigarette an, als hätte er's gar nicht gehört. Art pellte sich aus dem Mantel und stieß meinen Reifen auf einen Felgenleger, riß grimmig die Decke hoch, holte den Schlauch heraus und hatte ihn in Nullkommanichts geflickt. Er kam mit finsterem Gesicht zu der Wand gestapft, wo ich stand, und grapschte nach einem Druckluftschlauch, ließ genug Luft in den Reifen, daß er Form bekam, und hob ihn mit beiden Händen, um ihn in einen Zuber mit Wasser zu tauchen.

Ich war ein Vollidiot, aber die Teamarbeit der beiden lief einfach zu gut. Keiner hatte den andern auch nur mit einem Blick gestreift, seit Art mit meinen Reifen zurückgekommen war.

Art warf den luftsteifen Schlauch ganz beiläufig in die Höhe, fing ihn mit breit gestreckten Händen auf, untersuchte ihn mißmutig neben dem Wasserzuber, tat einen kurzen leichten Schritt und streifte ihn mir mit voller Wucht über Kopf und Schultern.

Wie der Blitz sprang er hinter mich, legte sich mit seinem ganzen Gewicht in das Gummi, zog es mir fest um Brust und Arme. Ich konnte die Hände bewegen, aber ich konnte nicht an meine Pistole kommen.

Der braune Mann nahm die rechte Hand aus der Tasche und ließ eine fest gewickelte Rolle Münzen auf und nieder hüpfen auf seiner flachen Hand, während er sich geschmeidig näherte.

Ich gab dem harten Zug nach hinten nach und warf mich dann plötzlich mit meinem ganzen Gewicht nach vorn. Ebenso plötzlich ließ Art den Schlauch fahren und verpaßte mir von hinten sein Knie.

Ich ging in voller Breite zu Boden, aber den Aufprall spürte ich schon gar nicht mehr. Die Faust mit der gewichtigen Münzrolle erwischte mich mitten im Fluge. Perfekt abgestimmt alles, der Zeitpunkt, das Gewicht – und mein eigenes Gewicht leistete auch noch Beihilfe.

Ich ging weg wie ein Staubwölkchen im Luftzug.

VII

Allem Anschein nach war es eine Frau, und sie saß neben einer Lampe. Ein Lichtschein fiel mir aufs Gesicht, und so schloß ich die Augen wieder und versuchte, sie durch die Wimpern hindurch anzuschauen. Sie war so platinblond, daß ihr Kopf leuchtete wie eine silberne Obstschale.

Sie trug ein grünes Reisekostüm von männlichem Schnitt, und ein breiter weißer Kragen fiel über dic Aufschläge. Zu ihren Füßen stand eine kantige, glänzend blanke Reisetasche. Sie rauchte, und neben dem Ellbogen hatte sie ein Glas, hoch und blaß gefüllt.

Ich öffnete die Augen weiter und sagte: »Hallo, Sie da.«

Ihre Augen waren die Augen, die ich nicht vergessen hatte, seit damals vorm Sardi, in dem Rolls-Royce aus zweiter Hand. Sehr blaue Augen, sehr sanft und schön. Nicht die Augen eines Flittchens, wie man's in der Umgebung der Jungs mit dem schnellen Geld meist findet.

»Wie fühlen Sie sich?« Auch ihre Stimme war sanft und schön.

»Großartig«, sagte ich. »Nur daß ich den Verdacht nicht loswerde, daß jemand auf meinem Kinn eine Tankstelle errichtet hat.«

»Was hatten Sie denn erwartet, Mr. Carmady? Orchideen?«

»Sie kennen also meinen Namen.«

»Sie haben gut geschlafen. Da hatten die beiden Zeit genug, Ihnen die Taschen durchzustöbern. Bis auf die Einbalsamierung ist Ihnen praktisch nichts erspart geblieben.«

»Das ist ja schön«, sagte ich.

Ich konnte mich ein bißchen bewegen, aber nicht sehr viel. Die Gelenke waren mir hinten auf dem Rücken gefesselt worden, mit Handschellen. Darin lag ja sogar ein bißchen poetische Gerechtigkeit. Von den Handschellen lief ein Strick zu meinen Knöcheln, umschnürte sie und lief dann weiter über das Sofaende irgendwohin, wo er festgebunden war. Ich war praktisch so hilflos, als steckte ich in einem zugeschraubten Sarg.

»Wie spät ist es?«

Sie blickte seitlich auf ihr Handgelenk nieder, jenseits der Spirale ihres Zigarettenrauchs.

»Zehn Uhr siebzehn. Haben Sie eine Verabredung?«

»Ist das hier das Haus neben der Garage? Wo sind die Jungs – ein Grab buddeln?«

»Kann Ihnen doch egal sein, Carmady. Sie kommen schon zurück.«

»Falls Sie nicht den Schlüssel zu diesen Armbändern haben, könnten Sie mir ein Schlückchen von Ihrem Drink da abgeben.«

Sie stand auf, durchaus ohne zu platzen, und kam zu mir herüber, das hohe bernsteinblasse Glas in der Hand. Sie beugte sich über mich. Ihr Atem war köstlich. Ich schluckte die Flüssigkeit und verrenkte mir fast den Hals dabei.

»Ich hoffe, sie tun Ihnen nichts«, sagte sie reserviert und trat zurück. »Ich hasse Töten.«

»Und Sie sind Joe Mesarveys Frau? Schämen Sie sich. Geben Sie mir noch einen Schluck von dem Fusel.«

Sie gab mir abermals zu trinken. Das Blut begann sich in meinem versteiften Körper wieder zu regen.

»Irgendwie gefallen Sie mir«, sagte sie. »Auch wenn Ihr Gesicht wie ein Lecksegel aussieht.«

»Drücken Sie ein Auge zu«, sagte ich. »Bald wird's noch ganz anders aussehen.«

Sie blickte sich rasch um und schien zu lauschen. Eine der beiden Türen stand einen Spalt offen. Sie sah hinüber. Ihr Gesicht schien blaß. Aber das Geräusch kam nur vom Regen.

Sie setzte sich wieder neben die Lampe.

»Warum sind Sie hergekommen und haben Ihren Kopf riskiert?« fragte sie langsam, den Blick zu Boden gerichtet.

Der Teppich bestand aus roten und lohbraunen Quadraten. Sattgrüne Fichten bildeten das Tapetenmuster, und die Vorhänge waren blau. Was ich vom Mobiliar sehen konnte, sah aus, als käme es aus einem jener Ramschläden, die an Omnibus-Haltestellen inserieren.

»Ich hatte eine Rose für Sie«, sagte ich. »Von Larry Batzel.«

Sie nahm etwas vom Tisch und zwirbelte es langsam zwischen den Fingern, die Zwergrose, die er für sie hinterlassen hatte.

»Ich hab sie bekommen«, sagte sie ruhig. »Es lag auch noch eine Notiz dabei, aber die haben sie mir nicht gezeigt. War sie für mich bestimmt?«

»Nein, für mich. Er ließ sie auf meinem Tisch, als er hinausging und erschossen wurde.«

Ihr Gesicht zerfiel, wie man es nur in einem Alptraum sieht. Mund und Augen waren schwarze Höhlen. Sie gab keinen Laut von sich. Erst nach einem Moment ordnete ihr Gesicht sich wieder zu den früheren, ruhig-schönen Zügen.

»Auch das haben sie mir vorenthalten«, sagte sie sanft.

»Er wurde erschossen«, sagte ich sorgfältig, »weil er herausgefunden hatte, was Joe und Lash Yeager mit Dud O'Mara gemacht haben. Den sie ebenfalls umgelegt haben.«

Das brachte sie nun wieder gar nicht aus der Spur. »Joe hat Dud O'Mara nicht das geringste getan«, sagte sie ruhig. »Ich selber hab Dud seit gut zwei Jahren nicht mehr gesehen. Das war alles bloß Zeitungsklatsch, vonwegen daß ich mich mit ihm getroffen hätte.«

»Es hat ja gar nicht in den Zeitungen gestanden«, sagte ich.

»Na gut, es war jedenfalls Klatsch, egal wo. Joe ist in Chicago. Er ist gestern hingeflogen, um zu verkaufen. Wenn das Geschäft glattgeht, sollen Lash und ich nachkommen. Joe ist kein Killer.«

Ich starrte sie nur an.

Ihre Augen bekamen wieder einen gehetzten Ausdruck. »Ist Larry – ist er – –?«

»Er ist tot«, sagte ich. »Es war Profiarbeit, mit einer Maschinenpistole. Ich hatte nicht gemeint, sie hätten's persönlich getan.«

Sie faßte ihre Lippe und hielt sie einen Moment lang fest zwischen den Zähnen. Ich konnte ihr langsames, hartes Atmen hören. Sie quetschte ihre Zigarette in einem Aschenbecher aus und stand auf.

»Joe hat es nicht getan!« stieß sie ärgerlich hervor. »Ich weiß verdammt gut, daß er's nicht war. Er . . .« Sie hielt jäh inne, funkelte mich an, faßte sich ans Haar, riß es sich dann plötzlich herunter. Es war eine Perücke. Ihr eigenes Haar darunter war kurz wie das eines Jungen und streifig gelb und weißlichbraun, mit dunkleren Tönen an den Wurzeln. Es konnte sie nicht häßlich machen.

Ich brachte eine Art Lachen zustande. »Sie sind womöglich hier draußen bloß, um sich zu mausern, was, Silberperückchen? Und ich hab gedacht, sie verstecken Sie hier – damit es so aussieht, als wären Sie mit Dud O'Mara durchgebrannt!«

Sie starrte mich nur weiter an. Als hätte sie kein Wort von dem mitbekommen, was ich gesagt hatte. Dann schritt sie hinüber zu einem Wandspiegel und setzte die Perücke wieder auf, richtete sie, drehte sich um und sah mich voll an. »Joe hat niemanden umgebracht«, sagte sie noch einmal, mit leiser, fester Stimme. »Er ist ein Gauner – aber ein Verbrecher ist er nicht. Wo Dud O'Mara hin ist, darüber weiß er nicht mehr als ich. Und ich weiß nicht das geringste.«

»Er hat bloß einfach die reiche Frau sattgekriegt und ist abgehauen«, sagte ich dumpf.

Sie stand jetzt neben mir, die weißen Hände schlaff an den Seiten, schimmernd im Lampenlicht. Ihr Kopf über mir war fast im Schatten. Der Regen trommelte, und mein Kiefer fühlte sich geschwollen an und heiß, und die Nerven längs des Kieferknochens zuckten und zuckten.

»Lash hat den einzigen Wagen, der hier war«, sagte sie sanft.

»Können Sie zu Fuß nach Realito laufen, wenn ich Ihnen den Strick durchschneide?«

»Sicher. Und was dann?«

»Ich bin noch nie in einen Mord verwickelt gewesen. Ich will's auch jetzt nicht werden. Will's nie.«

Sie ging sehr schnell aus dem Zimmer und kam mit einem langen Küchenmesser zurück und sägte den Strick durch, der meine Knöchel fesselte, wickelte ihn ab, kappte ihn an der Stelle, wo er an den Handschellen festgebunden war. Einmal hielt sie inne, um zu lauschen, aber es war wieder nur der Regen.

Ich rollte mich in eine sitzende Stellung hoch und stand auf. Meine Füße waren taub, aber das ging sicher bald vorüber. Ich konnte gehen. Ich konnte rennen, wenn ich mußte.

»Lash hat den Schlüssel zu den Handschellen«, sagte sie dumpf.

»Gehn wir«, sagte ich. »Haben Sie eine Pistole?«

»Nein. Ich komme auch nicht mit. Sie verschwinden alleine. Er kann jede Minute zurückkommen. Die beiden wollten bloß irgendwelches Zeug aus der Garage wegschaffen.«

Ich trat nah an sie heran. »Sie wollen hierbleiben, nachdem Sie mich freigelassen haben? Und in aller Ruhe auf diesen Killer warten? Sie sind verrückt. Kommen Sie, Silberperückchen, Sie gehen mit mir.«

»Nein.«

»Mal angenommen«, sagte ich, »er hat O'Mara umgebracht. Dann hat er auch Larry getötet. Es muß einfach so gewesen sein.«

»Joe hat noch nie jemanden umgebracht!« fauchte sie mich fast an.

»Na schön, und wenn es Yeager war?«

»Sie lügen, Carmady. Bloß um mir Angst zu machen. Verschwinden Sie. Ich fürchte mich nicht vor Lash Yeager. Ich bin die Frau seines Chefs.«

»Joe Mesarvey ist eine Handvoll Brei«, fauchte ich zurück. »So ein Mädchen wie Sie fällt doch bloß dann auf den falschen Typ rein, wenn er aus Brei ist. Zischen wir ab.«

»Verschwinden Sie!« sagte sie heiser.

»Auch gut.« Ich wandte mich von ihr ab und ging durch die Tür.

Sie rannte fast an mir vorbei in die Halle und öffnete die Haustür, sah in die schwarze Nässe hinaus. Sie winkte mich weiter.

»Leben Sie wohl«, flüsterte sie. »Ich hoffe, Sie finden Dud. Ich hoffe auch, Sie finden heraus, wer Larry getötet hat. Aber Joe war es nicht.«

Ich trat nah an sie heran, drückte sie fast gegen die Wand mit meinem Körper. »Sie sind immer noch total verrückt, Silberperückchen. Leben Sie wohl.«

Sie hob rasch die Hände und legte sie an mein Gesicht. Kalte, eiskalte Hände. Sie küßte mich flüchtig auf den Mund, mit kalten Lippen. »Hauen Sie ab, starker Mann. Wir werden uns schon wiedersehen. Vielleicht im Himmel.«

Ich ging durch die Tür und die dunklen, glitschigen Holzstufen der Vorveranda hinunter, über den Kies zu dem runden Rasenflekken und der dünnen Baumgruppe. Dahinter lag die Straße, und ich ging darauf entlang zum Foothill Boulevard hinüber. Der Regen berührte mein Gesicht mit Fingern von Eis, die nicht kälter waren als ihre Finger.

Der Roadster stand immer noch da, wo ich ihn gelassen hatte, schief, die Vorderachse auf der geteerten Fahrbahndecke. Mein Reserverad und eine nackte Felge waren in den Graben geworfen worden.

Sie hatten ihn vermutlich durchsucht, aber eine kleine Hoffnung hatte ich trotzdem noch. Ich kroch rückwärts hinein und stieß mir den Kopf an der Steuersäule und wälzte mich herum, um die Hände in die kleine geheime Pistolentasche zu bekommen. Sie berührten den Lauf. Sie war noch da.

Ich zog sie heraus, zog mich selbst wieder aus dem Wagen, kriegte die Waffe am richtigen Ende zu fassen und überprüfte sie.

Ich hielt sie fest an den Rücken gepreßt, um sie ein bißchen vor dem Regen zu schützen, und machte mich auf den Weg zum Haus zurück.

VIII

Ich hatte die Hälfte des Wegs zurückgelegt, als er wiederkam. Seine Scheinwerfer bogen so rasch von der Hauptstraße ab, daß sie mich beinahe erfaßt hätten. Ich machte einen Satz in den Graben und drückte die Nase in den Schlamm und betete.

Der Wagen summte vorbei. Ich hörte Reifen mahlen im nassen Kies vor dem Haus. Der Motor erstarb, und die Scheinwerfer gingen aus. Die Tür schlug zu. Das Schließen der Haustür hörte ich nicht, aber ich nahm durch die Bäume einen schwachen Lichtsaum wahr, als sie aufging.

Ich brachte mich wieder auf die Füße und ging weiter. Ich tauchte neben dem Wagen hoch, einem kleinen Coupé, ziemlich alt. Die Pistole hielt ich abwärts gerichtet an der Seite, so weit um die Hüfte gezogen, wie die Handschellen es zuließen.

Das Coupé war leer. Im Kühler gurgelte Wasser. Ich lauschte zum Haus hinüber und hörte nichts. Keine lauten Stimmen, keinen Streit. Nur das schwere Bong-bong-bong der Regentropfen, die in die Rundkrümmung der Dachrinnen schlugen.

Yeager war im Haus. Sie hatte mich gehen lassen, und nun war Yeager da drinnen mit ihr allein. Vermutlich würde sie kein Wort sagen. Sie würde nur einfach dastehen und ihn ansehen. Sie war die Frau seines Chefs. Das würde Yeager zu Tode ängstigen.

Er würde nicht lange mehr bleiben, aber er würde sie auch nicht zurücklassen dort, sei's tot, sei's lebendig. Er würde sich auf den Weg machen und sie mitnehmen. Was dann später aus ihr wurde, war eine andere Sache.

Ich brauchte nichts weiter zu tun, als zu warten, daß er herauskam. Aber das tat ich nicht.

Ich überführte die Pistole in die linke Hand und beugte mich nieder, um etwas Kies aufzuschöpfen. Ich warf ihn gegen das Vorderfenster. Die Mühe war praktisch vergeblich. Sehr wenig nur erreichte das Glas.

Ich lief zurück hinter das Coupé und bekam die Tür auf und sah die Schlüssel im Zündschloß stecken. Ich kauerte mich auf das Trittbrett, hielt mich am Türrahmen fest.

Das Haus war bereits dunkel geworden, aber das war auch alles. Kein einziger Laut drang nach draußen. Witzlos. Yeager war zu gewieft.

Ich streckte den Fuß aus und erwischte das Gaspedal, krümmte mich dann mühsam herum und drehte mit der einen Hand den Zündschlüssel. Der warme Motor sprang sofort an, tuckerte sanft im Rauschen des Regens.

Ich rutschte zurück auf den Boden und glitt um das Heck des Wagens, kauerte mich hin.

Das Motorsurren schaffte es. Ohne Wagen war Yeager aufgeschmissen hier draußen.

Ein verdunkeltes Fenster glitt einen Zollbreit hoch, nur eine leichte Veränderung des Reflexschimmers auf der Scheibe zeigte die Bewegung. Eine Flamme schoß heraus, der Krach dreier schneller Schüsse. In dem Coupé splitterte Glas.

Ich schrie und ließ den Schrei in einem gurgelnden Stöhnen ersterben. In solchen Sachen wurde ich allmählich ganz gut. Ich ließ auch das Stöhnen ersterben, in einem erstickten Keuchen. Ich war erledigt, aus. Er hatte mich erwischt. Saubere Leistung, Yeager.

Drinnen im Haus lachte ein Mann. Dann wieder Stille, bis auf den Regen und den ruhig tuckernden Motor des Coupés.

Dann ging die Haustür zollweise auf. Eine Gestalt zeigte sich darin. Sie kam auf die Vorveranda hinaus, steif, nur etwas vom Weiß ihres Kragens sichtbar und von ihrer Perücke, aber nicht viel. Sie kam die Stufen herunter wie eine hölzerne Puppe. Dann sah ich auch Yeager, geduckt hinter ihr.

Sie trat auf den Kies. Ihre Stimme sagte langsam, ganz ohne jeden Ton: »Ich kann nichts erkennen, Lash. Die Scheiben sind alle beschlagen.«

Sie zuckte leicht, als hätte sich eine Pistole in ihren Rücken gebohrt, und kam näher. Yeager sprach kein Wort. Ich konnte ihn jetzt an ihrer Schulter vorbei erkennen, seinen Hut, einen Teil seines Gesichts. Aber das war kein Schuß für einen Mann mit Handschellen an den Gelenken.

Sie blieb wieder stehen, und ihre Stimme war plötzlich voller Grauen. »Er sitzt am Steuer!« schrie sie. »Ist drübergesackt!«

Er fiel drauf herein. Er stieß sie auf die Seite und fing wieder an zu feuern. Wieder sprang Glas herum. Eine Kugel traf einen Baum auf meiner Seite des Wagens. Irgendwo zirpte eine Grille. Der Motor summte weiter.

Er hockte geduckt in der Schwärze, das Gesicht ein Graufleck ohne Form, der sehr langsam nur wiedererschien nach dem Blendglanz der Schüsse. Aber das Feuern hatte ihn auch selber geblendet – für eine Sekunde. Das genügte.

Ich schoß viermal auf ihn, den pulsenden Colt gegen die Rippen gepreßt.

Er versuchte sich umzudrehen, und die Pistole schlüpfte ihm aus der Hand. Er schnappte noch halb in der Luft danach, ehe sich seine beiden Hände plötzlich gegen den Bauch preßten und dort blieben. Er setzte sich in den nassen Kies, und sein heiseres Keuchen übertönte alle anderen Laute der nassen Nacht.

Ich beobachtete ihn, wie er sich auf die Seite legte, sehr langsam, ohne die Hände vom Bauch zu nehmen. Das Keuchen hörte auf.

Es kam mir wie eine Ewigkeit vor, bis Silberperückchen nach mir rief. Dann war sie neben mir, packte meinen Arm.

»Stellen Sie den Motor ab!« schrie ich sie an. »Und holen Sie ihm den Schlüssel zu diesem verdammten Eisen aus der Tasche!«

»Ach Sie schrecklicher Narr«, stammelte sie. »Warum sind Sie bloß zurückgekommen?«

IX

Captain Al Roof von der Vermißtenstelle schwang sich in seinem Drehsessel herum und betrachtete das sonnige Fenster. Es war ein neuer Tag, und der Regen hatte schon lange aufgehört.

Er sagte ruppig: »Sie machen eine ganze Menge Fehler, Bruder. Dud O'Mara hat einfach bloß den Vorhang runtergelassen. Keiner von diesen Leuten hat ihn weggeputzt. Der Batzel-Mord hatte gar nichts damit zu tun. Mesarvey ist in Chicago geschnappt worden, und es sieht so aus, als wäre er sauber. Dieser Beschnittene, den Sie an der Leiche festgemacht hatten, hat nicht mal eine Ahnung, für wen sie den Job abgezogen haben. Unsere Jungs hatten ihn lange genug in der Mangel, um da ganz sicher zu sein.«

»Das will ich wetten«, sagte ich. »Mich hatten sie die ganze Nacht drin, und ich hab ihnen auch nicht viel erzählen können.«

Er wandte sich mir langsam zu, mit großen, öden, müden Augen. »Daß Sie Yeager erledigt haben, geht in Ordnung, nehme ich an. Auch der Kerl mit der Maschinenspritze. Unter den gegebenen Umständen. Außerdem bin ich nicht von der Mordkommission. Bloß kann ich einfach nichts davon mit O'Mara in Verbindung bringen – wenn Sie's nicht können.«

Ich konnte, hatte's aber nicht getan. Noch nicht. »Nein«, sagte ich. »Da muß ich ebenfalls passen.« Ich stopfte mir meine Pfeife und zündete sie an. Nach einer schlaflosen Nacht schmeckte sie bitter.

»Ist das alles, was Ihnen Sorgen macht?«

»Ich hab mich gefragt, warum Sie eigentlich das Mädchen nicht gefunden haben, in Realito. Es hätte doch nicht sehr schwer sein können – bei Ihrem Apparat.«

»Wir haben's eben nicht. Hätten's eigentlich schaffen müssen, sicher. Gebe ich zu. Ist aber nun mal nicht. Sonst noch was?«

Ich blies Rauch über den Schreibtisch. »Ich suche nach O'Mara, weil der General mir den Auftrag gegeben hat. Es hatte keinen Zweck, ihm zu versichern, daß Sie ja doch bestimmt alles tun würden, was sich tun ließ. Er konnte sich einen Mann leisten, der mit seiner ganzen Zeit zur Verfügung stand. Ich vermute, Sie nehmen das übel.«

Er zeigte sich gar nicht angetan. »Aber woher denn – wenn er unbedingt Geld verschwenden will? Die Leute, die Ihnen was übelnehmen, sitzen hinter einer Tür mit der Aufschrift ›Mordkommission‹.«

Er pflanzte seine Füße mit einem Knall auf den Boden und die Ellbogen auf seinen Schreibtisch.

»O'Mara hatte fünfzehn Riesen in der Tasche. Das ist eine Menge Kies, aber O'Mara war auch der Mann, der's hatte. Also konnte er's rausziehen und sich vor seinen alten Kumpels damit sehen lassen. Bloß daß sie nicht recht glauben wollten, daß die fünfzehn Riesen echtes Geld waren. Seine Frau sagt, sie waren's. Nun könnte das ja bei jedem anderen Menschen als einem ehemaligen Schnapsschmuggler, der sich fett gebettet hat, ein Hinweis auf die Absicht sein, zu verschwinden. Aber nicht bei O'Mara. Der war immer so gepolstert.«

Er biß sich eine Zigarre ab und hielt ein Streichholz dran. Er winkte mit einem großen Finger. »Leuchtet's ein?«

Ich sagte, es leuchte.

»Okay. O'Mara hatte fünfzehn Riesen, und wenn so ein Bursche den Vorhang runterzieht, dann kann er ihn bloß so lange unten halten, wie der Vorrat reicht. Fünfzehn Riesen sind ein ganz schöner Vorrat. Vielleicht würde ich selber verschwinden, wenn ich so viel hätte. Aber wenn's futsch ist, kriegen wir ihn. Er löst einen Scheck ein, gibt einen Schuldschein aus, nimmt Kredit in Anspruch, in Hotels oder Geschäften, gibt einen Bürgen an, schreibt einen Brief oder kriegt einen. Er ist in einer neuen Stadt und hat einen neuen Namen, aber er hat noch denselben alten Appetit. Irgendwann, so oder so, muß er wieder ins fiskalische System zurück. Man kann nicht überall Freunde haben, und wenn man sie hätte, würden sie doch nicht ewig dichthalten. Oder?«

»Nee, würden sie nicht«, sagte ich.

»Er ist weit weg gefahren«, sagte Roof. »Aber die fünfzehn Riesen waren alles, was er an Vorbereitungen getroffen hat. Kein Gepäck sonst, keine Buchung für Schiff, Bahn oder Flug, keine Taxi- oder Leihwagenfahrt zu irgendeinem Punkt außerhalb der Stadt. Das ist alles nachgeprüft. Sein eigener Wagen wurde ein Dutzend Blocks von seiner Wohnung entfernt gefunden. Aber das hat nichts zu bedeuten. Er kannte Leute, die ihn Hunderte von Meilen weit gefahren und doch den Mund gehalten hätten, auch angesichts einer Belohnung. Hier, aber nicht überall. Keine neuen Freunde.«

»Und so kriegen Sie ihn«, sagte ich.

»Sobald sich bei ihm der Hunger meldet.«

»Das könnte ein Jahr oder zwei dauern. General Winslow lebt aber vielleicht kein Jahr mehr. Es geht da um eine reine Gefühlsfrage – gar nicht so sehr darum, ob Sie einen offenen Fall hinterlassen, wenn Sie in Pension gehn.«

»Dann kümmern Sie sich mal um diese Gefühlsfrage, Bruder.« Seine Augen bewegten sich, und buschige rötliche Brauen bewegten sich mit ihnen. Er mochte mich nicht. Kein Mensch bei der Polizei mochte mich an diesem Tag.

»Würd ich liebend gerne tun«, sagte ich und stand auf. »Vielleicht würde ich ziemlich weit gehen für diese Gefühlsfrage.«

»Sicher«, sagte Roof, plötzlich nachdenklich. »Tja, Winslow ist ein großer Mann. Wenn ich irgendwas tun kann, lassen Sie's mich wissen.«

»Sie können herausfinden, wer Larry Batzel hat umlegen lassen«, sagte ich. »Selbst wenn da keinerlei Verbindung besteht.«

»Machen wir. Wird uns ein Vergnügen sein«, lachte er schallend, und Asche flog ihm über den ganzen Schreibtisch. »Sie machen immer nur die Leute kalt, die was erzählen können, und wir erledigen den Rest. So eine Arbeitsteilung haben wir gerne.«

»Es war Notwehr«, knurrte ich. »Es blieb mir nichts anderes übrig.«

»Sicher. Machen Sie, daß Sie an die Luft kommen, Bruder. Ich hab zu tun.«

Aber seine großen öden Augen zwinkerten mir zu, als ich hinausging.

X

Der Morgen war ganz Blau und Gold, und die Vögel in den Zierbäumen des Winslow-Anwesens sangen wie verrückt nach all dem Regen.

Der Torwächter ließ mich durch das Seitentürchen ein, und ich ging die Zufahrt hinauf und an der obersten Rasenterrasse entlang zur riesigen geschnitzten italienischen Haustür. Bevor ich läutete, blickte ich den Berghang hinunter und sah den kleinen Trevillyan auf seiner Steinbank sitzen, den Kopf in den hohlen Händen, den Blick im Nichts.

Ich ging den gemauerten Ziegelweg hinunter und trat zu ihm. »Keine Pfeile heute, mein Sohn?«

Er sah mit seinen eingesunkenen schiefergrauen Augen zu mir auf. »Nein. Haben Sie ihn gefunden?«

»Deinen Vater? Nein, mein Söhnchen, noch nicht.«

Sein Kopf zuckte. Seine Nasenflügel blähten sich wütend. »Er ist nicht mein Vater, hab ich Ihnen doch gesagt. Und reden Sie nicht mit mir, als wäre ich vier Jahre alt. Mein Vater ist – er ist in Florida oder irgendwo.«

»Na schön, ich hab ihn jedenfalls noch nicht gefunden, egal, wessen Vater er ist«, sagte ich.

»Wer hat Ihnen denn das Kinn so zugerichtet?« fragte er und starrte mich an.

»Och, ein freundlicher Jemand, der grad eine Rolle Münzen in der Hand hatte.«

»Münzen?«

»Tja. Das wirkt wie ein Schlagring. Probier's gelegentlich mal aus, aber nicht an mir«, grinste ich.

»Sie finden ihn doch nicht«, sagte er bitter und starrte mein Kinn an. »Ihn, meine ich. Den Mann von meiner Mutter.«

»Wetten, daß?«

»Wieviel wetten Sie?«

»Mehr, als selbst du in den Hosentaschen hast.«

Er versetzte der Kante eines roten Ziegels auf dem Weg einen wütenden Tritt. Seine Stimme war immer noch mürrisch, aber irgendwie glatter auf einmal. Seine Augen lauerten.

»Wolln Sie vielleicht auf noch was anderes wetten? Kommen Sie mit rüber zum Schießstand. Ich wette mit Ihnen um einen Dollar, daß ich mit zehn Schüssen acht von zehn Pfeifen schmeiße.«

Ich sah zum Haus hinauf. Niemand schien mich dort besonders ungeduldig zu erwarten.

»Nun«, sagte ich, »dann müssen wir aber ein bißchen dalli machen. Gehn wir.«

Wir gingen seitlich am Haus entlang, unter den Fenstern. Weit hinten, über den Wipfeln einiger buschiger Bäume, sah man das Orchideen-Treibhaus. Ein Mann in sauberem Whipcord war vor den Garagen damit beschäftigt, die Chromteile eines großen Wagens zu polieren. Wir gingen daran vorbei zu dem niedrigen weißen Gebäude am Hang.

Der Junge zog einen Schlüssel und schloß die Tür auf, und wir traten in stickige Luft, in der noch Spuren von Korditschwaden hingen. Der Junge ließ ein Schnappschloß an der Tür einrasten.

»Ich zuerst«, fuhr er mich an.

Der Raum sah fast so aus wie eine der kleinen Schießbuden, die man am Strand oft sieht. Es gab einen Tresen mit einem 22er Repetiergewehr darauf und eine lange, schlanke Scheibenpistole. Beide gut geölt, aber staubig. Etwa dreißig Fuß hinter dem Tresen zog sich eine hüfthohe, massiv wirkende Trennwand quer durch den Raum, und dahinter sah man eine schlichte Anordnung von Tonpfeifen und -enten und zwei runde weiße Zielscheiben, die mit schwarzen Ringen unterteilt waren und zahlreiche Einschläge von Bleikugeln aufwiesen.

Die Tonpfeifen liefen in gerader Linie über die Mitte, und es gab ein großes Oberlicht und eine Reihe von Schirmlampen an der Decke.

Der Junge zog an einer Schnur an der Wand, und ein dichtes Leinenrouleau glitt über das Oberlicht. Er schaltete die Deckenlampen ein, und nun sah der Raum wirklich aus wie eine der Schießbuden am Strand.

Er griff nach dem 22er Repetiergewehr und lud es rasch aus einer Pappschachtel mit kurzen 22er Patronen.

»Also einen Dollar, daß ich sicher acht von zehn Pfeifen erwische?«

»Schieß los«, sagte ich und legte mein Geld auf den Tresen.

Er visierte fast nachlässig, feuerte zu schnell, wollte angeben. Er verfehlte drei Pfeifen. An sich war das eine phantastische Leistung. Er warf das Gewehr auf den Tresen. »Herrje, gehn Sie und stellen Sie neue auf. Die Runde gilt nicht. Ich war noch nicht soweit.«

»Verlieren liegt dir wohl nicht, wenn's um Geld geht, was, mein Sohn? Aber aufstellen kannst du sie dir selber. Ist ja dein Schießstand.«

Sein schmales Gesicht wurde wütend, und seine Stimme wurde schrill. »*Sie* machen das! Ich muß mich entspannen, verstehen Sie? Ich muß mich entspannen!«

Ich zuckte die Achseln, hob eine Klappe in dem Tresen und ging an der weißgetünchten Seitenwand entlang, quetschte mich am Ende der niedrigen Trennmauer vorbei. Hinter mir schnappte das Schloß des Gewehrs, das der Junge frisch geladen hatte.

»Leg das sofort hin«, knurrte ich zurück. »Rühr nie eine Waffe an, wenn sich jemand vor dir im Zielfeld befindet.«

Er legte sie hin, mit gekränktem Gesicht.

Ich bückte mich und grapschte eine Handvoll Tonpfeifen aus dem Sägemehl in der großen Holzkiste am Boden. Ich schüttelte die gelben Holzflocken von ihnen ab und wollte mich dann wieder aufrichten.

Ich hielt inne, mit dem Hut schon über der Barriere, mit dem halben Hut. Ich weiß bis heute nicht, warum ich innehielt. Blinder Instinkt.

Das 22er krachte, und die Bleikugel schlug in die Zielscheibe über meinem Kopf. Der Hut auf meinem Kopf bekam einen ganz leichten Stups, wie ein Nest, auf das eine Amsel niederstößt während der Brutzeit.

Ein reizendes Bürschchen. Lauter Tricks im Kopf, wie Rotauge. Ich ließ die Pfeifen fallen und faßte meinen Hut an der Krempe, hob ihn ein paar Zoll vom Kopf in die Höhe. Das Gewehr krachte zum zweitenmal. Und zum zweitenmal schlug's metallisch in die Zielscheibe.

Ich ließ mich schwer auf den Holzboden fallen, zwischen die Pfeifen.

Eine Tür ging auf und schloß sich wieder. Das war alles. Nichts weiter. Der harte Schein der Deckenlampen schlug auf mich nieder. An den Kanten des Oberlichtrouleaus lugte die Sonne herein. Die Zielscheibe zeigte zwei deutliche neue Einschläge, und in meinem Hut waren vier kleine runde Löcher, zwei und zwei, auf jeder Seite.

Ich kroch zum Ende der Barriere und lugte um die Ecke. Der Junge war fort. Ich konnte die kleinen Mündungen der beiden Waffen auf dem Tresen sehen.

Ich stand auf und ging an der Wand entlang zurück, knipste die Lichter aus, drehte den Knauf des Schnappschlosses und ging hinaus. Der Chauffeur der Winslows polierte immer noch an seinem Wagen vor den Garagen herum und pfiff dabei vor sich hin.

Ich knüllte meinen Hut in der Hand zusammen und ging wieder am Haus entlang, hielt Ausschau nach dem Jungen. Ich sah ihn nicht. Ich läutete am Eingang.

Ich fragte nach Mrs. O'Mara. Ich ließ mir den Hut vom Butler nicht abnehmen.

XI

Sie steckte in einem austernweißen Etwas, mit weißem Pelzbesatz an Ärmeln, Kragen und Saum. Ein Frühstückstisch auf Rädern war neben ihren Sessel geschoben worden, und ihre Hand schnippte Asche zwischen das Silber.

Das Dienstmädchen mit den hübschen Beinen, das einen scheuen Eindruck machte, kam herein und fuhr den Tisch hinaus und schloß die hohe weiße Tür. Ich setzte mich.

Mrs. O'Mara lehnte den Kopf zurück gegen ein Kissen und sah müde aus. Die Kontur ihrer Kehle hatte etwas Distanziertes, Kaltes. Sie betrachtete mich mit einem kühlen, harten Blick, in dem jede Menge Abneigung lag. »Sie sind mir gestern noch einigermaßen menschlich vorgekommen«, sagte sie. »Aber jetzt sehe ich, daß Sie genauso brutal sind wie die andern alle auch. Bloß ein brutaler Bulle.«

»Ich bin gekommen, um Sie nach Lash Yeager zu fragen«, sagte ich.

Sie gab sich nicht einmal den Anschein, als sei sie davon sonderlich angetan. »Wie kommen Sie auf die Idee, da ausgerechnet mich zu fragen?«

»Nun – wenn Sie praktisch eine ganze Woche mal im Dardanella Club gewohnt haben ...« Ich wedelte mit meinem zusammengeknüllten Hut.

Sie blickte starr auf ihre Zigarette. »Also gut, ich bin ihm da mal begegnet, glaube ich. Der ziemlich ungewöhnliche Name ist mir noch in Erinnerung.«

»Sie haben alle solche Namen, diese Bestien«, sagte ich. »Es scheint, daß Larry Batzel – ich darf wohl annehmen, Sie haben auch von ihm in Ihrer Zeitung gelesen – früher einmal mit Dud O'Mara befreundet war. Ich habe Ihnen gestern nichts von ihm erzählt. Vielleicht war das ein Fehler.«

Ein Puls begann in ihrer Kehle zu pochen. Sie sagte sanft: »Ich habe den leisen Verdacht, daß Sie im Begriff stehen, sehr unverschämt zu werden, so daß ich Sie vielleicht sogar hinauswerfen lassen muß.«

»Nicht, bevor ich mein Stück aufgesagt habe«, sagte ich. »Es scheint, daß Mr. Yeagers Fahrer – sie haben nicht nur ungewöhnliche Namen, sondern auch Chauffeure, diese Bestien – Larry Batzel erzählt hat, daß Mr. Yeager in der Nacht, als O'Mara verschwand, hier draußen war.«

Das alte Soldatenblut mußte ja doch zu etwas gut sein in ihr. Sie zuckte mit keinem Muskel. Sie erstarrte nur zu Eis.

Ich stand auf und nahm ihr die Zigarette aus den eisstarren Fingern und drückte sie in einem weißen Jade-Aschenbecher aus. Ich legte meinen Hut sorgfältig auf ihr weißes Satin-Knie. Ich setzte mich wieder hin.

Nach einer Weile kam Bewegung in ihre Augen. Sie bewegten sich nach unten und betrachteten den Hut. Ganz langsam trat Röte in ihr Gesicht, in zwei leuchtenden Flecken über ihren Backenknochen. Sie kämpfte erregt mit Zunge und Lippen.

»Ich weiß«, sagte ich. »Das ist kein sehr attraktiver Hut. Ich will Ihnen auch kein Geschenk damit machen. Aber schauen Sie sich einmal die Schußlöcher darin an.«

Ihre Hand wurde lebendig und schnappte nach dem Hut. Ihre Augen wurden zu Flammen.

Sie beulte die Krone hoch, betrachtete die Löcher und erschauerte.

»Yeager?« fragte sie, sehr schwach. Es war ein Wispern von Stimme, eine alte Stimme.

Ich sagte langsam: »Yeager hat nie eine 22er Repetierbüchse benutzt, Mrs. O'Mara.«

Die Flamme in ihren Augen erstarb. Sie waren Teiche der Finsternis jetzt, viel leerer als Finsternis.

»Sie sind seine Mutter«, sagte ich. »Was wollen Sie nun unternehmen?«

»Barmherziger Gott! Dade! Er – er hat auf Sie geschossen!«

»Zweimal«, sagte ich.

»Aber warum? . . . Mein Gott, warum?«

»Sie glauben, ich bin ein gerissener Bursche, Mrs. O'Mara. Bloß einer mehr von diesen ausgekochten Glücksrittern, wenn auch diesmal von der anderen Seite des Bahndamms. Ich hätte's leicht, wenn's so wäre. Aber leider bin ich das nicht, ganz und gar nicht. Muß ich Ihnen wirklich erzählen, warum er auf mich geschossen hat?«

Sie brachte keinen Laut heraus. Sie nickte nur langsam. Ihr Gesicht war jetzt eine Maske.

»Ich würde sagen, er kann wahrscheinlich gar nichts dafür«, sagte ich. »Er wollte nicht, daß ich seinen Stiefvater fand – das wäre das eine. Dann ist er ein Bürschchen, das eine Vorliebe für Geld hat. Scheinbar nur eine Kleinigkeit, gehört aber zum Bild. Er hätte ums Haar einen Dollar an mich verloren, bei einer Schießwette. Wirklich eine Kleinigkeit, aber er lebt in einer kleinen Welt. Und dann ist er, vor allem andern, natürlich ein verrückter kleiner Sadist, dem dauernd der Finger am Abzug juckt.«

»Wie können Sie es wagen!« fuhr sie auf. Aber es hatte nichts zu besagen. Sie vergaß es selber sofort.

»Wie ich das wagen kann? Ich wag's eben einfach. Halten wir uns jetzt mal gar nicht mit langen Überlegungen auf, warum er auf *mich* geschossen hat. Ich bin ja nicht der erste, oder? Sonst hätten Sie gar nicht gewußt, wovon ich rede, wären gar nicht draufgekommen, daß er's mit Absicht gemacht hat.«

Sie rührte sich nicht, sagte kein Wort.

Ich holte tief Luft. »Kommen wir also zu der Frage, warum er Dud O'Mara erschossen hat«, sagte ich.

Wenn ich der Ansicht war, sie würde wenigstens diesmal anfangen zu schreien, so lag ich damit gründlich schief. Der alte Mann im Orchideenhaus hatte ihr mehr mitgegeben als nur ihre Größe und ihr dunkles Haar und ihre verwegenen Augen.

Sie zog die Lippen zurück und versuchte sie zu lecken, und das ließ sie für eine Sekunde aussehen wie ein verängstigtes kleines Mädchen. Die Kontur ihrer Wangen schärfte sich, und ihre Hand wanderte hoch wie eine künstliche Hand, die von Drähten bewegt wird, und faßte den weißen Pelz an ihrer Kehle und zog ihn fest zusammen und verkrampfte sich darin, bis ihre Knöchel aussahen wie gebleichte Knochen. Dann starrte sie mich nur an.

Dann glitt mein Hut ihr vom Knie auf den Boden, ganz ohne daß sie sich bewegt hätte. Das Geräusch, das er beim Fallen machte, war eins der lautesten Geräusche, die ich je gehört hatte.

»Geld«, sagte sie mit einem trockenen Krächzen. »Natürlich wollen Sie Geld.«

»Wieviel Geld will ich denn?«

»Fünfzehntausend Dollar.«

Ich nickte, steifnackig wie ein Warenhausdetektiv, der auch mit dem Rücken zu sehen versucht. »Kommt ziemlich genau hin. Das wäre das übliche Pauschalhonorar. Und entspricht etwa dem, was er in den Taschen hatte und was Yeager dafür bekam, daß er ihn beseitigte.«

»Sie sind – ganz verdammt schlau«, sagte sie schauerlich. »Ich könnte Sie glatt selber umbringen, und zwar mit Vergnügen.«

Ich versuchte zu grinsen. »Ganz recht. Schlau und ohne das kleinste bißchen Gefühl. Das Ganze ist etwa folgendermaßen gelaufen. Der Junge erwischte O'Mara, wo er mich erwischt hat mit demselben einfachen Trick. Ich glaube nicht, daß er's geplant hatte. Er haßte seinen Stiefvater, aber er hätte kaum direkt den Plan gefaßt, ihn zu töten.«

»Er hat ihn gehaßt, ja«, sagte sie.

»Also gehn die beiden in die Schießbude rüber, und auf einmal liegt O'Mara tot am Boden, hinter der Barriere, außer Sicht. Schüsse an einem solchen Ort haben nichts zu sagen. Und Blut ist nur ganz wenig geflossen, bei einem Kopfschuß, kleines Kaliber. Also geht der Junge raus und schließt die Tür ab und versteckt sich. Aber nach einer Weile muß er's jemandem sagen. Er muß einfach. Er sagt es Ihnen. Sie sind seine Mutter. Mit Ihnen kann er reden.«

»Ja«, hauchte sie. »Genau das hat er getan.« Ihre Augen hatten aufgehört, mich zu hassen.

»Sie überlegen nun, ob Sie's als Unfall hinstellen können, was auch glattginge, bis auf eins. Der Junge ist nicht normal, und Sie wissen das. Der General weiß es, die Dienstboten wissen's. Es muß auch noch andere Leute geben, die es ebenfalls wissen. Und die Leute von der Polizei, so dämlich die in Ihren Augen auch ist, haben bei geistig nicht ganz dichten Typen einen guten Riecher. Einfach weil sie mit so vielen von denen zu tun bekommen. Und ich glaube, er hätte wohl auch geredet. Ich glaube, nach einer Weile hätte er damit geprahlt.«

»Sprechen Sie weiter«, sagte sie.

»Das konnten Sie nicht riskieren«, sagte ich. »Nicht für Ihren Sohn und nicht für den kranken alten Mann im Orchideenhaus. Sie hätten eher etwas gräßlich Abgebrühtes und Verbrecherisches getan als das riskiert. Und das taten Sie denn. Sie kannten Yeager, und Sie heuerten ihn an, Ihnen die Leiche vom Hals zu schaffen. Das war alles – außer daß die Sache mit dem Mädchen, Mona Mesarvey, dazu beitrug, das Ganze wie ein freiwilliges Verschwinden aussehen zu lassen.«

»Er hat ihn nach Einbruch der Dunkelheit weggeschafft, in Duds eigenem Wagen«, sagte sie hohl.

Ich langte nieder und nahm meinen Hut vom Boden auf. »Wie steht's mit den Dienstboten?«

»Norris weiß Bescheid. Der Butler. Er würde eher auf der Folter sterben als etwas verraten.«

»Tja. Jetzt wissen Sie jedenfalls, warum Larry Batzel umgelegt und ich zu einer Spazierfahrt eingeladen wurde, oder?«

»Erpressung«, sagte sie. »Es hatte sich noch nichts getan, aber ich rechnete jeden Augenblick damit. Ich hätte jeden Preis bezahlt, und das wußte er bestimmt.«

»In einzelnen Happen, Jahr für Jahr, steckte glatt eine Viertelmillion drin für ihn, mit Leichtigkeit. Ich glaube nicht, daß Joe Mesarvey selber an der Geschichte beteiligt war. Das Mädchen war's jedenfalls nicht, das weiß ich.«

Sie sagte kein Wort. Sie behielt nur die Augen auf meinem Gesicht.

»Warum, zum Teufel«, stöhnte ich, »haben Sie ihm denn nicht die Waffen weggenommen?«

»Er ist noch schlimmer, als Sie meinen. Es wäre dann noch schlimmer gekommen. Ich – ich habe selber fast Angst vor ihm.«

»Bringen Sie ihn weg«, sagte ich. »Weg von hier. Weg von dem alten Mann. Er ist noch jung genug, um Aussicht auf Heilung zu haben, bei richtiger Behandlung. Bringen Sie ihn nach Europa. Weit weg. Und tun Sie's gleich. Es wäre für den General der augenblickliche Tod, wenn er erführe, daß sein eigen Fleisch und Blut da beteiligt war.«

Sie stand schleppend auf und schleppte sich zu den Fenstern hinüber. Sie stand reglos da, fast verschmolzen mit den schweren weißen Gardinen. Ihre Hände hingen an den Seiten nieder, ganz reglos auch sie. Nach einer Weile wandte sie sich um und ging wieder an mir vorbei. Als sie hinter mir war, holte sie tief Luft und schluchzte einmal kurz auf. »Es war widerlich. Es war das Widerlichste, was ich mir überhaupt denken kann. Trotzdem, ich würde es wieder tun. Vater hätte es nicht getan. Er hätte die Wahrheit gesagt. Und es wäre, ganz wie Sie sagen, sein Tod gewesen.«

»Bringen Sie ihn weg«, hämmerte ich weiter. »Er sitzt jetzt draußen irgendwo in einem Versteck. Er glaubt, er hat mich erwischt. Er versteckt sich wie ein Tier irgendwo. Holen Sie ihn. Er kann nichts dafür.«

»Ich habe Ihnen Geld geboten«, sagte sie, immer noch hinter mir. »Das war ekelhaft. Ich empfand keine Liebe für Dudley O'Mara. Auch das war ekelhaft. Ich kann Ihnen nicht danken. Ich weiß nicht, was ich sagen soll.«

»Vergessen Sie das mal«, sagte ich. »Ich bin bloß ein alter Arbeitsgaul. Tun Sie jetzt *Ihre* Arbeit, für den Jungen.«

»Das verspreche ich Ihnen. Leben Sie wohl, Mr. Carmady.«

Wir schüttelten uns nicht die Hand. Ich ging wieder die Treppe hinunter, und an der Haustür stand der Butler, wie üblich. Im Gesicht nichts als Höflichkeit.

»Sie wünschen den General heute nicht zu sprechen, Sir?«

»Heute nicht, Norris.«

Ich sah den Jungen draußen nicht. Ich ging durch die Seitenpforte und stieg in meinen gemieteten Ford und fuhr den Berg hinunter, vorüber an dem Gelände, auf dem die alten Ölquellen lagen.

Um sie herum, nicht sichtbar von der Straße, gab es immer noch alte Gesenke, sumpfige Tümpel, in denen fauliges Wasser stand, schwärend überzogen von einem Abschaum Öl.

Sie mochten wohl zehn oder zwölf Fuß tief sein, vielleicht noch tiefer. Dunkle Dinge mochten in ihnen liegen. In einem von ihnen vielleicht . . .

Ich war froh, daß ich Yeager getötet hatte.

Auf dem Rückweg in die Stadt hielt ich bei einer Bar und trank ein paar Glas. Sie halfen mir nicht im geringsten.

Ich mußte nur immerzu an Silberperückchen denken, und ich habe sie nie wiedergesehen.

Cherchez la femme

Der große Bursche ging mich überhaupt nichts an. Damals nicht und später nicht, überhaupt nie, und damals am allerwenigsten.

Ich war drüben an der Central, die das Harlem von Los Angeles ist, hatte in einem der »gemischten« Blocks zu tun, wo es immer noch getrennte Lokale gab, für Weiße und für Farbige. Ich war auf der Suche nach einem kleinen griechischen Friseur namens Tom Aleidis, dessen Frau unbedingt wollte, daß er wieder nach Hause kam, und bereit war, ein bißchen Geld dafür auszugeben, daß ich ihn fand. Es war ein friedlicher Job. Tom Aleidis war kein Ganove.

Ich sah den großen Burschen vor dem Shamey stehen, einer Farbigenkneipe plus Würfelstube, die im ersten Stock lag und nicht allzu appetitlich war. Er blickte zu den defekten Schablonenbuchstaben der Leuchtreklame hinauf, und sein Gesicht hatte einen geradezu verzückten Ausdruck, wie das eines abgerissenen Einwanderers, der zum erstenmal die Freiheitsstatue erblickt, wie das eines Menschen, der lange gewartet hat und einen weiten Weg gekommen ist.

Er war nicht einfach nur groß. Er war ein Riese. Er wirkte wie zwei Meter zehn, und er trug die grellste Kleidung, die ich je bei einem wirklich großen Mann gesehen habe.

Scharf gebügelte maronenbraune Hosen, eine grobe graue Jacke mit weißen Billardbällen als Knöpfen, braune Wildlederschuhe mit Explosionen aus weißem Ziegenleder darin, ein braunes Hemd, einen gelben Schlips, eine große rote Nelke und vor dem Bug ein Taschentuch von der Farbe der irischen Flagge. Es war sauber auf drei Spitzen drapiert, unter der roten Nelke. Hier an der Central Avenue, nicht gerade der schlichtesten Straße der Welt, was Kleidung betrifft, mit dieser Größe und dieser Aufmachung, wirkte er etwa so unauffällig wie eine Tarantel auf einem Stück Sachertorte.

Er ging hinüber und stieß die Schwingtür zum Shamey auf. Die Tür pendelte noch, als sie jäh wieder nach außen explodierte. Was herausgesegelt kam und im Rinnstein landete und schrille Klagelaute von sich gab, wie eine verwundete Ratte, war ein glitschhaariger junger Farbiger in hautengem Modeanzug. Ein »Brauner«, wie Kaffee mit einem winzigen bißchen Sahne drin. Sein Gesicht, meine ich.

Es ging mich immer noch nicht das geringste an. Ich beobachtete, wie der Junge an den Häuserwänden entlang davonkroch. Weiter passierte nichts. So beging ich meinen Fehler.

Ich schlenderte weiter über den Bürgersteig, bis ich die Schwingtür selber aufstoßen konnte. Grad weit genug, um einen Blick nach innen zu werfen. Und leider schon zu weit.

Eine Hand, auf der ich bequem hätte sitzen können, packte meine Schulter, und zwar gar nicht gelinde, und hob mich durch die Tür und drei Stufen hinauf.

Eine tiefe, sanfte Stimme sagte ganz locker und formlos in mein Ohr: »Lauter Jumbos in dem Laden, mein Freund. Ist denn das die Möglichkeit?«

Ich versuchte ein bißchen Ellbogenfreiheit zu gewinnen, um an meinen Schlagring zu kommen. Eine Pistole hatte ich nicht dabei. Der Job mit dem kleinen griechischen Friseur hatte mir nicht den Eindruck gemacht, als müßte ich dafür die Artillerie einsetzen.

Er nahm meine Schulter wieder in den Griff.

»Das ist hier eben so ein Laden«, sagte ich rasch.

»Sagen Sie das nicht, mein Freund. Beulah hat hier gearbeitet. Die kleine Beulah.«

»Gehn Sie rauf und sehn Sie selber nach.«

Er hob mich drei weitere Stufen hinauf. »Ich bin gut beisammen«, sagte er. »Ich würde keinem raten, mir komisch zu kommen. Gehn wir doch beide mal rauf zusammen und nippeln ein Gläschen.«

»Man wird Sie da nicht bedienen«, sagte ich.

»Ich hab Beulah acht Jahre nicht gesehen, mein Freund«, sagte er sanft und riß dabei meine Schulter in Stücke, ohne überhaupt zu merken, was er tat. »Sechs davon hat sie mir nicht mal mehr geschrieben. Aber dafür hat sie sicher einen Grund gehabt. Sie hat hier gearbeitet. Gehn wir beide zusammen mal rauf.«

»Schön, meinetwegen«, sagte ich. »Ich gehe mit Ihnen rauf. Aber lassen Sie mich alleine laufen. Sie müssen mich nicht tragen. Ich bin gesund und munter. Carmady ist mein Name. Ich bin schon erwachsen. Gehe allein auf den Topf und alles. Sie müssen mich wirklich nicht tragen.«

»Die kleine Beulah hat hier gearbeitet«, sagte er sanft. Er hörte mir gar nicht zu.

Wir stiegen die Treppe hinauf. Er ließ mich allein gehen.

Hinten in der Ecke, jenseits der Bar, stand ein Würfeltisch. Sonst gab es einen Haufen verstreuter Tische mit hier und da ein paar Gästen daran. Das weinerliche Stimmgewirr um den Würfeltisch brach augenblicklich ab. Augen starrten uns an, in der fremden Totenstille einer anderen Rasse.

Ein großer Neger lehnte an der Bar, in Hemdsärmeln, mit rosa Hemdbändern an den Armen. Ein ehemaliger Boxer, der praktisch alles schon aufs Auge gekriegt hatte außer einer Betonbrücke. Er stemmte sich von der Thekenkante los und kam in locker geduckter Boxerhaltung auf uns zu.

Er legte dem großen Mann eine breite braune Hand auf die protzig bunte Brust. Sie wirkte dort wie ein verrutschter Kragenknopf.

»Nix weiße Leute hier, Bruder. Bloß für farbige Leute. Tut mir leid.«

»Wo ist Beulah?« fragte der große Mann mit seiner tiefen, sanften Stimme, die so gut zu seinem großen weißen Gesicht und den unergründlichen schwarzen Augen paßte.

Der Neger verzog das Gesicht, aber nicht ganz bis zum Lachen. »Nix Beulah, Bruder. Nix Schnaps, nix Mädchen, bloß ab durch die Mitte, Bruder. Nix wie ab durch die Mitte.«

»Nehmen Sie Ihre gottverdammte Klaue von mir runter«, sagte der große Mann.

Der Rausschmeißer beging ebenfalls einen Fehler. Er schlug nach ihm. Ich sah, wie er die Schulter senkte, wie er sein ganzes Körpergewicht in den Schlag legte. Es war ein guter sauberer Schlag. Der große Mann nahm sich nicht einmal die Mühe, ihn abzuwehren.

Er schüttelte nur den Kopf und packte den Rausschmeißer bei der Kehle. Er war schnell für seine Größe. Der Rausschmeißer versuchte ihn mit dem Knie zu erwischen. Der große Mann drehte ihn herum und drückte ihn nach vorn, packte ihn hinten am Gürtel. Der riß. Also legte der große Mann dem Rausschmeißer einfach die riesige Hand flach gegen das Rückgrat und warf ihn mit einer leichten Bewegung quer durch den ganzen schmalen Raum. Der Rausschmeißer prallte am andern Ende mit einem Krach gegen die Wand, den man noch in Denver hat hören müssen. Dann glitt er schlapp an der Wand zu Boden und blieb dort liegen, reglos, still.

»Tja«, sagte der große Mann. »Dann wollen wir beide jetzt mal einen nippeln.«

Wir gingen zur Bar hinüber. Der Barmann wischte hastig über die Theke. Die Gäste verdrückten sich, einzeln, zu zweit und zu dritt, schlichen still über den kahlen Boden, still die nur dämmrig erleuchtete, teppichlose Treppe hinunter. Von ihren sich entfernenden Schritten war kaum auch nur ein Rascheln zu hören.

»Whisky sauer«, sagte der große Mann.

Wir bekamen Whisky sauer.

»Sie wissen, wo Beulah ist?« fragte der große Mann den Barmann ungerührt und leckte seinen Whisky sauer von der Außenwandung des dicken Glases.

»Beulah, sagen Sie?« winselte der Barmann. »Hab ich in letzter Zeit hier nicht mehr gesehn. Gar nicht mehr in letzter Zeit, Sir, gar nicht mehr.«

»Wie lange sind Sie schon hier?«

»So ein Jahr etwa, schätz ich. Etwa ein Jahr. Ungefähr, Sir, etwa ...«

»Wie lange ist der Laden hier schon ein Jumbotreff?«

»Wie meinen, Sir, ein ...«

Der große Mann ballte die Faust an seiner Seite, und sie war etwa so groß wie ein Wassereimer.

»Fünf Jahre auf jeden Fall schon«, warf ich ein. »Der Bursche da kann von einem weißen Mädchen namens Beulah überhaupt nichts wissen.«

Der große Mann sah mich an, als wäre ich grad frisch aus dem Ei geschlüpft. Der Whisky sauer schien seine Laune nicht zu verbessern.

»Wer, zum Teufel, hat denn Sie gebeten, Ihre Nase da reinzustekken?«

Ich lächelte. Ich machte ein breites, freundliches Lächeln draus. »Ich bin der Bursche, der mit Ihnen hergekommen ist. Entsinnen Sie sich?«

Er grinste zurück, ein flaches, weißes Grinsen. »Whisky sauer«, befahl er dem Barmann. »Lassen Sie mal die Flöhe in Ihrer Hose tanzen. Bedienung!«

Der Barmann trippelte betriebsam herum, haßte uns mit dem Weiß seiner Augen.

Das Lokal war jetzt leer, bis auf uns beide und den Barmann und den Rausschmeißer drüben an der Wand.

Der Rausschmeißer stöhnte und regte sich. Er wälzte sich herum und begann geschmeidig an der Bodenleiste entlangzukriechen, wie eine Fliege mit nur noch einem Flügel. Der große Mann schenkte ihm keinerlei Beachtung.

»Ist überhaupt nichts mehr übrig von dem Lokal«, beklagte er sich. »Früher gab's da eine Bühne und eine Kapelle und allerliebste Zimmerchen, wo man sich amüsieren konnte. Und Beulah hat geträllert. Ein Rotschopf. Zum Anbeißen. Wir waren kurz vorm Heiraten, wie sie mir die Geschichte angehängt haben.«

Wir hatten jetzt zwei weitere Whisky sauer vor uns. »Welche Geschichte denn?« fragte ich.

»Also was glauben Sie wohl, wo ich die acht Jahre gewesen bin, von denen ich Ihnen erzählt habe?«

»In irgendeiner Sommerfrische mit Schloß und Riegel an der Tür«, sagte ich.

»Stimmt auffallend.« Er stieß sich den Daumen vor die Brust, einen Daumen wie ein Baseballschläger. »Steve Skalla. Die Sache mit der Great Bend in Kansas. Ich ganz alleine. Vierzig Riesen. Hier in dem Laden haben sie mich hopsgenommen. Ich war, was die – he!«

Der Rausschmeißer hatte eine Tür im Hintergrund erreicht und war hinausgeschlüpft. Ein Schloß schnappte.

»Wo führt die hin, die Tür?« wollte der große Mann wissen.

»Zu – zu Mr. Montgomerys Büro, Sir. Ist der Boss. Er hat sein Büro hinten im . . .«

»Er könnte vielleicht was wissen«, sagte der große Mann. Er wischte sich mit der irischen Flagge den Mund und steckte sie dann sorgfältig wieder in die Brusttasche zurück, sauber drapiert. »Soll sich nur nicht einfallen lassen, dumme Sprüche zu kloppen. Noch zwei Whisky sauer.«

Er ging durch den Raum zu der Tür hinter dem Würfeltisch. Das Schloß machte ihm nur einen kurzen Moment zu schaffen, dann fiel ein Stück von der Türfüllung ab, und er ging hindurch, schloß die Tür hinter sich.

Es war sehr still im Shamey jetzt. Ich sah den Barmann an.

»Der Bursche ist nicht von Pappe«, sagte ich rasch. »Und er kann unter Umständen noch sehr unangenehm werden. Sie haben's ja wohl mitgekriegt. Er sucht nach einem alten Schätzchen, das hier mal gearbeitet hat, wie das noch ein Lokal für Weiße war. Haben Sie irgendwelche Artillerie auf Vorrat?«

»Ich dachte, Sie wären auf seiner Seite«, sagte der Barmann mißtrauisch.

»Konnte nichts machen dagegen. Er hat mich einfach mit raufgeschleift. Mir war nicht danach, mich über die Dächer schmeißen zu lassen.«

»Klar. Ich hab eine Schrotflinte«, sagte der Barmann, immer noch mißtrauisch.

Er begann sich zu bücken hinter der Bar, hielt dann mitten in der Bewegung inne und rollte die Augen.

Aus dem Hintergrund des Hauses war ein dumpfer flacher Laut zu hören gewesen, hinter der geschlossenen Tür. Es hätte das Zuschlagen einer Tür sein können. Vielleicht aber auch ein Schuß. Nur dieser eine Laut. Nichts weiter folgte.

Der Barmann und ich warteten zu lange, überlegten, was das für ein Laut gewesen sein konnte. Was es gewesen sein konnte, gefiel uns gar nicht.

Die Tür im Hintergrund ging auf, und der große Mann kam rasch wieder herein, mit einem Armee-Colt, 45er Automatik, der in seiner Hand wie ein Spielzeug aussah.

Er musterte den Raum mit einem raschen Blick. Sein Grinsen war verspannt. Er sah ganz wie der Mann aus, der im Alleingang vierzig Riesen aus der Great Bend Bank hatte holen können.

Er kam mit raschen, fast lautlosen Schritten zu uns herüber, bei all seiner Größe.

»Hoch mit dir, Nigger!«

Der Barmann kam langsam wieder hoch, grau, mit erhobenen leeren Händen.

Der große Mann tastete mich ab, trat von uns weg.

»Mr. Montgomery wußte auch nicht, wo Beulah ist«, sagte er sanft. »Er wollte wohl reden – aber mit der hier.« Er schwenkte die Pistole. »Macht's gut, ihr Gauner. Vergeßt das Gesöff da nicht.«

Dann war er fort, die Treppe hinunter, sehr schnell, sehr still.

Ich sprang um die Theke herum und griff nach der abgesägten Schrotflinte, die dort lag, in einem Fach. Nicht um sie gegen Steve Skalla einzusetzen. Der ging mich nichts an. Aber damit der Barmann sie nicht gegen mich einsetzte. Ich ging zurück durch den Raum und durch die bewußte Tür.

Der Rausschmeißer lag in einem Flur dahinter am Boden, ein Messer in der Hand. Er war bewußtlos. Ich nahm ihm das Messer aus der Hand und trat über ihn weg durch eine Tür mit der Aufschrift »Büro«.

Drinnen saß Mr. Montgomery, hinter einem kleinen, ziemlich ramponierten Schreibtisch, dicht an einem zum Teil mit Brettern vernagelten Fenster. Einfach zusammengefaltet, wie ein Taschentuch oder ein Scharnier. Eine Schublade stand offen zu seiner rechten Hand. Aus der stammte vielleicht die Pistole. Das Papier, mit dem sie ausgelegt war, zeigte einen kleinen Ölschmier.

Kein sehr schlauer Einfall von ihm, danach zu greifen, aber einen schlaueren würde er nie mehr haben – jetzt nicht mehr.

Nichts geschah, während ich auf die Polizei wartete.

Als die kam, waren der Barmann und der Rausschmeißer beide verschwunden. Ich hatte mich mit Mr. Montgomery und der Schrotflinte eingeschlossen. Für alle Fälle nur.

Hiney bekam die Sache. Ein ewig nörgelnder, überlangsamer Detektiv-Leutnant mit hageren Backen und langen gelben Händen, die er auf den Knien hielt, während er mit mir in seiner Einzelzelle im Polizeipräsidium sprach. Sein Hemd war unter die Spitzen seines altmodischen steifen Kragens gestopft. Er sah arm aus und sauer und ehrlich.

Das war eine Stunde oder so später. Sie wußten inzwischen schon alles über Steve Skalla, aus ihrer eigenen Kartei. Sie hatten sogar ein zehn Jahre altes Photo von ihm, auf dem er so brauenlos aussah wie eine Semmel. Das einzige, was sie nicht wußten, war sein gegenwärtiger Verbleib.

»Sechs Fuß sechseinhalb«, sagte Hiney. »Hundertzweiunddreißig Kilo. Ein Bursche von der Größe kommt nicht weit, nicht in dem phantastischen Aufzug. Und neue Sachen hat er sich in der Schnelle nicht kaufen können, garantiert. Wieso haben Sie ihn nicht hopsgenommen?«

Ich reichte ihm das Photo zurück und lachte.

Hiney richtete bitter einen seiner langen gelben Finger auf mich. »Carmady, der knallharte Schnüffler, was? Ein baumlanges Menschenkind mit einem Kinn, an dem man Bruchsteine zerkloppen könnte. Wieso haben Sie ihn nicht hopsgenommen?«

»Ich werde langsam ein bißchen grau an den Schläfen«, sagte ich. »Und ich hatte keine Kanone dabei. Im Gegensatz zu ihm. Ich war in einer Sache unterwegs, die nicht nach schwerer Artillerie aussah. Skalla hat mich einfach aufgelesen. Ich sehe manchmal richtig süß aus.«

Hiney funkelte mich an.

»Also gut«, sagte ich. »Warum groß streiten? Ich habe den Burschen gesehen. Er könnte einen Elefanten in die Westentasche stecken. Und ich wußte auch nicht, daß er wen umgebracht hatte. Sie werden ihn schon kriegen.«

»Tja«, sagte Hiney. »Mit Leichtigkeit. Aber ich hab einfach keine Lust, meine Zeit an diese Niggermorde zu verschwenden. Springt nichts dabei raus. Keine Photos. Keine Artikel. Nicht mal drei Zeilen in der Steckbrief-Rubrik. Verflixt, da waren mal fünf Nigger – wohlgemerkt, gleich fünf –, die hatten sich gegenseitig die Kutteln zerschnitzelt, drüben an der 84. East. Alle tot. Kaltes Fleisch. Und diese – Pressebanditen wollten nicht mal hinkommen.«

»Passen Sie aber hübsch auf, wenn Sie ihn schnappen«, sagte ich. »Sonst stößt er Ihnen noch zwei von Ihren Freunden und Helfern aus der Uniform. Und dann brauchen Sie auf Ihre Artikel nicht zu warten.«

»Und den Fall wäre ich außerdem auch noch los«, spottete Hiney. »Ach was, zur Hölle mit ihm. Ich hab eine Funkmeldung rausgegeben. Abwarten und Tee trinken, was anderes kann man im Moment nicht machen.«

»*Cherchez la femme*«, sagte ich. »Beulah. Skalla sucht sie auch. Deswegen ist er unterwegs. Deswegen hat das Ganze überhaupt erst angefangen. Suchen Sie das Mädchen.«

»Das können *Sie* machen«, sagte Hiney. »Ich bin seit zwanzig Jahren in keinem Freudenhaus mehr gewesen.«

»Ich würde mich wahrscheinlich wie zu Hause drin fühlen. Was zahlen Sie?«

»Herrgott, Mann, ein Bulle beschäftigt keinen Privatdetektiv. Wo sollte er wohl die Piepen hernehmen?« Er drehte sich aus einer Tabakdose eine Zigarette. Sie brannte an einer Seite ab wie ein Strohfeuer. In der kuschligen Dienstkabine nebenan schrie ein Mann wütend in ein Telephon. Hiney drehte sich eine zweite Zigarette, mit mehr Sorgfalt diesmal, leckte an ihr entlang und zündete sie an. Dann umklammerte er mit seinen knochigen Händen wieder seine knochigen Knie.

»Denken Sie an Ihre Publicity«, sagte ich. »Ich wette fünfundzwanzig mit Ihnen, daß ich Beulah finde, noch ehe Sie Skalla unter Glas haben.«

Er dachte darüber nach. Fast schien es, als zählte er an den Zügen seiner Zigarette seinen Kontostand ab.

»Zehn ist das Äußerste«, sagte er. »Und dann gehört sie ganz mir – privat.«

Ich starrte ihn an. »In der Preislage arbeite ich nicht«, sagte ich. »Aber wenn ich's an einem Tag schaffe – und Sie mich in Ruhe lassen –, dann mach ich's umsonst. Bloß um Ihnen zu zeigen, warum Sie seit zwanzig Jahren bloß Leutnant sind.«

Der Quatsch gefiel ihm nicht viel besser, als mir seiner mit dem Freudenhaus gefallen hatte. Aber wir schüttelten uns doch die Hand darüber.

Ich holte meinen alten Chrysler-Roadster vom Behördenparkplatz und fuhr in den Bezirk der Central Avenue zurück.

Das Shamey war geschlossen, natürlich. Ein auffällig schlicht gekleideter Mann saß davor in einem Wagen und las mit dem einen Auge eine Zeitung. Ich hatte keine Ahnung, wieso. Kein Mensch dort wußte irgend etwas von Skalla.

Ich parkte um die Ecke und ging schräg hinüber in die Halle eines Neger-Hotels, das auf den schönen Namen Sans Souci hörte. Zwei Reihen harter, leerer Stühle starrten sich über einen Streifen Fiberteppich an. Hinter einem Rezeptionstisch saß ein kahlköpfiger Mann, die Augen geschlossen und die Hände gefaltet auf der Tischplatte. Er döste. Er trug eine breite Ascot-Krawatte, wie sie um 1880 gebunden worden war, und der grüne Stein in der Nadel war nicht ganz so groß wie eine Mülltonne. Sein breites, schlappes Kinn war sanft darauf niedergesunken, und seine braunen Hände waren weich, friedvoll und sauber.

Ein gebosseltes Metallschild an seinem Ellbogen verkündete: *Dieses Hotel steht unter dem Schutz der International Consolidated Agencies, Inc.*

Als er sein eines Auge öffnete, deutete ich auf das Schild und sagte: »Von der H. S. A., kleine Kontrolle. Irgendwelche Schwierigkeiten?«

H. S. A. bedeutet Hotel-Schutz-Abteilung, und die gehört zu einer großen Agentur, die sich um Scheckbetrüger kümmert und um Leute, die über die Hintertreppe ausziehen und abgewetzte Koffer voll Backsteine zurücklassen.

»Schwierigkeiten, Bruder«, sagte er mit hoher, sonorer Stimme. »Schwierigkeiten sind eine Ware, die wir schon seit längerem nicht mehr am Lager führen.« Er senkte die Stimme um vier oder fünf Grade und fügte hinzu: »Wir nehmen hier keine Schecks.«

Ich lehnte mich auf den Tresen, seinen gefalteten Händen gegenüber, und ließ einen Vierteldollar auf dem nackten, verschrammten Holz kreiseln.

»Schon gehört, was im Shamey drüben passiert ist heute morgen?«

»Bruder, ich hab's schon wieder vergessen.« Er hatte jetzt beide Augen offen und beobachtete den verschwommenen Lichtfleck, den die kreiselnde Münze machte.

»Der Boss ist umgelegt worden«, sagte ich. »Montgomery. Jemand hat ihm das Genick gebrochen.«

»Möge der Herr seine Seele in Gnaden aufnehmen, Bruder.« Die Stimme senkte sich wieder. »Bulle?«

»Privat – in einer vertraulichen Angelegenheit. Und ich erkenne auf Anhieb jemanden, der was für sich behalten kann, wenn ich ihn vor mir sehe.«

Er musterte mich, schloß wieder die Augen. Ich ließ den Vierteldollar weiter kreiseln. Er konnte nicht widerstehen und sah ihm zu.

»Wer hat das getan?« fragte er sanft. »Wer hat Sam massakriert?«

»Ein grober Klotz, der grad aus dem Knast kam, wurde sauer, weil der Laden nicht mehr weiß war. Ist's ja früher mal gewesen. Erinnern Sie sich?«

Er sagte nichts. Die Münze kippte mit leichtem Schwirren und lag still.

»Nennen Sie mal Ihren Satz«, sagte ich lässig. »Ich lese Ihnen ein Kapitel aus der Bibel vor und spendiere Ihnen was zu trinken. Sie können wählen.«

»Bruder«, sagte er sonor, »meine Bibel lese ich vorzugsweise im trauten Kreis meiner Familie.« Dann fügte er rasch, mit seiner Geschäftsstimme, hinzu: »Kommen Sie mal auf meine Seite rüber.«

Ich ging um den Tresen herum und zog eine Pintflasche unverzollten Bourbon aus der Hüfttasche und händigte sie ihm unauffällig aus. Er goß zwei kleine Gläser voll, sehr flink, schnüffelte fachmännisch geläufig an seinem und kippte es hinter die Binde.

»Was wollen Sie wissen?« fragte er. »Es gibt keinen Riß im Bürgersteig, den ich nicht kenne. Bloß bind ich's nicht jedem auf die Nase. Der Schnaps hier kommt aus guten Kreisen.«

»Wem hat das Shamey gehört, bevor es ein Farbigenlokal wurde?«

Er starrte mich an, überrascht. »Der arme Sünder hieß Shamey mit Namen, Bruder.«

Ich stöhnte. »Wo hab ich bloß mein Gehirn gelassen!«

»Er ist tot, Bruder, zum Herrn versammelt. Starb neunzehnhundertundneunundzwanzig. Nach dem Genuß von Methylalkohol, Bruder. Und das, wo er selbst von der Branche war!« Er hob seine Stimme zu sonorer Höhe. »Im nämlichen Jahre, da die Reichen ihr Hab und Gut verloren, Bruder.« Die Stimme senkte sich wieder. »Mich hat's keinen Nickel gekostet.«

»Darauf möchte ich wetten. Schenken Sie noch mal ein. Gibt's irgendwelche Hinterbliebenen von ihm – jemand, der noch in der Gegend rumläuft?«

Er goß einen weiteren kleinen Schluck ein, verkorkte die Flasche fest. »Nicht mehr als zwei – vor dem Essen«, sagte er. »Ich danke Ihnen, Bruder. Ihre Formen der Annäherung sind ein Labsal für die Menschenwürde.« Er räusperte sich. »Hat eine Frau gehabt«, sagte er. »Probieren Sie's mal im Telephonbuch.«

Er wollte die Flasche nicht nehmen. Ich steckte sie in die Hüfttasche zurück. Wir schüttelten uns die Hände, worauf er die seinen wieder auf dem Tresen faltete und die Augen schloß.

Für ihn war der Zwischenfall erledigt.

Es gab nur eine Shamey im Telephonbuch. Violet Lu Shamey, 1644 West 54. Place. Ich opferte einen Nickel in einer Zelle.

Nach langer Zeit sagte eine benommene Stimme: »Ja-ah? Was ist?«

»Sind Sie die Mrs. Shamey, deren Mann mal ein Lokal an der Central Avenue gehört hat – ein Vergnügungslokal?«

»Wa – Was? Ach du allgütiger Himmel! Mein Mann ist schon seit sieben Jahren tot. Was haben Sie gesagt, wer sind Sie?«

»Detektiv Carmady. Ich bin gleich bei Ihnen draußen. Es ist wichtig.«

»Wa – was haben Sie gesagt, wer . . .«

Es war eine dicke, schwere, gehemmte Stimme.

Es war ein schmutziges braunes Haus mit einem schmutzigen braunen Rasen davor. Inmitten eines großen kahlen Flecks stand eine Palme, die offenbar ein zähes Leben hatte. Auf der Veranda stand ein einsamer Schaukelstuhl.

Ich fuhr ein Stückchen weiter und parkte meinen Roadster auf der anderen Straßenseite, ging zu Fuß zurück.

Die Klingel funktionierte nicht, also klopfte ich. Eine Frau machte auf, gerade mit Naseputzen beschäftigt. Ein langes gelbes Gesicht mit filzigem Haar, das an den Seiten dünn wurde. Ihr Körper war unförmig in einem Flanellbademantel, der längst alle Farbe und Musterung eingebüßt hatte. Er war bloß noch ein Etwas um sie herum. Ihre Zehen waren groß und auffällig in den zerrissenen Männerpantoffeln, die sie trug.

Ich sagte: »Mrs. Shamey?«

»Sind Sie der . . .?«

»Genau. Ich habe Sie eben angerufen.«

Sie winkte mich mit einer müden Bewegung herein. »Ich hatte keine Zeit mehr, noch groß sauberzumachen«, greinte sie.

Wir ließen uns in zwei schmuddeligen Missions-Schaukelstühlen nieder und sahen uns an, quer durch ein Wohnzimmer, in dem alles Abfall war außer einem kleinen neuen Radio, das hinter seiner trüb schimmernden Skala vor sich hin dudelte.

»Ist die ganze Gesellschaft, die ich habe«, sagte sie. Dann kicherte sie. »Bert hat doch nichts angestellt, oder? Kommt nicht oft vor, daß Bullen mir einen Besuch machen.«

»Bert?«

»Bert Shamey, Mister. Mein Mann.«

Sie kicherte erneut und schwang die Füße auf und nieder. In ihrem Kichern lag ein dünner alkoholischer Oberton. Anscheinend kam ich davon nicht los an diesem Tag.

»Kleiner Witz, Mister«, sagte sie. »Er ist tot. Ich hoffe zu Gott, es gibt genug billige Blondinen da, wo er jetzt ist. Hier hat er nie genug davon kriegen können.«

»Ich hatte mehr an einen Rotschopf gedacht«, sagte ich.

»Hat er sich wohl auch nicht entgehen lassen.« Ihre Augen, kam's mir vor, waren nicht mehr ganz so unbefangen jetzt. »Entsinne mich aber nicht mehr genau. Was Bestimmtes?«

»Tja. Ein Mädchen namens Beulah. Den Nachnamen weiß ich nicht. Sie hat mal in dem Klub an der Central gearbeitet. Ich soll sie ausfindig machen, im Auftrag ihrer Familie. Der Laden ist jetzt ein Farbigenlokal, und natürlich haben die Leute da noch nie was von ihr gehört.«

»Ich bin da nie gewesen«, schrie die Frau gellend, mit unerwarteter Heftigkeit. »Ich weiß erst recht nichts.«

»Sie ist da als Sängerin aufgetreten«, sagte ich. »Keine Chance, daß Sie sich doch noch erinnern?«

Sie putzte sich wieder die Nase, mit einem der dreckigsten Taschentücher, die ich je gesehen habe. »Ich hab mich erkältet.«

»Sie wissen ja, was dagegen gut ist«, sagte ich.

Sie warf mir einen raschen schiefen Blick zu. »Hab ich aber nicht auf Lager.«

»Ich schon.«

»Herrje«, sagte sie hastig. »Sie sind kein Bulle. Kein Bulle hat mir je was zu trinken spendiert.«

Ich zog meine Pintflasche Bourbon heraus und balancierte sie auf dem Knie. Sie war noch fast voll. Der Portier im Hotel Sans Souci hatte sich nicht übernommen. Die tangfarbenen Augen der Frau sprangen förmlich nach der Flasche. Ihre Zunge schlängelte sich um ihre Lippen.

»Mann, das ist Stoff«, seufzte sie. »Ist mir egal, wer Sie sind. Halten Sie die Pulle bloß vorsichtig, Mister.«

Sie wuchtete sich hoch und watschelte aus dem Zimmer und kam mit zwei dicken schmierigen Gläsern zurück.

»Keine Panscherei«, sagte sie. »Gleich so, wie Sie ihn mitgebracht haben.« Sie hielt mir die Gläser hin.

Ich goß ihr einen Schluck ein, der mich glatt an die Decke gehoben hätte. Mir selber dann einen kleineren. Sie kippte ihren hinunter, als wär's eine Aspirintablette, und schielte nach der Flasche. Ich goß ihr einen weiteren ein. Den nahm sie mit hinüber zu ihrem Stuhl. Ihre Augen waren um zwei Schattierungen brauner geworden.

»So ein Stoff stirbt bei mir ohne Schmerzen«, sagte sie. »Der weiß nicht mal, wie ihm geschieht. Was haben wir eben geredet?«

»Über ein rothaariges Mädchen namens Beulah. Hat in dem Lokal gearbeitet. Erinnern Sie sich jetzt besser?«

»Ja-ah.« Sie erledigte ihr zweites Glas. Ich ging hinüber und stellte die Flasche neben sie auf den Tisch. Sie bediente sich direkt daraus.

»Jetzt bleiben Sie mal auf Ihrem Stuhl und treten Sie mir nicht auf die weißen Mäuse«, sagte sie. »Ich hab da eine Idee.«

Sie stand auf aus ihrem Stuhl, nieste, verlor fast ihren Bademantel, schlug ihn wieder vor dem Bauch zusammen und starrte mich kalt an.

»Keine Schnüffeleien«, sagte sie und drohte mir mit dem Finger und ging dann wieder aus dem Zimmer, nicht ohne dabei kräftig mit dem Türrahmen zusammenzustoßen.

Aus dem hinteren Teil des Hauses drang bald aller möglicher Krach herüber. Ein Stuhl schien umgestoßen zu werden. Eine Kommodenschublade wurde zu weit aufgerissen und schlug schmetternd zu Boden. Ich hörte Fummeln und Scharren und laute Worte. Nach einer Weile dann erklang das langsame Klicken eines Schlosses und ein Quietschen, wie es entsteht, wenn ein Kofferdekkel aufgeklappt wird. Weiteres Gefummel, Sachen flogen herum. Ein Tablett mit Geschirr segelte zu Boden, dem Geschepper nach. Dann ein Grunzlaut der Befriedigung.

Sie kam ins Zimmer zurück, in der Hand ein Päckchen, das mit einem verblichenen rosa Band verschnürt war. Sie warf es mir in den Schoß.

»Sehn Sie sich das mal an, Lou. Photos. Zeitungsbilder. Ist natürlich immer bloß über den Polizeibericht in die Zeitung gekommen, das ganze Gesindel. Sind Leute aus dem Lokal. Bei Gott, das ist alles, was mir der... hinterlassen hat. Das und seine alten Klamotten.«

Sie setzte sich wieder hin und langte nach dem Whisky.

Ich knüpfte das Band auf und sah den Stoß Hochglanzphotos durch, die das Päckchen enthielt. Leute in professioneller Pose. Nicht alle waren Frauen. Die Männer hatten Fuchsgesichter und trugen Rennbahnkleidung oder Make-up. Revuegirls und Komiker der hinterletzten Schmiere. Nicht viele von ihnen hatten's wohl je weiter nach Westen geschafft als bis zur Main Street. Die Frauen hatten gute Beine und stellten mehr davon zur Schau, als Will Hays recht gewesen wäre. Aber ihre Gesichter waren so fadenscheinig schäbig wie der Rock eines Buchhalters. Alle bis auf eins.

Sie trug ein Pierrot-Kostüm, wenigstens von der Taille an aufwärts. Das flaumig toupierte Haar unter dem hohen konischen weißen Hut hätte rot sein können. In ihren Augen lag Lachen. Ich würde nicht sagen, daß ihr Gesicht noch ganz unverdorben war. So gut verstehe ich mich nicht auf Gesichter. Aber es war nicht wie die andern. Es hatte noch keine Fußtritte abbekommen. Irgend jemand war nett gewesen zu diesem Gesicht. Vielleicht bloß ein ruppiger Tölpel wie Steve Skalla. Aber er war nett dazu gewesen. In den lachenden Augen war immer noch Hoffnung.

Ich warf die andern beiseite und trug dies eine hinüber zu der Frau, die mit glasigen Augen in ihrem Stuhl hing. Ich hielt es ihr unter die Nase. »Die hier«, sagte ich. »Wer ist sie? Was ist aus ihr geworden?«

Sie stierte das Bild verschwommen an, dann gluckste sie. »Das ist Steve Skallas Mädchen, Lou. Verflixt, den Namen hab ich vergessen.«

»Beulah«, sagte ich. »Beulah heißt sie.«

Sie beobachtete mich, unter braungelben, verstümmelten Brauen. Sie war gar nicht so sehr betrunken.

»Ach ja?« sagte sie. »Ja?«

»Wer ist Steve Skalla?« stieß ich hervor.

»Rausschmeißer gewesen in dem Lokal, Lou.« Sie kicherte erneut. »Sitzt im Knast.«

»O nein, nicht mehr«, sagte ich. »Läuft vielmehr frei in der Stadt rum. Ist entlassen worden. Ich kenne ihn. Er ist grad zurück.«

Ihr Gesicht sprang in Stücke wie eine Tontaube. Und auf einmal wußte ich, wer Skalla bei der Ortspolizei verpfiffen hatte. Ich lachte. Ich konnte mich nicht irren. Weil sie's wußte. Hätte sie's nicht gewußt, hätte sie sich nicht die Mühe gemacht, auf den Namen Beulah so abweisend und verschlossen zu reagieren. Sie konnte Beulah nicht vergessen haben. Kein Mensch konnte so ein Mädchen vergessen.

Ihre Augen wichen tief in ihren Kopf zurück. Wir starrten uns in die Gesichter. Dann schnappte ihre Hand nach dem Photo.

Ich trat einen Schritt zurück und steckte es weg, in eine Innentasche.

»Trinken Sie mal noch was«, sagte ich und hielt ihr die Flasche hin.

Sie nahm sie, zögerte erst ein bißchen, ließ sich den Bourbon dann langsam durch die Kehle rinnen, starrte auf den verblichenen Teppich.

»Ja-ah«, sagte sie flüsternd. »Ich hab ihn verpfiffen, aber erfahren hat er's nie. Es war Geld auf der Bank für mich. Geld auf der Bank.«

»Geben Sie mir das Mädchen«, sagte ich. »Und Skalla erfährt von mir kein Sterbenswort.«

»Sie ist hier«, sagte die Frau. »Macht beim Rundfunk rum. Ich hab sie mal beim KLBL gehört. Hat ihren Namen geändert allerdings. Weiß nicht genau.«

Ich hatte einen zweiten Geistesblitz. »Und ob Sie das wissen!« sagte ich. »Sie lassen sie immer noch bluten. Shamey hat Ihnen doch nichts hinterlassen. Wovon leben Sie dann? Sie lassen sie bluten, weil sie's ein bißchen weitergebracht hat in der Welt, weiter als Sie und Skalla. So ist es doch, oder?«

»Geld auf der Bank«, krächzte sie. »Hundert im Monat. Regelmäßig als Rente. Jawohl.«

Die Flasche stand wieder auf dem Boden. Ganz plötzlich, ohne daß sie wer berührt hätte, fiel sie um. Whisky gurgelte heraus. Die Frau rührte sich nicht, danach zu greifen.

»Wo ist sie?« bohrte ich weiter. »Und wie heißt sie jetzt?«

»Weiß ich nicht, Lou. Gehört mit zum Handel. Ich krieg das Geld mit der Post. Weiß nicht. Ist alles ganz ehrlich.«

»Vonwegen, Sie wissen nicht!« knurrte ich sie an. »Skalla . . .«

Sie kam in einer jähen Wallung auf die Füße und kreischte mich an: »Raus hier, Sie! Verschwinden Sie, bevor ich einen Bullen rufe! Machen Sie, daß Sie wegkommen, Sie . . .«

»Okay, okay.« Ich streckte beschwichtigend eine Hand aus. »Immer mit der Ruhe. Ich sag Skalla ja nichts. Nur immer mit der Ruhe.«

Sie ließ sich langsam wieder zurücksinken und griff nach der fast leeren Flasche. Schließlich mußte ich's nicht unbedingt zu einer Szene kommen lassen jetzt. Ich konnte auch auf anderem Wege erfahren, was ich brauchte.

Sie blickte mir nicht einmal nach, als ich hinausging. Ich ging hinaus in das scharfe Licht der Herbstsonne und stieg in meinen Wagen. Ich war ein netter Kerl, der bloß versuchte, einigermaßen durchs Leben zu kommen. Ja, ich war ein richtiger Prachtkerl. Tolle Sache, mit so einem bekannt zu sein. Ich war der Typ, der einer aufgedunsenen alten Schlampe ihre Lebensgeheimnisse herauskitzelte, bloß um eine Zehndollarwette zu gewinnen.

Ich fuhr zum nächsten Drugstore und schloß mich in die Telephonzelle, um Hiney anzurufen.

»Hören Sie zu«, sagte ich zu ihm, »die Witwe des Mannes, dem das Shamey gehörte, als Skalla da arbeitete, ist noch am Leben. Es bestünde die Möglichkeit, daß Skalla mal bei ihr vorbeischaut, wenn er glaubt, das wagen zu können.«

Ich gab ihm die Adresse. Er sagte sauer: »Wir haben ihn schon fast. Ein Streifenwagen hat mit einem Busfahrer der Linie Seventh Street gesprochen, an der Endstation. Der erwähnte einen Burschen von der Größe und mit den Sachen an. Ist Ecke Third und Alexandria ausgestiegen, sagt der Mann. Und jetzt wird er wohl in irgendeinem großen Haus einbrechen, wo die Leute nicht da sind. Also haben wir ihn praktisch in der Tasche.«

Ich sagte, das wäre ja sehr schön.

Das KLBL-Studio lag am westlichen Saum des Stadtteils, der mit Beverly Hills verschmilzt. Es war in einem flachen Stuck-Gebäude untergebracht, ganz schlicht, und an der Ecke des Grundstücks stand eine Tankstelle in Gestalt einer holländischen Windmühle. Das Senderzeichen drehte sich in Neonschrift auf den Mühlenflügeln.

Ich trat in einen Empfangsraum im Erdgeschoß, dessen eine Seite aus Glas war und einen leeren Sendesaal zeigte, mit einer Bühne und Stuhlreihen für ein Publikum. Ein paar Leute saßen im Empfangsraum herum, mit dem Versuch beschäftigt, magnetisch dreinzublicken, und die blonde Empfangsdame spießte unentwegt Pralinen aus einer großen Schachtel, mit Fingernägeln, die fast die Farbe tiefblauen Purpurs hatten.

Ich wartete eine halbe Stunde und bekam Mr. Dave Marineau zu sehen, den Studioleiter. Der Sendeleiter und der Programmchef waren beide zu beschäftigt, um mich zu empfangen. Marineau hatte ein kleines schalldichtes Büro hinter der Orgel. Es war mit signierten Photos tapeziert.

Marineau war ein hübscher, hochgewachsener Mann, dem Typ nach leicht Levantiner, mit roten, ein bißchen zu vollen Lippen, einem winzigen seidigen Schnurrbart, großen wäßrig braunen Augen, glänzendem schwarzem Haar, das möglicherweise onduliert war, und langen, blassen, nikotinigen Fingern.

Er las meine Karte, während ich mein Pierrot-Mädchen an seiner Wand zu finden versuchte und es nicht fand.

»Privatdetektiv, soso. Was kann ich für Sie tun?«

Ich zog mein Pierrot-Photo heraus und legte es ihm auf die wunderschöne braune Schreibunterlage. Es war direkt ein Vergnügen, ihm zuzusehen, wie er darauf niederstarrte. Auf seinem Gesicht spielten sich alle möglichen winzigen Dinge ab, die er alle nicht offen zeigen wollte. Die Summe lief darauf hinaus, daß er das Gesicht kannte und daß es ihm etwas bedeutete. Er blickte mit einer Miene zu mir auf, als wollte er anfangen, mit mir zu feilschen.

»Nicht mehr ganz neu«, sagte er. »Aber nett. Ich weiß nicht recht, ob wir Verwendung dafür haben. Tolle Beine, was?«

»Das Bild ist mindestens acht Jahre alt«, sagte ich. »An welche Verwendung dachten Sie?«

»Werbung natürlich. Wir haben alle zwei Monate eine Anzeige im Rundfunkteil. Der Sender ist noch klein.«

»Wieso das?«

»Sie meinen, Sie wissen gar nicht, wer das ist?«

»Ich weiß, wer sie war«, sagte ich.

»Vivian Baring natürlich. Star unseres Jumbo-Schokoladen-Programms. Kennen Sie das nicht? Eine dreiwöchentliche Serie, jeweils eine halbe Stunde.«

»Nie gehört davon«, sagte ich. »Eine Rundfunk-Serie ist so ungefähr das, was ich mir unter der Wurzel aus Null vorstelle.«

Er lehnte sich zurück und zündete sich eine Zigarette an, obwohl bereits eine auf dem Rand seines glasgefaßten Aschenbechers brannte.

»Auch gut«, sagte er sarkastisch. »Aber nun lassen Sie mal die Giftigkeiten und kommen Sie zur Sache. Worum geht's?«

»Ich hätte ganz gern ihre Adresse.«

»Die kann ich Ihnen natürlich nicht geben. Und Sie werden sie auch in keinem Adreß- oder Telephonbuch finden. Tut mir leid.« Er fing an, geschäftig Papiere zusammenzulegen, und sah dann plötzlich die zweite Zigarette. Und da kam er sich auf einmal sichtbar albern vor. Also lehnte er sich wieder zurück.

»Ich stehe vor einem Dilemma«, sagte ich höflich. »Ich muß das Mädchen finden. Und zwar schnell. Und ich möchte doch nicht wie ein Erpresser aussehen.«

Er leckte sich die sehr vollen und sehr roten Lippen. Irgendwie hatte ich den Eindruck, als sei ihm ein Gedanke gekommen, von dem er sehr angetan war. Er sagte sanft: »Sie meinen, Sie wissen etwas, was Miss Baring schaden könnte – und damit auch dem Programm?«

»Man kann einen Star im Rundfunk doch jederzeit ersetzen, oder nicht?«

Er leckte sich abermals die Lippen. Dann versuchte sich sein Mund an einem harten, drohenden Ausdruck. »Ich glaube, hier riecht etwas ziemlich widerlich«, sagte er.

»Das ist Ihr Schnurrbart – er brennt«, sagte ich.

Es war nicht gerade der beste Witz von der Welt, aber er brach das Eis. Marineau lachte. Dann drehte er Loopings mit den Händen. Er beugte sich vor und wurde so vertraulich, als wollte er mir einen Tip fürs Pferderennen geben. »Wir haben diese Sache beide falsch angefaßt«, sagte er. »Ganz offensichtlich. Sie sind vermutlich ein ehrlicher Mensch – jedenfalls sehen Sie so aus –, also will ich mal nicht so sein.« Er grapschte nach einem ledernen Notizblock und kritzelte etwas darauf, riß das Blatt ab und reichte es mir herüber.

Ich las: *1737 North Flores Avenue.*

»Das ist ihre Adresse«, sagte er. »Die Telephonnummer möchte ich Ihnen nicht ohne ihre Zustimmung geben. Nun verhalten Sie sich aber auch mir gegenüber wie ein Gentleman. Das heißt, wenn's den Sender betrifft.«

Ich stopfte den Zettel in die Tasche und dachte nach. Er hatte mich sauber eingewickelt, mich bei meinen letzten paar Fetzen Anstand gepackt. Ich beging also prompt meinen Fehler.

»Wie läuft das Programm denn so?«

»Wir haben die Zusage, ins allgemeine Sendernetz übernommen zu werden. Ist ganz simples, alltägliches Zeug, heißt ›Eine Straße in unserer Stadt‹, aber blendend gemacht. Eines Tages wird das ganze Land Mund und Nase aufreißen. Und zwar schon bald.« Er wischte sich mit der Hand über die feine weiße Stirn. »Übrigens schreibt Miss Baring das Skript selber.«

»Aha«, sagte ich. »Also dann, hier ist der Dreck, den Sie gewittert haben. Sie hatte mal einen Freund, der im Knast gelandet ist. Das heißt, da war er bis vor kurzem. Kennengelernt hatte sie ihn in einem Lokal an der Central Avenue, wo sie früher mal arbeitete. Er ist wieder draußen und sucht nach ihr, und er hat einen Mann umgebracht. Moment, nun warten Sie doch . . .«

Er war nicht so weiß wie ein Bettlaken geworden, weil er nicht die richtige Haut dafür hatte. Aber er sah übel aus.

»Nun warten Sie doch«, sagte ich. »Damit ist überhaupt nichts gegen das Mädchen gesagt, und das wissen Sie auch. Sie ist in Ordnung. Das sieht man doch dem Gesicht schon an. Höchstens könnte's ein bißchen negative Publicity geben, wenn's alles rauskäme. Aber das hat nichts zu sagen. Sehn Sie sich doch nur an, mit was für Mitteln die in Hollywood manche von diesen Flittchen auf Hochglanz trimmen.«

»Aber das kostet«, sagte er. »Unser Studio ist arm. Und der Anschluß ans allgemeine Sendernetz wäre geplatzt.« In seiner ganzen Art lag etwas leicht Unehrliches, das mich stutzig machte.

»Ach Quatsch«, sagte ich, beugte mich vor und schlug mit der Hand auf den Tisch. »Hier dreht sich's jetzt vor allem darum, sie zu schützen. Dieser ruppige Bursche – Steve Skalla heißt er – ist in sie verliebt. Er bringt Leute mit den bloßen Händen um. Ihr selber würde er nichts tun, aber wenn sie einen Freund hat oder einen Ehemann . . .«

»Sie ist nicht verheiratet«, warf Marineau rasch ein und beobachtete das Heben und Senken meiner schlagenden Hand.

. . . »dem würde er möglicherweise den Hals umdrehen. Und das gäbe dann eine etwas zu enge Verbindung zu ihr. Skalla weiß nicht, wo sie steckt. Er ist auf der Flucht und hat's also schwerer, das rauszukriegen. Die beste Chance sind in Ihrem Fall noch die Bullen, wenn Sie genügend Einfluß bei denen haben, um sie davon abzuhalten, daß sie's an die Zeitungen verfüttern.«

»Nichts da«, sagte er. »Die Bullen – das fehlte noch. *Sie* wollen den Job, oder?«

»Wann brauchen Sie das Mädchen hier wieder?«

»Morgen abend. Heute ist sie nicht dran.«

»Ich werde sie bis dahin für Sie verstecken«, sagte ich. »Wenn Sie das wünschen. Weiter kann ich allein nicht gehen.«

Er grapschte wieder nach meiner Karte, las sie, ließ sie in eine Schublade fallen.

»Zischen Sie ab und bringen Sie sie in Sicherheit«, fuhr er mich an. »Wenn sie nicht zu Hause ist, bleiben Sie da, bis sie kommt. Ich werde oben eine Sitzung einberufen, und dann sehn wir weiter. Machen Sie schon!«

Ich stand auf.

»Wollen Sie einen Vorschuß?« schnappte er.

»Das kann warten.«

Er nickte, drehte ein paar weitere Loopings mit den Händen und griff nach seinem Telephon.

Die Nummer an der Flores, die er mir gegeben hatte, mußte weit draußen liegen, Nähe Sunset Towers, und das bedeutete von da aus, wo ich war, eine Fahrt quer durch die ganze Stadt. Der Verkehr war ziemlich dicht, aber ich war noch nicht weiter als zwölf Blocks, als ich bereits merkte, daß ein blaues Coupé, das den Studio-Parkplatz hinter mir verlassen hatte, immer noch hinter mir war.

Ich schlug ein paar Haken – so, daß es grad noch glaubwürdig aussah und mir doch die Gewißheit verschaffte, daß der Wagen mir folgte. Es saß nur ein einzelner Mann darin. Nicht Skalla. Der Kopf befand sich eine gute Fußlänge zu tief über dem Steuer.

Ich schlug ein paar weitere Haken, schnellere, und hängte ihn ab. Ich wußte nicht, wer er war, und im Moment hatte ich auch keine Zeit, mir darüber groß den Kopf zu zerbrechen.

Ich erreichte schließlich die Stelle an der Flores Avenue und klemmte meinen Roadster an den Bordstein.

Ein Bronzetor führte auf ein reizendes Bungalow-Grundstück, und die beiden Reihen Bungalows mit ihren schindelgedeckten Spitzdächern erinnerten ein klein wenig an die strohgedeckten Landhäuser auf alten englischen Drucken. Ein ganz klein wenig.

Der Rasen war fast zu gut gepflegt. Ein breiter Gehweg führte an einem länglichen, bunt gekachelten Swimming-pool vorbei, an dessen Seiten Steinbänke standen. Ein reizendes Plätzchen. Die späte Sonne warf hübsche Schattenbilder über die Rasenflächen, und der ferne Verkehr auf dem Sunset Boulevard wirkte, von den Hupen abgesehen, fast wie das Summen von Bienen.

Meine Nummer war der letzte Bungalow zur Linken. Niemand erschien, als ich die Klingel betätigte, deren Knopf mitten in der Tür saß, so daß man sich unwillkürlich fragte, wie wohl der Saft da hinkam, wo er hinmußte. Auch das war wieder so richtig exquisit. Ich klingelte eine ganze Weile unverdrossen, dann ging ich zurück zu den Steinbänken am Swimming-pool, um mich dort niederzusetzen und zu warten.

Eine Frau kam mit raschem Schritt an mir vorüber, nicht in Eile, sondern wie jemand, der immer einen raschen Schritt hat. Sie war eine dünne, scharfe Brünette in feuerorange Tweed und mit einem Hut auf dem Kopf, der wie die Mütze eines Laufburschen aussah. Über dem feuerorange Tweed sah er geradezu teuflisch aus. Sie verfügte über eine Nase, die sich gewaschen hatte, und über feste, dünne Lippen, und sie schwang einen Schlüsselhalter in der Hand.

Sie ging zu meiner Tür hinüber, schloß auf, ging hinein. Sie sah mir nicht wie Beulah aus.

Ich ging hinterher und drückte wieder auf die Klingel. Die Tür öffnete sich sofort. Die dunkle Frau mit dem scharfen Gesicht musterte mich von oben bis unten und sagte: »Ja, bitte?«

»Miss Baring? Miss Vivian Baring?«

»Wer?« Das war wie ein Messerstich.

»Miss Vivian Baring – vom KLBL«, sagte ich. »Soweit ich gehört habe, wohnt sie . . .«

Sie lief rot an, und ihre Lippen bissen fast in ihre Zähne. »Wenn das ein Witz sein soll, so lege ich keinerlei Wert drauf«, sagte sie. Und setzte an, mir die Tür auf die Nase zu schlagen.

Ich sagte hastig: »Mr. Marineau hat mich geschickt.«

Das hielt die Tür davon ab, sich zu schließen. Sie ging wieder auf, sehr weit. Der Mund der Frau war so dünn wie Zigarettenpapier. Dünner.

»Ich«, sagte sie sehr deutlich, »bin zufällig Mr. Marineaus Frau. Und dies hier ist zufällig Mr. Marineaus Haus. Mir war bisher noch entgangen, daß diese – diese . . .«

»Miss Vivian Baring«, sagte ich. Aber es war keine Unsicherheit hinsichtlich des Namens, was sie hatte stocken lassen. Es war schlichte, kalte Wut.

». . . daß diese Miss Baring«, fuhr sie fort, als hätte ich überhaupt kein Wort gesagt, »hier eingezogen ist. Mr. Marineau muß heute einen sehr witzigen Tag haben.«

»Nun hören Sie mir mal zu, Madam. Jetzt ist nicht der . . .«

Das Zuschlagen der Tür erzeugte fast eine Welle im Swimmingpool unten am Weg. Ich blickte einen Moment lang hinüber und musterte die anderen Bungalows. Wenn wir Publikum hatten, so hielt es sich jedenfalls außer Sicht. Ich drückte wieder auf die Klingel.

Die Tür sprang förmlich auf diesmal. Die Brünette war in Rage. »Verschwinden Sie von meiner Veranda!« gellte sie. »Verschwinden Sie, bevor ich Sie runterschmeißen lasse!«

»Nun mal langsam«, knurrte ich. »Für ihn mag das ja vielleicht ein Witz sein, aber für die Polizei ist's das mit Sicherheit nicht.«

Das saß. Ihr Ausdruck wurde auf einmal sanft und interessiert. »Polizei?« gurrte sie.

»Ja-ah. Und zwar in vollem Ernst. Es geht um einen Mord. Ich muß diese Miss Baring finden. Nicht daß sie selber – verstehen Sie mich recht . . .«

Die Brünette zerrte mich ins Haus und schloß die Tür und lehnte sich keuchend dagegen. »Reden Sie«, sagte sie atemlos. »Reden Sie schon. Ist dieses rothaarige Biest in einen Mordfall verwickelt?« Ganz plötzlich schnappte ihr Mund weit auf, und ihre Augen sprangen mich an.

Ich schlug ihr eine flache Hand über den Mund. »Nun regen Sie sich doch nicht auf!« flehte ich. »Es handelt sich nicht um Ihren Dave. Nicht um Dave, Madam.«

»Oh.« Sie befreite sich von meiner Hand und stieß einen Seufzer aus und machte ein ziemlich albernes Gesicht. »Nein, natürlich nicht. Ich dachte nur . . . das heißt, einen kurzen Moment dachte ich . . . Also gut, *wer* ist es?«

»Niemand, den Sie kennen. Ich kann solche Sachen jetzt ohnehin nicht groß und breit weitererzählen. Ich brauche Miss Barings Adresse. Haben Sie die?«

Ich wußte keinerlei Grund, weshalb sie die Adresse hätte haben sollen. Oder vielmehr, ich wäre vielleicht auf einen gekommen, wenn ich mein Gehirn nur kräftig genug gebeutelt hätte.

»Ja«, sagte sie. »Ja, ich hab sie. Wirklich und wahrhaftig. Mr. Schlaumeier weiß das nicht. Mr. Schlaumeier weiß überhaupt längst nicht so viel, wie er sich einbildet, dieser Mr. Schlaumeier. Er . . .«

»Die Adresse ist alles, was ich im Moment gebrauchen kann«, knurrte ich. »Und ich bin ein bißchen in Eile, Mrs. Marineau. Später . . .« Ich bedachte sie mit einem vielsagenden Blick. »Ich bin sicher, wir beide müssen uns dann noch einmal ausführlich unterhalten.«

»Heather Street«, sagte sie. »Die Nummer weiß ich nicht. Aber ich bin dort gewesen. *Vorbei*gefahren mal. Ist bloß eine ganz kurze Straße, mit vier oder fünf Häusern, und bloß eins davon liegt am unteren Hang.« Sie hielt inne, fügte dann hinzu: »Ich glaube nicht, daß das Haus überhaupt eine Nummer hat. Die Heather Street liegt oben am Ende des Beachwood Drive.«

»Hat sie Telephon?«

»Natürlich, aber eine Geheimnummer. Muß sie haben. Haben die alle, diese . . . Wenn ich sie wüßte . . .«

»Ja-ah«, sagte ich. »Dann würden Sie die Dame anrufen und ihr was erzählen, daß ihr die Ohren vom Kopf flögen. Nun, jedenfalls vielen Dank, Mrs. Marineau. Das Ganze ist selbstverständlich vertraulich. Streng vertraulich, meine ich.«

»Oh, aber gewiß doch!«

Sie wollte noch länger reden, aber ich schob sie einfach aus dem

Haus und ging davon, den mit Platten belegten Gehweg hinunter. Ich konnte die ganze Zeit ihre Augen auf mir spüren, also verbiß ich mir jedes Lachen.

Der Bursche mit den rastlosen Händen und den vollen roten Lippen hatte einen seiner Ansicht nach blendenden Einfall gehabt. Er hatte mir die erstbeste Adresse gegeben, die ihm in den Kopf gekommen war, seine eigene. Vermutlich hatte er damit gerechnet, daß seine Frau nicht zu Hause war. Ich wußte es nicht. Das Ganze nahm sich schrecklich albern aus, wie immer ich es auch betrachtete – es sei denn, er hatte unter Zeitdruck gestanden.

Meine Überlegungen, warum er wohl unter Zeitdruck gestanden haben könnte, machten mich unachtsam. Ich sah das am Tor parkende blaue Coupé erst, als ich auch den Mann sah, der dahinter hervortrat. Er hatte eine Pistole in der Hand.

Es war ein großer Mann, aber nicht annähernd so groß wie Skalla. Er machte ein Geräusch mit den Lippen und streckte die linke Hand flach aus, und etwas glitzerte darauf. Es hätte ein Stück Blech sein können oder auch eine Polizeimarke.

Zu beiden Seiten der Flores waren Wagen geparkt. Ein halbes Dutzend Leute hätte in Sichtweite sein müssen. Kein einziger war da – außer dem Mann mit der Pistole und mir.

Er kam näher, und sein Mund gab beschwichtigende Laute von sich. »Geschnappt«, sagte er. »Steigen Sie in meine Karre und fahren Sie los, aber wie ein ganz braver Junge.« Er hatte eine sanfte, heisere Stimme, wie ein überarbeiteter Don Juan, der ein Ständchen zu bringen versucht.

»Sie ganz alleine?«

»Tja, aber ich hab die Kanone«, seufzte er. »Betragen Sie sich anständig, dann sind Sie so sicher wie eine Frau mit Bart auf einem Treffen des Frontkämpferverbands. Noch sicherer.«

Er umkreiste mich langsam, vorsichtig. Jetzt sah ich das Metallding richtig. »Das ist ein Spezialabzeichen«, sagte ich. »Sie haben nicht mehr Recht, mich zu verhaften, als ich hätte, Sie beim Kragen zu nehmen.«

»Rein in die Karre, Jungchen. Seien Sie brav, sonst liegen Ihre Kutteln gleich hier auf der Straße. Ich hab meine Befehle.« Er fing an, mich behutsam abzuklopfen. »Teufel auch, Sie haben ja nicht mal was zum Ballern dabei!«

»Was Sie nicht alles merken!« knurrte ich. »Bilden Sie sich ein, Sie könnten mich sonst einfach so hopsnehmen?«

Ich ging zu seinem blauen Coupé hinüber und klemmte mich hinter das Steuer. Der Motor lief. Er stieg neben mir ein und bohrte mir die Pistole in die Seite, und dann fuhren wir los, den Berg hinunter.

»Fahren Sie nach Westen, auf dem Santa Monica«, heiserte er.

»Dann, sagen wir, den Canyon Drive rauf zum Sunset. Wo der Reitweg ist.«

Ich fuhr auf dem Santa Monica nach Westen, zuerst an der Senke von Holloway vorbei, dann an einer Reihe von Trödlerläden und einigen Geschäften. Die Straße verbreiterte sich und wurde hinter Doheney zum Boulevard. Ich ließ dem Wagen ein bißchen die Zügel, um ein Gefühl dafür zu bekommen. Das verwies er mir. Ich bog nach Norden zum Sunset ab und dann wieder nach Westen. In den großen Häusern an den Hängen gingen Lichter an. Die Dämmerung war voll von Radiomusik.

Ich ging mit der Geschwindigkeit herunter und sah mir meinen Nachbarn an, bevor es zu dunkel wurde. Schon an der Flores hatte ich seine Brauen bemerkt, unter dem in die Stirn gezogenen Hut, aber ich wollte sichergehen. So sah ich noch einmal hin. Es waren die Brauen, tatsächlich.

Sie waren fast so gleichmäßig, fast so glatt schwarz und nicht nur fast so breit wie ein halbzölliger Streifen schwarzen Plüschs, den man ihm oberhalb von Augen und Nase quer übers Gesicht geklebt hatte. In der Mitte war keine Unterbrechung. Seine Nase war groß und grobporig und hatte über zu vielen Bieren gehangen.

»Bub McCord«, sagte ich. »Ex-Bulle. Verdient sich seine Brötchen also in der Überfall-Branche jetzt. Das setzt Folsom diesmal, Freundchen.«

»Ach halten Sie doch die Klappe.«

Er zog eine beleidigte Miene und lehnte sich in die Ecke zurück. Bub McCord hatte bei Schiebergeschäften mitgemischt und drei Jährchen in Quentin abgesessen. Beim nächsten Mal kam er ins Zuchthaus für Rückfallverbrecher, und das ist in unserm Staat hier in Folsom.

Er stützte seine Pistole auf seinen linken Oberschenkel und kuschelte sich mit dem fetten Rücken gegen die Tür. Ich ließ den Wagen schnurren, und diesmal hatte er offenbar nichts dagegen. Es gab nur Zwischenzeit-Verkehr, nach der Stoßzeit bei Büroschluß und vor Beginn des Abendrummels.

»Das hier ist gar kein Überfall«, beschwerte er sich. »Wir wollen bloß keinen Ärger haben. Sie werden sich doch wohl nicht einbilden, Sie könnten einer Organisation wie dem KLBL so einfach mit einer billigen Erpressung auf die Bude rücken, ohne was auf den Deckel zu kriegen. Mann, wo bleibt Ihr Verstand?« Er spuckte aus dem Fenster, ohne den Kopf zu wenden. »Drehn Sie mal ein bißchen auf, Jungchen.«

»Was meinen Sie denn mit Erpressung?«

»Davon haben Sie natürlich keine blasse Ahnung, was? Bloß der ewige Schnüffler, der die Nase wieder mal in ein Astloch gesteckt hat. Das ist alles, was Sie sind, ja? Völlig unschuldig, Euer Ehren.«

»Also für Marineau arbeiten Sie. Das wollte ich nur wissen. Ich hab's natürlich schon gewußt, als ich Sie abgehängt hatte und Sie dann wieder auftauchten.«

»Saubere Arbeit, Jungchen – aber drehn Sie auf. Tja, da mußte ich erst mal telephonieren gehn. Hab ihn grad noch erwischt.«

»Und wo soll's jetzt hingehn?«

»Ich nehme Sie bis halb zehn in Verwahrung. Dann machen wir einen Ausflug.«

»Und wohin?«

»Ist noch nicht halb zehn. He, schlafen Sie mir bloß nicht ein in Ihrer Ecke da!«

»Fahrn Sie doch selber, wenn Ihnen meine Arbeit nicht paßt.«

Er stieß mir die Pistole hart in die Seite. Es tat weh. Ich riß das Coupé scharf herum, so daß er in seine Ecke zurückflog, aber er behielt die Pistole fest im Griff. Aus irgendeinem Vorgarten rief uns jemand einen dreckigen Witz nach.

Dann sah ich vor uns ein Rotlicht blinken und einen Sedan, der gerade daran vorbeifuhr, und durch das Rückfenster des Sedans zwei flache Mützen nebeneinander.

»Sie werden schrecklich müde werden, wenn Sie dauernd so die Knarre im Anschlag halten«, sagte ich zu McCord. »Gebrauch davon zu machen, wagen Sie sowieso nicht. Sie haben Bullen-Schiß. Keiner hat so viel Schiß wie ein Bulle, dem man die Marke abgerissen hat. Bloß noch ein mieser kleiner Lump bleibt übrig. Der vor jedem Bullen die Hosen voll hat.«

Wir waren dem Sedan noch nicht nahe, aber ich wollte McCords Aufmerksamkeit davon ablenken. Das klappte auch. Er versetzte mir einen Schlag über den Kopf und griff blind ins Steuer und riß die Handbremse an. Wir kamen mahlend zum Stehen. Ich schüttelte benommen den Kopf. Als ich mich einigermaßen gefangen hatte, saß er schon wieder außer Reichweite, in seiner Ecke.

»Das nächste Mal«, sagte er dünn, bei all seiner Heiserkeit, »das nächste Mal haue ich Sie in den Schlaf und packe Sie in den Kofferraum. Probieren Sie's bloß mal aus, Jungchen. Probieren Sie's bloß. Und jetzt rollen Sie weiter – und stecken Sie sich Ihre Naseweisheiten sonstwohin.«

Ich fuhr wieder los, zwischen der Hecke, die den Reitweg abgrenzte, und der breiten Promenadenstraße jenseits des Bordsteins. Die Polizisten in dem Sedan trödelten gemächlich dahin, dösten, lauschten mit halbem Ohr dem Polizeifunk, redeten über dies und das. Ich konnte sie in Gedanken fast hören, den ganzen Mumpitz, den sie sich zu sagen hatten.

»Außerdem«, knurrte McCord, »habe ich gar keine Kanone nötig, um mit Ihnen fertig zu werden. Den Burschen möcht ich sehen, mit dem ich nicht ohne Kanone fertig würde.«

»Ich hab einen gesehen, grad heute morgen«, sagte ich und fing an, ihm von Steve Skalla zu erzählen.

Ein weiteres Rotlicht tauchte auf. Der Sedan vor uns hatte offenbar nicht vor, daran vorbeizuziehen. McCord zündete sich mit der linken Hand eine Zigarette an, neigte dabei leicht den Kopf.

Ich erzählte ihm weiter von Skalla und dem Rausschmeißer im Shamey.

Dann trat ich aufs Gas.

Der kleine Wagen schoß vor, ohne zu mucken. McCord wollte mit seiner Pistole nach mir schlagen. Ich riß das Steuer hart nach rechts herum und schrie: »Festhalten! Es kracht!«

Wir trafen den Streifenwagen fast genau am linken hinteren Kotflügel. Er walzerte herum, allem Anschein nach auf nur einem Rad, und von drinnen kam lautes Stimmengewirr. Er geriet ins Schleudern, Gummi quietschte, Metall gab ein kreischendes Geräusch von sich, das linke Rücklicht splitterte, und der Benzintank hatte vermutlich eine kräftige Delle weg.

Das kleine Coupé setzte sich auf die Hinterbeine und zitterte wie ein ängstliches Karnickel.

McCord hätte mich in Fetzen schießen können. Die Mündung seiner Pistole war nur zollweit von meinen Rippen entfernt. Aber so hartgesotten war er eben nicht, tatsächlich nicht. Er war bloß ein bankrotter Bulle, der gesessen hatte und sich einen billigen Job besorgt hatte danach und der nun mit einem Auftrag dasaß, den er nicht verstand.

Er riß die rechte Tür auf und sprang aus dem Wagen.

Einer der Polizisten war um diese Zeit schon draußen, auf meiner Seite.

Ich duckte mich unter das Steuer. Ein Taschenlampenstrahl strich grell über meinen Hut.

Es klappte nicht. Schritte kamen näher, und der Lichtstrahl sprang mir ins Gesicht.

»Kommen Sie raus da«, knurrte eine Stimme. »Für was halten Sie das hier eigentlich, zum Teufel noch mal – eine Rennstrecke?«

Ich stieg aus, mit schäfischem Gesicht. McCord kauerte irgendwo hinter dem Coupé, außer Sicht.

»Lassen Sie mich mal Ihren Atem riechen.«

Ich ließ ihn riechen.

»Whisky«, sagte er. »Dacht ich's mir doch. Gehn Sie mal ein paar Schritte. Los, Mann, gehn Sie schon.« Er gab mir einen Stoß mit der Taschenlampe.

Ich ging.

Der andere Polizist versuchte derweil, seinen Sedan von dem Coupé loszuzerren. Er fluchte, daß es eine Art hatte, aber wenigstens war er mit seinen eigenen Sorgen beschäftigt.

»Sie gehn nicht wie ein Besoffener«, sagte der Polizist. »Was war los? Hat Ihr Schlitten keine Bremse?« Der andere Polizist hatte seine Stoßstange freibekommen und kletterte hinter das Steuer zurück.

Ich nahm den Hut ab und beugte den Kopf. »Bloß eine kleine Meinungsverschiedenheit«, sagte ich. »Kriegte eins auf den Dez. Davon war ich einen Moment lang benommen.«

McCord machte einen Fehler. Er fing an zu rennen, als er das hörte. Er sprintete über die Straße, sprang über die Mauer drüben und duckte sich. Seine Schritte klangen auf Grasboden.

Das war mein Stichwort. »Räuberischer Überfall!« schrie ich dem Polizisten zu, der mich verhörte. »Ich hatte Angst, das zu sagen!«

»Also da schlag doch einer lang hin!« brüllte er und riß die Pistole aus dem Halfter. »Warum haben Sie das nicht gleich gesagt?« Er hechtete zur Mauer hinüber. »Wende den Schlitten! Wir müssen den Burschen schnappen!« brüllte er dem Mann im Sedan zu.

Er sprang über die Mauer. Schnaufen. Weitere Schritte auf dem Grasboden. Einen halben Block entfernt hielt ein Wagen, und ein Mann machte Anstalten auszusteigen, behielt aber den Fuß auf dem Trittbrett. Ich konnte ihn hinter seinen abgeblendeten Scheinwerfern kaum erkennen.

Der Polizist im Streifenwagen schoß zur Hecke vor, die den Reitweg begrenzte, stieß wild zurück, riß den Wagen herum und raste mit heulender Sirene davon.

Ich sprang in McCords Coupé und hieb auf den Anlasser.

Aus der Ferne erklang ein Schuß, dann noch einer und noch einer, dann ein Schrei. Die Sirene erstarb an einer Ecke und heulte wieder auf.

Ich holte aus dem Coupé alles heraus, was es hatte, und machte, daß ich aus der Gegend wegkam. Weit weg, im Norden, klagte die Sirene fort, ein einsamer Laut vor den Bergen.

Ich ließ das Coupé einen halben Block vom Wilshire entfernt stehen und nahm mir vor dem Beverly-Wilshire ein Taxi. Ich wußte natürlich, daß meine Spur leicht zu verfolgen war. Aber das war nicht wichtig. Wichtig war nur die Frage, wie bald.

Von einer Cocktail-Bar in Hollywood rief ich Hiney an. Er war immer noch auf Posten und immer noch sauer.

»Irgendwas Neues über Skalla?«

»Jetzt hören Sie mal«, sagte er garstig. »Sind Sie bei der Shamey gewesen, um mit ihr zu reden? Wo stecken Sie überhaupt?«

»Natürlich war ich da«, sagte ich. »Und stecken tue ich jetzt in Chicago.«

»Dann sollten Sie lieber so schnell wie möglich wieder nach Hause und auf den Teppich kommen. Warum waren Sie bei der Alten?«

»Ich dachte natürlich, sie könnte Beulah kennen. Tat sie auch. Haben Sie Lust, die Wette ein bißchen zu erhöhen?«

»Schluß jetzt mit der Komödie. Sie ist tot.«

»Was – Skalla ...?« fing ich an.

»Das ist das Komische dabei«, grunzte er. »Der war tatsächlich dort. Irgendeine Schnüfflerin aus der Nachbarschaft hat ihn gesehen. Nur gibt's keinerlei Spuren an der Leiche. Die Alte ist eines natürlichen Todes gestorben. Ich bin hier festgehalten worden, deshalb war ich nicht mehr drüben, sie mir vorzunehmen.«

»Ich weiß, wie beschäftigt Sie sind«, sagte ich in einem Ton, der mir gänzlich ausdruckslos vorkam.

»Tja. Ach, Mist, der Arzt hat nicht mal eine Ahnung, woran sie gestorben ist. Bis jetzt jedenfalls.«

»Angst«, sagte ich. »Sie war's nämlich, die Skalla vor acht Jahren hat auffliegen lassen. Der Whisky hat vielleicht ein bißchen mitgeholfen.«

»Tatsächlich?« sagte Hiney. »Soso. Jedenfalls haben wir ihn jetzt. Haben ihn bei Girard aufgespürt, war in einem Mietwagen unterwegs in Richtung Norden. Die County- und die Staatspolizei ist eingeschaltet. Wenn er rüber zur Ridge geht, schnappen wir ihn bei Castaic. Also sie ist das gewesen, die ihn verpfiffen hat? Ich glaube, Sie sollten wirklich lieber mal vorbeikommen, Carmady.«

»Geht nicht«, sagte ich. »Beverly Hills sucht mich wegen Fahrerflucht. Ich bin jetzt selber ein Krimineller.«

Ich bestellte mir rasch einen Kaffee und einen Happen zu essen, bevor ich ein Taxi zur Las Flores und Santa Monica nahm und von da zu Fuß zu der Stelle ging, wo ich meinen Roadster zurückgelassen hatte.

Nichts passierte in der Umgebung, außer daß in einem der Autos hinten ein Junge auf einer Ukulele herumklimperte.

Ich lenkte meinen Roadster in Richtung Heather Street.

Die Heather Street war ein Einschnitt in der Seite eines steilen flachen Hangs, am oberen Ende des Beachwood Drive. Sie wand sich derart eng um die Bergschulter, daß man selbst bei Tageslicht nie weiter als einen halben Block sehen konnte, wo immer man sich darauf befand.

Das Haus, das ich brauchte, lag am unteren Hang, eins von diesen typischen Vogelnestern, von denen man nie weiß, wie sie sich eigentlich daran halten. Es hatte eine Haustür unterhalb des Straßenniveaus, eine Terrasse auf dem Dach, ein Schlafzimmer oder auch zwei vielleicht im Souterrain und eine Garage, in die so leicht hineinzukommen war wie in ein Olivenglas.

Die Garage war leer, aber ein großer glänzender Sedan stand vorn an der Straße, mit den beiden rechten Rädern auf dem Bankett. Im Haus brannte Licht.

Ich fuhr um den Bordstein herum, parkte, ging auf dem glatten, kaum benutzten Beton zurück und richtete den Strahl einer Füllhalter-Taschenlampe in den Sedan. Er war auf einen gewissen David Marineau zugelassen, 1737 North Flores Avenue, Hollywood, Kalifornien. Das veranlaßte mich, zu meinem Schlitten zurückzugehen und aus einem verschlossenen Fach eine Pistole zu holen.

Ich ging wieder an dem Sedan vorbei, schritt drei rohe Steinstufen hinunter und betrachtete die Klingel neben der schmalen, von einem Spitzbogen abgeschlossenen Tür.

Ich drückte nicht darauf, ich betrachtete sie nur. Die Tür war nicht ganz geschlossen. Ein ziemlich breiter Streifen dämmrigen Lichts zog sich um die Füllung. Ich drückte sie einen Zoll weiter auf. Dann schob ich sie weit genug zurück, daß ich hineinsehen konnte.

Dann lauschte ich. Es war die Stille in dem Haus, die mich eintreten ließ. Sie hatte etwas von jener Totenstille, die einer Explosion zu folgen pflegt. Oder vielleicht hatte ich auch nicht genug zu Abend gegessen. Jedenfalls trat ich ein.

Das lange Wohnzimmer reichte durch bis zur hinteren Wand, was allerdings nicht viel besagte, weil das Haus nur ein Häuschen war. Hinten gab es eine Fenstertür, und durch die Scheibe war ein Balkongitter zu sehen. Der Balkon mußte sehr hoch über dem Hang des Berges liegen, so wie das Haus gebaut war.

Es gab hübsche Lampen, hübsche Sessel mit niedrigen Armlehnen, hübsche Tische, einen dicken aprikosenfarbenen Teppich, zwei kleine kuschlige Sofas, das eine vor, das andere rechtwinklig neben einem Kamin, der einen Elfenbeinsims hatte, mit der Miniatur einer geflügelten Siegesgöttin darauf. Ein Feuer war angelegt worden hinter dem kupfernen Ofenschirm, brannte aber nicht.

Der Raum hatte eine heimelige, warme Atmosphäre. Er sah aus wie ein Plätzchen, an dem sich's Menschen bequem gemacht hatten. Auf einem niedrigen Tisch stand eine Flasche Vat 69, mit Gläsern und einem Kupferkübel und einer Zange.

Ich lehnte die Tür wieder so an, wie ich sie vorgefunden hatte, und stand dann einfach da. Stille. Zeit verging. Sie verging beim trockenen Summen einer elektrischen Uhr auf einer Musiktruhe, beim fernen Tuten einer Autohupe unten am Beachwood, eine halbe Meile unterhalb, beim fernen Hornissengebrumm eines Nachtflugzeugs, beim metallischen Zirpen eines Heimchens unter dem Haus.

Dann war ich nicht mehr allein.

Mrs. Marineau kam ins Zimmer geglitten, am anderen Ende, durch eine Tür neben dem Balkonaustritt. Sie machte nicht mehr Geräusch als ein Schmetterling. Sie trug noch immer den schwarzen Pillenschachtelhut und den feuerorange Tweed, und noch immer sah beides teuflisch nebeneinander aus. Sie hatte einen kleinen Handschuh in der Hand, um den Kolben einer Pistole gewickelt. Ich weiß nicht, wieso. Ich habe das nie herausbekommen.

Sie sah mich nicht sofort, und als sie mich sah, schien es ihr nichts weiter auszumachen. Sie hob nur einfach ein bißchen die Pistole und glitt über den Teppich auf mich zu, die Lippen so scharf gegen die Zähne gezogen, daß ich die Zähne darunter nicht einmal erkennen konnte.

Aber ich hatte jetzt selber eine Pistole gezogen. Wir sahen einander über unsere Waffen hinweg an. Vielleicht erkannte sie mich wieder, ihrem Gesichtsausdruck war allerdings schlechthin nichts zu entnehmen.

Ich sagte: »Sie haben die beiden erwischt, stimmt's?«

Sie nickte ein bißchen. »Bloß ihn«, sagte sie.

»Tun Sie mal die Pistole weg. Die brauchen Sie jetzt nicht mehr.«

Sie senkte sie etwas. Den Colt, den ich ganz allgemein in ihre Richtung hielt, schien sie gar nicht zu bemerken. Ich senkte ihn also auch.

Sie sagte: »Sie war gar nicht hier.«

Ihre Stimme hatte einen trockenen, unpersönlichen Klang, flach, ohne Timbre.

»Miss Baring war nicht hier?« fragte ich.

»Nein.«

»Erinnern Sie sich an mich?«

Sie nahm mich genauer in Augenschein, aber irgendwelche Wiedersehensfreude leuchtete in ihrem Gesicht nicht auf.

»Ich bin der Bursche, der nach Miss Baring gesucht hat«, sagte ich. »Sie haben mir die Adresse gegeben. Erinnern Sie sich? Bloß hat Dave mir dann einen Revolvermann auf den Hals geschickt, der mich beim Kragen nehmen und mit mir durch die Landschaft fahren sollte, bis er selber hier gewesen war und irgendwas ausgeheckt hatte. Was das war, hab ich mir nicht zusammenreimen können.«

Die Brünette sagte: »Sie sind kein Bulle. Dave hat gesagt, Sie sind ein Schwindler.«

Ich machte eine breite, treuherzige Bewegung mit der Hand und bewegte mich ein bißchen näher auf sie zu, ganz unauffällig. »Kein Bulle von der Stadtpolizei«, gab ich zu. »Aber ein Bulle schon. Wenn's auch lange her ist. Die Zeiten ändern sich. Stimmt's?«

»Ja«, sagte sie. »Besonders für Dave. Hihi.«

Es war kein Lachen. Es sollte auch gar kein Lachen sein. Es war bloß ein bißchen Dampf, der durch ein Sicherheitsventil entwich.

»Hihi«, sagte ich. Wir sahen uns an wie ein Paar Irre, die sich für Napoleon und Josephine halten.

Mein Gedanke dabei war, nah genug an sie heranzukommen, um

ihr die Pistole weggrapschen zu können. Ich war noch nicht nah genug dazu.

»Sonst noch jemand hier außer Ihnen?« fragte ich.

»Bloß Dave.«

»Sehn Sie, das hab ich mir direkt schon gedacht.« Keine sehr witzige Bemerkung, aber sie genügte für einen weiteren Schritt.

»O ja, Dave ist hier«, stimmte sie zu. »Ja. Möchten Sie ihn sehen?«

»Nun – wenn es Ihnen nicht zuviel Mühe macht.«

»Hihi«, sagte sie. »Überhaupt keine. Geht ganz einfach – so.«

Sie riß die Pistole hoch und drückte auf mich ab. Sie tat das, ohne daß sich auch nur ein Muskel in ihrem Gesicht bewegte.

Daß die Pistole nicht losging, verdutzte sie, auf eine ganz vage, langsame Art, wie man auf etwas reagiert, was schon zwei Wochen zurückliegt. Im Moment nicht weiter wichtig. Ich war gar nicht mehr da. Sie hob die Pistole, immer noch sorgsam drauf bedacht, daß der schwarze Glacéhandschuh um den Kolben gewickelt blieb, und spähte in die Mündung. Das brachte sie aber auch nicht weiter. Sie schüttelte die Pistole. Dann wurde sie meiner wieder gewahr. Ich hatte mich nicht vom Fleck gerührt. Das brauchte ich jetzt nicht mehr.

»Sie ist wohl gar nicht geladen«, sagte sie.

»Vielleicht bloß leergeschossen«, sagte ich. »So ein Pech. Diese kleinen Dinger haben nur sieben Schuß. Meine Patronen dürften auch nicht passen. Zeigen Sie doch mal, vielleicht kann ich was machen.«

Sie legte die Pistole in meine Hand. Dann klopfte sie sich die Hände ab. Ihre Augen schienen überhaupt keine Pupillen zu haben – oder nur noch aus Pupillen zu bestehen. Ich war mir nicht sicher, was.

Die Pistole war nicht geladen. Das Magazin war ganz leer. Ich schnüffelte an der Mündung. Die Pistole war seit der letzten Reinigung nicht mehr abgefeuert worden.

Das schaffte mich ja nun doch. Bis zu diesem Punkt hatte alles ziemlich einfach ausgesehen, immer angenommen, ich kam ohne einen weiteren Mord aus der Geschichte raus. Aber dies hier schmiß alles über den Haufen. Ich hatte keine Ahnung, worüber wir beide jetzt reden sollten.

Ich ließ ihre Pistole in meine Seitentasche gleiten und schob meine an die Hüfte zurück und kaute ein paar Minuten lang auf der Lippe, um zu sehen, ob wohl sonst noch was kam. Es kam aber nichts.

Die scharfgesichtige Mrs. Marineau stand bloß einfach still da und starrte auf eine Stelle zwischen meinen Augen, mit verschwiemeltem Blick, wie eine ziemlich angesäuselte Touristin, die den ach so schönen Sonnenuntergang auf dem Mount Whitney betrachtet.

»Na schön«, sagte ich schließlich, »dann schauen wir uns doch mal das Haus an und sehen nach, ob noch alles an seinem Platz ist.«

»Sie meinen Dave?«

»Ja, das könnten wir auch mit ins Programm nehmen.«

»Er ist im Schlafzimmer.« Sie kicherte. »Er ist in Schlafzimmern zu Hause.«

Ich berührte ihren Arm und drehte sie herum. Sie ließ es folgsam mit sich geschehen, wie ein kleines Kind.

»Aber dies hier wird das letzte gewesen sein, wo er drin zu Hause war«, sagte sie. »Hihi.«

»Ja, ja. Klar«, sagte ich.

Meine Stimme kam mir selber vor wie die eines kleinen Knirpses.

Dave Marineau war tatsächlich tot – wenn es daran noch irgendeinen Zweifel gegeben hatte.

Eine weiße Kugellampe mit Figurenrelief leuchtete neben einem breiten Bett in einem grün-silbernen Schlafzimmer. Es war das einzige Licht in dem Raum. Es fiel wie durch Stille gefiltert über sein Gesicht. Er war noch nicht lange genug tot, um schon Leichenfarbe bekommen zu haben.

Er lag wie beiläufig hingestreckt auf dem Bett, ein bißchen auf der Seite, so als habe er davor gestanden, als er erschossen wurde. Der eine Arm war abgewinkelt, so locker wie ein Strang Riementang, und der andere lag unter ihm. Seine offenen Augen waren flach und glänzten, und fast schienen sie einen selbstzufriedenen Ausdruck zu haben. Sein Mund stand ein wenig offen, und das Lampenlicht schimmerte auf den Kanten seiner Oberzähne.

Die Wunde sah ich zuerst überhaupt nicht. Sie saß sehr hoch, auf der rechten Kopfseite, in der Schläfe, aber ziemlich weit hinten, fast weit genug, daß man annehmen konnte, der Schuß habe das Felsenbein durchs Gehirn getrieben. Sie war pulververbrannt, schwärzlichrot gerändert, und ein feines Rieselnetz spann sich davon aus und nahm eine immer braunere Färbung an, je dünner es auf der Wange wurde.

»Zum Teufel, das ist ja eine Kontaktwunde!« fuhr ich die Frau an. »Eine Selbstmörderwunde!«

Sie stand am Fußende des Bettes und starrte gegen die Wand über seinem Kopf. Wenn sie an irgend etwas außer der Wand interessiert war, so zeigte sie es jedenfalls nicht.

Ich hob seine immer noch schlaffe rechte Hand hoch und schnüffelte an der Stelle, wo Daumenballen und Handfläche zusammentreffen. Ich roch Kordit, dann roch ich kein Kordit, dann wußte ich nicht mehr, ob ich nun Kordit roch oder nicht. Das spielte natürlich gar keine Rolle. Ein Paraffintest würde schon Gewißheit bringen, so oder so.

Ich legte die Hand wieder hin, vorsichtig, als wäre sie etwas Zerbrechliches von hohem Wert. Dann pratzte ich auf dem Bett herum, kroch über den Boden, kroch halb unter das Bett, fluchte, stand wieder auf und wälzte den Toten so weit auf die andere Seite, daß ich auch unter ihm nachsehen konnte. Dort lag eine glänzende Patronenhülse aus Messing, aber keine Pistole.

Das sah nun doch ganz wieder nach Mord aus. Und das gefiel mir auch besser. Er war nicht der Typ eines Selbstmörders.

»Irgendeine Waffe gesehen?« fragte ich sie.

»Nein.«

Ihr Gesicht war so öd und leer wie eine Kuchenform.

»Wo ist das Mädchen, die Baring? Und was hatten eigentlich Sie hier verloren?«

Sie biß sich in die Spitze ihres linken kleinen Fingers. »Es ist wohl am besten, wenn ich gestehe«, sagte sie. »Ich war hergekommen, um die beiden zu töten.«

»Sprechen Sie nur weiter«, sagte ich.

»Kein Mensch war hier. Natürlich, nachdem ich ihn angerufen hatte und er sagte, Sie wären gar kein richtiger Polizist, und von einem Mord könnte überhaupt keine Rede sein, und Sie wären ein Erpresser und hätten bloß versucht, mir Angst einzujagen, um die Adresse von mir zu kriegen . . .« Sie brach ab und schluchzte einmal kurz auf, kaum länger als einen Atemzug, und richtete den Blick gegen die Decke.

Ihre Worte waren zwar ein bißchen wirr, aber sie sprach sie wie ein Drugstore-Indianer.

»Ich war hergekommen, um die beiden zu töten«, sagte sie. »Das leugne ich nicht.«

»Mit einer leeren Pistole?«

»Vor zwei Tagen war sie noch nicht leer. Da hab ich nachgesehen. Dave muß die Patronen herausgenommen haben. Er muß es mit der Angst gekriegt haben.«

»Läßt sich hören«, sagte ich. »Fahren Sie fort.«

»Ich bin also hergefahren. Damit war das Maß voll – daß er Sie zu *mir* geschickt hatte um *ihre* Adresse. Das war mehr, als ich . . .«

»Zur Sache«, sagte ich. »Wie Ihnen zumute war, weiß ich. Hab's selber schon in Heftromanen gelesen.«

»Ja. Also, er sagte, es gäbe da was mit Miss Baring, weswegen er sie noch aufsuchen müßte, eine Sache, die nur das Studio beträfe, nichts Persönliches, das wäre es nie gewesen und würde es auch nie sein . . .«

»Mein Gott noch mal«, sagte ich. »Das kenne ich ebenfalls schon. Ich weiß, was er Ihnen da alles ins Ohr gefüttert hat. Wir haben einen Toten hier rumliegen. Und wir müssen etwas unternehmen, selbst wenn der Tote bloß Ihr Mann war.«

»Sie . . .«, sagte sie.

»Ja-ah«, sagte ich. »Das ist besser als der Kitsch von eben. Fahren Sie fort.«

»Die Tür war nur angelehnt. Also kam ich rein. Das ist alles. Und jetzt gehe ich. Und Sie werden mich nicht aufhalten. Sie wissen ja, wo ich wohne, Sie . . .« Sie gab mir noch einmal die gleiche Bezeichnung.

»Erst werden wir mal ein bißchen mit der Polizei reden«, sagte ich. Dann ging ich hinüber und schloß die Tür und drehte den Schlüssel innen herum und zog ihn heraus. Dann trat ich an die Balkontür. Die Frau verfolgte mich mit Blicken, aber ich konnte nicht hören, welche Ausdrücke ihre Lippen jetzt für mich fanden.

Eine Balkontür am Ende des Bettes führte auf denselben Balkon hinaus wie die im Wohnzimmer. Dort in der Wand, in einer Nische, stand das Telephon, gleich neben dem Bett, wo man nach dem ersten Gähnen am Morgen danach greifen und befehlen konnte, doch rasch mal ein Tablett mit Brillanthalsketten zur Ansicht raufzuschicken.

Ich setzte mich auf die Bettkante und griff nach dem Hörer, und da drang eine gedämpfte Stimme zu mir durch das Glas und sagte: »Nicht so eilig, mein Freund! Nicht so eilig!«

Selbst in der Dämpfung durch das Glas war es eine tiefe, sanfte Stimme. Ich hatte sie schon einmal gehört. Es war Skallas Stimme.

Ich befand mich auf einer Linie mit der Lampe. Die Lampe stand rechts hinter mir. Ich tauchte vom Bett zu Boden, pratzte nach meiner Hüfte.

Ein Schuß donnerte, und Glas splitterte mir in den Nacken. Das konnte ich mir nicht erklären. Skalla war nicht auf dem Balkon gewesen. Ich hatte nachgesehen.

Ich rollte mich herum und fing an, mich am Boden entlang von der Balkontür wegzuschlängeln, meine einzige Chance, nachdem die Lampe dort stand, wo sie stand.

Mrs. Marineau tat genau das Richtige – für die andere Seite. Sie riß sich einen ihrer Schuhe ab und fing an, mit dem Absatz auf mich einzudreschen. Ich grapschte nach ihren Knöcheln, und wir balgten herum, während sie mir das Schädeldach in Stücke hieb.

Ich schmiß sie hin. Es dauerte nicht lange. Aber als ich eben aufstehen wollte, war Skalla bereits im Zimmer und lachte mich aus. Die Fünfundvierziger war immer noch zu Hause in seiner Faust. Die Balkontür und die geschlossene Jalousie draußen sahen aus, als wäre ein wildgewordener Elefant hindurchgebrochen.

»Okay«, sagte ich. »Ich geb auf.«

»Wer ist denn das Weibsstück da? Die scheint ja einen Narren an Ihnen gefressen zu haben, mein Freund.«

Ich brachte mich auf die Füße. Die Frau lag irgendwo in einer Ecke. Ich sah nicht einmal zu ihr hinüber.

»Drehn Sie sich um, mein Freund, damit ich Sie filzen kann.«

Ich hatte meine Pistole nicht mehr losbekommen. So bekam jetzt er sie. Von dem Hausschlüssel hatte ich kein Wort gesagt, aber er nahm ihn mir ebenfalls ab. Also mußte er mich von irgendwoher beobachtet haben. Meine Wagenschlüssel ließ er mir. Er betrachtete die kleine leere Pistole und steckte sie mir dann in die Tasche zurück.

»Wo kommen Sie her?« fragte ich.

»Ganz einfach. Bin den Balkon hochgeklettert und hab mich da festgehalten und Sie durch das Gitter beobachtet. Kleinigkeit für einen alten Zirkushasen. Was haben denn Sie so gemacht, mein Freund?«

Blut rann mir vom Kopf das Gesicht hinunter. Ich zog ein Taschentuch heraus und wischte es ab. Ich gab ihm keine Antwort.

»Herrje, hat das aber komisch ausgesehen, wie Sie da auf dem Bett hockten, die Leiche im Rücken, und nach dem Telephon griffen!«

»Ich war immer schon ein großer Komiker«, knurrte ich. »Aber jetzt fassen Sie sich mal. Er ist ihr Mann.«

Er sah zu ihr hinüber. »Was, das ist seine Frau?«

Ich nickte und wünschte, ich hätte den Mund gehalten.

»Ach – das ist schlimm. Wenn ich das gewußt hätte – aber es blieb mir nichts übrig. Der Bursche hat's selber herausgefordert.«

»Sie haben . . .«, begann ich, starrte ihn an. Hinter mir hörte ich ein seltsames, unnatürliches Winseln, von der Frau.

»Wer denn sonst, mein Freund? Wer denn sonst? Gehn wir jetzt mal alle erst wieder ins Wohnzimmer. Ich glaube, ich hab da ein hübsches Fläschchen Schnaps gesehen. Und sie brauchen dringend so was auf Ihren Kopf.«

»Sie sind verrückt, daß Sie sich hier noch in der Gegend herumtreiben«, knurrte ich. »Gegen Sie ist eine allgemeine Fahndung eingeleitet. Der einzige Weg aus diesem Canyon raus ist zurück den Beachwood runter oder über die Berge – zu Fuß.«

Skalla sah mich an und sagte sehr ruhig: »Kein Mensch hat von hier aus irgendwelche Polizei angerufen, mein Freund.«

Skalla bewachte mich, während ich mich im Badezimmer wusch und mir ein Stück Pflaster auf den Kopf klebte. Dann gingen wir ins Wohnzimmer zurück. Mrs. Marineau, zusammengekauert auf einem der Sofas, blickte leer in den feuerlosen Kamin. Sie gab keinen Laut von sich.

Sie war nicht fortgelaufen, weil Skalla auch sie die ganze Zeit nicht aus den Augen gelassen hatte. Ihr Verhalten zeigte Resignation, Gleichgültigkeit, als kümmere sie gar nicht mehr, was jetzt noch geschah.

Ich goß uns drei Drinks aus der Vat-69-Flasche ein, reichte der Brünetten einen hinüber. Sie streckte die Hand aus nach dem Glas, schenkte mir ein halbes Lächeln und sackte dann plötzlich vom Sofa zu Boden, das Lächeln immer noch auf dem Gesicht.

Ich stellte das Glas ab, hob sie auf und legte sie auf das Sofa zurück, den Kopf tiefer gelagert. Skalla starrte sie an. Sie war ohne Besinnung, so weiß wie Papier.

Skalla nahm seinen Drink, setzte sich auf das andere Sofa und legte die Fünfundvierziger neben sich. Er trank ein paar Schluck und betrachtete dabei die Frau, mit einem ganz sonderbaren Ausdruck auf seinem großen blassen Gesicht.

»Schlimm«, sagte er. »Schlimm. Aber der lausige Kerl hat sie sowieso in einer Tour betrogen. Zur Hölle mit ihm.« Er griff erneut nach seinem Glas, nahm einen Schluck und rutschte dann näher zu ihr heran auf seinem Sofa, das rechtwinklig zu dem stand, auf dem sie lag.

»Also Privatdetektiv sind Sie«, sagte er.

»Wie sind Sie daraufgekommen?«

»Lu Shamey sagte was von einem Burschen, der dagewesen wäre. Klang ganz nach Ihnen. Ich hab mich dann umgetan und einen Blick in Ihren Schlitten geworfen draußen. Ich laufe auf leisen Sohlen.«

»Na schön – aber was jetzt?« fragte ich.

Er sah riesiger aus als je in dem Zimmer, in der Sportkleidung, die er jetzt trug. Sie wirkte übertrieben forsch und jugendlich. Ich fragte mich, wie lange er wohl gebraucht haben mochte, um die zusammenzukriegen. Von der Stange konnte sie nicht sein. Dafür hatte er eine viel zu seltene Größe.

Seine Füße standen breit gespreizt auf dem aprikosenfarbenen Teppich, und er sah traurig auf die weißen Ziegenleder-Explosionen in dem Wildleder nieder. Es waren die gräßlichsten Schuhe, die ich je gesehen hatte.

»Was haben Sie überhaupt hier zu suchen?« fragte er ruppig.

»Ich hab nach Beulah gesucht. Ich dachte, sie braucht vielleicht ein bißchen Hilfe. Ich hatte mit einem Stadtbullen gewettet, daß ich sie eher finde als er. Aber ich hab sie noch nicht gefunden.«

»Haben sie gar nicht gesehen, was?«

Ich schüttelte den Kopf, langsam, sehr vorsichtig.

Er sagte sanft: »Ich auch noch nicht, mein Freund. Ich bin schon stundenlang hier in der Gegend. Sie ist nicht nach Hause gekommen. Bloß der Bursche im Schlafzimmer drüben tauchte auf einmal auf. Was ist mit diesem Jumbo im Shamey, dem Manager?«

»Deswegen wird gefahndet nach Ihnen.«

»Tja. Wegen so einem. War zu erwarten. Muß ich also abhauen. Die Leiche würd ich am liebsten mitnehmen, wegen Beulah. Kann ihr das nicht antun, daß sie die hier findet und sich ängstigt. Aber hat wohl jetzt sowieso keinen Zweck mehr. Daß dem Nigger die Luft weggeblieben ist, hat alles vermasselt.«

Er betrachtete die Frau an seiner Seite auf dem anderen kleinen Sofa. Ihre Gesichtszüge waren immer noch grünlichweiß, die Augen geschlossen. Ihre Brust bewegte sich leicht.

»Wenn sie nicht wäre«, sagte er, »ich glaube, dann würd ich reinen Tisch machen und Ihnen sauber die Klappe schließen.« Er berührte die Fünfundvierziger an seiner Seite. »Deswegen keine Feindschaft nicht. Es wäre bloß wegen Beulah. Aber wie jetzt alles gelaufen ist – verflucht, ich kann das Frauenzimmer da nicht umbringen.«

»So ein Pech«, knurrte ich und betastete meinen Kopf.

Er grinste. »Ich glaube, ich werd Ihren Schlitten nehmen. Bloß für ein kurzes Stück. Schmeißen Sie mir die Schlüssel rüber.«

Ich schmiß sie ihm hin. Er hob sie auf und legte sie neben den großen Colt. Er beugte sich ein wenig vor. Dann langte er nach hinten in eine von seinen aufgesetzten Taschen und holte eine kleine Pistole mit Perlmuttgriff hervor, so etwa 25er Kaliber. Er hielt sie auf der flachen Hand.

»Mit der ist's passiert«, sagte er. »Ich hab den Mietwagen, den ich mir genommen hatte, unten an der Straße gelassen und bin den Hang hoch und ums Haus. Da hör ich auf einmal, wie's klingelt. Steht dieser Busche vor der Tür. Ich war noch nicht so nah dran, daß er mich sehen konnte. Keiner macht auf. Ja, und was glauben Sie? Hat der Kerl doch einen Schlüssel! Einen Schlüssel zu Beulahs Haus!«

Sein riesiges Gesicht wurde zu einem einzigen finsteren Stirnrunzeln. Die Frau auf dem Sofa atmete jetzt ein wenig tiefer, und ich glaubte zu sehen, daß eins ihrer Lider zuckte.

»Na und, was soll's«, sagte ich. »Den kann er auf einem Dutzend verschiedenen Wegen bekommen haben. Er war einer der Bosse beim KLBL, wo sie arbeitet. Da konnte er sich leicht ihre Handtasche angeln, sich einen Abdruck machen. Verdammt, sie muß ihm den Schlüssel doch nicht selber gegeben haben!«

»Stimmt auffallend, mein Freund.« Er strahlte. »Natürlich muß sie ihm den nicht selber gegeben haben, diesem ... Okay, er ging rein, und ich bin wie der Blitz hinterher. Aber er hatte die Tür zugemacht. Mußte ich sie also wieder aufmachen, auf meine Art. Danach schloß sie nicht mehr so gut, wie Sie vielleicht bemerkt haben. Er stand mitten in dem Zimmer hier, da drüben am Schreibtisch. Er muß allerdings schon früher mal hier gewesen sein ...« – das Stirnrunzeln kam wieder, wenn auch nicht ganz so finster –, »denn er fuhr mit der Hand in die Schreibtischschublade und holte das hier heraus.« Er ließ das Ding mit dem Perlmuttgriff auf seiner riesigen Handfläche tanzen.

Mrs. Marineaus Gesicht hatte jetzt deutliche Spannungslinien bekommen.

»Ich also auf ihn los. Er läßt einen zischen. Geht daneben. Kriegt er's mit der Angst und rennt ins Schlafzimmer. Ich hinterher. Peng zum zweitenmal. Wieder daneben. Sie werden die Kugeln irgendwo in der Wand finden – wenn Sie danach suchen.«

»Worauf Sie sich verlassen können«, sagte ich.

»Tja, und dann hatte ich ihn. Was soll ich sagen, also der Kerl war bloß ein Lump mit weißem Schal. Wenn sie mit mir fertig war, okay. Aber das will ich dann von ihr selber hören, verstehn Sie? Nicht von so einem schmierigen Lackaffen wie ihm. Also hab ich die Wut gekriegt. Aber der Bursche hatte auch Mumm, das muß ich schon sagen.«

Er rieb sich das Kinn. Was er zuletzt gesagt hatte, kam mir allerdings zweifelhaft vor.

»Ich sage: ›Das ist die Wohnung von meinem Mädchen, mein Freund. Was machen Sie hier?‹ Sagt er: ›Kommen Sie morgen wieder. Heute nacht bin ich dran.‹«

Skalla breitete die freie linke Hand zu einer großen Geste. »Da ging's dann nicht anders, da mußte die Natur einfach ihren Lauf nehmen, oder? Reiß ich ihm also Arme und Beine ab. Bloß wie ich das mache, geht auf einmal der verdammte kleine Ballermann los, und er wird schlaff wie – wie ...« Er warf der Frau einen Seitenblick zu und brachte nicht mehr heraus, was er hatte sagen wollen. »Tja, also jedenfalls – er war tot.«

Eins von den Lidern der Frau flackerte erneut. Ich sagte: »Und dann?«

»Bin ich abgehauen. Macht doch jeder. Aber dann bin ich wieder zurück. Hab nämlich gedacht, wie schlimm das für Beulah wäre, die Leiche da auf dem Bett. Also wollt ich bloß noch mal schnell hin und den Kerl in die Wüste rausschaffen und mich dann für ein Weilchen in irgendeinem Loch verkriechen. Aber da kommt auf einmal das Frauenzimmer an und verdirbt mir den ganzen Plan.«

Die Frau mußte schon eine ganze Zeitlang simuliert haben. Sie mußte ganz langsam, jeweils nur um den Bruchteil eines Zolls, ihre Beine und Füße bewegt und ihren Körper gedreht haben, um in die richtige Position zu kommen und sich mit Hebelwirkung von der Sofalehne abzustoßen.

Die Pistole mit dem Perlmuttgriff lag immer noch auf Skallas flacher Hand, als sie in Bewegung kam. Sie schoß in einem flachen Hechtsprung vom Sofa, streckte sich in der Luft wie ein Akrobat.

Sie schrammte über seine Knie und riß ihm die Pistole so sauber von der Hand, wie ein Backenhörnchen sich eine Nuß schnappt.

Er stand auf und fluchte, während sie ihm über die Beine rollte. Der große Colt war an seiner Seite, aber er berührte ihn nicht und griff auch gar nicht danach. Er bückte sich, um die Frau mit seinen großen, völlig leeren Händen zu packen.

Sie lachte bloß, dann schoß sie.

Sie schoß ihn viermal in den Unterleib, dann klickte der Schlagbolzen nur. Sie warf ihm die Pistole ins Gesicht und wälzte sich von ihm fort.

Er trat über sie hinweg. Sein großes blasses Gesicht war einen Moment lang ganz leer, dann furchte es sich in starren Linien der Qual, Linien, die immer schon darin gewesen zu sein schienen.

Er ging aufrecht über den Teppich auf die Haustür zu. Ich sprang nach dem großen Colt und erwischte ihn auch. Nur damit ihn die Frau nicht bekam. Beim vierten Schritt, den er tat, zeigte sich Blut auf dem gelblichen Flor des Teppichs. Danach zeigte es sich bei jedem Schritt, den er tat.

Er erreichte die Tür und legte seine große Hand auf das Holz und lehnte sich einen Moment lang dagegen. Dann schüttelte er den Kopf und drehte sich wieder um. Die Hand, mit der er sich den Leib gehalten hatte, hinterließ einen blutigen Schmierfleck an der Tür.

Er setzte sich in den ersten Sessel, zu dem er kam, und beugte sich vor und hielt sich den Bauch fest mit den Händen. Das Blut kam langsam zwischen seinen Fingern hervor, wie Wasser aus einem überfließenden Becken.

»Die kleinen Kugeln«, sagte er, »tun genauso weh wie die großen, da unten jedenfalls.«

Die dunkle Frau ging auf ihn zu wie eine Marionette. Er sah ihr still und furchtlos entgegen, unter halbgesenkten, schweren Lidern.

Als sie nah genug war, beugte sie sich vor und spuckte ihm ins Gesicht.

Er rührte sich nicht. Seine Augen zeigten keine Veränderung. Ich sprang zu ihr hinüber und warf sie in einen Sessel. Ich war nicht behutsam dabei.

»Lassen Sie sie in Frieden«, grunzte er mich an. »Vielleicht hat sie den Burschen geliebt.«

Diesmal versuchte mich niemand am Telephonieren zu hindern.

Stunden später saß ich auf einem roten Barhocker im Lucca, an der Fifth und Western, und süffelte einen Martini und überlegte dabei, wie das wohl war, wenn man das Zeug den ganzen Tag bloß mixte und nie selber trank. Es war spät, schon nach eins. Skalla lag im General Hospital, auf der Häftlingsstation. Miss Baring war noch nicht aufgetaucht, aber sie wußten, daß sie sich schon melden würde, sobald sie erfuhr, daß Skalla unter Glas war und nicht mehr gefährlich.

Das KLBL, das zuerst mal von gar nichts gewußt hatte, konnte nun schöne Vertuschungsarbeit leisten. Die Leute hatten vierundzwanzig Stunden gewonnen, um sich in aller Ruhe auszudenken, in welcher Version sie die Geschichte zum besten geben wollten.

Das Lucca war fast so voll wie mittags. Nach einer Weile kam eine brünette Italienerin mit großer Nase und Augen, mit denen nicht zu spaßen war, zu mir herüber und sagte: »Ich habe jetzt einen Tisch für Sie.«

Ich nahm einen weiteren Martini mit hinüber und bestellte mir ein Essen. Ich nehme an, daß ich's auch verzehrt habe.

Meine Phantasie setzte mir Skalla mit an den Tisch, mir gegenüber. Seine flachen schwarzen Augen hatten etwas an sich, was mehr als nur Schmerz war, etwas Bittendes, eine Aufforderung, etwas für ihn zu tun. Die halbe Zeit versuchte er mir immerzu klarzumachen, was das war, und die andere hielt er sich an den Bauch und sagte immer wieder: »Lassen Sie sie in Frieden. Vielleicht hat sie den Burschen geliebt.«

Ich machte, daß ich wegkam, und fuhr nach Norden zur Franklin und auf der Franklin zum Beachwood und auf dem rauf zur Heather Street. Nirgends ein Posten zu sehen. So sicher waren sie, daß sie schon von selber kommen würde.

Ich fuhr im Schritt die Straße unten entlang und blickte den Hang hinauf, über das vom Mondlicht besprengte Gestrüpp, hinter dem ihr Haus lag, das von hier aus wirkte, als sei es drei Stockwerke hoch. Ich konnte die Metallträger sehen, auf denen die Veranda ruhte. Sie lag ersichtlich so hoch über dem Boden, daß ein normaler Mensch einen Luftballon gebraucht hätte, um hinaufzukommen. Aber eben dort war er hinaufgelangt. Für ihn hatte es immer nur den schwersten Weg gegeben.

Er hätte fliehen können und kämpfen für sein Geld oder sich sogar selber ein Haus kaufen, um den Rest seiner Tage darin zu verbringen. Es gab eine Menge Leute in dem Geschäft, und mit Skalla war nicht so leicht zu spaßen. Aber er war zurückgekommen statt dessen, um an ihrem Balkon hochzuklettern, wie Romeo, und den Bauch voll Kugeln zu kriegen. Von der falschen Frau, wie üblich.

Ich fuhr um eine weiße Kurve, die aussah wie das leibhaftige Mondlicht selber, und parkte und ging das restliche Stück zu Fuß den Berg hinauf. Ich hatte eine Taschenlampe dabei, aber ich brauchte sie nicht, um zu sehen, daß niemand an der Tür stand und auf die Milch wartete. Ich ging nicht von vorn ins Haus. Immerhin hätte es sein können, daß zufällig oben am Berg irgendein Schnüffler mit einem Nachtglas saß.

Ich schlich mich von der Rückseite am Hang hoch, zwischen dem

Haus und der leeren Garage. Ich fand ein Fenster, das ich erreichen konnte, und machte nicht viel Lärm, als ich es mit einer Pistole unter meinem Hut einschlug. Nichts passierte, nur die Grillen und Baumfrösche hielten einen Moment lang die Luft an.

Ich suchte mir einen Weg ins Schlafzimmer und ließ verstohlen den Strahl meiner Taschenlampe herumstreichen, nachdem ich die Blenden heruntergelassen und die Vorhänge vorgezogen hatte. Das Licht fiel auf ein zerwühltes Bett, auf Schmierflecke von Fingerabdruckpulver, auf Zigarettenkippen auf den Fensterbänken und die Spuren von Absätzen auf dem Teppichflor. Auf dem Toilettentisch lag eine grün-silberne Frisiergarnitur, und in der Kleiderkammer standen drei Koffer. Hinten darin gab es einen eingebauten Kommodenschrank mit einem Schloß, das es in sich hatte. Aber ich hatte auch einen Schraubenzieher aus Hartgußstahl dabei, nicht nur die Taschenlampe. Ich stemmte es auf.

Der Schmuck war keine tausend Dollar wert. Vielleicht nicht einmal die Hälfte. Aber für ein Mädchen im Show-Geschäft bedeutete er doch eine Menge. Ich legte ihn wieder zurück.

Im Wohnzimmer waren die Fenster geschlossen, und es hing ein sonderbarer, unangenehmer, sadistischer Geruch darin. Die Herren Gesetzeshüter hatten sich über den Vat 69 hergemacht, um den Fingerabdrucksleuten die Arbeit zu erleichtern. Ich mußte mich an meinen eigenen Whisky halten. Ich zog mir einen Stuhl, der kein Blut abgekriegt hatte, in eine Ecke, befeuchtete mir die Kehle und wartete in der Dunkelheit.

Im Souterrain oder irgendwo klapperte eine Jalousie. Das veranlaßte mich, mir erneut die Kehle zu feuchten. Jemand trat ein halbes Dutzend Blocks entfernt aus einem Haus und krakeelte. Eine Tür schlug, Stille. Die Baumfrösche legten wieder los, dann die Grillen. Dann wurde die elektrische Uhr auf der Musiktruhe lauter als alle anderen Geräusche zusammen.

Dann schlief ich ein.

Als ich wieder aufwachte, war der Mond von den Vorderfenstern verschwunden, und irgendwo hatte ein Wagen gehalten. Leichte, zarte, vorsichtige Schritte trennten sich von der Nacht. Sie kamen draußen auf die Haustür zu. Ein Schlüssel klirrte im Schloß.

In der aufgehenden Tür zeigte der dämmrige Himmel einen Kopf ohne Hut. Der Hang darunter war zu dunkel, um mehr von ihrer Gestalt erkennen zu lassen. Die Tür klickte zu.

Schritte raschelten auf dem Teppich. Ich hatte die Schnur der Lampe schon in den Fingern. Ich riß daran, und es ward Licht.

Das Mädchen gab keinen Laut von sich, nicht den Schatten eines Lauts. Sie hielt nur die Pistole auf mich gerichtet.

Ich sagte: »Hallo, Beulah.«

Sie war es wert, daß man auf sie wartete.

Nicht zu groß, nicht zu klein, das Mädchen. Sie hatte die langen Beine, die gehen können und tanzen. Ihr Haar war selbst beim Licht der einen Lampe wie ein Reisigfeuer bei Nacht. Ihr Gesicht hatte Lachfältchen in den Augenwinkeln. Ihr Mund konnte lachen.

Ihre Züge waren verschattet und hatten jenen abgespannten Ausdruck, der manche Gesichter noch schöner macht, weil er sie zarter macht. Ihre Augen konnte ich nicht sehen. Sie hätten so blau sein können, daß es einen vom Stuhl riß, aber ich konnte sie nicht sehen.

Die Pistole sah nach einer 32er aus, hatte aber den extrem rechtwinkligen Griff einer Mauser.

Nach einer Weile sagte sie sehr sanft: »Polizei, nehme ich an.«

Sie hatte auch noch eine schöne Stimme. Ich denke manchmal noch heute daran.

Ich sagte: »Setzen wir uns mal hin und reden wir mal ein bißchen. Wir sind ganz allein hier. Schon mal aus der Flasche getrunken?«

Sie gab keine Antwort. Sie blickte nur auf die Pistole nieder, die sie in der Hand hielt, lächelte halb, schüttelte den Kopf.

»Zweimal denselben Fehler, das machen Sie nicht«, sagte ich. »Nicht ein Mädchen, das so schlau ist wie Sie.«

Sie steckte die Pistole in die Seitentasche eines langen ulsterartigen Mantels mit Militärkragen. »Wer sind Sie?«

»Bloß ein Schnüffler. Privatdetektiv in Ihren Kreisen. Carmady ist mein Name. Brauchen Sie einen Schluck?«

Ich hielt ihr meine Flasche hin. Sie war noch nicht an meiner Hand festgewachsen. Ich mußte sie immer noch halten.

»Ich trinke nicht. Wer hat Ihnen den Auftrag gegeben?«

»Das KLBL. Um Sie vor Steve Skalla zu schützen.«

»Die wissen also Bescheid«, sagte sie. »Die wissen also von ihm.«

Ich verdaute das erst mal und sagte nichts.

»Wer ist denn hier alles gewesen?« fuhr sie scharf fort. Sie stand immer noch mitten im Zimmer, ohne Hut, die Hände in den Manteltaschen jetzt.

»Alle außer dem Klempner«, sagte ich. »Der hat sich etwas verspätet, wie üblich.«

»So einer sind Sie also.« Ihre Nase schien sich ein bißchen zu kräuseln. »Drugstore-Witze.«

»Nein«, sagte ich. »In Wirklichkeit nicht. Ist bloß eine Möglichkeit, mit den Leuten zu reden, mit denen ich reden muß. Skalla kam zurück, und die Sache lief schief, er wurde angeschossen und verhaftet. Er liegt im Krankenhaus. Hat ihn ziemlich bös erwischt.«

Sie rührte sich nicht. »Wie bös?«

»Wenn sie ihn gleich operiert haben, kommt er vielleicht durch. Aber selbst dann ist's zweifelhaft. Ohne Operation hoffnungslos.

Er hat drei Kugeln in die Eingeweide gekriegt und eine in die Leber.«

Jetzt endlich bewegte sie sich, sie wollte sich setzen. »Nicht in den Sessel da«, sagte ich rasch. »Hier drüben.«

Sie kam herüber und setzte sich in meiner Nähe auf eins der Sofas. Lichter blitzten in ihren Augen. Ich konnte sie sehen jetzt. Kleine zuckend blitzende Lichter, wie Katharinenräder, die sich wirbelnd im Kreis drehen.

Sie sagte: »Warum ist er zurückgekommen?«

»Er dachte, er müßte noch aufräumen. Die Leiche wegschaffen und so weiter. Ein guter Kerl, der Skalla.«

»Glauben Sie das wirklich?«

»Madam, das glaube ich allerdings, auch wenn's niemand sonst auf der Welt noch glaubt.«

»Ich nehme jetzt doch einen Schluck«, sagte sie.

Ich reichte ihr die Flasche. Ich riß sie ihr eiligst wieder weg. »Herrgott«, sagte ich. »Bei dem Stoff muß man ab und zu mal eine Pause machen.«

Sie blickte zur Seitentür hinüber, die hinter mir ins Schlafzimmer führte.

»Ins Leichenhaus gebracht«, sagte ich. »Sie können reingehen.«

Sie stand sofort auf und ging aus dem Zimmer. Und fast sofort auch kam sie wieder zurück.

»Was liegt vor gegen Steve?« fragte sie. »Falls er sich wieder erholt.«

»Er hat heute morgen an der Central einen Neger getötet. Es war mehr oder weniger Notwehr auf beiden Seiten. Ich weiß es nicht. Wenn Marineau nicht wäre, hätte er vielleicht eine Chance.«

»Marineau?« sagte sie.

»Tja. Sie wissen doch, daß er Marineau getötet hat.«

»Seien Sie nicht albern«, sagte sie. »*Ich* habe Dave Marineau getötet.«

»Okay«, sagte ich. »Aber das ist nicht in Steves Sinne.«

Sie starrte mich an. »Sie meinen, Steve ist hierher zurückgekommen, um freiwillig die Schuld auf sich zu nehmen?«

»Wenn sich's als nötig erweisen sollte, ja. Ich glaube, er hat wirklich die Absicht gehabt, Marineau in die Wüste zu karren und da irgendwo zu verlieren. Bloß ist dann auf einmal eine Frau hier aufgetaucht – Mrs. Marineau.«

»Ja«, sagte das Mädchen tonlos. »Sie glaubt, ich wäre seine Geliebte gewesen. Dieser schmierige Affe.«

»Waren Sie's denn nicht?« fragte ich.

»Versuchen Sie das nicht noch einmal«, sagte sie. »Selbst wenn ich früher an der Central Avenue gearbeitet habe.« Sie ging wieder aus dem Zimmer. Geräusche, als würde ein Koffer herumgestoßen, drangen ins Wohnzimmer herüber. Ich ging ihr nach. Sie packte lauter Spinnweben ein, und sie packte sie so, als hätte sie Freude an hübsch verpackten hübschen Sachen.

»Im Kittchen trägt man so was nicht«, sagte ich und blieb an die Tür gelehnt stehen.

Sie ignorierte mich eine ganze Weile. »Ich wollte erst mal versuchen, nach Mexiko zu kommen«, sagte sie dann. »Anschließend nach Südamerika. Ich hatte nicht die Absicht, ihn zu erschießen. Er wurde rabiat und versuchte was von mir zu erpressen, und da bin ich gegangen und hab die Pistole genommen. Dann gab's ein zweites Handgemenge, und die Pistole ging los. Dann bin ich weggelaufen.«

»Genau so, wie's Skalla von sich erzählt hat«, sagte ich. »Verdammt nochmal, haben Sie den . . . nicht vielleicht doch vorsätzlich erschossen?«

»Nein, und wenn Sie und sämtliche Bullen sich auf den Kopf stellen!« sagte sie. »Und wenn ich auch acht Monate in Dalhart, Texas, absitzen mußte, weil ich einem Betrunkenen die Taschen geleert hatte. Und wenn auch dieses Weib, die Marineau, sich die Lunge aus dem Hals schreien wird, vonwegen ich hätte ihn verführt und dann sattgekriegt. Nein!«

»Die wird eine Menge erzählen«, grunzte ich. »Nachdem *ich* erzählt habe, wie sie Skalla ins Gesicht spuckte, als er vier Kugeln im Leib hatte.«

Sie schauerte zusammen. Ihr Gesicht wurde weiß. Sie fuhr fort, Sachen aus dem Koffer zu nehmen und wieder hineinzulegen.

»Haben Sie das wirklich gemacht, einem Betrunkenen die Taschen geleert?«

Sie blickte auf zu mir, dann nieder. »Ja«, flüsterte sie.

Ich trat näher. »Haben Sie irgendwelche Verletzungen oder zerrissene Kleider zum Vorzeigen?« fragte ich.

»Nein.«

»Pech«, sagte ich und packte sie.

Ihre Augen flammten auf zuerst und wurden dann zu schwarzem Stein. Ich riß ihr den Mantel ab, riß nicht eben sanft an ihren Sachen, preßte harte Finger in ihre Arme und schlug ihr mit den Knöcheln über den Mund. Dann ließ ich sie los, keuchend. Sie taumelte von mir fort, stürzte aber nicht hin.

»Wir werden warten müssen, bis die blauen Flecken kommen und schön dunkel werden«, sagte ich. »Dann gehn wir zur Polizei.«

Sie begann zu lachen. Dann ging sie zum Spiegel hinüber und betrachtete sich darin. Sie fing an zu weinen.

»Gehn Sie raus hier, während ich mich umziehe!« schrie sie. »Ich passe mich an, gut. Aber wenn es für Steve auch nur das geringste ausmacht – dann erzähle ich alles, wie's war.«

»Ach halten Sie bloß den Mund und ziehn Sie sich um«, sagte ich.

Ich ging hinaus und schlug die Tür hinter mir zu.

Ich hatte sie nicht einmal geküßt. Wenigstens das hätte ich tun können. Sie hätte sich wohl kaum mehr dagegen gewehrt als gegen die Schläge, die ich ihr verabreicht hatte.

Wir fuhren die ganze restliche Nacht, zuerst in getrennten Wagen, um ihren in meiner Garage zu verstecken, dann in meinem. Wir fuhren die Küste hinauf und holten uns in Malibu Kaffee und Sandwiches, dann ging es weiter. Im Norden von San Fernando, wo die Ridge Route anfängt, frühstückten wir.

Ihr Gesicht sah aus wie der Fanghandschuh eines Baseball-Catchers nach einer anstrengenden Saison. Sie hatte eine Unterlippe von der Größe einer Banane, und auf den blauen Flecken an ihren Armen und an ihrem Hals hätte man Steaks braten können, so heiß waren sie.

Als das erste klare Tageslicht kam, fuhren wir zur City Hall.

Sie dachten nicht einmal daran, sie festzuhalten oder auch nur genauer zu überprüfen. Sie schrieben die Aussage praktisch selber. Beulah unterschrieb mit leeren Augen, in Gedanken ganz anderswo. Dann kam ein Mann vom KLBL mit seiner Frau, um sie abzuholen.

So brauchte ich sie nicht in ein Hotel zu bringen. Sie bekam auch Skalla nicht zu sehen, noch nicht. Er stand unter Morphium.

Er starb um zwei Uhr dreißig am selben Nachmittag. Sie hielt ihm einen seiner riesigen, schlaffen Finger, aber er konnte sie nicht mehr von der Königin von Siam unterscheiden.

Mandarin-Jade

I

300 Karat Fei Tsui

Ich war grad damit beschäftigt, meine Pfeife zu rauchen und der Rückseite meines Namens auf der Glasscheibe der Bürotür Fratzen zu schneiden, als Veilchen M'Gee mich anrief. Ich hatte seit gut einer Woche keinen Auftrag mehr gehabt.

»Na, wie stehn die Aktien der Spürhunde?« fragte Veilchen. Er war bei der Mordkommission im Sheriffs-Amt. »Lust zu einem kleinen Ausflug an den Strand? Als Leibwächter oder so ähnlich, heißt das. Willst du's machen?«

»Alles, was einen Dollar bringt«, sagte ich. »Außer Mord. Dafür krieg ich drei fuffzig.«

»Da leistest du dann aber auch saubere Arbeit, möchte ich wetten. Also hör zu, John.«

Er gab mir Namen, Adresse und Telephonnummer eines Mannes namens Lindley Paul, der in Castellamare wohnte, zu den oberen Zehntausend gehörte und überall hinging außer zur Arbeit, allein mit einem japanischen Diener lebte und einen sehr großen Wagen fuhr. Das Sheriffs-Amt hatte nichts gegen ihn, außer daß er sich zuviel amüsierte.

Castellamare gehörte noch zum Stadtgebiet, sah aber nicht danach aus, denn es bestand aus zwei Dutzend Häusern verschiedener Größe, die mit den Augenbrauen am Berghang klebten und den Eindruck machten, als könnten sie jeden Moment, wenn man bloß mal kräftig nieste, da runtergetrudelt kommen, zwischen die Wurstbuden am Strand. Oben am Highway lag ein Straßencafé, und daneben sah man einen Betonbogen, der in Wirklichkeit eine Fußgängerbrücke war. Von ihrem inneren Ende führte eine Flucht von weißen Betonstufen schnurgerade wie ein Lineal den Berghang hinauf.

Die Quinonal Avenue, hatte Mr. Lindley Paul mir am Telephon gesagt, wäre dann oben die dritte Straße, wenn es mir nichts ausmache, zu Fuß zu gehen. Das wäre, sagte er, jedenfalls die leichteste Art, sein Haus beim erstenmal zu finden, da die Straßen nach einem interessanten, aber ziemlich kniffligen Kurvensystem angelegt seien. Es hätte schon Leute gegeben, die stundenlang darauf rumgelaufen wären, ohne viel weiter zu kommen als ein Angelwurm in einer Köderbüchse.

Also parkte ich meinen alten blauen Chrysler unten und stieg zu Fuß hinauf. Es war ein schöner Abend, und auf dem Wasser funkelte es noch, als ich aufbrach. Damit war es längst vorbei, als ich oben ankam. Ich setzte mich auf die oberste Stufe und rieb mir die Beinmuskeln und wartete darauf, daß mein Puls langsam wieder auf kleine Hundert herunterging. Als das geschafft war, schüttelte ich mir das Hemd vom Rücken los und ging weiter, zu dem Haus hinüber, das in der näheren Umgebung das einzige war.

Es war ein durchaus hübsches Haus, aber den Eindruck von richtig schwerem Geld hatte man nicht dabei. Eine salzzerfressene Eisentreppe führte zur Haustür hinauf, und unter dem Haus befand sich die Garage. Ein langes schwarzes Schlachtschiff von Wagen stand darin, ein riesiger stromlinienschnittiger Straßenkreuzer mit einer Motorhaube, die für drei Autos gereicht hätte, und einem Coyotenschwanz, der an der Kühlerfigur befestigt war. Das Ding sah aus, als hätte es mehr gekostet als das ganze Anwesen.

Der Mann, der oben an der Eisentreppe die Tür aufmachte, trug einen weißen Flanellanzug mit einem Halstuch aus violetter Seide, das er sich locker unter den Kragen gestopft hatte. Sein brauner Hals war weich, wie der einer sehr starken Frau. Er hatte blasse blaugrüne Augen, etwa von der Farbe eines Aquamarins, eher grobe, aber sehr hübsche Züge, drei präzis gelockte Simse aus dichtem blonden Haar über einer glatten braunen Stirn, eine Körpergröße, die meine eigene um einen Zoll übertraf – und also fast an die einsneunzig ging –, und das allgemeine Aussehen eines Burschen, der eben einen weißen Flanellanzug mit violettem Seidentuch im Kragen trägt.

Er räusperte sich, blickte über meine linke Schulter ins Weite und sagte: »Ja?«

»Ich bin der Mann, nach dem Sie geschickt haben. Den Veilchen M'Gee empfohlen hat.«

»Veilchen? Guter Gott, was für ein eigenartiger Spitzname. Warten Sie, Ihr Name ist . . .«

Er zögerte, und ich ließ ihn sich plagen, bis er sich erneut räusperte und die blaugrünen Augen auf einen Fleck richtete, der diverse Meilen jenseits meiner anderen Schulter lag.

»Dalmas«, sagte ich. »Derselbe wie heute nachmittag.«

»Ah, kommen Sie herein, Mr. Dalmas. Sie werden bestimmt entschuldigen. Mein Hausboy ist heute abend nicht da. Deshalb mußte ich . . .« Er lächelte die Tür mißbilligend an, als hätte es ihn irgendwie beschmutzt, sie persönlich zu öffnen und schließen zu müssen.

Die Tür brachte uns auf einen Balkon, der um drei Seiten eines großen Wohnzimmers lief, nur drei Stufen höher im Bodenniveau. Wir gingen diese Stufen hinunter, und Lindley Paul wies mit den

Brauen auf einen rosa Sessel, in dem ich mich in der Hoffnung niederließ, keinen Abdruck zu hinterlassen.

Es war ein Zimmer von der Sorte, in der die Leute auf Bodenkissen hocken, die Füße im Schoß, und durch kleine Zuckerstücke Absinth süffeln und ganz tief hinten in der Kehle sprechen, wobei manchmal nur noch warme Luft kommt. Es gab Bücherregale rund um den Balkon und auf Podesten und Sockeln eine Reihe von Skulpturen aus glasiertem Ton. Es gab kuschlige kleine Diwane, und alles mögliche bestickte Seidenzeug war um Lampenfüße und so weiter drapiert. Es gab einen großen Flügel aus Rosenholz und darauf eine sehr hohe Vase mit grad einer einzigen gelben Rose drin, und unter den Beinen des Instruments lag ein pfirsichfarbener Chinateppich, in dem ein Goffer sich gut und gern eine Woche lang hätte aufhalten können, ohne die Nase oberhalb des Flors zu zeigen.

Lindley Paul lehnte im Kurvenbogen des Flügels und zündete sich eine Zigarette an, ohne mir eine anzubieten. Er legte den Kopf zurück, um Rauch gegen die hohe Decke zu blasen, und das ließ seine Kehle noch deutlicher wie die einer Frau wirken.

»Es handelt sich nur um eine geringfügige Angelegenheit«, sagte er nachlässig. »Eigentlich kaum wert, Sie deswegen zu bemühen. Aber ich dachte, es könnte nicht schaden, wenn ich eine Eskorte hätte. Sie müssen mir versprechen, nicht mit irgendwelchen Kanonen herumzufuchteln oder dergleichen. Ich nehme an, Sie tragen eine Waffe, oder?«

»O ja«, sagte ich. »Ja.« Ich betrachtete das Grübchen in seinem Kinn. Man hätte eine Murmel darin verlieren können.

»Nun, ich möchte nicht, daß Sie davon Gebrauch machen, verstehn Sie, oder dergleichen. Ich gedenke mich lediglich mit zwei Männern zu treffen und ihnen etwas abzukaufen. Ich werde ein bißchen Bargeld bei mir tragen.«

»Wieviel und wofür?« fragte ich und hielt eins meiner eigenen Streichhölzer an eine meiner eigenen Zigaretten.

»Nun, also wirklich . . .« Es war ein nettes Lächeln, aber ich hätte mit dem Handballen hineinschlagen können, ohne mich im geringsten zu genieren. Ich konnte den Mann einfach nicht leiden.

»Es handelt sich um eine ziemlich vertrauliche Sache, die ich für einen Freund übernommen habe. Ich möchte eigentlich nicht näher auf die Einzelheiten eingehen«, sagte er.

»Sie wollen also bloß, daß ich hinter Ihnen herlaufe und Ihnen den Hut halte?« erkundigte ich mich.

Seine Hand zuckte, und etwas Asche fiel auf seinen weißen Jakkenärmel. Das verärgerte ihn. Er blickte stirnrunzelnd darauf nieder und sagte dann sanft, in der Art eines Sultans, der einer Haremsdame mit der seidenen Schnur winkt, weil ihre Tricks ihn anöden: »Sie wollen doch nicht etwa unverschämt werden, hoffe ich.«

»Hoffnung ist das, was uns am Leben erhält«, sagte ich.

Er starrte mich eine Weile an. »Ich hätte verdammt nicht übel Lust, Ihnen eins auf die Nase zu geben«, sagte er.

»Schon besser«, sagte ich. »Sie würden es zwar nicht schaffen, ohne sich vorher ein bißchen abzuhärten, aber der Geist gefällt mir. Dann wollen wir jetzt mal Tacheles reden.«

Er war immer noch ein bißchen zornig. »Ich hatte einen Leibwächter bestellt«, sagte er kalt. »Aber selbst wenn ich einen Privatsekretär zu beschäftigen hätte, würde ich kaum alle meine persönlichen Geheimnisse mit ihm teilen.«

»Er würde sie ziemlich bald kennen, wenn er ständig für Sie arbeitete. Er würde sie von oben nach unten kennen und von hinten nach vorn. Aber ich bin bloß ein Tagelöhner. Mir werden Sie's wohl anvertrauen müssen. Worum dreht sich's – Erpressung?«

Nach einer längeren Weile sagte er: »Nein. Es geht um ein Kollier aus Fei-Tsui-Jade im Wert von mindestens fünfundsiebzigtausend Dollar. Haben Sie schon einmal von Fei-Tsui-Jade gehört?«

»Nein.«

»Wir werden einen kleinen Brandy zu uns nehmen, und dann erzähle ich Ihnen davon. Trinken wir einen Brandy.«

Er löste sich vom Flügel und ging wie ein Tänzer davon, ohne den Körper oberhalb der Taille zu bewegen. Ich drückte meine Zigarette aus und schnüffelte in der Luft und dachte, ich röche Sandelholz, und dann kam Lindley Paul mit einer sympathisch anmutenden Flasche und zwei Schnapsgläsern zurück. Er goß in jedes einen Löffelvoll und reichte mir ein Glas.

Ich kippte meins auf einen Sitz hinter die Binde und wartete darauf, daß er damit fertig wurde, seinen Löffelvoll unter der Nase zu schwenken, und endlich redete. Nach einer Weile war er denn auch soweit.

Er sagte in durchaus angenehmem Ton: »Von allen Jade-Sorten ist Fei Tsui die einzig wirklich wertvolle. Der Wert der anderen liegt hauptsächlich in der Verarbeitung. Fei Tsui ist wertvoll an sich. Es sind keine unerschlossenen Fundstellen mehr bekannt, und es gibt nur noch sehr wenig davon, da sämtliche bekannten Fundstellen schon seit Jahrhunderten erschöpft sind. Ein Freund von mir besitzt ein Kollier aus dieser Jade. Einundfünfzig geschnitzte Mandarin-Perlen, vollkommen gleichartig, jede etwa sechs Karat. Es wurde vor einiger Zeit bei einem Überfall geraubt. Es war das einzige, was die Banditen nahmen, und wir waren gewarnt worden – ich befand mich zufällig in Begleitung der Dame, was auch mit ein Grund dafür ist, daß ich das Risiko auf mich nehme und das Lösegeld überbringe –, wir sollten weder die Polizei noch eine etwaige Versicherung benachrichtigen, sondern auf einen Anruf warten. Der Anruf kam zwei Tage später, der Preis wurde auf zehntausend

Dollar festgesetzt, und der Übergabetermin ist heute nacht um elf. Den Ort habe ich noch nicht erfahren. Aber es muß hier irgendwo ganz in der Nähe sein, irgendwo an der Palisades.«

Ich blickte in mein leeres Schnapsglas und schüttelte es. Er tat mir ein paar weitere Tropfen Brandy hinein. Ich schickte sie der ersten Portion hinterher und zündete mir eine weitere Zigarette an, eine von seinen diesmal, eine hübsche Virginia Straight Cut mit seinem Monogramm auf dem Papier.

»Juwelenauslösung«, sagte ich. »Ein gut organisiertes Gewerbe, weil man da genau wissen muß, wo und wann der Coup steigen kann. Die Leute tragen wertvollen Schmuck ja doch nicht häufig, und wenn sie's tun, sind's in der Hälfte der Fälle auch noch Imitationen. Ist Jade schwer nachzumachen?«

»Als Material nicht«, sagte Lindley Paul. »Was die Verarbeitung betrifft – dazu würde man ein ganzes Leben brauchen.«

»Also kann das Zeug nicht zerschnitten werden«, sagte ich. »Was zugleich bedeutet, daß man's auch an einen Hehler nicht los wird, es sei denn für einen winzigen Bruchteil des Werts. Also ist die Auslösung durch den Besitzer die einzige Möglichkeit für die Bande, überhaupt zu Geld zu kommen. Ich würde daher sagen, die Kerls werden fair spielen. Sie haben das Leibwächterproblem ganz schön lange vor sich hergeschoben, Mr. Paul. Woher wollen Sie wissen, daß die sich einen Begleiter gefallen lassen?«

»Ich weiß es ja nicht«, sagte er ziemlich müde. »Aber ich bin nun einmal kein Held. Ich habe im Dunkeln gern Gesellschaft. Wenn die Geschichte schiefgeht, dann geht sie eben schief. Ich dachte zuerst, ich mach's im Alleingang, aber dann hab ich mir überlegt, warum soll ich eigentlich nicht hinten in meinem Wagen einen Mann versteckt haben, bloß für alle Fälle?«

»Sie meinen für den Fall, daß man Ihnen das Geld abnimmt und Ihnen bloß ein leeres Päckchen dafür gibt, eine Attrappe? Wie könnte ich das wohl verhindern! Wenn ich anfange zu schießen und erledige die Kerls und das Päckchen *ist* eine Attrappe, dann sehen Sie Ihre Jade nie wieder. Die Kontaktleute dürften kaum wissen, wer bei der Bande die Drähte zieht. Wenn ich aber zurückhaltend bleibe, dann sind sie über alle Berge, bevor Sie nachsehen können, was sie Ihnen dagelassen haben. Möglicherweise lassen sie Ihnen auch überhaupt nichts da, sondern sagen Ihnen, das Zeug käme mit der Post, sobald sie das Geld auf Markierungen hin überprüft hätten. Ist es eigentlich markiert?«

»Mein Gott, nein!«

»Sollte es aber sein«, knurrte ich. »Man kann das heutzutage so machen, daß die Markierungen nur mit Mikroskop und Quarzlampe sichtbar zu machen sind. Aber dazu braucht man eine entsprechende Ausrüstung, und das bedeutet: Polizei. Okay. Ich will mal nicht so sein. Mein Part kostet Sie fünfzig Eier. Am besten rükken Sie die jetzt gleich heraus, für den Fall, daß wir nicht zurückkommen. Bargeld lacht.«

Sein breites, hübsches Gesicht schien ein bißchen weiß zu werden und ins Schwitzen zu geraten. Er sagte rasch: »Trinken wir mal noch einen Schluck.«

Diesmal goß er uns einen richtigen Schluck ein.

Dann saßen wir herum und warteten, daß endlich das Telephon klingelte. Ich bekam meine fünfzig Dollar zum Spielen.

Das Telephon klingelte viermal, und seiner Stimme nach waren jedesmal Frauen am Apparat. Der Anruf, auf den wir spannten, kam erst um zehn Uhr vierzig.

II

Ich verliere meinen Klienten

Ich fuhr. Oder vielmehr hielt ich das Steuer des großen schwarzen Wagens und ließ ihn selber fahren. Ich trug einen sportlichen hellen Mantel und Hut, beide von Lindley Paul. Ich hatte zehn Riesen in Hundertern in einer der Taschen stecken. Paul saß auf dem Rücksitz. Er hatte eine silberbeschlagene Lueger, die eine reine Augenweide war, und ich hoffte nur, daß er damit auch umzugehen wußte. An dem ganzen Job war nichts, was mir geschmeckt hätte.

Treffpunkt war eine Senke am Ende des Purissima Canyons, etwa fünfzehn Minuten vom Haus entfernt. Paul meinte, er kenne die Stelle ganz gut und würde keine Schwierigkeiten haben, mich hinzudirigieren.

Wir fuhren im Zickzack und in Achterfiguren am Hang des Berges herum, bis mir schwindelig wurde, und dann waren wir ganz plötzlich auf dem Highway draußen, und die Lichter der dahinströmenden Wagen bildeten, so weit man nur sehen konnte, in beiden Richtungen einen zusammenhängenden weißen Strahl. Die Fernlaster waren unterwegs.

Hinter einer Tankstelle am Sunset Boulevard bogen wir landeinwärts. Dort war es einsam dann, und eine Weile spürten wir den Geruch von Tang, nicht sehr stark, und den Duft wilden Salbeis, der weit stärker von den dunklen Hängen herunterdrang. Ein fernes, dämmrig gelbes Fenster spähte von der Höhe zu uns herunter, wo der Traum irgendeines Grundstücksmaklers lag. Ein Wagen schnurrte vorbei, und das weiße Gleißen seiner Scheinwerfer verbarg für einen Augenblick die Berge. Wir hatten Halbmond, und kalte Nebelschwaden jagten über den Himmel.

»Hier geht's zum Bel-Air Beach Club ab«, sagte Paul. »Der nächste Canyon ist der Las Pulgas und der übernächste der Purissima. Oben auf der nächsten Anhöhe biegen wir ab.« Seine Stimme klang gedämpft, gespannt. Sie hatte nichts mehr vom Park-Avenue-Metall unserer früheren Bekanntschaft.

»Behalten Sie den Kopf unten«, knurrte ich ihn nach hinten an. »Kann durchaus sein, daß man uns den ganzen Weg beobachtet. Dieser Wagen ist so auffällig wie frische Austern auf einem Picknick in Iowa.«

Der Wagen schnurrte weiter vor mir her, bis Paul scharf »Rechts ab hier!« flüsterte auf der Höhe des nächsten Hügels.

Ich schwenkte den schwarzen Wagen auf einen breiten, unkrautbewachsenen Boulevard, dem es nie gelungen war, eine Verkehrsader zu werden. Die schwarzen Stümpfe halbfertig gebliebener Bogenlampen ragten vom verkrusteten Gehsteig auf. Gestrüpp war vom Ödland dahinter über den Beton gekrochen. Ich konnte Grillen zirpen und Baumfrösche quaken hören. So leise lief der Wagen.

Jetzt kam ein Haus, völlig dunkel. Die Leute hier draußen schienen mit den Hühnern schlafen zu gehen. Am Ende der Straße hörte die Betondecke ganz plötzlich auf, und wir glitten einen ungepflasterten Hang hinunter auf eine ungepflasterte Terrasse, von dort einen weiteren Hang hinab, und dann ragte eine Barriere aus offenbar vier Zoll starken weißgestrichenen Latten quer über der Straße vor uns auf.

Ich hörte ein Rascheln hinter mir, und Paul beugte sich mit einem Seufzen in seiner Flüsterstimme über die Lehne vor. »Das ist die Stelle. Sie müssen aussteigen und die Barriere entfernen und dann weiterfahren, in die Senke hinunter. Die haben das wahrscheinlich deswegen so gewählt, daß wir nicht so schnell wieder wegkommen können, weil wir ja mit dem Wagen erst wieder umständlich wenden müssen. Sie brauchen die Zeit, um einen Vorsprung zu bekommen.«

»Halten Sie den Mund und bleiben Sie unten, bis Sie mich schreien hören«, sagte ich.

Ich stellte den fast geräuschlosen Motor ab und saß dann lauschend da. Die Grillen und Baumfrösche wurden ein bißchen lauter. Sonst hörte ich nichts. Niemand regte sich in der Nähe, sonst wären die Grillen verstummt. Ich berührte den kalten Kolben der Pistole unter meinem Arm, öffnete die Wagentür und glitt hinaus auf den harten Lehm, blieb dort stehen. Überall ringsum stand Gebüsch. Ich konnte den Salbei riechen. Es war genug davon vorhanden, um eine ganze Armee darin zu verstecken. Ich ging auf die Barriere zu.

Vielleicht war dies nur eine Probe, um zu sehen, ob Paul auch tat, was ihm gesagt worden war.

Ich streckte die Hände aus – es bedurfte beider dazu – und fing an, einen Teil der weißen Barriere auf die Seite zu heben. Es war keine Probe. Das grellste Taschenlampenlicht von der Welt traf mich direkt ins Gesicht, aus einem Busch, der keine fünfzehn Schritt entfernt stand.

Eine dünne, hohe, niggerhafte Stimme piepste aus der Dunkelheit hinter der Taschenlampe: »Wir sind zu zweit und haben Schrotflinten. Nehmen Sie die Pfoten hoch, und zwar leer. Wir gehen kein Risiko ein.«

Ich sagte nichts. Einen Moment lang noch stand ich da, die Barriere ein paar Zoll vom Boden gehoben. Nichts von Paul oder sonst vom Wagen. Dann zerrte das Gewicht der Vierzöller an meinen Muskeln, und mein Gehirn riet mir loszulassen, und so setzte ich die Last wieder ab. Langsam hob ich die Hände in die Luft. Der Lichtstrahl nagelte mich fest wie eine Fliege, die ein Faustschlag auf der Wand zerquetscht hat. Besondere Gedanken kamen mir nicht, außer der vagen Überlegung, ob wir das Ganze nicht doch ein bißchen gescheiter hätten anfangen können.

»Sehr schön«, sagte die dünne, hohe, winselnde Stimme. »Bleiben Sie so, bis ich um Sie herum bin.«

Die Stimme weckte ein vages Echo in meinem Hirn. Das hatte freilich nicht viel zu sagen. In meinem Gedächtnis gab es zu viele solche Echos. Ich fragte mich, was Paul in diesem Moment wohl machte. Eine dünne, scharfe Gestalt löste sich aus dem Lichtfächer, verlor alsbald alle Schärfe oder Gestalt überhaupt und wurde zu einem vagen Rascheln an meiner Seite. Dann war das Rascheln hinter mir. Ich behielt die Hände in der Luft und blinzelte ins grelle Licht der Taschenlampe.

Ein leichter Finger berührte meinen Rücken, dann das harte Ende einer Pistole. Die halb erinnerte Stimme sagte: »Das kann jetzt ein bißchen weh tun.«

Ein Kichern und ein zischendes Geräusch. Ein blendendweißes, heißes Licht sprang durch meine Schädeldecke. Ich sackte über die Barriere und klammerte mich daran und schrie. Meine rechte Hand versuchte unter meinen linken Arm zu zucken.

Beim zweitenmal hörte ich das zischende Geräusch nicht mehr. Ich sah nur noch das blendendweiße Licht, das größer und immer größer wurde, bis die ganze Welt nur noch aus diesem harten, schmerzenden weißen Licht bestand. Dann wurde es finster, und in der Finsternis schlängelte sich etwas Rotes wie eine Mikrobe unter dem Mikroskop. Dann war nichts Rotes mehr da und kein Geschlängel, nur Finsternis und Leere und ein Gefühl endlosen Fallens.

Ich wachte auf, blickte benommen zu einem Stern empor und lauschte zwei Kobolden, die sich in einem schwarzen Hut unterhielten.

»Lou Lid.«

»Was?«

»Lou Lid.«

»Wer ist Lou Lid?«

»Ein rabiater Revolvermann; Nigger; du hast ihn mal auf dem Kommissariat gesehen, wie sie ihn im dritten Grad hatten.«

»Ah . . . Lou Lid.«

Ich wälzte mich herum und klaubte mich in den Boden und kroch auf ein Knie hoch. Ich stöhnte. Es war niemand da. Ich sprach nur mit mir selber, während ich langsam wieder auftauchte. Ich brachte mich ins Gleichgewicht, indem ich die Hände flach gegen den Boden stemmte, lauschte, hörte nichts. Als ich die Hände bewegte, blieben trockene Kletten an der Haut kleben und der klebrige Saft des Purpursalbeis, aus dem die wilden Bienen den größten Teil ihres Honigs beziehen.

Honig ist süß. Viel, viel zu süß und zu schwer im Magen. Ich beugte mich vor und übergab mich.

Zeit verging, und ich brachte meine Innereien langsam wieder zur Ruhe. Ich hörte immer noch nichts, nur das Summen in meinen eigenen Ohren. Ich stand sehr vorsichtig auf, wie ein alter Mann, der aus der Badewanne steigt. Ich hatte kaum Gefühl in den Füßen, und meine Beine waren wie aus Gummi. Ich schwankte und wischte mir den kalten Schweiß der Übelkeit von der Stirn und betastete meinen Hinterkopf. Er fühlte sich weich an und matschig, wie ein angestoßener Pfirsich. Als ich ihn berührte, fuhr mir der Schmerz bis hinunter in die Knöchel. Ich spürte sämtliche Schmerzen, die mir je zuteil geworden waren, seit man mir auf der Volksschule zum erstenmal in den Hintern getreten hatte.

Dann klärten sich meine Augen so weit, daß ich die Umrisse der flachen Senke wahrnehmen konnte, das Ödland mit seinem Gebüsch, das wie eine niedrige Mauer rings an den Hängen wuchs, und die Landstraße, die an der einen Seite hinaufkroch, undeutlich unter dem sinkenden Mond. Dann sah ich den Wagen.

Er stand gar nicht weit von mir, nicht mehr als zwanzig Schritt entfernt. Ich hatte nur noch nicht in die Richtung geblickt. Es war Lindley Pauls Wagen, ohne Licht. Ich taumelte hinüber und griff instinktiv unter meinen Arm nach einer Pistole. Natürlich war jetzt keine mehr dort. Der winselnde Bursche, dessen Stimme mich an irgendwen erinnerte, hatte dafür gesorgt. Aber ich hatte noch meine Federhalter-Taschenlampe. Ich klaubte sie heraus, öffnete die Hintertür des Wagens und stieß den Lichtstrahl hinein.

Er zeigte nichts – kein Blut, keine zerrissene Polsterung, kein gesprungenes oder zersplittertes Glas, keine Leichen. Der Wagen war allem Anschein nach nicht Schauplatz eines Kampfes gewesen. Er war einfach leer. Die Schlüssel hingen am überladenen Armaturenbrett. Man hatte ihn hier hinuntergefahren und stehengelassen. Ich richtete meine kleine Taschenlampe auf den Boden und begann nach ihm zu suchen. Wenn der Wagen noch hier war, mußte auch er hier irgendwo sein.

Dann tuckerte in der kalten Stille auf einmal ein Motor oben am Rand der Senke. Das Licht in meiner Hand ging aus. Andere Lichter – Scheinwerfer – strichen schräg über die ausgefransten Büsche. Ich ließ mich fallen und kroch eilig hinter die Motorhaube von Lindley Pauls Wagen.

Die Lichtstrahlen senkten sich, wurden heller. Sie kamen die Hangstraße hinunter in die Senke. Ich konnte jetzt das dumpfe, leerlaufende Geräusch eines kleinen Motors hören.

Auf halbem Weg hielt der Wagen an. Ein Suchscheinwerfer an der Seite der Windschutzscheibe klickte an und schwenkte herüber. Er senkte sich, hielt dann auf einem Punkt, den ich nicht sehen konnte. Dann klickte er wieder aus, und der Wagen kam langsam weiter den Hang herunter.

Unten drehte er ein bißchen, so daß seine Scheinwerfer die schwarze Limousine erfaßten. Ich nahm meine Oberlippe zwischen die Zähne und spürte erst, als ich das Blut schmeckte, daß ich darauf herumbiß.

Der Wagen drehte noch ein Stückchen mehr. Seine Lichter gingen jäh aus. Der Motor erstarb, und zum zweitenmal wurde die Nacht groß und leer und schwarz und schweigend. Nichts – keine Bewegung, nur die Grillen und Baumfrösche weiter weg, deren Laute die ganze Zeit fortgedauert hatten, ohne daß sie in mein Bewußtsein gedrungen waren. Dann schnappte ein Türschloß, und ein leichter, rascher Schritt klang über den Boden, und ein Lichtstrahl schnitt quer über meinen Kopf wie ein Schwert.

Dann ein Lachen. Ein Mädchenlachen – etwas angestrengt, gespannt wie eine Mandolinensaite. Und der weiße Strahl sprang unter den großen schwarzen Wagen und traf meine Füße.

Die Mädchenstimme sagte scharf: »Das war's, Sie! Kommen Sie raus da! Und die Hände schön hoch und ganz leer, verstanden? Ich hab Sie im Visier!«

Ich rührte mich nicht.

Die Stimme stieß wieder wie ein Dolch nach mir. »Hören Sie zu, ich hab drei Kugeln für Ihre Füße, Mister, und sieben weitere für Ihren Wanst, und die Reservemagazine, die ich dann noch habe, die wechsle ich wie der Blitz. Also?«

»Nehmen Sie Ihr Spielzeug weg!« knurrte ich. »Sonst puste ich's Ihnen aus der Hand.« Meine Stimme klang, als wäre es gar nicht meine. Sie war heiser und belegt.

»Oh, ein ganz ausgekochter Herr.« Es lag jetzt ein leichtes Beben in der Stimme. Dann härtete sie sich wieder. »Also, kommen Sie jetzt? Ich zähle bis drei. Schaun Sie doch mal, was für Vorteile Sie haben – zwölf große fette Zylinder, hinter denen Sie sich verstekken können – oder sind's sechzehn? Die Füße werden Ihnen trotzdem weh tun. Und Knöchel brauchen Jahre, um wieder einigermaßen in Ordnung zu kommen, wenn sie was abgekriegt haben, und manchmal . . .«

Ich richtete mich auf und blickte in ihr Taschenlampenlicht. »Ich rede auch immer zuviel, wenn ich Angst habe«, sagte ich.

»Keinen – keinen Schritt weiter! Wer sind Sie?«

»Ein schäbiger Privatschnüffler – Detektiv für Sie. Ist doch egal.«

Ich ging um den Wagen herum auf sie zu. Sie schoß nicht. Als ich bis auf sechs Schritt herangekommen war, blieb ich stehen.

»Sie bleiben, wo Sie sind«, fuhr sie mich wütend an – nachdem ich schon stehengeblieben war.

»Aber ja doch. Was haben Sie eigentlich da hinten angeleuchtet, mit dem Suchlicht an Ihrer Windschutzscheibe?«

»Einen Mann.«

»Schlimm verletzt?«

»Ich fürchte, er ist tot«, sagte sie einfach. »Und Sie sehn mir selber auch halbtot aus.«

»Ich bin niedergeschlagen worden«, sagte ich. »Davon krieg ich immer so dunkle Ringe unter den Augen.«

»Goldiger Humor«, sagte sie. »Wie ein Leichenbestatter.«

»Sehn wir uns ihn mal an«, sagte ich ruppig. »Sie können mit Ihrem Schießgewehr ja hinter mir bleiben, wenn Sie sich dann sicherer fühlen.«

»Ich hab mich noch nie im Leben sicherer gefühlt«, sagte sie wütend und wich von mir zurück.

Ich umkreiste den kleinen Wagen, in dem sie gekommen war. Ein ganz gewöhnlicher kleiner Wagen, hübsch und sauber und blank in dem bißchen Mondlicht, das noch übriggeblieben war. Ich hörte ihre Schritte hinter mir, achtete aber nicht weiter auf sie. Als ich den Hang etwa halb hinauf war, sah ich, ein paar Schritt seitwärts, seinen Fuß.

Ich richtete meine eigene kleine Taschenlampe auf ihn, und dann fügte das Mädchen die ihre hinzu. Ich sah ihn ganz. Er lag wie hingeschmiert am Boden, auf dem Rücken, am Rand eines Gebüschs. Er lag da wie ein Kleidersack, und das bedeutet immer dasselbe.

Das Mädchen sprach kein Wort. Sie blieb auf Distanz und atmete schwer, aber die Lampe hielt sie so unbewegt und sicher wie ein ausgekochter alter Hase von der Mordkommission.

Eine seiner Hände war ausgestreckt, in gefrorener Bewegung. Die Finger waren gekrümmt. Die andere Hand lag unter ihm, und sein Mantel war verdreht, als hätte man ihn aus dem Wagen geworfen und hierhergewälzt. Sein dichtes blondes Haar war blutig verfilzt und so schwarz wie Schuhcreme unter dem Mond, und auch auf seinem Gesicht war Blut, vermischt mit einem grauen Schlick. Seinen Hut sah ich nicht.

Dann kam der Moment, wo ich mir eigentlich eine Kugel hätte fangen müssen. Bis zu diesem Augenblick hatte ich noch überhaupt nicht an das Päckchen Geld in meiner Tasche gedacht. Jetzt aber überfiel mich dieser Gedanke so jäh, so blitzartig, daß mir die Hand wie von selbst in die Tasche fuhr. Es muß ganz so ausgesehen haben, als griffe sie nach einer Pistole.

Die Tasche war völlig leer. Ich zog die Hand wieder heraus und blickte mich nach dem Mädchen um.

»Also, Mister«, seufzte sie halb, »wenn ich mir über Ihr Gesicht nicht schon ein Urteil gebildet hätte . . .«

»Ich hatte zehn Riesen bei mir«, sagte ich. »Das Geld gehörte ihm. Ich hab's ihm nur getragen. Es war für eine Auslösung. Mir fiel das jetzt erst plötzlich wieder ein. Und Sie haben das allersüßeste Nervenkostüm, das mir je bei einer Frau begegnet ist. Ich habe ihn nicht umgebracht.«

»Der Gedanke ist mir auch nie gekommen«, sagte sie. »Jemand muß ihn sehr gehaßt haben, daß er ihm derart den Schädel zu Brei geschlagen hat.«

»Ich hab ihn nicht lange genug gekannt, um ihn zu hassen«, sagte ich. »Halten Sie mal wieder die Taschenlampe hin.«

Ich kniete nieder und durchsuchte seine Taschen, versuchte ihn dabei nicht zu sehr zu bewegen. Er hatte etwas Silbergeld bei sich und ein paar Scheine, Schlüssel in einem Täschchen aus geprägtem Leder, die übliche Brieftasche mit dem üblichen Fensterfach für den Führerschein und die üblichen Versicherungskarten dahinter. In der Brieftasche kein Geld. Ich fragte mich, warum sie seine Hosentaschen wohl ungefilzt gelassen hatten. In Panik geraten vielleicht, durch das Licht. Sonst hätten sie ihn ja bestimmt bis aufs Rockfutter ausgeplündert. Ich holte noch weiteres Zeug ans Licht ihrer Taschenlampe: zwei feine Taschentücher, so weiß und frisch wie trockener Schnee; ein halbes Dutzend Streichholzbriefchen aus eleganten Nachtlokalen; ein silbernes Zigarettenetui, schwer wie ein Blumentopf und gefüllt mit seinen importierten Straight Cuts; ein weiteres Zigarettenetui, mit einem Schildpattrahmen und einer Flächenbespannung aus bestickter Seide, auf jeder ein sich windender Drache. Ich kitzelte den Verschluß auf, und da steckten drei lange Zigaretten unter dem Gummiband, russische, mit hohlem Mundstück. Ich drückte eine zusammen. Sie fühlte sich trocken an, alt.

»Vielleicht für Damen«, sagte ich. »Er rauchte andere.«

»Oder vielleicht Yuyus«, sagte das Mädchen hinter mir, und ihr

Atem traf meinen Hals. »Ich hab mal einen gekannt, der die rauchte. Kann ich mal sehen?«

Ich reichte ihr das Etui hoch, und sie stocherte mit dem Strahl ihrer Taschenlampe darin herum, bis ich sie anknurrte, sie solle sie gefälligst wieder auf den Boden richten. Sonst gab es ja doch nichts zu untersuchen. Sie ließ das Etui zuschnappen und händigte es mir wieder aus, und ich steckte es in die Brusttasche des Toten zurück.

»So, das wäre alles. Wer ihn auch niedergeschlagen hat, er hat Angst gehabt, noch länger dazubleiben und aufzuräumen. Danke.«

Ich stand ganz beiläufig auf und drehte mich um und riß ihr die kleine Pistole aus der Hand.

»Verdammt, Sie müssen nicht gleich roh zu mir werden!« fuhr sie mich an.

»Nun mal raus mit der Sprache«, sagte ich. »Wer sind Sie, und wieso treiben Sie sich um Mitternacht hier in der Gegend herum?«

Sie tat so, als hätte ich ihr die Hand lädiert, richtete die Taschenlampe darauf und betrachtete sie sorgfältig.

»Dabei bin ich so nett zu Ihnen gewesen, oder?« beschwerte sie sich. »Ich platze vor Neugier und hab Angst und hab Ihnen doch keine einzige Frage gestellt!«

»Sie waren großartig«, sagte ich. »Aber ich befinde mich in einer Lage, wo ich nicht lange fackeln kann. Wer sind Sie? Und löschen Sie mal die Fackel jetzt. Wir brauchen kein Licht mehr.«

Sie machte die Taschenlampe aus, und die Finsternis erhellte sich schrittweise, bis wir die Umrisse der Büsche erkennen konnten und den hingestreckten Körper des toten Mannes und den blassen Widerschein am südöstlichen Himmel, wo Santa Monica lag.

»Ich heiße Carol Pride«, sagte sie. »Wohne in Santa Monica. Versuche für eine Pressezentrale Features zu schreiben. Manchmal kann ich nachts nicht einschlafen, und dann fahre ich so rum – einfach durch die Gegend. Ich kenne das ganze Land hier wie ein Buch. Ich hab Ihr kleines Licht hier unten in der Senke flackern sehen und fand es eigentlich für junge Liebende ganz schön kalt – falls die Licht dabei brauchen.«

»Weiß ich nicht«, sagte ich. »Hab's selber nie gebraucht. Sie haben also auch noch Ersatzmagazine für dies Pistölchen. Vielleicht gar einen Waffenschein?«

Ich wog die kleine Waffe auf der Hand. Im Dunkeln fühlte sie sich an wie ein 25er Colt. Sie war gut ausbalanciert für so ein kleines Ding. Es sind schon viele gute Männer mit 25ern schlafen gelegt worden.

»Sicher hab ich einen Waffenschein. Das mit den Ersatzmagazinen war allerdings bloß Bluff.«

»Sie schrecken wohl vor gar nichts zurück, Miss Pride! Oder sollte es Mrs. heißen?«

»Nee, sollte es nicht . . . diese Gegend hier ist nicht gefährlich. Die Leute schließen da nicht mal die Haustür ab. Wahrscheinlich haben ein paar böse Männer das spitzgekriegt, wie einsam es hier ist.«

Ich drehte die kleine Pistole herum und hielt sie ihr hin. »Hier. Ich hab heut nicht meinen schlauen Abend. Wenn Sie jetzt noch so gut sein wollen, mich runter nach Castellamare zu fahren, dann nehme ich da meinen Wagen und sehe zu, daß ich die Polizei auftreibe.«

»Sollte nicht jemand hier bei ihm bleiben?«

Ich sah auf das Leuchtzifferblatt meiner Armbanduhr. »Es ist Viertel vor eins«, sagte ich. »Wir lassen ihn bei den Grillen und den Sternen. Gehn wir.«

Sie steckte die Pistole in ihre Handtasche, und wir gingen den Hang wieder hinunter und stiegen in ihren Wagen. Sie kriegte ihn ohne Licht herum und fuhr den Hang wieder hoch. Der große schwarze Wagen sah wie ein Denkmal aus, wie er dort stehenblieb hinter uns.

Oben am Rand der Senke stieg ich aus und schleppte die weiße Barriere wieder an ihren Ort, quer über der Straße. Jetzt lag er sicher dort für die Nacht und wahrscheinlich für viele Nächte.

Das Mädchen sprach kein Wort, bis wir in die Nähe des ersten Hauses kamen. Dann schaltete sie die Lichter an und sagte ruhig: »Sie haben Blut im Gesicht, Mr. Wie-immer-Sie-heißen, und ich hab noch nie einen Mann gesehen, der nötiger einen Drink gebraucht hätte. Warum fahren wir nicht zu meinem Haus zurück und rufen von da in West Los Angeles an? Hier in der Gegend gibt's weiter nichts als eine Feuerwache.«

»John Dalmas ist der werte Name«, sagte ich. »Das Blut in meinem Gesicht gefällt mir gut. Sie werden wohl kaum Wert darauf legen, in so ein Schlamassel mit reingezogen zu werden. Ich erwähne Sie am besten überhaupt nicht.«

Sie sagte: »Ich bin ein armes Waisenkind und lebe ganz allein. Es würde mir nicht das geringste ausmachen.«

»Fahren Sie nur immer schön weiter, bis runter zum Strand«, sagte ich. »Von da ab spiele ich die Partie solo.«

Aber wir mußten doch noch einmal halten, bevor wir nach Castellamare kamen. Die Bewegung des Wagens veranlaßte mich, die Büsche aufzusuchen und mich ein zweitesmal zu übergeben.

Als wir zu der Stelle kamen, wo mein Wagen geparkt war und die endlose Treppe den Berg hinauf begann, sagte ich ihr gute Nacht und setzte mich in den Chrysler und blieb dort sitzen, bis ich ihre Rücklichter nicht mehr sehen konnte.

Das Straßencafé hatte noch offen. Ich hätte hineingehen und einen Schluck trinken können und telephonieren. Aber es schien mir doch ratsamer, das zu tun, was ich eine halbe Stunde später auch tat – direkt ins Polizeirevier nach West Los Angeles zu stapfen, stocknüchtern und grün, das Blut noch im Gesicht.

Bullen sind auch nur Menschen. Und ihr Whisky ist genausogut wie das Zeug, das man über die Theke geschoben kriegt.

III

Lou Lid

Ich hab die Geschichte nicht besonders gut erzählt. Sie schmeckte mir die ganze Zeit immer weniger. Reavis, der Mann, der von der städtischen Mordkommission herausgekommen war, lauschte mir stumm, die Augen auf den Boden gerichtet, und hinter ihm hockten zwei Männer in Zivil wie eine Leibwache. Eine Streifenwageneinheit war schon längst zu der Senke rausgefahren, um die Leiche zu bewachen.

Reavis war ein dünner, schmalgesichtiger, ruhiger Mann um die Fünfzig, mit glatter grauer Haut und makelloser Kleidung. Seine Hosen hatten eine messerscharfe Falte, und er zog sie sorgsam hoch, nachdem er sich gesetzt hatte. Hemd und Krawatte sahen aus, als hätte er sie vor zehn Minuten erst frisch angelegt, und sein Hut machte den Eindruck, als wäre er überhaupt unterwegs erst gekauft worden.

Wir saßen im Zimmer des Captain, der den Tagesdienst hatte, auf dem Polizeirevier von West Los Angeles, unweit vom Santa Monica Boulevard, Nähe Sawtelle. Außer uns vieren war niemand dabei. Ein Betrunkener, der darauf wartete, bei Morgengrauen in die Stadt und vor den Richter gebracht zu werden, war, während wir redeten, in seiner Zelle damit beschäftigt, den australischen Busch-Ruf von sich zu geben.

»Mein Posten heut abend war also bloß der eines Leibwächters«, sagte ich am Schluß. »Und der ist mir ganz schön in die Binsen gegangen.«

»Darüber würde ich mir keine grauen Haare wachsen lassen«, sagte Reavis gelassen. »Das könnte jedem passieren. So wie sich mir das Ganze darstellt, hat man Sie für diesen Lindley Paul gehalten, Sie einfach niedergeschlagen, um sich lange Auseinandersetzungen zu sparen und reichlich genug Zeit zu gewinnen, und vielleicht hatten die Kerls das Zeug gar nicht bei sich und gedachten's auch gar nicht so billig herauszugeben. Als sie dann feststellten, daß Sie der Paul nicht waren, kriegten sie die Wut und ließen's an ihm aus.«

»Er hatte eine Pistole«, sagte ich. »Eine piekfeine Lueger. Aber wenn einen zwei Schrotflinten anstarren, ist das ja nicht grad geeignet, einen sehr martialisch zu stimmen.«

»Jetzt mal zu diesem Bruder aus der Niggerstadt«, sagte Reavis. Er langte nach einem Telephon, das auf dem Schreibtisch stand.

»Bloß eine Stimme im Dunkeln. Mit Sicherheit könnte ich's nicht sagen.«

»Hm, ja, aber wir werden mal nachschauen, was er so um die Zeit getrieben hat. Lou Lid. Ein Name, der sich einprägt.«

Er hob den Hörer von der Gabel und sagte zu dem Mann in der Vermittlung: »Den Diensthabenden im Präsidium, Joe ... Hier Reavis, draußen in West L. A., der Überfall-Mord. Ich suche einen Revolvermann, Neger oder Halbneger, Name Lou Lid. Etwa zweiundzwanzig bis vierundzwanzig, helles Braun, gepflegtes Äußeres, klein, sagen wir fünfundsechzig Kilo, schielt auf einem Auge, hab vergessen, auf welchem. Er hat was auf der Karte, aber nicht viel, und war schon häufig dran, ist aber immer wieder raus. Die Jungs vom Siebenundsiebzigsten werden ihn kennen. Ich will, daß genau überprüft wird, wo er sich heute abend rumgetrieben hat. Lassen Sie unserer farbigen Streife eine Stunde, dann geben Sie's durch über Funk.«

Er gabelte den Hörer zurück und blinzelte mich an. »Wir haben die besten farbigen Beamten westlich von Chicago. Wenn er in der Stadt ist, treiben sie ihn auf, ohne auch nur hinzugucken. Wolln wir jetzt mal rausfahren?«

Wir gingen die Treppe hinunter und stiegen in einen Streifenwagen und fuhren zurück durch Santa Monica zur Palisades.

Stunden später erst, im kalten grauen Dämmerlicht der Frühe, kam ich heim. Ich hatte grad ein Aspirin verschlungen, einen Whisky draufgekippt und mir den Hinterkopf mit sehr heißem Wasser gewaschen, als mein Telephon schrillte. Es war Reavis.

»Also, diesen Lou Lid haben wir«, sagte er. »Pasadena hat ihn gekriegt, ihn und einen Mex namens Fuente. Haben die beiden am Arroyo Seco Boulevard aufgesammelt – nicht direkt mit Schaufeln, aber doch ziemlich vorsichtig.«

»Weiter«, sagte ich und hielt den Hörer so fest gepackt, als sollte er in Stücke gehen, »erzählen Sie schon die Pointe.«

»Die haben Sie bereits erraten. Man hat die beiden unter der Colorado Street Bridge gefunden. Geknebelt, von oben bis unten verschnürt mit altem Draht. Und zu Matsch zerschmettert wie faule Tomaten. Wie gefällt Ihnen das?«

Ich atmete schwer. »Das hatte mir grad noch gefehlt, um wie ein satter Säugling zu schlafen«, sagte ich.

Die harte Betondecke des Arroyo Seco Boulevard liegt gute fünfundsiebzig Fuß direkt unterhalb der Colorado Street Bridge – manchmal auch als Selbstmörderbrücke bekannt.

»Tja«, sagte Reavis nach einer Pause, »sieht ganz so aus, als hätten Sie da in was Faules gebissen. Was sagen Sie denn jetzt dazu?«

»Wenn ich mal auf die Schnelle so raten soll, würde ich sagen, da haben zwei superschlaue Ganeffs, die irgendwie Wind gekriegt hatten von der Sache, sich die Moneten unter den eigenen Nagel reißen wollen und sind dabei buchstäblich auf dem Bauch gelandet.«

»Das würde heißen, daß jemand aus dem Kreis der Betroffenen mitgemischt hätte«, sagte Reavis. »Sie denken an Burschen, die von den Perlen und dem Überfall wußten, die Perlen selber aber nicht hatten. Ich neige eher zu der Annahme, daß sie versucht haben, mit der kompletten Beute aus der Stadt zu türmen, statt sie dem Boss abzuliefern. Oder meinetwegen auch, daß der Boss sich gedacht hat, er hätte zu viele Mäuler zu füttern.«

Er sagte gute Nacht und wünschte mir angenehme Träume. Ich trank eine Menge Whisky, genug, um den Schmerz in meinem Kopf zu ersäufen. Was mehr war, als mir guttat.

Ich kam mit einer Verspätung ins Büro, die schon mehr als vornehm war, fühlte mich aber gar nicht danach. Zwei Nähte hinten in meinem Skalp hatten angefangen zu ziehen, und das Pflaster über der rasierten Stelle brannte wie der entzündete Fußballen eines Barmanns.

Mein Büro bestand aus zwei Räumen, permanent umweht vom Restaurantgeruch des Mansion House Hotel. Der kleinere war ein Empfangszimmer, das ich immer unverschlossen ließ, damit meine Klienten sich dort niederlassen und warten konnten – gesetzt den Fall, ich hatte mal einen Klienten, und er war auch gewillt, auf mich zu warten. Jetzt saß Carol Pride drinnen und rümpfte die Nase über die verschossene rote Couch, die beiden nicht dazu passenden Sessel, das kleine Eckchen Teppich und den Tisch im Schuljungenformat, mit den vorsintflutlichen Zeitschriften darauf.

Sie trug ein Tweed-Kostüm, bräunlich getüpfelt, mit breitem Revers und einem männlich geschnittenen Hemd mit Krawatte, dazu hübsche Schuhe und einen schwarzen Hut, der, soweit ich das beurteilen konnte, gut seine zwanzig Dollar gekostet hatte und aussah, als hätte man ihn sich mit der linken Hand aus einer alten Schreibtischunterlage machen können.

»Soso, irgendwann stehn Sie also doch mal auf«, sagte sie. »Schön, daß ich das weiß. Ich dachte allmählich schon, Sie erledigten Ihre ganze Arbeit im Bett.«

»Pfui«, sagte ich. »Kommen Sie in mein Boudoir.«

Ich schloß die Verbindungstür auf, was besser aussah, als wenn ich dem Schloß bloß einen leichten Tritt versetzt hätte – was aber aufs selbe hinausgelaufen wäre –, und wir betraten den Rest der Suite, der aus einem rostroten Teppich mit zahlreichen Tintenflekken drauf bestand, fünf grünen Aktenschränken, von denen drei nur das gute kalifornische Klima enthielten, einem Reklamekalender, der die Dionne-Fünflinge zeigte, wie sie auf einem himmelblauen Boden herumtollten, ein paar fast wie Nußbaum anmutenden Stühlen und dem üblichen Schreibtisch mit den üblichen Schuhabsatzspuren auf der Platte und dem üblichen quietschenden Drehsessel dahinter. In dem ließ ich mich nieder und stülpte den Hut über das Telephon.

Ich hatte sie bisher noch gar nicht richtig gesehen, selbst im gut beleuchteten Castellamare unten. Sie sah aus wie sechsundzwanzig etwa – und als hätte sie nicht besonders gut geschlafen. Sie hatte ein müdes, hübsches Gesichtchen unter toupiertem braunen Haar, eine ziemlich schmale Stirn, die höher war, als im allgemeinen für elegant gilt, ein schmales wißbegieriges Näschen, eine Oberlippe, die eine Spur zu breit war. Ihre Augen konnten sehr blau sein, wenn sie es versuchten. Sie wirkte ruhig, aber nicht wie ein Duckmäuschen. Sie wirkte smart, aber nicht so, wie man das Wort in Hollywood versteht.

»Ich hab's in der Abendzeitung gelesen, die jetzt morgens rauskommt«, sagte sie. »Das bißchen jedenfalls, was davon drinstand.«

»Was bedeutet, daß die Polizei keinen großen Wirbel darum zu machen gedenkt. Sonst hätte sie's für die Morgenblätter zurückgehalten.«

»Na schön, aber trotzdem hab ich mich inzwischen ein bißchen umgetan für Sie«, sagte sie.

Ich starrte sie fest an, schob eine flache Zigarettenschachtel über den Tisch und stopfte mir meine Pfeife. »Da liegen Sie aber schief«, sagte ich. »Der Fall geht mich gar nichts an. Ich hab mein Fett abgekriegt gestern nacht und mich dann mit einer Flasche ins Bett gehauen. Das Ganze ist ein Job für die Polizei.«

»Davon bin ich nicht ganz so überzeugt«, sagte sie. »Jedenfalls nicht ausschließlich. Und im übrigen müssen Sie sich ja auch noch Ihr Honorar verdienen. Oder haben Sie keins gekriegt?«

»Fünfzig Eier«, sagte ich. »Und die geb ich zurück, sobald ich weiß, wem sie zustehen. Selbst meine Mutter würde nicht behaupten, daß ich sie verdient hätte.«

»Sie gefallen mir«, sagte sie. »Irgendwie sehn Sie wie ein Bursche aus, der fast mal ein Lump geworden wäre – aber dann ist ihm noch rechtzeitig was dazwischengekommen, in allerletzter Minute. Wissen Sie eigentlich, wem dieses Jade-Kollier gehört hat?«

Ich setzte mich mit einem Ruck auf, der richtig weh tat. »Welches Jade-Kollier?« schrie ich fast. Ich hatte ihr nichts von einem Jade-Kollier gesagt. Und auch in der Zeitung hatte nichts von einem Jade-Kollier gestanden.

»Sie müssen nicht gleich wie wild kombinieren. Ich hab mit dem Mann gesprochen, der den Fall bearbeitet – Leutnant Reavis. Hab ihm erzählt, was gestern nacht los war. Ich komme mit Polizisten ganz gut zurecht. Er dachte, ich wüßte mehr, als ich wußte. Also hat er mir so ein paar Sachen erzählt.«

»Na schön – und wem gehört das Ding?« fragte ich, nach schwerem Schweigen.

»Einer Mrs. Philip Courtney Prendergast, einer Dame, die in Beverly Hills wohnt – einen Teil des Jahrs jedenfalls. Ihr Mann hat eine Million oder so und eine kranke Leber. Mrs. Prendergast ist eine schwarzäugige Blondine, die sich amüsieren geht, während Mr. Prendergast zu Hause bleibt und Kalomel schluckt.«

»Blondinen stehn nicht auf Blonde«, sagte ich. »Lindley Paul war so blond wie ein Schweizer Jodler.«

»Seien Sie nicht albern. Sie lesen zu viele Filmzeitschriften. Diese Blondine stand durchaus auf diesen Blonden. Das *weiß* ich. Der Redakteur vom Gesellschaftsteil des *Chronicle* hat's mir erzählt. Er wiegt zwei Zentner und hat einen Schnurrbart, und sie nennen ihn Giddy Gertie.«

»Und er hat Ihnen auch von dem Kollier erzählt?«

»Nee. Das hat der Manager von der Blocks Jewellery Company. Ich hab ihm vorgeschwindelt, ich schriebe einen Artikel über seltene Jade – für die *Police Gazette.* Jetzt haben Sie mich schon angesteckt, daß *ich* die albernen Witze reiße.«

Ich zündete mir meine Pfeife zum drittenmal an, quietschte meinen Stuhl zurück und fiel fast hintenüber.

»Reavis weiß das alles?« fragte ich und versuchte sie weiter anzustarren, ohne daß es allzusehr auffiel.

»Gesagt hat er's nicht direkt. Aber rauskriegen kann er's ganz leicht. Und wird er's auch, zweifellos. Dem macht keiner was vor.«

»Außer Ihnen«, sagte ich. »Hat er Ihnen auch von Lou Lid erzählt und Fuente, dem Mexikaner?«

»Nein. Wer sind die beiden?«

Ich erzählte ihr von ihnen. »Ach, das ist ja schrecklich«, sagte sie und lächelte.

»Ihr alter Herr ist nicht zufällig Bulle gewesen, oder?« fragte ich argwöhnisch.

»Polizeichef von Pomona, fast fünfzehn Jahre lang.«

Da sagte ich nichts mehr. Ich erinnerte mich, daß Polizeichef John Pride von Pomona vor etwa vier Jahren von zwei jugendlichen Banditen erschossen worden war.

Nach einer Weile sagte ich: »Das hätt ich mir eigentlich denken können. Na schön, und was nun?«

»Ich wette mit Ihnen fünf gegen eins, daß Mrs. Prendergast ihr Kollier nicht zurückbekommen hat und daß ihr gelbsüchtiger Ehemann genug Einfluß besitzt, um diesen Teil der Geschichte samt ihrem Namen aus den Zeitungen rauszuhalten, und daß sie jetzt einen netten Detektiv braucht, der ihr hilft, die Sache wieder ins Lot zu bringen – und zwar ohne daß es einen Skandal gibt.«

»Wieso sollte es den geben?«

»Ach, ich weiß nicht. Sie ist der Typ, bei dem immer ein ganzer Korbvoll davon im Schlafzimmer rumsteht.«

»Mir steigt der Verdacht auf, daß Sie mit ihr gefrühstückt haben«, sagte ich. »Wann sind Sie aufgestanden heute früh?«

»Nein, ich kann sie erst um zwei Uhr sehen. Aufgestanden bin ich um sechs.«

»Mein Gott«, sagte ich und holte eine Flasche aus der tiefen Schublade meines Schreibtischs. »Mir tut der Kopf schrecklich weh.«

»Bloß einen«, sagte Carol Pride scharf. »Und nur weil Sie Prügel abgekriegt haben. Wenn das auch wahrscheinlich ziemlich oft vorkommt.«

Ich beförderte den Drink in mein Inneres, verkorkte die Flasche, wenn auch nicht zu fest, und holte tief Luft.

Das Mädchen griff in ihrer braunen Handtasche herum und sagte: »Da wäre dann noch etwas. Aber die Sache sollten Sie vielleicht doch selber übernehmen.«

»Schön, zu wissen, daß ich hier immer noch Arbeit habe«, sagte ich.

Sie ließ drei lange russische Zigaretten über den Tisch rollen. Sie lächelte nicht.

»Sehn Sie mal im Mundstück nach«, sagte sie, »und ziehn Sie Ihre eigenen Schlüsse. Ich hab sie gestern nacht aus dem chinesischen Etui stibitzt. An allen ist was dran, was Sie wundern wird.«

»Und so was ist nun die Tochter eines Polizisten!« sagte ich.

Sie stand auf, wischte mit ihrer Handtasche ein bißchen Pfeifenasche von der Schreibtischkante und wandte sich zur Tür.

»Außerdem auch eine Frau. Ich gehe jetzt einen zweiten Gesellschaftsredakteur besuchen, um noch mehr über Mrs. Philip Courtney Prendergast und ihr Liebesleben zu erfahren. Macht Spaß, was?«

Die Bürotür und mein Mund schlossen sich ungefähr im selben Moment.

Ich griff nach einer der russischen Zigaretten. Ich kniff sie zwischen den Fingern zusammen und spähte in das hohle Mundstück. Es schien sich etwas Gerolltes darin zu befinden, wie ein Stück Papier oder dünner Karton, etwas, was dem Zug der Zigarette kaum förderlich sein konnte. Ich brachte es schließlich fertig, dieses Etwas mit der Nagelfeile meines Taschenmessers herauszuangeln.

Es war tatsächlich ein Stückchen Karton, eine dünne elfenbeinfarbene Visitenkarte, Herrenformat. Drei Worte standen darauf, in Prägedruck, nichts sonst.

Soukesian der Magier

Ich sah in den Mundstücken der anderen Zigaretten nach, fand auch dort in jedem eine solche Karte. Das Ganze sagte mir nichts. Ich hatte noch nie etwas von Soukesian dem Magier gehört. Nach einer Weile schlug ich im Telephonbuch nach. Es verzeichnete einen Mann namens Soukesian an der West Seventh. Der Name klang armenisch, also sah ich noch einmal unter »Orientteppichen« im Branchenverzeichnis nach. Da stand er denn auch tatsächlich, aber das bewies ja noch nichts. Man braucht keine übersinnlichen Fähigkeiten, um Orientteppiche zu verkaufen. Höchstens wenn man sie kaufen will, empfiehlt es sich, darüber zu verfügen. Und irgendeine innere Stimme sagte mir, daß dieser Soukesian auf der Karte mit Orientteppichen nichts zu tun hatte.

Ich hatte eine ganz dunkle Vorstellung, von welcher Sorte das Geschäft war, das er betrieb, und von welcher Sorte die Kundschaft, die zu ihm ging. Und je mehr Erfolg er hatte, desto weniger war er auf Reklame angewiesen. Wenn man ihm genügend Zeit ließ und genügend bezahlte, wußte er wahrscheinlich gegen alles ein Mittel, vom müden Ehemann bis zur Heuschreckenplage. Er war Experte für frustrierte Frauen, für kitzlige und vertrackte Liebesaffären, für gammelnde Söhnchen, die nicht nach Hause geschrieben hatten; er entschied, ob bestimmte Vermögenswerte jetzt abzustoßen oder noch ein weiteres Jahr zu halten waren, ob eine bestimmte Rolle dem Image beim Publikum schaden oder nützen konnte. Selbst Männer suchten ihn vermutlich auf – Kerle, die in ihren Büros wie die Stiere herumbrüllten, aber innerlich weich waren wie kalter Brei. Aber hauptsächlich Frauen – Frauen mit Geld, Frauen mit Juwelen, Frauen, die sich wie Seidenfäden um einen schlanken asiatischen Finger wickeln ließen.

Ich stopfte mir die Pfeife neu und gab meinen Gedanken ein paar kräftige Stöße, ohne dabei den Kopf allzusehr zu bewegen, und fischte herum nach einem Grund, der einen Menschen veranlassen konnte, ein zweites Zigarettenetui bei sich zu tragen, mit drei Zigaretten darin, die nicht zum Rauchen bestimmt waren, sondern nur als Versteck dienten, alle drei, für den Namen eines anderen Menschen.

Wer sollte diesen Namen wohl finden?

Ich schob die Flasche auf die Seite und grinste. *Jeder* konnte diese Karten finden, der Lindley Paul mit einem feingezähnten Kamm durch die Taschen ging – der die Augen dabei aufsperrte und sich Zeit ließ.

Wer würde das tun? Ein Polizist. Und wann? Wenn Mr. Lindley Paul unter mysteriösen Umständen zu Tode kam oder schwer verletzt wurde.

Ich nahm meinen Hut vom Telephon und rief einen Mann namens Willy Peters an, der – nach eigenen Angaben – in der Versicherungsbranche tätig war und nebenbei noch Telephonnummern verhökerte, die nicht im amtlichen Verzeichnis standen und die er sich durch Bestechung bei Dienstmädchen und Chauffeuren verschaffte. Sein Satz war fünf Eier. Ich fand, daß Lindley Paul dafür aus seinen fünfzig schon aufkommen konnte.

Willy Peters hatte, was ich brauchte. Es war eine Nummer in Brentwood Heights.

Ich rief Reavis im Präsidium an. Er sagte, alles wäre in schönster Ordnung, bis auf seinen Nachtschlaf, und was mich beträfe, so sollte ich einfach bloß den Mund halten und mir keine Gedanken machen, nur von dem Mädchen hätte ich ihm ja doch erzählen können. Ich sagte, da hätte er recht, aber vielleicht hätte er selber eine Tochter und wäre nicht unbedingt scharf drauf, einen Haufen Kamerahunde über sie herfallen zu sehen. Er sagte, er hätte allerdings und wäre nicht, und eine besonders gute Figur machte ich nun wirklich nicht in dem Fall, aber das könnte schließlich jedem passieren, und damit Gott befohlen.

Ich rief Veilchen M'Gee an, um ihn für irgendeinen Tag, wo er mal beim Zahnklempner gewesen wäre und den Mund schön wund hätte, zum Lunch einzuladen. Aber er war oben in Ventura, um einen Gefangenen zurückzubringen. Dann wählte ich die Nummer in Brentwood Heights, Soukesian den Magier.

Nach einer Weile sagte eine leicht fremdländisch klingende Frauenstimme: »'allo.«

»Kann ich Mr. Soukesian sprechen?«

»Tutt mir serr leid. Soukesian spricht nie über Telephon. Ich sein Sekretärrin. Kann vielleicht etwas ausrichten?«

»Ja-ah. Haben Sie einen Bleistift?«

»Abber natürrlich haben Bleistift. Was, bittä, ausrichten?«

Ich gab ihr zuerst mal meinen Namen samt Adresse, Beruf und Telephonnummer. Ich vergewisserte mich, daß sie alles richtig geschrieben hatte. Dann sagte ich: »Es handelt sich um den Mord an einem Mann namens Lindley Paul. Gestern nacht unten an der Palisade, Nähe Santa Monica. Ich würde Mr. Soukesian gern in dieser Sache konsultieren.«

»Wirrrd ihn serr freuen.« Ihre Stimme war so gelassen wie eine Auster. »Abber natürrlich ich kann nicht geben Ihnen Terrmin noch heute. Soukesian, er ist immer serr beschäftigt. Vielleicht morrgen . . .«

»Nächste Woche wäre noch viel schöner«, sagte ich herzlich. »Ermittlungen in einer Mordsache sind nie im geringsten eilig. Richten Sie ihm einfach nur aus, daß ich ihm zwei Stunden Zeit gebe – dann bin ich mit dem, was ich weiß, bei der Polizei.«

Stille. Vielleicht war es ein tiefes Luftholen, was ich hörte, vielleicht aber auch nur ein Geräusch in der Leitung. Dann sagte die langsame fremdländische Stimme: »Ich werrde ihm ausrichten. Abber ich verstehe nicht . . .«

»Machen Sie Dampf dahinter, mein Engel. Ich warte in meinem Büro.«

Ich legte auf, befingerte meinen Hinterkopf, steckte die drei Karten in meine Brieftasche und hatte das Gefühl, jetzt was Warmes im Bauch vertragen zu können. Ich ging hinunter, um es mir zu holen.

IV

Zweite Ernte

Der Indianer roch. Er roch quer durch mein kleines Empfangszimmer herüber, als ich die Außentür aufgehen hörte und aufstand, um nachzusehen, wer da kam. Er stand an der Tür und sah aus, als wäre er aus Bronze gegossen. Er war, von der Taille an aufwärts, ein großer Mann und hatte eine breite Brust.

Sonst wirkte er wie ein Fechtbruder. Er trug einen braunen Anzug, der ihm zu klein war. Mindestens zwei Nummern zu klein war auch sein Hut, den vor ihm jemand verschwitzt hatte, der besser damit zurechtgekommen war. Er trug ihn etwa da, wo ein Haus seinen Wetterhahn sitzen hat. Sein Kragen hatte den behaglichen Sitz eines Pferde-Kummets und etwa dieselbe schmutzigbraune Färbung. Ein Schlips baumelte daran, über seiner zugeknöpften Jacke, und war, offenbar mit Hilfe einer Kneifzange, zu einem Knoten gebunden worden, der die Größe einer Kichererbse hatte. Um den nackten Hals über dem Kragen trug er ein Etwas, das wie ein Stück schwarzes Band aussah.

Er hatte ein großes, flaches Gesicht, eine große, hochrückige, fleischige Nase, die so hart aussah wie der Bug eines Panzerkreuzers. Er hatte lidlose Augen, schlaffe Hängebacken, die Schultern eines Grobschmieds. Wenn man ihn ein bißchen gesäubert und ihm ein weißes Nachthemd übergezogen hätte, wäre er als durch und durch verruchter römischer Senator verwendbar gewesen.

Sein Geruch war der erdige Geruch des unzivilisierten Menschen; schmutzig, aber nicht vom Schmutz der Städte. »Huh«, sagte er. »Schnell kommen. Kommen gleich.«

Ich winkte mit dem Daumen nach dem inneren Büro und ging wieder hinein. Er folgte mir gewichtig und machte beim Gehen soviel Lärm wie eine Fliege. Ich setzte mich hinter meinen Schreibtisch und deutete auf den Stuhl gegenüber, aber er nahm nicht Platz. Seine kleinen schwarzen Augen blickten feindselig.

»Wohin kommen?« wollte ich wissen.

»Huh. Ich Zweite Ernte. Ich Hollywood-Indianer.«

»Nehmen Sie Platz, Mr. – äh – Ernte.«

Er schnaubte, und seine Nasenlöcher wurden sehr weit. Sie waren schon vorher weit genug gewesen, um einer mittleren Maus als Schlupfloch zu dienen.

»Name ist Zweite Ernte. Nix Mr. Ernte. Quatsch.«

»Was wünschen Sie?«

»Er sagen, schnell kommen. Großer weißer Vater sagen, kommen gleich. Er saggen . . .«

»Nun lassen Sie mal das Küchen-Latein«, sagte ich. »Ich bin keine Schullehrerin beim Schlangentanz.«

»Quatsch«, sagte er.

Er nahm mit langsamem Ekel den Hut vom Kopf und drehte ihn um. Er fuhr mit dem Finger unter das Schweißband und stülpte es hoch, so daß es in seiner ganzen Pracht zu sehen war. Er zog eine Heftklammer von der Lederkante und rückte mir dann nah genug auf den Pelz, daß er mir einen schmutzigen Faltstreifen Seidenpapier auf den Schreibtisch werfen konnte. Er deutete ärgerlich darauf. Sein glattes, fettiges schwarzes Haar hatte eine Delle, die wie ein Sims rundum lief, oben, von dem zu engen Hut.

Ich faltete den Fetzen Seidenpapier auseinander und fand eine Karte, auf der stand: *Soukesian der Magier.* Hauchdünne Schrift, hübsch geprägt. Ich hatte drei genau gleiche davon in meiner Brieftasche.

Ich spielte mit meiner leeren Pfeife, starrte den Indianer an, versuchte ihn aus der Fassung zu bringen mit meinem Starren. »Okay. Was will er?«

»Er wollen, daß kommen gleich. Schnell.«

»Quatsch«, sagte ich. Dem Indianer gefiel das. Es war das Zeichen der Brüderlichkeit. Er grinste fast. »Das kostet ihn aber hundert Eier Vorschuß«, fügte ich hinzu.

»Huh?«

»Hundert Dollar. Eiserne Männchen. Kies und Murmeln, Pinkepinke. Ich nix Geld, ich nix kommen. Kapiert?« Ich begann ihm vorzuzählen, indem ich beide Fäuste öffnete und schloß.

Der Indianer stieß einen zweiten Faltstreifen Seidenpapier auf den Tisch. Ich entfaltete ihn. Er enthielt eine funkelnagelneue Hundertdollarnote.

»Magier stimmt«, sagte ich. »Vor einem Burschen, der so schlau ist, krieg ich richtig Angst, aber ich komme trotzdem.«

Der Indianer setzte sich den Hut wieder auf den Kopf, ohne sich extra die Mühe zu machen, das Schweißband wieder nach innen zu stülpen. Das Bild, das er bot, war so auch nur wenig komischer als vorher.

Ich zog eine Pistole unter dem Arm hervor, leider nicht die von letzter Nacht – ich verliere nur sehr ungern eine Pistole –, ließ das Magazin in die hohle Hand gleiten, rammte es wieder hinein, fummelte an der Sicherung herum und schob die Pistole ins Halfter zurück.

Für den Indianer war das alles ungefähr so eindrücklich, wie wenn ich mich am Hals gekratzt hätte.

»Ich haben Wagen«, sagte er. »Großes Wagen. Quatsch.«

»Wie schade«, sagte ich. »Wo ich große Wagen nicht mehr ausstehn kann. Gehn wir trotzdem.«

Ich schloß ab, und wir gingen hinaus. Im Fahrstuhl roch der Indianer wirklich sehr streng. Selbst der Fahrstuhlführer war leicht beunruhigt.

Der Wagen war ein lohbrauner Lincoln-Tourenwagen, nicht neu, aber in gutem Zustand. Er glitt an einem leuchtend grünen Polofeld vorbei, zog an der anderen Seite hoch, und der dunkle, fremdländisch wirkende Fahrer lenkte ihn auf ein schmales Band aus weißem Beton, das fast so steil bergan führte wie Lindley Pauls Treppe, nur nicht so schnurgerade. Das war schon ein ganzes Stück außerhalb der Stadt, hinter Westwood, in Brentwood Heights.

Wir fuhren weiter bergan, vorüber an zwei Orangenhainen, Hobby-Anlagen des reichen Mannes, da hier kein Anbaugebiet für Orangen ist, vorüber an Häusern, die wie Flachreliefs an den Hängen der Vorberge klebten.

Dann waren auch keine Häuser mehr da, nur die verbrannten Vorberge und das Betonband und zur Linken ein Abgrund, dessen Wand in die Kühle eines namenlosen Canyons abfiel, und zur Rechten Hitze, die von dem ausgedörrten Lehmhang abprallte, an dessen Rand sich ein paar unbesiegbare wilde Blumen hielten, festgeklammert wie ungezogene Kinder, die nicht ins Bett wollen.

Und vor mir zwei Rücken, ein schlanker Whipcord-Rücken mit braunem Hals, schwarzem Haar und einer Schirmmütze auf dem schwarzen Haar, und ein breiter, schlampiger Rücken in einem alten braunen Anzug, mit des Indianers dickem Hals und schwerem Kopf darüber, und auf dem Kopf der alte speckige Hut mit dem Schweißband, das immer noch darunter vorsah.

Dann bog sich das Straßenband zu einer Haarnadelkurve, die großen Reifen schlitterten auf losem Schotter, und der lohbraune Lincoln schoß durch ein offenes Tor und eine steile Zufahrt hinauf, die von wildwachsenden rosa Geranien gesäumt war. Oben am Ende der Zufahrt lag ein luftiger Traum, ein Adlerhorst, ein Höhenhaus aus Chrom und Glas und weißem Putz, so modernistisch wie ein Fluoroskop und so fern und abgelegen wie ein Leuchtturm.

Der Wagen erreichte das Ende der Zufahrt, wendete, hielt vor einer kahlen weißen Wand, in der sich eine schwarze Tür befand. Der Indianer stieg aus, funkelte mich an. Ich stieg ebenfalls aus und stupste mit der Innenseite meines linken Arms die Pistole aufmunternd gegen meine Rippen.

Die schwarze Tür in der weißen Wand öffnete sich langsam, ohne daß sie von außen berührt worden wäre, und gab einen schmalen Gang frei, der weit im Hintergrund endete. Eine Glühlampe brannte in der Decke.

Der Indianer sagte: »Huh. Gehen rein, großes Tier.«

»Nach Ihnen, Mr. Ernte.«

Er trat mit finsterer Miene ein, und ich folgte ihm, und die schwarze Tür schloß sich hinter uns geräuschlos von selbst. Ein bißchen Hokuspokus für die Kunden. Am Ende des schmalen Gangs befand sich ein Fahrstuhl. Ich mußte mit dem Indianer einsteigen. Wir fuhren langsam nach oben, mit sanft surrendem Geräusch, dem schwachen Summen eines kleinen Motors. Der Fahrstuhl hielt, die Türen gingen völlig lautlos auf, und wir standen im Tageslicht.

Ich verließ den Fahrstuhl. Er sank hinter mir wieder in die Tiefe, mit dem Indianer immer noch drin. Ich befand mich in einem Turmzimmer, das fast nur aus Fenstern bestand, einige davon dicht verhängt gegen das Gleißen des Nachmittags. Die Teppiche auf dem Boden hatten die sanften Farben alter Perser, und es stand ein Schreibtisch da, dessen handgeschnitztes Material vermutlich vom Gestühl einer alten Kirche stammte. Und hinter dem Schreibtisch saß eine Frau, die mir ein Lächeln schenkte, ein trockenes, starres, verwelktes Lächeln, das mit Sicherheit sofort zu Staub zerfiel, wenn man es berührte.

Sie hatte glattes schwarzes, aufgestecktes Haar, ein dunkles asiatisches Gesicht. Es steckten Perlen in ihren Ohren und Ringe an ihren Fingern, große, ziemlich billige Ringe, darunter ein Mondstein und ein quadratisch geschnittener Smaragd, der so echt aussah wie ein Haremsschmuck aus dem Warenhaus. Ihre Hände waren klein und dunkel und nicht jung und für Ringe gar nicht geeignet.

»Ah, Misterr Dalmas, serr gutt von Ihnen, daß Sie kommen. Soukesian, es wirrd ihn serr freuen.«

»Danke«, sagte ich. Ich nahm die Hundertdollarnote aus der Brieftasche und legte sie auf den Schreibtisch, direkt vor ihre dunklen, glitzernden Hände. Sie rührte sie nicht an, warf nicht einmal einen Blick darauf. »Das geht auf meine Rechnung«, sagte ich. »Aber besten Dank, daß Sie daran gedacht haben.«

Sie stand langsam auf, ohne ihr Lächeln zu verändern, und kam um den Tisch gerauscht, in einem engen Kleid, das ihr so angegossen saß wie die Haut einer Meerjungfrau und zeigte, daß sie eine gute Figur hatte, wenn man Figuren mochte, die unterhalb der Taille vier Nummern größer sind als oberhalb.

»Ich werrde Sie führen«, sagte sie.

Sie bewegte sich vor mir auf eine schmale getäfelte Wand zu, die einzige Wand, die das Zimmer hatte außer den Fenstern und dem winzigen Fahrstuhlschacht. Sie öffnete eine schmale Tür, hinter der ein seidiger Schimmer lag, der kein Tageslicht zu sein schien. Ihr Lächeln war jetzt älter als ganz Ägypten. Ich gab meinem Pistolenhalfter abermals einen aufmunternden Stups und trat ein.

Die Tür schloß sich lautlos hinter mir. Der Raum war achteckig, mit schwarzem Samt ausgeschlagen, fensterlos, mit einer fernen schwarzen Decke. In der Mitte des schwarzen Teppichs stand ein weißer achteckiger Tisch und zu beiden Seiten davon je ein Hokker, der eine verkleinerte Ausgabe des Tisches war. Drüben an der schwarzen Wandverkleidung stand ein weiterer solcher Hocker. Auf dem weißen Tisch stand eine große milchige Kugel auf einem schwarzen Ständer. Das Licht kam von ihr. Sonst war nichts in dem Raum.

Ich stand wohl fünfzehn Sekunden lang da und hatte das dunkle Gefühl, beobachtet zu werden. Dann teilten sich die Samtvorhänge, und ein Mann kam in den Raum und schritt gradewegs zur anderen Seite des Tisches hinüber und setzte sich dort. Erst dann sah er mich an.

Er sagte: »Nehmen Sie mir gegenüber Platz, bitte. Rauchen Sie nicht und zappeln Sie auch nicht herum, wenn Sie es vermeiden können. Also, womit kann ich Ihnen dienen?«

V

Soukesian der Magier

Er war ein hochgewachsener Mann, kerzengerade wie ein Stahlträger, mit den schwärzesten Augen, die ich je gesehen hatte, und auch dem blassesten und feinsten blonden Haar, das ich je gesehen hatte. Er hätte dreißig sein können oder auch sechzig. Er sah nicht mehr nach Armenier aus als ich selbst. Sein Haar war straff nach hinten gebürstet, aus einem Profil, wie auch John Barrymore mit achtundzwanzig kein besseres gehabt hat. Ein Matinee-Idol – und ich hatte mit einem verschlagenen, dunklen und schleimigen Etwas gerechnet, das sich die Hände rieb.

Er trug einen schwarzen Zweireiher von einfach umwerfendem Schnitt, ein weißes Hemd, eine schwarze Krawatte. Er war so sauber und gefällig wie ein Konfirmationsgeschenk.

Ich schluckte und sagte: »Ich will keine Handleserei oder so. Über das ganze Zeug weiß ich Bescheid.«

»Ah ja?« sagte er liebenswürdig. »Und was wissen Sie darüber?«

»Lassen wir das mal«, sagte ich. »Die Sekretärin kann ich mir erklären, weil sie eine reizende Reklame ist für den Schock, den die Leute kriegen, wenn dann Sie auftauchen. Der Indianer macht mich ein bißchen ratlos, aber das geht mich ja nichts an. Ich bin kein Bulle vom Betrugsdezernat. Anlaß meines Kommens ist ein Mord.«

»Der Indianer ist zufällig ein natürliches Medium«, sagte Soukesian milde. »Solche Menschen sind noch viel seltener als Diamanten, und wie Diamanten findet man sie manchmal an schmutzigen Orten. Aber auch das muß Sie nicht unbedingt interessieren. Was nun den Mord betrifft, so haben Sie vielleicht die Güte, mich darüber aufzuklären. Ich lese keine Zeitungen.«

»Na, kommen Sie«, sagte ich. »Nicht mal, um zu sehen, wer bei uns den größten Reibach macht? Okay, hier haben Sie's.«

Und ich breitete alles vor ihm aus, die ganze verdammte Geschichte, auch das mit seinen Karten und wo sie gefunden worden waren.

Er verzog keinen Muskel. Damit meine ich nicht nur, daß er nicht schrie oder mit den Armen fuchtelte oder auf den Boden stampfte oder sich die Nägel biß. Ich meine schlicht und einfach, daß sich überhaupt nichts bewegte an ihm, nicht einmal ein Augenlid, nicht einmal ein Auge. Er saß ganz einfach da und sah mich an, wie der steinerne Löwe vor der Public Library.

Als ich fertig war, legte er den Finger genau auf die richtige Stelle. »Sie haben der Polizei diese Karten verheimlicht. Warum?«

»Das sagen mal *Sie* mir. Ich hab's halt getan.«

»Offenbar waren die hundert Dollar, die ich Ihnen geschickt habe, nicht annähernd genug.«

»Wäre ein Gedanke«, sagte ich. »Aber ich bin bisher noch nicht dazu gekommen, damit zu spielen.«

Er bewegte sich grad genug, um die Arme verschränken zu können. Seine schwarzen Augen waren so seicht und flach wie ein Tablett in einer Cafeteria oder so tief wie ein Loch von hier bis nach China – ganz wie man will. Sie verrieten jedenfalls nichts, so oder so.

Er sagte: »Sie würden mir wohl nicht glauben, wenn ich Ihnen erklärte, daß ich diesen Mann nur ganz flüchtig gekannt habe – beruflich?«

»Ich würde es als Belehrung hinnehmen«, sagte ich.

»Offensichtlich haben Sie nicht viel Vertrauen zu mir. Vielleicht hat Mr. Paul das gehabt. Stand sonst noch etwas auf den Karten – außer meinem Namen?«

»Tja«, sagte ich. »Und das dürfte Sie gar nicht besonders freuen.« Es war ein Kindergartentrick, von der Sorte, wie sie die Bullen in Kriminalhörspielen bieten. Er ließ ihn mir durchgehen, ohne ihn auch nur mit einem Wimpernschlag zu beachten.

»Ich bin in einem sehr empfindlichen Beruf tätig«, sagte er.

»Selbst in diesem Paradies der Fälscher und Betrüger. Lassen Sie mich eine von diesen Karten sehen.«

»Ich hab Sie bloß auf den Arm genommen«, sagte ich. »Es steht gar nichts weiter drauf außer Ihrem Namen.« Ich zog meine Brieftasche und nahm eine der Karten heraus und legte sie vor ihn hin. Ich steckte die Brieftasche weg. Er drehte die Karte mit einem Fingernagel herum.

»Wissen Sie, was ich glaube?« sagte ich herzlich. »Ich glaube, Lindley Paul hat gemeint, Sie könnten vielleicht herausfinden, wer ihm den Streich gespielt hatte, selbst wenn die Polizei dazu nicht imstande war. Das bedeutet, daß er vor irgendwem Angst gehabt hat.«

Soukesian nahm die Arme wieder auseinander und verschränkte sie dann andersherum. Bei seiner Gemütslage bedeutete das vermutlich ebensoviel, wie wenn ein anderer die Wände hoch und an die Decke gegangen wäre, um die Glühbirne aus der Fassung zu beißen.

»Sie glauben gar nichts dergleichen«, sagte er. »Wieviel – kurz und schnell – für die drei Karten und eine schriftliche Erklärung, daß Sie die Leiche durchsucht haben, bevor Sie die Polizei benachrichtigten?«

»Gar nicht schlecht«, sagte ich, »für einen Burschen, dessen Bruder Teppiche verhökert.«

Er lächelte, sehr liebenswürdig. Es war direkt so etwas wie Freundlichkeit in seinem Lächeln. »Es gibt auch ehrliche Teppichhändler«, sagte er. »Aber Arizmian Soukesian ist nicht mein Bruder. Unser Name ist in Armenien nicht selten.«

Ich nickte.

»Sie halten mich natürlich auch nur für einen Fälscher und Betrüger«, fügte er hinzu.

»Sie können mir gern das Gegenteil beweisen, nur zu.«

»Vielleicht wollen Sie am Ende gar kein Geld«, sagte er vorsichtig.

»Vielleicht will ich am Ende gar kein Geld.«

Ich sah überhaupt nicht, daß er den Fuß bewegte, aber er mußte einen Knopf am Boden damit betätigt haben. Die schwarzen Samtvorhänge teilten sich, und der Indianer trat in den Raum. Er sah jetzt gar nicht mehr schmutzig oder komisch aus.

Er trug lockere weiße Hosen und eine weiße, schwarz bestickte Tunika. Eine schwarze Schärpe schlang sich um seine Hüften und eine schwarze Binde um seine Stirn. Seine schwarzen Augen waren schläfrig. Er schlurfte zu dem Hocker hinüber, der an der Wandverkleidung stand, und setzte sich und verschränkte die Arme und ließ den Kopf auf die Brust sinken. Er sah massiger aus als je zuvor, ganz als trüge er diese Kleidung über seinen anderen Sachen.

Soukesian hielt die Hände über die milchige Kugel, die zwischen uns auf dem weißen Tischchen stand. Das Licht an der fernen schwarzen Decke wurde gebrochen und begann sich zu seltsamen Formen und Mustern zu verweben, ganz schwach freilich nur, denn die Decke war schwarz. Der Indianer hielt den Kopf gesenkt, das Kinn auf der Brust, aber seine Augen drehten sich langsam nach oben und starrten die sich windenden Hände an.

Die Hände bewegten sich in einem raschen, anmutigen, komplizierten Figurenmuster, das alles mögliche oder auch nichts bedeuten konnte, das etwa an die Verrenkungen denken ließ, mit denen Oberschüler griechische Tänze aufführen, oder an das Gekräusel von Faschingspapierschlangen, die im Luftzug über den Boden treiben – ganz wie man wollte.

Das feste Kinn des Indianers ruhte auf seiner festen Brust, und ganz langsam schlossen sich, wie die einer Kröte, seine Augen.

»Ich hätte ihn auch ohne das alles hypnotisieren können«, sagte Soukesian sanft. »Das gehört bloß mit zur Show.«

»Ja-ah.« Ich beobachtete seinen hageren, festen Hals.

»Jetzt etwas, was Lindley Paul berührt hat«, sagte er. »Diese Karte dürfte genügen.«

Er stand geräuschlos auf und ging zu dem Indianer hinüber und schob ihm die Karte zwischen Stirn und Binde, ließ sie dort. Dann setzte er sich wieder.

Er begann sanft vor sich hin zu murmeln, in einer gutturalen Sprache, die ich nicht kannte. Ich beobachtete seine Kehle.

Der Indianer begann zu sprechen. Er sprach sehr langsam und schwerfällig, zwischen reglosen Lippen, ganz als wären die Worte schwere Steine, die er unter gleißend heißer Sonne bergauf zu schleppen hätte.

»Lindley Paul schlechte Mensch. Hat Verhältnis mit Squaw von Häuptling. Häuptling sehr wütend. Häuptling hat Perlenkette gestohlen. Lindley Paul muß wiederbringen. Schlechte Mensch umgebracht. *Grrrr.*«

Der Kopf des Indianers zuckte, als Soukesian in die Hände klatschte. Die lidlosen schwarzen Äuglein sprangen wieder auf. Soukesian sah mich an, ohne jeden Ausdruck auf seinem hübschen Gesicht.

»Sauber, sauber«, sagte ich. »Und kein bißchen überdreht.« Ich wies mit dem Daumen auf den Indianer. »Er ist ein bißchen zu schwer, um auf Ihren Knien zu sitzen, was? So eine gute Bauchredner-Vorstellung hab ich tatsächlich nicht mehr gesehen, seit die Ballettmädchen aufgehört haben, Trikots zu tragen.«

Soukesian lächelte ganz schwach.

»Ich hab Ihre Halsmuskeln beobachtet«, sagte ich. »Macht nichts. Das Wichtigste hab ich schon mitgekriegt. Paul hat mit irgendwem seiner Frau getechtelmechtelt. Dieser Irgendwer wurde so eifersüchtig, daß er ihn aus dem Weg räumen ließ. Hat durchaus Hand und Fuß, als Theorie. Denn das Jade-Kollier, das sie trug, wurde ja nicht oft getragen, und irgendwer mußte wissen, daß sie es an genau dem Abend tragen würde, an dem der Überfall über die Bühne ging. Ein Ehemann wäre da schon plausibel.«

»Durchaus möglich«, sagte Soukesian. »Und da Sie nicht umgebracht worden sind, bestand vielleicht auch gar nicht die Absicht, Lindley Paul umzubringen. Vielleicht sollte er bloß eine Abreibung bekommen.«

»Tja«, sagte ich. »Aber wie wär's mal mit einer anderen Idee? Ich hätte eigentlich schon eher draufkommen sollen. Wenn Lindley Paul wirklich vor jemandem Angst hatte und eine Botschaft hinterlassen wollte, dann könnte er trotzdem was auf die Karten geschrieben haben – mit unsichtbarer Tinte.«

Das saß. Sein Lächeln dauerte fort, aber es hatte auf einmal ein paar Fältchen mehr in den Augenwinkeln als zu Anfang. Die Zeit war zu kurz für mich, um darüber zu einem Urteil zu kommen.

Das Licht in der milchigen Kugel ging plötzlich aus. Mit einem Schlag war es stockfinster im Zimmer. Man konnte die Hand nicht vor Augen sehen. Ich stieß meinen Hocker beiseite und riß die Pistole heraus und begann zurückzuweichen.

Ein Luftzug brachte einen strengen erdigen Geruch mit sich. Es war einfach unheimlich. Mit förmlich schlafwandlerischer Sicherheit in bezug auf Zeit und räumliche Entfernung, selbst in dieser absoluten Finsternis, packte der Indianer mich von hinten und hielt meine Arme fest. Er begann mich in die Höhe zu heben. Ich hätte ja nun eine Hand losreißen und das Zimmer vor mir blind mit Schüssen durchsieben können. Ich versuchte es gar nicht. Es hatte überhaupt keinen Sinn.

Der Indianer hob mich mit seinen beiden Händen, die mir die Arme gegen die Seiten preßten, vom Boden, als hätte mich ein Dampfkran gepackt. Er stellte mich mit einem Ruck wieder hin, hart, und hatte meine Handgelenke. Er zog sie mir auf den Rücken, verdrehte sie. Ein Knie wie die Kante eines Grundsteins traf mich ins Kreuz. Ich versuchte zu schreien. Luft keuchte in meiner Kehle und konnte nicht heraus.

Der Indianer warf mich auf die Seite, umschlang meine Beine mit den seinen, während wir fielen, und hatte mich in der Zange. Ich traf hart auf den Boden, einen Teil seines Gewichts auf mir.

Ich hatte immer noch die Pistole. Das wußte der Indianer nicht. Jedenfalls verhielt er sich nicht so, als wüßte er's. Sie klemmte unten zwischen uns. Ich fing an, sie umzudrehen.

Schlagartig ging das Licht wieder an.

Soukesian stand hinter dem weißen Tisch, stützte sich darauf. Er sah auf einmal viel älter aus. In seinem Gesicht lag etwas, was mir gar nicht gefiel. Er sah aus wie ein Mann, der etwas vorhatte, was ihm keine Freude machte, der aber trotzdem dazu entschlossen war.

»So, so«, sagte er sanft. »Unsichtbare Schrift.«

Dann flogen die Vorhänge auseinander, und die dünne dunkle Frau kam in den Raum gestürzt, mit einem stinkenden weißen Tuch in den Händen, und klatschte es mir um das Gesicht, tief über mich gebeugt dabei, um mich mit heißen schwarzen Augen anzufunkeln.

Der Indianer hinter mir grunzte ein bißchen, zerrte an meinen Armen.

Ich mußte das Chloroform einatmen. Das Gewicht, das mir den Hals zu Boden drückte, war zu schwer. Der dicke, süßliche Geruch fraß sich in mich hinein.

Ich ging weg.

Kurz bevor ich weg war, knallte zweimal eine Pistole. Der Krach schien nichts mehr mit mir zu tun zu haben.

Ich lag wieder unter freiem Himmel, ganz so wie in der Nacht zuvor. Diesmal aber war es Tag, und die Sonne brannte ein Loch in mein rechtes Bein. Ich konnte den heißen blauen Himmel sehen, die Umrisse eines Hügelkamms, Krüppeleichen, Yuccas, die in Blüte standen, vorsprudelnd aus dem Berghang, und noch mehr heißen blauen Himmel.

Ich setzte mich auf. Dann begann mein linkes Bein zu kribbeln, wie von winzigen Nadelstichen. Ich rieb es. Ich rieb mir auch die Magengrube. Das Chloroform stank mir noch in der Nase. Ich fühlte mich innerlich so hohl und ranzig wie ein altes Ölfaß.

Ich brachte mich auf die Füße, hielt es aber nicht lange aus. Das Erbrechen war noch schlimmer als letzte Nacht. Es schüttelte mich viel stärker, ließ mich viel stärker erschauern, und auch die Magenschmerzen waren viel schlimmer. Endlich brachte ich mich abermals auf die Füße hoch.

Die Brise, die vom Meer kam, strich den Hang herauf und blies mir wieder ein bißchen schwaches Leben ein. Ich taumelte wie benommen herum und betrachtete leer ein paar Reifenspuren im roten Lehm, dann ein großes gußeisernes Kreuz, von dem der früher einmal weiße Anstrich jetzt schlimm abgeblättert war. Es war mit leeren Lampenfassungen übersät, und der Sockel bestand aus rissigem Beton mit einem offenen Türchen darin, in dessen Öffnung man einen grünspanüberzogenen Kupferschalter sah.

Jenseits dieses Betonsockels sah ich die Füße.

Sie ragten gleichsam beiläufig unter einem Busch hervor. Sie steckten in hartkappigen Schuhen von der Art, wie sie etwa College-Schüler kurz vor dem Krieg getragen haben. Ich hatte solche

Schuhe schon seit Jahren nicht mehr gesehen, bis auf ein einziges Mal.

Ich ging hinüber und teilte die Büsche und betrachtete den Indianer.

Seine breiten, plumpen Hände lagen an seinen Seiten, groß und leer und schlaff. Spuren von Lehm und welkem Laub und wildem Bocksbartsamen hingen in seinem fettigen schwarzen Haar. Ein Geflecht aus Sonnenlicht überzog seine braunen Backen. Auf seinem Bauch hatten die Fliegen einen blutdurchtränkten Fleck gefunden. Seine Augen waren, wie andere Augen, die ich – viel zu oft schon – gesehen hatte, halb offen, klar, aber das Spiel dahinter war zu Ende.

Er hatte seine komischen Straßensachen wieder an, und sein speckiger Hut lag neben ihm, mit immer noch herausgestülptem Schweißband. Aber er hatte gar nichts Komisches mehr an sich und gar nichts Hartes oder Brutales. Er war bloß noch ein armer toter Schelm, der nie richtig begriffen hatte, um was es eigentlich ging.

Ich hatte ihn getötet, das war klar. Es waren meine Schüsse gewesen, die ich gehört hatte, Schüsse aus meiner Pistole.

Die Pistole fand ich nicht. Ich suchte meine Sachen durch. Die beiden anderen Soukesian-Karten fehlten. Sonst aber nichts. Ich folgte den Reifenspuren zu einer tief ausgefahrenen Straße und ging auf ihr den Berg hinunter. Wagen glitzerten tief unten vorbei, wenn das Sonnenlicht sich in den Windschutzscheiben fing oder in der Rundung eines Scheinwerfers. Auch eine Tankstelle lag da unten und eine Gruppe von Häusern. Weiter draußen dann die Bläue von Wasser, Piers, die lange gebogene Küstenlinie nach Point Firmin hinüber. Es war leicht dunstig. Catalina Island konnte ich nicht erkennen.

Die Leute, mit denen ich zu schaffen hatte, schienen mit Vorliebe in diesem Teil des Landes zu operieren.

Ich brauchte eine halbe Stunde, um die Tankstelle zu erreichen. Ich telephonierte nach einem Taxi, und das mußte extra von Santa Monica kommen. Ich fuhr in einem Rutsch das ganze Stück bis zu meiner Wohnung im Berglund, drei Blocks noch über mein Büro hinaus, wechselte die Kleidung, steckte meine letzte Pistole ins Halfter und setzte mich ans Telephon.

Soukesian war nicht zu Hause. Niemand kam bei ihm an den Apparat. Auch Carol Pride meldete sich nicht unter ihrer Nummer. Ich hatte auch gar nicht damit gerechnet. Vermutlich trank sie gerade Tee mit Mrs. Philip Courtney Prendergast. Aber im Polizeipräsidium läutete der Apparat nicht umsonst, und Reavis war noch auf dem Posten. In seiner Stimme klang keine sonderlich große Freude, von mir zu hören.

»Irgendwas Neues im Mordfall Lindley Paul?« fragte ich ihn.

»Ich dachte, ich hätte Ihnen gesagt, Sie sollen das Ganze vergessen. Das habe ich ganz im Ernst gemeint.« Seine Stimme war garstig.

»Stimmt, das haben Sie mir gesagt, aber es geht mir trotzdem immer noch im Kopf herum. Ich leiste gern saubere Arbeit. Ich glaube, der Ehemann ist's gewesen.«

Einen Moment lang war Stille. Dann: »Wessen Ehemann, Sie Schlaumeier?«

»Der Ehemann von dem Flittchen, das die Jade-Perlen verloren hat, natürlich.«

»Und da mußten Sie natürlich so lange schnüffeln, bis Sie raus hatten, wer das ist.«

»Ach, das ist mir so zugeweht«, sagte ich. »Ich brauchte bloß danach zu greifen.«

Es war wieder still. Diesmal so lange, daß ich den Lautsprecher an seiner Wand hören konnte, über den gerade die Beschreibung eines gestohlenen Wagens kam.

Dann sagte er sehr geschmeidig und bestimmt: »Ich möchte Ihnen gern mal was hinter die Ohren schreiben, Schnüffler. Vielleicht gelingt's mir. Für meinen Seelenfrieden wär's jedenfalls ganz gut. Die Polizeibehörde hat Ihnen einmal eine Lizenz erteilt, und der Sheriff hat Ihnen eine Spezialmarke gegeben. Das beides kann Ihnen jeder Captain, dem's allmählich reicht, über Nacht wieder abnehmen. Vielleicht sogar ein Leutnant bloß – wie ich. Und was haben Sie gehabt, als Sie die Lizenz und die Marke kriegten? Antworten Sie nicht, ich werd's Ihnen sagen. Sie hatten das gesellschaftliche Ansehen einer Küchenschabe. Sie waren ein Schnüffler, den man mieten konnte. Damals brauchten Sie nichts weiter zu tun dann, als Ihre letzten hundert Dollar als Anzahlung auf ein bißchen Miete und Büromobiliar hinzulegen und sich auf den Stert zu setzen und zu warten, bis Ihnen jemand einen Löwen anbrachte – dem Sie dann den Kopf in den Rachen stecken konnten, um zu sehen, ob er bissig war. Wenn er Ihnen das Ohr abbiß, wurden Sie wegen Selbstverstümmelung belangt. Kapieren Sie jetzt langsam?«

»Gar kein schlechter Text«, sagte ich. »Hab ihn vor Jahren selber schon mal deklamiert. Sie wollen also nicht, daß ich den Fall aufkläre?«

»Wenn ich Ihnen trauen könnte, würde ich Ihnen sagen, daß wir einer sehr gerissenen Schmuckräuberbande auf die Schliche kommen wollen. Aber ich kann Ihnen nicht trauen. Wo stecken Sie eigentlich – in einem Billardsalon?«

»Im Bett«, sagte ich. »Ich hab einen Anfall von Telephonitis.«

»So, dann machen Sie sich mal eine schöne heiße Wärmflasche und legen Sie sich die aufs Gesicht, und dann schlafen Sie ein wie ein braver kleiner Junge, ja? Bitte!«

»Nö. Ich möchte viel lieber ausgehen und einen Indianer erschießen, bloß zur Übung.«

»Auch gut, aber bloß einen, junger Freund.«

»Daran werden Sie noch denken«, schrie ich und knallte ihm den Hörer aufs Ohr.

VI

Eine Dame unter Alkohol

Auf dem Weg zum Boulevard genehmigte ich mir einen kleinen Drink, schwarzen Kaffee mit einem Schuß Brandy, in einem Lokal, wo man mich kannte. Mein Magen fühlte sich wie neu davon, aber mein Kopf blieb der alte: dumpf und schäbig wie ein verstaubter Ladenhüter. Und in den Bartstoppeln konnte ich immer noch das Chloroform riechen.

Ich ging zum Büro hinauf und betrat das kleine Empfangszimmer. Diesmal saßen gleich zweie da, Carol Pride und eine Blondine. Eine Blondine mit schwarzen Augen. Eine Blondine, die einen Bischof dazu bringen konnte, ein buntes Kirchenfenster einzutreten.

Carol Pride stand auf und sah mich finster an und sagte: »Dies ist Mrs. Philip Courtney Prendergast. Sie wartet schon eine ganze Weile. Und sie ist es nicht gewohnt, daß man sie warten läßt. Sie will Sie engagieren.«

Die Blondine lächelte mich an und streckte eine behandschuhte Hand aus. Ich berührte die Hand. Die Dame war vielleicht fünfunddreißig und hatte den bekannten großäugigen, träumerischen Ausdruck, soweit schwarze Augen den haben können. Was immer man brauchte, was immer man war – sie hatte es. Ihrer Kleidung schenkte ich keine sonderliche Beachtung. Sie bestand aus irgendwas in Schwarz und Weiß. Irgendwer hatte es ihr auf den Leib geschneidert, und der mußte sich auskennen, sonst wäre sie nicht zu ihm gegangen.

Ich schloß die Tür zu meiner privaten Denkerklause auf und geleitete die beiden hinein.

Auf der Ecke meines Schreibtischs stand eine halbleere Quartflasche Schnaps.

»Entschuldigen Sie, daß ich Sie habe warten lassen, Mrs. Prendergast«, sagte ich. »Ich hatte etwas Geschäftliches zu erledigen.«

»Ich verstehe nicht, weshalb Sie deswegen extra aus dem Haus mußten«, sagte Carol Pride eisig. »Was Sie brauchten, scheint doch alles direkt vor Ihnen gestanden zu haben.«

Ich rückte ihnen Sessel zurecht und setzte mich und griff nach der Flasche, und dann läutete das Telephon an meinem linken Ellbogen.

Eine fremde Stimme ließ sich Zeit, bis sie sagte: »Dalmas? Okay. Wir haben die Knarre. Ich nehme an, Sie wollen sie wiederhaben, oder?«

»Beide. Ich bin ein armer Mann.«

»Wir haben nur eine«, sagte die Stimme höflich. »Und zwar die, auf die auch die Bullen scharf sind. Ich rufe Sie später wieder an. Denken Sie inzwischen mal drüber nach.«

»Danke.« Ich legte auf und stellte die Flasche auf den Boden und lächelte Mrs. Prendergast an.

»Ich werde das Reden übernehmen«, sagte Carol Pride. »Mrs. Prendergast hat eine leichte Erkältung. Sie muß ihre Stimme schonen.«

Sie warf der Blondine einen von jenen Seitenblicken zu, von denen Frauen immer glauben, daß Männer sie nicht verstehen, einen von der Sorte, die einen unwillkürlich an den Bohrer beim Zahnarzt denken läßt.

»Ja, also . . .«, sagte Mrs. Prendergast und rutschte ein bißchen in ihrem Sessel, so daß sie am Schreibtisch vorbei zu der Stelle hinüberschielen konnte, wo ich die Whiskyflasche auf den Teppich gestellt hatte.

»Mrs. Prendergast hat mich ins Vertrauen gezogen«, sagte Carol Pride. »Warum, weiß ich nicht, es sei denn, der Grund wäre der, daß ich ihr gezeigt habe, auf welche Weise sie eine Menge unangenehmes Aufsehen vermeiden kann.«

Ich sah sie stirnrunzelnd an. »Davon kann gar keine Rede sein. Ich habe vor einer Weile mit Reavis gesprochen. Er hat das Ganze derart unter Verschluß, daß man selbst von einer Dynamitexplosion nicht mehr hören würde, als wenn ein Pfandleiher sich eine Dollar-Uhr anschaut.«

»Sehr komisch«, sagte Carol Pride, »jedenfalls für Leute, die sich über solche Witze totlachen können. Aber zufällig ist es so, daß Mrs. Prendergast gern ihr Jade-Kollier wiederhaben würde – und zwar ohne daß Mr. Prendergast erfährt, daß es gestohlen worden war. Anscheinend weiß er es bis jetzt noch nicht.«

»Das ist was anderes«, sagte ich. (Und den Deubel wußte er nicht!)

Mrs. Prendergast schenkte mir ein Lächeln, das ich bis in die Hüfttasche fühlte. »Ich finde Roggenwhisky einfach himmlisch«, gurrte sie. »Könnten wir nicht – bloß einen kleinen Schluck?«

Ich holte zwei Schnapsgläser heraus und stellte die Flasche wieder auf den Tisch. Carol Pride lehnte sich zurück und zündete sich verächtlich eine Zigarette an und sah gegen die Decke. Dabei war sie selber gar nicht übel anzusehen. Man konnte sie durchaus längere Zeit betrachten, ohne daß einem schwindlig wurde. Aber bei Mrs. Prendergast ging man garantiert ziemlich bald in die Knie.

Ich goß den Damen zwei Drinks ein. Carol Pride rührte ihren überhaupt nicht an.

»Falls Sie es nicht wissen sollten«, sagte sie frostig, »Beverly Hills, wo Mrs. Prendergast wohnt, hat bestimmte Eigentümlichkeiten. Die Polizei dort verfügt über Wagen mit Sprechfunkverbindung, und das Gebiet, das sie kontrollieren muß, ist winzig klein, und sie hütet's denn auch wie ihren Augapfel, weil man in Beverly Hills nämlich für Polizeischutz einen Haufen Geld übrig hat. In den besseren Häusern gibt's sogar eine Direktverbindung zum Präsidium, über Leitungen, die so leicht keiner durchschneidet.«

Mrs. Prendergast beförderte ihren Drink mit einem kräftigen Ruck an seinen Bestimmungsort und schielte nach der Flasche. Ich goß ihr einen zweiten ein.

»Das ist noch gar nichts«, strahlte sie. »Wir haben sogar Photozellen an unseren Safes und Pelzschränken. Wir können das Haus so herrichten, daß sogar die Dienstboten nicht in die Nähe bestimmter Stellen kommen können, ohne daß innerhalb von dreißig Sekunden die Polizei an die Tür klopft. Herrlich, nicht wahr?«

»Ja, herrlich«, sagte Carol Pride. »Aber das ist bloß in Beverly Hills so. Verläßt man einmal den herrlichen Bezirk – und man kann ja nicht sein ganzes Leben in Beverly Hills verbringen – das heißt, es sei denn, man ist eine Ameise –, dann ist der Schmuck, den man hat, gar nicht mehr so sicher. Deshalb hatte Mrs. Prendergast auch ein Duplikat ihres Jade-Kolliers – aus Speckstein.«

Ich straffte mich auf meinem Stuhl. Lindley Paul hatte ganz beiläufig die Bemerkung fallen lassen, man würde ein ganzes Leben brauchen, um die Verarbeitung von Fei-Tsui-Perlen zu imitieren – selbst wenn das Material zur Verfügung stünde.

Mrs. Prendergast spielte mit ihrem zweiten Drink herum, aber nicht lange. Ihr Lächeln wurde wärmer und wärmer.

»Folglich sollte Mrs. Prendergast denn auch die Imitation tragen, sooft sie eine Party außerhalb von Beverly Hills besuchte. Das heißt, falls sie dann überhaupt Jade tragen wollte. Mr. Prendergast legte großen Wert darauf.«

»Und er führt sich ganz lausig auf, wenn man's damit mal nicht so genau nimmt«, sagte Mrs. Prendergast.

Ich drückte ihr eine weitere Portion Roggenwhisky in die Hand. Carol Pride sah mir dabei zu und knurrte mich fast an: »Aber am Abend des Überfalls unterlief ihr ein Irrtum, und sie trug das echte Kollier.«

Ich schielte sie an.

»Ich weiß, was Sie denken«, schnappte sie. »Wer konnte denn wissen, daß ihr dieser Irrtum unterlaufen war? Zufällig hat Mr. Paul es gemerkt, und zwar schon kurz nachdem sie beide das Haus verlassen hatten. Er war ihr Begleiter.«

»Er – äh – kam zufällig mit der Hand an das Kollier«, seufzte Mrs. Prendergast. »Er konnte echte Jade nach dem Gefühl beurteilen. Manche Leute können das, hab ich gehört. Er verstand eine Menge von Schmuck.«

Ich lehnte mich wieder in meinen Drehstuhl zurück. »Pfui Teufel«, sagte ich angewidert, »ich hätte schon lange mißtrauisch werden sollen gegen den Kerl. Die Bande mußte ja einfach einen Spitzel in der Gesellschaft haben. Woher sollte sie sonst wissen, wann die guten Sachen aus dem Eisfach genommen wurden? Er muß sie aufs Kreuz gelegt haben, und da kam ihnen die Gelegenheit grade recht, ihn aus der Welt zu schaffen.«

»Ziemlich kostspielige Rache bei so einem Talent, finden Sie nicht?« sagte Carol Pride mit süßer Stimme. Sie schob ihr kleines Glas mit einem Finger über die Tischplatte. »Ich mache mir wirklich nichts aus diesen Sachen, Mrs. Prendergast – wenn Sie vielleicht noch ...«

»Motten in Ihrem Hermelin«, sagte Mrs. Prendergast und kippte das Glas die Luke hinunter.

»Wo und wie fand der Überfall statt?« bohrte ich.

»Ja, auch das ist irgendwie ein bißchen komisch«, sagte Carol Pride und schlug Mrs. Prendergast damit um eine halbe Worteslänge. »Nach der Party, die in Brentwood Heights war, wollte Mr. Paul noch beim Trocadero reinschauen. Sie fuhren in seinem Wagen. Um die Zeit wurde grad der Sunset Boulevard durch das ganze County verbreitert, wenn Sie sich entsinnen. Nachdem sie nun im Trocadero einige Zeit totgeschlagen ...«

»Und ein paar Schlückchen zur Brust genommen hatten«, kicherte Mrs. Prendergast und langte nach der Flasche. Sie füllte eins ihrer beiden Gläser neu. Das heißt, es gelang ihr, einen Teil des Whiskys hineinzubugsieren.

»... fuhr Mr. Paul sie über den Santa Monica Boulevard nach Hause.«

»Was durchaus nahelag – als Heimweg«, sagte ich. »Ja, eigentlich war es fast der einzige Weg, wenn man nicht eine Masse Staub schlucken wollte.«

»Ja, aber er führte auch an einem gewissen, ziemlich heruntergekommenen Hotel mit dem Namen Tremaine vorbei und an einer Bierkneipe gegenüber auf der anderen Straßenseite. Mrs. Prendergast bemerkte einen Wagen, der vor der Kneipe gestanden hatte und ihnen folgte. Sie ist ziemlich sicher, daß es derselbe Wagen war, der sie ein wenig später an den Bordstein drängte – und die Gangster wußten genau, was sie wollten. Mrs. Prendergast erinnert sich an all das noch sehr gut.«

»Aber ja, natürlich«, sagte Mrs. Prendergast. »Sie glauben doch nicht etwa, ich wäre betrunken gewesen, hoffe ich. Ich kann schon einen Schluck vertragen. Und außerdem verliert man ja nicht jeden Abend eine Perlenkette.«

Sie kippte ihren fünften Drink hinter die Binde.

»Nur wie diese Männer ausgesehen haben, da-das kann ich Ihnen beim besten Willen nicht sagen«, erklärte sie mir dann mit etwas dicker Stimme. »Lin – das heißt, Mr. Paul – ich hab ihn Lin genannt, verstehn Sie –, also Lin lag die Sache ziemlich im Magen. Deswegen hat er dann ja auch seinen Hals riskiert.«

»Das Geld – die zehntausend für die Auslösung – war das von Ihnen?« fragte ich sie.

»Also vom Butler war's nicht, Schätzchen. Und ich will diese Perlen wiederhaben, bevor Court dahinterkommt. Wie wär's, wenn Sie sich mal diese Kneipe näher ansähen?«

Sie grapschte in ihrer schwarz-weißen Handtasche herum und schob mir einen Klumpen Banknoten über den Schreibtisch. Ich strich sie glatt und zählte sie. Es waren insgesamt vierhundertundsiebenundsechzig Dollar. Ein hübsches Sümmchen. Ich ließ es liegen.

»Mr. Prendergast«, bohrte Carol Pride mit süßer Stimme weiter, »den Mrs. Prendergast ›Court‹ nennt, befindet sich in dem Glauben, daß die Imitation geraubt worden sei. Anscheinend kann er beide nicht auseinanderhalten. Über gestern nacht weiß er nichts weiter, als daß Lindley Paul von irgendwelchen Banditen umgebracht worden ist.«

»Den Deubel weiß er nicht!« Diesmal sagte ich das laut und ziemlich sauber. Ich schob das Geld über den Tisch zurück. »Offenbar sind Sie der Ansicht, Sie würden hier erpreßt, Mrs. Prendergast. Das ist ein Irrtum. Ich glaube, der Grund dafür, daß die Geschichte noch nicht so durch die Presse gelaufen ist, wie sie sich abgespielt hat, ist einfach der, daß die Polizei ein bißchen Druck zu spüren bekommen hat. Ihr war das freilich nur recht, denn sie will die ganze Schmuckräuberbande ausheben. Die Lumpen, die Paul umgebracht haben, sind bereits tot.«

Mrs. Prendergast starrte mich mit hartem, hellem Säuferblick an. »Ich hatte keinen Augenblick lang den Verdacht, daß ich hier erpreßt würde«, sagte sie. Inzwischen hatte sie einige Schwierigkeiten mit ihren S-Lauten. »Ich will meine Perlen wieder, und zwar schnell. Dabei geht es gar nicht um Geld. Nicht im mindesten. Geben Sie mir noch was zu trinken.«

»Steht direkt vor Ihnen«, sagte ich. Meinetwegen konnte sie sich gern unter den Tisch trinken.

Carol Pride sagte: »Meinen Sie nicht, Sie sollten doch mal zu dieser Bierkneipe fahren und sehen, was da zu holen ist?«

»Ein Stück abgenagte Brezel«, sagte ich. »Ein saublöder Einfall.«

Die Blondine fuchtelte mit der Flasche über ihren beiden Gläsern. Endlich gelang es ihr, sich etwas einzugießen. Sie trank es weg und schob dann die Handvoll Geldscheine auf dem Tisch herum, so frei und sorglos wie ein Kind, das im Sandkasten spielt.

Ich nahm sie ihr weg, legte sie wieder zusammen und ging um den Schreibtisch herum, um sie in ihre Handtasche zurückzustecken.

»Wenn ich etwas unternehme, werde ich's Sie wissen lassen«, erklärte ich ihr. »Einen Vorschuß brauche ich von *Ihnen* nicht, Mrs. Prendergast.«

Das gefiel ihr. Sie hätte fast noch einen weiteren Drink zu sich genommen, überlegte es sich dann aber mit dem bißchen, das sie noch zum Überlegen hatte, anders, brachte sich auf die Füße und wandte sich zur Tür.

Ich erwischte sie grad noch rechtzeitig, um sie davor zu bewahren, die Tür mit der Nase aufzustoßen. Ich hielt ihren Arm und öffnete ihr die Tür, und draußen, an die Wand gelehnt, stand ein uniformierter Chauffeur.

»Okay«, sagte er träge, schnippte seine Zigarette irgendwo ins Gelände und faßte sie unter. »Dann wolln wir mal, Baby. Eigentlich sollte ich dir ja den Hintern versohlen. Verdammt, ja, das sollte ich tun.«

Sie kicherte und hielt sich an ihm fest, und sie gingen den Korridor hinunter und verschwanden um eine Ecke. Ich ging zurück ins Büro und setzte mich hinter meinen Schreibtisch und sah Carol Pride an. Sie war grad damit beschäftigt, die Tischplatte mit einem Staubtuch abzuwischen, das sie irgendwo gefunden hatte.

»Sie und Ihre Büroflasche!« sagte sie bitter. Ihre Augen haßten mich.

»Ach, zum Teufel mit ihr«, sagte ich wütend. »Der würde ich doch nicht mal meine alten Socken anvertrauen. Ich hoffe, sie wird auf dem Heimweg genotzüchtigt. Zum Teufel auch mit ihrer Bierkneipe und dem ganzen Quatsch.«

»Die Moral der Dame wollen wir hier mal aus dem Spiel lassen, Mr. John Dalmas. Sie hat haufenweise Geld und ist nichts als ein verdorrter Bohnenstengel mit einem Scheckbuch, über dem die Sonne nie untergeht. Wenn das Ganze eine abgekartete Sache war, dann hat sie das selber eingefädelt. Sie erzählte mir, sie hätte schon seit einiger Zeit den Verdacht gehabt, daß Paul ein Raffles wäre. Das wäre ihr aber egal gewesen, solange er sie nur in Ruhe ließ.«

»Dieser Prendergast ist eine ziemliche Flasche, was? Muß er ja sein, ist doch klar.«

»Lang, dünn und gelb. Sieht aus, als wäre ihm schon der erste Schluck Milch im Magen sauer geworden und als hätte er den Geschmack noch immer im Mund.«

»Paul hat das Kollier nicht gestohlen.«

»Ach nein?«

»Nein. Und sie hat auch keinerlei Duplikat davon besessen.«

Ihre Augen verengten sich und wurden dunkler. »Ich nehme an, das hat Ihnen alles Soukesian der Magier erzählt.«

»Wer ist das denn?«

Sie beugte sich einen Moment lang vor und lehnte sich dann wieder zurück und zog ihre Handtasche fest an sich.

»Ich verstehe«, sagte sie langsam. »Meine Arbeit gefällt Ihnen nicht. Entschuldigen Sie, daß ich mich eingemischt habe. Ich dachte, es wäre Ihnen eine kleine Hilfe.«

»Ich hab Ihnen schon gesagt, daß der Fall mich gar nichts angeht. Machen Sie, daß Sie nach Hause kommen, und schreiben Sie ein Feature. Ich brauche keinerlei Hilfe.«

»Ich dachte, wir wären Freunde«, sagte sie. »Ich dachte, Sie hätten mich gern.« Sie starrte mich eine Minute lang mit öden, müden Augen an.

»Ich muß mir meinen Lebensunterhalt verdienen. Das schaffe ich nicht, wenn ich die Polizei vor den Kopf stoße.«

Sie stand auf und sah mich noch einen Moment länger an, ohne zu sprechen. Dann ging sie zur Tür und hinaus. Ich hörte ihre Schritte auf dem Mosaikboden des Flurs verklingen.

Ich saß dann noch zehn oder fünfzehn Minuten lang da, fast ohne mich zu rühren. Ich versuchte mir einen Reim darauf zu machen, daß Soukesian mich nicht umgebracht hatte. Es gab alles keinen rechten Sinn. Ich ging zum Parkplatz hinunter und stieg in meinen Wagen.

VII

Hechtsprung über eine Theke

Das Hotel Tremaine lag weit draußen vor Santa Monica, unweit der Schrottplätze. Eine Nahverkehrs-Bahnlinie teilte die Straße in zwei Hälften, und grad als ich den Block erreichte, in dem sich die Nummer befinden mußte, die ich nachgesehen hatte, ratterte ein Zweiwagenzug mit achtzig Sachen vorbei und machte dabei fast soviel Krach wie ein Transportflugzeug beim Start. Ich holte neben ihm auf und fuhr an dem Block vorbei, bog dann auf einen Betonplatz vor einem stillgelegten Supermarkt ab. Ich stieg aus und blickte um die Hausecke zurück.

Ich konnte das Schild des Tremaine über einer schmalen Tür erkennen, die zwischen zwei Ladenfronten lag, leeren Fassaden – ein altes zweistöckiges Hotel der billigsten Klasse, wo es keinen Fahrstuhl gab, die Holztäfelungen nach Kerosin rochen, die Jalousien Löcher hatten, die Gardinen aus dünner Baumwollspitze bestanden und die Bettfedern sich einem in den Rücken bohrten. Solche Hotels wie dieses Tremaine kannte ich in- und auswendig, ich hatte in ihnen genächtigt, hatte Ganoven in ihnen belauert, hatte mich in ihnen mit giftigen dürren Wirtinnen gestritten, hatte mir Kugeln um die Ohren fliegen lassen in ihnen und würde eines Tages vielleicht noch aus einem von ihnen hinausgetragen werden, zum Leichenwagen. Das sind so die Absteigen, wo man das billigste Gesindel auftreibt, die Schnupfer und Fixer, die hochgekickten kleinen Drücker, die dauernd voll auf der Rolle sind und einen über den Haufen schießen, bevor man auch nur hallo sagen kann.

Die Bierkneipe lag auf meiner Straßenseite. Ich ging zu meinem Chrysler zurück und stieg ein, um meine Pistole in den Hosenbund zu schieben; dann schlenderte ich den Gehsteig entlang.

Über der Tür hing eine rote Neon-Reklame: *Bier.* Eine breite heruntergezogene Sonnenblende maskierte das Vorderfenster, was den gesetzlichen Bestimmungen zuwiderlief. Die Kneipe war bloß ein umgebauter Laden. Ich machte die Tür auf und trat ein.

Der Barmann war damit beschäftigt, mit dem Geld des Hauses den Spielautomaten in Schwung zu halten, und auf einem Hocker saß ein Mann mit einem braunen Hut auf dem Hinterkopf und las einen Brief. Auf der Spiegelrückwand der Bar standen Preise, flüchtig mit weißer Farbe draufgeschmiert.

Die Bar bestand aus einer simplen Theke aus massivem Holz, und an jedem der beiden Enden hing ein alter 44er Grenzercolt, in einem Halfter, so mickrig und billig, wie es kein anständiger Schütze je getragen hätte. An den Wänden hingen gedruckte Karten, die einem anrieten, nicht um Kredit zu bitten, dies oder jenes gegen den Kater zu nehmen und gegen eine Schnapsfahne, und auch ein paar Photos mit hübschen Beinen drauf fehlten nicht.

Das ganze Lokal sah nicht so aus, als brächte es auch nur die Kosten wieder herein.

Der Barmann verließ den Automaten und begab sich hinter die Theke. Er stand in den Fünfzigern, und seine Miene war sauer. Seine Hosenränder waren ausgefranst, und er bewegte sich, als hätte er Hühneraugen. Der Mann auf dem Hocker kicherte in einer Tour über seinen Brief, der mit grüner Tinte auf rosa Papier geschrieben war.

Der Barmann legte seine beiden von Pusteln bedeckten Hände auf die Theke und sah mich mit dem Ausdruck eines pensionierten Schmierenkomödianten an, und ich sagte: »Bier.«

Er zapfte es langsam, harkte mit einem alten Tafelmesser den Schaum herunter.

Ich süffelte mein Bier, hielt das Glas mit der linken Hand. Nach einer Weile sagte ich: »Lou Lid mal wieder gesehn in letzter Zeit?« Das schien mir nicht weiter riskant zu sein. Soweit ich gesehen hatte, war in keiner Zeitung etwas über Lou Lid und Fuente den Mex gebracht worden.

Der Barmann sah mich mit leerem Blick an. Die Haut über seinen Augen war gekörnt wie die einer Eidechse. Endlich sprach er, in heiserem Flüsterton. »Nie gehört von dem Mann.«

Über seine Kehle lief eine dicke weiße Narbe. Offenbar war ihm da einmal ein Messer hineingefahren, was auch das heisere Flüstern erklärte.

Der Mann, der immer noch in seinem Brief herumlas, wieherte plötzlich auf und schlug sich auf den Schenkel. »Das muß ich Moose zeigen«, brüllte er. »Da haut man doch wahrhaftig lang hin und steht kurz wieder auf!«

Er rutschte von seinem Hocker und schlenderte zu einer Tür in der Rückwand hinüber und ging hindurch. Er war ein stämmiger dunkler Typ, der wie jedermann aussah. Die Tür schloß sich hinter ihm.

Der Barmann sagte mit seiner heiseren Flüsterstimme: »Lou Lid, äh? Komische Hausnummer. Hier kommt ja alles mögliche Volk vorbei. Kenn nie die Namen. Bulle?«

»Privat«, sagte ich. »Braucht Sie aber nicht zu stören. Ich trink hier bloß mein Bier. Dieser Lou Lid war ein Jumbo. Hellbraun. Jung.«

»Hm, kann schon sein, daß ich ihn mal gesehn hab. Erinnere mich nicht.«

»Wer ist denn Moose?«

»Der? Das ist der Boss. Moose Magoon.«

Er tunkte ein dickes Handtuch in einen Eimer und faltete es und wrang es aus und zog es, an den Enden gehalten, längs über die Theke. Das ergab eine Schlagwaffe, die nicht von schlechten Eltern war, zwei Zoll dick und achtzehn lang, so gut wie ein Gummiknüppel. Wer mit so einem Ding was abkriegt, der fliegt bis ins nächste County, wenn der Schlag richtig sitzt.

Der Mann mit dem rosa Brief kam durch die Hintertür zurück, immer noch kichernd, schob den Brief in die Seitentasche und schlenderte zum Spielautomaten hinüber. Das brachte ihn mir in den Rücken. Ich wurde langsam ein bißchen besorgt.

Ich trank rasch mein Bier aus und stand vom Hocker auf. Der Barmann hatte die Kasse noch nicht klingeln lassen für meinen Dime. Er hielt sein zusammengedrehtes Handtuch zwischen den Händen und bewegte es hin und her.

»Gutes Bier«, sagte ich. »Trotzdem besten Dank.«

»Beehren Sie uns wieder«, flüsterte er und stieß mein Glas um.

Das lenkte meine Augen für eine Sekunde ab. Als ich wieder aufblickte, stand die Tür im Hintergrund offen und ein großer Mann darin, mit einer großen Pistole in der Hand.

Er sagte kein Wort. Er stand einfach da. Die Pistole sah mich an. Sie sah aus wie ein Tunnel. Der Mann war sehr breit gebaut, ein schwärzlichdunkler Typ. Er hatte die Figur eines Ringers. Er sah jede Menge brutal aus. Er sah nicht so aus, als hieße er wirklich Magoon.

Niemand sagte etwas. Der Barmann und der Mann mit der Pistole starrten mich unentwegt an. Dann hörte ich draußen auf der Nahverkehrsstrecke einen Zug kommen. Sehr schnell kommen und sehr laut. Darauf warteten sie. Die Sonnenblende verdeckte das ganze Vorderfenster, und niemand konnte hineinsehen in das Lokal. Der Zug würde einen Heidenkrach machen, wenn er vorbeifuhr. Darin gingen ein paar Schüsse glatt unter.

Der Lärm des sich nähernden Zuges wurde lauter. Ich mußte mich rühren, ehe er laut genug geworden war.

Ich schoß mit einem Hechtsprung über die Theke.

Irgend etwas knallte schwach im Donnern des Zugs, und irgend etwas schepperte über mir, offenbar an der Wand. Was das war, habe ich nie erfahren. Der Zug raste in dröhnendem Crescendo vorbei.

Ich prallte ungefähr im selben Moment gegen die Beine des Barmanns und auf den dreckigen Boden. Der Barmann nahm auf meinem Nacken Platz.

Das trieb mir die Nase in eine Pfütze aus schalem Bier und eins meiner Ohren an den sehr harten Betonboden. In meinem Kopf begann ein Schmerzgeheul. Ich war der Länge nach auf einer Art Laufbrett hinter der Theke gelandet und hatte mich unterwegs halb auf die linke Seite gedreht. Ich riß die Pistole aus dem Hosenbund. Fast ein Wunder, daß sie nicht durchgerutscht war und sich unten im Hosenbein festgeklemmt hatte.

Der Barmann gab einen Laut des Mißmuts von sich, und etwas sehr Heißes traf mich sehr unangenehm, aber Schüsse hörte ich im Moment keine mehr. Also schoß ich auch nicht auf den Barmann. Ich rammte ihm nur die Mündung meiner Pistole in einen Körperteil, an dem manche Leute empfindlich sind. Er gehörte zu ihnen.

Er sauste hoch und von mir runter wie ein Baseball, der einen Foul-Schlag gekriegt hat. Wenn er nicht schrie, dann jedenfalls nicht, weil er's etwa nicht versucht hätte. Ich wälzte mich noch ein bißchen weiter herum und setzte ihm die Pistole auf den Hosenboden. »Schluß jetzt!« knurrte ich ihn an. »Ich möchte nicht gern vulgär zu Ihnen werden.«

Zwei weitere Schüsse krachten. Der Zug war längst in der Ferne verschwunden, aber das war dem Betreffenden offenbar egal. Die Kugeln schlugen jetzt durch Holz. Die Theke war alt und stabil, aber doch nicht stabil genug, um 45er Geschosse aufzuhalten. Der Barmann über mir seufzte auf. Irgend etwas Heißes und Nasses tropfte mir aufs Gesicht. »Ihr habt mich getroffen, Jungs«, flüsterte er und begann dann auf mir zusammenzusacken.

Ich schlängelte mich grad noch rechtzeitig unter ihm weg, kroch ans Ende der Theke, das nah am Eingang der Kneipe lag, und riskierte einen Blick. Ein Gesicht mit einem braunen Hut obendrauf befand sich etwa neun Zoll von meinem eigenen entfernt mir gegenüber, auf gleicher Höhe.

Wir sahen einander für den Bruchteil einer Sekunde an, und das kam mir so lang vor, wie ein Baum braucht, um zu voller Lebenshöhe zu wachsen, war aber in Wirklichkeit nur ein so kurzer Moment, daß der Barmann hinter mir sich immer noch unterwegs zum Boden dabei befand.

Das hier war meine letzte Pistole. Und die würde mir niemand nehmen. Ich riß sie hoch, bevor der Mann, der mir ins Gesicht sah, die Situation auch nur begriffen hatte. Er tat nichts. Er glitt einfach auf die Seite, und während er glitt, quoll ihm ein dicker Schwall Rot aus dem Mund.

Diesen Schuß hatte ich gehört. Er war so laut gewesen, daß er wie der Weltuntergang selber klang, so laut, daß ich darüber fast nicht gehört hätte, wie die Tür hinten zuschlug. Ich kroch ein Stück weiter um das Ende der Theke, stieß mürrisch eine Pistole am Boden aus dem Weg, hielt meinen Hut um die Holzecke. Niemand schoß drauf. Ich schob ein Auge nach und dann mein halbes Gesicht.

Ich drehte durch. Ich sprang durch den Raum, riß die Tür auf und stürzte hinaus. Es war ein Trick gewesen. Sie hatten bloß die Tür zugeschlagen und den Wagen angelassen, um mich herauszulokken. Ich sah noch, daß der niedersausende Arm eine Flasche hielt.

Zum drittenmal in vierundzwanzig Stunden wurde ich ausgezählt.

Diesmal kam ich schreiend wieder zu mir, die beißende Schärfe von Ammoniak in der Nase. Ich schlug nach einem Gesicht. Aber ich hatte nichts zum Zuschlagen. Jeder meiner Arme war ein Viertonnenanker. Ich drosch um mich und stöhnte.

Das Gesicht vor mir materialisierte sich zur gelangweilten, doch aufmerksamen Visage eines Mannes in weißem Kittel. Der Medizinmann eines Krankenwagens.

»Das haut ins Hemd, was?« grinste er. »Manche Leute haben das sogar getrunken – mit einem Schluck Wein-Tonic hinterher, zur besseren Verdauung.«

Er zerrte an mir herum, irgend etwas zwickte meine Schulter, und eine Nadel stach mich.

»Kleine Spritze«, sagte er. »Ihren Kopf hat's ziemlich bös erwischt. Aber das Licht bleibt an.«

Sein Gesicht schwand weg. Ich ließ die Augen schweifen. Nichts als Verschwommenheit. Dann sah ich ein Mädchengesicht, aufmerksam, still, gespannt. Carol Pride.

»Tja«, sagte ich. »Das sieht Ihnen ähnlich. Sie sind mir ja gefolgt.«

Sie lächelte und bewegte sich. Dann streichelten ihre Finger mir über die Backe, und ich konnte sie nicht mehr erkennen.

»Die Jungs vom Streifenwagen haben's so grad noch geschafft«, sagte sie. »Die Strolche hatten Sie schon sauber in einem Teppich verpackt – zum Abtransport in einem Laster, hinten im Hof.«

Ich konnte nicht besonders gut sehen. Ein großer rotgesichtiger Mann in Blau glitt mir vor den Blick. Er hatte eine Pistole in der Hand, mit offenem Magazin. Irgend jemand stöhnte irgendwo im Hintergrund.

Sie sagte: »Sie hatten auch noch zwei andere eingewickelt. Aber die waren tot. Huch!«

»Machen Sie, daß Sie nach Hause kommen«, brummte ich benebelt. »Und schreiben Sie endlich Ihr Feature.«

»Den Witz haben Sie schon mal gerissen, Sie Witzbold.« Sie streichelte mir weiter über die Backe. »Und ich dachte, Sie hätten inzwischen Ihr Repertoire vergrößert. Müde?«

»So, dann wären wir hier erst mal fertig«, sagte eine neue Stimme scharf. »Bringen Sie diesen angeschossenen Burschen da irgendwohin, wo Sie an ihm rumflicken können. Ich will, daß er am Leben bleibt.«

Reavis kam wie aus einem Nebel auf mich zu. Sein Gesicht nahm langsam Gestalt an, grau, achtsam, ziemlich streng. Es senkte sich, wie wenn er Platz nähme neben mir, dicht zu mir nieder.

»Sie haben's also wieder mal auf die ganz schlaue Tour machen müssen«, sagte er mit scharfer, bissiger Stimme. »Na schön, dann reden Sie mal. Und der Teufel soll mich holen, wenn es mir nicht schnurzegal ist, wie Ihr Kopf sich dabei fühlt. Sie haben's ja nicht anders gewollt.«

»Geben Sie mir was zu trinken.«

Eine vage Bewegung, ein Glitzern von hellem Licht, und der Rand einer Flasche berührte meinen Mund. Heiße Kraft rann mir die Kehle nieder. Etwas davon lief mir kalt übers Kinn, und ich wandte den Kopf weg von der Flasche.

»Danke. Haben Sie Magoon – den Obermacher?«

»Der ist voll Blei, macht aber noch Umsatz. Bereits unterwegs in die Stadt.«

»Und der Indianer?«

»Äh?« schluckte er.

»Irgendwo im Gebüsch am Peace Cross; unten an der Palisades. Ich hab ihn erschossen. Aber nicht mit Absicht.«

»Heiliger . . .«

Reavis ging wieder weg, und die Finger bewegten sich langsam und rhythmisch wieder über meine Backe.

Reavis kam zurück und setzte sich wieder. »Wer ist dieser Indianer?« fuhr er mich an.

»Soukesians starker Mann. Soukesian der Magier. Er . . .«

»Wir sind im Bilde«, unterbrach mich Reavis bitter. »Bei Ihnen war eine ganze Stunde das Licht aus, Schnüffler. Da hat uns die Dame von den bewußten Karten erzählt. Sie sagt, sie ist schuld, aber das glaube ich nicht. Oberfaule Geschichte jedenfalls. Aber zwei von den Jungs sind schon rausgefahren.«

»Ich war da«, sagte ich. »In seinem Haus. Er weiß etwas. Aber was, das ahne ich nicht. Er hatte Angst vor mir – und hat mich doch nicht umgelegt. Komisch.«

»Ein Amateur«, sagte Reavis trocken. »Das hat er Moose Magoon überlassen. Moose Magoon war hart im Geben – bis vor kurzem. Ein Vorstrafenregister von hier bis nach Pittsburgh . . . Da. Aber verschlucken Sie sich nicht. Ist ein Saft, der eilig trunken macht. Viel zu schade für Sie.«

Die Flasche berührte wieder meine Lippen.

»Hören Sie zu«, sagte ich mühsam. »Die Bande hier, das war das Überfallkommando. Soukesian war der Kopf. Lindley Paul war der Spitzel und Mittelsmann. Er muß sie bei irgendeiner Sache aufs Kreuz gelegt haben . . .«

Reavis sagte: »Ach Quatsch«, und im selben Moment klingelte irgendwo weit weg ein Telephon, und eine Stimme sagte: »Für Sie, Leutnant.«

Reavis ging fort. Als er wieder zurückkam, setzte er sich nicht mehr hin.

»Vielleicht haben Sie recht«, sagte er sanft. »Ausnahmsweise mal. In einem Haus auf einem der Hügel in Brentwood Heights sitzt ein goldhaariger Bursche tot in einem Stuhl, und eine Frau weint sich daneben die Augen aus. Selbstmord. Auf einem Tisch in der Nähe liegt ein Jade-Kollier.«

»Zuviel Tod«, sagte ich und sank in Ohnmacht.

Ich wachte in einem Krankenwagen wieder auf. Zuerst dachte ich, ich wäre allein darin. Dann spürte ich ihre Hand und wußte, ich war's nicht. Ich war stockblind jetzt. Konnte nicht einmal mehr einen blassen Schimmer sehen. Es waren bloß Bandagen.

»Der Arzt sitzt vorne beim Fahrer«, sagte sie. »Sie können meine Hand halten. Möchten Sie vielleicht, daß ich Sie küsse?«

»Wenn's für mich ganz unverbindlich ist.«

Sie lachte sanft. »Ich glaube, Sie werden doch am Leben bleiben«, sagte sie. Dann küßte sie mich. »Ihr Haar riecht nach Scotch. Baden Sie vielleicht darin? Der Arzt hat gesagt, Sie sollen nicht sprechen.«

»Die Kerls haben mir eine volle Flasche auf den Kopf gehauen. Hab ich Reavis von dem Indianer erzählt?«

»Ja.«

»Hab ich ihm auch erzählt, daß Mrs. Prendergast glaubt, Paul wäre mit in die Sache . . .«

»Sie haben Mrs. Prendergast nicht einmal erwähnt«, sagte sie rasch.

Darauf sagte ich nichts mehr. Nach einer Weile sagte sie: »Dieser Soukesian, sah er eigentlich wie ein Frauenheld aus?«

»Der Arzt hat gesagt, ich soll nicht sprechen«, sagte ich.

VIII

Blondes Gift

Zwei Wochen später fuhr ich nach Santa Monica. Zehn Tage der Zeit hatte ich im Krankenhaus verbracht, auf eigene Kosten, um eine böse Gehirnerschütterung zu überwinden. Moose Magoon lag etwa dieselbe Zeit auf der Häftlingsstation im County Hospital, wo sie sieben oder acht Polizeikugeln aus ihm herausholten. Als ich entlassen wurde, beerdigten sie ihn.

Der ganze Fall war um diese Zeit ebenfalls so gut wie beerdigt. Die Zeitungen hatten ihr Spiel damit gehabt, und neue Fälle waren dahergekommen, und schließlich und endlich hatte es sich ja auch bloß um eine Schmuckräuberbande gehandelt, die aufgeflogen war, weil die Beteiligten sich gegenseitig zu sehr übers Ohr gehauen hatten. So lautete die Auskunft der Polizei, und die mußte es ja wissen. Weiterer Schmuck wurde nicht gefunden, aber das hatte auch keiner erwartet. Man stellte sich die Sache so vor, daß die Bande jeweils immer nur einen Coup durchzog, wobei die Kuli-Arbeit von außenstehenden Handlangern erledigt wurde, die dann mit ihrem Anteil ihrer Wege gingen. Auf die Art wußten nur drei Leute wirklich Bescheid: Moose Magoon, von dem sich herausstellte, daß er Armenier war; Soukesian, der seine Verbindungen dazu nutzte, jeweils zu ermitteln, wessen Schmuck in Frage kam; und Lindley Paul, der die Pläne ausarbeitete und der Bande den Tip gab, wann sie zuschlagen sollte. So jedenfalls lautete die Auskunft der Polizei, und die mußte es ja wissen.

Es war ein schöner warmer Nachmittag. Carol Pride wohnte an der Fünfundzwanzigsten Straße, in einem hübschen ziegelroten, weiß abgesetzten Häuschen mit einer Hecke davor.

Ihr Wohnzimmer hatte einen lohbraunen, gemusterten Teppich, weiß-rosa Sessel, einen schwarzen Marmorkamin mit hohem Feuerbock aus Messing, sehr hohe, in die Wände eingebaute Bücherschränke und cremefarbene Vorhänge aus grobgewebtem Stoff vor Sonnenblenden von derselben Farbe.

Es war nichts eigentlich Weibliches darin, außer einem körperhohen Spiegel mit viel freiem Platz davor.

Ich setzte mich in einen hübschen weichen Sessel und bettete, was von meinem Kopf noch übrig war, bequem zur Ruhe und schlürfte Scotch mit Soda, während ich ihr toupiertes braunes Haar über einem hochgeschlossenen Kleid betrachtete, das ihr Gesicht ganz klein, ja fast kindlich aussehen ließ.

»Ich wette, das alles hier haben Sie sich nicht allein mit Schreiben verdient«, sagte ich.

»Stimmt, aber mein Vater auch nicht dadurch, daß er seine Leute übervorteilt hat«, schnappte sie zurück. »Wir hatten ein paar Grundstücke in Playa Del Rey, wenn Sie's unbedingt wissen müssen.«

»Ein bißchen Öl«, sagte ich. »Reizend. Aber ich mußte es nicht unbedingt wissen. Fangen Sie doch nicht gleich wieder an, auf mir rumzuhacken.«

»Haben Sie eigentlich noch Ihre Lizenz?«

»O ja«, sagte ich. »Hm, der Scotch hier ist gar nicht schlecht. Sie wären wohl nicht besonders erbaut, wenn Sie zu einer Fahrt in einem alten Auto eingeladen würden, oder?«

»Wer bin ich denn, daß ich eines alten Autos spotten dürfte?« fragte sie. »Die Wäscherei muß Ihnen zuviel Stärke um den Hals geschmiert haben.«

Ich grinste die dünne Linie an, die sich zwischen ihren Brauen gebildet hatte.

»Ich habe Sie im Krankenwagen geküßt«, sagte sie. »Falls Sie sich noch daran erinnern, nehmen Sie's nicht zu wichtig. Mir tat bloß leid, wie man Ihnen den Kopf zugerichtet hatte.«

»Ich bin ein Karriere-Mensch«, sagte ich. »Auf so was würde ich nie bauen. Also fahren wir mal. Ich muß eine Blondine in Beverly Hills besuchen. Ich schulde ihr einen Bericht.«

Sie stand auf und funkelte mich an. »Ah, diese Ziege, die Prendergast«, sagte sie garstig. »Die mit den hohlen Holzbeinen.«

»Kann schon sein, daß sie hohl sind«, sagte ich.

Sie errötete und schoß aus dem Zimmer und kam nach einer Zeit, die mir ungefähr wie drei Sekunden erschien, mit einem komischen achteckigen Hütchen, das einen roten Knopf hatte, und einem Plaid-Mantel zurück, dessen Kragen und Stulpen mit Wildleder abgesetzt waren. »Gehn wir«, sagte sie atemlos.

Die Philip Courtney Prendergasts wohnten an einer jener breiten, gewundenen Straßen, deren Häuser viel zu dicht zusammenzustehen scheinen – bei der Größe, die sie haben, und dem Geldwert, den sie repräsentieren. Ein japanischer Gärtner manikürte gerade, mit dem üblichen Ausdruck der Verachtung im Gesicht, den japanische Gärtner haben, ein paar Morgen weichen grünen Rasens. Das Haus hatte ein englisches Schieferdach und eine ebenso überdachte Zufahrt, ein paar schöne importierte Bäume, ein Bougainvillea-Spalier. Es war ein nettes Plätzchen und nicht laut. Aber Beverly Hills bleibt Beverly Hills, und so hatte der Butler einen Eckenkragen und einen Akzent wie Alan Mowbray.

Er geleitete uns durch Zonen des Schweigens in einen Raum, der im Moment leer war. Große Polstersofas und Klubsessel standen da, aus blaßgelbem Leder, um einen Kamin gruppiert, vor dem, auf dem blanken, aber nicht glatten Boden, ein Teppich lag, so dünn wie Seide und so alt wie Aesops Tante. Ein Feuerstrahl von Blumen in der Ecke, ein zweiter auf einem niedrigen Tisch, Wände aus bemaltem stumpfem Pergament, Stille, Luxus, Platz, Gemütlichkeit, ein Hauch Moderne und ein Hauch Antik. Ein umwerfendes Zimmer.

Carol Pride rümpfte bloß die Nase darüber.

Der Butler riß die Hälfte einer lederbespannten Tür auf, und Mrs. Prendergast kam herein. Blaßblau, mit Hut und Handtasche in gleicher Farbe, fertig zum Ausgehen. Blaßblaue Handschuhe schlugen leicht gegen einen blaßblauen Schenkel. Ein Lächeln, Andeutungen von Tiefen in den schwarzen Augen, eine lebhafte Röte und, noch ehe sie überhaupt sprach, eine ganz allerliebste Schärfe.

Sie warf uns ihre beiden Hände entgegen. Carol Pride brachte es fertig, ihrem Anteil zu entgehen. Ich quetschte den meinen.

»Aber das ist ja herrlich, daß Sie mich besuchen!« schrie sie. »Wie schön, Sie beide wiederzusehen! Ich schmecke immer noch den Whisky auf der Zunge, den Sie in Ihrem Büro hatten. Eine schreckliche Marke, nicht wahr?«

Wir nahmen alle drei Platz.

Ich sagte: »An sich wäre es nicht nötig gewesen, Ihre Zeit noch persönlich in Anspruch zu nehmen, Mrs. Prendergast. Alles ist ja nun bestens in Ordnung gekommen, und Ihre Perlen haben Sie zurück.«

»Ja. Dieser seltsame Mensch. Was bringt einen wohl dazu, solch eine Rolle zu spielen. Ich habe ihn auch gekannt. Wußten Sie das?«

»Soukesian? Ich hatte es mir fast gedacht«, sagte ich.

»Ja, recht gut sogar. Ich muß Ihnen eine Menge Geld schulden. Und Ihr armer Kopf. Wie geht es ihm?«

Carol Pride saß dicht neben mir.

Sie sagte schnippisch, zwischen den Zähnen, fast zu sich selbst nur, aber doch nicht ganz: »Sägemehl und Kreosot. Und selbst damit lockt sie noch die Termiten an.«

Ich schenkte Mrs. Prendergast ein Lächeln, und sie gab es mir in Seidenpapier mit Schleifchen zurück.

»Sie schulden mir keinen Pfennig«, sagte ich. »Da war bloß noch eine Sache . . .«

»Ausgeschlossen. Sie haben so viel für mich getan. Aber wir nehmen erst einmal einen kleinen Scotch zusammen, nicht wahr?« Sie hielt ihre Handtasche auf den Knien, drückte auf irgendwas unter dem Sessel, sagte: »Einen kleinen Scotch mit Soda, Vernon.« Sie strahlte. »Allerliebst, nicht? Man kann nicht mal das Mikro sehen. Das Haus hier ist voll von so kleinen Sachen. Mr. Prendergast mag das sehr. Von hier geht eine direkte Leitung zum Butler in die Anrichte, wo ein Lautsprecher hängt.«

Carol Pride sagte: »Ich wette, der Lautsprecher, der neben dem Bett des Chauffeurs hängt, ist ebenfalls allerliebst.«

Mrs. Prendergast hörte sie nicht. Der Butler kam mit einem Tablett herein, reichte die gemixten Drinks herum und ging hinaus.

Über den Rand ihres Glases weg sagte Mrs. Prendergast: »Es war riesig nett von Ihnen, der Polizei nicht zu sagen, daß ich Lin Paul im Verdacht hatte, mit zu der – nun, Sie wissen schon. Oder daß ich etwas damit zu tun hatte, daß Sie zu dieser schrecklichen Bierkneipe gegangen sind. Übrigens, wie haben Sie das eigentlich erklärt?«

»Ganz einfach. Ich hab ihnen gesagt, Paul selber hätte das erwähnt. Er war doch bei Ihnen, erinnern Sie sich?«

»Aber das hat er natürlich nicht, oder?« Ihre Augen kamen mir auf einmal ein bißchen verschlagen vor.

»Er hat mir praktisch gar nichts erzählt. Damit blieb er wenigstens ganz bei der Wahrheit. Und natürlich hat er mir auch nicht erzählt, daß er Sie erpreßte.«

Ich meinte direkt zu sehen, wie Carol Pride der Atem ausging. Mrs. Prendergast fuhr fort, mich über den Rand ihres Glases weg anzusehen. Ihr Gesicht hatte, für einen kurzen Moment, den leicht albernen Ausdruck einer Nymphe, die beim Baden überrascht wird. Dann setzte sie ihr Glas langsam hin und öffnete die Handtasche auf ihrem Schoß und zog ein Taschentuch heraus und biß hinein. Es war ganz still im Raum.

»Das«, sagte sie mit leiser Stimme, »ist ein ziemlich phantastischer Gedanke, finden Sie nicht auch?«

Ich grinste ihr kalt ins Gesicht. »Die Polizei ist in sehr vielen Dingen ganz wie die Zeitungen, Mrs. Prendergast. Sie hat manchmal Gründe, nicht von allem Gebrauch zu machen, was sie erfährt. Aber deswegen läßt sie sich noch lange nicht für dumm verkaufen. Reavis ist keineswegs dumm. Er hat keinen Augenblick geglaubt, sowenig wie ich selber, daß dieser Soukesian wirklich der Chef einer ausgekochten Schmuckräuberbande war. Der hätte mit Leuten wie Moose Magoon keine fünf Minuten fertig werden können.

Sie hätten ihm sofort das Gesicht plattgeschlagen, bloß um in der Übung zu bleiben. Und doch hatte Soukesian das Kollier. Das bedarf der Erklärung. Ich glaube, er hat es gekauft – von Moose Magoon. Für die zehn Riesen Auslösungssumme, die Sie beschafft hatten – und aus einer kleinen anderen Erwägung heraus wahrscheinlich im voraus bezahlt hatten, um Moose für den Job zu gewinnen.«

Mrs. Prendergast senkte die Lider, bis ihre Augen fast geschlossen waren, dann hob sie sie wieder und lächelte. Es war ein ziemlich gespenstisches Lächeln. Carol Pride neben mir rührte sich nicht.

»Irgend jemand *wollte,* daß Lindley Paul umkam«, sagte ich. »Das liegt auf der Hand. Man kann einen Mann versehentlich mit einem Totschläger umbringen, wenn man nicht weiß, wie hart man damit zuschlagen darf. Aber dann zerdrischt man ihm nicht das ganze Gehirn. Und wenn man ihn zusammenschlagen will, bloß um ihm eine kleine Lehre zu erteilen, dann schlägt man ihn überhaupt nicht auf den Kopf. Denn dann würde er ja die Abreibung gar nicht mehr spüren. Und grad das sollte er doch – wenn man ihm bloß eine Lehre erteilen will.«

»Was – was . . .«, fragte die blonde Frau heiser, »was hat das alles mit mir zu tun?«

Ihr Gesicht war eine Maske. In ihrem Blick lag eine warme Bitterkeit wie vergifteter Honig. Eine ihrer Hände wühlte in ihrer Handtasche. Sie wurde ruhig, in der Handtasche.

»Moose Magoon war genau der richtige Mann für einen solchen Job«, bohrte ich weiter, »wenn man ihn entsprechend bezahlte. Er hätte jede Art Job übernommen. Und Moose war Armenier, also könnte Soukesian leicht gewußt haben, wie man an ihn rankam. Und Soukesian war genau der Typ, der über einer Edelnutte den Verstand verlor und blind bereit war, alles zu tun, was sie von ihm verlangte, sogar einen Mann töten zu lassen, besonders wenn der Mann ein Rivale war, besonders wenn der Mann ein Mann war, der sich auf Kissen am Boden wälzte und vielleicht sogar heimlich Aufnahmen machte von seinen Freundinnen, wenn sie sich dem Garten Eden etwas zu sehr genähert hatten. Das dürfte doch nicht allzu schwer zu verstehen sein, oder, Mrs. Prendergast?«

»Trinken Sie mal einen Schluck«, sagte Carol Pride eisig. »Sie kommen ins Schwafeln. Sie brauchen diesem Herzchen da nicht zu erzählen, daß sie eine Nutte ist. Das weiß sie schon. Aber wie, zum Teufel, hat jemand sie erpressen können? Um erpreßt werden zu können, muß man doch einen Ruf zu verlieren haben.«

»Halten Sie den Mund!« fuhr ich sie an. »Je weniger man hat, desto mehr zahlt man, um es behalten zu können.« Ich beobachtete die Hand der blonden Frau, die sich plötzlich in ihrer Handtasche zu bewegen begann. »Machen Sie sich nicht extra die Mühe, die Pistole da zu ziehen«, sagte ich barsch. »Ich weiß, daß man Sie nicht hängen wird. Ich wollte Ihnen nur deutlich machen, daß Sie niemanden auf den Arm nehmen können und daß die Falle in der Bierkneipe bereits aufgestellt war, um mir den Rest zu geben, als Soukesian die Nerven verlor, und daß Sie es waren, die mich dort hinschickte, damit ich mein Fett bekam. Der Rest ist jetzt kalter Kaffee.«

Aber sie zog die Pistole trotzdem heraus und hielt sie auf ihrem blaßblauen Knie und lächelte mich an.

Carol Pride warf ein Glas nach ihr. Sie wich aus, und die Pistole ging los. Eine Kugel fuhr sanft und höflich in die pergamentbedeckte Wand, sehr hoch oben, und machte dabei kein lauteres Geräusch als ein Finger, der in einen Handschuh fährt.

Die Tür ging auf, und ein riesiger dünner Mann kam ins Zimmer geschlendert.

»Schieß lieber auf mich«, sagte er. »Ich bin wenigstens nur dein Mann.«

Die Blondine sah ihn an. Für die Dauer eines ganz kurzen Moments dachte ich, sie würde ihn beim Wort nehmen.

Dann lächelte sie nur ein weiteres Mal und steckte die Pistole in ihre Handtasche zurück und griff nach ihrem Glas. »Mal wieder gelauscht?« sagte sie dumpf. »Eines Tages wirst du etwas hören, was dir nicht gefällt.«

Der große dünne Mann zog ein ledernes Scheckbuch aus der Tasche, faßte mich mit hochgezogener Braue ins Auge und fragte: »Was kostet Ihr Schweigen – für dauernd?«

Ich glotzte ihn an. »Sie haben gehört, was hier eben gesprochen wurde?«

»Das möchte ich meinen. Die Übertragung ist ziemlich gut bei diesem Wetter. Ich glaube, Sie beschuldigten meine Frau, etwas mit dem Tod von irgendwem zu tun zu haben, war es nicht so?«

Ich glotzte ihn nur weiter an.

»Kurz und gut – wieviel wollen Sie?« blaffte er mich an. »Ich will mich nicht mit Ihnen streiten. Ich bin an Erpresser gewöhnt.«

»Einigen wir uns auf eine Million«, sagte ich. »Und dann hat sie grad auf uns geschossen. Das macht noch fünfzig Cents extra.«

Die Blondine lachte wie irre, und das Lachen ging in ein Kreischen über und dann in ein gellendes Geheul. Als nächstes wälzte sie sich auf dem Boden, schreiend und mit den Beinen um sich schlagend.

Der große dünne Mann ging rasch zu ihr hinüber und beugte sich nieder und schlug ihr mit der offenen Hand ins Gesicht. Es war eine Ohrfeige, die man eine Meile weit hätte hören können. Als er sich wieder aufrichtete, war sein Gesicht ein einziges Dunkelrot, und die Blondine lag nur noch da und schluchzte.

»Ich zeige Ihnen die Tür«, sagte er. »Sie können morgen in meinem Büro vorbeikommen.«

»Wozu?« fragte ich und nahm meinen Hut. »Sie sind doch bloß ein Vollidiot, selbst in Ihrem Büro.«

Ich nahm Carol Prides Arm und steuerte sie aus dem Zimmer. Wir verließen schweigend das Haus. Der japanische Gärtner hatte gerade eine winzige Unkrautwurzel aus dem Rasen gezogen und hielt sie hoch und sah sie verachtungsvoll an.

Wir fuhren davon, auf die Vorberge zu. Eine rote Ampel unweit des alten Beverly Hill Hotels brachte mich nach einer Weile zum Halten. Ich saß einfach da, die Hände auf dem Steuer. Das Mädchen neben mir rührte sich ebenfalls nicht. Sie sagte kein Wort. Sie sah nur starr geradeaus.

»Zu dem großen warmen Gefühl bin ich jetzt nicht gekommen«, sagte ich. »Und niedergeschlagen hab ich auch keinen. Nicht mal richtig dramatisch ist's geworden.«

»Sie hat es vermutlich gar nicht kaltblütig geplant«, flüsterte sie. »Sie hat einfach nur die Wut gekriegt und sich irgendwie rächen wollen, und dann hat ihr jemand was ins Ohr geblasen. Eine Frau wie die nimmt sich Männer und kriegt sie satt und läßt sie fallen, und die drehn durch und wollen sie um jeden Preis zurückgewinnen. Vielleicht hätten die beiden Liebhaber es unter sich abgemacht – Paul und Soukesian. Aber dann wurde Mr. Magoon rabiat.«

»Sie hat mich zu der Bierkneipe geschickt«, sagte ich. »Das genügt mir. Und Paul hatte mit Soukesian auch einiges im Sinn. Ich wußte, daß sie danebentreffen würde. Mit der Pistole, meine ich.«

Ich packte sie. Sie zitterte am ganzen Leibe.

Ein Wagen fuhr hinter uns auf, und der Fahrer lehnte sich auf die Hupe. Ich hörte sie mir ein Weilchen an, dann ließ ich Carol Pride los und stieg aus dem Roadster und ging nach hinten. Es war ein ziemlicher Brocken von einem Mann, da hinter dem Steuer der Limousine.

»Das ist hier eine Boulevard-Ampel«, sagte er scharf. »Die Fummelwiese liegt weiter oben in den Bergen. Zischen Sie ab, bevor ich Ihnen Beine mache.«

»Ach hupen Sie doch nur noch ein einziges Mal«, bat ich ihn. »Nur ein einziges Mal noch. Und dann sagen Sie mir rasch, auf welcher Seite Sie das blaue Auge wollen.«

Er zog die Marke eines Polizei-Captain aus der Westentasche. Dann grinste er. Dann grinsten wir beide. Ich hatte heute nicht meinen guten Tag.

Ich stieg wieder in den Roadster und wendete und fuhr nach Santa Monica zurück. »Laß uns mal lieber nach Hause gehn und noch einen Scotch trinken«, sagte ich. »Deinen Scotch.«

Bay City Blues

I

Selbstmord eines Aschenputtels

Es muß ein Freitag gewesen sein, denn der Fischgeruch vom Restaurant des Mansion House Hotel war so stark, daß man eine Garage darauf hätte bauen können. Davon abgesehen, war es ein schöner warmer Tag im Frühling, das letzte Ende des Nachmittags, und ich hatte seit einer Woche nichts mehr zu tun gehabt. Ich hatte es meinen Absätzen auf dem Schreibtisch bequem gemacht und aalte meine Knöchel in einem Keil Sonnenschein, als das Telephon läutete.

Ich nahm meinen Hut weg, den ich darübergestülpt hatte, und gähnte in die Sprechmuschel.

Eine Stimme sagte: »Ich hab's gehört. Du solltest dich schämen, Johnny Dalmas. Schon mal vom Fall Austrian gehört?«

Es war Veilchen M'Gee, ein Beamter der Mordkommission im Sheriffs-Amt und ein sehr netter Kerl – bis auf den Umstand, daß er die schlechte Angewohnheit hatte, mir Fälle zuzuschieben, die mir zwar jede Menge Nackenschläge einbrachten, aber nie genug Geld, daß ich mir auch nur ein gebrauchtes Korsett dafür hätte kaufen können.

»Nö.«

»War so ein Ding unten am Strand – Bay City. Wie ich gehört habe, stinkt's mal wieder in dem Städtchen, seit der letzte Bürgermeister da gewählt worden ist, aber der Sheriff wohnt da unten, und wir sind gern gefällige Leute. Darum haben wir nicht weiter drin rumgebohrt. Es heißt, die Jungs von den Spielkasinos hätten dreißig Riesen für den Wahlkampf springenlassen, so daß man jetzt in den Freßkneipen mit der Rechnung immer gleich auch einen Wettschein für die Pferderennen hingeblättert kriegt.«

Ich gähnte abermals.

»Das hab ich auch gehört«, bellte M'Gee. »Wenn du nicht interessiert bist, beiße ich mir eben auch noch in den anderen Daumen und lasse die ganze Sache sausen. Dabei will der Bursche ganz schön Kies zeigen, sagt er.«

»Welcher Bursche?«

»Dieser Matson, der die Leiche gefunden hat.«

»Welche Leiche?«

»Du hast wohl überhaupt keinen Schimmer von dem Fall Austrian, was?«

»Hab ich doch gesagt.«

»Ach was, bloß gegähnt hast du. Okay. Dann sehen wir eben ruhig zu, wie der arme Kerl umgepustet wird, und überlassen das Ganze der Städtischen Mordkommission, wo er doch hier jetzt in der Stadt ist. Soll die sich den Kopf darüber zerbrechen.«

»Über diesen Matson? Wer will ihn denn umpusten?«

»Tja, wenn er das wüßte, brauchte er wohl keinen Schnüffler, der's für ihn rauskriegt, oder? Er war übrigens selber mal in deiner Branche, bis sie ihm vor einiger Zeit die Hundemarke weggenommen haben, und jetzt kann er kaum noch aus dem Haus gehen, weil die Revolvermänner auf ihn scharf sind.«

»Komm mal rüber«, sagte ich. »Mein linker Arm wird langsam müde.«

»Ich bin im Dienst.«

»Ich wollte grad zum Drugstore gehn und mir eine Quartpulle ganz alten Scotch holen.«

»Wenn du's an der Tür klopfen hörst, dann bin ich das«, sagte M'Gee.

Es dauerte keine halbe Stunde, bis er eintraf – ein großer Mann mit sympathischem Gesicht, silbrigem Haar, einem Grübchenkinn und einem winzigen Mündchen, das wie geschaffen war, kleine Babys zu küssen. Er trug einen gutgebügelten blauen Anzug, glänzende breitkappige Schuhe und einen Elchzahn, der ihm an einer goldenen Kette vor dem Bauch hing.

Er setzte sich umständlich, wie ein fetter Mann sich setzt, und schraubte die Whisky-Flasche auf und schnüffelte umständlich daran, um sich zu vergewissern, daß ich nicht etwa eine gute Flasche mit Achtundneunzig-Cent-Fusel gefüllt hatte, wie sie das in den Bars so machen. Dann goß er sich einen kräftigen Schluck ein, rollte ein bißchen davon auf der Zunge hin und her und befummelte mein Büro mit den Augen.

»Kein Wunder, daß du hier rumsitzt und auf einen Auftrag wartest«, sagte er. »Man muß was hermachen heutzutage.«

»Du könntest ein bißchen schonender mit mir umgehen«, sagte ich. »Was ist nun mit diesem Matson und dem Fall Austrian?«

M'Gee trank sein Glas leer und schenkte sich ein zweites ein, nicht ganz so groß. Er sah mir zu, wie ich mit einer Zigarette spielte.

»Selbstmord mit Kohlenmonoxyd«, sagte er. »Ein Blondchen namens Austrian, Frau von einem Arzt unten in Bay City. Ein Bursche, der die ganze Nacht unterwegs ist, um das Filmgesindel davor zu bewahren, beim Frühstück rosa Elefanten zu sehen. Weshalb sein Mäuschen denn auch immer alleine durch die Gegend zog. An dem Abend, wo sie sich dann umgebracht hat, war sie im Klub von Vance Conried, dem auf der Klippe draußen, im Norden der Stadt. Kennst du den Laden?«

»Ja-ah. War früher mal ein Strandklub, mit einem hübschen Privatstrand unten und den tollsten Beinen von Hollywood vor den Badehütten. Sie war hin, um Roulett zu spielen, was?«

»Hm, wenn wir in diesem County Spielklubs hätten«, sagte M'Gee, »dann würde ich sagen, wäre Conrieds Klub vielleicht einer davon, und dann gäb's dort Roulett. Sagen wir mal, sie hat Roulett gespielt. Ich höre zwar, daß ihre Spielchen bei Conried etwas persönlicherer Natur gewesen wären, aber sagen wir mal ruhig, sie hat auch nebenher noch Roulett gespielt. Sie verlor, wozu das Roulett ja da ist. An dem Abend verlor sie ihr letztes Hemd, kriegte einen Wutanfall und schlug einen Krach, daß der ganze Klub wackelte. Conried schaffte sie in seine Privaträume und ließ den Doktor, ihren Mann, über die ärztliche Notdienstzentrale suchen. Der Doc kam natürlich sofort mit . . .«

»Warte mal«, sagte ich. »Erzähl mir bloß nicht, das alles stünde klipp und klar so im Protokoll! Das gibt's doch gar nicht – bei dem Glücksspiel-Syndikat, das wir hier im County hätten, wenn wir da ein Glücksspiel-Syndikat hätten.«

M'Gee sah mich mitleidig an. »Meine Frau hat einen kleinen Bruder, der da unten bei einem Lokalblättchen arbeitet. Eine Inquest-Verhandlung hat es gar nicht erst gegeben. Also, der Doc kam mit achtzig Sachen rübergebraust zu Conrieds Lokal und jagte seiner Frau eine Spritze in den Arm, um sie ruhigzustellen. Aber er konnte sie nicht nach Hause bringen, weil er noch einen schlimmen Fall in Brentwood Heights hatte. Also holte Vance Conried persönlich seinen Schlitten aus dem Stall und fuhr sie heim, und inzwischen hatte der Doc seine Sprechstundenhilfe angerufen und sie gebeten, doch zum Haus rüberzufahren und sich ein bißchen um seine Frau zu kümmern. Die macht das auch, und Conried saust wieder zu seinen Chips zurück, und die Sprechstundenhilfe bringt sie zu Bett und verschwindet dann ebenfalls wieder, und auch das Hausmädchen legt sich schlafen. Das ist etwa so um Mitternacht oder vielleicht ein bißchen später. Na schön, gegen zwei Uhr früh nun kommt zufällig dieser Harry Matson vorbei. Er hat einen Nachtwachendienst da unten, und in der Nacht ist er selber unterwegs und dreht seine Runden. An der Straße, wo Austrian wohnt, hört er nun in einer dunklen Garage einen Motor laufen und geht rein, um nach dem Rechten zu sehen. Er findet das Blondchen am Boden auf dem Rücken, in Guckguck-Pyjama und Pantoffeln, das ganze Haar voll Ruß aus dem Auspuff.«

M'Gee machte eine Pause, um ein bißchen Whisky zu schlürfen und wieder in meinem Büro herumzustarren. Ich beobachtete, wie der letzte Rest Sonnenschein über mein Fensterbrett davonschlich und im dunklen Spalt der Seitengasse versank.

»Und was macht nun dieser Blödian?« sagte M'Gee und wischte sich die Lippen mit einem Seidentaschentuch. »Er kommt zu der Ansicht, das Frauenzimmer wäre tot, was ja vielleicht auch zutraf, obwohl man da in Fällen von Gasvergiftung nicht immer ganz sicher sein kann, ob nicht doch noch, besonders mit dieser neuen Methylenblau-Behandlung . . .«

»Um Gottes willen«, sagte ich. »Was hat er *gemacht?*«

»Er hat das Wichtigste *nicht* gemacht, nämlich die Polizei nicht verständigt«, sagte M'Gee streng. »Er stellt bloß den Motor ab und löscht seine Lampe und macht dann, daß er nach Hause kommt; er wohnt ein paar Blocks entfernt. Von dort läßt er telephonisch den Doktor suchen, und nach einer Weile stehn sie beide wieder in der Garage. Der Doc sagt, sie ist tot. Er schickt Matson durch eine Seitentür ins Haus, damit der den Polizeichef persönlich anruft. Was Matson denn auch tut, und ein Weilchen später kommt der Chief mit zwei Handlangern angesaust und wieder ein Weilchen später auch der Leichenräuber vom Beerdigungsinstitut, der die Woche grad als Coroner an der Reihe ist. Sie karren die Leiche weg, und irgendein Labor-Mensch nimmt eine Blutprobe und sagt, sie ist voll von Kohlenmonoxyd. Worauf der Coroner die Leiche freigibt; die Dame kommt ins Krematorium, und der Fall ist abgeschlossen.«

»Nun, ja, und wo sitzt der Haken?« fragte ich.

M'Gee leerte sein zweites Glas und ging wegen eines dritten mit sich zu Rate. Er beschloß, zuerst eine Zigarre zu rauchen. Ich hatte keine Zigarren, und das irritierte ihn leicht; doch zündete er sich schließlich eine von seinen eigenen an.

»Ich bin bloß ein Bulle«, sagte er und blinzelte mich gelassen durch den Rauch hindurch an. »Ich kenn mich da nicht aus. Ich weiß bloß, daß man diesem Matson die Lizenz weggenommen und ihn aus der Stadt gejagt hat und daß er Angst hat.«

»Zum Teufel damit«, sagte ich. »Das letztemal, wie ich mich in einen Kleinstadtskandal reingedrängelt habe, sprang bloß ein Schädelbruch für mich dabei raus. Wie komme ich mit Matson in Verbindung?«

»Ich gebe ihm deine Nummer. Er wird sich mit dir in Verbindung setzen.«

»Wie gut kennst du ihn?«

»Gut genug, um ihm deinen Namen zu nennen«, sagte M'Gee. »Wenn sich natürlich was ergeben sollte bei der Sache, was unmittelbar in mein Ressort . . .«

»Klar«, sagte ich. »Dann kriegst du's auf den Tisch. Bourbon oder Roggen?«

»Geh zum Teufel«, sagte M'Gee. »Scotch.«

»Wie sieht dieser Matson aus?«

»Mittelschwer, einsfünfundsechzig, fünfundachtzig Kilo, graues Haar.«

Er nahm noch rasch ein weiteres Schlückchen zu sich und ging.

Ich saß eine Stunde lang da und rauchte zu viele Zigaretten. Es wurde dunkel, und die Kehle trocknete mir aus. Kein Mensch rief mich an. Ich ging hinüber und machte Licht, wusch mir die Hände, verstaute noch einen kleinen Schluck und schloß die Flasche weg. Es wurde Zeit, essen zu gehen.

Ich hatte schon den Hut auf und wollte grad durch die Tür, als der Botenjunge der Green Feather den Flur entlangkam und die Nummern musterte. Er suchte meine. Ich quittierte für ein kleines, unregelmäßig geformtes Päckchen, das mit dünnem gelbem Papier umwickelt war, wie es Wäschereien verwenden. Ich legte das Päckchen auf den Schreibtisch und schnitt die Schnur durch. Seidenpapier kam zum Vorschein und ein Umschlag, der ein Blatt Papier und einen flachen Schlüssel enthielt. Der Brief begann ohne Anrede:

Ein Freund im Sheriffs-Amt nannte mir Ihren Namen als den eines Mannes, dem ich trauen könnte. Ich habe eine krumme Sache gemacht und stecke in der Klemme, und jetzt will ich nichts weiter als da wieder raus. Bitte kommen Sie nach Dunkelheit zur 524 Tennyson Arms Apartments, Harvard Nähe Sixth Avenue, und benutzen Sie den Schlüssel, falls ich nicht da sein sollte. Geben Sie acht auf Pat Reel, den Manager, da ich ihm nicht traue. Bitte verwahren Sie den Pantoffel an einem sicheren Ort und halten Sie ihn sauber. P. S. Alle nennen ihn Veilchen, aber ich hab nie erfahren, warum.

Ich wußte, warum. Weil er dauernd Atempastillen mit Veilchen-Aroma lutschte. Der Brief hatte keine Unterschrift. Er klang mir ein bißchen zapplig. Ich wickelte das Seidenpapier auf. Es enthielt einen grünen Samtpantoffel, etwa Größe 37, mit weißem Ziegenleder gesäumt. Der Name *Verschoyle* stand in fließender Stempelgoldschrift auf der weißledernen Einlegesohle. An der Seite, wo meist die Größenbezeichnung steht, war ganz klein mit Kopiertinte eine Nummer eingetragen – S 465, aber ich wußte, daß es keine Größenbezeichnung war, weil die Firma Verschoyle Inc. an der Cherokee Street in Hollywood nur Maßanfertigungen nach individuellem Leisten ausführte und Bühnenschuhwerk lieferte und Reitstiefel.

Ich lehnte mich zurück und zündete mir eine Zigarette an und dachte ein Weilchen darüber nach. Schließlich griff ich nach dem Telephonbuch, suchte mir die Nummer der Verschoyle Inc. und wählte. Das Telephon klingelte mehrmals, bevor eine quietschvergnügte Stimme sagte: »Hallo? Ja?«

»Verschoyle – persönlich«, sagte ich. »Hier Peters, Erkennungsdienst.« Welcher Erkennungsdienst, sagte ich nicht.

»Oh, Mr. Verschoyle ist leider schon nach Hause gefahren. Wir haben bereits geschlossen, wissen Sie. Wir schließen immer um halb sechs. Ich bin Mr. Pringle, der Buchhalter. Kann ich vielleicht . . .«

»Ja-ah. Wir haben unter gestohlenen Sachen ein Paar Schuhe von Ihnen gefunden. Die Kennziffer ist S vier-sechs-fünf. Sagt Ihnen das etwas?«

»Aber ja, natürlich. Das ist eine Leistennummer. Soll ich sie Ihnen nachsehen?«

»Ich bitte sogar darum«, sagte ich.

Er war in Null Komma nichts wieder da. »Ah ja, tatsächlich, das ist die Nummer von Mrs. Leland Austrian. Sieben-drei-sechs Altair Street, Bay City. Wir haben alle ihre Schuhe angefertigt. Sehr traurig. Ja. Vor rund zwei Monaten erst haben wir ihr noch zwei Paar smaragdgrüne Samtpantoffeln geliefert.«

»Wieso finden Sie das traurig?«

»Ach, sie lebt nicht mehr, wissen Sie. Hat Selbstmord begangen.«

»Was Sie nicht sagen. Und *zwei* Paar Pantoffeln?«

»O ja, zwei völlig gleiche, wissen Sie. Bei so zarten Farben bestellen die Leute oft paarweise. Sie wissen doch, ein kleiner Fleck oder eine Stelle – und dann sind sie vielleicht extra für ein ganz bestimmtes Kleid angefertigt worden . . .«

»Ja, allerbesten Dank – und bleiben Sie uns erhalten«, sagte ich und überließ ihn allein seinem Telephon.

Ich griff noch einmal nach dem Pantoffel und sah ihn mir sorgfältig an. Er war nicht getragen worden. Die dünne Ledersohle zeigte keinen noch so geringen Abrieb. Ich überlegte, was Harry Matson wohl damit im Sinn haben mochte. Dann schloß ich den Pantoffel in meinen Büro-Safe und ging zum Essen.

II

Mord aus dem Stegreif

Das Tennyson Arms war ein altmodischer Kasten, etwa acht Stockwerke hoch, mit dunkelroter Ziegelfassade. Es hatte einen geräumigen Innenhof mit Palmen, einem Betonspringbrunnen und diversen sehr etepetete aussehenden Blumenbeeten. Neben dem gotischen Portal hingen Laternen, und die Halle drinnen war mit rotem Plüsch gepflastert. Es war groß und leer, bis auf einen gelangweilten Kanarienvogel, der in einem vergoldeten Käfig von der Größe eines Fasses hockte. Es wirkte wie die Sorte Apartmenthäuser, in denen Witwen Lebensversicherungen abwohnen – keine sehr jungen und lustigen Witwen. Der Fahrstuhl hatte Selbstbedienung; die Türen öffneten sich automatisch, wenn er hielt.

Ich ging den schmalen maronenbraunen Flurläufer im vierten Stock entlang und sah niemanden, hörte niemanden und roch auch nirgends Kochgeruch. Das Haus war so still wie das Arbeitszimmer eines Pfarrers. Apartment 524 mußte nach dem Innenhof liegen, denn unmittelbar neben der Tür befand sich ein buntes Fenster. Ich klopfte, nicht laut, und als niemand zur Tür kam, benutzte ich den flachen Schlüssel und ging hinein und schloß die Tür hinter mir.

Ein Spiegel schimmerte vor einem Klappbett auf der anderen Seite des Raums. Zwei Fenster in derselben Wand wie die Eingangstür waren geschlossen und dunkle Vorhänge halb vorgezogen, aber von einem der Apartments gegenüber vom Innenhof fiel genug Licht herein, um die dunkle Masse schweren Polstermobiliars, zehn Jahre schon aus der Mode, und den Glanz zweier Messingtürklinken erkennen zu lassen. Ich ging zu den Fenstern hinüber und zog die Vorhänge dicht, dann benutzte ich meine Taschenlampe,um den Weg zur Tür zurück zu finden. Der Lichtschalter dort entflammte eine große Traube feuerfarbener Kerzen an der Decke. Sie gaben dem Raum das Gepräge einer Friedhofskapelle. Ich machte eine rote Stehlampe an, löschte das Deckenlicht wieder und faßte die Wohnung ins Kameraauge.

In dem schmalen Ankleidezimmer hinter dem Klappbett befand sich eine eingebaute Kommode mit einer schwarzen Bürste darauf und einem Kamm, in dem graue Haare hingen. Auf einer Schreibunterlage sah ich eine Dose Talkumpuder, eine Taschenlampe, ein zerknülltes Männertaschentuch, einen Block Schreibpapier, einen Füller mit Reklameaufdruck einer Bank und eine Flasche Tinte – in den Schubladen ungefähr das, was in einen mittleren Koffer geht. Die Hemden waren in einem Männerbekleidungsgeschäft in Bay City gekauft worden. Auf einem Bügel hing ein dunkelgrauer Anzug, und am Boden stand ein Paar schwarze Galoschen. Im Badezimmer gab es einen Rasierapparat, eine Tube Patentcreme, die keinen Pinsel braucht, ein paar Klingen, drei Bambuszahnbürsten in einem Glas und noch allerlei Krimskrams. Auf dem Porzellanspülkasten der Toilette lag ein in rotes Leinen gebundenes Buch – Dorseys *Warum wir uns wie menschliche Wesen verhalten.* Auf Seite 116 war ein Gummiband eingelegt, als Lesezeichen. Ich hatte es aufgeschlagen und las eben eine längere Ausführung über die Entwicklung der Erde, des Lebens und des Sex, als das Telephon im Wohnzimmer zu klingeln begann.

Ich schlug das Badezimmerlicht aus und tappte über den Teppich zum Sofa hinüber. Das Telephon stand dort am Ende auf einem Gestell. Es klingelte weiter, und draußen auf der Straße erklang eine Hupe, wie zur Antwort. Als es achtmal geklingelt hatte, zuckte ich die Achseln und griff nach dem Hörer.

»Pat? Pat Reel?« fragte die Stimme.

Ich wußte nicht, wie Pat Reel sprach. Ich grunzte. Die Stimme am anderen Ende war hart und heiser zugleich. Sie klang wie eine Schlägerstimme.

»Pat?«

»Klar«, sagte ich.

Stille entstand. Sie wollte nicht enden. Dann sagte die Stimme: »Hier ist Harry Matson. Tut mir höllisch leid, aber ich schaff's einfach nicht mehr zurück heute nacht. Bloß bißchen was dazwischengekommen. Ist das sehr lästig für Sie?«

»Klar«, sagte ich.

»Was?«

»Klar.«

»Mehr Worte als klar kennen Sie wohl nicht, meingottnochmal!«

»Ich bin Grieche.«

Die Stimme lachte. Sie schien mit sich zufrieden zu sein.

Ich sagte: »Was für Zahnbürsten benutzen Sie, Harry?«

»Äh?«

Das war ein verwirrter Atemstoß und klang jetzt gar nicht mehr so zufrieden.

»Zahnbürsten – die kleinen Dingsdas, mit denen manche Leute sich die Zähne putzen. Was für welche benutzen Sie?«

»Ach gehn Sie doch zum Teufel.«

»Da treffen wir uns dann ja im Vorzimmer«, sagte ich.

Jetzt wurde die Stimme wütend. »Hören Sie mal zu, Sie alberner Affe! Bilden Sie sich bloß nichts ein! Wir haben Ihren Namen, wir haben Ihre Nummer, und wir wissen auch schon, wo wir Sie unterbringen, wenn Sie Ihre Nase nicht bald zurückziehen, verstanden? Und Harry, der wohnt da gar nicht mehr, haha.«

»Ihr habt ihn aus dem Verkehr gezogen, was?«

»Genauso ist es. Oder was dachten Sie – daß wir mit ihm ins Kino gegangen wären?«

»Das ist schlecht«, sagte ich. »Das wird dem Boss gar nicht gefallen.«

Ich legte ihm mitten ins Gesicht auf und stellte das Telephon ans Ende des Sofas zurück und rieb mir den Nacken. Ich zog den Türschlüssel aus der Tasche und polierte ihn mit meinem Taschentuch und legte ihn vorsichtig auf den Tisch. Ich stand auf und ging zu einem der Fenster hinüber und zog die Vorhänge weit genug auseinander, daß ich in den Hof hinaussehen konnte. Auf der anderen Seite des mit Palmen bestandenen Rechtecks, auf gleicher Etagenhöhe mit mir, saß mitten in einem Zimmer unter hartem, hellem Licht ein kahlköpfiger Mann und bewegte keinen Muskel. Er sah nicht aus wie ein Spion.

Ich ließ die Vorhänge wieder zusammenfallen und rückte mir den Hut zurecht auf dem Kopf und ging hinüber und machte die

Lampe aus. Ich richtete meine Taschenlampe auf den Boden und breitete mein Taschentuch über die Klinke und öffnete leise die Tür.

An den Türrahmen geklammert mit acht gekrümmten Fingern, von denen alle außer einem weiß waren wie Wachs, hing das, was von einem Mann übriggeblieben war.

Er hatte Augen ohne jede Tiefe, porzellanblau, weit offen. Sie sahen mich an, aber sie sahen mich nicht. Er hatte grobes graues Haar, auf dem das verschmierte Blut purpurn wirkte. Eine seiner Schläfen war nur noch eine breiige Masse, und das Netzwerk aus Blut reichte hinunter von dort bis zur Kinnspitze. Der eine der verkrampften Finger, der nicht weiß war, bestand bis zum zweiten Gelenk nur noch aus blutigen Fetzen. Scharfe Knochensplitter ragten aus dem zerschlagenen Fleisch. Etwas darin, was einmal ein Fingernagel gewesen sein mochte, sah jetzt aus wie ein gezackter Glassplitter.

Der Mann trug einen braunen Anzug mit aufgesetzten Taschen, dreien insgesamt. Sie waren heruntergerissen und hingen in schiefen Winkeln nieder, und darunter sah man das dunkle Alpaka-Futter.

Sein Atem kam in seltsam fernen, entrückten, fast schon nebensächlich gewordenen Lauten; sie klangen wie ferne Schritte auf welkem Laub. Der Mund stand ihm verkrampft offen wie ein Fischmaul, und Blutschaum drang daraus hervor. Der Flur hinter ihm war leer wie ein frischgeschaufeltes Grab.

Gummisohlen quietschten plötzlich auf dem nackten Holzboden neben dem Flurläufer. Die verkrampften Finger des Mannes rutschten vom Türrahmen ab, und sein Körper fing an, sich auf seinen Beinen zu drehen. Die Beine konnten ihn nicht tragen. Sie knickten ein, und der Körper drehte sich in der Luft wie ein Schwimmer in einer Welle und sackte dann auf mich zu.

Ich biß die Zähne zusammen und spreizte die Füße und fing ihn von hinten auf, nachdem sein Rumpf eine halbe Drehung gemacht hatte. Er wog genug für zwei Männer. Ich taumelte einen Schritt zurück und wäre beinahe gestürzt, tat noch zwei weitere Schritte und hatte dann seine schleifenden Hacken über die Schwelle gebracht. Ich ließ ihn so langsam, wie ich nur konnte, auf die Seite sinken und blieb keuchend neben ihm kauern. Nach einem Augenblick dann richtete ich mich auf, ging zur Tür hinüber und drückte sie zu und schloß sie ab. Dann schaltete ich das Deckenlicht ein und ging zum Telephon.

Er starb, noch ehe ich es erreichte. Ich hörte das Rasseln, das erschöpfte Seufzen, dann Stille. Eine ausgestreckte Hand, die unverletzte, krampfte sich noch einmal zusammen; dann streckten sich die Finger langsam zu einer lockeren hohlen Hand und blieben so.

Ich ging zurück und fühlte ihm die Halsschlagader, grub meine Finger hart hinein. Kein noch so schwacher Puls mehr. Ich holte einen kleinen Stahlspiegel aus meiner Brieftasche und hielt ihn eine lange Minute vor seinen offenen Mund. Es war auch nicht die Spur von einem Hauch darauf, als ich ihn wegnahm. Harry Matson war am Ende seiner Fahrt angekommen.

Ein Schlüssel kitzelte außen am Türschloß, und ich handelte schnell. Ich war im Badezimmer, als die Tür aufging, meine Pistole in der Hand und die Augen am Spalt der Badezimmertür.

Der Mann kam schnell herein, wendig wie ein schlauer Kater, der durch eine Schwingtür schlüpft. Sein Blick zuckte zur Deckenbeleuchtung empor, dann zum Boden hinunter. Dort erstarrte er zu völliger Reglosigkeit. Der ganze massige Mann regte keinen Muskel. Er stand nur da und starrte.

Er war ein großer Mann in einem Mantel, der nicht zugeknöpft war, ganz als wäre er grad eben nach Hause gekommen oder stünde im Begriff auszugehen. Er hatte einen grauen Filzhut auf dem Kopf, leicht zurückgeschoben auf dem dichten, sahneweißen Haar. Er hatte die schweren schwarzen Brauen und das breite rosa Gesicht eines Karrierepolitikers, und sein Mund sah aus, als stünde gewohnheitsmäßig ein Lächeln darauf – nur im Moment jetzt nicht. Sein Gesicht war auffallend knochig, und auf seinen Lippen hüpfte mit saugendem Geräusch eine halbgerauchte Zigarre.

Er steckte einen Bund Schlüssel in die Tasche zurück und sagte »Mein Gott!«, sehr sanft, und wieder und wieder. Dann trat er einen Schritt vor und ließ sich mit langsamer, linkischer Bewegung neben dem Toten nieder. Er legte große Finger an den Hals des Mannes, nahm sie wieder weg, schüttelte den Kopf, sah sich langsam im Zimmer um. Er sah auch zur Badezimmertür herüber, hinter der ich versteckt stand, aber nichts veränderte sich in seinen Augen.

»Frisch tot«, sagte er, ein bißchen lauter. »Zu Brei geschlagen.«

Er richtete sich langsam wieder in die Höhe und wippte auf den Absätzen. Die Deckenbeleuchtung gefiel ihm nicht besser, als sie mir gefallen hatte. Er machte die Stehlampe an und schaltete die Deckenbeleuchtung aus, wippte weiter auf seinen Absätzen. Sein Schatten kroch an der Endwand hoch, fuhr über die Decke, hielt inne und sank wieder zurück. Er murkste an der Zigarre herum in seinem Mund, fischte ein Streichholz aus der Tasche und zündete den Stummel sorgfältig wieder an, indem er ihn in der Flamme drehte und immer wieder drehte. Als er das Streichholz ausgeblasen hatte, steckte er es in die Tasche. Er tat das alles, ohne auch nur einmal den Blick von dem Toten am Boden zu wenden.

Er bewegte sich seitlich zum Sofa hinüber und ließ sich am unteren Ende darauf nieder. Die Federn quietschten übel. Er langte nach dem Telephon, ohne hinzusehen, die Augen immer noch auf dem Toten.

Er hatte den Apparat bereits zu sich herübergeholt, als dieser erneut zu klingeln begann. Das ließ ihn erzittern. Seine Augen rollten, und seine Ellbogen zuckten gegen die Seiten seines bemantelten massigen Körpers. Dann grinste er sehr besorgt und hob den Hörer von der Gabel und sagte mit voller, sonorer Stimme: »Hallo . . . Ja-ah, hier ist Pat.«

Ich hörte nur ein trockenes, unartikuliertes Krächzen aus der Muschel und sah, wie sich langsam Blut sammelte in Pat Reels Gesicht, bis es die Farbe frischer Rindsleber angenommen hatte. Seine große Hand schüttelte wild den Hörer.

»Also der große Mr. Großkinn wieder mal!« brüllte er los. »Nun hör mir mal zu, du Vollidiot, weißt du was? Der Mann, den du in eine Leiche verwandelt hast, liegt hier auf meinem Teppich, jawohl! . . . Wie er da hingekommen ist? Woher soll ich das wohl wissen, verdammt! Wenn du mich fragst, dann hast du ihn hier umgelegt, und da will ich dir mal was sagen. Das kostet dich ein bißchen was, verstehst du, und zwar nicht zu knapp. So einfach drauflos morden, aus dem Stegreif, das gibt's nicht in meinem Haus. Da mache ich einen Kerl für euch ausfindig, und was tut ihr? Haut ihn hier einfach um, verdammtnochmal, in meinen eigenen vier Wänden! Das kostet euch einen Riesen und keinen Cent weniger, und im übrigen kommst du jetzt her und holst die Bescherung hier ab, hast du verstanden?«

Weiteres Krächzen drang aus der Leitung. Pat Reel lauschte. Seine Augen wurden fast schläfrig, und die Purpurfarbe verblich in seinem Gesicht. Er sagte, ruhiger jetzt: »Okay. Okay. Ich hab bloß einen Witz gemacht . . . Komm in einer halben Stunde unten bei mir vorbei.«

Er legte den Hörer auf und erhob sich. Er sah nicht zur Badezimmertür herüber, er sah überhaupt nirgendshin. Er begann zu pfeifen. Dann kratzte er sich das Kinn und tat einen Schritt auf die Tür zu und blieb stehen, um sich erneut das Kinn zu kratzen. Er wußte nicht, daß jemand in der Wohnung war, er wußte aber auch nicht, daß niemand in der Wohnung war – und er hatte keine Pistole.

Er tat einen weiteren Schritt auf die Tür zu. Großkinn hatte ihm irgend etwas klargemacht, was darauf hinauslief, daß er verschwinden mußte. Er tat einen dritten Schritt, dann überlegte er es sich anders.

»Ach was«, sagte er laut. »Dieser Vollidiot.« Dann wanderten seine Augen flink durch den ganzen Raum. »Der bildet sich wohl ein, er kann mich für dumm verkaufen, was?«

Seine Hand hob sich zum Zugschalter der Lampe. Ganz plötzlich ließ er sie wieder sinken und kniete erneut neben dem Toten nieder. Er bewegte den Körper ein wenig, rollte ihn ohne viel Kraftaufwand auf dem Teppich herum und senkte das Gesicht tief über die Stelle, wo der Kopf gelegen hatte, um sie argwöhnisch zu beäugen. Er schüttelte mißvergnügt den Kopf, stand wieder auf und legte dem Toten die Hände unter die Achseln. Er warf einen kurzen Blick über die Schulter zurück nach dem dunklen Badezimmer und fing dann an, die Leiche rückwärts herüberzuschleifen, grunzend, den Zigarrenstummel immer noch zwischen die Zähne geklemmt. Sein sahneweißes Haar schimmerte sauber im Lampenlicht.

Er stand noch vornüber gebeugt, die starken Beine gespreizt, als ich hinter ihm hinaustrat. Vielleicht hat er mich in letzter Sekunde gehört, aber das änderte auch nichts mehr. Ich hatte die Pistole in die linke Hand genommen und einen kleinen Taschentotschläger in die rechte. Ich schlug ihm den Totschläger seitlich gegen den Kopf, gleich hinter das rechte Ohr, und ich schlug zu, als machte es mir Freude.

Pat Reel sackte vornüber zusammen und fiel auf die hingestreckte Leiche, die er hergeschleppt hatte, und sein Kopf legte sich zwischen die Beine des Toten. Sein Hut rollte gemächlich zur Seite. Er rührte sich nicht. Ich trat an ihm vorbei zur Tür und ging hinaus.

III

Ein Herr von der Presse

Drüben an der Western Avenue fand ich eine Telephonzelle und rief das Sheriffs-Amt an. Veilchen M'Gee war noch da, stand aber grad im Begriff, nach Hause zu gehen.

Ich sagte: »Wie hieß doch noch dein kleiner Schwager, der bei dem Käseblatt unten in Bay City arbeitet?«

»Kincaid. Sie nennen ihn Puppi Kincaid. Ein kleiner Racker.«

»Wo könnte er im Moment wohl stecken?«

»Er treibt sich meist auf dem Rathaus rum. Denkt, er kann vielleicht einen Knüller ergattern. Wieso?«

»Ich hab Matson getroffen«, sagte ich. »Weißt du, wo er wohnt?«

»Nee. Er hat sich immer nur telephonisch gemeldet. Was hältst du denn von ihm?«

»Ich werd für ihn tun, was ich kann. Bist du heut abend zu Hause?«

»Wüßte nicht, warum ich ausgehn sollte. Wieso?«

Ich sagte ihm nicht, warum ich gefragt hatte. Ich stieg in meinen Wagen und steuerte ihn nach Bay City. Gegen neun kam ich dort an. Das Polizeidezernat bestand aus einem halben Dutzend Räumen in einem Rathaus, das eher zu den armen Heidenkindern in die Tropen gepaßt hätte. Ich schob mich an einem Knäuel von Halbstarken vorbei in ein Zimmer, in dem Licht war und eine Schalterbarriere. In der Ecke befand sich eine Telephonvermittlungszentrale, vor der ein uniformierter Mann saß.

Ich legte einen Arm auf die Barriere, und ein Mann in Zivil, der die Jacke abgelegt hatte und unter dem Arm ein Halfter trug, dessen Riemenwerk ihm wie das einer Beinprothese auf den Rippen saß, hob ein Auge von seiner Zeitung, sagte »Ja-ah?« und spuckte klatschend in einen Spucknapf, ohne dabei den Kopf weiter als einen Zoll zu wenden.

Ich sagte: »Ich suche nach einem Burschen namens Puppi Kincaid.«

»Ist zum Essen weg. Ich halte die Stellung für ihn«, sagte er mit fester, nüchterner Stimme.

»Danke. Haben Sie hier ein Pressezimmer?«

»Ja-ah. Auch ein Klosett. Wollen Sie's sehen?«

»Immer mit der Ruhe«, sagte ich. »Ich hatte gar nicht die Absicht, Ihr Städtchen hier auf den Arm zu nehmen.«

Er ließ es wieder in den Spucknapf klatschen. »Das Pressezimmer liegt am Ende des Flurs. Ist niemand drin. Puppi muß bald zurück sein, wenn er nicht in einer Limonadenflasche ersoffen ist.«

Ein dünnknochiger, zartgesichtiger junger Mann mit rosa Teint und unschuldigen Augen kam in den Raum geschlendert, ein halbgegessenes Hamburger-Sandwich in der linken Hand. Sein Hut, der aussah wie der typische Reporterhut im Kino, saß ihm wie festgeschmettert auf dem schmalen blonden Hinterkopf. Sein Hemdkragen war am Hals offen und sein Schlips seitlich verzogen. Die Enden hingen ihm über die Jacke. Das einzige, was nicht zum Kinobild des Reporters an ihm paßte, war sein durchaus nüchterner Zustand. Er sagte lässig: »Irgendwas los gewesen, Jungs?«

Der große schwarzhaarige Mann in Zivil versorgte wieder seinen privaten Spucknapf und sagte: »Ich hab gehört, der Bürgermeister hätte seine Unterhosen gewechselt, aber das ist bloß ein Gerücht.«

Der schmale junge Mann lächelte mechanisch und wandte sich ab.

Der Polizist sagte: »Der Bursche da will Sie sprechen, Puppi.«

Kincaid schmatzte an seinem Hamburger herum und sah mich hoffnungsvoll an. Ich sagte: »Ich bin ein Freund von Veilchen. Wo können wir reden?«

»Gehn wir ins Pressezimmer«, sagte er.

Der schwarzhaarige Polizist studierte mich aufmerksam, als wir hinausgingen. Er hatte einen Blick in den Augen, als wollte er mit irgendwem Streit anfangen, und offenbar dachte er, ich wäre genau der richtige Mann dafür.

Wir gingen den Flur entlang nach hinten und wandten uns in ein Zimmer mit einem langen, nackten, verkratzten Tisch, drei oder vier hölzernen Stühlen und am Boden einer Menge Zeitungen. Am einen Ende des Tisches standen zwei Telephone, und an jeder der Wände hing, genau in der Mitte, ein gerahmtes, von Fliegenschmutz überzogenes Bild – Washington, Lincoln, Horace Greeley und noch jemand, den ich nicht kannte. Kincaid schloß die Tür und setzte sich aufs eine Ende des Tisches und ließ die Beine baumeln und biß im Rest seines Sandwiches herum.

Ich sagte: »Ich bin John Dalmas, Privatdetektiv aus L. A. Wie wär's, wenn wir eine kleine Spazierfahrt zur Altair Street sieben-zwo-sechs machten und Sie mir erzählten, was Sie über den Fall Austrian wissen? Vielleicht wollen Sie vorher noch M'Gee anrufen, damit er uns bekannt macht.« Ich schob ihm eine meiner Karten zu.

Der junge Mann mit der rosa Haut glitt sehr schnell vom Tisch herunter und stopfte die Karte in die Tasche, ohne sie anzusehen, und näherte seinen Mund meinem Ohr. »Psst. Moment.«

Dann ging er leise zu dem gerahmten Porträt von Horace Greeley hinüber und hob es von der Wand und drückte auf eine gestrichene Stelle dahinter. Die Farbe gab nach – sie war auf Leinwand oder Stoff aufgetragen. Kincaid sah mich an und hob die Brauen. Ich nickte. Er hängte das Bild an die Wand zurück und kam wieder zu mir herüber. »Ein Mikro«, sagte er im Flüsterton. »Allerdings hab ich keine Ahnung, wer da lauscht und wann und ob das verdammte Ding überhaupt noch funktioniert.«

»Horace Greeley hätte bestimmt seine helle Freude daran«, sagte ich.

»Tja. Der Laden ist heute abend wie tot. Schätze, ich könnte schon mitkommen. Al De Spain wird die Ohren steifhalten für mich.« Er sprach jetzt wieder laut.

»Dieser große schwarzhaarige Bulle . . .«

»Ja?«

»Weswegen ist er so sauer?«

»Ach, den haben sie verdonnert, muß wieder Streifendienst machen. An sich hat er überhaupt keinen Dienst heute abend. Hängt hier bloß so rum. Aber so in Rage, wie er ist, müßte die ganze Polizei aufkreuzen, um ihn hier rauszuschmeißen.«

Ich blickte zum Mikrophon hinüber und hob die Brauen. »Das geht schon in Ordnung«, sagte Kincaid. »Ich muß den Kerls was stecken, woran sie eine Weile zu kauen haben.«

Er ging zu einem schmutzigen Waschbecken in der Ecke hinüber und wusch sich die Hände mit einem Brocken Lava-Seife und trocknete sie sich in seinem Taschentuch ab. Er war grad dabei, das Taschentuch wegzustecken, als die Tür aufging. Ein kleiner, mittelältlicher, grauhaariger Mann stand da und sah uns ausdruckslos an.

Puppi Kincaid sagte: »'n Abend, Chief, kann ich was für Sie tun?«

Der Polizeichef musterte mich schweigend und ohne Vergnügen. Er hatte meergrüne Augen, einen straffen, störrischen Mund, eine Frettchennase und eine ungesunde Haut. Für einen Bullen sah er eigentlich nicht groß genug aus. Er nickte ganz leicht und sagte: »Wer ist Ihr Freund da?«

»Ein Freund von meinem Schwager. Privatdetektiv aus L. A. Warten Sie . . .« Kincaid wühlte verzweifelt in seiner Tasche nach meiner Karte. Er entsann sich nicht einmal meines Namens.

Der Polizeichef sagte scharf: »Was war das? Privatdetektiv? Was haben Sie hier zu suchen?«

»Ich hab gar nicht gesagt, daß ich was suche oder beruflich hier bin«, erklärte ich ihm.

»Freut mich zu hören«, sagte er. »Freut mich sehr zu hören. Gute Nacht.«

Er machte die Tür wieder auf, ging rasch hinaus und ließ sie hinter sich zuknallen.

»Polizeichef Anders – ein toller Bursche«, sagte Kincaid laut. »Einen besseren find't man nicht.« Er sah mich an wie ein verängstigtes Kaninchen.

»Einen besseren hat man hier noch nie gefunden«, sagte ich ebenso laut. »In Bay City.«

Einen Moment lang dachte ich, er würde mir in Ohnmacht fallen, aber er blieb auf den Beinen. Wir gingen durchs Hauptportal des Rathauses hinaus und stiegen in meinen Wagen und fuhren weg.

Ich hielt an der Altair Street gegenüber von Dr. Leland Austrians Haus. Die Nacht war ohne Wind, und es hing ein bißchen Nebel unter dem Mond. Ein schwacher, nicht unangenehmer Geruch von Brackwasser und Tang kam das Steilufer vom Strand herauf. Kleine Ankerlichter zeichneten den Yachthafen ab und die schimmernden Linien dreier Piers. Ganz weit draußen auf See lag ein hochmastiges Fischereischiff, auf dem sich Lichterketten zwischen den Masten spannten und von den Masten nieder zu Bug und Heck. Vermutlich wurden da nicht bloß kleine Fische gefangen.

Die Altair Street war in diesem Block eine Sackgasse, abgeschnitten von einem reich verzierten Eisenzaun, der ein großes Grundstück umgab. Häuser standen nur auf der landeinwärts gelegenen Seite der Straße, auf achtzig oder hundert Fuß breiten Parzellen, mit weitem Zwischenraum. Auf der Seeseite befand sich ein schmaler Gehsteig mit einer niedrigen Mauer, hinter der das Steilufer fast senkrecht abfiel.

Puppi Kincaid hatte sich tief in die Ecke des Sitzes gedrückt, und hin und wieder glühte die rote Spitze einer Zigarette vor seinem schmalen verschwommenen Gesicht auf. Das Austrian-Haus war dunkel bis auf ein kleines Licht in der Leibung über der Haustür. Es war ein Stukko-Haus mit einer Mauer vor dem Vorgarten und einem schmiedeeisernen Tor. Die Garage lag außerhalb der Mauer, und ein Zementweg führte von einer Seitentür der Garage zu einer Seitentür im Haus. Neben dem Tor war eine Bronzeplatte in die Mauer eingelassen, und ich wußte, was darauf stand – *Dr. med. Leland M. Austrian.*

»Also«, sagte ich. »Was war hier los mit dem Fall Austrian?«

»Gar nichts war hier los damit«, sagte Kincaid langsam. »Nur wird bald was los sein, weil Sie mich in eine Klemme gebracht haben.«

»Wieso?«

»Irgendwer hat offenbar mitgekriegt, daß Sie Austrians Adresse erwähnt haben, über das Mikro. Deswegen kam Chief Anders rein, um Sie kurz unter die Lupe zu nehmen.«

»De Spain könnte auch gewittert haben, daß ich Detektiv bin – so einfach aus Gespür. Vielleicht hat er ihm den Tip gegeben.«

»Nein. De Spain haßt den Chief wie die Pest. Kunststück, bis vor einer Woche war er noch Leutnant. Anders will nicht, daß im Fall Austrian noch weiter rumgerührt wird. Er wollte uns nicht mal drüber schreiben lassen.«

»Eine schöne Freie Presse haben Sie hier in Bay City.«

»Wir haben ein schönes Klima – und die Presse besteht aus einem Haufen Ja-Sager.«

»Okay«, sagte ich. »Ihr Schwager ist Beamter der Mordkommission im Sheriffs-Amt. Von sämtlichen Zeitungen in L. A. ist bloß eine nicht strikt für den Sheriff. Nun wohnt der aber hier in dieser Stadt, und wie viele andere Burschen hält er nicht einmal seinen eigenen Hof sauber. Und deshalb haben Sie Angst, was?«

Puppi Kincaid warf seine Zigarette aus dem Fenster. Ich sah, wie sie in einem kleinen roten Bogen fiel und schwach rosa auf dem schmalen Gehsteig liegenblieb. Ich beugte mich vor und drückte auf den Anlasser. »Entschuldigen Sie bitte«, sagte ich dann. »Ich will Sie nicht weiter belästigen.«

Ich warf den Gang ein, und der Wagen kroch ein paar Meter vor; dann beugte sich Kincaid herüber und riß die Handbremse fest. »Ich bin kein Feigling«, sagte er scharf. »Was wollen Sie wissen?«

Ich stellte den Motor wieder ab und lehnte mich zurück, beide Hände auf dem Steuer. »Zuerst mal, warum Matson seine Lizenz verlor. Er ist mein Klient.«

»Ach – Matson. Die haben hier gesagt, er hätte Dr. Austrian zu erpressen versucht. Und sie haben ihm nicht nur die Lizenz weggenommen, sie haben ihn auch aus der Stadt gejagt. Zwei Kerle mit Kanonen zerrten ihn eines Abends in einen Wagen, prügelten ihn windelweich und gaben ihm den Rat, sich nicht mehr blicken zu lassen, sonst . . . Er hat dann auf dem Präsidium Anzeige erstattet, und die konnte man drei Straßen weit lachen hören. Aber ich glaube nicht, daß es Bullen waren.«

»Kennen Sie jemand, der Großkinn genannt wird?«

Puppi Kincaid dachte nach. »Nein. Der Fahrer des Bürgermeisters, eine komische Figur namens Moss Lorenz, hat ein Kinn, auf dem man ein Klavier balancieren könnte. Aber daß er Großkinn genannt worden wäre, hab ich nie gehört. Er hat früher für Vance Conried gearbeitet. Schon mal von Conried gehört?«

»Über den bin ich vollständig im Bilde«, sagte ich. »Wenn dieser Conried nun auf die Idee käme, jemanden wegpusten zu lassen, der ihm auf die Nerven geht, und besonders jemanden, der hier in Bay City ein bißchen Wirbel gemacht hat, dann wäre dieser Lorenz grad der richtige Mann dafür. Weil der Bürgermeister ihn ja decken müßte – bis zu einem gewissen Punkt jedenfalls.«

Puppi Kincaid sagte: »Was, wegpusten? Wen?«, und seine Stimme war plötzlich belegt und gespannt.

»Sie haben Matson nicht bloß aus der Stadt gejagt«, erklärte ich ihm. »Sie sind ihm gefolgt, zu einem Apartmenthaus in L. A., und ein Bursche namens Großkinn hat ihn da fertiggemacht. Matson muß der Sache weiter nachgegangen sein, egal was das nun für eine Sache war.«

»Herr mein Heiland«, flüsterte Puppi Kincaid. »Davon hatte ich ja keine Ahnung!«

»Die Bullen in L. A. auch nicht – als ich abfuhr. Haben Sie Matson gekannt?«

»Ein bißchen. Nicht gut.«

»Würden Sie sagen, daß er ehrlich war?«

»Hm, so ehrlich wie – tja, nun, also ich glaub schon, daß er in Ordnung war. Herr mein Heiland, umgelegt, was?«

»So ehrlich, wie Privatdetektive normalerweise sind?« sagte ich.

Er kicherte, vor plötzlicher Anspannung und Nervosität und vor Erschütterung – kaum weil ihn etwas belustigt hätte. Ein Wagen bog am Straßenende ein und hielt am Bordstein, und seine Lichter gingen aus. Aber die Türen öffneten sich nicht.

»Was ist mit Dr. Austrian?« sagte ich. »Wo war er, als seine Frau ermordet wurde?«

Puppi Kincaid fuhr auf. »Guter Gott, wer hat denn gesagt, sie wäre ermordet worden?« stieß er hervor.

»Ich glaube, Matson hat das sagen wollen. Aber sein Wunsch, Geld dafür zu bekommen, daß er nichts sagte, war wohl eine Idee stärker als der Wunsch, es zu sagen. So oder so, in jedem Fall mußte er sich unbeliebt machen, und seine Tour hat ihm dann schließlich auch nichts eingebracht, als daß er mit einem Stück Bleirohr kaltgemacht worden ist. Ich könnte mir denken, daß Conried das veranlaßt hat, weil er es grundsätzlich nicht leiden kann, wenn ihn jemand zur Kasse bittet, es sei denn, es handelt sich um berechtigte Schmiergeldforderungen. Aber andererseits wäre es für Conrieds Klub wieder besser gewesen, wenn Dr. Austrian seine Frau ermordet hätte, statt daß es Selbstmord war, nachdem sie ihr ganzes Geld an Conrieds Roulett-Tischen verloren hatte. Vielleicht nicht sehr viel besser, aber ein bißchen besser doch. Ich kann mir also doch nicht so gut vorstellen, daß Conried Matson bloß deswegen umlegen ließ, weil er irgendwas von Mord geredet hatte. Vielleicht hat er was ganz anderes geredet, was viel gefährlicher war – das könnte ich mir schon eher denken.«

»Ist bei diesem Denken schon etwas Bestimmtes herausgekommen?« fragte Puppi Kincaid höflich.

»Nein. Ich mache das bloß aus Langeweile, vorm Zubettgehen, während ich mir die Nachtcreme aufs Gesicht schmiere. Jetzt mal zu diesem Labormenschen, der die Blutuntersuchung gemacht hat. Wer war das?«

Kincaid zündete sich eine weitere Zigarette an und sah den Block hinunter, wo vor dem letzten Haus der Wagen gehalten hatte. Die Lichter waren jetzt wieder angegangen, und er bewegte sich ganz langsam vorwärts.

»Ein Bursche namens Greb«, sagte er. »Er hat ein kleines Labor im Physicians and Sorgeons Building und arbeitet hier für die Praktiker.«

»Also keine amtliche Sache, oder?«

»Nein, aber amtliche Laboruntersuchungen gibt's hier sowieso nie. Und die Beerdigungsunternehmer wechseln sich immer wochenweise als Coroner ab. Also was soll's. Der Chief macht doch sowieso, was ihm paßt.«

»Warum sollte er in diesem Fall dann überhaupt was machen wollen?«

»Vielleicht hat er Weisungen vom Bürgermeister gekriegt, dem wiederum das Glücksspielsyndikat, für das Vance Conried arbeitet, einen Wink gegeben hat oder Vance Conried selber. Conried legt vielleicht keinen Wert darauf, daß seinen Bossen zu Ohren kommt, er hätte mit einem jetzt toten Frauenzimmer eine Beziehung unterhalten, die sich für den Klub nachteilig auswirken könnte.«

»Richtig«, sagte ich. »Der Bursche da vorn weiß offenbar nicht mehr, wo er wohnt.«

Der Wagen kroch immer noch langsam am Bordstein entlang. Die Lichter waren wieder ausgegangen, aber er bewegte sich weiter.

»Und solange ich noch bei Gesundheit bin«, sagte Puppi Kincaid, »können Sie auch gleich noch erfahren, daß Doc Austrians Sprechstundenhilfe mal Matsons Frau gewesen ist. Eine rothaarige Männerfresserin, die eigentlich nach nichts aussieht, aber jede Menge Kurven hat.«

»Ich hab wohlgefüllte Strümpfe selber ganz gerne«, sagte ich. »Jetzt steigen Sie aber mal aus und hauen Sie sich hinten im Wagen auf den Boden, und zwar ein bißchen fix.«

»Herr, mein Heiland . . .«

»Tun Sie, was ich Ihnen sage!« fuhr ich ihn an. »Los!«

Die Tür auf der rechten Seite klickte auf, und der kleine Mann glitt hinaus wie ein Rauchwölkchen. Die Tür klickte zu. Ich hörte, wie die Hintertür aufging, und riskierte einen Blick und sah eine dunkle Gestalt, die auf dem Boden des Wagens kauerte. Ich glitt nun selber auf die rechte Seite hinüber, öffnete erneut die Tür und trat auf den schmalen Gehsteig hinaus, der am Rand des Steilufers entlanglief.

Der andere Wagen war jetzt nah herangekommen. Seine Scheinwerfer flammten wieder auf, und ich duckte mich. Die Lichter schwenkten, so daß sie über meinen Wagen strichen, und schwenkten dann zurück, und der Wagen hielt gegenüber an und wurde in aller Ruhe dunkel. Es war ein kleines schwarzes Coupé. Eine Minute lang passierte nichts, dann ging seine linke Tür auf, und ein vierschrötiger Mann stieg heraus und kam auf meine Straßenseite herübergeschlendert. Ich zog meine Pistole unter dem Arm hervor und steckte sie in den Gürtel und knöpfte den untersten Knopf meiner Jacke zu. Dann ging ich um das hintere Ende meines Wagens herum und ihm entgegen.

Er blieb wie angewurzelt stehen, als er mich sah. Seine Hände hingen leer an seinen Seiten. Eine Zigarre steckte in seinem Mund. »Polizei«, sagte er kurz. Seine rechte Hand bewegte sich ganz langsam auf seine rechte Hüfte zu. »Schöner Abend, nicht?«

»Prächtig«, sagte ich. »Ein bißchen neblig, aber ich mag Nebel. Er macht die Luft so schön sanft und . . .«

Er unterbrach mich scharf: »Wo ist der andere Bursche?«

»Äh?«

»Machen Sie keine Witze, Fremder. Ich hab eine Zigarette gesehen auf der rechten Seite Ihres Wagens.«

»Ach, das war ich selber«, sagte ich. »Ich wußte nicht, daß es verboten ist, auf der rechten Wagenseite zu rauchen.«

»Ah, sieh mal an, ein Witzbold. Wer sind Sie, und was haben Sie hier verloren?« Sein schweres, fettiges Gesicht spiegelte das diffuse Licht in der sanften Nebelluft wider.

»Mein Name ist O'Brien«, sagte ich. »Bin von San Mateo runtergekommen, kleine Spazierfahrt machen.«

Seine Hand war jetzt sehr dicht an seiner Hüfte. »Zeigen Sie mal Ihren Führerschein«, sagte er. Dann kam er so weit näher, daß er ihn hätte in Empfang nehmen können, wenn wir uns beide die Arme entgegengestreckt hätten.

»Zeigen Sie mir zuerst Ihren Ausweis«, sagte ich.

Seine rechte Hand machte eine abrupte Bewegung. Meine zog wie der Blitz die Pistole aus dem Gürtel und richtete sie gegen seinen Bauch. Seine Hand erstarrte, als wäre sie in einem Eisblock eingefroren.

»Vielleicht ist das ja ein Überfall, was Sie machen«, sagte ich. »So was wird immer noch gern mit Nickelmarken versucht.«

Er stand da, gelähmt, fast ohne Atem. Er sagte belegt: »Haben Sie einen Waffenschein für die Knarre?«

»Für jeden Tag in der Woche«, sagte ich. »Weisen Sie sich aus, und ich stecke sie weg. Sie tragen Ihr Abzeichen schließlich nicht auf dem Hintern, oder?«

Er stand eine weitere gefrorene Minute lang da. Dann sah er den Block entlang, als hoffe er, es möchte ein anderer Wagen eintreffen. Hinter mir, in meinem Wagen, klang ein leises, zischendes Atmen. Ich wußte nicht, ob der vierschrötige Mann es hörte oder nicht. Sein eigener Atem ging so schwer, daß man ein Hemd damit hätte bügeln können.

»Ach hören Sie doch auf mit Ihren blöden Witzen«, knurrte er mich mit jäher Wildheit an. »Sie sind doch nichts als ein lausiger Zwanzigcentschnüffler aus L. A.«

»Ich hab meinen Tagessatz erhöht«, sagte ich. »Kriege jetzt dreißig Cent.«

»Gehn Sie zum Teufel. Wir wollen nicht, daß Sie hier bei uns rumschnüffeln, verstanden? Diesmal sag ich's Ihnen noch im guten.«

Er drehte sich auf dem Absatz um und ging zu seinem Coupé zurück und setzte einen Fuß auf das Trittbrett. Sein dicker Hals wandte sich langsam, und wieder schimmerte seine fettige Haut.

»Gehn Sie zum Teufel«, sagte er, »bevor wie Sie in einem Korb hinschicken.«

»Bis dann, Fettbacke«, sagte ich. »War nett, Sie mit runtergelassenen Hosen kennenzulernen.«

Er warf sich in seinen Wagen, startete mit einem Ruck und riß ihn herum. Dann war er wie ein Blitz davon.

Ich sprang in meinen Schlitten und war nur einen Block hinter ihm, als er an der Ampelkreuzung vom Arguello Boulevard hielt. Er bog nach rechts ab. Ich nach links. Puppi Kincaid kam hoch und legte das Kinn neben meiner Schulter auf die Rückenlehne.

»Wissen Sie, wer das war?« krächzte er. »Das war Trigger Weems, der Trumpfbube des Chief. Er hätte Sie erschießen können!«

»Fannie Brice hätte sich auch eine Stupsnase holen können«, sagte ich. »Es war nahe dran.«

Ich fuhr um ein paar Blocks und hielt dann, um ihn wieder vorn neben mir einsteigen zu lassen. »Wo steht Ihr Wagen? fragte ich.

Er nahm seinen zerknüllten Reporterhut ab und beulte ihn auf dem Knie aus und setzte ihn wieder auf. »Ach du meine Güte, unten beim Rathaus. Im Hof der Polizei.«

»Pech«, sagte ich. »Da werden Sie den Bus nach L. A. nehmen müssen. Sie sollten hin und wieder mal eine Nacht bei Ihrer Schwester verbringen. Besonders die heutige.«

IV

Eine rothaarige Männerfresserin

Die Landstraße wand sich, senkte sich, glitt an der Flanke der Vorberge entlang, eine Lichterstreu im Nordwesten, einen Teppich davon im Süden. Die drei Piers wirkten fern von diesem Punkt aus, dünne Bleistifte aus Licht auf einer Unterlage aus schwarzem Samt. Es hing Nebel in den Canyons und ein Geruch von wuchernder Wildnis, kein Nebel jedoch auf den hohen Plateaus dazwischen.

Ich glitt an einer kleinen, undeutlichen Tankstelle vorüber, die nachts geschlossen hatte, hinunter in einen weiteren breiten Canyon, hinauf an einer halben Meile teuren Drahtzauns, der einen unsichtbaren Besitz umgab. Dann wurden die seltenen Häuser an den Berghängen noch seltener, und die Luft roch stark nach See. Ich bog links ab, an einem Haus mit rundem, weißem Turm, und fuhr zwischen den meilenweit einzigen Bogenlampen auf einen großen Stukko-Bau zu, der auf einer Klippe über der Küstenstraße lag.

Licht sickerte aus verhängten Fenstern und schimmerte eine Bogenkolonnade entlang, ebenfalls Stukko, und schien trüb auf eine dicke Traube von Wagen, die in schrägen Lücken rund um einen ovalen Rasen parkten.

Das war der Club Conried. Ich wußte zwar nicht genau, was ich hier sollte, aber er schien doch eine der Stätten zu sein, die ich mir anschauen mußte. Dr. Austrian wanderte immer noch in unbekannten Stadtteilen herum und besuchte ungenannte Patienten. Die Notdienstzentrale hatte gesagt, er riefe gewöhnlich um elf einmal an. Es war jetzt Viertel nach zehn.

Ich parkte in einer freien Lücke und ging dann zu Fuß die Kolonnade entlang. Ein einsneunzig großer Neger in der Uniform eines südamerikanischen Operetten-Feldmarschalls öffnete von innen den einen Flügel einer vergitterten Tür und sagte: »Ihre Karte bitte, Sir.«

Ich schob ihm einen gefalteten Dollar in die fliederfarbene Handfläche. Riesige Ebenholzknöchel schlossen sich darüber wie eine Baggerschaufel über einem Eimerchen Kies. Seine andere Hand pflückte ein Fusselfädchen von meiner linken Schulter und ließ eine Metallmarke hinter das Ziertaschentuch in der äußeren Brusttasche meiner Jacke gleiten.

»Neuer Geschäftsführer ziemlich streng«, flüsterte er. »Besten Dank, Chef.«

»Depp, meinen Sie«, sagte ich und ging an ihm vorbei.

Die Halle – die sie hier Foyer nannten – sah aus wie eine MGM-Dekoration für einen Nachtklub in der Broadway-Melodie 1980. Im künstlichen Licht hier wirkte sie, als hätte sie eine runde Million Dollar gekostet, und sie nahm soviel Platz ein wie ein Polofeld. Dem Teppichflor fehlte nur ein Millimeter, um mir die Knöchel zu kitzeln. Im Hintergrund befand sich eine Art Schiffs-Gangway, ein chromfunkelnder Aufgang, der zum Speisesaal führte, und an seinem Ende stand ein rundlicher italienischer Oberkellner mit routiniertem Lächeln im Gesicht, einem zwei Zoll breiten Satinstreifen an der Hose und einem Packen vergoldeter Speisekarten unter dem Arm.

Es gab eine freitragende Wendeltreppe mit einem Geländer wie aus weißemaillierten Schlittenkufen. Sie führte in den ersten Stock hinauf, wahrscheinlich zu den Spielzimmern. Die Decke war mit Sternen übersät, die nach Kräften blinkten. Neben dem Eingang zur Bar, die dunkel und schummrig purpurn dalag wie ein halberinnerter Alptraum, befand sich ein riesiger runder Spiegel, in eine weiße Tunnelhöhlung eingelassen, mit einem ägyptischen Kopfschmuck darüber. Eine Dame in Grün richtete sich grad davor das metallisch blonde Haar. Ihr Abendkleid hatte einen so tiefen Rükkenausschnitt, daß sie Gelegenheit genommen hatte, sich auf den Lumbalmuskel ein Schönheitspflästerchen zu kleben, etwa einen Zoll unterhalb der Stelle, wo der Rand ihres Slips zu sehen gewesen wäre, wenn sie einen getragen hätte.

Ein Garderobenmädchen in pfirsichfarbenem Pyjama mit kleinen schwarzen Drachen darauf kam herüber, um meinen Hut zu nehmen und meinen Anzug zu mißbilligen. Sie hatte Augen, so schwarz und glänzend und ausdruckslos wie die Spitzen von Lacklederpumps. Ich gab ihr einen Vierteldollar und behielt dafür meinen Hut. Ein Zigarettenmädchen mit einem Tablett vom Format einer fünfpfündigen Pralinenschachtel kam die Gangway herunter. Sie trug Federn im Haar und ein Kostüm am Leib, das man mühelos hinter einer Dreicentbriefmarke hätte verstecken können, und eins ihrer langen, schönen, nackten Beine war vergoldet, das andere versilbert. Sie zeigte den kalten, hochmütigen Ausdruck einer Dame, die schon so weit im voraus ausgebucht ist, daß sie es sich zweimal hätte überlegen müssen, sich selbst einem Maharadscha mit einem Korb voll Rubinen unter dem Arm vorstellen zu lassen.

Ich trat in das sanfte purpurne Zwielicht der Bar. Gläser klirrten gedämpft. Ruhige Stimmen waren zu hören, Akkorde eines Klaviers in einer Ecke und ein schwuler Tenor, der *Mein kleiner Cowboy* so hingebungsvoll intim sang, wie ein Barmann einen Mickey Finn mixt. Ganz allmählich hellte sich das Purpurlicht so weit auf, daß ich auch etwas sehen konnte dabei. Die Bar war ziemlich voll, aber nicht überfüllt. Ein Mann lachte schrill auf, und der Pianist gab seinem Mißmut dadurch Ausdruck, daß er mit dem Daumennagel ein Eddie-Duchin-Glissando über die Tastatur zog.

Ich erspähte einen freien Tisch und ging hin und setzte mich dahinter, an die kissengepolsterte Wand. Das Licht wurde immer heller für meine Augen. Ich konnte jetzt sogar den Cowboy-Sänger erkennen. Er hatte welliges rotes Haar, das nach Henna-Behandlung aussah. Das Mädchen am Tisch neben mir hatte ebenfalls rotes Haar. Es war in der Mitte gescheitelt und so straff zurückgekämmt, als haßte sie es. Sie hatte große, dunkle, hungrige Augen, plumpe Züge und kein Make-up außer einem Lippenstift, der wie eine Neon-Reklame glühte. Ihr Straßenkostüm hatte zu breite Schultern, zu protzige Aufschläge. Ein orange Pullover schmiegte sich darunter um ihren Hals, und an ihrem Robin-Hood-Hut steckte eine schwarz-orange Feder. Sie lächelte mich an, und ihre Zähne waren so dünn und scharf wie eine Weihnachtsfeier im Armenhaus. Ich lächelte nicht zurück.

Sie leerte ihr Glas und klapperte damit auf der Tischplatte herum. Ein Kellner in gutsitzender Kasinojacke kam aus dem Nichts geschlüpft und blieb vor mir stehen.

»Scotch mit Soda«, fuhr das Mädchen ihn an. Sie hatte eine harte, kantige Stimme mit einem alkoholischen Nuscheln darin.

Der Kellner sah zu ihr hinüber, bewegte kaum merklich das Kinn und blickte wieder mich an. Ich sagte: »Bacardi mit Grenadine.«

Er ging weg. Das Mädchen sagte: »Davon kriegen Sie Ohrensausen, großer Freund.«

Ich sah nicht zu ihr hinüber. »Sie wollen also nicht mitspielen«, sagte sie lässig. Ich zündete mir eine Zigarette an und blies einen Ring in die sanfte purpurne Luft. »Ach hauen Sie doch ab«, sagte das Mädchen. »Gorillas wie Sie könnte ich mir am Hollywood Boulevard an jedem Block ein Dutzend auflesen, so ein Quatsch. Lauter arbeitslose Schmierenkomödianten und Blondinen mit ihren Fischgesichtern, die kein anderes Problem mehr haben, als wie sie sich den Kater aus den Zähnen schütteln.«

»Wer hat denn was vom Hollywood Boulevard gesagt?« fragte ich.

»Sie! Bloß so ein Rüpel vom Hollywood Boulevard würde einem Mädchen keine Antwort geben, wenn's ihn höflich beleidigt hat.«

Ein Mann und ein Mädchen an einem Tisch in der Nähe wandten die Köpfe und starrten herüber. Der Mann ließ mich ein kurzes, mitfühlendes Grinsen sehen. »Das gilt auch für Sie«, sagte das Mädchen zu ihm.

»Mich haben Sie doch noch gar nicht beleidigt«, sagte er.

»Die Natur ist mir zuvorgekommen, Hübscher.«

Der Kellner kam mit den Drinks zurück. Er gab mir meinen zuerst. Das Mädchen sagte laut: »Sie sind's wohl nicht gewohnt, Damen zu bedienen, was?«

Der Kellner gab ihr ihren Scotch mit Soda. »Ich bitte um Verzeihung, die Dame«, sagte er in eisigem Ton.

»Aber klar doch, wird gemacht. Kommen Sie gelegentlich mal vorbei, dann reinige ich Ihnen die Fingernägel, wenn mir jemand eine Hacke leiht. Die Rechnung zahlt mein Freund da nebenan.«

Der Kellner warf mir einen fragenden Blick zu. Ich gab ihm einen Geldschein und hob dazu die rechte Schulter. Er gab mir heraus, nahm sein Trinkgeld und verdrückte sich zwischen den Tischen. Das Mädchen ergriff ihr Glas und kam an meinen Tisch herüber. Sie stützte die Ellbogen auf den Tisch und barg das Kinn in den Händen. »Schau an, schau an, ein großzügiger Spender«, sagte sie. »Wußte gar nicht, daß die noch hergestellt werden. Wie gefalle ich Ihnen?«

»Ich denke grad drüber nach«, sagte ich. »Aber dämpfen Sie mal Ihre Stimme ein bißchen, sonst schmeißt man Sie hier gleich raus.«

»Möcht ich stark bezweifeln«, sagte sie. »Solange ich hier keine Spiegel zerschlage. Ich und der Boss hier, wir stehn nämlich *so!*« Sie hielt zwei Finger in die Höhe, dicht zusammen. »Das heißt, wir würden so stehen, wenn ich ihn mal kennenlernen könnte.« Sie lachte blechern, trank einen Schluck aus ihrem Glas. »Wo hab ich Sie eigentlich schon gesehen?«

»Fast überall.«

»Und wo Sie mich?«

»An Hunderten von Orten.«

»Ja«, sagte sie. »Stimmt genau. Man kann als Mädchen heute seine Individualität einfach nicht mehr bewahren.«

»Man kriegt sie aber auch nicht aus der Flasche wieder«, sagte ich.

»Haben Sie eine Ahnung! Ich könnte Ihnen eine ganze Masse große Leute nennen, die mit einer Flasche in jeder Hand schlafen gehen. Und die jeden Abend eine Spritze in den Arm brauchen, damit sie beim Aufwachen nicht schreien.«

»Ach ja?« sagte ich. »Die versoffenen Kerls vom Film, was?«

»Ja-ah. Ich arbeite für einen Burschen, der ihnen die Spritzen in den Arm verpaßt – für zehn Eier pro Schuß. Manchmal sogar für fünfundzwanzig oder fünfzig.«

»Klingt nach einem lukrativen Geschäft«, sagte ich.

»Wenn's dauert. Glauben Sie, es dauert?«

»Na ja, wenn man Sie hier wegjagt, können Sie immer noch nach Palm Springs gehen.«

»Wer will mich hier denn wegjagen?«

»Weiß ich nicht«, sagte ich. »Wovon sprachen wir doch grade?«

Sie hatte rotes Haar. Sie sah nach nichts aus, hatte aber jede Menge Kurven. Und sie arbeitete für einen Mann, der den Leuten Spritzen in den Arm jagte. Ich leckte mir die Lippen.

Ein großer dunkler Mann kam durch die Eingangstür und blieb dort stehen und wartete darauf, daß seine Augen sich an das Licht gewöhnten. Dann fing er an, den Raum zu durchmustern, in aller Ruhe. Sein Blick kam zu dem Tisch gewandert, an dem ich saß. Er beugte den großen Körper etwas vor und setzte sich in unserer Richtung in Bewegung.

»Oh, oh«, sagte das Mädchen. »Der Rausschmeißer. Werden Sie mit dem fertig?«

Ich gab keine Antwort. Sie strich sich mit einer starken blassen Hand über die farblose Wange und schielte mich an. Der Mann am Klavier griff ein paar Akkorde und fing an, *Kann man denn nicht mehr träumen?* zu jaulen.

Der große dunkle Mann blieb stehen, die Hand auf dem Stuhl, der mir gegenüber am Tisch stand. Er wandte die Augen von dem Mädchen ab und lächelte mich an. Sie war es, nach der er Ausschau gehalten hatte. Sie war es, deretwegen er überhaupt in die Bar gekommen war. Aber von jetzt an war ich es, dem seine Aufmerksamkeit galt. Sein Haar war glatt und dunkel und glänzend über kalten grauen Augen und Brauen, die aussahen, als wären sie mit dem Stift gezogen, und über einem hübschen Schauspielermund und einer Nase, die einmal zu Bruch gegangen, aber gut wieder in Ordnung gebracht war. Er sprach ohne Lippenbewegung.

»Hab Sie hier schon eine ganze Zeit nicht mehr gesehen – oder ist mein Gedächtnis schlecht?«

»Weiß ich nicht«, sagte ich. »Woran versuchen Sie sich denn zu erinnern?«

»An Ihren Namen, Doc.«

Ich sagte: »Dann geben Sie's dran. Wir sind uns noch nie begegnet.« Ich fischte die Metallmarke aus der Brusttasche und warf sie auf den Tisch. »Hier ist meine Eintrittskarte, die mir der Tambourmajor am Pförtchen gegeben hat.« Ich zog eine meiner Geschäftskarten aus der Brieftasche und warf sie ihm ebenfalls hin. »Und hier stehen Name, Alter, Größe, Gewicht, unveränderliche Kennzeichen und Anzahl der Vorstrafen drauf. Zweck meines Besuchs: Conried zu sprechen.«

Er ignorierte die Marke und las dafür zweimal die Karte, drehte sie um und betrachtete die Rückseite, starrte dann wieder die Vorderseite an, hakte einen Arm über die Stuhllehne und bedachte mich mit einem mehligen Lächeln. Für das Mädchen hatte er keinen Blick mehr. Er kratzte mit der Kante der Karte über die Tischplatte, bis ein schwaches Quietschen entstand, wie das einer sehr jungen Maus. Das Mädchen starrte gegen die Decke und tat so, als müßte sie gähnen.

Er sagte trocken: »So einer sind Sie also. Tut mir leid. Mr. Conried mußte auf eine kleine Geschäftsreise in den Norden. Hat eine frühe Maschine genommen heute morgen.«

Das Mädchen sagte: »Das muß dann sein Double gewesen sein, was ich heute nachmittag am Sunset Ecke Vine gesehen habe, in einer grauen Cord-Limousine.«

Er betrachtete sie mit keinem Blick. Er lächelte nur leicht. »Mr. Conried besitzt keine graue Cord-Limousine.«

Das Mädchen sagte: »Lassen Sie sich von dem nicht auf den Arm nehmen. Ich wette, Conried hockt genau in dieser Minute oben und präpariert ein Roulett.«

Der dunkle Mann beachtete sie mit keinem Blick. Diese Nichtbeachtung war eindrücklicher, als wenn er sie ins Gesicht geschlagen hätte. Ich sah, wie sie ein wenig weiß wurde, sehr langsam, und weiß blieb.

Ich sagte: »Wenn er nicht da ist, ist er nicht da. Besten Dank für Ihre Bemühungen. Vielleicht ein andermal.«

»Aber sicher. Allerdings sehen wir Privatdetektive hier nicht gern. Tut mir leid.«

»Wenn Sie noch mal ›Tut mir leid‹ sagen, fange ich an zu schreien. So wahr mir Gott . . .«, sagte das rothaarige Mädchen.

Der schwarzhaarige Mann steckte meine Karte in die saloppe Außentasche seiner Smoking-Jacke. Er schob seinen Stuhl zurück und stand auf.

»Sie wissen, wie das ist«, sagte er. »Also . . .«

Das Mädchen kicherte und schleuderte ihm ihren Drink ins Gesicht.

Der dunkle Mann trat hastig zurück und riß ein blütenweißes Taschentuch aus der Tasche. Er wischte sich hastig über das Gesicht, schüttelte den Kopf dabei. Als er das Taschentuch senkte, war ein großer nasser Fleck auf seinem Hemd, gleich über der schwarzen Perlknopfreihe. Sein Kragen war hin.

»Tut mir leid«, sagte das Mädchen. »Ich hab Sie mit einem Spucknapf verwechselt.«

Er ließ die Hand sinken, und seine Zähne glitzerten giftig. »Schaffen Sie die Frau raus hier«, schnurrte er. »Schaffen Sie sie auf dem schnellsten Wege raus.«

Er drehte sich um und ging sehr rasch zwischen den Tischen davon, das Taschentuch vor den Mund gehalten. Zwei Kellner in Kasinojacken kamen heran und blieben vor unserm Tisch stehen. Das ganze Lokal sah jetzt zu uns herüber.

»Erste Runde«, sagte das Mädchen. »Ein bißchen langsam. Beide Boxer waren vorsichtig.«

»Ich wäre nicht gern in Ihrer Gesellschaft, wenn Sie mal was riskieren«, sagte ich.

Ihr Kopf zuckte. Im seltsamen Purpurlicht des Raums schien mich das extreme Weiß ihres Gesichts förmlich anzuspringen. Selbst ihre geschminkten Lippen wirkten auf einmal wie blutleer. Ihre Hand wanderte vor ihren Mund, steif und wie eine Klaue. Sie hustete trocken wie eine Schwindsüchtige und griff nach meinem Glas. Sie stürzte den Bacardi mit Grenadine in glucksenden Schlukken hinunter. Dann begann sie zu zittern. Sie griff nach ihrer Handtasche und stieß sie über die Tischkante auf den Boden. Die Tasche ging auf, und einige Sachen fielen heraus. Ein vergoldetes Zigarettenetui glitt unter meinen Stuhl. Ich mußte aufstehen und den Stuhl zurückschieben, um es zu erreichen. Einer der Kellner stand hinter mir.

»Kann ich Ihnen behilflich sein?« fragte er verbindlich.

Ich war noch in der Hocke, als das Glas, aus dem das Mädchen getrunken hatte, über die Tischkante rollte und neben meiner Hand auf den Boden schlug. Ich hob das Zigarettenetui auf, warf einen flüchtigen Blick darauf und sah, daß die Vorderseite mit dem handkolorierten Photo eines grobknochigen dunklen Mannes geschmückt war. Ich steckte das Etui in ihre Handtasche zurück und nahm das Mädchen beim Arm, und der Kellner, der mich angesprochen hatte, glitt herum und nahm ihren anderen Arm. Sie sah uns mit leeren Augen an und bewegte dabei den Kopf hin und her, als versuchte sie, ein steifes Genick zu lockern.

»Mutti macht gleich schlapp«, krächzte sie, und wir machten uns mit ihr auf den Weg quer durch die Bar. Sie spreizte die Füße wie irre beim Gehen und warf ihr Gesicht dauernd von einer Seite auf die andere, als hätte sie es darauf angelegt, uns in Rage zu bringen. Der Kellner fluchte in monotonem Flüstern ständig vor sich hin. Wir kamen aus dem Purpurlicht in die hell erleuchtete Halle.

»Damentoilette«, grunzte der Kellner und wies mit dem Kinn nach einer Tür, die aussah wie der Seiteneingang zum Tadsch Mahal. »Da sitzt eine Schwergewichtlerin, die mit allem fertig wird.«

»Von wegen Damentoilette«, sagte das Mädchen garstig. »Und lassen Sie gefälligst meinen Arm los, Sie Tellerjongleur. Mein Freund hier reicht mir völlig.«

»Er ist nicht Ihr Freund, gnä' Frau. Er kennt Sie nicht einmal.«

»Hauen Sie ab, Sie Spaghettifresser. Ihre Sorte hat mir grad noch gefehlt. Entweder zu höflich oder nicht höflich genug. Machen Sie, daß Sie wegkommen, bevor ich meine gute Kinderstube vergesse und Ihnen eine klebe.«

»Okay«, erklärte ich ihm. »Ich bringe sie raus zum Abkühlen. Ist sie allein gekommen?«

»Das Gegenteil würde mich wundern«, sagte er und entfernte

sich. Der Oberkellner kam seine Gangway halb herunter und blieb mit finsterer Miene stehen, und die Garderobenaufsicht machte ein Gesicht, so gelangweilt wie das des Schiedsrichters in einem Vier-Runden-Eröffnungsspiel.

Ich schob meine neue Freundin in die kalte, neblige Luft hinaus, führte sie die Kolonnade entlang und merkte, wie ihr Körper seine Beherrschung wiederfand an meinem Arm und ihr Schritt sicher wurde.

»Sie sind ein netter Kerl«, sagte sie dumpf. »Ich hab mich bei dem Spielchen angestellt wie eine verbogene Heftzwecke. Sie sind ein netter Kerl, Mister. Ich hätte nicht gedacht, daß ich da lebendig wieder rauskäme.«

»Wieso?«

»Ach, ich hatte einen Einfall gehabt, zu etwas Geld zu kommen, und der Einfall war falsch. Vergessen wir das. Legen wir's zu den anderen falschen Einfällen, die ich mein Leben lang gehabt habe. Werde ich heimgebracht? Ich war in einem Taxi gekommen.«

»Klar. Und krieg ich Ihren Namen gesagt?«

»Helen Matson«, sagte sie.

Das schmiß mich nun nicht grad mehr um. Ich hatte es schon vor einer ganzen Weile erraten.

Sie lehnte sich immer noch ein bißchen an mich, als wir den gepflasterten Straßenstreifen hinuntergingen, entlang an den parkenden Wagen. Als wir zu meinem kamen, schloß ich auf und hielt ihr die Tür, und sie kletterte hinein und ließ sich schwer in die Ecke sinken, mit dem Kopf auf die Polsterlehne.

Ich schloß die Tür und machte sie dann wieder auf und sagte: »Verraten Sie mir sonst noch was? Wer ist der Typ auf dem Zigarettenetui, das Sie haben? Kommt mir so vor, als hätt ich ihn irgendwo schon mal gesehen.«

Sie öffnete die Augen. »Eine alte Liebe«, sagte sie, »die gerostet ist. Er . . .« Ihre Augen weiteten sich, und ihr Mund sackte auf, und ich hörte kaum das schwache Rascheln hinter mir, als sich schon etwas Hartes in meinen Rücken grub und eine gedämpfte Stimme sagte: »Keine Bewegung, Kumpel. Kleiner Überfall.«

Dann ging ein Schiffsgeschütz los neben meinem Ohr, und mein Kopf war ein einziges großes rosa Feuerwerk, das ins Himmelsgewölbe hinauf explodierte, zerstob und dann in den Wellen versank, langsam und blaß erst, dann dunkel. Schwärze verschlang mich.

V

Meine tote Nachbarin

Ich roch nach Gin. Nicht bloß so nebenbei, als hätte ich ein paar Schluck über den Durst getrunken, sondern als bestünde der Pazifische Ozean aus purem Gin und ich hätte drin geschwommen, mit sämtlichen Kleidern an. Der Gin klebte an meinem Haar, an meinen Brauen, an meinem Gesicht und unter dem Kinn an meinem Hemd. Meine Jacke war weg, und ich lag flach auf einem Teppich und starrte zu einem gerahmten Photo hinauf, das auf einem gestuckten Kaminsims stand. Der Rahmen bestand aus gemasertem Holz, und das Photo sollte wohl künstlerisch sein, mit Spitzlicht auf einem langen, dünnen, unglücklichen Gesicht, aber alles, was das Spitzlicht auf dem Gesicht bewirkte, war doch nur, daß es grad so aussah – lang und dünn und unglücklich unter flachem, blassem Haar, das auch gemalt hätte sein können auf dem vertrockneten Schädel. Quer über die Ecke des Photos war etwas geschrieben unter dem Glas, aber das konnte ich nicht lesen.

Ich griff mir an den Kopf und preßte mir die Schläfen, und ich spürte, wie Schmerz mich durchzuckte bis zu den Fußsohlen. Ich stöhnte und machte aus Berufsstolz ein Grunzen aus dem Stöhnen, und dann wälzte ich mich langsam und vorsichtig herum und starrte gegen das Fußende eines doppelten Wandbetts. Nur die eine Hälfte war heruntergeklappt; die andere befand sich noch hoch an der Wand und hatte ein gemaltes Schnörkelmuster auf dem lasierten Holz. Als ich mich wälzte, rollte mir eine Gin-Flasche von der Brust und schlug auf den Boden. Sie war wasserklar, leer. So viel Gin, mußte ich denken, konnte eigentlich gar nicht in bloß einer Flasche gewesen sein.

Ich bekam die Knie unter mich und blieb eine Weile auf allen vieren, schnüffelnd wie ein Hund, der sein Fressen nicht mehr runterbringt und es doch aber auch nicht stehenlassen will. Es tat weh. Ich setzte die Bewegung fort, und es tat immer noch weh, und so brachte ich mich auf die Füße und stellte fest, daß ich keine Schuhe anhatte.

Das Apartment wirkte ganz hübsch, nicht zu billig und nicht zu teuer – das übliche Mobiliar, die übliche Schirmlampe, der übliche dauerhafte Teppich. Auf dem Bett, das niedergelassen war, lag ein Mädchen, mit einem Paar lohbrauner Seidenstrümpfe bekleidet. Ihre Haut zeigte tiefe Kratzer, die geblutet hatten, und über ihrer Mitte lag ein fast zur Rolle zusammengeballtes Badetuch. Ihre Augen standen offen. Das rote Haar, das gescheitelt gewesen war und straff zurückgekämmt, als haßte sie es, war unverändert so. Aber sie haßte es nicht mehr.

Sie war tot.

Über und auf ihrer linken Brust befand sich eine versenkte Stelle von der Größe einer Männerhandfläche, und in ihrer Mitte stand ein Fingerhutvoll leuchtend rotes Blut. Blut war auch an ihrer Seite niedergelaufen, jetzt aber angetrocknet.

Ich sah Kleidung auf einem Sofa, zum größten Teil von ihr, aber auch meine Jacke war dabei. Auf dem Boden standen Schuhe – meine und ihre. Ich ging hinüber, trat mit den Fußballen auf, als bewegte ich mich auf sehr dünnem Eis, und griff nach meinem Rock und durchsuchte die Taschen. Es war noch alles drin, was ich, soweit ich mich erinnern konnte, hineingesteckt hatte. Das Halfter, das ich immer noch um den Körper geschnallt trug, war leer, natürlich. Ich zog meine Schuhe und die Jacke wieder an, schob das leere Halfter unter den Arm und ging zum Bett hinüber und hob das schwere Badetuch hoch. Eine Pistole fiel heraus – meine Pistole. Ich wischte etwas Blut vom Lauf, schnüffelte ohne jeden Grund an der Mündung und steckte die Pistole in aller Ruhe wieder unter den Arm.

Schwere Schritte kamen draußen vor der Apartmenttür über den Flur und hielten an. Stimmengemurmel war zu hören, dann klopfte jemand, mit raschem, hartem, ungeduldigen Knöchelschlag. Ich blickte zur Tür und überlegte, wie lange es wohl dauern würde, bis sie die Klinke drückten, und ob das Schnappschloß wohl arretiert war oder ob sie hereinkonnten, und wie lange, wenn's arretiert war, es dauern würde, den Manager mit dem Hauptschlüssel zu holen, falls der nicht schon mit draußen stand. Ich überlegte noch, als eine Hand die Klinke drückte. Die Tür war verschlossen.

Das war alles sehr komisch. Ich mußte fast laut lachen.

Ich ging zu einer anderen Tür hinüber und warf einen Blick in ein Badezimmer. Auf dem Boden lagen zwei Waschlappen, und über dem Wannenrand hing sauber gefaltet eine Badematte; über der Wanne war ein Fenster aus Riffelglas. Ich zog die Badezimmertür so leise wie möglich zu und stieg auf den Rand der Badewanne und schob den unteren Schieberahmen des Badezimmerfensters hoch. Ich steckte den Kopf hinaus und blickte etwa sechs Stock tief in die Dunkelheit einer baumbestandenen Seitenstraße hinunter. Dazu mußte ich durch einen Schlitz sehen, der von zwei schmalen, kahlen Mauern gebildet wurde; es war kaum mehr als ein Luftschacht. Die Fenster waren paarweise angeordnet, alle in derselben Abschlußwand gegenüber dem offenen Ende des Spalts. Ich beugte mich weiter hinaus und kam zu der Ansicht, daß ich's bis zum nächsten Fenster schaffen würde, wenn ich mich anstrengte. Ich überlegte, ob es wohl verschlossen war und ob ich überhaupt etwas davon hatte und ob mir noch Zeit genug blieb, bevor sie die Tür aufbekamen.

Hinter mir, jenseits der geschlossenen Badezimmertür, wurde das Klopfen ein wenig lauter und härter, und eine Stimme brüllte: »Aufmachen, oder wir treten die Tür ein!«

Das hatte nichts zu bedeuten. Das war bloß die übliche Routinedrohung der Bullen. Sie würden die Tür nicht aufbrechen, weil sie ja durchaus einen Schlüssel bekommen konnten, und eine solche Tür einzutreten macht, wenn man keine Axt zu Hilfe nehmen kann, eine Menge Arbeit und ist gar nicht angenehm für die Füße.

Ich schloß die untere Hälfte des Fensters und zog die obere herunter und nahm ein Handtuch vom Gestell. Dann öffnete ich noch einmal die Badezimmertür, und meine Augen blickten direkt in das Gesicht in dem Photorahmen auf dem Kaminsims. Ich mußte unbedingt die Aufschrift auf dem Photo lesen, bevor ich verschwand. Ich ging hinüber und warf einen raschen Blick darauf, während das Donnern an der Tür weiterging. Die Aufschrift lautete: *In Liebe – Leland.*

Damit stand Dr. Austrian ja nun doch als Tölpel da, ohne mildernde Umstände. Ich grapschte mir das Photo und lief ins Badezimmer zurück und schloß wieder die Tür. Dann schob ich das Photo unter die schmutzigen Handtücher und Bettlaken in dem Schränkchen unter dem Wäscheschrank. Es würde ein gutes Weilchen dauern, bis sie es fanden, selbst wenn sie gute Polizisten waren. Wenn wir hier in Bay City waren, würden sie es vermutlich überhaupt nicht finden. Mir fiel eigentlich kein Grund ein, weshalb wir uns in Bay City befinden sollten, außer daß Helen Matson sehr wahrscheinlich dort wohnte und daß die Luft vor dem Badezimmerfenster Strandluft zu sein schien.

Ich quetschte mich durch die obere Hälfte des Fensters, das Handtuch in der Hand, und schwang meinen Körper zum nächsten Fenster hinüber, wobei ich mich am Rahmen des Fensters festhielt, aus dem ich kam. Ich konnte grad weit genug hinübergreifen, um das Fenster drüben hochzuschieben, wenn es unverriegelt war. Es war nicht unverriegelt. Ich holte mit dem Fuß aus und trat die Scheibe grad über dem Riegel ein. Es gab einen Krach, den man eigentlich eine Meile weit hätte hören müssen. Das ferne Donnern ging monoton weiter.

Ich wickelte mir das Handtuch um die linke Hand und reckte die Arme, so weit es nur ging, und schob die Hand durch das Loch in der Scheibe und drehte den Fensterriegel. Dann schwang ich mich auf den Sims drüben und langte zurück, um das Fenster hochzuschieben, aus dem ich gekommen war. Die Fingerabdrücke konnten sie ruhig haben. Ich durfte ohnehin nicht damit rechnen, beweisen zu können, daß ich nicht in Helen Matsons Apartment gewesen sei. Alles, was ich jetzt brauchte, war eine Chance, zu beweisen, wie ich dort hingekommen war.

Ich sah auf die Straße hinunter. Ein Mann stieg grad in seinen Wagen. Er hatte nicht einmal einen Blick für mich. Kein Licht war angegangen in dem Apartment, in das ich hier einbrach. Ich bekam das Fenster herunter und kletterte hinein. In der Badewanne lag ein Haufen Glasscherben. Ich erreichte den Boden und knipste das Licht an und nahm die Scherben aus der Badewanne und wickelte sie in mein Handtuch und versteckte es. Ich benutzte ein anderes Handtuch, um den Sims abzuwischen und die Badewannenkante, auf die ich getreten war. Dann zog ich meine Pistole heraus und öffnete die Badezimmertür.

Das Apartment hier war größer. Das Zimmer, in das ich blickte, hatte Doppelbetten mit einer rosa Tagesdecke. Sie waren ordentlich gemacht, und sie waren leer. An das Schlafzimmer schloß sich ein Wohnzimmer an. Alle Fenster waren geschlossen, und die Wohnung hatte einen muffigen, staubigen Geruch. Ich machte eine Stehlampe an, fuhr mit dem Finger über eine Stuhllehne und betrachtete den Staub auf der Kuppe. Es gab ein Lehnstuhl-Radio, ein Büchergestell, das wie ein Kohlenkasten gebaut war, ein großes Bücherregal voller Romane, die alle noch ihre Schutzumschläge hatten, eine hochbeinige Kommode aus dunklem Holz, auf der ein Siphon stand und eine Schnapskaraffe mit vier umgestülpten gestreiften Gläsern. Ich schnüffelte an der Karaffe, die Scotch enthielt, und probierte einen kleinen Schluck. Mein Kopf fühlte sich noch schlimmer danach, ich selber mich aber besser.

Ich ließ das Licht an und ging ins Schlafzimmer zurück und durchstöberte Kommoden und Schränke. Im einen Schrank hing Männerkleidung, maßgeschneidert, und auf dem eingenähten Schildchen stand der Name George Talbot, vom Schneider geschrieben. Georges Anzüge sahen ein bißchen zu klein für mich aus. Ich versuchte es mit der Kommode und fand einen Pyjama, von dem ich annahm, daß es mit ihm gehen würde. Der Schrank verschaffte mir einen Bademantel und Pantoffeln. Ich zog mich aus bis auf die Haut.

Als ich aus der Dusche kam, roch ich nur noch schwach nach Gin. Es war jetzt nirgends mehr ein Laut zu hören, kein Türdonnern und nichts, und so wußte ich, daß sie in Helen Matsons Apartment waren, mit ihren kleinen Kreidestücken und Meßbändern. Ich zog Mr. Talbots Pyjama an, seine Pantoffeln, seinen Bademantel und benutzte Mr. Talbots Haarwasser, Kamm und Bürste, um mich herzurichten. Ich hoffte, Mr. und Mrs. Talbot amüsierten sich gut, wo immer sie waren, und nahmen sich Zeit mit dem Nachhausekommen.

Ich ging wieder ins Wohnzimmer, bediente mich ein weiteres Mal mit dem Talbot-Scotch und zündete mir eine der Talbot-Zigaretten an. Dann schloß ich die Eingangstür auf. Ein Mann hustete auf dem Flur, ganz in der Nähe. Ich öffnete die Tür und lehnte mich gegen die Füllung und sah hinaus. Ein Mann in Uniform lehnte an der gegenüberliegenden Wand – ein kleingewachsener, blonder, scharfäugiger Mann. Seine blauen Hosen hatten messerscharfe Bügelfalten, und er wirkte sauber, adrett, versiert und neugierig.

Ich gähnte und sagte: »Hallo, Schutzmann, was ist denn hier eigentlich los?«

Er starrte mich mit scharfen, rötlichbraunen, goldgefleckten Augen an, eine Farbe, die man bei Blondhaarigen selten sieht. »Ein bißchen Ärger nebenan. Haben Sie was gehört?« Seine Stimme hatte einen mild-sarkastischen Ton.

»Der Rotschopf?« sagte ich. »Hm, hm. Also bloß die übliche Großwildjagd. Trinken Sie einen mit?«

Der Polizist fuhr fort, mich aufmerksam anzustarren. Dann rief er den Flur hinunter: »He, Al!«

Ein Mann trat aus einer offenen Tür. Er war über einsachtzig groß, wog um die zwei Zentner und hatte derbes schwarzes Haar und tiefliegende ausdruckslose Augen. Es war Al De Spain, dem ich an dem Abend im Polizeipräsidium von Bay City begegnet war.

Er kam ohne Hast den Flur hinauf. Der uniformierte Polizist sagte: »Der Bursche hier ist der Mann, der nebenan wohnt.«

De Spain trat dicht an mich heran und sah mir in die Augen. Seine eigenen hatten nicht mehr Ausdruck als schwarze Schieferscherben. Er sprach fast sanft.

»Name?«

»George Talbot«, sagte ich. Meine Stimme klang nicht so heiser, daß es direkt gequietscht hätte.

»Irgendwelche Geräusche gehört? Ich meine, bevor wir hier angekommen sind?«

»Och, ein bißchen Gezänk, glaube ich. So um Mitternacht. Das ist da drüben nichts Neues.« Ich wies mit einem Daumenzucken zum Apartment des toten Mädchens hinüber.

»Ach wirklich? Bekannt mit der Dame?«

»Nein. Weiß auch nicht, ob ich's gern sein möchte.«

»Das brauchen Sie jetzt nicht mehr zu entscheiden«, sagte De Spain. »Sie ist umgebracht worden.«

Er legte mir eine große, harte Hand auf die Brust und schob mich sehr sanft durch die Tür ins Apartment zurück. Er behielt die Hand auf meiner Brust, und seine Augen streiften blitzschnell die Seitentaschen meines Bademantels, ehe sie sich wieder auf mein Gesicht richteten. Als er mich acht Fuß von der Tür weg hatte, sagte er über die Schulter: »Komm rein und mach die Tür zu, Shorty.«

Shorty kam und schloß die Tür, klein, mit scharf glimmenden Augen. »Schöner Gag«, sagte De Spain ganz beiläufig. »Halt ihn in Schach, Shorty.«

Shorty hatte schnell wie der Blitz sein schwarzes Gürtelhalfter auf und eine Polizeipistole in der Hand. Er leckte sich die Lippen. »Jungejunge.« Er ließ seinen Handschellenhalter aufschnappen und zog die Handschellen halb heraus. »Wie hast du das gemerkt, Al?«

»Was gemerkt?« De Spains Blick wich nicht von meinen Augen. Er sprach ganz freundlich mit mir. »Was wollten Sie grad machen – runtergehn und eine Zeitung kaufen?«

»Ja-ah«, sagte Shorty. »Er ist der Mörder, klar. Er ist durch das Badezimmerfenster reingekommen und hat sich die Sachen von dem Burschen angezogen, der hier wohnt. Die Leute sind verreist. Sieh dir mal den Staub an überall. Kein Fenster offen. Die Luft in der ganzen Wohnung verbraucht.«

De Spain sagte sanft: »Shorty ist ein Polizist von wissenschaftlicher Gründlichkeit. Deswegen brauchen Sie aber den Mut nicht sinken zu lassen. Eines Tages irrt er sich bestimmt mal.«

Ich sagte: »Weshalb läuft er dann in Uniform rum, wenn er so ein scharfer Denker ist?«

Shorty wurde rot. De Spain sagte: »Such mal seine Sachen, Shorty. Und seine Pistole. Und mach ein bißchen schnell. Wenn wir uns beeilen, geht das hier auf unser Konto.«

»Du bist aber doch gar nicht eingeteilt für den Fall«, sagte Shorty.

»Was kann ich schon groß verlieren?«

»Also *ich* kann immerhin diese Uniform hier verlieren.«

»Sei kein Feigling, Junge. Dieser Lump Reed da nebenan könnte nicht mal einen Schmetterling in einem Schuhkarton fangen.«

Shorty verdrückte sich ins Schlafzimmer. De Spain und ich standen reglos, nur daß er die Hand von meiner Brust nahm und an der Seite niedersinken ließ. »Erzählen Sie mal nichts«, sagte er schleppend. »Lassen Sie mich einfach raten.«

Wir hörten Shorty herumstöbern und Türen öffnen. Dann hörten wir ihn plötzlich aufjaulen wie einen Terrier, der ein Rattenloch wittert. Shorty kam ins Zimmer zurück, meine Pistole in der rechten Hand und meine Brieftasche in der linken. Er hatte die Pistole vorn am Visierkorn gefaßt, mit einem Taschentuch. »Die Knarre ist abgefeuert worden«, sagte er. »Und der Bursche da heißt gar nicht Talbot.«

De Spain machte sich nicht die Mühe, den Kopf zu wenden oder auch nur seinen Ausdruck zu ändern. Er schenkte mir ein dünnes Lächeln, das nur die äußersten Winkelenden seines breiten, ziemlich brutalen Munds bewegte.

»Was du nicht sagst«, sagte er. »Was du nicht sagst.« Er schob mich von sich, mit einer Hand, die so hart war wie ein Stück Werkzeugstahl. »Ziehn Sie sich an, edler Freund – und halten Sie sich nicht erst lange mit dem Schlips auf. Wir haben noch einiges vor zusammen.«

VI

Ich bekomme meine Pistole wieder

Wir gingen aus dem Apartment und den Flur entlang. Aus der offenen Tür von Helen Matsons Wohnung kam immer noch Licht. Zwei Männer mit einem Korb standen davor und rauchten. Drinnen, im Zimmer der toten Frau, debattierten Stimmen.

Wir gingen um eine Biegung des Flurs und dann die Treppe hinunter, Stockwerk um Stockwerk, bis wir in die Halle kamen. Ein halbes Dutzend Leute standen mit gierigen Augen herum – drei Frauen in Bademänteln, ein kahlköpfiger Mann mit grünem Augenschirm, wie ein Lokalredakteur; zwei weitere lungerten hinten im Schatten herum. Ein uniformierter Polizist ging innen vor der Haustür auf und ab und pfiff verhalten vor sich hin. Wir traten an ihm vorbei hinaus. Er machte ein völlig desinteressiertes Gesicht. Eine Traube von Menschen drängte sich draußen auf dem Gehsteig.

De Spain sagte: »Eine sensationelle Nacht für unsere kleine Stadt.«

Wir gingen weiter zu einer schwarzen Limousine, die keinerlei Polizeikennzeichen trug, und De Spain glitt hinter das Steuer und gab mir einen Wink, neben ihm einzusteigen. Shorty hockte sich auf den Rücksitz. Er hatte seine Pistole schon längst wieder ins Halfter zurückgesteckt, die Lasche aber nicht zugeknöpft, und seine Hand blieb immer in ihrer Nähe.

De Spain setzte den Wagen mit einem Ruck in Bewegung, der mich gegen die Polsterung zurückwarf. Wir nahmen die nächste Ecke auf zwei Rädern, wandten uns ostwärts. Ein großer schwarzer Wagen mit roten Zwillingsscheinwerfern war nur einen halben Block von uns entfernt und kam schnell näher, als wir abbogen.

De Spain spuckte aus dem Fenster und sagte gedehnt: »Das ist der Chief. Der wird noch zu seiner eigenen Beerdigung zu spät kommen. Jungejunge, dem haben wir aber eine Nase gedreht!«

Shorty sagte verärgert vom Rücksitz: »Ja-ah – und dafür werden wir dreißig Tage vom Dienst suspendiert.«

De Spain sagte: »Halt nur immer schön das Maul, daß dir die Spucke nicht rausläuft, dann kommst du vielleicht wieder zur Mordkommission zurück.«

»Ich trag lieber Knöpfe und hab was zu essen«, sagte Shorty.

De Spain fuhr den Wagen mit hartem Tempo etwa zehn Blocks weit, dann ging er mit der Geschwindigkeit ein wenig herunter. Shorty sagte: »Hier geht's aber doch gar nicht zum Präsidium.«

De Spain sagte: »Sei kein Esel.«

Er verlangsamte bis auf Kriechgeschwindigkeit, bog dann links in eine stille, dunkle Wohnstraße ab, die von Koniferen gesäumt war und von kleinen adretten Rasengrundstücken mit kleinen adretten Häusern darauf. Er bremste weich, ließ den Wagen im Leerlauf an die Bordsteinkante rollen und schaltete den Motor aus. Dann warf er einen Arm über die Rücklehne und drehte sich, um den kleinen uniformierten Mann mit den scharfen Augen anzusehen.

»Glaubst du, daß der Bursche hier sie ausgepustet hat, Shorty?«

»Seine Kanone war abgefeuert.«

»Nimm mal die große Taschenlampe da aus dem Fach und sieh dir seinen Hinterkopf an.«

Shorty grunzte, fummelte im Hintergrund des Wagens herum, und dann klickte Metall, und der blendendweiße Lichtstrahl einer Taschenlampe mit breitem Glockenvorsatz sprühte über meinen Kopf. Ich hörte das nahe Atmen des kleinen Mannes. Er streckte die Hand aus und drückte auf die wunde Stelle an meinem Hinterkopf. Ich jaulte auf. Das Licht ging aus, und die Schwärze der dunklen Straße sprang uns wieder an.

Shorty sagte: »Schätze, er ist niedergeschlagen worden.«

De Spain sagte ohne jedes Gefühl: »Das Mädchen ebenfalls. Die Stelle fiel nicht sehr auf, war aber deutlich zu erkennen. Sie ist niedergeschlagen worden, damit der Mörder ihr die Kleider ausziehen und sie so zurichten konnte, daß die Kratzer bluteten, bevor er sie erschoß, und das Ganze so aussah wie – du weißt schon. Für den Schuß hat er dann ein Badetuch um die Kanone gewickelt. Kein Mensch hat was gehört. Von wem kam eigentlich die Meldung, Shorty?«

»Woher, zum Teufel, soll ich das wohl wissen? Irgendein Bursche hat angerufen, so zwei, drei Minuten bevor du ins Präsidium kamst, während Reed immer noch nach einem Photographen Ausschau hielt. Ein Bursche mit dicker, belegter Stimme, hat die Vermittlung gesagt.«

»Okay. Wenn du's getan hättest, Shorty, wie hättest du dich dann davongemacht?«

»Ich wär einfach weggegangen«, sagte Shorty. »Wieso denn nicht? He«, bellte er mich an, »weshalb haben Sie das nicht gemacht?«

Ich sagte: »Ich muß leider immer meine kleinen Geheimnisse haben.«

De Spain sagte tonlos: »Du würdest jedenfalls nicht extra über einen Luftschacht klettern, Shorty, oder? Du würdest nicht mit einem Heidenkrach ins nächste Apartment eindringen und dann so tun, als wärst du der Bursche, der da wohnt, oder? Und du würdest auch nicht die Polizei anrufen und sagen, sie soll mal tempotempo herkommen, wenn sie den Mörder schnappen will, oder?«

»Mich laust der Affe«, sagte Shorty, »der Kerl hier hat selber angerufen? Nee, ich würd das nicht machen, das alles nicht.«

»Auch der Mörder hat's nicht gemacht«, sagte De Spain, »außer dem letzten. Angerufen hat er.«

»Diese Sexualunholde machen doch komische Sachen«, sagte Shorty. »Der Kerl hier könnte noch einen Helfer mit dabeigehabt haben, und der hat vielleicht versucht, ihm das Ganze anzuhängen, und ihn deswegen mit dem Totschläger flachgelegt.«

De Spain lachte rauh. »Hallo, Sie Sexualunhold«, sagte er und stieß mir mit einem Finger in die Rippen, der so hart war wie ein Pistolenlauf. »Da können Sie mal zwei echte Vollidioten sehn: Wir sitzen hier rum und schmeißen unsere Jobs in den Wind – jedenfalls der von uns tut's, der noch einen Job hat – und debattieren uns die Köpfe heiß, während Sie, der doch auf alles die Antwort weiß, uns noch kein Sterbenswort verraten hat. Wir wissen noch nicht mal, wer die Dame war.«

»Ein Rotschopf, den ich in der Bar vom Club Conried ins Schlepptau genommen habe«, sagte ich. »Nein, vielmehr hat sie mich ins Schlepptau genommen.«

»Kein Name oder sonst was?«

»Nein. Sie war blau. Ich half ihr an die frische Luft, und dann bat sie mich, sie da wegzubringen, und während ich sie in mein Auto packte, hat jemand mich niedergeschlagen. Als ich wieder zu mir kam, lag ich in dem Apartment auf dem Boden, und das Mädchen war tot.«

De Spain sagte: »Was haben Sie denn in der Bar vom Club Conried gemacht?«

»Mir die Haare schneiden lassen«, sagte ich. »Was macht man sonst in einer Bar? Der Rotschopf war blau und schien vor irgendwas Angst zu haben, und da hat sie dem Geschäftsführer ihren Drink ins Gesicht geschüttet. Sie tat mir ein bißchen leid.«

»Das tun mir Rotschöpfe auch immer«, sagte De Spain. »Dieser Bursche, der Sie niedergeschlagen hat, muß ein Elefant gewesen sein, wenn er Sie in das Apartment raufgeschleppt hat.«

Ich sagte: »Sind Sie schon mal niedergeschlagen worden?«

»Nein«, sagte De Spain. »Du vielleicht, Shorty?«

Shorty sagte, auch er wäre noch nie niedergeschlagen worden. Er sagte es ziemlich unwirsch.

»Na, sehn Sie«, sagte ich. »Das ist nämlich so ähnlich, wie wenn man schwer betrunken ist. Ich bin wahrscheinlich im Auto so halbwegs wieder zu mir gekommen, und da hat der Kerl dann wohl eine Pistole gehabt und mich damit in Schach gehalten. So bin ich wohl auch mit dem Mädchen raufgewankt in das Apartment. Das Mädchen hat ihn unter Umständen gekannt. Und als er mich da oben hatte, hat er mich eben ein zweitesmal niedergeschlagen, und mir ist alles aus dem Gedächtnis geflutscht, was zwischendurch passiert war.«

»Ich hab schon gehört, daß das so läuft«, sagte De Spain. »Aber ich hab's nie geglaubt.«

»Es ist aber wahr«, sagte ich. »Es kann nur so gewesen sein. Denn ich erinnere mich an nichts, und raufgetragen haben kann mich der Kerl ja doch nicht ohne Hilfe.«

»Ich hätt's gekonnt«, sagte De Spain. »Ich hab schon schwerere Jungs getragen als Sie.«

»Na schön«, sagte ich. »Dann hat er mich eben getragen. Und was machen wir jetzt?«

Shorty sagte: »Mir will nicht in den Kopf, wieso er sich überhaupt die ganze Mühe gemacht hat.«

»Jemandem mit dem Totschläger was auf den Dez zu geben ist keine Mühe«, sagte De Spain. »Gib mir mal die Knarre und die Brieftasche rüber.«

Shorty zögerte, reichte dann beides hin. De Spain schnüffelte an der Pistole und ließ sie dann achtlos in seine Seitentasche gleiten, in die mir zugewandte Seitentasche. Er klappte die Brieftasche auf und hielt sie unter die Armaturenbeleuchtung und steckte sie dann ebenfalls ein. Er ließ den Wagen an, wendete in der Mitte des Blocks und schoß zum Arguello Boulevard zurück, hielt sich darauf ostwärts und stoppte vor einem Schnapsladen mit rotem Neon-Schild. Der Laden stand weit offen, trotz der späten Nachtstunde.

De Spain sagte über die Schulter: »Lauf rein und ruf die Dienststelle an, Shorty. Sag dem Sergeant, wir haben eine heiße Spur und sind los, um uns einen Verdächtigen in der Mordsache Brayton Avenue zu greifen. Sag ihm, er soll dem Chief ausrichten, er kann sich auf was gefaßt machen.«

Shorty stieg aus dem Wagen, schmetterte die Hintertür zu, setzte an, etwas zu sagen, ging dann aber schnell über den Gehsteig in den Laden.

De Spain setzte den Wagen mit einem Ruck in Bewegung und war schon nach dem ersten Block auf vierzig Meilen. Er lachte tief in der Brust. Beim nächsten Block ging er auf fünfzig und kurvte dann kreuz und quer durch alle möglichen Straßen, bis er schließlich unter einem Pfefferbaum vor einem Schulhaus wieder hielt.

Ich bemächtigte mich der Pistole, als er sich nach der Handbremse vorbeugte. Er lachte trocken und spuckte aus dem offenen Fenster.

»Okay«, sagte er. »Deshalb hab ich sie ja da hingesteckt. Ich hab mit Veilchen M'Gee gesprochen. Dieser kleine Reporter rief mich von Los Angeles an. Sie haben Matson gefunden. Im Moment haben sie grad irgend so einen Burschen aus dem Apartmenthaus in der Mangel.«

Ich glitt von ihm weg, hinüber in meine Wagenecke, und hielt die Pistole lose zwischen den Knien. »Wir befinden uns außerhalb der Stadtgrenzen von Bay City, Polizist«, erinnerte ich ihn. »Was hat M'Gee gesagt?«

»Er sagte, er hätte Sie auf Matsons Spur gesetzt, wüßte aber nicht, ob Sie noch Verbindung mit ihm bekommen hätten. Dieser Bursche von dem Apartmenthaus – seinen Namen hab ich nicht verstanden – war grad dabei, eine Leiche auf die Gasse zu kippen, als ihn zwei Streifenbullen beim Kragen nahmen. M'Gee sagte, wenn Sie noch mit Matson Verbindung bekommen hätten und von ihm gehört hätten, was er zu erzählen hat, steckten Sie hier unten wahrscheinlich bald in der Klemme, und es stünde zu erwarten, daß Sie irgendwo mit einer Beule am Kopf neben einer neuen Leiche aufwachen.«

»Ich habe keine Verbindung mehr mit Matson bekommen«, sagte ich.

Ich spürte, wie De Spain mich unter seinen dunklen zottigen Brauen anstarrte. »Aber in der Klemme stecken Sie hier«, sagte er.

Ich holte mit der linken Hand eine Zigarette aus meiner Tasche und setzte sie mit dem Anzünder des Wagens in Brand. Die rechte Hand blieb an der Pistole. Ich sagte: »Daß Sie hier in Ungnade gefallen sind, hab ich schon mitgekriegt. Und daß Sie für diesen Mordfall nicht mal mehr eingeteilt wurden. Jetzt haben Sie einen Gefangenen über die Stadtgrenze geschafft. Was haben Sie davon?«

»Bloß einen Eimer voll Dreck – es sei denn, ich liefere was besonders Gutes ab.«

»Geht mir ganz ähnlich«, sagte ich. »Unter den Umständen sollten wir uns vielleicht zusammentun und diese drei Morde gemeinsam aufklären.«

»Drei?«

»Tja. Helen Matson, Harry Matson und Doc Austrians Frau. Sie gehören alle zusammen.«

»Ich hab Shorty aufs Abstellgleis geschoben«, sagte De Spain ruhig, »weil er ein kleines Würstchen ist und der Chief kleine Würstchen mag. Shorty kann also alles auf mich schieben. Wo fangen wir an?«

»Wir könnten uns als erstes mal einen Mann namens Greb vornehmen, der ein Labor im Physicians and Surgeons Building betreibt. Ich glaube, daß er über den Tod der Austrian ein falsches Gutachten abgegeben hat. Was ist, wenn eine Suchmeldung rausgeht nach Ihnen?«

»Der Polizeifunk läuft hier auf der Welle von L. A. Die werden sie kaum benutzen, um einen ihrer eigenen Leute zu schnappen.«

Er beugte sich vor und warf den Wagen wieder an.

»Sie könnten mir ruhig meine Brieftasche wiedergeben«, sagte ich. »Dann kann ich meine Kanone wegstecken.«

Er lachte rauh und gab sie mir.

VII

Großkinn

Der Labormensch wohnte an der Ninth Street, auf der schlechten Seite der Stadt. Das Haus war ein formloser Holzbungalow. Ein großer staubiger Hortensienbusch und ein paar kleine unterernährte Pflänzchen am Weg sahen nach der Arbeit eines Menschen aus, der sein Leben mit dem Versuch hingebracht hatte, aus nichts etwas zu schaffen.

De Spain löschte die Scheinwerfer, während wir vor dem Haus vorfuhren, und sagte: »Wenn Sie Hilfe brauchen, pfeifen Sie. Sollten uns irgendwelche Bullen auf den Pelz rücken, flitzen Sie rüber zur Tenth, und ich fahre im Bogen um den Block und lese Sie wieder auf. Ich glaube allerdings nicht, daß es soweit kommt. Die Kerls denken heute nacht an nichts anderes als an das Dämchen in der Brayton Avenue.«

Ich sah den stillen Block hinauf und hinunter, ging im nebligen Mondlicht über die Straße und den Weg hinauf zum Haus. Die Eingangstür lag rechtwinklig zur Straße, in einem Vorbau, der wie ein nachträglich angesetztes Zimmer aussah. Ich drückte auf eine Klingel und hörte es irgendwo im Hintergrund schellen. Keine Reaktion.

Ich schellte ein zweites Mal und drittes Mal und probierte die Klinke. Die Tür war verschlossen.

Ich verließ die kleine Veranda und ging an der Nordseite um das Haus herum, auf eine kleine Garage zu, die auf dem hinteren Grundstück lag. Ihr Tor war zu und mit einem Vorhängeschloß gesichert, das man mit einem kräftigen Puster notfalls aufbekam. Ich bückte mich und leuchtete mit der Taschenlampe unter die wacklige Tür. Die Räder eines Wagens waren zu sehen. Ich ging zurück zum Vordereingang des Hauses und klopfte diesmal – ziemlich laut.

Das Fenster im Vorzimmer knarrte und kam langsam nieder, bis zur Hälfte ungefähr. Ein Sonnenrouleau wurde weggezogen hinter dem Fenster, und hinter dem Rouleau lag Dunkelheit. Eine belegte, heisere Stimme sagte: »Ja-ah?«

»Mr. Greb?«

»Ja-ah.«

»Ich möchte Sie sprechen – in einer wichtigen Angelegenheit.«

»Ich brauche meinen Schlaf, Mister. Kommen Sie morgen wieder.«

Die Stimme klang nicht wie die Stimme eines Labortechnikers. Sie klang wie eine Stimme, die ich einmal übers Telephon gehört hatte, vor langer Zeit, am frühen Abend im Apartmenthaus Tennysons Arms.

Ich sagte: »Gut, dann komme ich zu Ihnen ins Büro, Mr. Greb. Wie war doch gleich die Adresse?«

Die Stimme blieb einen Moment lang still. Dann sagte sie: »Mann, hauen Sie ab, bevor ich rauskomme und Ihnen eine scheuere.«

»Das wäre kaum die rechte Art, miteinander ins Geschäft zu kommen, Mr. Greb«, sagte ich. »Sind Sie sicher, daß Sie mir nicht doch ein paar Sekunden schenken könnten, wo Sie doch jetzt schon einmal auf sind?«

»Halten Sie die Klappe. Sie wecken mir noch die Frau auf. Sie ist krank. Wenn ich erst rauskommen muß . . .«

»Gute Nacht, Mr. Greb«, sagte ich.

Ich ging den Weg zurück, im weichen, nebligen Mondlicht. Als ich drüben auf der dem Haus abgewandten Seite des dunklen geparkten Wagens war, sagte ich: »Das wird ein Job für zwei. Irgendeine ruppige Type ist drinnen. Ich glaube, es ist der Mann, den ich am Telephon in L. A. Großkinn hab nennen hören.«

»Interessant. Der Kerl, der Matson umgebracht hat, was?« De Spain kam auf meine Wagenseite herüber und spuckte in hohem Bogen über einen Hydranten weg, der mindestens acht Fuß entfernt stand. Ich sagte nichts.

De Spain sagte: »Wenn dieser Bursche, den Sie Großkinn nennen, Moss Lorenz ist, dann kenne ich ihn. Vielleicht kommen wir rein. Vielleicht laufen wir auch mitten in einen heißen Bleiregen.«

»Genau wie die Bullen im Radio immer«, sagte ich.

»Haben Sie Angst?«

»Ich?« sagte ich. »Aber klar hab ich Angst. Der Wagen steht in der Garage, also hat er entweder Greb bei sich drinnen und zerbricht sich den Kopf, was er mit ihm machen soll . . .«

»Wenn's Moss Lorenz ist, hat er nichts, was er sich zerbrechen könnte«, knurrte De Spain. »Der Kerl ist total behämmert, nur an zwei Stellen nicht – hinter einer Kanone und hinter dem Steuer eines Wagens.«

»Und hinter einem Stück Bleirohr«, sagte ich. »Was ich aber noch sagen wollte – Greb könnte auch ohne seinen Wagen weggegangen sein, und dieser Großkinn . . .«

De Spain beugte sich vor, um einen Blick auf die Uhr am Armaturenbrett zu werfen. »Ich würde meinen, er hat sich dünngemacht. Sonst wäre er jetzt zu Hause. Er hat einen Tip gekriegt, daß er türmen soll, wenn er nicht Ärger haben will.«

»Wollen Sie nun da rein oder nicht?« fuhr ich ihn an. »Von wem sollte er den Tip denn haben?«

»Von dem jedenfalls, der ihm am Anfang mit reingezogen hat in die Sache – wenn es stimmt, daß er mit drinsteckt.« De Spain klickte die Tür auf und glitt aus dem Wagen, stand da und blickte über die Straße. Er öffnete seine Jacke und lockerte die Pistole in seinem Schultergurt. »Vielleicht kann ich ihn überlisten«, sagte er. »Halten Sie die Hände so, daß er sie sehen kann, und zwar leer. Das ist unsere beste Chance.«

Wir gingen über die Straße zurück und den Weg hinauf, bis vor die Haustür. De Spain lehnte sich gegen die Klingel.

Die Stimme kam wieder knurrend auf uns zu aus dem halboffenen Fenster, hinter dem zerschlissenen dunkelgrünen Sonnenrouleau. »Ja-ah?«

»Hallo, Moss«, sagte De Spain.

»Äh?«

»Hier ist Al De Spain, Moss. Ich mische auch mit bei dem Spiel.«

Stille – lange, mörderische Stille. Dann sagte die belegte, heisere Stimme: »Wer ist das da bei dir?«

»Ein Kumpel aus L. A. Er ist okay.«

Wieder Stille, dann: »Worum handelt sich's?«

»Bist du allein da drinnen?«

»Mit einer Dame. Sie kann dich aber nicht hören.«

»Wo steckt Greb?«

»Tja – wo mag der stecken? Worum handelt sich's, Bulle? Spuck's schon aus!«

De Spain sprach so gelassen, als säße er zu Hause in einem Lehnsessel, neben dem Radio. »Wir arbeiten für denselben Burschen, Moss.«

»Ha, ha«, sagte Großkinn.

»Matson ist in L. A. tot aufgefunden worden, und die städtischen Schnüffler haben ihn schon mit der Austrian in Verbindung gebracht. Wir müssen schnell handeln. Der Boss ist in den Norden weg, um sich ein Alibi zu basteln, aber was nützt uns das?«

Die Stimme sagte: »Ach, Quatsch«, aber es war ein leiser Ton des Zweifels darin.

»Das Ganze stinkt«, sagte De Spain. »Komm schon, mach auf. Du siehst doch, daß wir nichts gegen dich in der Hand haben.«

»Bis ich zur Tür rum bin, habt ihr's bestimmt«, sagte Großkinn.

»So feige bist du doch sonst nicht«, höhnte De Spain.

Das Rouleau raschelte gegen das Fenster, als ob eine Hand es losgelassen hätte, und der Fensterrahmen hob sich wieder an seine Stelle. Meine Hand wollte hoch.

De Spain knurrte: »Seien Sie kein Idiot. Dieser Kerl ist unser ganzes Kapital. Wir brauchen ihn in einem Stück.«

Schwache Schritte erklangen im Haus. Ein Schloß drehte sich in der Haustür, und sie ging auf, und eine Gestalt stand da, überschattet, einen großen Colt in der Hand. Großkinn war ein guter Name für ihn. Die große, breite Kieferlade ragte ihm aus dem Gesicht wie ein Bahnräumer aus der Lokomotive. Er war noch größer als De Spain – ein gut Teil größer.

»Also los, rein mit euch«, sagte er und wollte sich wieder zurückziehen.

De Spain machte auf dem linken Fuß einen ruhigen Schritt vorwärts, die Hände hängend, lose und leer, die Handflächen nach außen gekehrt, und trat Großkinn in die Leistengegend – einfach nur so – ohne das leiseste Zögern, und das auch noch gegen eine Pistole.

Großkinn kämpfte noch immer – innerlich –, als wir unsere Pistolen zogen. Seine rechte Hand mühte sich, auf den Abzug zu drücken und die Pistole hochzuhalten. Der Schmerz kämpfte alles nieder außer dem Wunsch, zusammenzuklappen und zu brüllen. Dieser innere Kampf kostete ihn den Bruchteil einer Sekunde, und er hatte weder geschossen noch gebrüllt, als wir zuschlugen. De Spain traf ihn am Kopf, und ich traf sein rechtes Handgelenk. Ich wollte sein Kinn treffen – es faszinierte mich –, aber sein Handgelenk war der Pistole am nächsten. Die Pistole sauste nieder, und auch Großkinn sauste nieder, fast genauso jäh, sackte uns entgegen. Wir fingen ihn auf und hielten ihn, und sein Atem fuhr uns heiß und stinkend ins Gesicht; dann gaben seine Knie nach, gingen in Stücke, und wir stürzten über ihn in den Flur.

De Spain grunzte und rappelte sich auf die Füße und schloß die Tür. Dann wälzte er den großen, stöhnenden, halb bewußtlosen Mann herum und zog ihm die Hände auf den Rücken und ließ Handschellen an seinen Gelenken zuschnappen.

Wir durchquerten den Flur. Im Zimmer links war gedämpftes Licht, von einer kleinen Tischlampe, über die eine Zeitung gebreitet war. De Spain nahm die Zeitung herunter, und wir erblickten die Frau auf dem Bett. Wenigstens hatte er sie noch nicht ermordet. Sie lag in dünnem Pyjama da, die Augen weit und starr und halb wahnsinnig vor Angst. Mund, Handgelenke, Knöchel und Knie waren mit Heftpflaster verklebt, und aus ihren Ohren schauten Enden dicker Wattebäusche. Ein undeutliches Blubbern drang hinter dem zwei Zoll breiten Pflaster hervor, das ihr den Mund verschloß. De Spain richtete den Lampenschirm etwas schräg. Ihr Gesicht war voller Flecken. Sie hatte gebleichtes Haar, dunkel an den Wurzeln, und über den Knochen ihres Gesichts wirkte die Haut dünn, wie geschunden und zerkratzt.

De Spain sagte: »Ich bin Polizeibeamter. Sind Sie Mrs. Greb?«

Die Frau zuckte und starrte ihn voller Panik an. Ich zog ihr die Watte aus den Ohren und sagte: »Versuchen Sie's noch mal.«

»Sind Sie Mrs. Greb?«

Sie nickte.

De Spain faßte das Pflaster an der Seite ihres Mundes. Ihre Augen zogen sich angstvoll zusammen, und er riß das Pflaster mit einem harten Ruck herunter und preßte ihr zugleich eine Hand auf den Mund. Er stand da, über sie gebeugt, das Pflaster in der linken Hand – ein großer, dunkler, sturer Buller, der nicht mehr Nerven zu haben schien als ein Betonmischer.

»Versprechen Sie, daß Sie nicht schreien?« sagte er.

Die Frau brachte mit Anstrengung ein Nicken zustande, und er nahm die Hand weg. »Wo ist Greb?« fragte er.

Er zog ihr auch die übrigen Pflaster ab.

Sie schluckte und griff sich an die Stirn mit ihrer rotnagligen Hand und schüttelte den Kopf. »Ich weiß nicht. Er ist nicht nach Hause gekommen.«

»Worüber haben Sie mit dem Gorilla gesprochen, als er hier auftauchte?«

»Über gar nichts«, sagte sie dumpf. »Es klingelte, und ich hab aufgemacht, und da kam er einfach rein und packte mich. Dann hat das brutale Vieh mich gefesselt und gefragt, wo mein Mann wäre, und ich hab gesagt, ich weiß nicht, und da hat er mich mehrmals ins Gesicht geschlagen, aber nach einer Weile schien er mir dann zu glauben. Er fragte mich noch, wieso mein Mann nicht mit dem Wagen weg wäre, und ich sagte, er ginge immer zu Fuß zur Arbeit und nähme den Wagen nie. Dann hat er bloß noch so in der Ecke gesessen und sich nicht mehr gerührt und auch kein Wort gesagt. Nicht mal geraucht hat er.«

»Hat er vielleicht mal telephoniert?« fragte De Spain.

»Nein.«

»Haben Sie ihn früher schon mal gesehen?«

»Nein.«

»Ziehen Sie sich an«, sagte De Spain. »Sie müssen sich ein paar Freunde einfallen lassen, bei denen Sie den Rest der Nacht zubringen können.«

Sie starrte ihn an und richtete sich langsam auf in ihrem Bett und durchwühlte ihr Haar. Dann öffnete sich ihr Mund, und De Spain schlug ihr wieder die Hand darüber, hart.

»Keinen Laut«, sagte er scharf. »Ihm ist nichts passiert, soweit wir wissen. Aber wenn doch, käm's Ihnen wohl kaum sehr überraschend, schätze ich.«

Die Frau schob seine Hand weg und stand vom Bett auf und ging ums Bett herum zu einer Kommode und holte eine Pintflasche Whisky heraus. Sie schraubte den Verschluß auf und trank aus der Flasche. »Nein«, sagte sie mit lauter, heiserer Stimme. »Was würden Sie denn machen, wenn Sie's mit einer Bande von Ärzten zu tun hätten, die Sie jedesmal schmieren müßten, um auch nur einen kleinen Auftrag zu kriegen, und die Aufträge auch so noch dünn genug ausfielen?« Sie nahm einen weiteren Schluck.

De Spain sagte: »Ich würde vielleicht Blutproben vertauschen.«

Die Frau starrte ihn ausdruckslos an. Er sah zu mir herüber und zuckte die Achseln. »Vielleicht sind's Fröhlichmacher«, sagte er. »Vielleicht handelt er ein bißchen damit. Aber viel kann's nicht sein, wenn man sich so ansieht, wie er hier wohnt.« Er musterte das Zimmer mit einem verächtlichen Blick. »Ziehn Sie sich an, meine Dame.«

Wir gingen aus dem Zimmer und schlossen die Tür. De Spain beugte sich über Großkinn, der am Boden lag, halb auf dem Rücken und halb auf der Seite. Der große Mann stöhnte unablässig vor sich hin, aus offenem Mund, zwar nicht ganz bewußtlos, aber doch ohne voll zu erfassen, was mit ihm geschah. De Spain, immer noch über ihn gebeugt im gedämpften Licht, das er im Flur angemacht hatte, blickte auf das Stück Pflaster nieder in seiner hohlen Hand und lachte plötzlich auf. Er schlappte Großkinn das Pflaster hart über den Mund.

»Glauben Sie, wir kriegen ihn zum Gehen?« fragte er. »Ich hab verdammt wenig Lust, den Kerl zu tragen.«

»Weiß ich nicht«, sagte ich. »Ich bin bloß Hilfsarbeiter bei diesem Job. Wohin soll er denn gehen?«

»Rauf in die Berge, wo's schön still ist und die Vöglein singen«, sagte De Spain grimmig.

Ich saß auf dem Trittbrett des Wagens und hatte die große Taschenlampe mit dem Glockenvorsatz lose zwischen den Knien baumeln. Das Licht war nicht allzugut, schien aber gut genug zu sein für das, was De Spain mit Großkinn anstellte. Gleich oberhalb von uns befand sich ein überdachtes Wasserreservoir, und von dort fiel das Gelände in einen tiefen Canyon ab. Etwa eine halbe Meile entfernt lagen zwei Gipfelhäuser, beide dunkel, mit nur einem Schimmer Mondlicht auf den Stukko-Mauern. Es war kalt hier oben in den Bergen, aber die Luft war klar, und die Sterne wirkten, als seien sie aus poliertem Chrom. Der lichte Dunst über Bay City schien weit weg zu sein, wie in einem anderen Land, aber es waren nur zehn Minuten schneller Autofahrt dorthin.

De Spain hatte die Jacke abgelegt. Seine Hemdsärmel waren aufgerollt, und seine Handgelenke und die großen haarlosen Arme wirkten riesengroß in dem schwachen harten Licht. Die Jacke lag zwischen ihm und Großkinn am Boden. Sein Pistolenhalfter lag auf der Jacke, die Pistole darin, und der Kolben ragte wie einladend in Großkinns Richtung. Die Jacke war ein wenig nach der Seite gerutscht, so daß sich zwischen De Spain und Großkinn ein schmaler Streifen Kies befand, aufgescharrt, vom Mondlicht beschienen. Die Pistole lag für Großkinn rechts und für De Spain zur Linken.

Nach einer langen Stille, in der man nur hastiges Atmen hörte, sagte De Spain: »Versuch's noch mal.« Er sprach ganz beiläufig, wie zu einem Mann, der an einem Pinball-Automaten spielt.

Großkinns Gesicht bestand nur noch aus einer einzigen Masse Blut. Ich konnte es nicht als rot erkennen, aber ich hatte ein- oder zweimal die Taschenlampe darauf gerichtet und wußte, daß es rotes Blut war. Seine Hände waren frei, und was der Tritt in die Leistengegend ihm angetan hatte, lag lange schon hinter ihm, zurückgeblieben am Gestade eines Meers von Schmerz, in dem er trieb. Er gab ein krächzendes Geräusch von sich und wandte ganz plötzlich die linke Hüfte gegen De Spain und ließ sich aufs rechte Knie fallen und langte nach der Pistole.

De Spain trat ihm ins Gesicht.

Großkinn kippte zurück auf den Kies und schlug die Klauenhände vors Gesicht, und ein klagender Laut drang durch seine Finger. De Spain machte einen Schritt und trat ihm auf den Knöchel. Großkinn heulte auf. De Spain trat wieder zurück, an seine frühere Stelle hinter der Jacke und der Pistole im Halfter. Großkinn wälzte sich ein wenig und kam auf die Knie hoch und schüttelte den Kopf. Große dunkle Tropfen fielen aus seinem Gesicht auf den Kiesboden. Ganz langsam brachte er sich auf die Füße und blieb stehen, ein wenig vornübergebeugt.

De Spain sagte: »Komm schon hoch. Du bist ein zäher Brocken. Du hast Vance Conried hinter dir, und er hat das Syndikat hinter sich. Vielleicht hast du auch Chief Anders hinter dir. Ich bin bloß ein lausiger Plattfuß, dem sämtliche Fahrscheine, die er in der Hosentasche hat, ungültig geworden sind. Komm schon. Zeigen wir mal, was wir können.«

Großkinn schoß im Hechtsprung auf die Pistole zu. Seine Hand berührte den Kolben, schlug ihn aber nur beiseite. De Spain hieb ihm hart den Absatz auf die Hand und drehte ihn mahlend darauf um. Großkinn schrie auf. De Spain sprang zurück und sagte müde: »Du hast doch nicht den Eindruck, daß man dir einen zu starken Gegner gestellt hat, Jungchen, oder?«

Ich sagte heiser: »Um Gottes willen, warum lassen Sie ihn denn nicht reden?«

»Er will noch nicht reden«, sagte De Spain. »Er ist nicht der Typ, der gleich den Mund aufmacht. Er ist ein zäher Brocken.«

»Na gut, dann erschießen wir den armen Teufel doch!«

»Kommt nicht in Frage. So ein Bulle bin ich nicht. He, Moss, der Bursche hier glaubt, ich bin so einer von diesen Sadisten, die von Zeit zu Zeit jemandem mit dem Bleirohr den Schädel einschlagen müssen, damit sie keine nervösen Verdauungsbeschwerden kriegen! Das läßt du doch bestimmt nicht zu, daß er das glaubt, oder? Das hier ist ein fairer Kampf. Du hast mindestens zwanzig Pfund mehr auf den Knochen als ich, und schau doch mal, wo die Kanone ist!«

Großkinn murrte: »Und was passiert, wenn ich sie erwische? Dann putzt dein Kumpel mich weg.«

»Aber keine Spur! Komm schon, Junge. Bloß einmal noch. Du hast noch eine Menge Reserven.«

Großkinn brachte sich wieder auf die Füße. Er kam unendlich langsam hoch, so langsam, daß es aussah, als klettere er an einer Mauer in die Höhe. Er schwankte und wischte sich mit der Hand das Blut vom Gesicht. Mir tat der Kopf weh. Ich spürte, wie sich mir der Magen umdrehte.

Großkinn holte ganz plötzlich mit dem rechten Fuß aus. Für den Bruchteil einer Sekunde sah es so aus, als würde diesmal was draus, aber dann hatte De Spain den Fuß in der Luft gepackt und trat mit ihm einen Schritt zurück. Er hielt das Bein waagerecht gestreckt, und der riesige Gorilla schwankte auf seinem anderen Fuß und bemühte sich, das Gleichgewicht zu wahren.

De Spain sagte im Ton der freundlichsten Unterhaltung: »Das vorhin, das war ganz okay, was ich gemacht hab, weil du nämlich ein dickes Schießeisen in der Pfote hattest und ich keins. Du bist überhaupt nicht auf die Idee gekommen, ich könnte unter solchen Umständen was riskieren. Jetzt siehst du mal, wie schief du da gelegen hast.«

Er drehte den Fuß mit einem jähen Ruck herum, mit beiden Händen. Großkinns Körper schien in die Luft zu schnellen und dann nach der Seite wegzukippen, und seine Schulter und sein Gesicht krachten in den Kies, aber De Spain hielt den Fuß weiter gepackt. Und er drehte ihn weiter. Großkinn schlug um sich auf dem Boden und gab rauhe tierische Laute von sich, die halb im Kies erstickten. De Spain gab dem Fuß einen plötzlichen harten Ruck. Großkinn schrie, und es klang, als zerrissen ein Dutzend Laken.

De Spain warf sich vor und trat Großkinn auf den Knöchel des anderen Fußes. Er stemmte sein ganzes Gewicht gegen den Fuß, den er in den Händen hielt, und spreizte so Großkinns Beine. Großkinn versuchte gleichzeitig zu schreien und nach Luft zu schnappen und gab ein Geräusch von sich, das klang wie das Bellen eines sehr großen und sehr alten Hundes.

De Spain sagte: »Mit so was kann man Geld verdienen, was ich hier mache. Nicht bloß ein paar lumpige Scheinchen – sondern richtig Kies. Ich sollte vielleicht den Beruf wechseln.«

Großkinn brüllte: »Laß mich los! Ich will reden! Ich will ja reden!«

De Spain spreizte die Beine noch ein Stück mehr. Dann tat er irgend etwas mit dem Fuß, und Großkinn wurde plötzlich schlaff. Es war, als fiele ein Seelöwe in Ohnmacht. Es brachte De Spain ins

Taumeln, und er schwankte zur Seite, während das Bein auf den Boden schlug. Dann zog er ein Taschentuch heraus und rieb sich langsam Gesicht und Hände ab.

»Zu weich«, sagte er. »Zuviel Bier. Dabei sah der Bursche ganz gesund aus. Vielleicht liegt's daran, daß er seinen Pansen dauernd hinterm Steuer hat.«

»Und seine Pfote am Pistolenkolben«, sagte ich.

»Das ist eine Idee«, sagte De Spain. »Aber wir wollen nicht zulassen, daß ihm seine Selbstachtung flötengeht.«

Er ging hin und trat Großkinn in die Rippen. Nach dem dritten Tritt kam ein Grunzen, und ein schwacher Schimmer erschien, wo die Leere von Großkinns Lidern gewesen war.

»Steh auf«, sagte De Spain. »Ich tu dir nichts mehr.«

Großkinn stand auf. Er brauchte eine volle Minute, bis er's geschafft hatte. Sein Mund – was noch übrig war davon – klaffte weit auf. Das ließ mich an den Mund eines anderen Menschen denken, und ich hörte auf, Mitleid mit ihm zu haben.

Seine Hände fuchtelten durch die Luft, als suchten sie nach einem Halt.

De Spain sagte: »Mein Kumpel hier meint, du bist weich, wenn du keine Knarre in der Hand hast. Ich kann's nicht mit ansehn, daß ein so starkes Mannsbild wie du weich wird. Hier, bedien dich!« Er gab dem Halfter mit der Pistole darin einen leichten Tritt, so daß es von der Jacke rutschte und Großkinn dicht vor den Fuß. Großkinn senkte die Schultern, um darauf hinunterzusehen. Den Nacken konnte er nicht mehr beugen.

»Ich will reden«, grunzte er.

»Kein Mensch hat dich gebeten zu reden. Gebeten hab ich dich nur, die Knarre da in die Hand zu nehmen. Soll ich etwa noch mal nachhelfen, daß du's machst? Los – die Knarre in die Hand!«

Großkinn ging taumelnd in die Knie, und seine Hand krümmte sich langsam um den Kolben der Pistole. De Spain beobachtete ihn, ohne einen Muskel zu bewegen.

»Brav, Jungchen, brav. Jetzt hast du eine Kanone. Jetzt bist du wieder der starke Mann. Jetzt kannst du wieder Frauen kaltmachen. Zieh das Ding raus.«

Sehr langsam, mit offenbar riesiger Anstrengung, zog Großkinn die Pistole aus dem Halfter und kniete dann da und ließ sie schlapp zwischen den Beinen baumeln.

»Was, du willst wohl gar keinen mehr kaltmachen?« höhnte De Spain.

Großkinn ließ die Pistole aus der Hand fallen und schluchzte.

»He du!« bellte De Spain. »Steck die Knarre wieder hin, wo du sie hergenommen hast. Ich will, daß sie sauber bleibt, so sauber, wie ich sie selber immer gehalten habe.«

Großkinns Hand tastete nach der Pistole und bekam sie zu fassen und schob sie langsam in das Lederfutteral zurück. Die Anstrengung nahm ihm alle Kraft, die ihm noch geblieben war. Er fiel flach aufs Gesicht über das Halfter.

De Spain hob ihn an einem Arm und wälzte ihn herum auf den Rücken und hob das Halfter vom Boden auf. Er rieb mit der Hand den Kolben der Pistole ab und schnallte sich das Halfter wieder um die Brust. Dann griff er nach seiner Jacke und zog sie an.

»Nun soll er sich mal richtig auskotzen«, sagte er. »Ich halte nichts davon, einen Burschen zum Reden zu zwingen, wenn er nicht reden will. Haben Sie 'ne Zigarette?«

Ich holte mit der linken Hand ein Päckchen aus der Tasche und schüttelte eine Zigarette los und hielt ihm das Päckchen hin. Ich knipste die große Taschenlampe an und richtete sie auf die vorstehende Zigarette und auf seine großen Finger, als sie näher kamen, um danach zu greifen.

»Unnötig, das«, sagte er. Er fummelte nach einem Streichholz und riß es an und sog langsam Rauch in die Lungen. Ich löschte die Lampe wieder. De Spain sah den Berg hinunter zum Meer und zur Bogenlinie der Küste mit ihren hellerleuchteten Piers. »Ganz hübsch hier oben«, fügte er hinzu.

»Kalt«, sagte ich. »Sogar im Sommer. Ich könnte was zu trinken gebrauchen.«

»Ich auch«, sagte De Spain. »Bloß kann ich nicht arbeiten mit dem Zeug.«

VIII

Der Spritzendoktor

De Spain brachte den Wagen vor dem Physicians and Surgeons Building zum Stehen und sah zu einem erleuchteten Fenster im fünften Stock hinauf. Das Gebäude hatte einen sternförmigen Grundriß, so daß die Büros sämtlicher Gebäudeflügel Außenlicht bekamen.

»Ach du meine Güte«, sagte De Spain. »Der ist jetzt noch oben. Der Bursche schläft wohl überhaupt nicht. Sehn Sie sich mal den Schlitten da hinten an.«

Ich stieg aus und ging an dem dunklen Drugstore vorbei, der die Eingangshalle des Gebäudes auf der einen Seite flankierte. Da stand auf einem der linierten Parkplätze ein langer schwarzer Sedan, so korrekt geparkt, als wäre es heller Mittag und nicht fast drei Uhr früh. Der Sedan hatte ein Ärzte-Emblem neben dem vorderen Zulassungsschild, den Stab des Äskulap und die sich darum windende Schlange. Ich richtete den Strahl meiner Taschenlampe ins Wageninnere und las einen Teil des Namens auf der Lizenz und knipste das Licht wieder aus. Ich ging zu De Spain zurück.

»Stimmt«, sagte ich. »Woher wußten Sie, daß das sein Fenster ist da oben, und was macht er da noch zu dieser schlafenden Nachtzeit?«

»Lädt seine kleinen Spritzen«, sagte er. »Ich hab den Burschen ein bißchen beobachtet, daher weiß ich das.«

»Beobachtet? Wieso?«

Er blickte mich an und sagte nichts. Dann sah er über die Schulter zurück in den hinteren Teil des Wagens. »Wie geht's denn so, Junge?«

Ein erstickter Laut, der vielleicht eine Stimmäußerung hatte sein wollen, kam unter einer Decke auf dem Wagenboden hervor. »Er fährt gerne Auto«, sagte De Spain. »All diese harten Burschen flitzen gern in schnellen Autos herum. Ich stelle den Schlitten in der Seitengasse ab, und dann gehn wir rauf.«

Er glitt ohne Licht um die Ecke des Gebäudes, und das Motorgeräusch erstarb in der mondbeschienenen Dunkelheit. Auf der anderen Straßenseite säumte eine Reihe von riesigen Eukalyptusbäumen einen öffentlichen Tennisplatz. Vom Meer kam der Geruch von Tang den Boulevard herauf.

De Spain kam um die Ecke des Gebäudes zurück, und wir gingen zu der verschlossenen Eingangstür hinüber und klopften gegen die massive Glasscheibe. Im Hintergrund drang Licht aus einem offenen Fahrstuhl, gleich hinter der großen bronzenen Briefkastenanlage. Ein alter Mann trat aus dem Fahrstuhl und kam über den Korridor zur Tür und blieb dort stehen und sah zu uns hinaus, die Schlüssel in der Hand. De Spain hielt ihm seine Polizeimarke hin. Der alte Mann warf einen schiefen Blick darauf und schloß die Tür auf und schloß sie hinter uns wieder zu, ohne ein Wort zu sagen. Er ging zum Fahrstuhl zurück und rückte das schlichte Kissen auf dem Hocker zurecht und bewegte seine falschen Zähne mit der Zunge und sagte: »Was wollen Sie?«

Er hatte ein langes graues Gesicht, in dem es selbst dann murrte und grummelte, wenn er gar nichts sagte. Seine Hosen waren an den Aufschlägen zerfranst, und einer seiner schwarzen Schuhe mit den schiefgelaufenen Absätzen umschloß ersichtlich einen entzündeten Fußballen.

Seine blaue Uniformjacke paßte ihm wie der Stall einem Pferd.

De Spain sagte: »Doc Austrian ist noch oben, stimmt's?«

»Würde mich nicht überraschen.«

»Überraschen soll Sie auch gar nichts«, sagte De Spain. »Wenn ich das wollte, hätt ich mir mein rosa Trikot angezogen.«

»Ja-ah, er ist oben«, sagte der alte Mann säuerlich.

»Wann haben Sie Greb zuletzt gesehen, den Labormenschen im Dritten?«

»Hab ich überhaupt nicht gesehen.«

»Wann sind Sie denn gekommen, Opa?«

»Um sieben.«

»Okay. Fahren Sie uns in den Fünften rauf.«

Der alte Mann ließ die Türen zugleiten und fuhr uns langsam und übertrieben vorsichtig nach oben und ließ die Türen wieder aufgleiten und saß dann da wie ein Stück graues Treibholz, an dem man so lange herumgeschnitzt hatte, bis es mit Ach und Krach wie ein Mensch aussah.

De Spain streckte die Hand aus und nahm sich den Hauptschlüssel, der über dem Kopf des alten Mannes hing.

»He, das dürfen Sie nicht«, sagte der alte Mann.

»Wer sagt das?«

Der alte Mann schüttelte ärgerlich den Kopf, sagte nichts.

»Wie alt sind Sie, Opa?« sagte De Spain.

»Geh auf die Sechzig.«

»Den Teufel tun Sie, von wegen! Sie sind gut saftige siebzig. Wie kommt das, daß Sie noch als Fahrstuhlführer arbeiten dürfen?«

Der alte Mann sagte nichts. Nur seine falschen Zähne klapperten.

»Das ist schon besser«, sagte De Spain. »Halten Sie nur weiter schön die Klappe zu, dann erkälten Sie sich nicht. Runter mit Ihnen, Opa.«

Wir stiegen aus dem Fahrstuhl, und er sank lautlos im Schacht wieder in die Tiefe, und De Spain blieb stehen und blickte den Gang hinunter und ließ den Hauptschlüssel am Ring leise klirren. »Jetzt hören Sie zu«, sagte er. »Seine Räume liegen am Ende, vier insgesamt. Es gibt ein Empfangszimmer, das nur ein halber Raum ist; man hat ein Büro halbiert, um noch ein Vorzimmer für die Nachbarpraxis zu bekommen. Dahinter kommt ein schmaler Flur, auf der Gegenseite der Flurwand hier, dann ein kleines Zimmer und noch ein kleines und dann das Zimmer des Doc. Mitgekriegt?«

»Ja-ah«, sagte ich. »Was hatten Sie vor – wollten Sie einbrechen?«

»Ich beobachte den Burschen schon eine ganze Weile – seit seine Frau gestorben ist.«

»Zu schade, daß Sie nicht auch seine rothaarige Sprechstundenhilfe beobachtet haben«, sagte ich. »Das war nämlich die Frau, die heute abend umgebracht wurde.«

Er sah mich langsam an, aus seinen tiefen schwarzen Augen, aus seinem sturen Gesicht.

»Vielleicht hab ich auch das«, sagte er. »So gut sich's eben machen ließ.«

»Verdammt, Sie kannten doch nicht mal ihren Namen«, sagte ich und starrte ihn an. »Ich mußte Ihnen sagen, wie sie heißt.«

Er dachte darüber nach. »Hm, ob man jemand in weißer Schwesterntracht sieht oder nackt und tot auf einem Bett, das ist doch wohl ein kleiner Unterschied, denke ich.«

»Klar«, sagte ich und sah ihn weiter an.

»Okay. Also – Sie klopfen beim Doktor an – das ist die drittletzte Tür da hinten – und wenn er aufmacht, schleiche ich mich in das Empfangszimmer und komme über den inneren Flur und höre ein bißchen mit, was er sagt.«

»Klingt gut«, sagte ich. »Aber ganz glücklich fühl ich mich nicht dabei.«

Wir gingen den Flur hinunter. Die Türen waren aus solidem Holz und saßen wie angegossen, so daß man nirgends sehen konnte, ob Licht dahinter war. Ich legte das Ohr an die Tür, die De Spain mir bezeichnet hatte, und hörte schwache Bewegungen drinnen. Ich nickte De Spain am Ende des Flurs zu. Er schob den Hauptschlüssel langsam ins Schloß, und ich klopfte hart an die Tür und sah aus dem Augenwinkel, wie er hineinschlüpfte. Die Tür schloß sich fast unmittelbar hinter ihm. Ich klopfte noch einmal an meine Tür.

Sie ging nun fast sofort auf, und ein hochgewachsener Mann stand nur einen Schritt von mir entfernt, im Licht einer Deckenlampe, das auf seinem blassen sandfarbenen Haar schimmerte. Er war in Hemdsärmeln und hielt einen flachen Lederkasten in der Hand. Er war dürr wie eine Zaunlatte, hatte graubraune Brauen und unglückliche Augen. Seine Hände waren schön, lang und schlank, und hatten eckige, aber nicht plumpe Fingerspitzen. Die Nägel waren spiegelglatt poliert und sehr knapp geschnitten.

Ich sagte: »Dr. Austrian?«

Er nickte. Sein Adamsapfel bewegte sich undeutlich in seinem mageren Hals.

»Die Stunde ist etwas ungewöhnlich für eine Konsultation«, sagte ich, »aber Sie sind auch wirklich schwer anzutreffen. Ich bin Privatdetektiv und komme aus Los Angeles. Ich habe einen Klienten namens Harry Matson.«

Er war entweder nicht im mindesten überrascht oder so daran gewöhnt, seine Gefühle zu verbergen, daß es keinen Unterschied machte. Sein Adamsapfel bewegte sich abermals, und seine Hand bewegte den Lederkasten, den er hielt, und er blickte irgendwie ratlos darauf nieder und trat dann zurück.

»Ich habe jetzt keine Zeit, mich mit Ihnen zu unterhalten«, sagte er. »Kommen Sie morgen wieder.«

»Das hab ich von Greb auch zu hören bekommen«, sagte ich.

Das gab ihm nun doch einen Ruck. Er schrie zwar nicht auf und bekam auch keinen Anfall, aber ich konnte doch sehen, daß es ihn aus der Fassung gebracht hatte. »Kommen Sie herein«, sagte er mit belegter Stimme.

Ich trat ein, und er schloß die Tür. Sein Schreibtisch sah aus, als wäre er aus schwarzem Glas. Die Sessel bestanden aus Chromrohr und hatten eine grobe Wollpolsterung. Die Tür zum Nebenzimmer war halb offen, und das Zimmer war dunkel. Ich konnte das straff gespannte weiße Laken auf einem Untersuchungstisch sehen und die steigbügelähnlichen Dinger am Fußende. Ich hörte keinen Laut aus der Richtung.

Auf dem schwarzen Glasschreibtisch war ein sauberes Handtuch ausgebreitet, und auf dem Handtuch lagen etwa ein Dutzend hypodermatische Spritzen, die Nadeln getrennt daneben. An der Wand stand ein elektrischer Sterilisator, und darin muß ein weiteres Dutzend Nadeln und Spritzen gelegen haben. Der Strom war eingeschaltet.

Ich ging hinüber und sah mir das Ding an, während der hochgewachsene, zaunlattendürre Mann hinter seinen Schreibtisch trat und sich setzte.

»Das sind ja eine Menge Nadeln, die Sie da in Betrieb haben«, sagte ich und zog mir einen der Sessel an den Schreibtisch.

»Worum handelt es sich bitte?« Seine Stimme war immer noch belegt.

»Vielleicht könnte ich Ihnen im Hinblick auf den Tod Ihrer Frau einen Dienst erweisen«, sagte ich.

»Das ist sehr freundlich von Ihnen«, sagte er gelassen. »Und was für einen Dienst?«

»Ich könnte Ihnen vielleicht mitteilen, wer sie ermordet hat«, sagte ich.

Seine Zähne schimmerten in einem merkwürdigen, unnatürlichen Lächeln. Dann zuckte er die Achseln, und als er sprach, war seine Stimme nicht dramatischer, als wenn wir uns über das Wetter unterhalten hätten. »Das *wäre* sehr freundlich von Ihnen, tatsächlich. Ich war bisher der Ansicht, sie hätte Selbstmord begangen. Der Coroner und die Polizei schienen darin mit mir übereinzustimmen. Aber ein Privatdetektiv weiß natürlich . . .«

»Greb war anderer Ansicht«, sagte ich, ohne damit besonders angestrengt bei der Wahrheit zu bleiben. »Der Labormensch, der eine Blutprobe Ihrer Frau mit der einer echten Kohlenmonoxydvergiftung vertauscht hat.«

Er starrte mich an, aus tiefen, traurigen, fernen Augen unter den graubraunen Brauen. »Sie haben Greb gar nicht gesehen«, sagte er, innerlich fast belustigt. »Zufällig ist mir nämlich bekannt, daß er heute mittag in den Osten gereist ist. Sein Vater war gestorben, in Ohio.« Er stand auf und trat an den elektrischen Sterilisator und sah auf seine Armbanduhr und stellte dann den Strom ab. Dann kam er zum Schreibtisch zurück und öffnete eine flache Zigarettendose und steckte sich eine Zigarette in den Mund und schob die Dose über den Tisch. Ich nahm mir ebenfalls eine. Ich schielte nach dem dunklen Untersuchungszimmer hinüber, sah aber nichts, was ich nicht schon beim erstenmal gesehen hatte, als ich hinüberspähte.

»Das ist ja komisch«, sagte ich. »Seiner Frau war das nämlich nicht bekannt. Und Großkinn wußte es auch nicht. Er hatte sie heute abend aufgesucht, um sie kurzerhand aufs Bett zu werfen und zu einem Paket zusammenzuschnüren, und sich dann hingesetzt, um auf Greb zu warten und ihm, wenn er nach Hause kam, das Lebenslicht auszupusten.« Dr. Austrian sah mich mit einem undefinierbaren Ausdruck an. Er klaubte auf seinem Schreibtisch herum nach einem Streichholz und zog dann eine Seitenschublade auf und holte eine kleine Automatik mit weißem Griff heraus und hielt sie flach auf der Hand. Dann stieß er mir mit der anderen Hand eine Schachtel Streichhölzer herüber.

»Die Kanone da brauchen Sie nicht«, sagte ich. »Wir führen ein rein geschäftliches Gespräch, und ich werde Ihnen gleich zeigen, daß es sich auszahlt, es rein geschäftlich zu halten.«

Er nahm die Zigarette aus dem Mund und ließ sie auf den Schreibtisch fallen. »Ich rauche gar nicht«, sagte er. »Das war nur eine, wie soll man sagen, notwendige Geste. Es freut mich zu hören, daß ich die Pistole nicht brauche. Aber ich habe sie lieber in der Hand und brauche sie nicht, als sie zu brauchen, ohne sie in der Hand zu haben. Also – wer ist nun dieser Großkinn, und was haben Sie sonst noch Wichtiges zu sagen, bevor ich die Polizei rufe?«

»Das sollen Sie gleich hören«, sagte ich. »Deswegen bin ich ja da. Ihre Frau hat in Vance Conrieds Club ziemlich viel Roulett gespielt und das Geld, das Sie mit Ihren kleinen Nadeln verdienten, fast so schnell wieder verloren, wie Sie's verdient hatten. Es geht auch das Gerücht, daß sie Conried noch weit intimer verbunden war. Das hat Sie vielleicht nicht besonders gestört, wo Sie doch die ganze Nacht unterwegs sind und viel zuviel zu tun haben, um die Muße zu finden, sich als Gatte zu betätigen. Aber was Sie vermutlich doch gestört hat, war die Sache mit dem Geld, weil Sie ja doch eine Menge riskieren, um es zu verdienen. Ich komme später noch darauf zurück. In der Nacht nun, als Ihre Frau starb, hatte sie drüben bei Conried einen hysterischen Anfall, und man gab Ihnen Nachricht, und Sie fuhren hin und verpaßten ihr eine Spritze in den Arm, um sie zu beruhigen. Conried brachte sie dann nach Hause. Sie selber riefen Ihre Sprechstundenhilfe an, Helen Matson – Matsons Ex-Frau –, und baten sie, zu Ihrem Haus rauszufahren und ein bißchen nach dem Rechten zu sehen. Später dann fand Matson Ihre Frau tot unter dem Wagen in der Garage und setzte sich mit Ihnen in Verbindung, und Sie wiederum setzten sich mit dem Polizeichef in Verbindung, und das Ganze wurde auf eine Art vertuscht, neben der sich ein Südstaaten-Senator wie ein Taubstummer ausnimmt, der einen zweiten Teller Haferbrei bestellt. Aber Matson, der als erster auf dem Schauplatz erschienen war, hatte etwas entdeckt. Mit dem Versuch, es an Sie zu verhökern, hatte er kein Glück, denn Sie besitzen, auf Ihre stille Art, eine Menge gute Nerven. Und vielleicht hat Ihnen Ihr Freund Chief Anders auch gesagt, daß es noch lange nichts beweise. Also versuchte Matson von Conried Geld zu pumpen, denn er dachte, wenn der Fall vor die scharfe Grand Jury käme, die hier im Moment tagt, würde alles auf Conrieds Spielklub zurückfallen und Conried säße dann übler in der Klemme als ein festgefressener Kolben und seine Hintermänner könnten vielleicht ärgerlich über ihn werden und ihm seine Polo-Ponys wegnehmen. Diese Gedanken gefielen Conried nun gar nicht, und so bekam ein Gorilla namens Moss Lorenz, jetzt Chauffeur des Bürgermeisters, aber früher einer von Conrieds starken Männern – der Bursche, den ich Großkinn nannte –, von ihm den Auftrag, sich Matson vorzuknöpfen. Und Matson verlor seine Lizenz und wurde aus Bay City weggejagt. Aber er hatte selber ziemlich gute Nerven, und so verkroch er sich in einem Apartmenthaus in L. A. und versuchte es weiter. Der Manager da aber kam ihm irgendwie auf die Schliche – wie, weiß ich nicht, aber die Polizei in L. A. wird's schon rauskriegen – und verschaukelte ihn, und heute abend ist Großkinn in die Stadt gefahren und hat Matson umgelegt.«

Ich hörte auf zu reden und betrachtete den dürren, hochgewachsenen Mann. Nichts in seinem Gesicht hatte sich verändert. Nur seine Augen blitzten ein paarmal, und er drehte die Waffe um auf seiner flachen Hand. Es war sehr still im Zimmer. Ich lauschte nach nebenan, ob sich Atemzüge hören ließen von dort, hörte aber nichts.

»Matson ist tot?« sagte Dr. Austrian sehr langsam. »Ich hoffe, Sie glauben nicht etwa, daß ich irgendwas damit zu tun hätte.« Sein Gesicht hatte einen leichten Schimmer von Schweiß bekommen.

»Hm, ich weiß nicht«, sagte ich. »Greb war das schwache Glied in dem Arrangement, und irgendwer hat ihn veranlaßt, heute die Stadt zu verlassen – ganz schnell –, bevor Matson getötet wurde, wenn es stimmt, daß er schon seit Mittag weg ist. Und vermutlich hat auch irgendwer ihm Geld gegeben, denn ich habe seine Wohnung gesehen, und die sah nicht nach einem Mann aus, der den Kies scheffelweise einstreicht.«

Dr. Austrian sagte sehr hastig: »Conried, verdammt soll er sein! Er rief mich heute früh an und sagte, ich soll zusehen, daß Greb aus der Stadt verschwindet. Dem hab ich dann das Geld gegeben, daß er weg konnte, aber ...« Er hörte auf zu reden und machte ein Gesicht, als sei er wütend über sich selber, und blickte dann auf die Pistole nieder.

»Aber Sie haben nicht gewußt, was gespielt wurde. Das glaube ich Ihnen, Doktor. Das glaube ich Ihnen wirklich. Wollen Sie nicht doch mal die Pistole weglegen, wenigstens für ein Weilchen?«

»Fahren Sie fort«, sagte er verkniffen. »Wie geht Ihre Geschichte weiter?«

»Okay«, sagte ich. »Sie geht noch erheblich weiter. Zuerst mal: Die Polizei von L. A. hat zwar Matsons Leiche schon gefunden, aber sie wird nicht vor morgen hier sein; einmal ist's heute schon zu spät geworden, und zum anderen kann sie kein Interesse daran haben, den schönen Fall zu ruinieren, wenn sie sich die Geschichte richtig zusammenreimt. Der Club Conried liegt innerhalb der Stadtgrenzen von L. A. und wäre für die Grand Jury, von der ich Ihnen schon erzählt habe, geradezu ein gefundenes Fressen. Man wird sich Moss Lorenz schnappen, und Moss wird ein Geständnis ablegen und sich ein paar Jahre in Quentin fangen. So werden solche Sachen gedeichselt, wenn die Gesetzeshüter wollen, daß sie so gedeichselt werden. Der nächste Punkt wäre die Frage, wieso ich weiß, was Großkinn getan hat. Er hat's uns erzählt. Ein Freund von mir und ich, wir sind rausgefahren, um Greb einen Besuch zu machen, und da hockte Großkinn im Dunkeln bei Mrs. Greb, die er mit Heftpflaster auf dem Bett zusammengeschnürt hatte, und so nahmen wir ihn mit. Wir nahmen ihn mit rauf in die Berge und haben da ein bißchen auf ihm rumgetrampelt, bis er anfing zu singen. Eigentlich tut mir der arme Kerl sogar richtig leid. Zwei Morde – und nicht mal Honorar dafür gekriegt.«

»*Zwei* Morde?« wiederholte Dr. Austrian benommen.

»Darauf komme ich noch zurück. Sie sehen jetzt schon, wie es um Sie steht. Nur ein kleines Weilchen noch, und Sie werden mir erzählen, wer Ihre Frau ermordet hat. Und das Komische dabei ist, daß ich's Ihnen nicht einmal glauben werde.«

»Mein Gott!« flüsterte er. »Mein Gott!« Er richtete die Pistole auf mich und ließ sie sofort wieder sinken, bevor ich noch Zeit gefunden hatte, mich zu ducken.

»Ich bin ein Wundermann«, sagte ich. »Ich bin der große amerikanische Detektiv – den nicht mal jemand bezahlt. Ich habe nie mit Matson gesprochen, obwohl er mich engagieren wollte. Und jetzt werde ich Ihnen erzählen, was er gegen Sie in der Hand hatte und wie Ihre Frau ermordet worden ist und warum *Sie* es nicht getan haben. Alles aus einem Staubflöckchen, ganz wie die Polizei in Wien.«

Er war gar nicht angetan davon. Er seufzte zwischen stillen Lippen, und sein Gesicht war alt und grau und verzerrt unter dem blassen sandfarbenen Haar, das seinen knochigen Schädel schmückte.

»Matson hatte einen grünen Samtpantoffel gegen Sie in der Hand«, sagte ich. »Er war bei Verschoyle in Hollywood für Ihre Frau gemacht worden – Maßarbeit – und hatte innen ein Schildchen mit der Auftragsnummer. Er war nagelneu und nie getragen worden. Die Firma hatte zwei Paar für sie angefertigt, beide genau gleich. Ihre Frau hat den bewußten Pantoffel am Fuß gehabt, als Matson sie fand. Und Sie wissen ja, wo er sie gefunden hat – auf dem Boden der Garage, zu der zu gelangen sie von der Seitentür des Hauses über einen Betonweg gehen mußte. Den kann sie aber in dem Pantoffel nicht gegangen sein. Also ist sie ermordet worden. Wer immer ihr die Pantoffeln übergestreift hat, erwischt hat er einen gebrauchten und einen, der noch nicht getragen war. Und das hat Matson erkannt und sich den Pantoffel unter den Nagel gerissen. Und als Sie ihn ins Haus schickten, den Chief anzurufen, sind Sie selber schnell raufgeschlichen und haben den anderen getragenen Pantoffel geholt und ihn ihr an den nackten Fuß gesteckt. Sie wußten, daß Matson den fehlenden Pantoffel genommen haben mußte. Ich weiß nicht, ob Sie's irgendwem erzählt haben oder nicht. Okay?«

Er senkte den Kopf einen halben Zoll. Er zitterte leicht, aber seine Hand, in der er die Automaik mit dem Beingriff hielt, zitterte nicht.

»Jetzt zur Frage, wie sie ermordet worden ist. Greb war für irgendwen gefährlich, und das beweist, daß sie *nicht* an Kohlenmonoxydvergiftung starb. Sie war schon tot, als sie unter den Wagen gelegt wurde. Gestorben ist sie durch Morphium. Das ist zwar nur geraten, gebe ich zu, aber gut geraten, denn nur so konnte man sie töten und *Sie* zugleich zwingen, den Mörder zu decken. Und es war auch ganz leicht, für jemanden, der das Morphium hatte und Gelegenheit fand, es ihr zu applizieren. Er brauchte nichts weiter zu tun, als ihr eine zweite, tödliche Dosis an derselben Stelle zu spritzen, wo Sie früher am Abend die Injektion gegeben hatten. Dann kamen Sie nach Hause und fanden sie tot vor. Und Sie mußten Stillschweigen bewahren, weil Sie wußten, wie sie gestorben war, und das nicht herauskommen lassen durften. Sie machen ja selber mit Morphium Geschäfte.«

Jetzt lächelte er. Das Lächeln hing in seinen Mundwinkeln wie Spinnweben in den Ecken einer alten Zimmerdecke. Er wußte nicht einmal, daß es da war. »Sie interessieren mich«, sagte er. »Ich werde Sie wohl töten, denke ich, aber Sie interessieren mich.«

Ich zeigte auf den elektrischen Sterilisator. »Es gibt hier um Hollywood herum gut ein paar Dutzend Ärzte wie Sie – Spritzendoktoren. Sie fahren nachts durch die Gegend, mit einem Lederköfferchen, das randvoll von geladenen Injektionsspritzen ist. Sie bewahren Säufer und Süchtige davor, durchzudrehen – für ein Weilchen jedenfalls. Hin und wieder wird einer von ihnen abhängig von der Droge, und dann wird die Sache heikel. Vielleicht würden die meisten der Leute, die Sie versorgen, im Knast landen oder in der Klapsmühle, wenn Sie sich ihrer nicht annähmen. Todsicher würden sie ihre Jobs verlieren, sofern sie welche haben. Und manche von ihnen haben ja ziemlich klotzige Jobs. Aber es ist gefährlich, weil Ihnen jederzeit irgendein Hitzkopf die Bundespolizei auf den Hals hetzen kann, und wenn die einmal anfangen, sich Ihre Patienten vorzuknöpfen, finden sie garantiert einen, der plaudert. Sie versuchen sich teilweise dadurch zu schützen, daß Sie nicht Ihr ganzes Zeug über den legalen Pharma-Handel beziehen. Ich würde sagen, der Rest kommt von Conried, und deshalb mußten Sie sich auch Ihre Frau und Ihr Geld von ihm abnehmen lassen.«

Dr. Austrian sagte fast höflich: »Sie halten auch mit gar nichts zurück, oder?«

»Warum sollte ich? Wir führen ein Gespräch von Mann zu Mann. Beweisen kann ich nichts davon. Der Pantoffel, den Matson stahl, ließe sich publizistisch zwar gut ausschlachten, aber vor Gericht wäre er keinen Heller wert. Und so ein Bürschchen wie Greb würde jeder einigermaßen gewiefte Verteidiger glatt zur Schnecke machen, vorausgesetzt einmal, man brächte ihn überhaupt wieder her und zu einer Aussage. Aber für Ihre Zulassung als Arzt stellt der Pantoffel eine ziemliche Gefahr dar, und so könnte er Sie eine Menge Geld kosten.«

»Und davon sollte ich nun Ihnen am besten einen Teil abgeben. Meinen Sie das?« fragte er sanft.

»Nein. Behalten Sie Ihr Geld und schließen Sie damit eine Lebensversicherung ab. Aber ich habe noch einen weiteren Punkt zu klären. Geben Sie zu, bloß so von Mann zu Mann, daß Sie Ihre Frau getötet haben?«

»Ja«, sagte er. Er sagte es ganz einfach und direkt, so als hätte ich ihn gefragt, ob er mir eine Zigarette geben könnte.

»Das habe ich mir gedacht«, sagte ich. »Aber Sie haben es gar nicht mehr nötig. Denn sehen Sie, die Person, die Ihre Frau getötet hat, weil Ihre Frau das Geld verschwendete, das jemand anders viel lieber ausgegeben hätte, diese Person wußte ebenfalls, was Matson wußte, und versuchte auf eigene Faust, Conried in die Zange zu nehmen. Deshalb wurde sie umgebracht – gestern abend, an der Brayton Avenue, und Sie brauchen sie nun nicht mehr zu decken. Ich habe Ihr Photo auf ihrem Kamin gesehen – *In Liebe – Leland* – und es versteckt. Aber Sie brauchen sie nun nicht mehr zu decken. Helen Matson ist tot.«

Ich warf mich seitlich aus dem Sessel, als die Pistole losging. Ich hatte mir bis zu diesem Zeitpunkt eigentlich eingebildet, daß er nicht ernstlich versuchen würde, mich zu erschießen, aber irgend etwas in mir muß mit dem Gedanken doch nicht ganz einverstanden gewesen sein. Der Sessel kippte um, und ich landete mit Händen und Knien auf dem Boden, und dann ging eine viel lautere Pistole los, in dem dunklen Zimmer nebenan, in dem der Untersuchungstisch stand.

De Spain trat durch die Tür, den rauchenden Polizeicolt in der rechten Hand. »Jungejunge, war das ein Schuß«, sagte er und blieb grinsend stehen.

Ich brachte mich wieder auf die Füße und sah über den Schreibtisch. Dr. Austrian saß vollkommen still da, hielt die rechte Hand mit der linken, schüttelte sie behutsam. Er hatte keine Pistole mehr darin. Ich sah mich auf dem Boden um und entdeckte sie unten an der Schreibtischecke.

»Herrje, ich hab ihn ja nicht mal getroffen«, sagte De Spain. »Bloß seine Kanone.«

»Das ist ja wirklich reizend«, sagte ich. »Und was wäre, wenn er bloß meinen Kopf getroffen hätte?«

De Spain sah mich prüfend an, und das Grinsen verließ sein Gesicht. »Sie haben ihn ganz schön in die Mangel genommen, das muß ich sagen«, knurrte er. »Aber was haben Sie sich eigentlich dabei gedacht, als Sie mir die Geschichte mit dem grünen Pantoffel vorenthielten?«

»Ich war's leid, Ihr Handlanger zu sein«, sagte ich. »Ich wollte auch mal selber ein Kärtchen ausspielen.«

»Wieviel davon war denn wahr?«

»Matson hatte den Pantoffel. Das Ding mußte eine Bedeutung haben. Jetzt, wo ich's alles auseinanderklamüsert habe, kommt's mir eigentlich alles wahr vor.«

Dr. Austrian erhob sich langsam aus seinem Sessel, und De Spain riß die Pistole zu ihm herum. Der dürre, abgehärmte Mann schüttelte langsam den Kopf und ging hinüber zur Wand und lehnte sich dagegen.

»Ich habe sie getötet«, sagte er mit toter Stimme, und es war an niemanden gerichtet. »Nicht Helen, *ich* war es. Rufen Sie die Polizei.«

De Spains Gesicht verzog sich, und er bückte sich nieder und hob die Pistole mit dem Elfenbeingriff auf und ließ sie in seine Tasche gleiten. Er schob den Polizeicolt unter den Arm zurück und setzte sich an den Schreibtisch und zog sich das Telephon heran.

»Passen Sie mal auf, wie ich jetzt Chef der Mordkommission werde«, sagte er gedehnt.

IX

Ein Mann mit Mumm

Der kleine Polizeichef kam springlebendig herein, den Hut auf dem Hinterkopf und die Hände in den Taschen eines dünnen dunklen Mantels. In der rechten Manteltasche befand sich etwas, was seine Hand gepackt hielt, etwas Großes und Schweres. Zwei Männer in Zivil waren hinter ihm, und einer von ihnen war Weems, der vierschrötige, fettgesichtige Mann, der mir zur Altair Street hinüber gefolgt war. Shorty, der uniformierte Polizist, den wir am Arguello Boulevard abgehängt hatten, bildete die Nachhut.

Chief Anders blieb kurz hinter der Tür stehen und lächelte mich unangenehm an.

»Sie haben sich ja gut amüsiert in unserer Stadt, wie ich höre. Legen Sie ihm die Handschellen an, Weems.«

Der fettgesichtige Mann trat um ihn herum und zog Handschellen aus seiner linken Hüfttasche. »Nett, Sie mit runtergelassenen Hosen wiederzusehen«, sagte er mit öliger Stimme zu mir.

De Spain lehnte an der Wand neben der Tür zum Untersuchungszimmer. Er hatte ein Streichholz zwischen den Lippen, das er unablässig hin und her bewegte, und starrte schweigend vor sich hin. Dr. Austrian saß wieder in seinem Schreibtischsessel, den Kopf in die Hände gestützt, und starrte auf die spiegelblanke schwarze Schreibtischplatte und auf das Handtuch mit den hypodermatischen Spritzen und auf den kleinen schwarzen Kalender und die Schreibtischgarnitur und den übrigen Krempel, der auf dem Schreibtisch lag. Sein Gesicht war steinblaß, und er saß ohne jede Bewegung da, schien nicht einmal zu atmen. De Spain sagte: »Übereilen Sie mal lieber nichts, Chief. Der Bursche hat Freunde in L. A., die zur Stunde bereits an dem Matson-Mord arbeiten. Und der kleine Reporter hat einen Schwager, der dort Bulle ist. Das wußten Sie noch nicht.«

Der Polizeichef machte eine vage Bewegung mit dem Kinn. »Moment noch, Weems.« Er wandte sich an De Spain. »Wollen Sie damit sagen, die in der Stadt wüßten bereits, daß Helen Matson ermordet worden ist?«

Dr. Austrians Gesicht zuckte hoch, abgehärmt und verzerrt. Dann ließ er es in die Hände zurücksinken und bedeckte die ganze Fläche mit den langen Fingern.

De Spain sagte: »Ich meinte Harry Matson, Chief. Er wurde heute abend in L. A. umgelegt – gestern abend schon –, und zwar von Moss Lorenz.«

Der Chief schien seine dünnen Lippen förmlich in den Mund zurückzuziehen, so daß sie fast nicht mehr zu sehen waren. Mit dieser Grimasse sprach er. »Woher wissen Sie das?«

»Der Schnüffler und ich, wir haben uns Moss vorgeknöpft. Er hatte sich draußen im Haus eines Mannes namens Greb versteckt – das ist der Labormensch, der bei der Austrian die Blutuntersuchung gemacht hat. Er hatte sich da versteckt, weil es so aussah, als wollte jemand den Fall Austrian so weit wieder aufrollen, daß der Bürgermeister ihn womöglich für einen roten Teppich hielt und mit einem Blumenstrauß drübergelaufen kam, um der Öffentlichkeit eine Rede zu halten. Das heißt, nur wenn man sich nicht schleunigst um Greb und die Matsons kümmerte. Offenbar haben die Matsons zusammengearbeitet, obwohl sie geschieden waren und Conried in die Zange nehmen wollen, und da hat Conried den Bleistift genommen und sie ausgestrichen.«

Der Chief wandte den Kopf und knurrte seine Handlanger an: »Haut ab und wartet solange auf dem Flur.«

Die Männer in Zivil, die ich nicht kannte, öffneten die Tür und gingen hinaus, und nach einem leichten Zögern folgte auch Weems ihnen. Shorty hatte schon die Hand an der Tür, als De Spain sagte: »Shorty will ich dabeihaben. Shorty ist ein anständiger Polizist – nicht so einer wie diese beiden Lumpen von der Sitte, mit denen Sie in letzter Zeit ins Bett gegangen sind.«

Shorty ließ die Tür los und ging und lehnte sich gegen die Wand und lächelte verstohlen. Das Gesicht des Polizeichefs verfärbte sich. »Wer hat Sie für den Todesfall Brayton Avenue eingeteilt?« bellte er.

»Ich selber, Chief. Ich war grad eine Minute oder so im Aufenthaltsraum, als der Anruf kam, und bin mit Reed rübergefahren. Er hat auch Shorty mitgenommen. Shorty und ich, wir waren beide nicht im Dienst.«

De Spain grinste, ein hartes, lässiges Grinsen, das weder amüsiert noch triumphierend war. Es war einfach bloß ein Grinsen.

Der Chief riß eine Pistole aus der Manteltasche. Es war ein fußlanges Ding, ein regelrechter Schweinsknochen, aber er schien damit umgehen zu können. Er sagte verkniffen: »Wo ist Lorenz?«

»Gut aufgehoben. Wir haben ihn schon für Sie in Stimmung gebracht. Er hat ein paar Schrammen abgekriegt, aber trotzdem schön gesungen. Stimmt's, Schnüffler?«

Ich sagte: »Schön klang's nicht, aber die Noten saßen alle an den richtigen Stellen.«

»Genau wie ich's gern höre, wenn einer singt«, sagte De Spain. »Sie sollten Ihre kostbaren Kräfte nicht mit Mordfällen vergeuden, Chief. Und diese Spielzeugpolizisten, mit denen Sie immer rumlaufen, verstehen von Polizeiarbeit nichts anderes, als Apartmenthäuser zu durchstöbern und sämtliche Weiber aufs Kreuz zu legen, die allein leben. So, und jetzt geben Sie mir meinen Job zurück und acht Männer, und ich werde Ihnen zeigen, wie eine richtige Mordkommission arbeitet.«

Der Chief blickte auf seine große Pistole nieder, und dann richtete er den Blick auf Dr. Austrians gebeugten Kopf. »Hat er also tatsächlich seine Frau umgebracht«, sagte er leise. »Ich hab ja gewußt, daß da was nicht stimmte, aber ich hab's einfach nicht glauben wollen.«

»Glauben Sie's jetzt auch nicht«, sagte ich. »Helen Matson hat sie getötet. Dr. Austrian weiß das. Er hat sie gedeckt, und Sie haben ihn gedeckt, und er ist immer noch bereit, sie zu decken. So ist das mit der Liebe bei manchen Leuten. Und so ist das mit der Stadt hier, Chief: da kann ein Mädchen einen Mord begehen, ihre Freunde und die Polizei dazu bringen, sie zu decken, und dann hingehn und genau die Leute erpressen, die sie aus dem Schlamassel rausgehalten haben.«

Der Chief biß sich die Lippe. Seine Augen hatten einen garstigen Ausdruck, aber er dachte nach – er dachte scharf nach. »Kein Wunder, daß sie ausradiert worden ist«, sagte er ruhig. »Lorenz . . .«

Ich sagte: »Denken Sie noch eine Minute länger nach. Lorenz hat Helen Matson nicht umgebracht. Er hat's zwar gestanden, aber De Spain hatte ihn derart zusammengeschlagen, daß er auch zugegeben hätte, der Mörder McKinleys zu sein.«

De Spain straffte sich an der Wand. Er hatte beide Hände lässig in den Taschen seiner Anzugjacke. Er ließ sie dort. Er stand aufrecht da, auf breit hingepflanzten Füßen, und ein Docht schwarzen Haars schaute seitlich unter seinem Hut hervor.

»He!« sagte er fast freundlich. »Was war das?«

Ich sagte: »Lorenz kann Helen Matson aus verschiedenen Gründen nicht ermordet haben. Der Job war zu kompliziert eingefädelt für so einen beschränkten Typ wie ihn. Er hätte sie einfach umgelegt und dann liegenlassen. Zweitens wußte er nicht, daß Greb bereits das Weite gesucht hatte, auf einen Tip von Dr. Austrian hin, der seinerseits von Vance Conried einen Tip bekommen hatte – Conried hält sich inzwischen bereits im Norden auf und versorgt sich mit sämtlichen notwendigen Alibis. Und wenn Lorenz das alles nicht wußte, dann wußte er erst recht nichts von Helen Matson. Zumal Helen Matson nie wirklich an Conried rangekommen war. Sie hatte es bloß versucht. Das hat sie mir selber erzählt, und sie war betrunken genug, um die Wahrheit zu sagen. Folglich hätte Conried nie und nimmer das alberne Risiko auf sich genommen, sie in ihrem eigenen Apartment umlegen zu lassen, noch dazu durch einen Mann, an den sich jeder, der ihn dort unter Umständen in der Nähe sah, erinnern mußte. Matson in L. A. beseitigen zu lassen war etwas ganz anderes. Das lag ziemlich weit weg von heimatlichen Jagdgründen.«

Der Chief sagte verkniffen: »Der Club Conried gehört nach L. A.«

»Rechtlich schon«, gab ich zu. »Aber nach Lage und Kundschaft gehört er zu Bay City. Er ist ein Teil von Bay City – und mischt in allen Bay City betreffenden Angelegenheiten kräftig mit.«

Shorty sagte: »Das ist aber keine Art, mit dem Chief zu reden!«

»Lassen Sie ihn in Ruhe«, sagte der Chief. »Es ist so lange her, daß ich zum letztenmal einen Burschen hab denken hören – ich dachte schon, so was gibt's gar nicht mehr.«

Ich sagte: »Fragen Sie doch mal De Spain, wer Helen Matson umgebracht hat.«

De Spain lachte ruppig. Er sagte: »Aber ja doch. *Ich* hab sie umgebracht.«

Dr. Austrian hob das Gesicht aus den Händen und wandte langsam den Kopf und blickte De Spain an. Sein Gesicht war so tot, so ausdruckslos wie das des großen, sturen Polizisten. Dann streckte er eine Hand aus und öffnete die rechte Schublade seines Schreibtischs. Shorty ließ seine Pistole hochschnellen und sagte: »Keine Zicken, Doc!«

Dr. Austrian zuckte die Achseln und nahm in aller Ruhe eine dickhalsige Flasche mit einem Glasstöpsel aus der Schublade. Er löste den Stöpsel und hielt die Flasche dicht an die Nase. »Bloß ein Riechsalz«, sagte er dumpf.

Shorty entspannte sich wieder und ließ die Pistole sinken. Der Chief starrte mich an und kaute auf seiner Lippe. De Spain starrte nirgendshin und niemanden an. Er grinste nur lässig, grinste immer weiter.

Ich sagte: »Er denkt, ich mache Witze. Und Sie denken ebenfalls, ich mache Witze. Ich mache keine. Er kannte Helen – gut genug, um ihr ein vergoldetes Zigarettenetui mit seinem Photo drauf zu schenken. Ich hab's gesehen. Es war ein kleines handkoloriertes Photo und nicht sehr gut, und ich hatte ihn ja nur ein einziges Mal gesehen. Sie erzählte mir, es zeige eine alte Liebe, die gerostet wäre. Später dann ging mir auf, wer das auf dem Photo war. Aber er verheimlichte die Tatsache, daß er sie kannte, und führte sich im übrigen heute abend gar nicht wie ein Bulle auf, in verschiedener Hinsicht. Er hat mir nicht aus der Patsche geholfen und dann eine Spazierfahrt mit mir gemacht, bloß um sich von seiner liebenswürdigen Seite zu zeigen. Er tat es, um herauszufinden, was ich wußte, bevor ich im Präsidium unter die Lampen kam. Er hat auch nicht Lorenz halb totgeschlagen, bloß um die Wahrheit aus ihm herauszuholen. Er tat es, um Lorenz so weit zu bringen, daß er schlechthin alles gestand, was De Spain von ihm hören wollte, einschließlich des Mordes an der Matson, die Lorenz vermutlich nicht mal gekannt hat. Wer rief im Präsidium an und gab den Jungs da den Tip über den Mord? De Spain. Wer zerkratzte den Körper des Mädchens in einem Anfall von rasender Eifersucht, weil sie ihm wegen einer besseren Aussicht den Laufpaß gegeben hatte? De Spain. Wer hat noch immer unter den Nägeln seiner rechten Hand Blut und Hautteilchen, mit denen ein guter Polizeichemiker eine ganze Menge anfangen kann? De Spain. Sehn Sie nur genau hin. Ich hab's selber mehrfach getan.«

Der Chief drehte ganz langsam den Kopf, so steif, als säße er auf einem Achszapfen. Er pfiff, und die Tür ging auf und die anderen Männer traten wieder ins Zimmer. De Spain rührte sich nicht. Das Grinsen blieb auf seinem Gesicht, wie eingeschnitzt, ein nichtssagendes, hohles Grinsen, das aussah, als würde es nie wieder davon verschwinden.

Er sagte ruhig: »Und Sie habe ich für meinen Kumpel gehalten. Also Einfälle haben Sie, Schnüffler! Das muß man Ihnen wirklich lassen.«

Der Chief sagte scharf: »Das Ganze gibt keinen Sinn. Wenn De Spain sie getötet hat, dann war er's ja auch, der versucht hat, Ihnen die Sache in die Schuhe zu schieben, und zugleich war er es, der Ihnen aus der Patsche wieder rausgeholfen hat. Wie reimt sich das zusammen?«

Ich sagte: »Hören Sie zu. Sie können rausfinden, ob De Spain das Mädchen kannte und wie gut. Sie können rausfinden, für welche Zeit heute abend er ein Alibi hat. Sie können rausfinden, ob er Blut und Hautteilchen unter den Fingernägeln hat und ob es sich, innerhalb gewisser Grenzen, um Blut und Haut des Mädchens handelt oder handeln könnte. Und ob es dort schon war, als De Spain Moss Lorenz zusammenschlug, schon dort, bevor er überhaupt jemanden schlug. Auch hat er Lorenz ja nicht zerkratzt. Mehr brauchen Sie nicht – außer einem Geständnis. Aber das werden Sie wohl schwerlich bekommen. Was nun seinen Versuch betrifft, mir die Sache in die Schuhe zu schieben, so würde ich sagen, daß er dem Mädchen zum Club Conried gefolgt ist oder jedenfalls wußte, daß sie hingegangen war, und dann selber hinging. Er sah sie mit mir herauskommen, und er sah, daß ich sie in meinen Wagen verfrachtete. Das brachte ihn in Wut. Er schlug mich nieder, und das Mädchen hatte zuviel Angst, um ihm nicht dabei zu helfen, mich in ihr Apartment raufzuschaffen. Meine Erinnerung versagt da leider ganz. Irgendwie haben sie mich jedenfalls raufgeschafft, und dann bekamen sie Streit, und De Spain schlug sie bewußtlos und hat sie dann kaltblütig und mit Vorsatz ermordet. Er kam auf den tölpelhaften Einfall, das Ganze als Lustmord hinzustellen und mich zum

Sündenbock zu machen. Dann zog er Leine, alarmierte die Polizei, mischte sich in die Ermittlungen ein, und ich konnte grad noch aus dem Apartment entwischen, bevor ich dort geschnappt wurde. Um diese Zeit nun ging ihm auf, daß er eine Dummheit begangen hatte. Er wußte, ich war Privatdetektiv aus L. A., und ich hatte mit Puppi Kincaid gesprochen, und von dem Mädchen wußte er vermutlich auch, daß ich in den Club gegangen war, um mit Conried zu reden. Und er kann leicht auch erfahren haben, daß ich mich für den Fall Austrian interessierte. Okay. Also machte er aus seiner Dummheit eine ganz gerissene Tour, indem er sich an mich anhängte bei den Nachforschungen, die ich zu betreiben versuchte, mir dabei half, aus mir rauskriegte, wie ich die Geschichte sah, um sich dann in aller Ruhe einen anderen und weit besser geeigneten Sündenbock für den Mord an der Matson zu suchen.«

De Spain sagte tonlos: »Ich warte nur noch einen Moment, dann nehme ich den Kerl auseinander, Chief. Okay?«

Der Chief sagte: »Augenblick noch. Wie sind Sie überhaupt daraufgekommen, De Spain zu verdächtigen?«

»Durch das Blut und die Hautteilchen unter seinen Nägeln – und dann durch die Brutalität, mit der er Lorenz fertiggemacht hat, und die Tatsache, daß mir das Mädchen gesagt hatte, er wäre eine alte Liebe von ihr, während er aber so tat, als wüßte er gar nicht, wer sie war. Was zum Teufel wollen Sie denn noch mehr?«

De Spain sagte: »Das hier.«

Er schoß aus der Tasche mit der weißgriffigen Pistole, die er Dr. Austrian abgenommen hatte. So ein Schuß aus der Tasche verlangt eine Menge Praxis, von der Art, wie sie Polizisten in der Regel nicht haben. Die Kugel fuhr knapp über meinen Kopf weg, und ich ging zu Boden, und Dr. Austrian stand sehr schnell auf und schwang die rechte Hand nach De Spains Gesicht, die Hand, in der er die dickhalsige braune Flasche hielt. Eine farblose Flüssigkeit spritzte ihm in die Augen und dampfte nieder über sein Gesicht. Jeder andere hätte geschrien. De Spain prankte mit der linken Hand durch die Luft, und die Pistole in seiner Tasche knallte noch dreimal, und Dr. Austrian sackte seitlich auf die Schreibtischkante und brach dann zusammen, auf dem Boden, außerhalb der Schußlinie. Die Pistole knallte weiter.

Die anderen Männer im Raum waren alle auf die Knie gegangen. Der Chief riß seinen Schweinsknochen hoch und schoß De Spain zweimal in den Körper. Einmal hätte bei der Waffe genügt. De Spains Körper drehte sich in der Luft und krachte wie ein Panzerschrank zu Boden.

Der Chief ging hinüber und kniete neben ihm nieder und betrachtete ihn schweigend. Er stand auf und kam um den Schreibtisch zurück, dann ging er wieder herum und beugte sich über

Dr. Austrian. »Der hier lebt noch«, schnappte er. »Los, Weems, ans Telephon!«

Der vierschrötige, fettgesichtige Mann trat auf die andere Seite des Schreibtischs und klaubte sich das Telephon her und begann zu wählen. Ein scharfer Geruch von Säure und verätztem Fleisch lag in der Luft, ein widerlicher Geruch. Wir hatten uns wieder erhoben, und der kleine Polizeichef sah mich aus öden Augen an.

»Er hätte gar nicht auf Sie zu schießen brauchen«, sagte er. »Sie hätten kein bißchen davon beweisen können. Wir hätten es gar nicht zugelassen.«

Ich sagte nichts. Weems legte den Hörer auf und sah wieder nach Dr. Austrian. »Ich glaube, er ist abgeschrammt«, sagte er hinter dem Schreibtisch hervor.

Der Chief sah mich weiter unentwegt an. »Sie gehen wirklich eine Menge Risiken ein, Mr. Dalmas. Ich weiß nicht, was für Sie drin ist in dem Spiel, aber ich hoffe, Sie sind mit Ihren Chips zufrieden.«

»Bin ich«, sagte ich. »Ich hätte ganz gern noch Gelegenheit gehabt, mit meinem Klienten zu reden, bevor er umgelegt wurde, aber ich schätze, ich habe alles für ihn getan, was ich konnte. Das Verdammte daran ist, daß ich De Spain eigentlich mochte. Er war ein Mann mit Mumm, wie man ihn nicht so leicht findet.«

Der Chief sagte: »Wenn Sie wissen wollen, was Mumm ist, dann versuchen Sie mal, eines Tages in einer Kleinstadt Polizeichef zu werden.«

Ich sagte: »Tja. Ordnen Sie mal an, daß jemand De Spains rechte Hand in ein Taschentuch wickelt, Chief. Sie sind auf das Beweismaterial jetzt selber ziemlich angewiesen.«

Eine Sirene jaulte fern auf dem Arguello Boulevard. Der Klang kam schwach durch die geschlossenen Fenster, wie das Geheul eines Coyoten in den Bergen.

Die Tote im See

I

Nichts für die Vermißtenstelle

Ich war grad damit beschäftigt, ein Paar neue Schuhe auf meinem Schreibtisch auszutreten, als Veilchen M'Gee mich an diesem Morgen anrief. Es war ein dumpfer, heißer, schwüler Augusttag, und man konnte seinen Nacken nicht einmal mit einem Badetuch trokken halten.

»Wie geht's dem Jungchen denn?« begann Veilchen, wie üblich. »Schon eine ganze Woche ohne Beschäftigung, was? Drüben im Avenant Building sitzt ein Bursche namens Howard Melton, dem seine Frau abhanden gekommen ist. Er ist Bezirks-Manager bei der Doreme Cosmetic Company. Aus irgendeinem Grund will er bei der Vermißtenstelle keine Anzeige machen. Der Boss kennt ihn ein bißchen. Geh doch spaßeshalber mal rüber, aber zieh die Schuhe aus, bevor du eintrittst. Ist ein ziemlich arroganter Laden.«

Veilchen M'Gee ist Beamter der Mordkommission im Sheriffs-Amt, und wenn die ganzen Jobs nicht wären, die er mir aus Gnade und Barmherzigkeit zuschanzt, brächte ich's vielleicht sogar fertig, mir meinen Lebensunterhalt zu verdienen. Das jetzt sah ein bißchen anders aus, und so setzte ich meine Füße auf den Boden, tupfte mir noch einmal den Nacken ab und ging hinüber.

Das Avenant Building liegt am Olive, unweit der Sixth, und hat einen schwarz-weißen Gummigehsteig vor der Fassade. Die Fahrstuhlmädchen tragen grauseidene Russenkittel und die Sorte überstehender Baskenmützen, die früher immer die Maler getragen haben, damit ihnen die Farbe nicht ins Haar kam. Die Doreme Cosmetic Company residierte im sechsten Stock und nahm ein gutes Stück davon ein. Sie hatte ein großes Empfangszimmer, das nur aus Glaswänden bestand, mit Blumen und Perserteppichen und vielen kleinen, ziemlich verrückten Keramikskulpturen. Ein adrettes Blondchen saß in einer umbauten Telephonzentrale in der Ecke, wo ihr niemand ein Leid tun konnte. Sie hatten sogar eine Empfangsdame, an einem wuchtigen Schreibtisch, auf dem Blumen standen und ein Schild mit der Aufschrift: *Miss van de Graaf.* Sie trug eine Harold-Lloyd-Brille, und ihr Haar war so straff zurückgekämmt, daß ihre Stirn eine Höhe bekommen hatte, als sollte demnächst Schnee drauf liegen.

Sie sagte, Mr. Howard Melton befände sich in einer Konferenz, aber sie würde ihm meine Karte hineinbringen, sobald sich eine Gelegenheit dazu fände, und um was handle es sich bitte? Ich sagte, ich hätte keine Karte, aber der Name wäre John Dalmas, mit Empfehlungen von Mr. West.

»Wer ist Mr. West?« erkundigte sie sich kalt. »Kennt Mr. Melton ihn?«

»Da bin ich überfragt, Schwester. Da ich Mr. Melton nicht kenne, sind mir auch seine Freundschaften nicht geläufig.«

»In welcher Angelegenheit sprechen Sie vor?«

»Persönlich.«

»Ich verstehe.« Sie zeichnete rasch drei Papiere mit ihren Initialen ab auf ihrem Schreibtisch, um sich daran zu hindern, ihre Schreibgarnitur nach mir zu werfen. Ich ging und setzte mich in einen blauen Lederstuhl mit Armlehnen aus Chromstahl. Man saß darin wie beim Friseur, und genau so roch und sah er auch aus.

Nach etwa einer halben Stunde öffnete sich eine Tür hinter einem Bronzegitter, und zwei Männer kamen rückwärts heraus, lachend. Ein dritter Mann hielt ihnen die Tür auf und betätigte sich als Echo auf ihr Lachen. Sie schüttelten sich die Hände, und die beiden Männer gingen weg, und der dritte Mann wischte sich in Null Komma nichts das Grinsen vom Gesicht und sah Miss van de Graaf an. »Sind Anrufe gewesen?« fragte er mit knapper Chefstimme.

Sie raschelte mit Papieren und sagte: »Nein, Sir. Ein Mr. – äh, Dalmas möchte Sie sprechen, mit Empfehlungen von einem Mr. – äh, West. In einer persönlichen Sache.«

»Kenne ich nicht«, bellte der Mann. »Ich habe schon mehr Versicherungen, als ich bezahlen kann.« Er warf mir einen raschen, harten Blick zu und ging in sein Zimmer und schloß die Tür mit einem Knall. Miss van de Graaf lächelte mich mit delikatem Bedauern an. Ich zog eine Zigarette heraus und schlug die Beine in anderer Richtung übereinander. Nach weiteren fünf Minuten ging die Tür hinter dem Gitter abermals auf, und er trat heraus, den Hut auf dem Kopf, und verkündete hämisch, daß er für eine halbe Stunde weggehen würde.

Er kam durch eine Pforte im Gitter und strebte dem Ausgang zu, und dann legte er einen eleganten Cutback hin und kam zu mir herübergeschritten. Er blieb vor mir stehen und sah auf mich herab – ein großer Mann, zwei Zoll über einsachtzig und entsprechend gebaut. Er hatte ein gutmassiertes Gesicht, das die Linien der Ausschweifung nicht verbarg. Seine Augen waren schwarz, hart und verschlagen.

»Sie wollen mich sprechen?«

Ich stand auf, zog meine Brieftasche und gab ihm eine Karte. Er starrte die Karte an und ließ sie in der hohlen Hand verschwinden. Seine Augen wurden nachdenklich.

»Wer ist Mr. West?«

»Keine Ahnung.«

Er musterte mich mit einem harten, direkten, interessierten Blick. »Sie haben's genau erfaßt«, sagte er. »Gehn wir in mein Büro.«

Die Empfangsdame war so wütend, daß sie den Versuch machte, drei Papiere auf einmal abzuzeichnen, als wir an ihr vorbei durch die Gitterpforte gingen.

Das Büro dahinter war lang, dämmrig und still, aber nicht kühl. An der Wand hing ein großes Photo von einem rabiaten alten Knakker, der sich in seinem Leben offenbar weidlich abgerackert hatte. Der große Mann trat hinter einen Schreibtisch im Format von etwa achthundert Dollar und pflanzte sich in einen gepolsterten, hochlehnigen Direktorensessel. Er schob mir einen Zigarren-Humidor herüber. Ich steckte mir eine Zigarre an, und er sah mir zu dabei, mit kühlen, unbewegten Augen.

»Die Sache ist streng vertraulich«, sagte er.

»Hm.«

Er las ein zweites Mal meine Karte und steckte sie dann in eine goldgefaßte Brieftasche. »Wer hat Sie geschickt?«

»Ein Freund im Sheriffs-Amt.«

»Ich müßte doch ein bißchen mehr von Ihnen wissen als das.«

Ich gab ihm zwei Namen und Nummern. Er griff nach dem Telephon, verlangte ein Amt und wählte selber. Er bekam beide Leute, die ich ihm genannt hatte, an den Apparat und sprach mit ihnen. Nach vier Minuten hatte er aufgelegt und hing wieder lässig in seinem Stuhl. Wir wischten uns beide den Nacken.

»So weit, so gut«, sagte er. »Nun zeigen Sie mal, daß Sie auch der Mann sind, für den Sie sich ausgeben.«

Ich holte meine Brieftasche heraus und zeigte ihm eine kleine Photokopie meiner Lizenz. Er schien zufriedengestellt. »Wie sind Ihre Sätze?«

»Fünfundzwanzig Eier pro Tag plus Spesen.«

»Das ist zuviel. Was verstehen Sie unter Spesen?«

»Benzin und Öl, vielleicht mal eine kleine Bestechung, Mahlzeiten und Whisky. Hauptsächlich Whisky.«

»Essen Sie denn nicht, wenn Sie *nicht* arbeiten?«

»Doch – aber nicht so opulent.«

Er grinste. Sein Grinsen hatte, wie seine Augen, einen steinernen Zug. »Ich denke, wir werden klarkommen«, sagte er.

Er zog eine Schublade auf und holte eine Scotch-Flasche heraus. Wir nahmen ein Gläschen zu uns. Er stellte die Flasche auf den Boden, wischte sich die Lippen, zündete sich eine Zigarette mit Monogramm an und inhalierte behaglich. »Einigen wir uns lieber auf fünfzehn pro Tag«, sagte er. »In Zeiten wie diesen. Und halten Sie sich mit dem Schnaps zurück.«

»Ich hab bloß einen Witz gemacht«, sagte ich. »Einem Mann, mit dem man keine Witze machen kann, dem kann man auch nicht trauen.«

Er grinste abermals. »Läßt sich hören. Aber zuerst jetzt mal Ihr Versprechen, daß unter gar keinen Umständen einer Ihrer Freunde von der Polizei mit reingezogen wird, falls Sie da welche haben.«

»Solange Sie niemanden ermordet haben, soll's mir recht sein.«

Er lachte. »Noch nicht. Aber ich bin trotzdem ein ziemlich rabiater Bursche. Ich will, daß Sie sich auf die Spur meiner Frau setzen und ausfindig machen, wo sie sich aufhält und was sie macht, und zwar ohne daß sie etwas davon merkt. Sie ist vor elf Tagen plötzlich verschwunden – am zwölften August –, aus einer Hütte, die wir oben am Little Fawn Lake haben. Das ist ein kleiner See, der mir und noch zwei anderen Männern gehört. Etwa drei Meilen von Puma Point. Sie wissen natürlich, wo das ist.«

»In den San-Bernadino-Bergen, etwa vierzig Meilen von San Bernadino.«

»Ja.« Von seiner Zigarette fiel Asche auf die Schreibtischplatte, und er beugte sich vor, um sie wegzublasen. »Der Little Fawn Lake ist nur eine dreiachtel Meile lang. Er hat einen schmalen Damm, den wir gebaut haben, um das Gelände für Bauzwecke zu erschließen – grad im falschen Augenblick. Es gibt da oben vier Hütten. Meine, dann zwei, die Freunden von mir gehören, von denen aber keiner in diesem Sommer oben war, und eine vierte gleich vorn am See, wenn man ankommt. Die wird von einem Mann namens William Haines bewohnt und von seiner Frau. Er ist kriegsversehrt und bezieht eine Rente. Er wohnt dort mietfrei und kümmert sich dafür um das Gelände. Meine Frau hat den ganzen Sommer dort oben verbracht und sollte am zwölften in die Stadt kommen. Wir hatten eine Einladung übers Wochenende. Sie ist aber nie erschienen.«

Ich nickte. Er öffnete eine verschlossene Schublade und nahm einen Umschlag heraus. Er zog ein Photo und ein Telegramm aus dem Umschlag und reichte mir das Telegramm über den Tisch. Es war in El Paso, Texas, aufgegeben worden, am 15. August früh um 9 Uhr 18. Adressiert war es an Howard Melton, 715 Avenant Building, Los Angeles. Es lautete: *Gehe nach Mexiko um Scheidung zu bekommen. Werde Lance heiraten. Viel Glück und adieu. Julia.*

Ich legte das gelbe Formular auf den Tisch. »Julia ist der Name meiner Frau«, sagte Melton.

»Wer ist Lance?«

»Lancelot Goodwin. Er war bis vor einem Jahr mein Privatsekretär. Dann kam er zu ein bißchen Geld und kündigte. Mir war schon lange bekannt, daß zwischen Julia und ihm eine gewisse Sympathie herrschte, wenn ich's einmal so ausdrücken darf.«

»Von mir aus gerne«, sagte ich.

Er schob mir das Photo über den Schreibtisch zu. Es war ein Schnappschuß, auf Hochglanzpapier, und zeigte eine schlanke, kleine Blondine und einen hochgewachsenen, mageren, dunklen, hübschen Burschen, der etwa fünfunddreißig war und eine Spur zu hübsch. Die Blondine konnte alles sein zwischen achtzehn und vierzig. Sie war so ein Typ. Sie hatte Figur und geizte nicht mit ihren Reizen. Sie trug einen Badeanzug, der die Phantasie nicht übermäßig strapazierte, und der Mann eine Badehose. Sie saßen vor einem gestreiften Strandsonnenschirm im Sand. Ich legte den Schnappschuß auf das Telegramm.

»Das sind sämtliche Beweisstücke«, sagte Melton, »aber nicht sämtliche Fakten. Noch was zu trinken?« Er goß ein, und wir tranken. Er stellte die Flasche wieder auf den Boden, und dann läutete sein Telephon. Er sprach einen Moment hinein, klopfte dann auf die Gabel und sagte der Vermittlung, sie solle für die nächste Zeit keine Gespräche mehr durchstellen.

»Bis dahin war nichts Besonderes dabei«, sagte er. »Aber dann habe ich letzten Freitag Lance Goodwin auf der Straße getroffen. Er sagte, er hätte Julia seit Monaten nicht mehr gesehen. Ich glaubte ihm das, denn Lance ist ein Bursche ohne viel Hemmungen, und wenn er etwas nicht hat, dann ist es Angst. Er wäre durchaus imstande, mir in so einer Sache reinen Wein einzuschenken. Und ich glaube, er würde auch den Mund halten nach außen.«

»Gab es noch andere Männer, die vielleicht in Frage kämen?«

»Nein. Wenn es welche gibt, dann kenne ich sie nicht. Meine Vermutung geht dahin, daß Julia verhaftet worden ist und irgendwo im Gefängnis sitzt und es, durch Bestechung oder sonstwie, fertiggebracht hat, ihre Identität zu verbergen.«

»Weshalb denn im Gefängnis?«

Er zögerte einen Moment und sagte dann sehr ruhig: »Julia ist Kleptomanin. Nicht schlimm und auch nicht dauernd. Meist nur, wenn sie zuviel trinkt. Da hat sie allerdings auch ihre Anfälle. Die meisten Streiche hat sie hier in Los Angeles gespielt, in den großen Geschäften, wo wir Konten haben. Sie ist ein paarmal erwischt worden und hat sich rausreden können und das Zeug auf die Rechnung setzen lassen. Bisher noch kein Skandal, den ich nicht hätte abfangen können. Aber in einer fremden Stadt . . .« Er hielt inne und runzelte streng die Stirn. »Was mir Sorgen macht, ist mein Job bei der Doreme«, sagte er.

»Ist sie je in die Kartei gekommen?«

»Was?«

»Hat man ihr Fingerabdrücke abgenommen und archiviert?«

»Nicht daß ich wüßte.« Auch das schien ihm jetzt Sorgen zu machen.

»Dieser Goodwin weiß von ihrer kleinen Schwäche?«

»Könnte ich nicht sagen. Ich hoffe nicht. Er hat nie eine Andeutung gemacht, natürlich.«

»Ich hätte gern seine Adresse.«

»Steht im Telephonbuch. Er hat einen Bungalow im Bezirk Chevy Chase, nicht weit von Glendale. Sehr abgeschiedenes Haus. Ich hab so das Gefühl, daß Lance ein ausgemachter Schürzenjäger ist.«

Das sah ja nach einer ganz reizenden Bescherung aus, aber das sagte ich nicht laut. Ich sah nur, daß zur Abwechslung einmal eine Möglichkeit auf mich zukam, auf ehrliche Art etwas Geld zu verdienen. »Sie waren natürlich schon wieder an diesem Little Fawn Lake oben, seit Ihre Frau verschwunden ist.«

Er machte ein überraschtes Gesicht. »Äh, nein. Ich hatte gar keinen Grund dazu. Bis ich Lance vor dem Athletic Club traf, nahm ich an, daß er und Julia zusammen wären irgendwo – vielleicht sogar bereits verheiratet. In Mexiko gehen Scheidungen schnell über die Bühne.«

»Wie steht's mit Geld? Hat sie viel bei sich?«

»Weiß ich nicht. Sie besitzt eine Menge eigenes Geld, geerbt von ihrem Vater. Ich würde sagen, sie kann so viel kriegen, wie sie will.«

»Ich verstehe. Was hatte sie an – oder wissen Sie das auch nicht?«

Er schüttelte den Kopf. »Ich hatte sie zwei Wochen nicht mehr gesehen. In der Regel trug sie ziemlich dunkle Kleider. Vielleicht kann Haines Ihnen darüber etwas sagen. Er wird wohl erfahren müssen, daß sie verschwunden ist. Ich glaube, man kann ihm trauen, daß er den Mund hält.« Melton lächelte schief. »Sie hatte eine kleine achteckige Platin-Armbanduhr mit einem Kettchen aus großen Gliedern. Ein Geburtstagsgeschenk. Auf der Innenseite ist ihr Name eingraviert. Sie hatte ferner einen Brillant- und einen Smaragdring und einen Ehering aus Platin mit der Gravierung: *Howard und Julia Melton. 27. Juli 1926.*«

»Aber den Verdacht, daß was faul ist an der ganzen Geschichte, haben Sie nicht?«

»Nein.« Seine breiten Backenknochen röteten sich ein wenig. »Was ich denke, habe ich Ihnen alles gesagt.«

»Wenn sie irgendwo im Gefängnis sitzt, was mache ich dann? Soll ich's Ihnen bloß melden und dann abwarten?«

»Natürlich. Wenn sie frei ist, behalten Sie sie im Auge, bis ich hinkommen kann, egal wo sie steckt. Ich glaube, ich werde mit der Situation fertig.«

»Hm. Groß genug dazu sehen Sie aus. Sie sagten, sie hätte den Little Fawn Lake am zwölften August verlassen. Aber Sie sind nicht mehr oben gewesen. Meinen Sie, daß sie wirklich gefahren ist, oder hatte sie's vielleicht nur vor, und Sie schließen es aus dem Datum des Telegramms?«

»Richtig. Da habe ich noch etwas vergessen. Sie ist wirklich am zwölften abgefahren. Sie fuhr nie bei Nacht, darum ist sie schon am Nachmittag aus den Bergen los und hat sich im Olympia Hotel bis zum Zug ein Zimmer genommen. Ich weiß das, weil die Leute mich eine Woche später angerufen haben, ihr Wagen stünde da in der Garage und ob ich ihn nicht abholen lassen wollte. Ich habe gesagt, ich käme vorbei und holte ihn ab, wenn ich mal Zeit hätte.«

»Okay, Mr. Melton. Ich denke, ich tummle mich und nehme zuerst mal diesen Lancelot Goodwin ein bißchen unter die Lupe. Immerhin könnte er Ihnen nicht die Wahrheit gesagt haben.«

Er reichte mir das regionale Telephonbuch, und ich schlug nach. Lancelot Goodwin wohnte 3416 Chester Lane. Ich hatte keine Ahnung, wo das war, aber im Wagen eine Karte.

Ich sagte: »Ich fahre gleich mal raus und schnüffle ein bißchen herum. Vielleicht sollte ich einen kleinen Vorschuß haben. Sagen wir hundert Eier.«

»Fünfzig dürften für den Anfang genügen«, sagte er. Dann zog er seine goldgefaßte Brieftasche und gab mir zwei Zwanziger und einen Zehner. »Sie müssen mir aber eine Quittung unterschreiben – nur der Form halber.«

Er hatte einen Quittungsblock auf dem Schreibtisch und schrieb aus, was er brauchte, und ich setzte meinen Namen darunter. Ich steckte die beiden Beweisstücke in die Tasche und stand auf. Wir schüttelten uns die Hand.

Ich verließ ihn mit dem Gefühl, daß er ein Bursche war, der nicht viele kleine Fehler machte, und schon gar nicht in Geldsachen. Als ich hinausging, bedachte mich die Empfangsdame mit einem garstigen Blick. Er beschäftigte mich unterwegs noch fast bis zum Fahrstuhl.

II

Das stille Haus

Mein Wagen stand auf einem Parkplatz auf der anderen Straßenseite, und so fuhr ich nach Norden zur Fifth und nach Westen zur Flower und von dort zum Glendale Boulevard hinunter und so immer weiter bis nach Glendale. Inzwischen war es Zeit zum Lunch geworden, und so hielt ich an und aß ein Sandwich.

Chevy Chase ist ein tiefer Canyon in den Vorbergen, die Glendale von Pasadena trennen. Er ist dicht bewaldet, und die Straßen, die vom Hauptverkehrsweg abzweigen, sind entsprechend abgeschlossen und dunkel. Die Chester Lane war eine von ihnen, und sie war dunkel genug, um mitten in einem Rotholzwald liegen zu können. Goodwins Haus lag am äußersten Ende, ein kleiner englischer Bungalow mit Spitzdach und bleigefaßten Fensterscheiben, die nicht viel Licht durchgelassen hätten, selbst wenn es dort was zum Durchlassen gegeben hätte. Das Haus lag ein Stück zurück, in einer Falte zwischen den Bergen, und die große Eiche davor stand praktisch schon direkt auf der Veranda. Es war ein hübsches Plätzchen, um sich zu amüsieren.

Die Garage an der Seite war verschlossen. Ich ging einen gewundenen, mit Steinplatten belegten Pfad entlang und drückte auf die Klingel. Ich konnte es irgendwo im Hintergrund läuten hören, so hohl, wie Klingeln in leeren Häusern zu klingen scheinen. Ich läutete noch zweimal. Niemand kam an die Tür. Eine Spottdrossel kam auf den kleinen, gepflegten Rasen vor dem Haus geflogen, prokelte einen Wurm aus dem Boden und zog damit wieder ab. Irgendwo außer Sicht, unterhalb der Kurve der Straße, startete ein Wagen. Auf der anderen Straßenseite stand ein nagelneues Haus mit einem Schild *Zu verkaufen!*, das in dem Gemisch aus Dünger und Grassamen auf der künftigen Rasenfläche steckte. Ein anderes Haus war sonst nirgends zu sehen.

Ich probierte die Klingel ein weiteres Mal und trommelte einen flotten Wirbel mit dem Türklopfer, der aus einem von einem Löwenmaul gehaltenen Ring bestand. Dann verließ ich die Vordertür und legte ein Auge an den Spalt, der die beiden Flügel des Garagentors trennte. Drinnen stand ein Wagen, schwach schimmernd im gedämpften Licht. Ich schlich ums Haus herum zum Hinterhof und erblickte zwei weitere Eichen und einen Müllbrenner und drei Stühle um einen grünen Gartentisch unter einem der Bäume. Es sah so schattig und kühl und angenehm hier hinten aus, daß ich am liebsten dageblieben wäre. Ich ging zur Hintertür, die zur Hälfte aus Glas war, aber ein Schnappschloß hatte. Ich versuchte den Knauf zu drehen, was an sich albern war. Die Tür ging aber auf, und ich holte tief Luft und trat ein.

Dieser Lancelot Goodwin mußte eigentlich bereit sein, sich einen vernünftigen Grund anzuhören, wenn er mich erwischte. Wenn nicht, wollte ich mich doch wenigstens ein bißchen umgesehen haben auf seinem Grundstück. Er hatte irgend etwas an sich – vielleicht war's nur sein Vorname –, was mich beunruhigte.

Die Hintertür führte auf eine Veranda mit hohen, schmalen Sonnenblenden. Von dort führte eine weitere unverschlossene Tür, die auch nur ein Schnappschloß hatte, in eine Küche mit geschmacklosen Fliesen und einem eingebauten Gasherd. Im Ausguß stand eine Menge leerer Flaschen. Es gab noch zwei Schwingtüren. Ich drückte die eine auf, die nach vorn ins Haus führte. Sie brachte mich in eine Eßnische mit einem Büfett, auf dem weitere, allerdings nicht leere Schnapsflaschen standen.

Das Wohnzimmer lag zu meiner Rechten hinter einem Bodendurchgang. Es war dunkel, selbst jetzt um die Tagesmitte. Es war hübsch eingerichtet, mit eingebauten Bücherregalen und Büchern, die nicht im Dutzend gekauft worden waren. In der Ecke stand eine hochbeinige Rundfunktruhe mit einem halbleeren Glas bernsteinfarbener Flüssigkeit obendrauf. Und in der bernsteinfarbenen Flüssigkeit schwamm Eis. Das Radio gab ein schwaches Summen von sich, und hinter der Skala glomm Licht. Es war an, aber die Lautstärke auf Null gedreht.

Das war komisch. Ich drehte mich um und blickte in die gegenüberliegende Ecke des Zimmers und sah etwas noch viel Komischeres.

Ein Mann saß in einem tiefen Brokatsessel, die in Pantoffeln steckenden Füße auf einer dazu passenden Fußbank. Er trug ein Polohemd mit offenem Kragen und eine cremefarbene Hose mit weißem Gürtel. Seine linke Hand ruhte entspannt auf der breiten Armlehne des Sessels, und seine rechte Hand hing schlaff außerhalb der anderen Armlehne auf den Teppich nieder, der von durchgehendem stumpfem Rosa war. Er war ein magerer, dunkler, hübscher Bursche, langgliedrig gebaut. Einer von denen, die sich flink bewegen und viel stärker sind, als sie aussehen. Sein Mund stand leicht offen und zeigte die Schneidkanten seiner Zähne. Sein Kopf war ein wenig zur Seite geneigt, als wäre er im Sitzen eingedöst, nachdem er ein paar Gläser getrunken und dem Radio gelauscht hatte.

Auf dem Boden neben seiner rechten Hand lag eine Pistole, und mitten in seiner Stirn war ein versengtes rotes Loch.

Blut tröpfelte sehr langsam von seiner Kinnspitze und fiel auf sein weißes Polohemd.

Eine geschlagene Minute lang – die unter solchen Umständen so lang sein kann wie der Daumen eines Chiropraktikers – regte ich keinen Muskel. Wenn ich dabei geatmet habe, war's mir jedenfalls nicht bewußt. Ich stand einfach nur da, leer wie ein bankrotter Geldsack, und sah zu, wie Mr. Lancelot Goodwins Blut an seiner Kinnspitze kleine birnenförmige Kügelchen bildete und dann sehr langsam und wie beiläufig niedertropfte und sich dem großen karmesinroten Fleck hinzufügte, der auf dem Weiß seines Polohemds immer mehr um sich griff. Es kam mir vor, als verlangsamte sich das Tröpfeln selbst in dieser kurzen Zeit. Endlich hob ich einen Fuß, zerrte ihn aus dem Zement, in dem er steckte, tat einen Schritt und schleppte den anderen Fuß nach wie eine eiserne Kugel an einer Kette. Ich schleppte mich quer durch den dunklen und stillen Raum.

Seine Augen glitzerten, als ich nah heran war. Ich beugte mich vor, um hineinzustarren, ihrem Blick zu begegnen. Es war nicht zu machen. Es ist nie zu machen bei toten Augen. Ihr Blick ist immer ein wenig zur Seite gerichtet oder nach oben oder unten. Ich berührte sein Gesicht. Es war warm und etwas feucht. Das kam wahrscheinlich vom Alkohol. Er war höchstens zwanzig Minuten tot.

Ich fuhr jäh herum, als versuchte jemand, sich hinter mir mit einem Totschläger anzuschleichen, aber es war niemand da. Die Stille dauerte fort. Das Zimmer war voll davon, quoll davon über. Ein Vogel zirpte draußen in einem Baum, aber das machte die Stille nur noch tiefer. Man hätte sie in Scheiben schneiden können und Butter darauf streichen.

Ich machte mich daran, mir die übrigen Sachen im Zimmer anzusehen. Auf dem Boden lag ein silbergerahmtes Photo, die Rückseite nach oben, vor dem Stuck-Kamin. Ich ging hinüber und hob es mit einem Taschentuch auf und drehte es um. Das Glas hatte einen sauberen Sprung von Ecke zu Ecke. Das Photo zeigte eine schlanke Dame mit hellblondem Haar und einem gefährlichen Lächeln. Ich zog den Schnappschuß heraus, den Howard Melton mir gegeben hatte, und hielt ihn neben das Photo. Es bestand kein Zweifel, daß es dasselbe Gesicht war, aber der Ausdruck war anders, und dann war es auch ein sehr gewöhnliches Gesicht.

Ich trug das Bild in ein hübsch möbliertes Schlafzimmer und zog eine Schublade in einer hochbeinigen Kommode auf. Ich nahm das Photo aus dem Rahmen, rieb den Rahmen mit dem Taschentuch sauber ab und verstaute ihn unter ein paar Hemden. Nicht sehr gerissen, aber grad so noch, wie mir zumute war.

Sehr dringend war jetzt eigentlich gar nichts mehr. Wenn der Schuß gehört und als Schuß erkannt worden war, hätte sich längst schon die Funkstreife eingestellt. Ich ging mit meinem Photo ins Bad und beschnitt es mit meinem Taschenmesser und spülte die Randschnipsel durch die Toilette. Ich steckte das Photo zu dem anderen, das ich in der Brusttasche hatte, und ging zurück ins Wohnzimmer.

Auf einem niedrigen Tischchen neben der linken Hand des Toten stand ein leeres Glas. Es trug wahrscheinlich seine Fingerabdrücke. Andererseits konnte auch sonst jemand einen Schluck daraus getrunken und Fingerabdrücke darauf hinterlassen haben. Eine Frau natürlich. Sie hatte wahrscheinlich neben ihm auf der Armlehne gesessen, ein sanftes, süßes Lächeln auf dem Gesicht und die Pistole hinter dem Rücken. Es mußte eine Frau gewesen sein. Ein Mann hätte ihn so nicht erschießen können, in dieser vollkommen entspannten Haltung. Ich brauchte nicht lange zu raten, wer die Frau wohl gewesen war – aber mir gefiel dabei gar nicht, daß sie ihr Photo auf dem Boden zurückgelassen hatte. Das war schlechte Publicity.

Ich konnte mit dem Glas kein Risiko eingehen. Ich wischte es ab und tat dann noch etwas, was mir gar keine Freude machte. Ich drückte es ihm noch einmal zwischen die Finger, dann stellte ich es auf den Tisch zurück. Dasselbe machte ich auch mit der Pistole. Als ich seine Hand fallen ließ – die niederhängende Hand diesmal –, schwang sie hin und her wie das Pendel einer Uhr aus Großvaters Hausrat. Ich ging zu dem Glas auf dem Radio und wischte es ebenfalls ab. Das würde die Polizisten auf den Gedanken bringen, es mit einer ziemlich schlauen Person zu tun zu haben, einem ganz anderen Typ von Frau – wenn es andere Typen überhaupt gibt. Ich sammelte noch vier Zigarettenstummel ein, mit Lippenstiftspuren vom Farbton, der Carmen genannt wird, einem Farbton für Blondinen. Ich brachte sie ins Bad und überantwortete sie der städtischen Kanalisation. Ich wischte noch ein paar glänzende Armaturen mit einem Handtuch ab, tat dasselbe mit der Klinke der Haustür und machte dann Feierabend. Ich konnte ja schließlich nicht das ganze verdammte Haus abwischen.

Ich blieb stehen und sah mir Lancelot Goodwin noch einen Augenblick länger an. Das Blut hatte zu fließen aufgehört. Der letzte Tropfen an seinem Kinn wollte nicht mehr fallen. Er würde dort hängenbleiben und dunkel werden und glänzend und so beständig wie eine Warze.

Ich ging durch Küche und Veranda zurück, wischte unterwegs noch ein paar weitere Türklinken ab, schlenderte seitlich ums Haus und warf einen raschen Blick die Straße hinauf und hinunter. Da niemand in Sicht war, setzte ich dem Faß die Krone auf, indem ich noch wieder ausgiebig an der Haustür schellte und dabei Klingelknopf und Klinke nach Kräften mit meinen Fingerabdrücken versah. Dann ging ich zu meinem Wagen zurück, stieg ein und fuhr weg. Das Ganze hatte nicht länger als eine halbe Stunde gedauert. Mir war freilich zumute, als hätte ich inzwischen den ganzen Bürgerkrieg mitgemacht.

Nach zwei Dritteln Weg zurück zur Stadt hielt ich am Beginn der Alesandro Street an und quetschte mich in die Telephonzelle eines Drugstores. Ich wählte Howard Meltons Büronummer.

Eine zirpige Stimme sagte: »Doreme Cosmetic Company. Guten Tag.«

»Mr. Melton.«

»Ich verbinde Sie mit seiner Sekretärin«, sang die Stimme des kleinen Blondchens, das hinten in der Ecke gesessen hatte, wo ihr niemand ein Leid tun konnte.

»Hier Miss van de Graaf.« Es war jene reizende dehnbare

Stimme, die mit einem bloßen Viertelton von Zauberkraft auf Arroganz umschalten konnte. »Wer bitte möchte Mr. Melton sprechen?«

»John Dalmas.«

»Äh – sind Sie Mr. Melton bekannt, Mr. äh, Dalmas?«

»Fangen Sie bloß damit nicht wieder an«, sagte ich. »Fragen Sie ihn, Mädelchen. Wenn ich Appetit auf vornehme Faxen habe, geh ich ins Ritz.«

Sie schnappte derart nach Luft, daß mir fast das Trommelfell platzte.

Es gab eine Pause, ein Klicken, und Meltons grobe, geschäftsmäßige Stimme sagte: »Ja? Hier Melton. Ja?«

»Wir müssen uns sofort sehen.«

»Was haben Sie gesagt?« bellte er.

»Was Sie gehört haben. Der Fall hat sich, wie die Polizei sagt, ›ausgeweitet‹. Sie wissen doch, mit wem Sie reden, oder?«

»Ja – natürlich. Ja. Lassen Sie mich sehen. Ich muß mal in meinem Terminkalender nachschauen.«

»Zum Teufel mit Ihrem Terminkalender«, sagte ich. »Die Sache ist ernst. Ich habe genug Grips, um nicht in Ihren Tageslauf einzubrechen, wenn sie's nicht wäre.«

»Athletic Club – in zehn Minuten«, sagte er kurz. »Lassen Sie mich im Leseraum suchen.«

»Ich werde ein bißchen länger brauchen«, sagte ich und hängte ein, bevor er protestieren konnte.

Es wurden in der Tat zwanzig Minuten.

Der Page in der Halle des Athletic Club flitzte sofort in einen der alten Paternoster-Fahrstühle, die sie da haben, und war im Handumdrehen mit einem Nicken wieder zurück. Er brachte mich in den dritten Stock hinauf und zeigte mir den Leseraum.

»Ganz hinten links, Sir.«

Der Leseraum war nicht eigentlich zum Lesen eingerichtet. Es gab zwar Zeitungen und Zeitschriften auf einem langen Mahagoni-Tisch und Lederbände hinter Glas an den Wänden und ein Porträt des Clubgründers in Öl, das von einer speziellen Schirmlampe angestrahlt wurde. Aber in der Hauptsache bestand der Raum aus kleinen Nischen und Ecken mit riesigen schräg hochlehnigen Sesseln, in denen lauter alte Knaben friedlich vor sich hin dösten, die Gesichter violett vor Alter und hohem Blutdruck.

Ich schlich mich leise hindurch nach hinten links. Dort saß Melton in einer privaten Nische zwischen Regalen, den Rücken zum Raum, und so hoch die Sessellehne auch war, sie war doch nicht hoch genug, seinen großen dunklen Kopf zu verbergen. Er hatte einen zweiten Sessel neben sich gezogen. Ich schlüpfte hinein und sah ihn an.

»Sprechen Sie leise«, sagte er. »Dieser Raum ist fürs Mittagsschläfchen nach dem Essen bestimmt. Also, was ist passiert? Als ich Ihnen den Auftrag gab, geschah es, um mir Belästigungen zu ersparen, nicht aber um die bereits vorhandenen Belästigungen noch zu vermehren.«

»Tja«, sagte ich und brachte mein Gesicht dicht in die Nähe des seinen. Er roch nach Highballs, aber nicht unangenehm. »Sie hat ihn erschossen.«

Seine steifen Brauen hoben sich ein wenig. Seine Augen bekamen den steinernen Ausdruck. Seine Zähne bissen sich zusammen. Er atmete leise ein und verkrampfte eine große Hand auf seinem Knie und blickte darauf nieder.

»Fahren Sie fort«, sagte er, so kalt wie eine Marmorstatue.

Ich reckte den Hals über die Sessellehne. Der nächste alte Knochen schnorchelte leicht vor sich hin, und bei jedem Atemzug sträubten sich die Zotteln in seinen Nüstern.

»Ich war zu Goodwins Haus rausgefahren. Keiner machte auf. Hab's an der Hintertür versucht. Die war offen. Bin reingegangen. Das Radio war an, aber leise gestellt. Zwei Gläser mit Drinks. Ein Photo in gesprungenem Rahmen am Boden vor dem Kamin. Goodwin tot im Stuhl, aus nächster Entfernung erschossen. Kontaktwunde. Pistole auf dem Boden neben seiner rechten Hand. 25er Automatik – eine Frauenwaffe. Ich hab Gläser, Pistolen, Türklinken abgewischt, seine Fingerabdrücke hingebracht, wo sie sein sollten, und bin wieder weg.«

Melton öffnete und schloß seinen Mund. Seine Zähne machten ein knirschendes Geräusch. Seine Hände ballten sich zu Fäusten. Dann sah er mich durchbohrend an, mit harten schwarzen Augen.

»Das Photo«, sagte er belegt.

Ich zog es aus der Tasche und zeigte es ihm, behielt es aber fest in der Hand.

»Julia«, sagte er. Sein Atem formte einen sonderbaren, scharfen Klagelaut, und seine Hand wurde schlaff. Ich ließ das Photo zurück in meine Tasche schlüpfen. »Was weiter?« flüsterte er.

»Nichts weiter. Möglich, daß man mich gesehen hat, aber nicht beim Reingehn oder Rauskommen. Hinterm Haus stehen Bäume. Alles gut abgeschirmt. Hatte sie eine Kanone wie die bewußte?«

Sein Kopf senkte sich, und er hielt ihn mit den Händen. Er hielt ihn eine Weile ganz still, dann schob er ihn wieder in die Höhe und spreizte die Finger über seinem Gesicht und sprach durch sie hindurch gegen die Wand, der wir gegenübersaßen.

»Ja. Aber bei sich getragen hat sie das Ding meines Wissens nie. Ich nehme an, er hat ihr den Laufpaß gegeben, die dreckige Ratte.« Er sagte es ganz ruhig, ohne Hitze. »Sie sind ein toller Bursche«, sagte er dann. »Sieht jetzt alles wie Selbstmord aus, was?«

»Kann ich nicht mit Sicherheit sagen. Wenn sie keine Verdächtigen finden, kann's schon sein, daß sie's so behandeln. Sie sehen, ob er die Pistole abgefeuert hat. Das ist heutzutage Routine. Aber manchmal klappt der Test nicht, und ohne einen Verdächtigen lassen sie's vielleicht ohnehin auf sich beruhen. Was mir nicht ganz in den Kopf will, ist die Sache mit dem Photo.«

»Mir auch nicht«, flüsterte er, immer noch zwischen den Fingern hindurch. »Sie muß ganz plötzlich in Panik geraten sein.«

»Hm. Es ist Ihnen doch wohl klar, daß ich den Kopf in eine Schlinge gesteckt habe, oder? Ich bin sofort die Lizenz los, wenn ich erwischt werde. Natürlich besteht eine winzige Chance, daß es trotz allem Selbstmord war. Aber der Typ dafür war er eigentlich nicht. Jetzt sind Sie am Ball, Melton.«

Er lachte grimmig. Dann wandte er den Kopf weit genug, um mich ansehen zu können, behielt aber immer noch die Hände vor dem Gesicht. Seine Augen funkelten durch seine Finger.

»Warum haben Sie die Sache frisiert?« fragte er ruhig.

»Verdammt, wenn ich das weiß. Ich nehme an, ich hatte eine Abneigung gegen ihn gefaßt – dem Photo nach. Er sah mir einfach nicht so aus, als wäre er all das wert, was die Polizei ihr antun würde – und Ihnen.«

»Fünfhundert, als Gratifikation«, sagte er.

Ich lehnte mich zurück und bedachte ihn mit einem steinharten Blick. »Ich versuche nicht, Sie unter Druck zu setzen. Ich bin ein ziemlich rabiater Bursche – aber nicht in Situationen wie dieser. Haben Sie mir alles erzählt, was Sie wissen?«

Eine lange Minute lang sagte er nichts. Er stand auf und blickte in den Raum, steckte die Hände in die Taschen, klimperte mit irgendwas und setzte sich wieder hin.

»So kommen wir nicht weiter – auf beiden Seiten«, sagte er. »Ich habe nicht an Erpressung gedacht – und Ihnen auch kein nachträgliches Bestechungsgeld anbieten wollen. Dafür ist die Summe nicht hoch genug. Die Zeiten sind schwer. Sie haben ein Extra-Risiko auf sich genommen, ich biete Ihnen eine Extra-Vergütung an. Nehmen wir mal an, Julia hat gar nichts mit der Sache zu tun. Dann wäre vielleicht erklärt, warum das Photo liegenblieb. Es gab massenhaft Frauen in Goodwins Leben. Aber wenn die Geschichte rauskommt und ich auch nur in Verbindung gebracht werde damit, fliege ich bei der Firma raus. Ich bin in einer empfindlichen Branche, und die Geschäfte sind nicht allzugut gegangen in letzter Zeit. Unter Umständen wäre man sogar froh über den Vorwand, der sich da böte.«

»Das ist was anderes«, sagte ich. »Aber ich habe Sie gefragt, ob Sie mir alles erzählt hätten, was Sie wissen.«

Er blickte zu Boden. »Nein. Etwas habe ich unterschlagen. Es kam mir zunächst nicht wichtig vor. Und jetzt verschlimmert es meine Lage erheblich. Vor ein paar Tagen, gleich nachdem ich Goodwin in der Stadt begegnet war, rief die Bank mich an und sagte, ein Mr. Lancelot Goodwin sei da, um einen Scheck über eintausend Dollar einzulösen, ausgestellt von Julia Melton. Ich sagte den Leuten, Mrs. Melton sei im Moment verreist, doch kennte ich Mr. Goodwin sehr gut und sähe keinen Grund, den Scheck nicht auszuzahlen, wenn er in Ordnung sei und Goodwin sich angemessen ausweise. Mehr konnte ich nicht gut sagen – unter den Umständen. Ich nehme an, die Bank hat gezahlt. Ich weiß es nicht.«

»Ich dachte, Goodwin hätte selber Kies.«

Melton zuckte steif die Achseln.

»Ein Frauenerpresser, was? Und dann noch so blöd, daß er Schecks nimmt. Ich denke, ich ziehe mit Ihnen an einem Strang, Melton. Mir kommt das Frühstück hoch, wenn ich mir vorstelle, wie die Leichenfledderer von der Presse so eine Geschichte verbraten würden. Aber wenn sie Ihnen auf die Spur kommen, bin ich draußen – wenn ich dann überhaupt noch rauskommen kann.«

Er lächelte, zum erstenmal. »Ich werde Ihnen die fünfhundert mal jetzt gleich geben«, sagte er.

»Kommt nicht in Frage. Sie haben mich engagiert, Ihre Frau zu finden. Wenn ich sie finde, kriege ich fünfhundert auf die Hand – sonst ist nichts.«

»Sie werden sehen, daß man mir trauen kann«, sagte er.

»Ich brauche ein paar Zeilen an diesen Haines oben auf Ihrem Gelände am Little Fawn Lake. Ich muß mir Ihre Hütte mal ansehen. Es gibt für mich jetzt nur noch die eine Möglichkeit, der Sache so nachzugehen, als wäre ich nie in Chevy Chase gewesen.«

Er nickte und stand auf. Er ging zu einem Schreibtisch hinüber und kam mit einem Brief auf Clubpapier zurück.

Mr. William Haines,
Little Fawn Lake.

Lieber Bill –

bitte lassen Sie den Überbringer dieser Zeilen, Mr. John Dalmas, in meine Hütte und seien Sie ihm in jeder Weise behilflich, sich auf meinem Besitz umzusehen.

Mit freundlichem Gruß *Ihr Howard Melton*

Ich faltete den Brief zusammen und steckte ihn mit den anderen Sachen weg, die mir der Tag zugetragen hatte. Melton legte mir eine Hand auf die Schulter. »Das werde ich Ihnen nie vergessen«, sagte er. »Fahren Sie jetzt gleich da rauf?«

»Ich denke schon.«

»Was erwarten Sie zu finden?«

»Nichts. Aber ich wäre ein Vollidiot, wenn ich nicht da begänne, wo die Spur beginnt.«

»Natürlich. Haines ist ein guter Kerl, aber ein bißchen griesgrämig. Er hat eine hübsche blonde Frau, die ihm ganz schön zu schaffen macht. Viel Glück.«

Wir schüttelten uns die Hände. Seine Hand fühlte sich klamm an und klebrig wie marinierter Fisch.

III

Der Mann mit dem Holzbein

Ich schaffte San Bernadino in weniger als zwei Stunden, und dies eine Mal in seinem Leben war es fast so kühl wie Los Angeles und nicht annähernd so stickig. Ich nahm eine Tasse Kaffee zu mir und kaufte eine Pintflasche Roggenwhisky und tankte auf und fuhr los in die Berge. Den ganzen Weg bis Bubbling Springs war es bewölkt. Dann wurde es plötzlich trocken und hell, und kühle Luft blies von den Pässen herunter, und ich kam schließlich an den großen Damm und sah die weite Blaufläche des Puma Lake liegen. Kanus paddelten darauf herum, und Ruderboote mit Außenbordmotoren und Rennboote wühlten das Wasser auf und machten einen Heidenlärm um nichts. Herumgeschüttelt in ihrem Kielwasser, vergeudeten Leute, die zwei Dollar für einen Angelschein bezahlt hatten, ihre Zeit mit dem Versuch, Fische im Wert von zehn Cent zu angeln.

Die Straße gabelte sich am Damm in zwei Richtungen. Mein Weg führte am Südufer entlang. Er schlängelte sich hoch über dem See zwischen aufgetürmten Granitmassen dahin. Hundert Fuß hohe Gelbkiefern drangen in den klarblauen Himmel hinauf. An den offenen Stellen wuchs hellgrüne Bärentraube und was noch übrig war von der wilden Iris und den weißen und purpurnen Lupinen und Günselblumen und der Wüstenbraunwurz. Die Straße senkte sich auf Seehöhe hinab, und ich kam an Herden von Campern vorüber und Herden von Mädchen in Shorts, auf Fahrrädern, auf Motorrollern, zu Fuß auf der ganzen Landstraße oder müßig unter Bäumen, wo sie ganz einfach nur saßen und ihre Beine zeigten. Ich sah hier mehr Fleisch auf den Beinen, als eine Zuchtfarm in ihren Ställen hätte unterbringen können.

Howard Melton hatte gesagt, ich sollte an der alten Redlands Road, eine Meile vor Puma Point, vom See abbiegen. Das war ein schlaglöchriges Asphaltband, das in die umliegenden Berge hinaufkletterte. Hier und da hockten Hütten an den Abhängen. Der Asphalt hörte auf, und nach einer Weile schlich zu meiner Rechten ein kleiner, schmaler Feldweg ab. An der Einmündung stand ein Schild: *Privatweg zum Little Fawn Lake. Kein Durchgang.* Ich folgte ihm und kroch um große kahle Felsen herum und an einem kleinen Wasserfall vorbei und durch Gelbkiefern und Schwarzeichen und Schweigen. Ein Eichhörnchen saß auf einem Ast und riß einen frischen Fichtenzapfen in Stücke und ließ die Stücke wie Konfetti nach unten regnen. Es zankte mit mir und schlug mit der Pfote wütend auf den Zapfen ein.

Der schmale Feldweg machte eine scharfe Biegung um einen dikken Baumstamm herum, und dann stand ich vor einem Gatter aus fünf Querbalken, an dem ein weiteres Schild befestigt war. Diesmal hieß es: *Privat – Kein Zutritt.*

Ich stieg aus und öffnete das Gatter und fuhr hindurch und schloß es wieder. Ich wand mich weitere zweihundert Yards durch Bäume. Plötzlich lag unter mir ein kleiner ovaler See, tief eingebettet zwischen Bäumen und Felsen und wildem Gras, wie ein Tautropfen, der sich in einem gerollten Blatt gefangen hat. Am näheren Ende lag ein gelber Betondamm mit einem Seil als Geländer und einem alten Mühlenrad an der Seite. Unweit davon stand eine kleine Hütte aus Naturholz, gedeckt mit roher Rinde. Sie hatte zwei Schornsteine aus Blech, und aus einem davon lispelte Rauch. Irgendwo schlug dumpf eine Axt.

Auf der anderen Seite des Sees, weit weg, wenn man die Straße nahm, über den Damm aber ganz nah, lag dicht am Wasser eine große Hütte; zwei weitere, nicht so große folgten in weiten Abständen. Am äußersten Ende, dem Damm gegenüber, gab es ein Etwas, das wie ein kleiner Pier mit einem Musikpavillon aussah. Ein schief verzogenes Holzschild daran trug die Aufschrift: *Camp Kilkare.* Ich konnte mir keinen Reim darauf machen, ging deshalb einen Pfad hinunter zu der rindengedeckten Hütte und pochte an die Tür.

Das Geräusch der Axt verstummte. Eine Männerstimme rief irgendwo hinten. Ich setzte mich auf einen großen Stein und rollte eine unangezündete Zigarette zwischen den Fingern. Der Besitzer der Hütte kam seitlich ums Haus, eine Axt in Händen. Er war ein beleibter Mann, nicht sehr groß, mit einem dunklen, rauhen, unrasierten Kinn, ruhigen braunen Augen und graumeliertem Haar, das sich krüllte. Er trug blaue Leinenhosen und ein blaues Hemd, das an einem muskulösen Hals offenstand. Sein rechter Fuß schien beim Gehen einen leichten Außendrall zu haben, bei jedem Schritt. Er beschrieb jedesmal einen flachen Kreisbogen, vom Körper weg und wieder zu ihm zurück. Der Mann ging langsam und kam in aller Ruhe zu mir herauf, eine Zigarette locker zwischen den dicken Lippen. Er hatte die Stimme eines Städters.

»Ja-ah?«

»Mr. Haines?«

»Bin ich.«

»Ich habe einen Brief für Sie.« Ich zog das Papier heraus und reichte es ihm. Er warf die Axt beiseite und warf einen verkniffenen Blick auf das Blatt, drehte sich dann um und ging in die Hütte. Als er wieder herauskam, trug er eine Brille und las den Brief im Gehen.

»Ah, ja«, sagte er. »Vom Boss.« Er studierte nochmals die Zeilen. »Mr. John Dalmas, was? Ich bin Bill Haines. Freut mich, Sie kennenzulernen.« Wir schüttelten uns die Hand. Er hatte eine Hand wie eine Stahlfalle.

»Sie wollen sich mal umsehn hier und Meltons Hütte anschauen, was? Um was geht's denn? Er will doch nicht etwa verkaufen, um Himmels willen?«

Ich zündete mir meine Zigarette an und schnippte das Streichholz in den See. »Er hat hier mehr, als er braucht«, sagte ich.

»Land, sicher. Aber er sagte, die Hütte . . .«

»Er wollte, daß ich sie mir mal anschaue. Eine besonders schöne Hütte, sagt er.«

Er zeigte hinüber. »Die da drüben, die große. Außenwände aus gehobeltem Rotholz, Isolierschicht aus Celarex, innen dann knorrige Kiefer. Dach aus Verbundschindeln, gemauertes Fundament, Veranden, Bad, Dusche und Toilette. Wasserversorgung über Reservoir aus einer Quelle hinten am Berg. Wahrhaftig eine besonders schöne Hütte, würde ich sagen.«

Ich betrachtete das Haus, aber Bill Haines betrachtete ich noch genauer. Seine Augen hatten ein Glitzern, und unter seinen Augen waren Tränensäcke, trotz seiner wettergegerbten Haut.

»Wollen Sie gleich mal rüber? Dann hole ich die Schlüssel.«

»Ich bin ziemlich müde nach der langen Fahrt hier rauf. Ich könnte ganz gut einen Drink vertragen, Haines.«

Er blickte interessiert, schüttelte aber den Kopf. »Tut mir leid, Mr. Dalmas, aber ich bin grad mit einer Quartflasche zu Ende gekommen.« Er leckte sich die breiten Lippen und lächelte mich an.

»Wofür ist denn das Mühlrad?«

»Filmkrempel. Hier wird von Zeit zu Zeit gedreht. Am andern Ende drüben steht noch so eine Dekoration. Mit der haben sie *Liebe unter Fichten* gemacht. Die übrigen Dekorationen sind wieder abgerissen worden. Soviel ich gehört habe, ist der Film durchgefallen.«

»Tatsächlich? Leisten Sie mir bei einem Drink Gesellschaft?« Ich holte meine Pintflasche Roggenwhisky heraus.

»Bei so was sag ich nie nein. Warten Sie, ich hole uns Gläser.«

»Mrs. Haines nicht da?«

Er starrte mich mit jäher Kälte an. »Nee«, sagte er sehr langsam. »Wieso?«

»Ach, wegen dem Haussegen, wenn wir was trinken.«

Er entspannte sich wieder, ließ seinen Blick aber noch einen Moment länger auf mir ruhen. Dann wandte er sich um und humpelte in die Hütte zurück mit seinem steifbeinigen Gang. Er kam mit zwei kleinen Gläsern wieder, von der Sorte, in der man bestimmte Käsearten geliefert kriegt. Ich machte meine Flasche auf und goß uns beiden tüchtig ein, und wir setzten uns hin mit den Gläsern, Haines das rechte Bein fast gerade von sich gestreckt, den Fuß ein bißchen verdreht, nach außen.

»Hab ich mir in Frankreich gefangen«, sagte er und trank. »Das alte Hinkebein Haines. Hm, hat mir immerhin eine Rente verschafft, und bei den Weibern stört's mich nicht. Sollen leben, prost.« Er leerte sein Glas.

Wir stellten unsere Gläser ab und sahen einem Blauhäher zu, der eine hohe Fichte hinaufhüpfte, von Ast zu Ast, ohne auch nur einen Moment innehalten zu müssen, um sich auszubalancieren, wie ein Mensch eine Treppe hinaufläuft.

»Kalt und schön hier oben, aber einsam«, sagte Haines. »Viel zu einsam, verdammt.« Er beobachtete mich aus den Augenwinkeln. Er hatte irgend etwas auf dem Herzen.

»Manche Leute mögen das.« Ich griff nach den Gläsern und kam meiner Pflicht bei ihnen nach.

»Mir macht's zu schaffen. Ich trinke zuviel, weil's mich immer wieder packt. Besonders nachts packt's mich.«

Ich sagte nichts. Er stürzte sein zweites Glas mit einem einzigen harten Schluck hinunter. Ich reichte ihm schweigend die Flasche. Er süffelte sein drittes Glas, schrägte den Kopf auf die Seite und leckte sich die Lippen.

»Irgendwie komisch, was Sie da gesagt haben – ob Mrs. Haines nicht da wäre.«

»Ich dachte bloß, wir sollten sonst unsere Flasche vielleicht außer Sichtweite der Hütte bringen.«

»Hm. Sind Sie ein Freund von Melton?«

»Ich kenne ihn. Aber nicht näher.«

Haines blickte zu der großen Hütte hinüber. »Dieses verdammte Flittchen!« knurrte er plötzlich, das Gesicht jäh verzerrt.

Ich starrte ihn an.

»Hab meine Beryl verloren wegen ihr, der verdammten Hure«, sagte er bitter. »Mußte sich sogar an einbeinige Burschen wie mich ranmachen. Hat mich betrunken gemacht und vergessen lassen, daß ich das allerliebste kleine Frauchen hatte, was man sich nur denken kann.«

Ich wartete, die Nerven gespannt.

»Und ihn soll doch auch gleich der Teufel holen! So ein Flittchen allein zu lassen hier oben! Ich muß ja nicht wohnen bleiben in dieser gottverdammten Hütte. Ich kann überall leben, wo's mir paßt. Ich hab eine Rente. Kriegsversehrtenrente.«

»Hier lebt sich's doch ganz schön«, sagte ich. »Trinken Sie mal noch was.«

Er tat es, wandte mir wütende Augen zu. »Hier lebt sich's lausig«, knurrte er. »Wenn einen die Frau verläßt und man nicht weiß, wo sie ist – vielleicht mit irgendeinem anderen Kerl zusammen . . .« Er ballte eine eiserne linke Faust.

Nach einem Augenblick entspannte er die Finger langsam und goß sich sein Glas halb voll. Die Flasche sah inzwischen schon ziemlich abgemagert aus. Er stürzte den großen Schluck auf einen Sitz hinunter.

»Ich kenne Sie nicht besser als den Schullehrer meiner Großmutter«, grummelte er, »aber was soll's! Ich hab's satt, allein zu sein. Ich hab mich wie ein Idiot benommen – nein, doch nicht, bloß menschlich. Sie hat eine Figur – also genau so wie Beryl. Dieselbe Größe, dasselbe Haar, derselbe Gang, alles wie Beryl. Verdammt, sie könnten glatt Schwestern sein. Nur in einem ist sie halt anders – wenn Sie verstehen, was ich meine.« Er plierte mich an, ein bißchen betrunken schon.

Ich machte ein mitfühlendes Gesicht.

»Ich bin rüber, um Abfälle zu verbrennen«, grollte er und fuchtelte mit einem Arm. »Da kommt sie hinten auf die Veranda raus, in einem Pyjama – also wie aus Cellophan. Mit zwei Gläsern in den Händen. Lächelt mich an, mit den typischen Schlafzimmeraugen. ›Kommen Sie, trinken Sie einen Schluck, Bill.‹ Ja-ah. Trank ich also einen Schluck. Und aus dem einen Schluck wurden neunzehn Gläschen. Sie können sich wohl denken, was dann passiert ist.«

»Das ist schon vielen anständigen Männern passiert.«

»Läßt sie hier oben alleine, dieser . . .! Während er selber sich in L. A. amüsiert! Und Beryl verläßt mich – kommenden Freitag werden's zwei Wochen.«

Ich wurde auf einmal ganz steif. Ich wurde so steif, daß ich spüren konnte, wie sich sämtliche Muskeln meines Körpers spannten. Kommenden Freitag vor zwei Wochen – das war vorletzten Freitag. Und das war der zwölfte August gewesen – der Tag, an dem Julia Melton nach El Paso aufgebrochen sein sollte, der Tag, an dem sie angeblich im Olympia Hotel am Fuß der Berge abgestiegen war.

Haines setzte das leere Glas hin und langte in seine zugeknöpfte Hemdtasche. Er reichte mir ein Stück Papier mit Eselsohren. Ich faltete es vorsichtig auseinander. Es war mit Bleistift beschrieben.

Lieber wäre ich tot, als länger mit Dir zusammen zu leben, Du lausiger Betrüger! Beryl. Das war alles, was darauf stand.

»War ja nicht das erstemal«, sagte Haines mit einem rohen Kichern. »Bloß das erstemal, daß ich erwischt worden bin.« Er lachte.

Dann verdüsterte sich seine Miene wieder. Ich gab ihm seinen Brief zurück, und er knöpfte ihn sich wieder in die Tasche. »Wieso, zum Teufel, erzähle ich Ihnen das eigentlich?« knurrte er mich an.

Ein Blauhäher schimpfte mit einem großen Buntsprecht, und der Buntsprecht sagte »Kr-rakeeler!« zu ihm, ganz wie ein Papagei.

»Sie fühlen sich einsam«, sagte ich. »Sie müssen's sich mal alles von der Seele reden. Trinken Sie noch was. Ich hab mein Teil schon gehabt. Sie waren nicht da an dem Nachmittag – als Ihre Frau wegfuhr, oder?«

Er nickte maulig und saß da und hielt die Flasche zwischen den Beinen. »Wir hatten uns gezankt, und da bin ich rüber ans Nordufer gefahren, zu einem Burschen, den ich kenne. Ich fühlte mich so gemein wie Fliegendreck. Ich mußte mich einfach irgendwo volllaufen lassen. Das hab ich dann auch gemacht. Wieder heimgekommen bin ich vielleicht um zwei Uhr früh – stockbesoffen. Aber ich fahre langsam, wegen meinem künstlichen Chassis. Sie war weg. Bloß der Brief lag da.«

»Das war letzten Freitag vor einer Woche, stimmt's? Und seither haben Sie nichts mehr von ihr gehört?«

Ich war ein bißchen zu genau in meinen Fragen. Er bedachte mich mit einem forschenden Blick, der sich aber wieder verlor. Er hob die Flasche und trank maulig daraus und hielt sie gegen die Sonne. »Jungejunge, die hat kein langes Leben mehr vor sich«, sagte er. »*Sie* war ebenfalls abgehauen.« Er wies mit dem Daumen nach der anderen Seite des Sees hinüber. »Vielleicht haben sie Streit gehabt.«

»Vielleicht sind sie zusammen weg.«

Er lachte heiser. »Da kennen Sie aber meine kleine Beryl schlecht, Mister. Wenn die mal loslegt, ist sie eine Teufelskatze.«

»Klingt, wie wenn sie das beide wären. Hatte Mrs. Haines einen Wagen? Ich meine, Sie sind doch selber gefahren an dem Tag, oder?«

»Wir haben zwei Fords. Meiner muß Gas- und Bremspedal auf der linken Seite haben, unter dem heilen Bein. Sie hat ihren eigenen genommen.«

Ich stand auf und ging ans Wasser und warf meinen Zigarettenstummel hinein. Das Wasser war dunkelblau und sah tief aus. Der Spiegel lag hoch, durch die Springflut, und an ein paar Stellen leckte das Wasser über den Damm.

Ich ging zu Haines zurück. Er trichterte sich grad den letzten Rest meines Whiskys in die Kehle. »Muß mir noch mehr Stoff besorgen«, sagte er mit schwerer Zunge. »Schulde Ihnen eine Pintflasche. Sie haben selber ja überhaupt nichts getrunken.«

»Hatte schon vorher reichlich getankt«, sagte ich. »Wenn's Ihnen recht ist, geh ich jetzt mal rüber und seh mir die Hütte an.«

»Klar. Wir gehen um den See. Sie nehmen's mir doch nicht übel, daß mir derart der Topf übergekocht ist – wegen Beryl?«

»Man muß seinen Kummer manchmal bei jemandem abladen«, sagte ich. »Wir könnten über den Damm gehen. Dann brauchen Sie nicht so weit zu laufen.«

»Nicht doch, wieso? Ich laufe gut, auch wenn's nicht danach aussieht. Ich bin schon einen ganzen Monat nicht mehr um den See gelaufen.« Er stand auf und ging in die Hütte und kam mit ein paar Schlüsseln wieder. »Ja, dann wolln wir uns mal auf die Socken machen.«

Wir setzten uns in Richtung des kleinen hölzernen Piers mit dem Pavillon am andern Ende des Sees in Bewegung. Es gab einen Pfad ganz nah am Wasser, der sich immer wieder zwischen großen rohen Granitblöcken hindurchwand. Der Feldweg lag weiter ab und auch höher. Haines ging langsam, stieß wuchtig mit dem rechten Fuß auf. Er war mißlaunig und grad betrunken genug, um in seiner eigenen Welt zu leben. Er sprach so gut wie kaum. Wir erreichten den kleinen Pier, und ich ging auf ihn hinaus. Haines folgte mir, und sein Holzbein stieß dumpf auf die Planken. Wir kamen ans Ende, jenseits des kleinen offenen Musikpavillons, und lehnten uns gegen ein verwittertes, dünkelgrünes Geländer.

»Gibt's hier eigentlich Fische?« fragte ich.

»Aber gewiß doch. Regenbogenforellen, Schwarzbarsche. Ich bin selber kein Fischesser. Schätze, es gibt zu viele davon.«

Ich lehnte mich vor und sah in das tiefe stille Wasser hinunter. Da unten strudelte es, und etwas Gestalthaftes, Grünes bewegte sich unter dem Pier. Haines lehnte neben mir. Seine Augen starrten in die Tiefen des Wassers hinunter. Der Pier war solide gebaut und hatte noch eine Unterwasserdielung, breiter als der Pier selbst, ganz als hätte der See früher einmal einen viel niedrigeren Wasserspiegel gehabt und diese Dielung wäre ein Landesteg für Boote gewesen. Ein flacher Kahn schaukelte auf dem Wasser, an einem zerfransten Seil.

Haines packte meinen Arm. Ich schrie fast auf. Seine Finger gruben sich in meine Muskeln wie eiserne Klauen. Ich sah ihn an. Er stand vornübergebeugt, das Gesicht kreidebleich und glitzernd vor Schweiß. Ich sah ins Wasser hinunter.

Träge wellte da unten, an der Kante der Unterwasserdielung, etwas unter den Bohlen vor, was verschwommen wie eine menschliche Hand aussah, an einem menschlichen Arm in dunklem Ärmel; es zögerte, wellte zurück außer Sicht.

Haines straffte langsam seinen Körper, und seine Augen waren plötzlich nüchtern und voller Furcht. Er wandte sich ohne ein Wort von mir ab und ging den Pier entlang zurück. Er trat zu einem Haufen Felssteine, beugte sich nieder und packte einen davon mit den

Händen. Sein keuchender Atem drang zu mir herüber. Er bekam den Brocken los, und sein starker Rücken straffte sich. Er hob den Brocken in Brusthöhe. Das Gewicht mußte gut hundert Pfund betragen. Er ging damit trotz seines Holzbeins stetig wieder auf den Pier hinaus, erreichte das Geländer am Ende und hob den Brocken hoch über seinen Kopf. Einen Moment lang stand er so da, die Nakkenmuskeln gewölbt über seinem blauen Hemd. Aus seinem Mund kam ein unartikulierter Laut der Qual. Dann krümmte sich sein ganzer Körper jäh nach vorn, und der große Stein klatschte ins Wasser hinunter.

Es gab einen ungeheuren Platsch, und das hochspritzende Wasser traf uns beide. Der Felsbrocken fiel senkrecht durch das Wasser und krachte auf die Kante der Dielung unten. Die kleinen Wellen breiteten sich schnell aus, und das Wasser kochte. Undeutlich hörte man Bretter brechen unter Wasser. Die Wellenkreise verebbten in der Ferne, und das Wasser dort drunten, unter unsern Augen, begann sich zu klären. Eine alte verfaulte Planke schoß plötzlich hoch aus dem Wasser heraus und sank mit einem flachen Klatschen zurück und trieb ab.

Die Tiefen klärten sich immer mehr. Etwas regte sich in ihnen. Ganz langsam kam es hochgestiegen, ein langes, dunkles, verkrümmtes Etwas, das sich im Steigen drehte. Es durchbrach die Oberfläche. Ich sah Wolle, schwammig schwarz jetzt – einen Sweater, eine lange Hose. Ich sah Schuhe und etwas, was formlos und geschwollen über den Rand der Schuhe gequollen war. Ich sah eine Welle blonden Haars, das sich im Wasser ausbreitete und still lag für einen Augenblick.

Das Ding rollte herum, und ein Arm platschte ins Wasser, und die Hand am Ende des Arms war keine anständige Menschenhand mehr. Das Gesicht drehte sich uns zu. Eine geschwollene, breiige, grauweiße Masse von gedunsenem Fleisch, ohne erkennbare Züge, ohne Augen, ohne Mund. Ein Ding, das einmal ein Gesicht gewesen war. Haines blickte darauf nieder. Grüne Steine zeigten sich unter dem Nacken, der zu dem Gesicht gehörte. Haines' rechte Hand packte das Geländer, und seine Knöchel wurden so weiß wie Schnee unter der harten braunen Haut.

»Beryl!« Seine Stimme schien aus weiter Ferne zu mir zu kommen, über einen Berg, durch ein tiefes Dickicht von Bäumen.

IV

Die Tote im See

Auf einem großen weißen Pappdeckel im Fenster stand in ungelenken Blockbuchstaben: BEHALTET TINCHFIELD ALS CONSTABLE! Hinter dem Fenster stand ein schmaler Tresen mit Stößen verstaubter Aktenhefter darauf. Die Tür war aus Glas und trug in schwarzer Farbe die Aufschrift: *Polizeichef. Einsatzleiter der Feuerwehr. Städtischer Constable. Handelskammer. Eintreten.*

Ich trat ein und befand mich im Innern einer kleinen Hütte aus Kiefernbrettern, die nur einen einzigen Raum hatte und als Einrichtung einen dickbauchigen Ofen in der Ecke, einen mit Papier übersäten Zylinderschreibtisch, zwei harte Stühle und den Tresen. An der Wand hingen die Blaupause einer großen Karte der Gegend, ein Kalender und ein Thermometer. Neben dem Tischtelephon hatte jemand Nummern auf das Holz geschrieben, mühsam, in großen, tief eingegrabenen Zahlenzeichen.

Ein Mann saß, weit zurückgelehnt, in einem altertümlichen Drehstuhl am Schreibtisch, einen flachkrempigen Stetson auf dem Hinterkopf und einen riesigen Spucknapf neben dem rechten Fuß. Seine großen haarlosen Hände waren gemütlich über seinem Bauch gefaltet. Er trug eine braune Hose, die von Hosenträgern gehalten wurde, ein früher lohbraun gewesenes, jetzt von vielem Waschen verblaßtes Hemd und keine Krawatte. Was ich von seinem Haar sehen konnte, war mausbraun mit Ausnahme der Schläfen, die schneeweiß waren. Auf seiner linken Brust saß ein Stern. Er selber saß mehr auf der linken Hüfte als auf der rechten, weil er in seiner Hüfttasche unten ein ledernes Hüfthalfter trug, mit einer großen schwarzen Pistole darin.

Ich lehnte mich an den Tresen und sah ihn an. Er hatte große Ohren und freundliche graue Augen, und er sah aus, als könnte ihm jedes Kind die Taschen ausnehmen.

»Sind Sie Mr. Tinchfield?«

»Jau. Die gesamte Polizeimacht, die wir haben, bin ich – bis zur kommenden Wahl jedenfalls. Leider sind ein paar ganz ordentliche Jungs gegen mich aufgestellt worden, und vielleicht bringen die's fertig, mich zu schlagen.« Er seufzte.

»Erstreckt sich Ihre Jurisdiktion auch auf den Little Fawn Lake?«

»Was war das, mein Sohn?«

»Der Little Fawn Lake, hinten in den Bergen. Gehört der zu Ihrem Tätigkeitsfeld?«

»Jau. Denke schon. Ich bin auch Deputy-Sheriff. War nur kein Platz dafür mehr auf der Tür.« Er betrachtete die Tür ohne erkennbares Mißvergnügen. »Die ganzen Sachen da, das bin ich. Meltons Grundstück, wie? Ist was nicht in Ordnung, mein Sohn?«

»Im See liegt eine Tote.«

»Ho, was Sie nicht sagen!« Er entfaltete seine Hände und kratzte sich am Ohr und stand schwerfällig auf. Jetzt, wo er stand, war er ein großer, kräftiger Mann. Sein Fett war bloß Lebensfreude. »Eine Tote, haben Sie gesagt? Wer ist es?«

»Die Frau von Bill Haines, Beryl. Sieht wie Selbstmord aus. Sie hat lange im Wasser gelegen, Sheriff. Kein sehr schöner Anblick. Sie hat ihn vor zehn Tagen verlassen, sagt er. Um die Zeit muß sie's getan haben, schätze ich.«

Tinchfield beugte sich über den Spucknapf und spie eine verfilzte braune Fasermasse hinein. Sie fiel mit einem sanften Plopp. Er arbeitete mit den Lippen und wischte sie sich mit dem Handrükken ab.

»Wer sind Sie, mein Sohn?«

»Mein Name ist John Dalmas. Ich bin von Los Angeles raufgekommen, mit einem Brief an Haines von Mr. Melton – um mir den Besitz mal anzusehen. Haines und ich gingen um den See herum, und da sind wir mal kurz auf den kleinen Pier rausgetreten, den die Filmleute gebaut haben. Da sahen wir unten im Wasser was unter den Planken. Haines warf einen großen Felsbrocken rein, und die Leiche kam hoch. Kein sehr schöner Anblick, Sheriff.«

»Ist Haines noch oben?«

»Ja-ah. Ich bin allein runtergefahren, weil ihn die Sache ziemlich mitgenommen hat.«

»Das überrascht mich nicht, mein Sohn.« Tinchfield öffnete eine Schublade in seinem Schreibtisch und holte eine volle Pintflasche Whisky heraus. Er steckte sie sich unters Hemd und knöpfte das Hemd wieder zu. »Wir werden Dr. Menzies holen«, sagte er. »Und Paul Loomis.« Er kam in aller Ruhe um den Tresen herum. Die Situation schien ihn fast so stark zu beunruhigen wie das Summen einer Fliege.

Wir gingen hinaus. Bevor wir gingen, stellte er noch eine Pappuhr ein, die innen hinter der Glasscheibe hing: *Bin um 18 Uhr zurück.* Er schloß die Tür ab und stieg in einen Wagen, der eine Sirene hatte, zwei rote Scheinwerfer, zwei bernsteinfarbene Nebellampen, ein rot-weißes Feuerwehrschild und diverse Legenden an der Seite, die alle zu lesen ich mir nicht die Mühe nahm.

»Sie warten hier, mein Sohn. Ich bin wieder da, noch ehe Sie papp gesagt haben.«

Er wirbelte den Wagen auf der Straße herum und sauste davon, die Wegstrecke zum See hinunter, und hielt vor einem Fachwerkbau gegenüber der Posthalterei an. Er ging hinein und kam mit einem hochgewachsenen, dünnen Mann wieder heraus. Der Wagen kam langsam zurückgeschlingert, und ich hängte mich an. Wir fuhren durch das Dorf, wichen kurzbehosten Mädchen aus und Männern in Turnhosen, Badehosen und allen möglichen anderen Shorts, die meisten von ihnen nackt und braun von der Taille an aufwärts. Tinchfield lehnte sich auf die Hupe, machte aber von der Sirene keinen Gebrauch. Die hätte ihm nur eine endlose Schlange Autos ins Schlepptau gebracht. Wir fuhren einen staubigen Hügel hinauf und hielten vor einer Hütte. Tinchfield ließ die Hupe quäken und brüllte hinüber. Ein Mann in blauem Overall öffnete die Tür.

»Steig ein, Paul.«

Der Mann im Overall nickte und tauchte in die Hütte zurück und mit einem schmutzigen Löwenjägerhut auf dem Kopf heraus. Wir fuhren zur Hauptstraße zurück und bogen dann in den Feldweg ab und fuhren so weiter bis ans Gattertor mit dem *Privat*-Schild. Der Mann im Overall stieg aus und machte auf und machte wieder zu, nachdem unsere Wagen passiert hatten.

Als wir zum See kamen, stieg kein Rauch mehr von der kleinen Hütte auf. Wir stellten unsere Wagen ab.

Dr. Menzies war ein knochiger, gelbgesichtiger Mann mit Käferaugen und nikotinfleckigen Fingern. Der Mann mit dem blauen Overall und dem Löwenjägerhut war ungefähr dreißig, dunkel, schwarzbraun gebrannt, hager und sah unterernährt aus.

Wir traten ans Ufer des Sees und blickten zum Pier hinüber. Bill Haines saß dort auf den Bohlen, splitternackt, den Kopf in den Händen. Neben ihm lag etwas auf dem Pier.

»Wir können doch noch ein Stückchen weiterfahren«, sagte Tinchfield. Also stiegen wir wieder ein, fuhren und hielten wieder und marschierten alle zum Pier hinunter.

Das Ding, das einmal eine Frau gewesen war, lag mit dem Gesicht nach unten auf dem Pier, einen Strick unter den Armen. Auf der einen Seite davon lagen Haines' Sachen. Sein künstliches Bein, ledern und metallen schimmernd, war auch dabei. Ohne ein Wort holte Tichfield die Whiskyflasche aus seinem Hemd und korkte sie auf und reichte sie Haines hinüber.

»Jetzt trink mal erst einen herzhaften Schluck, Bill«, sagte er beiläufig. Es lag ein übelkeitserregender, grauenhafter Geruch in der Luft. Haines schien ihn gar nicht zu bemerken, auch Tinchfield nicht und Menzies. Loomis holte eine Decke aus dem Wagen und warf sie über die Leiche, dann zogen wir beide, er und ich, uns davon zurück.

Haines trank aus der Flasche und blickte mit toten Augen auf. Er hielt die Flasche schlaff zwischen seinem nackten Knie und dem Stumpf des anderen Beins und begann zu reden. Er sprach mit toter Stimme, ohne irgendwen oder irgendwas dabei anzusehen. Er sprach langsam und erzählte alles, was er auch mir erzählt hatte. Er sagte, nach meinem Weggang hätte er sich den Strick geholt und sich ausgezogen und wäre ins Wasser gegangen und hätte das Ding rausgeholt. Als er zu Ende gekommen war, starrte er auf die Holzplanken nieder und wurde so reglos wie eine Statue.

Tinchfield schob sich einen Priem Tabak in den Mund und kaute einen Moment darauf herum. Dann biß er die Zähne zusammen und beugte sich vor und drehte die Leiche vorsichtig um, als hätte er Angst, sie könnte ihm in den Händen zerfallen. Die Sonne schien auf die lose Halskette aus grünen Steinen, die ich im Wasser bemerkt hatte. Sie waren roh geschnitten und glanzlos wie Seifenstein. Ein vergoldetes Kettchen hielt sie zusammen. Tinchfield straffte seinen breiten Rücken und schneuzte sich geräuschvoll in ein lohfarbenes Taschentuch.

»Was sagt der Herr Doktor?«

Menzies sprach mit gepreßter, hoher, reizbarer Stimme. »Was zum Teufel willst du denn hören?«

»Todesursache und -zeit«, sagte Tinchfield milde.

»Sei nicht albern, Jim«, sagte der Arzt garstig.

»Kannst wohl gar nichts sagen, was?«

»Bei dem Anblick? Guter Gott!«

Tinchfield seufzte und wandte sich mir zu. »Wo befand sich – äh, das da, als Sie's zuerst bemerkten?«

Ich erklärte es ihm. Er hörte mir zu, mit reglosem Mund und leeren Augen. Dann fing er wieder an zu kauen. »Komische Stelle. Gar keine Strömung hier. Wenn's eine gäbe, liefe sie zum Damm.«

Bill Haines erhob sich auf seinen einen Fuß, hüpfte zu seinen Sachen hinüber und schnallte sich das Bein an. Er streifte sich langsam, linkisch die Kleidungsstücke über, zerrte sich das Hemd über die nasse Haut. Er sprach wieder, ohne jemanden dabei anzusehen. »Sie hat es selbst getan. Es muß so gewesen sein. Ist unter die Bohlen geschwommen und hat Wasser eingeatmet. Vielleicht ist sie hängengeblieben. Bestimmt. Es gibt gar keine andere Möglichkeit.«

»Eine schon, Bill«, sagte Tinchfield milde und blickte in den Himmel hinauf.

Haines nestelte in seinem Hemd herum und holte den Brief mit den Eselsohren heraus. Er gab ihn Tinchfield. Wie auf gemeinsame Absprache hin zogen sich jetzt alle ein Stück von der Leiche zurück. Dann ging Tinchfield noch einmal hinüber, um seine Whiskyflasche zu holen und wieder unters Hemd zu stecken. Er trat zu uns und las den Brief, wieder und immer wieder.

»Es steht kein Datum drauf. Du sagst, es war vor zwei Wochen?«

»Kommenden Freitag vor zwei Wochen.«

»Sie hat dich schon einmal verlassen, stimmt's?«

»Jah-ah«, sagte Haines und sah ihn nicht an dabei. »Vor zwei Jahren. Ich hatte mich vollaufen lassen und war bei einer Nutte geblieben.« Er lachte wild.

Der Sheriff las in aller Ruhe noch einmal den Brief. »Hat sie damals auch einen Brief hinterlassen?« erkundigte er sich.

»Schon kapiert«, knurrte Haines. »Schon kapiert. Du brauchst es mir nicht auch noch schriftlich zu geben.«

»Der Brief sieht ganz schön alt aus«, sagte Tinchfield sanft.

»Ich hab ihn zehn Tage im Hemd gehabt!« schrie Haines. Wieder lachte er wild.

»Was amüsiert dich so dabei, Bill?«

»Hast du schon mal versucht, einen Menschen sechs Fuß tief unter Wasser zu ziehen?«

»Nein, Bill, noch nie.«

»Ich schwimme ja ganz gut – für einen Burschen mit bloß einem Bein. Aber so gut schwimme ich nicht.«

Tinchfield seufzte. »Nun, das besagt ja noch nichts, Bill. Könntest auch einen Strick benutzt haben. Möglich, daß sie mit einem Stein beschwert worden ist, vielleicht mit zwei Steinen, an Kopf und Füßen. Nachdem sie dann unter den Bohlen war, konnte der Strick abgeschnitten werden. Alles durchaus möglich, mein Sohn.«

»Klar. Ich bin's gewesen«, sagte Haines und stieß ein röhrendes Gelächter aus. »Ich – ich hab Beryl das angetan! Dann sperr mich doch ein, du – du . . .«

»Das beabsichtige ich in der Tat«, sagte Tinchfield milde. »Nur zur Vernehmung. Noch keine Anschuldigung, Bill. Immerhin könntest du's getan haben. Widersprich mir nicht. Ich hab ja nicht gesagt, daß du's wirklich warst. Ich sage bloß, du könntest es gewesen sein.«

Haines wurde so schnell wieder nüchtern, wie er aus dem Häuschen geraten war.

»Gibt's eine Versicherung?« fragte Tinchfield und blickte wieder in den Himmel hinauf.

Haines schrak zusammen. »Fünftausend. Das wär's. Das bringt mich an den Strick. Okay. Gehn wir.«

Tinchfield wandte sich langsam zu Loomis um. »Geh mal in die Hütte rüber, Paul, und hol ein paar Decken. Und dann gießen wir uns am besten wohl alle ein bißchen Whisky unter die Nase.«

Loomis drehte sich um und ging den Pfad entlang, der den See säumte, zur Haines-Hütte hinüber. Wir andern standen einfach da.

Haines blickte auf seine harten braunen Hände nieder und ballte sie zur Faust. Ohne ein Wort riß er die rechte Faust hoch und versetzte sich selbst einen fürchterlichen Schlag ins Gesicht. »Du . . .!« sagte er mit heiserem Flüstern.

Seine Nase fing an zu bluten. Er stand schlaff da. Das Blut lief ihm über die Lippe und seitlich am Mund vorbei zur Kinnspitze. Es begann ihm vom Kinn zu tropfen.

Das erinnerte mich an etwas, was ich schon fast vergessen hatte.

V

Das goldene Kettchen

Eine Stunde nach Dunkelheit rief ich bei Howard Melton zu Hause in Beverly Hills an. Ich telephonierte vom kleinen Blockhütten-Büro der Telephongesellschaft aus, unweit der Hauptstraße von Puma Point, fast außer Hörweite der ballernden 22er in den Schießbuden, der klappernden Wurfbälle, der bunt durcheinandertutenden Autohupen und der winselnden Hillbilly-Musik im Speisesaal des Indian Head Hotel.

Als das Mädchen in der Vermittlung ihn endlich an den Apparat bekommen hatte, sagte sie mir, ich sollte im Büro des Managers abnehmen. Ich ging hinein und schloß die Tür und setzte mich an einen kleinen Schreibtisch und griff nach dem Hörer.

»Irgendwas gefunden da oben?« fragte Meltons Stimme. Sie hatte einen leichten Knick, einen Drei-Highballs-Knick.

»Nichts von dem, was ich erwartet hatte. Aber es ist etwas passiert hier oben, was Ihnen gar nicht gefallen wird. Wollen Sie's knallhart auf den Tisch – oder in Weihnachtspapier gewickelt?«

Ich konnte ihn husten hören. Sonst hörte ich keinen anderen Laut aus dem Zimmer, in dem er sprach. »Auf den Tisch damit«, sagte er fest.

»Bill Haines behauptet, Ihre Frau hätte ihm Avancen gemacht – und sie wären zusammen im Bett gewesen. Sie hatten sich gemeinsam betrunken, und zwar genau am Morgen des Tages, an dem sie dann wegfuhr. Haines hatte anschließend Krach mit seiner Frau deswegen und ist dann rüber ans Nordufer des Puma Lake gefahren, um sich noch weiter vollaufen zu lassen. Er war bis zwei Uhr in der Frühe weg. Verstehn Sie richtig – ich erzähle Ihnen nur, was er selber gesagt hat.«

Ich wartete. Schließlich sagte Meltons Stimme: »Ich hab's gehört. Weiter, Dalmas.« Es war eine tonlose Stimme, so flach und grau wie ein Stück Schiefer.

»Als er nach Hause kam, waren beide Frauen weg. Seine Frau Beryl hatte ihm einen Brief dagelassen, in dem stand, sie wäre lieber tot, als länger mit einem lausigen Betrüger wie ihm zusammen zu leben. Er hat sie seither nie mehr gesehen – bis heute.«

Melton hustete nochmals. Das Geräusch fuhr mir scharf ins Ohr.

In der Leitung summte und knackte es. Eine Telephonistin schaltete sich ein, und ich ersuchte sie, beiseite zu gehen und das Haar zu kämmen. Nach der Unterbrechung sagte Melton: »Und das alles hat Haines Ihnen erzählt, einem vollständig Fremden?«

»Ich hatte ein bißchen Schnaps mitgebracht. Er trinkt ganz gern mal einen Schluck, und dann brannte er auch darauf, mit jemandem zu reden. Der Schnaps überwand die Barrieren. Aber es kommt noch mehr. Ich sagte eben, er hätte seine Frau seither nicht mehr gesehen – bis heute. Heute ist sie nämlich wieder aufgetaucht, und zwar aus Ihrem kleinen See. Wie sie aussah, will ich Ihrer Phantasie überlassen.«

»Guter Gott!« schrie Melton gepreßt.

»Sie steckte unter den Unterwasserbohlen des Piers, den die Filmleute gebaut haben. Der Constable hier, Jim Tinchfield, hatte keine allzu große Freude daran. Er hat Haines eingesperrt. Ich glaube, sie sind nach San Bernadino gefahren, zum Staatsanwalt und um eine Autopsie machen zu lassen und so weiter.«

»Tinchfield glaubt, Haines hätte sie umgebracht?«

»Er glaubt, er könnte sie umgebracht haben. Er sagt nicht alles, was er denkt. Haines hat eine blendende Show abgezogen, ganz Verzweiflung und gebrochenes Herz, aber dieser Tinchfield ist kein Narr. Er weiß vielleicht eine Menge Sachen über Haines, von denen ich keine Ahnung habe.«

»Hat man Haines' Hütte durchsucht?«

»Nicht, solange ich dort war. Vielleicht später.«

»Ich verstehe.« Seine Stimme klang müde jetzt, erschöpft.

»Für einen ländlichen Staatsanwalt ist das Ganze, so kurz vor der Wahl, eine reizende Bescherung«, sagte ich. »Aber für uns sieht es nicht ganz so reizend aus. Wenn ich zur Inquest-Verhandlung erscheinen muß, dann muß ich meinen Beruf angeben, und zwar unter Eid. Das bedeutet zugleich aber auch, daß ich erzählen muß, was ich da oben zu suchen hatte, in gewissem Umfang wenigstens. Und das bedeutet wiederum, daß Sie hineingezogen werden.«

»Es sieht so aus«, sagte Meltons Stimme matt, »als wäre ich bereits hineingezogen worden. Wenn meine Frau . . .« Er brach ab und fluchte. Dann sprach er eine ganze Zeit lang nicht. Wieder waren Geräusche in der Leitung und ein schärferes Knacken, wahrscheinlich von einem Gewitter irgendwo in den Bergen.

Schließlich sagte ich: »Beryl Haines hatte einen eigenen Ford. Nicht den von Bill. Der hat eine Spezialvorrichtung, damit er die Pedale mit dem linken Bein bedienen kann. Der Wagen ist weg. Und der bewußte Brief klang mir eigentlich gar nicht nach Selbstmordabsichten.«

»Was haben Sie jetzt vor?«

»Es sieht fast so aus, als sollte ich bei diesem Job dauernd abgelenkt werden. Vielleicht komme ich heute abend in die Stadt zurück. Kann ich Sie zu Hause anrufen?«

»Jederzeit«, sagte er. »Ich werde den ganzen Abend und die ganze Nacht dableiben. Rufen Sie mich jederzeit an. Ich hätte im Leben nicht gedacht, daß Haines zu so etwas fähig wäre.«

»Aber Sie wußten doch, daß Ihre Frau Anfälle von Alkoholbedürfnis hatte, und haben sie trotzdem hier oben allein gelassen.«

»Mein Gott«, sagte er, als hätte er mich gar nicht gehört. »Ein Mann mit einem Holz . . .«

»Ach, den Teil wollen wir mal ganz beiseite lassen«, knurrte ich. »Das Ganze ist auch so schon dreckig genug. Also bis dann.«

Ich legte auf und ging in das Vorderbüro zurück und bezahlte das Gespräch bei dem Mädchen. Dann ging ich wieder zur Hauptstraße vor und stieg in meinen Wagen, den ich vor dem Drugstore geparkt hatte. Die Straße bestand nur aus protzigen Neon-Reklamen und Krach und Flitterglanz. In der trockenen Bergluft schien jeder Laut eine Meile weit zu tragen. Ich konnte verstehen, was Leute sagten, die sich einen ganzen Block entfernt unterhielten. Ich stieg wieder aus und kaufte mir im Drugstore eine weitere Pintflasche und fuhr dann weg.

Als ich an die Stelle der Straße kam, wo der Feldweg zum Little Fawn Lake abbog, fuhr ich an den Grabenrand und dachte nach. Dann fuhr ich weiter, den Feldweg entlang in die Berge, auf Meltons Grundstück zu.

Das Gatter über dem Privatweg war verschlossen und jetzt mit einem Vorhängeschloß gesichert. Ich stellte meinen Wagen an der Seite in den Büschen ab und kletterte über das Gatter und schlich wie eine Katze am Wegrand weiter, bis der sternenbeschienene See plötzlich zu meinen Füßen aufschimmerte. Haines' Hütte war dunkel. Die Hütten auf der anderen Seite des Sees lagen undeutlich schattenhaft am Hang. Das alte Mühlenrad neben dem Damm sah, so ganz allein da oben, urkomisch aus. Ich lauschte – hörte keinen Laut. In den Bergen gibt es keine Nachtvögel.

Ich trottete zu Haines' Hütte hinüber und probierte die Tür – verschlossen. Ich ging nach hinten und fand auch da nur eine verschlossene Tür. Ich strich um die Hütte herum, schlich, wie eine Katze um den heißen Brei. Ich drückte gegen das eine Fenster. Es hatte keine Jalousie, war aber ebenfalls verschlossen. Ich blieb stehen und lauschte nochmals. Das Fenster war nicht sehr fest. Holz trocknet aus in dieser Luft und schrumpft. Ich versuchte mein Messer zwischen die beiden Rahmenflügel zu schieben, die sich nach innen öffneten wie die Fenster kleiner Landhäuser. Witzlos. Ich lehnte mich gegen die Wand und betrachtete den harten Schimmer auf dem See und nahm einen Schluck aus meiner Flasche. Das gab mir wieder Mumm. Ich steckte die Flasche weg und hob einen großen Stein auf und schlug damit die Fensterflügel nach innen, ohne die Scheiben zu zerbrechen. Ich hievte mich auf die Fensterbank und kletterte in die Hütte.

Der Strahl einer Taschenlampe traf mich mitten ins Gesicht.

Eine ruhige Stimme sagte: »Ich würde dort ein bißchen rasten, wo Sie stehen, mein Sohn. Sie müssen ja ganz erschöpft sein.«

Der Lampenstrahl nagelte mich einen Moment lang an die Wand, und dann klickte ein Lichtschalter, und eine Lampe ging an. Die Taschenlampe erlosch. Tinchfield saß da, in einem Ledersessel mit verstellbarer Rückenlehne, neben einem Tisch, über dessen Kante die braunen Fransen eines Schals baumelten. Tinchfield trug dieselben Sachen, die er auch am Nachmittag schon getragen hatte, und zusätzlich eine braunwollene Windjacke über dem Hemd. Seine Kiefer bewegten sich in aller Seelenruhe.

»Dieses Filmvolk hat extra zwei Meilen Leitung hier raufgelegt«, sagte er beschaulich. »Hübsche Gefälligkeit für die Leute hier. Nun, was haben Sie im Sinn, mein Sohn – außer Einbruch und gewaltsamem Eindringen?«

Ich suchte mir einen Stuhl und setzte mich und sah mich in der Hütte um. Der Raum war klein und quadratisch, und die Einrichtung bestand aus einem Doppelbett und einem Flickenteppich und ein paar bescheidenen Möbelstücken. Eine offene Tür im Hintergrund zeigte die Ecke eines Kochherds.

»Ich hatte so einen Einfall«, sagte ich. »Von der Stelle aus, wo ich jetzt sitze, kommt es mir lausig vor.«

Tinchfield nickte, und seine Augen studierten mich ohne Groll. »Ich hatte Ihren Wagen gehört«, sagte er. »Ich wußte, Sie waren auf dem Privatweg und würden hier langkommen. Sie haben allerdings einen richtig schönen Leisegang. Ich hab keinen einzigen Taps von Ihnen gehört. Sie haben mich mächtig neugierig gemacht, mein Sohn.«

»Wieso?«

»Sind Sie nicht ein bißchen schwer unter dem linken Arm, mein Sohn?«

Ich grinste ihn an. »Vielleicht sollte ich doch lieber mal den Mund aufmachen«, sagte ich.

»Nun, daß Sie das Fenster eingedrückt haben, braucht Ihnen nicht groß Kopfschmerzen zu machen. Ich bin ein toleranter Mann. Ich nehme doch an, Sie haben ein Recht, die Sechserknarre da mit sich rumzuschleppen, he?«

Ich langte in die Tasche und legte meine offene Brieftasche auf sein dickes Knie. Er griff danach und hielt sie in den Lichtkreis der Lampe, betrachtete die Photokopie meiner Lizenz hinter dem Zelluloidfenster. Er reichte mir die Brieftasche zurück.

»Irgendwie hatte ich mir schon gedacht, daß Sie sich für Bill Haines interessieren«, sagte er. »Privatdetektiv, was? Nun, Sie haben ganz schön Kraft am Leibe, und Ihr Gesicht erzählt nicht viele Geschichten. Ich bin selber ein bißchen in Sorge wegen Bill. Sie wollen die Hütte durchsuchen?«

»Den Einfall hatte ich allerdings.«

»Mir soll's recht sein, aber nötig ist's eigentlich nicht mehr. Ich hab mich bereits gründlich umgesehen. Wer hat Sie engagiert?«

»Howard Melton.«

Er kaute einen Moment lang still vor sich hin. »Darf ich fragen, mit welchem Auftrag?«

»Seine Frau zu suchen. Sie ist ihm vor zwei Wochen abhanden gekommen.«

Tinchfield nahm seinen flachkrempigen Stetson ab und rubbelte sich das mausbraune Haar. Er stand auf und entriegelte die Tür und öffnete sie. Er setzte sich wieder und betrachtete mich schweigend.

»Er ist sehr darauf bedacht, Publicity zu vermeiden«, sagte ich. »Aufgrund einer gewissen Schwäche, die seine Frau hat und die ihn seinen Job kosten könnte.« Tinchfield musterte mich prüfend, ohne zu blinzeln. Das gelbe Lampenlicht machte Bronze aus der einen Seite seines Gesichts. »Ich meine nicht Alkohol oder Bill Haines«, fügte ich hinzu.

»Nichts davon erklärt, warum Sie Bills Hütte durchsuchen wollten«, sagte er milde.

»Ich bin eben ein großer Schnüffler vor dem Herrn.«

Er rührte sich nicht, eine lange Minute lang, und vermutlich ging er während dieser Zeit mit sich zu Rate, ob ich ihn auf den Arm nahm oder nicht, und wenn ja, ob ihm das was ausmachen sollte.

Schließlich sagte er: »Könnte dies hier Sie vielleicht interessieren, mein Sohn?« Er zog ein zusammengefaltetes Stück Zeitungspapier aus der Schrägtasche seiner Windjacke und schlug es auf dem Tisch unter der Lampe auseinander. Ich ging hinüber und schaute hin. Auf der Zeitung lag ein dünnes goldenes Kettchen mit einem winzigen Schloß. Das Kettchen war mit einer Zange sauber durchgekniffen worden. Das Schloß war ungeöffnet. Das Kettchen war kurz, nicht länger als vier oder fünf Zoll, und das Schloß war winzig und kaum breiter als das Kettchen selbst. An seinen Gliedern wie auch an der Zeitung hafteten Spuren von weißem Staub.

»Was raten Sie, wo ich das gefunden habe?« fragte Tinchfield.

Ich befeuchtete einen Finger und tupfte auf den weißen Staub und leckte daran. »In einem Mehlsack. Das heißt, in der Küche hier. Es ist ein Fußkettchen. Manche Frauen tragen so was und nehmen's nie ab. Wer immer das hier abgenommen hat, besaß nicht den Schlüssel dazu.«

Tinchfield blickte mich wohlwollend an. Er lehnte sich zurück und tätschelte sich das eine Knie mit einer großen Hand und lächelte abwesend gegen die Kieferndecke. Ich rollte eine Zigarette zwischen den Fingern und setzte mich wieder.

Tinchfield faltete das Stück Zeitungspapier wieder zusammen und steckte es in die Tasche zurück. »Nun, das wär's dann wohl – es sei denn, es macht Ihnen was aus, die Hütte hier in meiner Gegenwart zu durchsuchen.«

»Aber nein«, sagte ich.

»Sieht so aus, als gingen unsere Gedanken, Ihre und meine, auf verschiedenen Wegen.«

»Mrs. Haines hatte einen Wagen, hat Bill gesagt. Einen Ford.«

»Jau. Ein blaues Coupé. Es steht weiter unten an der Straße, zwischen den Felsen versteckt.«

»Das sieht nicht grad nach einem geplanten Mord aus.«

»Ich glaube auch nicht, daß irgendwas geplant war bei der Sache, mein Sohn. Es ist ganz plötzlich über ihn gekommen. Vielleicht hat er sie erwürgt, und er hat ungeheuer starke Hände. Da stand er dann – mit einer Leiche, die er sich irgendwie vom Hals schaffen mußte. Das tat er auf diese beste Art, die ihm einfiel, und für ein Hinkebein hat er's verdammt gut gemacht.«

»Der Wagen sieht mehr nach Selbstmord aus«, sagte ich. »Nach geplantem Selbstmord. Es soll schon Leute gegeben haben, die ihren Selbstmord so arrangiert haben, daß er wie Mord aussah und an jemandem hängenbleiben mußte, auf den sie eine Wut hatten. Mrs. Haines hätte den Wagen nicht allzu weit weggeschafft, weil sie ja zu Fuß zurück mußte.«

Tinchfield sagte: »Auch Bill hätte das nicht. Es wäre ihm nämlich äußerst sauer geworden, den Wagen zu fahren, weil er die Linksbedienung gewohnt ist.«

»Er hat mir den bewußten Brief von Beryl gezeigt, bevor wir die Leiche fanden«, sagte ich. »Und ich selber bin zuerst auf den Pier hinausgegangen.«

»Wir beide, Sie und ich, könnten ganz gut zusammen auskommen, mein Sohn. Bill ist im Grunde ein guter Kerl – außer daß diese Veteranen meiner Meinung nach zu viele Privilegien für sich in Anspruch nehmen. Manche von ihnen haben grad drei Wochen in einem Lager gesessen und führen sich auf, als wären sie neunmal verwundet worden. Bill muß eine ganz schön sentimentale Beziehung zu dem Kettchen da gehabt haben.«

Er stand auf und ging zur offenen Tür. Er spuckte seinen Priem in die Dunkelheit hinaus. »Ich bin jetzt zweiundsechzig«, sagte er über die Schulter. »Mir sind schon alle möglichen Leute vorgekommen, die die absurdesten Sachen gemacht haben. Ich würde ja sagen, daß es ganz schön absurd ist, wenn einer in einen kalten See springt, mit sämtlichen Kleidern an, und sich auch noch Gott weiß wie anstrengt mit Schwimmen, um unter die Bohlen da zu kommen, und da dann einfach stirbt. Andererseits – ich erzähle Ihnen da alle meine Geheimnisse, obwohl Sie selber keinen Ton sagen – hab ich schon ein paarmal ernstlich mit Bill reden müssen, weil er im Zustand der Trunkenheit seine Frau geschlagen hatte. Das wird vor einer Jury gar nicht gut klingen. Und wenn dies kleine Kettchen hier von Beryl Haines' Fuß stammt, dann dürfte das ausreichen, um ihn in die hübsche neue Gaskammer zu bringen, die sie da im Norden installiert haben. Und damit könnten wir beide jetzt eigentlich nach Hause fahren, mein Sohn.«

Ich stand auf.

»Und rauchen Sie die Zigarette da nicht oben auf der Straße«, fügte er hinzu. »Das ist hier bei uns verboten.«

Ich steckte die unangezündete Zigarette in die Tasche zurück und trat in die Nacht hinaus. Tinchfield löschte die Lampe und schloß die Hütte ab und steckte den Schlüssel in die Tasche. »Wo wollen Sie heute nacht denn bleiben, mein Sohn?«

»Ich gehe ins Olympia in San Bernadino.«

»Hübsches Hotel, aber das Klima ist da nicht so, wie wir's hier oben haben. Zu heiß.«

»Ich mag's ganz gerne heiß«, sagte ich.

Wir gingen zum Feldweg zurück, und Tinchfield wandte sich nach rechts. »Mein Wagen steht ein Stückchen weiter oberhalb am See. Ich glaube, ich sage dann mal gut Nacht, mein Sohn.«

»Gute Nacht, Sheriff. Ich bin nicht der Ansicht, daß er sie ermordet hat.«

Er war schon im Weggehen. Er drehte sich nicht um. »Nun, wir werden ja sehen«, sagte er ruhig.

Ich ging zum Gatter zurück und kletterte drüber und fand meinen Wagen und fuhr den schmalen Feldweg wieder hinauf, am Wasserfall vorbei. Auf der Straße oben wandte ich mich nach Westen, dem Damm zu, und begann die Talfahrt.

Unterwegs kam ich zu der Ansicht, daß die Mitbürger rund um den Puma Lake einen schweren Fehler begehen würden, wenn sie Tinchfield nicht als Constable behielten.

VI

Melton steigert den Einsatz

Es war schon halb elf vorbei, als ich die Talsohle erreichte und meinen Wagen auf einem der schrägen Parkplätze vor dem Hotel Olympia in San Bernadino abstellte. Ich holte eine Übernachtungstasche aus dem Kofferraum und hatte grad vier Schritte getan, als ein Page in bortenbesetzter Hose und weißem Hemd mit schwarzer Fliege sie mir schon aus der Hand nahm.

Der diensttuende Portier war ein eierköpfiger Mann, der keinerlei Interesse an mir hatte. Ich trug mich ins Meldebuch ein.

Der Page und ich fuhren in einem Fahrstuhl von der Größe einer Konservendose in den ersten Stock und gingen ein paar Kilometer weit um Ecken. Unterwegs wurde es heißer und immer heißer. Der Page schloß eine Tür auf, die in ein Zimmer im Kinderformat führte, mit einem einzigen Fenster, das auf einen Luftschacht hinausging.

Der Page, der groß war, dünn, gelbhäutig und so kühl wie eine Scheibe Huhn in Aspik, schob seinen Kaugummi in seinem Gesicht herum, stellte meine Tasche auf einen Stuhl, öffnete das Fenster und blieb dann stehen und sah mich an. Er hatte Augen, so durchsichtig wie ein Glas Wasser.

»Bringen Sie uns mal ein bißchen Ginger-Ale mit Gläsern und Eis«, sagte ich.

»Uns?«

»Ja, aber natürlich nur, wenn Sie zufällig einem Schluck nicht abgeneigt sind.«

»Nach elf könnte ich's schon riskieren.«

»Jetzt ist es zehn Uhr neununddreißig«, sagte ich. »Wenn ich Ihnen ein Zehnerle schenke, sagen Sie dann ›Allerherzlichsten Dank, mein Herr‹ zu mir?«

Er grinste und ließ seinen Kaugummi schnalzen.

Er ging hinaus, ließ die Tür offen. Ich zog die Jacke aus und schnallte mein Halfter ab. Er scheuerte mir allmählich Rillen in die Haut. Ich legte Krawatte, Hemd und Unterhemd ab und ging im Luftzug hin und her, der durch die offene Tür kam. Der Luftzug roch nach heißem Eisen. Ich quetschte mich seitlich ins Badezimmer – es war eins von der Sorte, in die man nur mit der Schmalseite hineinkommt –, netzte mich mit kaltem Wasser und atmete schon etwas freier, als der große, träge Page mit einem Tablett zurückkehrte. Er schloß die Tür, und ich holte meine Flasche heraus. Er mixte uns zwei Drinks, und wir tranken. Der Schweiß lief mir vom Nacken das Rückgrat hinunter, aber ich fühlte mich trotzdem schon besser. Ich setzte mich aufs Bett, das Glas in der Hand, und sah den Pagen an.

»Wie lange können Sie bleiben?«

»Um was zu tun?«

»Sich zu erinnern.«

»Dazu eigne ich mich verdammt wenig.«

»Ich kann was springen lassen«, sagte ich, »auf meine eigene, ganz besondere Art.« Ich holte die Brieftasche aus der Jacke und breitete Banknoten auf dem Bett aus.

»Entschuldigen Sie bitte«, sagte der Page. »Sind Sie Polizist?«

»Privatdetektiv.«

»Ich bin nicht abgeneigt. Der Schnaps wirkt hier durchaus anregend auf meinen Geist.«

Ich gab ihm einen Dollarschein. »Probieren Sie's mal damit. Kann ich Sie Tex nennen?«

»Also wie Sie das erraten haben!« sagte er gedehnt und verstaute den Schein sauber in der Uhrtasche seiner Hose.

»Wo waren Sie am Freitag, dem zwölften August, am späten Nachmittag?«

Er süffelte seinen Drink und dachte nach, schüttelte ganz sanft das Eis und trank an seinem Kaugummi vorbei. »Hier. Schicht von vier bis zwölf«, antwortete er schließlich.

»Eine Dame namens Mrs. George Atkins, eine kleine, schlanke, hübsche Blondine, ist hier abgestiegen und bis zum Nachtzug nach Osten geblieben. Sie hat ihren Wagen in der Hotelgarage abgestellt, und ich glaube, er steht auch jetzt noch da. Ich brauche den Burschen, der sie raufgebracht hat. Das macht einen weiteren Dollar.« Ich trennte den Schein von meinem Haufen und legte ihn für sich aufs Bett.

»Allerherzlichsten Dank, mein Herr«, sagte der Page und grinste. Er trank sein Glas leer und verließ den Raum, schloß leise die Tür hinter sich. Auch ich trank mein Glas leer und mixte mir ein zweites. Einige Zeit verging. Schließlich läutete das Wandtelephon. Ich klemmte mich in die schmale Lücke zwischen Badezimmertür und Bett und nahm den Hörer ab.

»Das ist Sonny gewesen. Ist schon weg heute abend, seit acht. Kann aber erreicht werden, schätze ich.«

»Wie bald?«

»Sie wollen, daß er rüberkommt?«

»Ja-ah.«

»In einer halben Stunde, wenn er zu Hause ist. Runtergebracht hat sie ein anderer Boy, als sie ging. Ein Bursche, den wir Les nennen. Er ist hier.«

»Okay. Schießen Sie ihn rauf.«

Ich trank mein zweites Glas leer und dachte so hoch davon, daß ich mir ein drittes mixte, bevor das Eis schmolz. Ich rührte grad darin herum, als das Klopfen erklang, und ich öffnete einer kleinen, drahtigen, rotschopfigen, grünäugigen Ratte mit einem festen Kleinmädchenmund.

»Was zu trinken?«

»Aber klar«, sagte er. Er goß sich einen großen Schluck ein und fügte einen Spritzer Ginger-Ale hinzu. Er kippte die Mixtur auf einen Sitz hinter die Binde, stopfte sich eine Zigarette zwischen die Lippen und setzte ein Streichholz in Brand, noch während es sich unterwegs aus seiner Tasche befand. Er blies Rauch, fächelte ihn mit der Hand beiseite und starrte mich kalt an. Ich bemerkte über seiner Tasche statt einer Nummer das Wort *Captain* eingestickt. Es war also der Oberpage.

»Danke«, sagte ich. »Das wäre alles.«

»Äh?« Sein Mund verzog sich unangenehm.

»Hauen Sie ab.«

»Ich dachte, Sie wollten mich sprechen«, knurrte er.

»Sie sind der Oberpage, stimmt's?«

»Stimmt.«

»Ich wollte Ihnen einen Drink spendieren. Ich wollte Ihnen einen Dollar schenken. Hier. Danke, daß Sie raufgekommen sind.«

Er nahm den Dollar und hing unschlüssig herum; Rauch zog ihm aus der Nase, und seine Augen waren gemein und wie aus Glas. Dann drehte er sich mit einem kurzen Achselzucken um und glitt lautlos aus dem Zimmer.

Zehn Minuten vergingen, dann klopfte es wieder, ganz leis. Als ich aufmachte, stand der lange dünne Bursche da und grinste. Ich trat ihm aus dem Weg, und er schlüpfte hinein und kam herüber neben das Bett. Er grinste immer noch.

»Sie haben sich mit Les nicht angefreundet, was?«

»Nein. Ist er zufrieden?«

»Ich denke schon. Sie wissen ja, wie die Oberpagen sind. Wollen auch ihren Schnitt machen. Vielleicht sollten Sie *mich* lieber Les nennen, Mr. Dalmas.«

»Dann haben Sie die Dame also runtergebracht.«

»Nicht, wenn sie Mrs. George Atkins hieß.«

Ich zog das Photo von Julia aus der Tasche und zeigte es ihm. Er betrachtete es sorgfältig, eine längere Zeit. »So hat sie ausgesehen, ja«, sagte er. »Sie gab mir vierzig Cent, und in dieser kleinen Stadt bleibt einem so was in Erinnerung. Mrs. Howard Melton hieß sie. Es gab auch noch Gerede wegen ihres Wagens. Wahrscheinlich weil wir hier nicht viel Gesprächsstoff haben.«

»Hm. Wo ist sie von hier aus hin?«

»Sie nahm ein Taxi zum Bahnhof. Ihr Schnaps war gar nicht schlecht, Mr. Dalmas.«

»Entschuldigen Sie. Bedienen Sie sich nur selber.« Als er das getan hatte, sagte ich: »Erinnern Sie sich sonst noch an was? Hat sie irgendwelchen Besuch gehabt?«

»Nein, Sir. Aber da fällt mir noch etwas ein. Sie wurde einmal von einem Herrn in der Halle angesprochen. Ein großer, gutaussehender Typ. Sie schien nicht grad erfreut zu sein, ihn zu sehen.«

»Aha.« Ich zog das andere Photo aus der Tasche und zeigte es ihm. Er studierte es ebenfalls sorgfältig.

»Das hier sieht ihr nicht so sehr ähnlich. Aber der Herr da ist bestimmt der Typ, von dem ich gesprochen habe.«

»Aha.«

Er nahm noch einmal beide Photos in die Hand und hielt sie nebeneinander. Er sah ein bißchen verwirrt aus. »Ja, Sir, doch. Das ist er bestimmt«, sagte er.

»Sie sind ein sehr entgegenkommender Bursche«, sagte ich. »Sie würden sich an praktisch alles erinnern, stimmt's?«

»Ich verstehe Sie nicht, Sir.«

»Trinken Sie mal noch was. Ich schulde Ihnen vier Dollar. Das wären fünf insgesamt. War's aber nicht wert. Ihr Pagen versucht doch immer wieder einen faulen Trick.«

Er goß sich noch einen sehr kleinen Schluck ein und balancierte das Glas auf der Hand, das gelbe Gesicht bitter zusammengezogen. »Ich habe getan, was ich konnte«, sagte er steif. Er trank sein Glas aus, stellte es schweigend hin und bewegte sich zur Tür. »Sie können Ihr gottverdammtes Geld behalten«, sagte er. Er zog den Dollar aus der Uhrtasche und warf ihn auf den Boden. »Ach gehn Sie doch zum Teufel, Sie . . .«, sagte er leise.

Er ging hinaus.

Ich griff nach den beiden Photos und hielt sie nebeneinander und betrachtete sie düster. Nach einem langen Augenblick berührte ein eisiger Finger mein Rückgrat. Er hatte es schon einmal berührt, ganz kurz, aber ich hatte das Gefühl abgeschüttelt. Jetzt kam es wieder, um zu bleiben.

Ich trat an den winzigen Schreibtisch und nahm einen Umschlag und steckte einen Fünfdollarschein hinein und klebte ihn zu und schrieb *Les* darauf. Ich zog mich wieder an, steckte die Flasche an die Hüfte, griff nach meiner Übernachtungstasche und verließ das Zimmer.

Unten in der Halle schoß der Rotkopf auf mich zu. Les stand im Hintergrund an einem Pfeiler, die Arme verschränkt, still. Ich ging zur Rezeption und bat um die Rechnung.

»Etwas nicht in Ordnung, Sir?« Der Portier machte ein besorgtes Gesicht.

Ich bezahlte die Rechnung und ging zu meinem Wagen hinaus, und dann drehte ich mich um und ging zur Rezeption zurück. Ich gab dem Portier den Umschlag mit dem Fünfer drin. »Geben Sie das dem Jungen aus Texas, Les. Er ist wütend auf mich, aber er wird schon drüber wegkommen.«

Ich schaffte Glendale noch vor zwei Uhr früh und sah mich nach einer Telephongelegenheit um. Ich fand eine Tankstelle, die die ganze Nacht geöffnet hatte.

Ich holte genügend Münzen heraus und wählte die Vermittlung und ließ mich mit Melton in Beverly Hills verbinden. Als er endlich am Apparat war, klang seine Stimme gar nicht sehr schläfrig.

»Tut mir leid, Sie zu so später Stunde noch anzurufen«, sagte ich, »aber Sie sagten ja, es ginge. Ich bin Mrs. Meltons Spur bis San Bernadino und dort zum Bahnhof gefolgt.«

»Das wußten wir bereits«, sagte er ärgerlich.

»Nun, es zahlt sich immer aus, sicherzugehen. Haines' Hütte ist durchsucht worden. Nichts Besonderes gefunden. Wenn Sie gedacht haben, er wüßte, wo Mrs. Melton . . .«

»Ich weiß nicht, was ich gedacht habe«, unterbrach er scharf. »Nach allem, was Sie mir erzählt hatten, meinte ich nur, man sollte sich einmal dort umsehen. Ist das alles, was Sie zu melden haben?«

»Nein.« Ich zögerte ein wenig. »Ich habe einen üblen Traum gehabt. Mir träumte, ich hätte in dem Haus in der Chester Lane heute morgen eine Damenhandtasche gesehen. Es war ziemlich dunkel drinnen durch die Bäume, und ich hab vergessen, sie zu entfernen.«

»Welche Farbe hatte die Tasche?« Seine Stimme war so spröde wie eine Muschelschale.

»Dunkelblau – vielleicht schwarz. Das Licht war schlecht.«

»Gehn Sie lieber noch mal hin und holen Sie das Ding«, schnappte er.

»Warum?«

»Weil ich Ihnen fünfhundert Dollar dafür zahle – unter anderem.«

»Was ich für fünfhundert Eier tun würde, hat durchaus eine Grenze – selbst wenn sie schon in meiner Tasche wären.«

Er fluchte. »Hören Sie zu, Mann. Ich schulde Ihnen eine Menge, aber das jetzt ist Ihre Sache, und Sie können mich nicht einfach damit sitzenlassen.«

»Hm, es könnte immerhin ein ganzes Rudel Polizisten auf der Vordertreppe sitzen. Es könnte aber auch so still und ruhig dort sein wie in der Sommerfrische eines zahmen Flohs. Mir gefällt's beides nicht, so oder so. Ich hab genug von dem Haus.«

Tiefes Schweigen herrschte an Meltons Ende der Leitung. Ich holte tief Luft und verpaßte ihm noch mehr. »Im übrigen denke ich, Sie wissen ganz genau, wo Ihre Frau ist, Melton. Goodwin ist ihr in dem Hotel in San Bernadino über den Weg gelaufen. Er hatte erst wenige Tage vorher einen Scheck von ihr bekommen. Sie trafen Goodwin auf der Straße. Sie halfen ihm, den Scheck einzulösen, indirekt. Ich glaube, Sie wissen genau Bescheid. Ich glaube, Sie haben mich bloß engagiert, damit ich ihrer Spur noch einmal nachging und Ihnen bestätigte, daß alles genügend verwischt war.«

Noch mehr schweres Schweigen kam von ihm. Als er wieder sprach, geschah es mit leiser, gedämpfter Stimme. »Sie haben gewonnen, Dalmas. Tja – es war eine Erpressung, die Sache mit dem Scheck. Aber wo meine Frau ist, weiß ich nicht. Das ist die Wahrheit. Und die Tasche muß dort weg. Was würden Sie zu siebenhundertfünfzig sagen?«

»Schon besser. Wann kriege ich sie?«

»Heute nacht noch, wenn Sie einen Scheck nehmen. In bar kann ich vor morgen nicht mehr als achtzig Dollar auftreiben.«

Ich zögerte wieder. Ich spürte an meinem Gesicht, daß ich grinste. »Okay«, sagte ich schließlich. »Ist gemacht. Ich werde die Tasche holen, wenn nicht grad ein Rudel Polypen dort ist.«

»Wo stecken Sie jetzt?« Er flötete fast, so erleichtert war er.

»In Asuza. Ich werde etwa eine Stunde brauchen, um hinzukommen«, log ich.

»Dann machen Sie sich auf die Socken«, sagte er. »Sie werden sehen, daß ich ein Bursche bin, mit dem man Pferde stehlen kann. Sie stecken jetzt selber ziemlich tief drin, Freundchen.«

»Daran bin ich gewöhnt«, sagte ich und legte auf.

VII

Zwei Sündenböcke

Ich fuhr zum Chevy Chase Boulevard zurück und dort bis zur Chester Lane, wo ich die Scheinwerfer abblendete und einbog. Ich fuhr rasch um die Kurve zu dem neuen Haus hinauf, das dem Goodwins gegenüber lag. Es gab keinerlei Zeichen von Leben ringsum, keine Wagen vor dem Grundstück, kein Anzeichen einer Polizeifalle, das ich hätte ausmachen können. Ich mußte ein Risiko eingehen – wie das andere und größere, das ich bereits eingegangen war.

Ich fuhr in die Einfahrt des Grundstücks und stieg aus und schob die unverschlossene Schwingtür der Garage hoch. Ich stellte meinen Wagen darin ab, zog die Tür wieder herunter und schlich mich zurück über die Straße, als wären Indianer hinter mir her. Ich nutzte die ganze Deckung, die Goodwins Bäume boten, schlich mich hinter das Haus und versteckte mich dort hinter dem dicksten Baum. Ich setzte mich auf den Boden und gönnte mir einen Schluck aus meiner Roggenwhisky-Pulle.

Zeit verstrich, mit tödlicher Langsamkeit. Ich wartete darauf, Gesellschaft zu bekommen, wußte aber nicht, wie bald. Ich bekam sie schneller, als ich erwartet hatte.

Nach etwa fünfzehn Minuten kam ein Wagen die Chester Lane herauf, und ich konnte ihn ganz kurz zwischen den Bäumen schimmern sehen. Er fuhr ohne Licht. Das gefiel mir. Er hielt dann irgendwo in der Nähe, und eine Tür wurde leise zugeschlagen. Ein Schatten bewegte sich lautlos auf die Hausecke zu. Es war ein kleiner Schatten, einen ganzen Fuß kleiner, als Meltons Schatten gewesen wäre. Er hätte in der kurzen Zeit sowieso nicht von Beverly Hills herüberkommen können.

Dann war der Schatten an der Hintertür, die Hintertür ging auf, und der Schatten verschwand in der tieferen Dunkelheit drinnen. Die Tür schloß sich still. Ich brachte mich auf die Füße und schlich über das weiche, feuchte Gras hinüber. Ich betrat geräuschlos Mr. Goodwins Veranda und von dort seine Küche. Ich blieb stehen, ganz still, und lauschte angestrengt. Kein Laut ließ sich wahrnehmen, kein Licht. Ich zog die Pistole unter dem Arm hervor und drückte den Kolben fest an meine Seite. Ich atmete flach, nur mit den oberen Lungenteilen. Dann passierte etwas Komisches. Ein Lichtstreifen erschien plötzlich unter der Schwingtür zum Eßzimmer. Der Schatten hatte Licht gemacht. Unvorsichtiger Schatten! Ich ging durch die Küche und stieß die Schwingtür auf. Das Licht ergoß sich in die Eßnische aus dem Wohnzimmer hinter dem Durchgangsbogen. Ich ging darauf zu, unvorsichtig – viel zu unvorsichtig. Ich trat unter dem Bogen durch.

Eine Stimme an meinem Ellbogen sagte: »Lassen Sie das fallen – und gehn Sie weiter.«

Ich sah sie an. Sie war klein, leidlich hübsch, und ihre Pistole zeigte unerschütterlich auf meine Seite.

»Besonders gerissen sind Sie nicht«, sagte sie. »Oder?«

Ich öffnete die Hand und ließ die Pistole fallen. Ich ging vier Schritt weiter und drehte mich um. »Nein«, sagte ich.

Die Frau sagte nichts weiter. Sie wich zurück, in leichtem Bogen, ließ die Pistole liegen, wo sie lag. Sie bewegte sich weiter, bis sie mir gegenüberstand. Ich sah an ihr vorbei nach dem Ecksessel mit der Fußbank. Auf der Fußbank ruhten immer noch weiße Wildlederschuhe. Mr. Lancelot Goodwin saß nach wie vor in seinem Sessel, in nachlässiger Haltung, die linke Hand auf der breiten brokatenen Armlehne, die rechte der kleinen Pistole am Boden entgegenbaumelnd. Der letzte Blutstropfen war an seinem Kinn erstarrt. Er sah schwarz aus und hart und dauerhaft. Das Gesicht hatte jetzt einen wächsernen Ausdruck.

Ich betrachtete wieder die Frau. Sie trug gutgebügelte blaue Hosen und ein zweireihiges Jackett, und auf ihrem Kopf saß schief ein kleiner Hut. Ihr Haar war lang und lockte sich an den Enden, und es hatte eine dunkelrote Farbe mit leichten Blautönen in den Schatten – gefärbt. Flecken von hastig aufgelegtem Rouge brannten, etwas zu hoch, auf ihren Wangen. Sie hielt ihre Pistole auf mich gerichtet und lächelte mich an. Es war nicht gerade das netteste Lächeln, das ich je gesehen hatte.

Ich sagte: »Guten Abend, Mrs. Melton. Was müssen Sie für eine Waffensammlung haben!«

»Setzen Sie sich in den Sessel da hinter Ihnen und verschränken Sie die Hände im Nacken und bleiben Sie so. Es ist wichtig für Sie. Werden Sie nicht unachtsam.« Sie zeigte mir die Zähne bis zum Zahnfleisch.

Ich tat, was sie vorgeschlagen hatte. Das Lächeln fiel von ihrem Gesicht – einem harten kleinen Gesicht, wenn es auch auf eine konventionelle Art hübsch war. »Und nun warten Sie einfach«, sagte sie. »Auch das ist wichtig. Vielleicht können Sie schon erraten, wie wichtig es ist.«

»Dieses Zimmer riecht nach Tod«, sagte ich. »Wahrscheinlich ist das ebenfalls wichtig.«

»Warten Sie's ab, Sie Schlauberger.«

»Man hängt Frauen nicht mehr in diesem Staat«, sagte ich. »Aber zwei kosten mehr als einer. Eine Menge mehr. Etwa fünfzehn Jahre mehr. Denken Sie drüber mal nach.«

Sie sagte nichts. Sie stand fest und sicher da, die Pistole auf mich gerichtet. Es war eine schwerere Waffe, aber das schien sie nicht zu stören. Ihre Ohren waren dauernd mit der Ferne beschäftigt. Mich hörte sie kaum. Die Zeit verstrich, wie es so geht, trotz allem. Die Arme begannen mir weh zu tun.

Schließlich kam er dann. Ein zweiter Wagen fuhr draußen auf der Straße vor und hielt, und seine Tür schloß sich leise. Einen Moment lang herrschte Stille, dann ging die Haustür hinten auf. Seine Schritte klangen schwer. Er kam durch die offene Schwingtür und in den erleuchteten Raum. Er blieb schweigend stehen und sah sich um, ein hartes Stirnrunzeln auf dem großen Gesicht. Er betrachtete den Toten im Sessel drüben, die Frau mit ihrer Pistole, zuletzt dann mich. Er hob meine Pistole vom Boden auf und ließ sie in seine Seitentasche gleiten. Er kam ruhig auf mich zu, fast ohne Wiedererkennen in den Augen, trat hinter mich und tastete mir die Taschen ab. Er zog die beiden Photos heraus und das Telegramm. Er trat von mir weg, neben die Frau. Ich nahm die Arme herunter und rieb sie. Die beiden starrten mich in aller Ruhe an.

Schließlich sagte er sanft: »Ein fauler Trick, was? Erst habe ich Ihren Anruf überprüfen lassen und festgestellt, daß er von Glendale kam – nicht von Asuza. Ich weiß selber nicht, warum ich das gemacht habe, aber ich hab's gemacht. Dann habe ich selber einen Anruf getätigt. Das verschaffte mir die Gewißheit, daß in diesem Zimmer keine Tasche liegengeblieben war. Also?«

»Was wollen Sie denn hören von mir?«

»Den Grund für den Trick. Wozu sollte der gut sein?« Seine Stimme war schwer, kalt, aber eher nachdenklich als drohend. Die Frau stand neben ihm, reglos, und hielt die Pistole.

»Ich hab was riskiert«, sagte ich. »Und Sie ebenfalls – indem Sie herkamen. Ich hatte eigentlich nicht geglaubt, daß es funktionieren würde. Der Grundgedanke war, daß Sie in aller Eile Ihre Frau anrufen würden wegen der Tasche. Sie würde wissen, daß keine hier sein konnte. Da würden Sie dann wissen, daß ich etwas im Schilde führte. Sie würden sehr begierig sein, zu erfahren, was das war. Sie würden mit einiger Sicherheit wissen, daß ich nicht mit der Polizei zusammenarbeitete, weil ich ja Ihren Aufenthaltsort kannte und Sie da ohne jede Mühe hätten hopsgenommen werden können. Ich wollte die Dame da aus ihrem Versteck locken – das ist alles. Ich bin ein großes Risiko eingegangen. Wenn's in den Eimer ging, mußte ich mir was Besseres einfallen lassen.«

Die Frau gab einen verächtlichen Laut von sich und sagte: »Ich möchte ja doch gern wissen, warum du diesen billigen Schnüffler überhaupt engagiert hast, Howie.«

Er achtete nicht auf sie. Er sah mich unverwandt an, aus steinigen, schwarzen Augen. Ich wandte den Kopf und gab ihm einen raschen, harten Wink mit den Brauen. Sein Mund wurde augenblicklich starr. Die Frau sah es nicht. Sie stand zu weit seitlich.

»Sie brauchen einen Sündenbock, Melton«, sagte ich. »Schlimm.«

Er wandte den Körper ein wenig, so daß sein Rücken zum Teil der Frau zugekehrt war. Seine Augen fraßen mein Gesicht. Er hob die Brauen ein wenig und nickte halb. Er glaubte immer noch, ich wäre käuflich.

Er machte es allerliebst. Er setzte ein Lächeln auf, wandte sich zu ihr um und sagte: »Wie wär's, wenn wir irgendwo hingingen, wo es sicherer ist, und über alles redeten?«, und während sie zuhörte und ihre Gedanken bei der Frage waren, schlug seine große Hand scharf auf ihr Handgelenk nieder. Sie jaulte auf, und die Pistole fiel. Sie taumelte zurück und ballte beide Fäuste und spuckte ihn an.

»Ach was, setz dich hin und komm wieder zu dir«, sagte er trokken.

Er bückte sich und hob ihre Pistole auf und ließ sie in seine andere Tasche gleiten. Dann lächelte er, ein breites, selbstsicheres Lächeln. Etwas hatte er vollkommen vergessen. Ich mußte fast lachen – trotz der Klemme, in der ich steckte. Die Frau setzte sich in einen Sessel hinter ihm und lehnte böse brütend den Kopf in die Hände.

»Jetzt können Sie's mir erzählen«, sagte Melton aufgeräumt. »Warum brauche ich einen Sündenbock, wie Sie gesagt haben?«

»Ich hab Sie am Telephon ein bißchen angelogen. Nämlich was Haines' Hütte betrifft. Da oben gibt's einen schlauen alten Landbullen, der sie sich mit dem Sieb vorgenommen hat. Er hat im Mehlbeutel ein goldenes Fußkettchen gefunden, mit einer Zange durchgekniffen.«

Die Frau gab ein sonderbares Jaulen von sich. Melton fand es nicht einmal der Mühe wert, sich nach ihr umzusehen. Sie starrte mich aus allen ihren Augen an.

»Vielleicht kriegt er's raus«, sagte ich, »und vielleicht auch nicht. Er weiß nicht, daß Mrs. Melton im Hotel Olympia abgestiegen war, zum Beispiel, und daß ihr Goodwin dort über den Weg lief. Wenn er's wüßte, hätte er's im Nu begriffen. Das heißt, wenn er Photos hätte, die er den Pagen zeigen könnte, so wie ich. Der Page, der Mrs. Melton runtergebracht hat und sich an sie erinnerte, weil sie ihren Wagen ohne nähere Weisungen dagelassen hatte, erinnerte sich auch an Goodwin, erinnerte sich, daß er sie angesprochen hatte. Er sagte, sie wäre ganz verwirrt gewesen. Den Photos nach war er gar nicht so sicher, was Mrs. Melton betraf. Er kannte Mrs. Melton.«

Melton öffnete ein wenig den Mund zu einer sonderbaren Grimasse und setzte knirschend die Zahnkanten aufeinander. Die Frau stand lautlos hinter ihm auf und wich, Zoll um Zoll, in den finsteren Teil des Zimmers zurück. Ich sah nicht zu ihr hinüber. Melton schien ihre Bewegung gar nicht zu hören.

Ich sagte: »Goodwin folgte ihr in die Stadt. Sie muß mit dem Bus oder mit einem Mietwagen gekommen sein, weil sie den anderen Wagen ja in San Bernadino gelassen hatte. Er folgte ihr bis zu ihrem Versteck, ohne daß sie es merkte, was er ganz schön raffiniert angestellt haben muß, da sie ja mit Sicherheit auf der Hut war, und dann erschien er plötzlich auf der Bildfläche und nahm sie in die Zange. Sie hielt ihn eine Weile hin – mit was für einer Geschichte, weiß ich nicht –, und er muß sie praktisch pausenlos im Auge behalten haben, da sie ihm nicht entschlüpft ist. Dann konnte sie ihn nicht länger hinhalten und gab ihm den bewußten Scheck. Das war nur ein Vorschuß. Er kam wieder, um noch mehr zu holen, und sie fertigte ihn ein für allemal ab – dort drüben im Sessel. Das haben Sie nicht gewußt, sonst hätten Sie mich ja nie und nimmer an dem Morgen hier rausfahren lassen.«

Melton lächelte grimmig. »Richtig, ich wußte nichts davon«, sagte er. »Ist es das, wofür ich einen Sündenbock brauche?«

Ich schüttelte den Kopf. »Sie wollen mich offenbar nicht verstehen«, sagte ich. »Goodwin kannte Mrs. Melton persönlich. Das ist Ihnen ja nicht neu, oder? Was hätte nun Goodwin wohl gegen Mrs. Melton in der Hand haben sollen, um sie zu erpressen? Nichts. Er hat auch gar nicht Mrs. Melton erpreßt. Mrs. Melton ist tot. Schon seit elf Tagen. Sie ist heute aus dem Little Fawn Lake aufgetaucht – in Beryl Haines' Kleidern. *Das* ist es, wofür Sie einen Sündenbock brauchen – und Sie haben ja auch einen, sogar zwei, wie nach Maß gemacht.«

Die Frau im Schatten des Zimmers bückte sich und nahm etwas

vom Boden auf und stürzte vor. Sie keuchte dabei. Melton fuhr herum, und seine Hände zuckten nach seinen Taschen, aber er zögerte ein bißchen zu lange, weil er die Pistole sah, die sie vom Boden neben Goodwins toter Hand aufgehoben hatte, die Pistole, die das Etwas war, was er vollkommen vergessen hatte.

»Du . . .!« sagte sie.

Er hatte noch immer gar keine besondere Angst. Er machte beschwichtigende Bewegungen mit den leeren Händen. »Okay, Schatz, wir spielen's nach deinen Regeln«, sagte er sanft. Er hatte einen langen Arm. Er konnte sie jetzt schon erreichen. Er hatte es schon einmal getan, als sie eine Pistole hielt. Er versuchte es noch einmal. Er beugte sich blitzschnell vor und schlug nach ihrer Hand. Ich fuhr auf die Füße und machte einen Hechtsprung nach seinen Beinen. Es war ein langer Sprung – ein viel zu langer.

»Ich würde wohl einen famosen Sündenbock abgeben, was?« sagte sie knirschend und trat zurück. Die Pistole krachte dreimal.

Die Kugeln im Leib, sprang er sie an und prallte hart gegen sie und riß sie zu Boden. Auch daran hätte sie eigentlich denken müssen. Sie krachten zusammen auf die Dielen, und sein massiger Körper nagelte den ihren fest. Sie kreischte auf, und ein Arm schwenkte auf mich zu, der die Pistole hielt. Ich schlug sie ihr aus der Hand. Ich grapschte nach seinen Taschen und zog meine Pistole heraus und sprang von den beiden weg. Ich setzte mich wieder. Ich hatte im Nacken ein Gefühl wie von einem Stück Eis. Ich setzte mich und hielt die Pistole auf dem Knie und wartete.

Seine große Hand streckte sich aus und packte das klauenförmige Bein eines Sofas und wurde weiß auf dem Holz. Sein Körper bäumte sich auf und wälzte sich herum, und die Frau kreischte erneut. Sein Körper rollte zurück und sackte zusammen, und die Hand ließ das Sofabein los. Die Finger verloren ihre Spannung und lagen still und schlaff auf dem Teppichflor. Ein ersticktes Rasseln noch – und Stille.

Sie wand sich unter ihm vor und kam keuchend auf die Füße, mit funkelnden Augen, wie ein Tier. Sie drehte sich um ohne einen Laut und rannte davon. Ich rührte mich nicht. Ich ließ sie einfach laufen.

Ich ging hinüber und beugte mich über den hingestreckten großen Mann und preßte einen Finger gegen seine Halsseite. Ich stand still da, niedergebückt, nach einem Pulsschlag tastend, und lauschend. Ich richtete mich langsam auf und lauschte noch weiter. Keine Sirenen, kein Wagen, kein Laut. Nur die tote Stille des Zimmers. Ich steckte meine Pistole wieder unter den Arm und machte das Licht aus und die Vordertür auf und ging den Weg zum Gehsteig hinunter. Auf der Straße rührte sich nichts. Ein großer Wagen stand am Bordstein, neben einem Hydranten, etwas oberhalb von

Goodwins Grundstück. Ich ging über die Straße zu dem neuen Haus und holte meinen Wagen aus der Garage und schloß die Garage wieder und machte mich wieder auf den Weg nach Puma Lake.

VIII

Behaltet Tinchfield als Constable!

Die Hütte stand in einer Mulde, vor einem Dickicht aus Strauchkiefern. Eine große scheunenartige Garage, an deren einer Seite Klafterholz gestapelt war, stand in der Morgensonne offen, und drinnen funkelte Tinchfields Wagen. Ein mit Klampen verstärkter Weg führte zur Haustür hinunter, und aus dem Kamin lispelte Rauch.

Tinchfield öffnete selber die Tür. Er trug einen alten grauen Rollkragenpullover und seine Khakihosen. Er war frisch rasiert und so glatt wie ein Baby.

»Na, dann treten Sie mal ein, mein Sohn«, sagte er friedfertig. »Ich sehe, Sie gehen früh und in aller Frische an die Arbeit. Dann sind Sie gestern nacht also gar nicht mehr weggefahren, was?«

Ich ging an ihm vorbei in die Hütte und setzte mich in einen alten Schaukelstuhl mit einem gehäkelten Sofaschoner über der Rükkenlehne. Ich schaukelte ein bißchen darin, und er gab ein anheimelndes Knarren von sich.

»Just im Moment ist der Kaffee fertig geworden«, sagte Tinchfield herzlich. »Emma wird noch ein Gedeck für Sie auflegen. Sie sehen mir doch ein bißchen mitgenommen aus, mein Sohn.«

»Ich war doch noch weggefahren«, sagte ich. »Bin grad erst zurückgekommen. Das gestern im See war nicht Beryl Haines.«

Tinchfield sagte: »Tja, so was gibt's.«

»Sie scheinen nicht besonders überrascht zu sein«, knurrte ich.

»Ich bin nicht so leicht zu überraschen, mein Sohn. Und schon gar nicht vorm Frühstück.«

»Es war Julia Melton«, sagte ich. »Sie wurde ermordet – von Howard Melton und Beryl Haines. Man steckte sie in Beryls Kleider und dann unter die Bohlen im See, sechs Fuß unter Wasser, damit sie lange genug unten blieb, um nicht mehr wie Julia Melton auszusehen. Beide Frauen waren Blondinen, von gleicher Größe und Figur. Bill sagte, sie wären sich so ähnlich, daß sie praktisch Schwestern sein könnten. Freilich nicht grad Zwillingsschwestern.«

»Sie waren sich schon ähnlich«, sagte Tinchfield und starrte mich ernst an. Er hob die Stimme. »Emma!«

Eine stämmige Frau in einem Kleid aus bedrucktem Stoff öffnete die innere Tür der Hütte. Eine riesige weiße Schürze war um das gebunden, was einmal ihre Taille gewesen war. Ein Duft von Kaffee und gebratenem Spreck drang zu mir heraus.

»Emma, das ist Detektiv Dalmas aus Los Angeles. Leg noch ein Gedeck auf, und ich werde den Tisch ein Stück von der Wand abrücken. Er ist ein bißchen müde und hat Hunger.«

Die stämmige Frau neigte den Kopf und lächelte und legte Besteck auf den Tisch.

Wir setzten uns und aßen Eier mit Speck und heiße Pfannkuchen und tranken Unmengen Kaffee dazu. Tinchfield aß für vier, und seine Frau aß wie ein Vögelchen und hüpfte auch dauernd hin und her wie ein Vögelchen, um weitere Verpflegung heranzuschaffen.

Schließlich waren wir fertig, und Mrs. Tinchfield stellte das Geschirr zusammen und verzog sich damit in die Küche. Tinchfield schnitt sich eine dicke Scheibe Kautabak ab und verstaute sie sorgfältig in seinem Gesicht, und ich setzte mich wieder in den Schaukelstuhl.

»Ja, mein Sohn«, sagte er, »jetzt habe ich mich gestärkt und kann alles hören. Ich war schon ein bißchen irritiert durch das Goldkettchen, das in dem Mehlbeutel steckte, obwohl der See doch so bequem zur Hand war. Aber ich bin ein langsamer Denker. Was hat Sie zu der Ansicht gebracht, daß Melton seine Frau ermordet hätte?«

»Die Tatsache, daß Beryl Haines noch am Leben ist und mit rotgefärbtem Haar herumläuft.«

Ich erzählte ihm meine Geschichte, von Anfang bis Ende, Tatsache um Tatsache, und hielt nichts zurück. Er hörte wortlos zu, bis ich zu Ende gekommen war.

»Ja, mein Sohn«, sagte er dann, »da haben Sie ein wackeres Stück Detektivarbeit geleistet – mit manchmal ein bißchen Glück, wie wir's alle haben müssen. Aber im Grunde war das alles gar nicht Ihre Aufgabe, oder?«

»Nein. Aber Melton ist Schlitten mit mir gefahren und hat mich für dumm verkaufen wollen. Und in solchen Sachen bin ich ein störrischer Typ.«

»Was glauben Sie überhaupt, warum Melton Sie engagiert hat?«

»Er mußte's einfach. Es war ein notwendiger Teil seines Plans, daß die Leiche am Ende richtig identifiziert wurde, vielleicht erst nach einiger Zeit, vielleicht erst nachdem sie beerdigt war und der Fall zu den Akten gelegt. Aber er mußte sie am Ende identifiziert haben, um an das Geld seiner Frau heranzukommen. Sonst hätte er jahrelang warten können, bis die Gerichte sie ordnungsgemäß für tot erklärten. Wenn die Leiche aber einwandfrei identifiziert wurde, mußte er beweisen, daß er sich bemüht hatte, sie zu finden. Wenn seine Frau Kleptomanin war, wie er sagte, hatte er einen guten Vorwand dafür, sich einen Privatdetektiv zu nehmen, statt zur Polizei zu gehen. Aber jedenfalls mußte er etwas unternehmen. Dann war da auch noch die Bedrohung durch Goodwin. Möglicherweise hat er geplant, Goodwin zu töten und mir den Mord anzuhängen. Er wußte aber mit Sicherheit nicht, daß Beryl ihm schon zuvorgekommen war, sonst hätte er mich nicht zu Goodwins Haus fahren lassen. Danach – und ich war ja dumm genug, hier raufzufahren, bevor ich Goodwins Tod der Polizei in Glendale gemeldet hatte –, danach dachte er vermutlich, bei mir wäre mit Geld was zu machen. Der Mord selber war ziemlich simpel, und er hat noch einen Aspekt, den Beryl nicht kannte beziehungsweise nicht bedachte. Sie war vermutlich in ihn verliebt. Eine gesellschaftlich im Schatten stehende Frau wie sie, noch dazu mit einem Trunkenbold als Ehemann, mußte einfach fliegen auf einen Typ wie Melton. Melton nun konnte nicht vorher wissen, daß die Leiche gestern gefunden wurde, weil das ja purer Zufall war, aber er hätte mich weiter mit der Suche beschäftigt und mich so lange mit kleinen Winken versorgt, bis sie gefunden wurde. Er wußte, daß man Haines sofort verdächtigen würde, seine Frau ermordet zu haben, und der Brief, den sie hinterließ, war mit Fleiß so abgefaßt, daß er nicht so ganz nach Selbstmordabsicht klang. Melton wußte, daß seine Frau und Haines hier oben gemeinsam tranken und kleine Spielchen zusammen trieben. Beryl und er warteten also bloß den richtigen Zeitpunkt ab, nämlich wo Haines ans Nordufer ging, um sich vollaufen zu lassen. Beryl muß ihn von irgendwo angerufen haben. Das werden Sie ja sicher überprüfen können. Er konnte den Weg hier rauf in drei Stunden Fahrt schaffen, wenn er sich ins Zeug legte. Julia trank vermutlich immer noch weiter. Melton schlug sie nieder, zog ihr Beryls Kleider an und verstaute sie im See. Er war ein großer Mann und konnte es durchaus schaffen, ohne sich zu überanstrengen. Beryl dürfte derweil an dem einzigen Weg, der zu dem Besitz führte, Wache gehalten haben. Das verschaffte ihm Gelegenheit, das Fußkettchen in Haines' Hütte zu verstecken. Dann sauste er in die Stadt zurück, und Beryl zog Julias Kleider an und nahm Julias Wagen und Gepäck und fuhr nach San Bernadino ins Hotel. Dort hatte sie das Pech, von Goodwin gesehen und angesprochen zu werden, der gemerkt haben muß, daß da etwas nicht stimmte, an ihrer Kleidung vielleicht oder ihren Taschen oder weil er hörte, daß sie mit Mrs. Melton angeredet wurde. So folgte er ihr in die Stadt, und den Rest kennen Sie. Die Tatsache, daß Melton sie diese Spur legen ließ, zeigt zweierlei, so wie ich's sehe. Einmal, daß er die Absicht hatte, einige Zeit zu warten, bis die Leiche richtig identifiziert wurde. Es war so gut wie sicher, daß man sie auf Bills Aussage hin für die von Beryl Haines halten würde, besonders da das Bill in eine sehr unangenehme Lage brachte. Zum anderen aber mußte in dem Moment, wo die Leiche als Julia Melton identifiziert wurde, die falsche Spur, die Beryl gelegt hatte, das Ganze so aussehen lassen, als hätten sie und Bill den Mord begangen, um ihre Lebensversicherung zu kassieren. Ich finde, Melton hat einen schlimmen Fehler begangen, als er das Fußkettchen dort versteckte, wo Sie's fanden. Er hätte es in den See werfen sollen, an irgendwas befestigt, was ihm ermöglichte, es später dann, ganz zufällig und in aller Ruhe, wieder herauszufischen. Daß er's in Haines' Hütte versteckte und mich dann fragte, ob Haines' Hütte durchsucht worden wäre, war ein bißchen zu dick. Aber bei geplanten Morden ist das ja immer so.«

Tinchfield schob seinen Priem auf die andere Seite seines Gesichts und ging zur Tür, um auszuspucken. Er blieb in der offenen Tür stehen, die großen Hände auf dem Rücken verschränkt.

»Er hätte Beryl nichts anhängen können«, sagte er über die Schulter. »Nicht ohne daß sie selber ausgepackt hätte, mein Sohn. Haben Sie das bedacht?«

»Sicher. Wenn die Polizei erst einmal nach ihr suchte und der Fall in den Zeitungen groß herauskam – ich meine, der wirkliche Fall –, dann hätte er Beryl umbringen müssen und ihren Tod so hinstellen, daß er wie Selbstmord aussah. Ich denke, das hätte auch geklappt.«

»Sie hätten dieses mörderische Weib nicht entkommen lassen sollen, mein Sohn. Es gibt auch noch andere Sachen, die Sie nicht hätten machen sollen, aber das jetzt war schlimm.«

»Wessen Fall ist das denn?« knurrte ich. »Ihrer – oder der der Polizei von Glendale? Beryl wird schon geschnappt werden. Sie hat zwei Männer getötet, und beim nächsten Trick, den sie probiert, wird sie haushoch reinfallen. Das ist doch immer so. Und dann müssen auch noch allerlei Nebenbeweise beigeschafft werden. Das ist Sache der Polizei – nicht meine. Ich dachte, Sie hätten sich zur Wiederwahl gestellt, gegen ein paar jüngere Leute. Ich bin nicht nur der Bergluft wegen wieder hier raufgekommen.«

Er drehte sich um und sah mich listig an. »Das hatte ich irgendwie schon gewittert, daß Sie dächten, der alte Tinchfield könnte weich genug sein, Sie vor dem Knast zu bewahren, mein Sohn.« Dann lachte er und schlug sich klatschend gegen das Bein. »Behaltet Tinchfield als Constable!« rief er dröhnend in die Natur hinaus. »Sie haben verdammt recht – das werden sie tun. Sie wären ja auch dumm und dämlich, wenn sie's nicht täten – nach dieser Geschichte. Gehn wir jetzt mal gemütlich ins Büro rüber und rufen wir den Staatsanwalt unten in Berdoo an.« Er seufzte. »Zu dämlich gerissen, dieser Melton«, sagte er. »Ich hab lieber einfache Leute.«

»Ich auch«, sagte ich. »Deswegen bin ich ja hier.«

Sie faßten Beryl Haines an der Grenze zwischen Kalifornien und Oregon, als sie in einem Mietwagen wieder nach Süden kehrtmachen wollte, nach Yreka. Die Autobahnstreife hielt sie bei einer Routinekontrolle wegen Straßenprostitution an, aber das wußte sie nicht. Sie zog wieder mal eine Pistole. Sie hatte immer noch Julia Meltons Gepäck und Julia Meltons Kleider und Julia Meltons Scheckbuch mit neun Blankoschecks drin, deren Unterschriften von einer von Julia Meltons echten Signaturen abgemalt waren. Auch der Scheck, den Goodwin kassiert hatte, erwies sich als Fälschung.

Tinchfield und der Staatsanwalt des Landkreises machten sich bei der Polizei in Glendale für mich stark, aber sie machten mir trotzdem dort gehörig die Hölle heiß. Von Veilchen M'Gee bekam ich eine dicke und saftige Zigarre und von dem verblichenen Howard Melton das, was von den fünfzig Dollar Vorschuß noch übriggeblieben war. Sie behielten Tinchfield als Constable – mit einer Stimmenmehrheit, die wie ein Erdrutsch war.

Keine Verbrechen in den Bergen

I

Der Brief kam kurz vor Mittag, per Eilboten, ein Kramladenumschlag mit dem Absender F. S. Lacey, Puma Point, Kalifornien. Innen steckten ein Scheck über hundert Dollar, ein Barscheck, gezeichnet Frederick S. Lacey, und ein Blatt einfaches weißes Schreibpapier, das mit Maschine beschrieben war und eine ganze Anzahl von Übertippungen aufwies. Der Text lautete:

Mr. John Evans.

Sehr geehrter Herr,

Len Esterwald hat mir Ihren Namen genannt. Ich wende mich an Sie in einer ebenso dringenden wie außerordentlich vertraulichen Angelegenheit. Einen Vorschuß füge ich bei. Bitte kommen Sie, wenn überhaupt möglich, am Donnerstagnachmittag oder -abend nach Puma Point, nehmen Sie sich ein Zimmer im Indian Head Hotel und rufen Sie mich unter der Nummer 2306 an.

Hochachtungsvoll
Fred Lacey

Ich hatte die ganze Woche nichts zu tun gehabt, aber jetzt zeigte der Tag ja doch ein nettes Gesicht. Die Bank, auf die der Scheck ausgestellt war, lag etwa sechs Blocks entfernt. Ich ging hin und löste ihn ein, aß zu Mittag und holte den Wagen heraus und machte mich auf den Weg.

Es war heiß im Tal, heißer noch in San Bernadino, und in fünftausend Fuß Höhe, nach fünfzehn Meilen Fahrt im ersten Gang auf der Bergstraße zum Puma Lake hinauf, war es immer noch heiß. Ich hatte bereits vierzig von den fünfzig Meilen der vertrackten, kurvenreichen Straße geschafft, als es anfing, sich abzukühlen, aber richtig kühl wurde es erst, als ich den Damm erreichte und am Südufer des Sees entlangfuhr, vorbei an den aufgetürmten Granitblökken und den Campingplätzen, die sich dahinter breitmachten. Es war früher Abend, als ich Puma Point erreichte, und ich war so leer wie ein ausgenommener Fisch.

Das Indian Head Hotel war ein braunes Eckgebäude, gegenüber

von einem Tanzlokal. Ich trug mich ein, schleppte meinen Koffer nach oben und ließ ihn in einem öden, knallhart eingerichteten Zimmer mit einem ovalen Teppich auf dem Boden, einem Doppelbett in der Ecke und an der nackten Kiefernholzwand nichts als ein Kalender einer Eisenwarenhandlung, den der trockene Bergsommer längst schon ganz krummgezogen hatte. Ich wusch mir Gesicht und Hände und ging nach unten zum Essen.

Der Speisesaal, der sich an die Halle anschloß, wimmelte bis zum Platzen von männlichen Wesen in Sportkleidung und mit Schnapsfahnen und von weiblichen in Hosen und Shorts mit blutroten Fingernägeln und dreckigen Knöcheln. Ein Bursche mit Brauen wie John L. Lewis lungerte mit einer Zigarre herum, die er sich ins Gesicht geschraubt hatte. Ein hagerer, blaßäugiger Kassierer in Hemdsärmeln plagte sich damit ab, die Rennergebnisse von Hollywood Park aus einem kleinen Radio zu ziehen, das so voller Störungen war wie der Kartoffelbrei voll Wasser. Hinten in der finsteren Ecke des Raums versuchte eine Hillbillyband aus fünf Defätisten in weißen Jacken und purpurnen Hemden, sich über den Krach an der Bar hinweg vernehmbar zu machen.

Ich schlang herunter, was hier als Abendessen à la carte bezeichnet wurde, trank einen Brandy, damit es unten blieb, und trat auf die Hauptstraße hinaus. Es war immer noch hellichter Tag, aber die Neonreklamen waren schon eingeschaltet, und der Abend barst von Krach: Autohupen, schrille Stimmen, polternde Bowlingkugeln, ballernde 22er an den Schießbuden, Jukeboxmusik und hinter all dem das heisere, harte Murmeln von Rennbooten auf dem See. An einer Ecke gegenüber dem Postamt wies ein blau-weißer Pfeil auf ein *Telephon.* Ich ging eine staubige Seitenstraße hinunter, und ganz plötzlich umgaben mich Ruhe und Kühle und Kieferndult. Ein zahmes Reh mit einem Lederhalsband wanderte vor mir über die Straße. Das Fernamt befand sich in einer Blockhütte, und in der Ecke gab es eine Telephonzelle mit einem Münzapparat. Ich schloß mich ein und ließ meinen Nickel fallen und wählte die 2306. Eine Frauenstimme meldete sich.

Ich sagte: »Ist Mr. Fred Lacey zu sprechen?«

»Wer ist dort bitte?«

»Evans ist mein Name.«

»Mr. Lacey ist im Moment nicht hier, Mr. Evans. Erwartet er Sie?«

Damit war sie mir um eine Frage voraus. Mir gefiel das nicht. Ich sagte: »Sind Sie Mrs. Lacey?«

»Ja. Ich bin Mrs. Lacey.« Ich fand, daß ihre Stimme gespannt war und überreizt, aber manche Stimmen sind das ja dauernd.

»Es handelt sich um eine geschäftliche Angelegenheit«, sagte ich. »Wann wird er zurück sein?«

»Das weiß ich nicht genau. Irgendwann im Lauf des Abends, nehme ich an. Was haben Sie eben . . .«

»Wo liegt Ihre Hütte, Mrs. Lacey?«

»Auf . . . auf dem Ball Sage Point, etwa zwei Meilen westlich vom Ort. Rufen Sie vom Ort an? Haben Sie . . .?«

»Ich rufe in einer Stunde wieder an, Mrs. Lacey«, sagte ich und hängte ein. Ich trat aus der Zelle. In der anderen Ecke des Raums war ein Mädchen in Hosen an einem kleinen Schreibtisch damit beschäftigt, in einer Art Kontobuch herumzuschreiben. Sie blickte auf und lächelte und sagte: »Wie gefällt es Ihnen in den Bergen?«

Ich sagte: »Gut.«

»Es ist sehr still hier oben«, sagte sie. »Sehr erholsam.«

»Ja-ah. Kennen Sie jemanden, der Fred Lacey heißt?«

»Lacey? O ja, die haben sich kürzlich erst ein Telephon legen lassen. Haben das Baldwin-Haus gekauft. Es liegt am Ende von Ball Sage Point, eine große Hütte auf einer Anhöhe, mit Blick auf den See. Eine herrliche Aussicht. Kennen Sie Mr. Lacey?«

»Nein«, sagte ich und ging weg.

Das zahme Reh stand in der Zaunlücke am Ende der Allee. Ich versuchte es aus dem Weg zu schieben. Aber es wollte sich nicht vom Fleck rühren, also trat ich über den Zaun und ging zum Indian Head zurück und stieg in meinen Wagen.

Am Ostende des Orts lag eine Tankstelle. Ich hielt an, um nachzutanken, und fragte den ledrigen Mann, der mich bediente, wo Ball Sage Point läge.

»Ah ja«, sagte er. »Das ist leicht. Das ist gar nicht schwer. Sie werden es mühelos finden, Ball Sage Point. Sie fahren von hier etwa anderthalb Meilen, an der katholischen Kirche vorbei und an Kincaid's Camp, und an der Bäckerei biegen Sie rechts ab, und dann halten Sie sich auf der Straße zum Willerton Boys' Camp, und wenn Sie daran vorbei sind, ist es die erste Straße links. Nur ein Feldweg, und ein bißchen rupplig. Im Winter wird dort kein Schnee gefegt, aber es ist ja nicht Winter jetzt. Kennen Sie jemand da draußen?«

»Nein.« Ich gab ihm Geld. Er ging zum Wechseln und kam zurück.

»Ist schön still hier draußen«, sagte er. »Sehr erholsam. Wie war doch gleich der Name?«

»Murphy«, sagte ich.

»Freut mich, Sie kennenzulernen, Mr. Murphy«, sagte er und griff nach meiner Hand. »Kommen Sie jederzeit wieder vorbei. Freut mich, Sie bedienen zu können. Also, wenn Sie nach Ball Sage Point wollen, fahren Sie hier auf der Straße erst geradeaus . . .«

»Ja-ah«, sagte ich und ließ ihn mit offenem Mund stehen.

Ich glaubte jetzt einigermaßen zu wissen, wo ich Ball Sage Point zu suchen hatte, also wendete ich und fuhr in die entgegengesetzte

Richtung. Es war ja möglich, daß Fred gar nicht wünschte, daß ich zu ihm ins Haus kam.

Einen halben Block hinter dem Hotel bog die asphaltierte Straße zu einem Bootssteg hinunter, um dann wieder in östlicher Richtung am Seeufer entlang zu führen. Der Wasserstand war niedrig. Vieh weidete auf dem sauer aussehenden Grasland, das im Frühling unter Wasser gestanden hatte. Ein paar geduldige Besucher standen in Booten mit Außenbordmotoren und angelten nach Barschen und Klumpfischen. Etwa eine Meile oder so hinter den Weiden wand sich ein Feldweg auf eine lange, mit Wacholder bedeckte Landzunge hinaus. Dicht am Ufer lag ein erleuchteter Tanzpavillon. Die Musik lief bereits, obwohl es in dieser Höhe immer noch wie später Nachmittag aussah. Die Band klang, als steckte sie in meiner Tasche. Ich konnte ein Mädchen mit kehliger Stimme den *Woodpecker's Song* singen hören. Ich fuhr rasch vorbei, und die Musik verklang, und die Straße wurde rupplig und steinig. Eine Hütte am Ufer glitt an mir vorbei, und dahinter war nichts mehr als Kiefern und Wacholder und das Glänzen des Wassers. Ich brachte den Wagen zum Stehen, weit draußen jetzt, fast an der Spitze der Landzunge, und ging zu einem riesigen Baum hinüber, der umgestürzt war und seine Wurzeln zwölf Fuß hoch in die Luft streckte. Ich setzte mich davor auf den knochentrockenen Boden und zündete mir eine Pfeife an. Es war friedlich hier und still und weit weg von allem. Auf der anderen Seeseite spielten zwei Rennboote Haschen, aber auf meiner Seite war nichts als stilles Wasser, das sehr langsam in der Bergdämmerung dunkel wurde. Ich überlegte, wer, zum Teufel, wohl dieser Fred Lacey sein mochte und was er wollte und warum er nicht zu Hause geblieben war oder eine Nachricht hinterlassen hatte, wenn seine Angelegenheit so dringend war. Ich dachte aber nicht sehr lange darüber nach. Der Abend war zu friedlich dazu. Ich rauchte und sah auf den See hinaus und in den Himmel und betrachtete ein Rotkehlchen, das auf der kahlen Wipfelspitze einer hohen Kiefer darauf wartete, daß es endlich dunkel genug wurde, damit es sein Gutenachtlied singen konnte.

Am Ende einer halben Stunde stand ich auf und grub mit dem Absatz ein Loch in den weichen Boden und klopfte meine Pfeife darin aus und stampfte das Erdreich über der Asche fest. Ohne irgendeinen Grund dafür zu haben, ging ich ein paar Schritt auf den See zu, und das brachte mich ans Ende des Baums. So sah ich den Fuß.

Er steckte in einem weißen Segeltuchschuh, etwa Größe neun. Ich ging um die Wurzeln des Baums herum.

Es war noch ein zweiter Fuß da, in einem zweiten weißen Segeltuchschuh. Dann kamen nadelgestreifte weiße Hosen mit Beinen darin und schließlich ein Rumpf in einem blaßgrünen Sporthemd von der Art, die man über der Hose trägt und die Taschen hat wie ein Sweater. Es hatte einen knopflosen V-Kragen, und im Ausschnitt zeigte sich ein Stück behaarte Brust. Der Mann stand in mittleren Jahren, war halb kahl, hatte eine solide Bräune und einen über der Lippe hochrasierten Schnurrbart. Seine Lippen waren dick, und sein Mund, ein bißchen offen wie meist in solchen Fällen, zeigte große starke Zähne. Er hatte die Art von Gesicht, das man bei viel gutem Essen und nicht allzu vielen Sorgen bekommt. Seine Augen blickten in den Himmel. Sie schienen nichts von mir wahrzunehmen.

Die linke Seite des grünen Sporthemds war blutgetränkt, in einer Fläche, so groß wie ein Eßteller. In der Mitte des Flecks mochte ein versengtes Loch sein. Sicher war ich mir nicht. Es war mit dem Licht ein bißchen heikel geworden.

Ich bückte mich nieder und ertastete Streichhölzer und Zigaretten in den Hemdtaschen, ein paar kantige Klumpen wie Schlüssel und Silbergeld in den Hosentaschen an den Seiten. Ich veränderte seine Lage ein wenig, um an die Hüfte zu kommen. Er war noch schlaff und nur ein bißchen abgekühlt. Eine Brieftasche aus grobem Leder füllte seine rechte Hüfttasche aus. Ich zog sie heraus, stemmte das Knie dabei gegen seinen Rücken.

Es waren zwölf Dollar in der Brieftasche und ein paar Karten, aber was mich interessierte, war der Name auf der Photokopie seines Führerscheins. Ich riß ein Streichholz an, um auch sicher zu sein, daß ich mich bei dem schwindenden Tageslicht nicht verlas.

Der Name auf dem Führerschein war Frederick Shield Lacey.

II

Ich steckte die Brieftasche zurück und stand auf und ging im Kreis um den Baum herum, wobei ich die Augen gehörig aufsperrte. Niemand war zu sehen, zu Lande nicht und auch nicht zu Wasser. In diesem Licht hätte niemand erkennen können, was ich tat, es sei denn, er wäre ganz in der Nähe gewesen.

Ich ging ein paar Schritte und sah mir den Boden darauf an, ob ich vielleicht Spuren hinterließ. Nein, keine. Der Boden bestand zur Hälfte aus den Kiefernnadeln vieler vergangener Jahre und zur anderen aus pulverisiertem verrottetem Holz.

Die Pistole lag etwa vier Fuß entfernt, fast unter dem umgestürzten Stamm. Ich berührte sie nicht. Ich bückte mich nur und sah sie mir an. Es war eine 22er Automatik, ein Colt mit einem beinernen Griff. Sie lag halb begraben in einem Häufchen pulvrigen braunen Holzmoders. Große schwarze Ameisen krochen auf dem Häufchen herum, und eine von ihnen kroch über den Lauf der Waffe.

Ich richtete mich auf und sah mich ein weiteres Mal um, ganz rasch. Ein Boot trudelte in einiger Entfernung vom Ufer um die Spitze der Landzunge herum und außer Sicht. Ich konnte das ungleichmäßige Stottern des gedrosselten Außenbordmotors hören, aber eigentlich sehen konnte ich das Boot nicht. Ich machte mich auf den Weg zum Wagen zurück. Ich hatte ihn schon fast erreicht. Eine kleine Gestalt erhob sich plötzlich lautlos hinter einem dichten Manzanita-Busch. Ein Lichtschimmer lag matt auf einer Brille und noch etwas anderem, weiter unten, in einer Hand.

Eine Stimme sagte zischend: »Nehmen Hände hoch, bitte.«

Das war so recht eine Gelegenheit, blitzschnell zu ziehen. Ich war aber nicht der Ansicht, daß ich schnell genug sein würde. Ich hob die Hände hoch.

Die kleine Gestalt kam hinter dem Manzanita-Busch hervor. Das schimmernde Ding unterhalb der Brille war eine Pistole. Die Pistole war groß genug. Sie kam auf mich zu.

Ein Goldzahn blinkte aus einem kleinen Mund unter einem schwarzen Schnurrbart.

»Drehen herum, bitte«, sagte die nette kleine Stimme begütigend. »Sehen Mann liegen am Boden?«

»Schaun Sie«, sagte ich zu ihm. »Ich bin fremd hier. Ich . . .«

»Drehen herum ganz schnell«, sagte der Mann kalt.

Ich drehte mich um.

Das Ende der Pistole machte es sich auf meinem Rückgrat bequem. Eine leichte, flinke Hand tastete mich hier und da ab, blieb auf der Pistole unter meinem Arm liegen. Die Stimme gurrte. Die Hand wanderte zu meiner Hüfte. Der Druck meiner Brieftasche verschwand. Ein reizender Taschendieb, sehr geschickt. Ich hatte die Berührung seiner Finger kaum gespürt.

»Ich sehen an Brieftasche jetzt. Sie ganz still«, sagte die Stimme. Die Pistole verschwand von meinem Rücken.

Ein guter Mann hätte jetzt eine Chance gehabt. Er hätte sich wie der Blitz auf den Boden fallen lassen, sich auf dem Knie herumgeworfen und wäre mit flammender Waffe in der Hand wieder hochgekommen. Es wäre ganz schnell gegangen. Ein guter Mann hätte sich die kleine Gestalt hergenommen, wie eine würdige alte Dame sich das Gebiß aus dem Mund nimmt, mit einer einzigen geschmeidigen Bewegung. Leider war ich irgendwie der Ansicht, daß ich so gut nicht sei.

Die Brieftasche kehrte an meine Hüfte zurück, der Pistolenlauf zurück an meinen Rücken.

»So«, sagte die Stimme sanft. »Sie gemacht großes Fehler, daß hergekommen sind.«

»Wem sagen Sie das, Bruderherz«, antwortete ich ihm.

»Machen aber nichts«, sagte die Stimme. »Sie jetzt fahren weg, fahren nach Hause. Fünfhundert Dollar. Wenn nichts sagen, fünfhundert Dollar kommen heute in einer Woche.«

»Fein«, sagte ich. »Haben Sie meine Adresse?«

»Gute Witz«, gurrte die Stimme. »Haha.«

Etwas traf mich in der rechten Kniekehle, und das Bein knickte weg, wie es das tut, wenn man diesen Punkt trifft. Der Kopf fing mir schon an zu schmerzen an der Stelle, wo ich den Schlag mit der Pistole erwartete, aber er hielt mich zum Narren. Es kam der gute alte Kaninchenschlag, und er war buchstäblich eine Wucht in seiner Art. Ausgeführt mit der Kante einer sehr harten kleinen Hand. Der Kopf flog mir davon und halb über den See hinüber und machte einen Bumerangbogen und kam zurück und krachte mit einem übelkeitserregenden Knirschen wieder an seine Stelle auf der Wirbelsäule. Irgendwie hatte er unterwegs einen Mundvoll Kiefernnadeln abbekommen.

Dann kam ein Mitternachtszwischenakt in einem kleinen Raum mit geschlossenen Fenstern und ohne Luft. Meine Brust kämpfte gegen den Boden an. Sie packten mir eine Tonne Kohlen auf den Rücken. Einer der harten Klumpen bohrte sich mir dort genau in die Mitte. Ich gab alle möglichen Laute von mir, aber sie müssen nicht sehr eindrucksvoll gewesen sein. Niemand scherte sich drum. Ich hörte, wie das Geräusch eines Bootsmotors lauter wurde und Füße sich weich tappend über die Kiefernnadeln näherten, was ein trockenes, schlitterndes Geräusch machte. Dann mehrmals ein schweres Grunzen und Schritte, die sich entfernten. Dann Schritte, die wiederkamen, und eine gutturale Stimme mit Akzent.

»Was hast du da, Charlie?«

»Ach, nichts«, sagte Charlie gurrend. »Rauchen Pfeife, tun gar nichts. Sommerbesuch, haha.«

»Hat er die Leiche gesehen?«

»Nichts gesehen«, sagte Charlie. Ich fragte mich, warum.

»Okay, gehn wir dann.«

»Ah, zu schade«, sagte Charlie. »Zu schade.« Das Gewicht hob sich von meinem Rücken, und die harten Kohlenklumpen gaben den Versuch auf, sich in mein Inneres zu bohren. »Zu schade«, sagte Charlie noch einmal. »Aber muß sein.«

Diesmal hielt er mich nicht zum Narren. Er schlug mit der Pistole zu. Wenn Sie gelegentlich mal vorbeikommen, können Sie die Beulen unter meinem Skalp fühlen. Ich habe mehrere davon.

Zeit verging, und ich war auf den Knien und winselte. Ich setzte einen Fuß auf den Boden und stemmte mich darauf hoch und wischte mir das Gesicht mit dem Handrücken ab und setzte den anderen Fuß auf den Boden und kletterte aus dem Loch, in dem ich allem Gefühl nach hockte.

Der Schimmer von Wasser, dunkel jetzt von der Nacht, doch versilbert vom Mond, lag direkt vor mir. Zur Rechten sah ich einen umgestürzten großen Baum. Das brachte alles zurück. Ich bewegte mich vorsichtig darauf zu, rieb mir den Kopf mit behutsamen Fingerkuppen. Er war geschwollen und weich, blutete aber nicht. Ich blieb stehen und sah mich nach meinem Hut um, und dann fiel mir ein, daß ich ihn im Wagen gelassen hatte.

Ich ging um den Baum herum. Der Mond war so hell, wie er's nur in den Bergen sein kann oder in der Wüste. Man hätte fast die Zeitung lesen können bei seinem Licht. Es war leicht zu erkennen, daß jetzt keine Leiche mehr dort am Boden lag und keine Pistole halb unter dem Baum, mit krabbelnden Ameisen drauf. Der Boden hatte eine Art geglättetes, geharktes Aussehen.

Ich stand da und lauschte, und alles, was ich hörte, war das Blut, das in meinem Kopf pochte, und alles, was ich fühlte, war Schmerz in meinem Kopf. Dann fuhr meine Hand nach der Pistole, und die Pistole war da. Und die Hand fuhr nach der Brieftasche, und auch die Brieftasche war da. Ich zog sie heraus und sah nach meinem Geld. Auch das schien alles dazusein.

Ich drehte mich um und schleppte mich zurück zum Wagen. Ich wollte ins Hotel zurück und ein paar Gläschen trinken und mich hinlegen. Ich wollte Charlie nach einer Weile schon wiederbegegnen, aber nicht jetzt gleich. Zuerst wollte ich mich eine Weile hinlegen. Ich war ein Junge und noch im Wachsen und brauchte Ruhe.

Ich stieg in den Wagen und ließ ihn an und wendete auf dem weichen Boden und brachte ihn wieder auf den Feldweg und von dort auf die Straße. Wagen begegneten mir nicht. Die Musik im Tanzpavillon an der Seite ging immer noch munter weiter, und die Sängerin mit der kehligen Stimme gab grad *I'll never smile again* zum besten.

Als ich die Schnellstraße erreichte, schaltete ich die Scheinwerfer ein und fuhr ins Städtchen zurück. Die lokale Ordnungsmacht war in einem Schuppen auf Kiefernbrettern untergebracht, etwa auf der Hälfte des Blocks vom Bootssteg, gegenüber vom Spritzenhaus. Drinnen brannte eine nackte Birne, hinter einer Glastür.

Ich hielt auf der anderen Straßenseite und blieb etwa eine Minute sitzen und sah in den Schuppen hinüber. Ein Mann saß drinnen, barhäuptig, in einem Drehstuhl an einem alten Zylinderschreibtisch. Ich machte die Wagentür auf und wollte aussteigen, hielt dann inne und schloß die Tür wieder und ließ den Motor an und fuhr weiter.

Ich hatte mir schließlich hundert Dollar zu verdienen.

III

Ich fuhr zwei Meilen über das Städtchen hinaus und sah die Bäckerei liegen und bog auf eine frischgeteerte Straße, die zum See führte. Ich kam an ein paar Campingplätzen vorbei, und dann sah ich die bräunlichen Zelte des Jungenlagers, von dem der Tankstellenmensch gesprochen hatte, mit Lichterketten dazwischen und allerlei Geklapper, das aus einem großen Zelt kam, wo Geschirr gewaschen wurde. Ein Stückchen weiter bog die Straße um eine kleine Bucht, und ein Feldweg zweigte ab. Er war tief ausgefahren und voller Steine, die zur Hälfte im Boden steckten, und zwischen den Bäumen rechts und links war kaum durchzukommen. Ich fuhr an zwei erleuchteten Hütten vorbei, alten, aus Kiefern gebauten, an denen man die Rinde gelassen hatte. Dann stieg der Weg an, und die Gegend wurde leerer, und nach einer Weile kam eine große Hütte, die über der Kante der Felsklippe hing und auf den See zu ihren Füßen niederblickte. Die Hütte besaß zwei Schornsteine und einen rustikalen Zaun. Auf der Seeseite lag eine lange Veranda, und Stufen führten zum Wasser hinunter. Aus den Fenstern kam Licht. Meine Scheinwerfer reichten hoch genug, um auf einem hölzernen, an einen Baum genagelten Schild den Namen Baldwin zu erfassen. Es war also das richtige Haus.

Die Garage stand offen, und eine Limousine war darin abgestellt. Ich hielt ein bißchen weiter oberhalb und ging dann weit genug in die Garage hinein, um das Auspuffrohr des Wagens anfühlen zu können. Es war kalt. Ich ging durch ein rustikales Tor einen mit Steinen begrenzten Pfad hinauf zur Veranda. Die Tür öffnete sich, als ich anlangte. Eine hochgewachsene Frau stand da, vom herausdringenden Licht umrahmt. Ein kleiner seidiger Hund kam an ihr vorbei herausgeschossen, purzelte die Stufen hinunter und prallte mir mit zwei Vorderpfoten vor den Bauch, fiel dann zu Boden und lief in Kreisen um mich herum, wobei er Laute der Billigung von sich gab.

»Platz, Shiny!« rief die Frau. »Platz! Ist sie nicht ein komisches kleines Hundchen? Ein komisches klitzekleines Hundchen. Sie ist zur Hälfte Coyote.«

Der Hund lief ins Haus zurück. Ich sagte: »Sind Sie Mrs. Lacey? Ich heiße Evans. Ich habe Sie vor etwa einer Stunde angerufen.«

»Ja, ich bin Mrs. Lacey«, sagte sie. »Mein Mann ist noch nicht nach Hause gekommen. Ich – ja, aber wollen Sie nicht hereinkommen?« Ihre Stimme hatte einen gedämpften, abwesenden Klang, wie eine Stimme im Nebel.

Sie schloß die Tür hinter mir, nachdem ich hineingegangen war, und stand da und sah mich an, dann zuckte sie ein wenig die Achseln und nahm in einem Korbsessel Platz. Ich setzte mich in einen ebensolchen. Der Hund erschien aus dem Nichts, sprang mir auf den Schoß, fuhr mir mit einer langen Zunge über die Nasenspitze und sprang wieder herunter. Es war ein kleiner grauer Hund mit einer scharfen Schnauze und einem langen, buschigen Schwanz.

Der Raum war groß und hatte eine Menge Fenster mit nicht sehr frischen Vorhängen davor. Es gab einen wuchtigen Kamin, indianische Teppiche, zwei Sofas mit verblichenen Kretonnebezügen, weiteres Korbmobiliar, nicht allzu bequem. An der Wand hingen einige Geweihe, darunter ein Sechsender.

»Fred ist noch nicht nach Hause gekommen«, sagte Mrs. Lacey noch einmal. »Ich weiß nicht, was ihn abhält.«

Ich nickte. Sie hatte ein blasses, ziemlich angespanntes Gesicht und dunkles Haar, das ein bißchen verwildert war. Sie trug eine zweireihige scharlachrote Jacke mit Messingknöpfen, graue Flanellhosen, schweinslederne Sandalen mit Holzsohle und keine Strümpfe. Um den Hals hatte sie eine Kette aus rauchigem Bernstein und im Haar ein Band aus altrosa Stoff. Sie war um die Mitte Dreißig, also schon zu alt, um noch zu lernen, wie man sich anzog.

»Sie wollten meinen Mann geschäftlich sprechen?«

»Ja. Er hat mir geschrieben. Ich sollte herkommen, im Indian Head absteigen und ihn dann anrufen.«

»Oh – im Indian Head«, sagte sie, als hätte das eine besondere Bedeutung. Sie schlug die Beine übereinander, fühlte sich aber nicht wohl damit und schlug sie wieder auseinander. Sie beugte sich vor und stützte ein langes Kinn in ihre Hand. »In welchem Beruf sind Sie denn tätig, Mr. Evans?«

»Ich bin Privatdetektiv.«

»Geht es . . . geht es um das Geld?« fragte sie rasch.

Ich nickte. Das schien mir sicher zu sein. Es ging ja gewöhnlich immer um Geld. Für mich jedenfalls ging es um hundert Dollar, die ich in der Tasche hatte.

»Natürlich«, sagte sie. »Natürlich. Möchten Sie etwas zu trinken?«

»Aber gerne.«

Sie ging zu einer kleinen hölzernen Bar hinüber und kam mit zwei Gläsern zurück. Wir tranken. Wir sahen einander über den Rand der Gläser weg an.

»Im Indian Head also«, sagte sie. »Da haben wir zwei Nächte gewohnt, als wir hier raufkamen. Während die Hütte saubergemacht wurde. Sie hatte zwei Jahre leergestanden, als wir sie kauften. Da sammelt sich viel Schmutz an.«

»Das glaube ich«, sagte ich.

»Mein Mann hat Ihnen geschrieben, sagten Sie?« Sie blickte jetzt in ihr Glas. »Ich nehme an, er hat Ihnen die Geschichte erzählt.«

Ich bot ihr eine Zigarette an. Sie wollte zugreifen, dann schüttelte sie den Kopf, legte die Hand um die Kniescheibe und drehte daran herum. Sie warf mir von unten herauf einen vorsichtigen Blick zu.

»Er hat sich ein bißchen vage ausgedrückt«, sagte ich. »Stellenweise.«

Sie sah mich fortwährend an, und ich sah sie fortwährend an. Ich atmete sanft in mein Glas, bis es beschlug.

»Nun, ich glaube, wir brauchen nicht so geheimnisvoll zu tun deswegen«, sagte sie. »Zumal ich tatsächlich mehr davon weiß, als Fred denkt. Er weiß zum Beispiel nicht, daß ich den Brief gesehen habe.«

»Den Brief an mich?«

»Nein. Den Brief, den er aus Los Angeles bekam, mit dem Gutachten über den Zehndollarschein.«

»Wie haben Sie den denn zu sehen bekommen?« fragte ich.

Sie lachte ohne sonderliche Freude. »Fred ist zu heimlichtuerisch. Es ist ein Fehler, wenn man das bei einer Frau macht. Ich habe einen Blick darauf geworfen, während er im Bad war. Er hatte ihn in der Jackentasche stecken.«

Ich nickte und trank einen weiteren Schluck aus meinem Glas. Ich sagte: »Hm, hm.« Das legte mich nicht allzusehr fest, was ja nicht schaden konnte, solange ich nicht wußte, wovon wir überhaupt redeten. »Aber woher wußten Sie, daß er ihn in der Tasche stecken hatte?« fragte ich.

»Er hatte ihn grad auf der Post bekommen. Ich war bei ihm.« Sie lachte, mit etwas mehr Vergnügen diesmal. »Ich sah, daß ein Geldschein drinsteckte und daß er von Los Angeles kam. Ich wußte, er hatte einen der Scheine an einen Freund geschickt, der Experte ist in solchen Sachen. Also wußte ich natürlich auch, daß der Brief ein Gutachten war. Und das war er auch.«

»Sieht so aus, als hätte Fred mit der Geheimhaltung seine Schwierigkeiten«, sagte ich. »Was stand denn drin in dem Brief?«

Sie errötete leicht. »Ich weiß nicht, ob ich Ihnen das sagen sollte. Ich weiß ja nicht einmal, ob Sie wirklich Detektiv sind und Evans heißen.«

»Hm, das läßt sich ohne großen Kraftaufwand klären«, sagte ich. Ich stand auf und zeigte ihr genügend Beweise. Als ich mich wieder hingesetzt hatte, kam der kleine Hund herüber und schnüffelte an den Aufschlägen meiner Hose. Ich beugte mich nieder, um ihm den Kopf zu kraulen, und bekam dafür die Hand vollgesabbelt.

»Es stand drin, der Schein wäre hervorragend gemacht. Das Papier vor allem wäre praktisch perfekt. Aber beim genauen Vergleich sähe man doch minimale Abweichungen bei den Seriennummern. Was bedeutet das?«

»Es bedeutet, daß der Schein, den er eingeschickt hatte, nicht von einer Druckplatte der Bundesbank stammt. War sonst noch etwas nicht in Ordnung?«

»Ja. Unter Schwarzlicht – was das ist, weiß ich nicht – hätten sich leichte Abweichungen in der Farbzusammensetzung ergeben. Aber in dem Brief kam dann auch noch, für das unbewaffnete Auge wäre die Fälschung praktisch perfekt. Sie würde jeden Bankangestellten täuschen.«

Ich nickte. Das war etwas, was ich nicht erwartet hatte. »Von wem war dieser Brief, Mrs. Lacey?«

»Die Unterschrift lautete Bill. Der Brief stand auf einem einfachen Blatt Papier. Ich weiß nicht, wer ihn geschrieben hat. Oh, da war noch etwas. Bill schrieb, Fred sollte sich mit dem Schein sofort an die Bundespolizei wenden, denn das Geld wäre so gut, daß es viel Schaden anrichten könnte, wenn es in Umlauf käme. Aber das wollte Fred natürlich nicht, wenn sich's nur eben vermeiden ließ. Deswegen hat er sich wohl auch an Sie gewendet.«

»Nun, nein, natürlich nicht«, sagte ich. Das war ein Schuß ins Blaue, der höchstwahrscheinlich nichts traf. Nicht jedenfalls bei der Menge Blau, in das ich da schießen mußte.

Sie nickte aber, als hätte ich etwas gesagt.

»Was macht denn Fred jetzt so vorwiegend?« fragte ich.

»Bridge und Poker, wie er's schon jahrelang macht. Bridge spielt er fast jeden Nachmittag im Athletic Club, und abends kommt dann Poker dran. Da könnte er's sich nicht leisten, mit Falschgeld in Verbindung zu kommen, verstehn Sie, selbst auf die harmloseste Art nicht. Es würde immer jemanden geben, der ihm nicht glaubte daß es harmlos *war*. Er wettet auch beim Rennen, aber das nur aus Spaß. Da waren auch die fünfhundert Dollar her, die er mir in den Schuh gesteckt hat, als Geschenk für mich. Im Indian Head.«

Wenn es nach mir gegangen wäre, dann wäre ich ins Freie gelaufen und hätte ein bißchen gebrüllt und mir mit den Fäusten auf der Brust herumgetrommelt, bloß um Dampf abzulassen. Aber so konnte ich nur sitzen bleiben und ein kluges Gesicht machen und meinen Drink schlürfen. Ich schlürfte ihn bis zur Neige und ließ die Eiswürfel einsam im Glas herumklirren, und sie stand auf und holte mir einen neuen. Ich nahm einen Schluck davon und atmete tief und sagte: »Wenn der Schein so gut war, woher hat er dann gewußt, daß er gefälscht war, wenn Sie verstehen, was ich meine?«

Ihre Augen weiteten sich ein wenig. »Oh – ich verstehe. Gewußt hat er's eigentlich nicht, natürlich nicht. Nicht bei dem Schein da. Aber es waren ja fünfzig davon da, lauter Zehndollarscheine, alle neu. Und das waren die Scheine nicht gewesen, die er für mich in den Schuh gesteckt hatte.«

Ich überlegte, ob es mir vielleicht nützen würde, wenn ich mir das Haar raufte. Ich glaubte es aber nicht – der Kopf tat mir so schon weh genug. Charlie. Der gute alte Charlie. Okay, Charlie, warte nur ein bißchen, dann rücke ich dir auf die Bude, mein Guter.

»Schaun Sie«, sagte ich. »Schaun Sie, Mrs. Lacey. Von dem Schuh hat er mir überhaupt nichts mitgeteilt. Bewahrt er sein Geld immer in einem Schuh auf, oder war das diesmal was Besonderes, weil er's beim Rennen gewonnen hatte und Pferde doch mit den Beinen arbeiten?«

»Ich hab Ihnen doch schon gesagt, es war ein Überraschungsgeschenk für mich. Wenn ich den Schuh anzog, sollte ich's natürlich finden.«

»Ah ja.« Ich nagte mir etwa einen halben Zoll meiner Oberlippe ab. »Aber Sie haben es nicht gefunden?«

»Wie konnte ich denn – wo ich doch das Zimmermädchen mit den Schuhen zum Schuhmacher im Ort geschickte hatte, um die Absätze machen zu lassen! Da hab ich natürlich nicht vorher reingeguckt. Ich wußte ja nicht, daß Fred mir was in den Schuh gesteckt hatte.«

Allmählich kam etwas Licht in die Sache. Es war noch sehr weit weg und kam nur ganz langsam. Es war ein sehr kleines Licht, etwa die Hälfte von dem, was ein Glühwürmchen hergibt.

Ich sagte: »Und das mit dem Schuhmacher wußte nun wieder Fred nicht. Und dieses Zimmermädchen brachte die Schuhe hin. Was dann?«

»Nun, Gertrude – so heißt das Zimmermädchen – sagte, sie hätte das Geld ebenfalls nicht bemerkt. Also ging Fred, als er von der Sache erfahren und das Mädchen gefragt hatte, zum Schuhmacher rüber, und der hatte noch nicht an den Schuhen gearbeitet, und die Rolle Geld steckte immer noch vorn in der Schuhspitze. Deshalb lachte Fred bloß und nahm das Geld heraus und steckte es in die Tasche und gab dem Schuhmacher fünf Dollar, weil er Glück gehabt hatte.«

Ich trank mein zweites Glas aus und lehnte mich zurück. »Jetzt verstehe ich langsam. Anschließend dann holte Fred die Scheine heraus und stellte fest, daß es nicht dasselbe Geld war. Es waren lauter neue Zehndollarscheine, und vorher waren es vermutlich Scheine verschiedener Größen gewesen und keine neuen oder jedenfalls keine ganz neuen.«

Sie blickte überrascht, weil dieser Groschen so langsam bei mir gefallen war. Ich überlegte, wie lang in ihrer Vorstellung der Brief wohl sein mochte, den Fred mir geschrieben hatte. Ich sagte: »Dann mußte Fred annehmen, daß es irgendeinen Grund gegeben hatte, das Geld zu vertauschen. Ihm fiel auch durchaus einer ein, und so schickte er den Schein an einen Freund mit der Bitte, ihn zu untersuchen. Und das Gutachten kam, daß es sich um eine sehr gute Fälschung handle, aber eben doch um eine Fälschung. Wen hat er im Hotel darüber befragt?«

»Keinen außer Gertrude, glaube ich. Er wollte keinen großen Wirbel machen. Ich glaube, er hat dann bloß an Sie geschrieben.«

Ich stupste meine Zigarette aus und blickte durch die offenen Vorderfenster hinaus auf den mondbeschienenen See. Ein Rennboot mit einem harten weißen Scheinwerfer glitt murmelnd durch das Wasser, glitt fort über das Wasser in die Ferne und verschwand hinter einer bewaldeten Landzunge.

Ich wandte den Blick wieder Mrs. Lacey zu. Sie saß immer noch wie vorher da, das Kinn in eine dünne Hand gestützt. Ihre Augen schienen weit weg zu sein, ganz woanders.

»Ich wünschte, Fred käme endlich nach Hause«, sagte sie.

»Wo ist er denn?«

»Ich weiß es nicht. Er ist mit einem Mann namens Frank Luders weggegangen, der im Woodland Club wohnt, am andern Ende des Sees. Fred sagte, er wäre da Mitbesitzer. Aber ich habe Mr. Luders vor einer Weile angerufen, und er sagte, Fred wäre nur bis in die Stadt mitgefahren und am Postamt ausgestiegen. Ich habe die ganze Zeit damit gerechnet, daß Fred anrufen würde und mich bitten, ihn irgendwo abzuholen. Er ist ja schon Stunden weg.«

»Im Woodland Club werden doch sicher Karten gespielt. Vielleicht ist er da hingegangen.«

Sie nickte. »Normalerweise ruft er mich dann aber an.«

Ich starrte ein Weilchen auf den Boden und versuchte mir nicht wie ein Schuft vorzukommen. Dann stand ich auf. »Ich glaube, ich fahre jetzt doch mal wieder ins Hotel zurück. Sie können mich dort erreichen, wenn Sie mich anrufen wollen. Ich überlege die ganze Zeit schon, ob ich Mr. Lacey nicht irgendwo schon einmal begegnet bin. Ist er nicht ein kräftiger Mann um die Fünfundvierzig, mit ziemlich gelichtetem Haar und einem Schnurrbart?«

Sie ging mit mir zur Tür. »Ja«, sagte sie. »Das ist Fred, stimmt genau.«

Sie hatte den Hund im Haus eingesperrt und blieb draußen stehen, als ich den Wagen wendete und wegfuhr. Mein Gott, sah sie einsam aus!

IV

Ich lag auf meinem Bett auf dem Rücken, fuchtelte mit einer Zigarette herum und versuchte mir darüber klarzuwerden, warum ich in dieser Affäre wieder mal unbedingt den schlauen Schnüffler spielen mußte, als es plötzlich an die Tür klopfte. Ich rief »Herein«. Ein Mädchen in Arbeitsuniform trat ein, Handtücher über dem Arm. Sie hatte dunkles, rötliches Haar und ein keckes, nett hergerichtetes

Gesicht und lange Beine. Sie entschuldigte sich und hängte ein paar Handtücher über das Gestell und ging zur Tür zurück und bedachte mich mit einem Seitenblick, bei dem ihre Wimpern ein einziges Klimpern waren.

Ich sagte: »Hallo, Gertrude«, nur eben so.

Sie blieb stehen, und der dunkelrote Kopf kam herum, und der Mund schickte sich zu einem Lächeln an. »Woher kennen Sie meinen Namen?«

»Kenne ich gar nicht. Aber eins der Zimmermädchen heißt Gertrude. Und mit der wollte ich mich mal unterhalten.«

Sie lehnte sich gegen den Türrahmen, Handtücher über dem Arm. Ihr Blick war träge. »Ja-ah?«

»Leben Sie hier oben, oder kommen Sie nur im Sommer rauf?« fragte ich.

Ihre Lippen kräuselten sich. »Ich hier leben – na, hören Sie mal! Bei diesen Gebirgsdeppen? Das hätte mir grad noch gefehlt.«

»Aber Sie kommen ganz gut zu Rande, oder?«

Sie nickte. »Und ich brauche auch keinerlei Gesellschaft, Mister.« Das klang aber, als würde sie gegebenenfalls doch darüber mit sich reden lassen.

Ich sah sie eine Minute lang an und sagte: »Erzählen Sie mal von dem Geld, das hier jemand in einem Schuh versteckt hatte.«

»Wer sind Sie?« fragte sie kühl.

»Evans ist mein Name. Ich bin Detektiv in Los Angeles.« Ich grinste sie an, sehr gerissen.

Ihr Gesicht wurde ein wenig steif. Die Hand, die die Tücher hielt, schloß sich krampfhaft, und die Nägel machten ein kratzendes Geräusch auf dem Stoff. Sie bewegte sich von der Tür zurück und setzte sich auf einen Stuhl an der Wand. In ihre Augen kam Unruhe.

»Detektiv«, hauchte sie. »Was ist denn passiert?«

»Wissen Sie das nicht?«

»Ich hab nur gehört, daß Mrs. Lacey etwas Geld in einem Schuh gelassen hatte, der neue Absätze kriegen sollte und den ich zum Schuhmacher rübergebracht habe, der aber das Geld nicht gestohlen hat. Genausowenig wie ich. Sie hat es doch zurückbekommen, oder?«

»Sie mögen wohl keine Bullen, was? Ihr Gesicht kommt mir irgendwie bekannt vor«, sagte ich.

Das Gesicht verhärtete sich. »Hören Sie mal, Bulle, ich hab einen Job, und ich arbeite. Dabei brauche ich keine Hilfestellung, von keinem Bullen. Ich schulde niemand einen Nickel.«

»Sicher«, sagte ich. »Als Sie die bewußten Schuhe aus dem Zimmer holten, sind Sie da sofort damit zum Schuhmacher rübergegangen?«

Sie nickte kurz.

»Ohne sich unterwegs aufzuhalten?«

»Warum sollte ich?«

»Ich war nicht dabei. Also kann ich's nicht wissen.«

»Na schön, also ich hab mich nirgends aufgehalten. Ich hab nur Weber rasch gesagt, daß ich für einen Gast aus dem Haus muß.«

»Wer ist Mr. Weber?«

»Der stellvertretende Manager. Er ist meist unten im Speisesaal anzutreffen.«

»Hochgewachsener, blasser Bursche, der immer sämtliche Rennergebnisse aufschreibt?«

Sie nickte. »Das dürfte er sein, ja.«

»Verstehe«, sagte ich. Dann riß ich ein Streichholz an und hielt es an meine Zigarette. Ich starrte durch den Rauch zu ihr hinüber. »Vielen Dank denn«, sagte ich.

Sie stand auf und öffnete die Tür. »Ich glaube nicht, daß ich Ihnen schon einmal begegnet bin«, sagte sie und sah zu mir zurück.

»Es wird wahrscheinlich mehrere von uns geben, mit denen Sie noch nichts zu tun gehabt haben«, sagte ich.

Sie errötete und stand mit funkelnden Augen da.

»Werden die Handtücher immer so spät gewechselt in Ihrem Hotel?« fragte ich sie, nur um etwas zu sagen.

»Ein gewiefter Bursche sind Sie, was?«

»Hm, ich versuche diesen Eindruck zu vermitteln«, sagte ich mit einem bescheidenen Grinsen.

»Leider kommen Sie nicht besonders damit an«, sagte sie, und plötzlich schlug ein belegter Akzent in ihrer Aussprache durch.

»Hat außer Ihnen sonst noch jemand die Schuhe in der Hand gehabt – nachdem Sie sie aus dem Zimmer geholt hatten?«

»Nein. Ich sagte Ihnen doch schon, daß ich nur noch kurz bei Mr. Weber war, um ihm mitzuteilen ...« Sie unterbrach sich jäh und dachte einen Augenblick nach. »Ich bin ihm noch eine Tasse Kaffee holen gegangen«, sagte sie. »Da hab ich die Dinger auf seinem Tisch neben der Registrierkasse stehengelassen. Woher, zum Teufel, soll ich wohl wissen, ob da noch jemand anders drangegangen ist? Und was macht das schon aus, wenn die Leute doch ihren Kies wiedergekriegt haben?«

»Nun, ich sehe, daß Ihnen viel daran liegt, mich zu beruhigen. Erzählen Sie mir mal noch was über diesen Burschen, den Weber. Ist er schon lange hier?«

»Zu lange«, sagte sie garstig. »Wenn man ein Mädchen ist, kommt man ihm am besten nicht zu nahe, wenn Sie verstehen, was ich meine. Wovon hatte ich doch grad gesprochen?«

»Von Mr. Weber.«

»Ach was, zum Teufel mit Mr. Weber – wenn Sie verstehen, was ich meine.«

»Haben Sie Schwierigkeiten gehabt, ihm das klarzumachen?«

Sie errötete wieder. »Ganz im Vertrauen«, sagte sie, »von mir aus können Sie auch gleich mit zum Teufel gehen.«

»Wenn ich verstehe, was Sie meinen«, sagte ich.

Sie öffnete die Tür und warf mir ein rasches, halb wütendes Lächeln zu und ging hinaus.

Ihre Schritte klapperten den Flur entlang. Ich hörte nicht, daß sie bei irgendeiner anderen Tür stehenblieb. Ich sah auf meine Armbanduhr. Es war schon nach halb zehn.

Jemand kam mit schweren Schritten den Flur herauf, ging in das Zimmer nebenan und knallte die Tür zu. Der Mann fing an zu husten und Schuhe herumzuschmeißen. Ein Gewicht plumpste auf die Bettfedern und wälzte sich darauf herum. Das dauerte fünf Minuten, dann stand er wieder auf. Zwei große, unbeschuhte Füße tappten über den Boden, eine Flasche klirrte gegen ein Glas. Der Mann genehmigte sich einen Drink, legte sich wieder aufs Bett und begann fast augenblicklich zu schnarchen.

Außer diesem Schnarchen und dem Radau, der von unten aus Speisesaal und Bar heraufdrang, herrschte die ganze Stille, die man in einem Gebirgskurort nur finden kann. Rennboote stotterten draußen auf dem See, hier und da murmelte Tanzmusik, Wagen fuhren hupend vorbei, die 22er ballerten in den Schießbuden, und junge Leute führten quer über die Hauptstraße weg schallende Gespräche.

Es war so still, daß ich nicht hörte, wie meine Tür aufging. Sie war schon halb offen, bevor ich es bemerkte. Ein Mann kam herein, in aller Ruhe, schloß halb die Tür, bewegte sich ein paar Schritt weiter im Zimmer und blieb stehen und sah mich an. Er war hochgewachsen, dünn, blaß, ruhig, und in seinen Augen lag etwas leicht Bedrohliches.

»Okay, Sportsfreund«, sagte er. »Dann zeigen Sie mal.«

Ich wälzte mich herum und setzte mich auf. Ich gähnte. »Was soll ich zeigen?«

»Die Hundemarke.«

»Welche Hundemarke?«

»Lassen Sie die Faxen, Schlaumeier. Zeigen Sie mir die Marke, die Ihnen das Recht gibt, dem Personal Fragen zu stellen.«

»Ach, die«, sagte ich und lächelte schwach. »Ich habe keine Marke, Mr. Weber.«

»Sieh mal einer an, was für eine nette Bescherung«, sagte Mr. Weber. Er kam durch das Zimmer auf mich zu, und seine langen Arme schwangen. Als er noch etwa drei Schritt von mir entfernt war, beugte er sich ein wenig vor und machte eine sehr jähe Bewegung.

Eine offene Handfläche traf mich hart an der Seite ins Gesicht. Mir wackelte der ganze Kopf, und eine Schmerzwelle breitete sich im Nacken nach allen Richtungen aus.

»Weil Sie das gemacht haben«, sagte ich, »dürfen Sie nun heute abend nicht ins Kino.«

Er verzog das Gesicht zu einem höhnischen Grinsen und ballte die rechte Faust. Er telegraphierte seinen Schlag diesmal reichlich im voraus. Ich hätte fast Zeit gehabt, runterzulaufen und mir eine Fängermaske zu kaufen. Ich tauchte unter seiner Faust durch und hoch und stieß ihm eine Pistole in den Bauch. Er grunzte unfreundlich. Ich sagte: »Ach, nehmen Sie doch bitte rasch mal die Hände in die Höhe.«

Er grunzte abermals, und seine Augen waren leicht irritiert, aber er rührte keine Hand. Ich trat um ihn herum und ging rückwärts durchs Zimmer. Er drehte sich um, langsam, und beäugte mich. Ich sagte: »Bloß ein Momentchen, bis ich die Tür geschlossen habe. Dann wollen wir uns intensiv mit dem Fall ›Geld im Schuh‹ befassen, sonst auch bekannt unter dem Titel ›Der vertauschte Krautsalat‹.«

»Scheren Sie sich zum Henker«, sagte er.

»Eine richtig knackige Antwort«, sagte ich. »Und äußerst originell.«

Ich griff hinter mich, nach der Türklinke, ließ ihn dabei nicht aus den Augen. Eine Diele knarrte in meinem Rücken. Ich fuhr herum, verhalf dadurch aber nur dem großen, schweren, harten und nüchternen Betonbrocken, der mir seitlich auf dem Kiefer landete, zu etwas mehr Wucht. Ich sauste ab in die Ferne, nicht ohne einen wahren Sternhagel von Blitzen als Spur zu hinterlassen, und machte einen Kopfsprung mitten in den interplanetarischen Raum. Ein paar tausend Jahre vergingen. Dann hielt ich mit dem Rücken einen Planeten auf, öffnete leicht benommen die Augen und erblickte ein Paar Füße.

Sie lagen ganz locker da, etwas gespreizt, und von ihnen gingen Beine aus und kamen auf mich zu. Die Beine waren schräg nach außen gewinkelt und ruhten auf dem Fußboden eines Zimmers. Eine Hand hing schlaff in ihrer Nähe, und grad eine Spur außer Reichweite davon lag eine Pistole. Ich bewegte einen der Füße und stellte mit Überraschung fest, daß er mir selber gehörte. Die schlappe Hand zuckte und griff automatisch nach der Pistole, verfehlte sie, griff noch einmal danach und erwischte den glatten Kolben. Ich hob sie hoch. Jemand hatte ein Halbzentnergewicht daran gebunden, aber ich brachte sie trotzdem hoch. Im Zimmer war nichts sonst als Stille. Ich blickte auf und starrte stracks gegen die geschlossene Tür. Ich wollte mich ein bißchen vom Fleck rühren, und sofort tat mir alles weh. Der Kopf tat mir weh. Der Kiefer tat mir weh. Ich hob die Pistole noch ein Stückchen weiter und ließ sie dann wieder sinken. Zum Teufel damit. So weit kam's noch, daß ich hier für nichts und wieder nichts Pistolen hievte. Das Zimmer war leer. Alle Besucher hatten sich verabschiedet. Die Ziehlampe an der Decke brannte in leerem Glanz. Ich wälzte mich ein bißchen herum und ließ es mir ein bißchen mehr weh tun und brachte es fertig, ein Bein zu krümmen und ein Knie unter mich zu zwängen. Ich kam grunzend hoch, grapschte wieder nach der Pistole und kletterte den Rest des Wegs in die Höhe. In meinem Mund schmeckte es nach Asche.

»Ah, zu schade«, sagte ich laut. »Zu schade. Aber muß sein. Okay, Charlie. Wir sprechen uns noch.«

Ich schwankte ein bißchen, immer noch groggy wie nach einer dreitägigen Sauftour, drehte mich langsam und durchstöberte das Zimmer mit den Augen.

Neben dem Bett kniete im Gebet versunken ein Mann. Er trug einen grauen Anzug, und sein Haar war von staubig blonder Farbe. Seine Beine waren gespreizt, und sein Körper hatte sich über das Bett gebeugt, auf dem er die Arme ausgestreckt hatte. Sein Kopf ruhte seitlich auf seinem linken Arm.

Er sah aus, als fühle er sich ganz behaglich dort. Der rohe Hirschhorngriff des Jagdmessers unter seinem linken Schulterblatt schien ihn überhaupt nicht zu stören.

Ich ging hinüber, um mich zu bücken und sein Gesicht zu betrachten. Es war das Gesicht von Mr. Weber. Armer Mr. Weber! Unter dem Griff des Jagdmessers breitete sich, auf dem Rücken seiner Jacke, ein dunkler Streifenfleck nach unten aus.

Es war kein Mercurochrom.

Ich fand irgendwo meinen Hut und setzte ihn vorsichtig auf und steckte die Pistole unter den Arm und watete zur Tür. Ich schob den Schlüssel nach außen ins Schloß, knipste das Licht aus, ging hinaus und schloß die Tür hinter mir ab und ließ den Schlüssel in meine Tasche gleiten.

Ich ging einen stillen Flur entlang und die Treppe hinunter zur Rezeption. Ein alter, verbraucht wirkender Nachtportier las hinter dem Tisch die Zeitung. Er sah nicht einmal zu mir auf. Ich warf einen Blick durch den Bogen, durch den man in den Speisesaal gelangte. Dieselbe lärmende Menge umbrandete die Bar. Dieselbe Hillbillyband kämpfte in der Ecke um ihr Leben. Der Bursche mit der Zigarre und den John-L.-Lewis-Brauen widmete sich der Registrierkasse. Das Geschäft schien gut zu laufen. Ein Pärchen Sommergäste drehte sich mitten auf der Tanzfläche, jeder ein Glas in der Hand über der Schulter des anderen.

V

Ich trat durch die Eingangstür nach draußen und schlenderte links die Straße hinunter, der Stelle zu, wo mein Wagen geparkt war, aber ich war noch nicht sehr weit gekommen, da blieb ich stehen und ging in die Hotelhalle zurück. Ich lehnte mich auf den Rezeptionstisch und fragte den Portier: »Kann ich das Zimmermädchen sprechen, das Gertrude heißt?«

Er blinzelte mich gedankenvoll über die Brille an. »Hatte um halb zehn Schluß. Ist nach Hause gegangen.«

»Wo wohnt sie?«

Er starrte mich an, diesmal ohne zu blinzeln. »Ich glaube, Sie machen sich da falsche Vorstellungen«, sagte er.

»Wenn ich das tue, sind's jedenfalls nicht die Vorstellungen, die Sie sich davon machen.«

Er rieb sich die Kinnspitze und bohrte mir im Gesicht herum mit seinem Starren. »Irgendwas nicht in Ordnung?«

»Ich bin Privatdetektiv in Los Angeles. Ich arbeite in aller Stille, wenn man mich in aller Stille arbeiten läßt.«

»Da sollten Sie sich lieber an Mr. Holmes wenden«, sagte er. »Den Manager.«

»Nun hören Sie mal, Kollege, das Städtchen hier ist sehr klein. Ich brauchte bloß ein bißchen durch die Gemeinde zu stapfen und in den Bars und Speiselokalen nach Gertrude zu fragen. Ein Grund würde mir schon einfallen. Ich kriegte's bestimmt heraus. Sie würden mir nur ein bißchen Zeit sparen und jemanden davor bewahren helfen, daß es ihm schlecht ergeht. Sehr schlecht, möchte ich mal sagen.«

Er zuckte die Achseln. »Zeigen Sie mir Ihre Ausweispapiere, Mr. – äh ...«

»Evans.« Ich zeigte ihm meine Ausweispapiere. Er starrte sie noch lange an, nachdem er sie gelesen hatte, dann händigte er mir die Brieftasche wieder aus und starrte auf seine Fingerkuppen nieder.

»Ich glaube, sie logiert in den Whitewater Cabins«, sagte er.

»Wie ist ihr Nachname?«

»Smith«, sagte er und zeigte ein schwaches, altes und sehr müdes Lächeln, das Lächeln eines Mannes, der zuviel von der Welt gesehen hat. »Oder vielleicht auch Schmidt.«

Ich dankte ihm und trat wieder auf den Bürgersteig hinaus. Ich ging einen halben Block weit, dann kehrte ich auf einen Drink in einer lauten kleinen Bar ein. Eine Dreimannkapelle swingte auf einer winzigen Bühne im Hintergrund. Vor der Bühne gab es eine bescheidene Tanzfläche, und einige trübäugige Paare shagten plattfüßig darauf herum, die Münder offen und die Gesichter voll von Nichts.

Ich trank ein Gläschen Roggenwhisky und fragte den Barmann,

wo die Whitewater Cabins lägen. Er sagte, am Ostrand der Stadt, einen halben Block ab, an einer Straße, die an der Tankstelle anfinge.

Ich ging zu meinem Wagen zurück und fuhr durch die Ortschaft und fand die Straße. Ein blaßblaues Neonschild mit einem Pfeil drauf wies den Weg. Die Whitewater Cabins bestanden aus einer Traube von Hütten am Berghang mit einem Verwaltungsbüro davor. Ich hielt vor dem Büro. Auf den winzigen Veranden saßen Leute mit Kofferradios. Die Nacht wirkte friedvoll und anheimelnd. In dem Büro befand sich eine Klingel.

Ich läutete, und ein Mädchen in Hosen kam herein und gab mir die Auskunft, Miss Smith und Miss Hoffman hätten eine etwas abgelegene Hütte, weil die Mädchen lange schliefen und Ruhe brauchten. Natürlich, es wäre jetzt immer ziemlich viel Betrieb in der Saison, aber die Hütte der beiden – sie hieße *Tuck-Me-Inn* – wäre schön ruhig, und sie läge ganz dahinten, ein Stückchen nach links, und ich würde sie sicher ohne Schwierigkeiten finden. Ob ich ein Freund von ihnen wäre?

Ich sagte, ich wäre der Großvater von Miss Smith, dankte ihr und ging hinaus und zwischen den Hüttenhaufen den Abhang hoch bis zum Rand des Kiefernwalds im Hintergrund. Es gab einen langen Holzstoß dahinten, und an beiden Enden der gerodeten Lichtung stand eine kleine Hütte. Vor der einen, zur Linken, wartete mit Standlicht ein Coupé. Ein hochgewachsenes blondes Mädchen packte gerade einen Koffer in den Kofferraum. Ihr Haar war in ein blaues Taschentuch gebunden, und sie trug einen blauen Sweater und blaue Hosen. Oder jedenfalls Sachen, die dunkel genug waren, daß sie blau hätten sein können. Die Hütte hinter ihr war erleuchtet, und das kleine Schild, das vom Dach niederhing, zeigte die Aufschrift *Tuck-Me-Inn.*

Das blonde Mädchen ging zurück in die Hütte und ließ den Kofferraum des Wagens offen. Gedämpftes Licht sickerte durch die offene Tür heraus. Ich ging sehr leise die Stufen hoch und hinein.

Gertrude war eifrig damit beschäftigt, Sachen in einen Koffer auf dem Bett zu stopfen. Das blonde Mädchen war nicht zu sehen, aber ich konnte sie draußen in der Küche der kleinen weißen Hütte hantieren hören.

Sehr viel Geräusch kann ich nicht gemacht haben. Gertrude schlug den Kofferdeckel zu, ließ die Schlösser einschnappen und machte Anstalten, ihn hinauszutragen. Erst da sah sie mich. Ihr Gesicht wurde sehr weiß, und sie blieb wie angewurzelt stehen, den Koffer am Griff in der Hand. Sie öffnete den Mund und rief schnell über die Schulter zurück: »Anna – Achtung!«

Das Geräusch in der Küche brach ab. Gertrude und ich starrten einander an.

»Na, verreisen wir ein bißchen?« fragte ich.

Sie befeuchtete sich die Lippen. »Wollen Sie mich daran hindern, Bulle?«

»Hab ich eigentlich gar nicht vor. Weshalb soll's denn fortgehen?«

»Mir gefällt es hier oben nicht mehr. Die Höhe ist schlecht für meine Nerven.«

»Da haben Sie sich aber ziemlich kurzfristig entschlossen, was?«

»Ist das etwa verboten?«

»Glaube ich eigentlich nicht. Sie haben doch nicht Angst vor Weber, oder?«

Sie gab keine Antwort. Sie blickte an meiner Schulter vorbei. Das war ein uralter Trick, und ich schenkte ihm keinerlei Beachtung. Hinter mir schloß sich die Hüttentür. Da drehte ich mich denn aber doch um. Das blonde Mädchen stand hinter mir. Sie hatte eine Pistole in der Hand. Sie sah mich gedankenvoll an, ohne sonderlichen Ausdruck. Sie war ein hochgewachsenes Mädchen und sah sehr stark aus.

»Was ist hier los?« fragte sie, mit einer Stimme, die ein bißchen hartmäulig klang und fast wie die Stimme eines Mannes.

»Ein Detektiv aus Los Angeles«, erwiderte Gertrude.

»Soso«, sagte Anna. »Was will er?«

»Weiß ich nicht«, sagte Gertrude. »Ich glaube auch nicht, daß er echt von der Polente ist. Dafür geht er nicht hart genug ran.«

»Soso«, sagte Anna. Sie bewegte sich zur Seite und weg von der Tür. Sie hielt die Pistole weiter auf mich gerichtet. Sie hielt sie in einer Weise, als machten Pistolen sie nicht weiter nervös – nicht im mindesten nervös. »Was wollen Sie?« fragte sie kehlig.

»Praktisch alles«, sagte ich. »Warum verdünnisieren Sie sich?«

»Das haben Sie schon erklärt bekommen«, sagte das blonde Mädchen ruhig. »Die Höhenlage. Sie macht Gertrude krank.«

»Sie arbeiten beide im Indian Head?«

Das blonde Mädchen sagte: »Das tut nichts zur Sache.«

»Was denn, zum Teufel«, sagte Gertrude. »Ja-ah, wir haben beide bis heute abend im Hotel gearbeitet. Jetzt fahren wir weg. Was dagegen?«

»Wir vergeuden bloß Zeit«, sagte das blonde Mädchen. »Sieh nach, ob er eine Pistole hat.«

Gertrude setzte ihren Koffer hin und tastete mich ab. Sie fand die Pistole, und ich ließ sie mir von ihr wegnehmen, großherzigerweise. Sie stand da und betrachtete sie mit einem blassen, besorgten Ausdruck. Das blonde Mädchen sagte: »Leg die Pistole draußen hin und schaff den Koffer in den Wagen. Laß den Motor an und warte auf mich.«

Gertrude nahm ihren Koffer wieder auf und ging um mich herum zur Tür.

»Das hilft Ihnen auch nicht weiter«, sagte ich. »Man wird sich ganz einfach ans Telephon hängen und vor Ihnen die Straßen sperren. Es gibt nur zwei, auf denen man hier weg kann, und beide sind leicht zu sperren.«

Das blonde Mädchen hob ein wenig die feinen, hellbraunen Brauen. »Warum sollte uns denn jemand aufhalten wollen?«

»Tja, warum haben Sie da die Pistole in der Hand?«

»Ich wußte nicht, wer Sie sind«, sagte das blonde Mädchen. »Ich weiß es auch jetzt noch immer nicht. Nun mach schon, Gertrude.«

Gertrude öffnete die Tür, dann sah sie sich nach mir um und bewegte wechselnd die Lippen übereinander, eine über der andern. »Lassen Sie sich einen Tip geben, Schnüffler, und verschwinden Sie hier, solange Sie's noch können«, sagte sie ruhig.

»Wer von Ihnen beiden hat das Jagdmesser gesehen?«

Sie warfen sich einen raschen Blick zu, sahen dann wieder mich an. Gertrudes Augen waren auffällig starr, aber es war nicht die Starre des Schuldbewußtseins. »Ich passe«, sagte sie. »Das geht über meinen Horizont.«

»Okay«, sagte ich. »Daß Sie's da nicht hineingesteckt haben, wo es jetzt steckt, weiß ich wohl. Eine weitere Frage: Wie lange haben Sie an dem Morgen, wo Sie die Schuhe wegbrachten, gebraucht, um für Mr. Weber die bewußte Tasse Kaffee zu holen?«

»Du vergeudest nur Zeit, Gertrude«, sagte das blonde Mädchen ungeduldig beziehungsweise so ungeduldig, wie sie überhaupt nur etwas sagen konnte. Sie schien kein ungeduldiger Typ zu sein.

Gertrude schenkte ihr gar keine Beachtung. Ihre Augen hatten einen grübelnden Ausdruck bekommen. »Lange genug, um ihm eine Tasse Kaffee zu holen.«

»Den gibt's doch direkt im Speisesaal.«

»Im Speisesaal der war abgestanden. Ich bin in die Küche rausgegangen, um ihn zu holen. Ich hab ihm auch etwas Toast gebracht.«

»Fünf Minuten?«

Sie nickte. »Ungefähr.«

»Wer war denn außer Weber sonst noch im Speisesaal?«

Sie starrte mich sehr ruhig an. »Um die Zeit niemand, glaube ich. Bin aber nicht ganz sicher. Vielleicht war jemand später gekommen und saß noch beim Frühstück.«

»Vielen Dank«, sagte ich. »Legen Sie die Pistole da vorsichtig auf die Veranda und lassen Sie sie nicht fallen. Sie können sie auch leermachen, wenn Sie Lust haben. Ich trage mich nicht mit der Absicht, irgendwen zu erschießen.«

Sie zeigte ein winziges Lächeln und öffnete die Tür mit der Hand, in der sie die Pistole hielt, und ging hinaus. Ich hörte, wie sie die Stufen hinunterschritt, und dann hörte ich, wie der Kofferraumdeckel des Wagens zugeschlagen wurde. Ich hörte den Anlasser, dann sprang der Motor an und surrte ruhig.

Das blonde Mädchen bewegte sich im Bogen zur Tür und zog den Schlüssel heraus, um ihn nach draußen zu stecken. »Mir liegt auch nicht sonderlich viel daran, jemanden zu erschießen«, sagte sie. »Aber ich könnte es durchaus tun, wenn ich müßte. Zwingen Sie mich bitte nicht dazu.«

Sie schloß die Tür hinter sich, und der Schlüssel drehte sich im Schloß. Ihre Schritte entfernten sich über die Veranda. Die Wagentür schlug, und der Motor faßte. Die Reifen glitten mit weichem Flüstern zwischen den Hütten davon. Dann wurde dieser Laut vom Krach der Kofferradios verschlungen.

Ich stand da und sah mich in der Hütte um, dann machte ich einen Rundgang. Es war nichts zu sehen, was nicht hierher gehörte. Etwas Müll in einem Kübel, unabgewaschene Kaffeetassen, eine Kasserolle voll Kaffeesatz. Keine Papiere und auch kein Streichholz, auf dem jemand seine Lebensgeschichte eingeschnitzt hatte.

Die Hintertür war ebenfalls verschlossen. Sie lag nach der von der Kolonie abgewandten Seite, führte unmittelbar in die dunkle Wildnis der Bäume. Ich rüttelte an der Tür und beugte mich nieder, um mir das Schloß anzusehen. Ein einfaches Riegelschloß. Ich machte ein Fenster auf. Ein Fliegennetz aus Draht war draußen auf der Wandfassung aufgenagelt. Ich ging wieder zur Tür und nahm sie mit der Schulter in Angriff. Sie hielt das mühelos aus. Dafür fing mein Kopf prompt wieder an, Funken zu sprühen. Ich wühlte meine Taschen durch und war angewidert. Ich hatte nicht einmal einen Fünfcentdietrich dabei.

Ich holte mir den Büchsenöffner aus der Küchenschublade, machte mich damit über eine Ecke des Fliegengitters her und bog es zurück. Dann stieg ich auf den Ausguß und griff hindurch und nach der Außenklinke und grapschte um sie herum. Der Schlüssel steckte im Schloß. Ich drehte ihn um und zog die Hand wieder herein und ging durch die Tür ins Freie. Dann ging ich wieder zurück und machte das Licht aus. Meine Pistole lag auf der Vorveranda hinter einem Geländerpfosten. Ich verstaute sie unter dem Arm und stapfte den Hügel hinunter zu der Stelle, wo ich meinen Wagen gelassen hatte.

VI

Gleich neben der Tür stand ein hölzerner Tresen und in der Ecke der dickbauchige Ofen, und die Blaupause einer großen Karte der Gegend hing samt einigen rundgezogenen Kalendern an der Wand. Auf dem Tresen lagen Stöße von staubigen Aktenheftern, ein rostiger Federhalter, eine Tintenflasche und ein schweißdunkler Stetson.

Hinter dem Tresen stand ein alter Zylinderschreibtisch aus Goldeiche, und an dem Schreibtisch saß ein Mann, mit einem hohen vergammelten Messingspucknapf neben dem Bein. Es war ein schwerer, ruhiger Mann, und er saß entspannt zurückgelehnt in seinem Stuhl, die haarlosen Hände über dem Bauch gefaltet. Er trug abgewetzte braune Militärstiefel, weiße Socken, braune Waschhosen, die von ausgeblichenen Hosenträgern gehalten wurden, ein bis zum Hals geknöpftes Khakihemd. Sein Haar war mausbraun bis auf die Schläfen, wo es die Farbe schmutzigen Schnees bekommen hatte. Auf der linken Brust hatte er einen Stern. Er saß ein bißchen mehr auf der linken Hüfte als auf der rechten, denn in der rechten Hüfttasche hatte er ein braunledernes Hüfthalfter, und in dem Halfter steckte eine fußlange 45er Pistole.

Er hatte große Ohren und freundliche Augen, und er wirkte etwa so gefährlich wie ein Eichhörnchen, freilich lange nicht so nervös. Ich stützte mich auf den Tresen und sah ihn an, und er nickte mir zu und schickte eine halbe Pinte braunen Saft in den Spucknapf. Ich zündete mir eine Zigarette an und suchte mit den Augen nach einer Gelegenheit, das Streichholz loszuwerden.

»Probieren Sie's mit dem Fußboden«, sagte er. »Was kann ich für Sie tun, mein Sohn?«

Ich ließ das Streichholz auf den Boden fallen und wies mit dem Kinn auf die Karte an der Wand. »So eine Karte da suche ich. Manchmal gibt's die bei der Handelskammer. Aber da bin ich bei Ihnen wohl doch nicht an der richtigen Adresse.«

»Wir haben keine Karten mehr«, sagte der Mann. »Vor ein paar Jahren hatten wir sie noch massenweise liegen, aber jetzt sind sie uns ausgegangen. Soviel ich höre, soll der Sid Young welche haben, in dem Photoladen unten bei der Post. Er ist Friedensrichter hier, nicht bloß Photohändler, und er gibt die Karten aus, um den Besuchern zu zeigen, wo sie rauchen dürfen und wo nicht. Wir leben hier oben in einem sehr feuergefährlichen Gebiet. Habe da eine gute Karte der Gegend an der Wand. Zeige Ihnen gern jede Stelle, wo Sie hin wollen. Wir möchten, daß sich unsere Sommerbesucher wie zu Hause bei uns fühlen.«

Er holte langsam Atem und ließ eine weitere Saftladung ab. »Wie war doch gleich der Name?« fragte er.

»Evans. Sind Sie hier der Vertreter des Gesetzes?«

»Jau. Ich bin Constable von Puma Point und Deputy-Sheriff von San Bernadino. Was wir an Gesetz brauchen, wird von mir und Sid Young vertreten. Barron ist mein Name. Ich bin aus L. A. War achtzehn Jahre bei der Feuerwehr. Sitze schon eine ganze Weile hier oben. Ist nett und ruhig hier. Sind Sie dienstlich unterwegs?«

Ich hätte nicht gedacht, daß er's so bald schon wieder schaffen würde, aber er schaffte es. Dieser Spucknapf bekam wirklich was ab.

»Dienstlich?« fragte ich.

Der große Mann nahm eine Hand von seinem Bauch und hakte einen Finger in seinen Kragen und versuchte ihn zu lockern. »Dienstlich«, sagte er ruhig. »Sie haben doch sicher einen Waffenschein für das Ding, oder?«

»Zum Teufel, fällt das derart auf?«

»Kommt drauf an, auf was man achtet«, sagte er und setzte die Füße auf den Boden. »Vielleicht sollten wir beide uns mal ins Benehmen setzen.«

Er wuchtete sich auf die Füße und kam an den Tresen herüber, und ich legte meine Brieftasche hin und machte sie auf, so daß er die Photokopie der Lizenz hinter dem Zelluloidfenster sehen konnte. Ich zog auch den Waffenschein vom Sheriffs-Amt in L. A. heraus und legte ihn neben die Lizenz.

Er sah sich die Sachen an. »Am besten überprüfe ich auch gleich mal die Nummer«, sagte er.

Ich zog die Pistole heraus und legte sie neben seine Hand auf den Tresen. Er nahm sie und verglich die Nummern. »Wie ich sehe, haben Sie drei davon. Hoffentlich tragen Sie die nicht alle auf einmal bei sich. Hübsches Schießeisen, mein Sohn. Schießt aber trotzdem nicht so wie meins.« Er zog seine Kanone von der Hüfte und legte sie auf den Tresen. Ein Grenzer-Colt, der gut und gern soviel wog wie ein Koffer. Er balancierte ihn aus, warf ihn wirbelnd in die Luft und fing ihn noch mitten im Wirbeln wieder auf, steckte ihn dann an die Hüfte zurück. Er schob mir meine 38er wieder über den Tresen.

»Also, dienstlich hier oben, Mr. Evans?«

»Bin nicht ganz sicher. Ich hab einen Anruf gekriegt, aber noch keine Verbindung bekommen. Eine vertrauliche Sache.«

Er nickte. Seine Augen waren nachdenklich. Sie waren jetzt tiefer, kälter, dunkler als vorher.

»Ich bin im Indian Head abgestiegen«, sagte ich.

»Ich habe nicht die Absicht, meine Nase in Ihre Angelegenheiten zu stecken, mein Sohn«, sagte er. »Es gibt hier bei uns keine Verbrechen. Dann und wann mal eine kleine Schlägerei oder Trunkenheit am Steuer, wenn's Sommer ist. Oder vielleicht brechen auch mal ein paar Halbstarke mit Motorrädern in einer Hütte ein, aber bloß um sich auszuschlafen und ein bißchen was zu essen zu klauen. Aber keine richtigen Verbrechen. In den Bergen verlockt dazu nicht viel. Gebirgler sind urfriedliche Leute.«

»Ja-ah«, sagte ich. »Und zugleich nein.«

Er beugte sich ein wenig vor und sah mir in die Augen.

»Grad jetzt zum Beispiel«, sagte ich, »haben Sie einen Mord.«

In seinem Gesicht änderte sich eigentlich nichts. Er betrachtete nur prüfend mein Gesicht, Zug um Zug. Er langte nach seinem Hut und setzte ihn auf den Hinterkopf.

»Was war das, mein Sohn?« fragte er gelassen.

»Auf der Landzunge östlich des Städtchens draußen, hinter dem Tanzpavillon. Ein Mann, tot, lag hinter einem umgestürzten großen Baum. Durchs Herz geschossen. Ich hab eine geschlagene halbe Stunde dort gesessen und geraucht, ehe ich ihn bemerkte.«

»Tatsächlich?« sagte er gedehnt. »Auf dem Speaker Point draußen, ja? Hinter Speaker's Tavern. Ist das die Stelle?«

»Ganz recht«, sagte ich.

»Da haben Sie sich aber ganz schön Zeit gelassen, bis Sie bei mir vorbeigekommen sind, finden Sie nicht auch?« Seine Augen waren gar nicht freundlich.

»Ich hatte einen Schock«, sagte ich. »Ich brauchte ein Weilchen, um wieder auf die Beine zu kommen.«

Er nickte. »Dann werden wir beide, Sie und ich, mal jetzt da rausfahren. In Ihrem Wagen.«

»Das hätte nicht viel Sinn«, sagte ich. »Die Leiche ist weggeschafft worden. Als ich sie gefunden hatte, wollte ich zu meinem Wagen gehen, und da tauchte ein japanischer Revolvermann plötzlich hinter einem Busch auf und schlug mich nieder. Zwei Männer trugen die Leiche fort, und dann fuhren sie alle in einem Boot davon. Von der ganzen Geschichte ist jetzt keine Spur mehr zu sehen.«

Der Sheriff ging hinüber und saftete in seinen Spucknapf. Dann spie er im Nachgang auf den Ofen und wartete, als ob es nun gleich zischen müßte, was es aber nicht tat, denn es war Sommer und der Ofen war aus. Er wandte sich wieder um und räusperte sich und sagte: »Sie sollten vielleicht am besten nach Hause gehen und sich ein bißchen hinlegen.« Er ballte eine Faust an seiner Seite. »Wir legen Wert darauf, daß unsere Sommergäste sich wohl fühlen hier oben.« Er ballte beide Fäuste, dann stieß er sie hart in die flachen Taschen vorn auf seiner Hose.

»Okay«, sagte ich.

»Wir haben hier oben keine japanischen Revolvermänner«, sagte der Sheriff mit belegter Stimme. »Japanische Revolvermänner führen wir schon lange nicht mehr.«

»Ich sehe schon, daß Ihnen diese Geschichte nicht schmeckt«, sagte ich. »Wie wär's mit einer anderen? Ein Mann namens Weber ist vor kurzem im Indian Head von hinten erstochen worden. In meinem Zimmer. Jemand, den ich nicht erkennen konnte, hatte mich mit einem Ziegelstein k. o. geschlagen, und während ich aus dem Verkehr war, wurde dieser Weber erstochen. Wir hatten uns ein bißchen unterhalten vorher, er und ich. Er arbeitete im Hotel. Als Kassierer.«

»Sie sagen, das ist in Ihrem Zimmer passiert?«

»Ja-ah.«

»Unter Umständen«, sagte Barron nachdenklich, »könnte sich herausstellen, daß Sie einen schlechten Einfluß ausüben auf unsere Stadt.«

»Meine zweite Geschichte schmeckt Ihnen ebenfalls nicht, oder?«

Er schüttelte den Kopf. »Nee. Die schmeckt mir ebenfalls nicht. Es sei denn, natürlich, Sie hätten eine Leiche, die dazu paßt.«

»Ich hab sie nicht bei mir«, sagte ich, »aber ich kann rasch rüberlaufen und sie Ihnen holen.«

Er streckte die Hand aus und packte meinen Arm mit den härtesten Fingern, die ich je zu spüren bekommen habe. »Sollte mir leid tun für Sie, wenn Sie bloß ein Garn gesponnen haben, mein Sohn«, sagte er. »Aber ich werde doch mal rübergehen mit Ihnen. Ist eine schöne Nacht heute.«

»Sicher«, sagte ich und rührte mich nicht. »Der Mann, für den zu arbeiten ich hergekommen bin, heißt Fred Lacey. Er hat sich grad eine Hütte hier gekauft, draußen auf Ball Sage Point. Die Baldwin-Hütte. Der Mann, den ich tot auf Speaker Point fand, hieß Frederick Lacey, laut Führerschein in seiner Tasche. Es gibt dazu noch eine Menge zu sagen, aber Sie wollen ja sicher nicht mit den Details gelangweilt werden, oder?«

»Wir beide«, sagte der Sheriff, »werden jetzt mal zum Hotel rübersausen. Sie haben einen Wagen?«

Ich sagte, ich hätte.

»Das ist schön«, sagte der Sheriff. »Wir werden ihn nicht benutzen – aber geben Sie mir mal die Schlüssel.«

VII

Der Mann mit den schweren, gekrüllten Brauen und der eingeschraubten Zigarre lehnte an der geschlossenen Tür des Zimmers und sagte kein Wort und sah auch nicht danach aus, als wollte er in nächster Zeit noch ein Wort sagen. Sheriff Barron saß rittlings auf einem Stuhl und sah dem Arzt, der Menzies hieß, bei der Untersuchung der Leiche zu. Ich stand in der Ecke, wo ich hingehörte. Der Arzt war ein knochiger Mann mit Glotzaugen wie ein Käfer und einem gelben Gesicht, das durch hellrote Flecken auf den Wangen etwas gemildert wurde. Seine Finger waren fleckig braun vor Nikotin, und er sah auch überhaupt nicht sehr sauber aus.

Er paffte dem Toten Zigarettenrauch ins Haar und wälzte ihn auf dem Bett herum und betastete ihn hier und da. Er sah so aus, als versuchte er so auszusehen, als wisse er, was er tat. Das Messer war Weber inzwischen aus dem Rücken gezogen worden. Es lag neben ihm auf dem Bett. Es war ein kurzes Messer mit breiter Klinge, eins von der Sorte, die man in einer Lederscheide am Gürtel trägt. Es hatte ein schweres Stichblatt, das die Wunde verschloß, wenn der Stoß geführt war, und verhinderte, daß Blut auf den Griff kam. An der Klinge war jede Menge Blut.

»Jagdmesser, Sears Spezial Nr. 2438, zehn Dollar«, sagte der Sheriff, nachdem er es betrachtet hatte. »Die gibt's zu Tausenden hier um den See. Sind nicht schlecht und sind nicht gut. Was sagen Sie, Doc?«

Der Arzt richtete sich auf und zog ein Taschentuch heraus. Er hustete blökend in das Taschentuch, betrachtete es nachdenklich, schüttelte traurig den Kopf und zündete sich eine weitere Zigarette an.

»Wozu soll ich was sagen?« fragte er.

»Todesursache und -zeit.«

»Tod ist erst kürzlich eingetreten«, sagte der Arzt. »Vor nicht mehr als zwei Stunden. Die Starre hat noch nicht eingesetzt.«

»Würden Sie sagen, daß der Tod durch das Messer herbeigeführt wurde?«

»Seien Sie nicht albern, Jim Barron.«

»Es hat schon Fälle gegeben«, sagte der Sheriff, »wo jemand vergiftet worden war oder sonst was und dann ein Messer in den Rükken kriegte, damit die Sache anders aussah.«

»Sehr raffiniert«, sagte der Arzt in garstigem Ton. »Sie haben wohl schon viele solche Fälle gehabt hier oben, was?«

»Der einzige Mord, den ich hier oben hatte«, sagte der Sheriff friedlich, »war der an dem alten Dad Mecham, drüben auf der andern Seite. Hatte eine Bude im Sheedy Canyon. Man hatte ihn eine Weile nicht mehr zu Gesicht gekriegt, aber es war ziemlich kaltes Wetter, und da dachte man halt, er säße an seinem Ölöfchen und ruhte sich aus. Als er dann aber gar nicht auftauchte, sind Leute mal hingegangen und haben geklopft, aber die Hütte war abgeschlossen, und da haben sie denn gedacht, er wäre über den Winter wohl überhaupt weggezogen, ins Tal. Dann kam schwerer Schnee, und das Dach brach ein. Wir sind rüber, alle Mann hoch, und haben versucht, das Ding ein bißchen abzustützen, damit ihm nicht sein ganzes Zeug ruiniert wurde, und was glauben Sie, da lag Dad in seinem Bett und hatte eine Axt im Hinterkopf. Er besaß ein bißchen Gold, das er im Sommer gewaschen hatte – und deswegen ist er wohl ermordet worden. Wer's getan hatte, haben wir nie rausgekriegt.«

»Wollen Sie ihn in meinem Krankenwagen runterschaffen lassen?« fragte der Arzt und wies mit der Zigarette auf das Bett.

Der Sheriff schüttelte den Kopf. »Nee. Wir sind hier ein armes Ländchen, Doc. Ich finde, er kann etwas billiger reisen.«

Der Arzt setzte den Hut auf und ging zur Tür. Der Mann mit den Brauen trat ihm aus dem Weg. Der Arzt machte die Tür auf. »Geben Sie mir Bescheid, wenn ich seine Beerdigung bezahlen soll«, sagte er und ging hinaus.

»Das ist keine Art, mit Leuten zu reden«, sagte der Sheriff.

Der Mann mit den Brauen sagte: »Machen Sie jetzt mal einen Punkt und schaffen Sie ihn hier raus, daß ich wieder an die Arbeit kann. Ich hab am Montag ein Filmteam hier und muß mich sputen. Ich muß mir auch einen neuen Kassierer besorgen, und das ist gar nicht so einfach.«

»Wo haben Sie sich denn Weber besorgt?« fragte der Sheriff. »Hatte er irgendwelche Feinde?«

»Also zumindest einen hat er gehabt«, sagte der Mann mit den Brauen. »Zu mir ist er durch Vermittlung von Frank Luders drüben gekommen, vom Woodland Club. Ich selber hab nichts weiter von ihm gewußt, als daß er seinen Job verstand und ohne viel Mühe imstande war, eine Zehntausend-Dollar-Kaution hinzulegen. Mehr brauchte ich nicht zu wissen.«

»Frank Luders, soso«, sagte der Sheriff. »Das dürfte der Mann sein, der sich da drüben eingekauft hat. Ich glaube nicht, daß ich ihm schon mal begegnet bin. Was macht er denn so?«

»Ha, ha«, sagte der Mann mit den Brauen.

Der Sheriff sah ihn friedlich an. »Nun, das ist nicht das einzige Lokal, wo es nette kleine Pokertische gibt, Mr. Holmes.«

Mr. Holmes hatte einen leeren Blick. »Tja, ich muß wieder an die Arbeit«, sagte er. »Brauchen Sie Hilfe, um ihn wegzuschaffen?«

»Nee. Wir schaffen ihn auch jetzt noch nicht gleich weg. Vor Tagesanbruch noch. Aber nicht gleich jetzt. Das wäre im Augenblick alles, Mr. Holmes.«

Der Mann mit den Brauen sah ihn einen Moment lang nachdenklich an, griff dann nach der Türklinke.

Ich sagte: »Bei Ihnen arbeiten hier zwei deutsche Mädchen, Mr. Holmes. Wer hat sie eingestellt?«

Der Mann mit den Brauen zerrte sich die Zigarre aus dem Mund, betrachtete sie, steckte sie zurück und schraubte sie wieder fest. Er sagte: »Geht Sie das was an?«

»Die beiden heißen Anna Hoffman und Gertrude Smith oder vielleicht Schmidt«, sagte ich. »Sie hatten eine gemeinsame Hütte drüben bei den Whitewater Cabins. Heute abend haben sie gepackt und sind ins Tal. Gertrude ist das Mädchen, das Mrs. Laceys Schuhe zum Schuhmacher gebracht hat.«

Der Mann mit den Brauen sah mich ungerührt an.

Ich sagte: »Als Gertrude die Schuhe geholt hatte, ließ sie sie kurze Zeit auf Webers Tisch stehen. In einem der Schuhe steckten fünfhundert Dollar. Mr. Lacey hatte sie reingesteckt, aus Spaß, um seine Frau damit zu überraschen.«

»Hör ich alles zum erstenmal«, sagte der Mann mit den Brauen. Der Sheriff sagte überhaupt nichts.

»Das Geld ist nicht etwa gestohlen worden«, sagte ich. »Die Laceys sind zum Schuhmacher rübergegangen, und da steckte es immer noch drin im Schuh.«

Der Mann mit den Brauen sagte: »Na, dann kann ich ja beruhigt wieder an meine Arbeit gehen, wo sich alles geklärt hat.« Er zog die Tür auf und ging hinaus und schloß sie hinter sich. Der Sheriff sagte nichts, um ihn zurückzuhalten.

Er ging in die Ecke des Zimmers hinüber und spuckte in den Papierkorb. Dann zog er ein großes khakifarbenes Taschentuch heraus und wickelte das blutbefleckte Messer hinein und schob es in seinen Gürtel, an der Seite. Er kam wieder herüber und stand da und blickte auf den Toten nieder auf dem Bett. Er rückte sich den Hut zurecht und begab sich zur Tür. Er öffnete die Tür und drehte sich nach mir um. »Bißchen vertrackt alles«, sagte er. »Aber wohl doch wieder nicht so vertrackt, wie Sie's gern hätten. Fahren wir mal zum Lacey-Haus rüber jetzt.«

Ich ging hinaus, und er schloß die Tür ab und steckte den Schlüssel in die Tasche. Wir gingen die Treppe hinunter und durch die Halle und über die Straße zu einer kleinen, staubigen lohfarbenen Limousine, die dort an einem Hydranten parkte. Ein ledriger junger Mann saß am Steuer. Er sah ein bißchen unterernährt aus und ein bißchen schmutzig, wie die meisten Eingeborenen hier. Der Sheriff und ich stiegen hinten ein. Der Sheriff sagte: »Kennst du das Baldwin-Grundstück, draußen am Ende von Ball Sage Point, Andy?«

»Jau.«

»Da fahren wir hin«, sagte der Sheriff. »Halte ein Stückchen vorher.« Er blickte zum Himmel hinauf. »Vollmond, die ganze Nacht heute«, sagte er. »Das kommt ja wie gerufen.«

VIII

Die Hütte auf der Landzunge sah noch genauso aus, wie ich sie das letztemal gesehen hatte. Dieselben Fenster waren erleuchtet, derselbe Wagen stand in der offenen Doppelgarage, und dasselbe wilde, gellende Bellen zerriß die Nacht.

»Was, zum Teufel, ist *das* denn?« fragte der Sheriff, als der Wagen sein Tempo verlangsamte. »Klingt ja wie ein Coyote.«

»Ist auch halb ein Coyote«, sagte ich.

Der ledrige Bursche vorn sagte über die Schulter: »Willst du direkt vorm Haus vorfahren, Jim?«

»Fahr noch ein Stückchen weiter. Unter die alten Kiefern da.«

Der Wagen hielt ruhig in den schwarzen Schatten am Wegrand. Der Sheriff und ich stiegen aus. »Du bleibst hier, Andy, und laß dich vor niemandem sehen, hörst du«, sagte der Sheriff. »Ich hab meine Gründe.«

Wir gingen den Weg zurück und traten durch das rustikale Tor. Das Bellen setzte wieder ein. Die Haustür öffnete sich.

Der Sheriff ging die Stufen hinauf und zog den Hut. »Mrs. Lacey? Ich bin Jim Barron, Constable von Puma Point. Das hier ist Mr. Evans aus Los Angeles. Ich glaube, Sie kennen ihn schon. Könnten wir eine Minute reinkommen?«

Die Frau sah ihn an, mit einem Gesicht, so vollständig im Schatten, daß kein Ausdruck darauf zu erkennen war. Sie wandte den Kopf ein wenig und sah auch mich an. Sie sagte: »Ja, kommen Sie herein«, mit ganz lebloser Stimme.

Wir gingen hinein. Die Frau schloß die Tür hinter uns. Ein großer grauhaariger Mann, der in einem Sessel saß, ließ den Hund los, den er am Boden hielt, und richtete sich auf. Der Hund schoß quer durch den Raum wie ein Mittelstürmer, landete dem Sheriff mitten auf dem Bauch, drehte sich in der Luft und lief bereits im Kreis herum, als er auf dem Boden landete.

»Na, das ist mir ein reizendes Hundchen«, sagte der Sheriff und stopfte sich das Hemd wieder in die Hose.

Der grauhaarige Mann lächelte liebenswürdig. Er sagte: »Guten Abend.« Seine weißen, starken Zähne funkelten vor Freundlichkeit.

Mrs. Lacey trug immer noch die scharlachrote zweireihige Jacke und die graue Hose. Ihr Gesicht sah älter aus und noch stärker abgespannt. Sie blickte zu Boden und sagte: »Das ist Mr. Frank Luders vom Woodland Club. Mr. Bannon und« – sie hielt inne und hob die Augen, um einen Punkt über meiner linken Schulter anzustarren – »ich habe den Namen des anderen Herrn nicht mitbekommen«, sagte sie.

»Evans«, sagte der Sheriff und sah mich überhaupt nicht an. »Und ich heiße Barron, nicht Bannon.« Er nickte Luders zu. Ich nickte Luders ebenfalls zu. Luders lächelte uns beide an. Er war groß, fleischig, sah kraftvoll aus, gut erhalten und heiter. Er hatte keine Sorgen auf dieser Welt. Der große, forsche Frank Luders, jedermanns Freund.

Er sagte: »Ich kenne Fred Lacey schon lange. Bin bloß mal vorbeigekommen, um guten Abend zu sagen. Leider ist er aber nicht da, und ich warte jetzt nur noch, daß ein Freund von mir mit dem Wagen vorbeikommt und mich abholt.«

»Freut mich, Sie kennenzulernen, Mr. Luders«, sagte der Sheriff.

»Wie ich höre, haben Sie sich in den Club eingekauft. Leider hatte ich bisher noch nicht das Vergnügen, Ihnen zu begegnen.«

Die Frau setzte sich sehr langsam auf die Kante eines Sessels. Auch ich nahm Platz. Der kleine Hund, Shiny, sprang mir auf den Schoß, wusch mir auf seine Art das rechte Ohr, rutschte wieder herunter und kroch unter meinen Stuhl. Dort blieb er laut schnaufend liegen und schlug den Boden mit seinem buschigen Schwanz.

Das Zimmer war einen Moment lang ganz still. Vor den Fenstern draußen, auf der Seeseite, erklang ein sehr schwaches, pochendes Geräusch. Der Sheriff hörte es. Er neigte ganz leicht den Kopf, aber in seinem Gesicht veränderte sich nichts.

Er sagte: »Mr. Evans hier hat mich aufgesucht und mir eine sehr sonderbare Geschichte erzählt. Ich denke, es kann nicht schaden, wenn ich hier offen darüber spreche, nachdem Mr. Luders ja doch ein Freund der Familie ist, wie ich sehe.«

Er blickte Mrs. Lacey an und wartete. Sie hob ganz langsam die Augen, aber nicht genug, um seinem Blick zu begegnen. Sie schluckte ein paarmal und nickte dann mit dem Kopf. Eine ihrer Hände begann langsam über die Armlehne ihres Sessels zu gleiten, vor und zurück, vor und zurück. Luders lächelte.

»Ich hätte auch Mr. Lacey gern dabei gehabt«, sagte der Sheriff. »Glauben Sie, daß er bald wieder da ist?«

Die Frau nickte abermals. »Ich denke schon«, sagte sie mit ausgehöhlter Stimme. »Er ist schon seit Mitte des Nachmittags weg. Ich weiß nicht, wo er hin ist. Daß er ins Tal gefahren wäre, ohne mir etwas zu sagen, kann ich mir kaum denken, aber Zeit genug dazu hatte er. Vielleicht hat sich ganz plötzlich etwas ergeben.«

»Sieht ganz so aus«, sagte der Sheriff. »Offenbar hat Mr. Lacey hier Mr. Evans einen Brief geschrieben, in dem er ihn bat, so schnell wie möglich herzukommen. Mr. Evans ist Privatdetektiv in Los Angeles.«

Die Frau bewegte sich unruhig. »Privatdetektiv?« hauchte sie.

Luders sagte aufgeräumt: »Warum in aller Welt sollte Fred denn an einen Privatdetektiv schreiben?«

»Eines Geldbetrags wegen, der in einem Schuh versteckt war«, sagte der Sheriff.

Luders hob die Brauen und blickte fragend zu Mrs. Lacey hinüber. Mrs. Lacey preßte die Lippen zusammen und sagte dann sehr kurz angebunden: »Aber das Geld haben wir doch zurückbekommen, Mr. Bannon. Fred wollte sich nur einen Scherz machen. Er hatte ein bißchen Geld bei den Rennen gewonnen und versteckte es in einem meiner Schuhe. Es sollte eine Überraschung für mich sein. Ich schickte die Schuhe zum Machen, ohne das Geld zu bemerken, aber das Geld war noch vollzählig da, als wir zum Schuhmacher rübergingen und nachsahen.«

»Barron ist mein Name, nicht Bannon«, sagte der Sheriff. »Sie haben Ihr Geld also unversehrt zurückbekommen, Mrs. Lacey?«

»Aber ja – natürlich. Sicher, wir dachten zuerst, das ist ja ein Hotel hier, und vielleicht hat eins der Zimmermädchen, das die Schuhe wegbringen sollte – also ich weiß nicht mehr, was wir gedacht haben, und als Geldversteck war das ja auch eine verrückte Stelle eigentlich –, jedenfalls aber haben wir alles zurückbekommen, jeden Cent.«

»Und es war auch dasselbe Geld?« fragte ich, denn ganz langsam ging mir eine Ahnung auf, die mir gar nicht gefiel.

Sie mied meinen Blick. »Sicher, natürlich. Warum denn nicht?«

»Mr. Evans hat mir das aber etwas anders erzählt«, sagte der Sheriff friedlich und faltete die Hände über dem Bauch. »Mr. Evans haben Sie das ein ganz klein wenig anders erzählt offenbar.«

Luders beugte sich plötzlich in seinem Sessel vor, aber sein Lächeln dauerte fort. Es blieb sogar ganz locker. Die Frau machte eine vage Bewegung, und ihre Hand strich weiter über die Sessellehne. »Ich ... ich hätte ... Mr. Evans etwas erzählt? Was ... was denn?«

Der Sheriff wandte ganz langsam den Kopf und bedachte mich mit einem durchdringenden Blick. Dann wandte er sich zurück. Seine eine Hand tätschelte die andere auf seinem Bauch. »Soweit ich verstanden habe, war Mr. Evans heute abend schon einmal hier, und da haben Sie ihm von der Sache erzählt, Mrs. Lacey. Und ihm auch gesagt, das Geld sei vertauscht worden, stimmt das nicht?«

»Vertauscht?« Ihre Stimme hatte einen sonderbar hohlen Klang. »Mr. Evans hat Ihnen erzählt, er wäre heute abend schon einmal hier gewesen? Ich ... ich habe Mr. Evans noch nie im Leben gesehen.«

Ich machte mir nicht einmal die Mühe, sie anzusehen. Luders war mein Mann. Luders sah ich an. Es sprang soviel dabei heraus, wie wenn man einen Nickel in einen Spielautomaten steckt. Er kicherte nur und hielt ein frisches Streichholz an seine Zigarre.

Der Sheriff schloß die Augen. Sein Gesicht hatte einen irgendwie traurigen Ausdruck. Der Hund kam unter meinem Stuhl hervor und blieb mitten im Zimmer stehen und sah Luders an. Dann ging er in die Ecke hinüber und glitt unter die Fransen einer Tagesbettdecke. Ein schnuffelnder Laut drang noch kurz herüber, dann war Stille.

»Hm, hm, hm«, sagte der Sheriff vor sich hin. »Ich bin eigentlich nicht der richtige Mann, solche Sachen aufzuklären. Ich hab die Erfahrung nicht dazu. Solche Aufgaben fallen hier oben nicht an. Überhaupt keine Verbrechen in den Bergen. So gut wie kaum jedenfalls.« Er zog ein schiefes Gesicht.

Er öffnete die Augen. »Wieviel Geld war das, in dem Schuh, Mrs. Lacey?«

»Fünfhundert Dollar.« Ihre Stimme war ganz leise.

»Wo befindet sich das Geld jetzt, Mrs. Lacey?«

»Ich nehme an, daß Fred es hat.«

»Ich dachte, er wollte es Ihnen schenken, Mrs. Lacey.«

»Das wollte er auch«, sagte sie scharf. »Und das will er auch noch. Aber ich brauche es im Moment gar nicht. Nicht hier oben jedenfalls. Wahrscheinlich gibt er mir später dann einen Scheck.«

»Meinen Sie, daß er's in der Tasche bei sich hat, oder könnte es hier in der Hütte sein, Mrs. Lacey?«

Sie schüttelte den Kopf. »In der Tasche, vermutlich. Ich weiß es nicht. Wollen Sie die Hütte durchsuchen?«

Der Sheriff zuckte die fetten Achseln. »Wieso, nein, ich glaube nicht, Mrs. Lacey. Es würde mir gar nichts nützen, wenn ich's fände. Zumal wenn es gar nicht vertauscht worden ist.«

Luders sagte: »Sagen Sie mal, was meinen Sie denn immer mit diesem ›vertauscht‹, Mr. Barron?«

»Vertauscht gegen Falschgeld«, sagte der Sheriff.

Luders lachte behäbig. »Das ist aber wirklich ein lustiger Gedanke, finden Sie nicht? Falschgeld in Puma Point? Für so was gibt's doch hier oben gar keine Gelegenheit, oder?«

Der Sheriff nickte ihm traurig zu. »Klingt wirklich nicht sehr plausibel, muß ich auch sagen.«

Luders sagte: »Und Ihre einzige Informationsquelle in diesem Punkt ist Mr. Evans hier – der Detektiv zu sein behauptet? Das heißt, Privatdetektiv, nicht wahr?«

»Daran habe ich auch schon gedacht«, sagte der Sheriff.

Luders beugte sich noch ein wenig weiter vor. »Haben Sie, außer der Behauptung von Mr. Evans, nicht einen anderen Beweis dafür, daß Fred Lacey wirklich nach ihm geschickt hat?«

»Irgendwas muß er ja doch gewußt haben, sonst wäre er nicht hergekommen, oder?« sagte der Sheriff mit sorgenvoller Stimme. »Und über das Geld in Mrs. Laceys Schuh wußte er immerhin Bescheid.«

»War auch nur eine Frage«, sagte Luders scharf.

Der Sheriff schwang sich zu mir herum. Ich hatte bereits mein gefrorenes Lächeln aufgesetzt. Seit dem Zwischenfall im Hotel hatte ich nach Laceys Brief nicht mehr gesehen. Ich wußte, jetzt brauchte ich erst gar nicht mehr danach zu suchen.

»Haben Sie einen Brief von Lacey?« fragte er mich mit harter Stimme.

Ich hob die Hand nach meiner inneren Brusttasche. Barron fuhr mit seiner rechten Hand nieder und wieder hoch. Als sie hochkam, hielt sie den Grenzer-Colt. »Ich werde Ihnen vorher doch lieber die Knarre abnehmen«, sagte er zwischen den Zähnen.

Er stand auf.

Ich zog meine Jacke auf und hielt sie offen. Er beugte sich über mich und riß die Automatik aus dem Halfter. Er betrachtete sie einen Moment lang säuerlich und ließ sie dann in seine linke Hüfttasche gleiten. Er setzte sich wieder hin. »Jetzt können Sie nachschauen«, sagte er gelassen.

Luders beobachtete mich mit höflichem Interesse. Mrs. Lacey legte die Hände zusammen und krampfte sie ineinander und starrte auf den Fleck Boden zwischen ihren Schuhen.

Ich holte den ganzen Krempel aus meiner Brusttasche heraus. Ein paar Briefe, ein paar leere Karten für gelegentliche Notizen, ein Päckchen Pfeifenreiniger, ein Ersatztaschentuch. Keiner der Briefe war derjenige, welcher. Ich stopfte das Zeug zurück und holte eine Zigarette heraus und steckte sie mir zwischen die Lippen. Ich riß das Streichholz an und hielt die Flamme an den Tabak. Ganz nonchalant.

»Sie haben gewonnen«, sagte ich, lächelnd. »Sie alle beide.«

Barrons Gesicht überzog eine langsame Röte, und seine Augen glitzerten. Seine Lippen verzerrten sich, als er sich von mir abwandte.

»Warum«, fragte Luders liebenswürdig, »schauen wir nicht auch gleich nach, ob er wirklich Detektiv ist?«

Barron schenkte ihm kaum einen Blick. »Mit Kleinigkeiten kann ich mich jetzt nicht abgeben«, sagte er. »Ich bin dabei, einen Mord zu untersuchen.«

Er schien dabei weder Luders noch Mrs. Lacey anzusehen. Er schien an die Decke zu starren, in eine Ecke. Mrs. Lacey erschauerte, und ihre Hände verkrampften sich so, daß die Knöchel hart und glänzend und weiß im Lampenlicht schimmerten. Ganz langsam öffnete sich ihr Mund, und die Augen verdrehten sich ihr im Kopf. Ein trockenes Schluchzen erstarb ihr halb in der Kehle.

Luders nahm die Zigarre aus dem Mund und legte sie sorgfältig in die Messingschale auf dem Rauchtischchen neben sich. Er hörte auf zu lächeln. Sein Mund bekam einen grimmigen Zug. Er sagte nichts.

Es war alles glänzend abgestimmt. Barron ließ ihnen alle Zeit, die sie fürs Reagieren brauchten, und keine Sekunde für eine Antwort. Er sagte, im selben, fast indifferenten Ton: »Ein Mann namens Weber, Kassierer im Indian Head Hotel. Er wurde in Evans' Zimmer erstochen. Evans war dabei, war aber k. o. geschlagen worden, bevor es passierte, und ist also einer von den Zeitgenossen, von denen man so oft hört und denen man doch so selten begegnet – den Leuten, die sagen können, sie seien dabeigewesen.«

»Halb so wild«, sagte ich. »Und gar nicht mein Verdienst. Die Morde werden mir ins Haus gebracht und direkt vor die Füße gelegt.«

Der Kopf der Frau zuckte. Dann blickte sie auf, und zum erstenmal sah sie mich direkt an. Es war ein seltsames Licht in ihren Augen, ein Glanz, ganz tief innen, fern und voll Elend.

Barron stand langsam auf. »Ich versteh's nicht«, sagte er. »Ich verstehe die ganze Sache nicht. Aber ich denke, ich begehe keinen Fehler, wenn ich diesen Burschen erst mal festsetze.« Er wandte sich mir zu. »Laufen Sie nicht zu schnell, Freund, jedenfalls zuerst nicht. Ich gebe einem Mann immer vierzig Schritt Vorsprung.«

Ich sagte nichts. Niemand sagte etwas.

Barron sagte langsam: »Ich muß Sie leider bitten, hier zu warten, bis ich wiederkomme, Mr. Luders. Wenn Ihr Freund auftaucht, um Sie abzuholen, können Sie ihn wieder wegschicken. Ich fahre Sie dann später gern zum Club zurück.«

Luders nickte. Barron schaute nach der Uhr auf dem Kamin. Es war Viertel vor zwölf. »Ziemlich spät für einen alten Zockelpott wie mich. Glauben Sie, daß Ihr Mann jetzt bald nach Haus kommt, Mrs. Lacey?«

»Ich . . . ich hoffe es«, sagte sie und machte eine Handbewegung, die nichts bedeutete als höchstens Hoffnungslosigkeit.

Barron ging hinüber, um die Tür zu öffnen. Er winkte mir mit dem Kinn. Ich trat auf die Veranda hinaus. Der kleine Hund kam halb unter der Couch vor und gab einen winselnden Laut von sich. Barron blickte zu ihm nieder.

»Das ist wirklich ein netter kleiner Hund«, sagte er. »Wie ich höre, ist er zur Hälfte Coyote. Was, sagten Sie, war doch gleich die andere Hälfte?«

»Wir wissen es nicht«, murmelte Mrs. Lacey.

»Irgendwie gefällt mir dieser Fall, den ich da bearbeiten muß«, sagte Barron und kam mir nach, auf die Veranda hinaus.

IX

Wir gingen ohne ein Wort den Weg hinunter und kamen zum Wagen. Andy lehnte bequem in der Ecke, eine erloschene halbe Zigarette zwischen den Lippen.

Wir stiegen in den Wagen. »Fahr ein Stückchen zurück, etwa zweihundert Yards«, sagte Barron. »Und mach schön Krach dabei.«

Andy warf den Wagen an, jagte den Motor hoch, ließ das Getriebe krachen, und der Wagen glitt durch den Mondschein und um eine Wegkurve und einen mondbeschienenen Hügel hinauf, über den die Schatten dreier Baumstämme fielen.

»Wende hier oben und laß die Karre im Leerlauf zurückrollen, aber nicht zu nah ran«, sagte Barron. »Und bleib so, daß man uns von der Hütte da nicht sehen kann. Mach die Scheinwerfer aus, bevor du um die Kurve gehst.«

»Jau«, sagte Andy.

Er wendete den Wagen kurz vor der Höhe, indem er um einen Baum herumfuhr. Er schaltete die Scheinwerfer aus und fuhr den kleinen Hügel wieder hinunter, stellte dann den Motor ab. In der Senke unten stand ein dichtes Manzanita-Gebüsch, fast so hochgewachsen wie Eisenholz. Dort hielt der Wagen an. Andy zog ganz langsam die Handbremse an, um das Geräusch des Einrastens zu dämpfen.

Barron beugte sich über die Rücklehne nach vorn. »Wir gehen über den Weg und bis nah ans Wasser«, sagte er. »Ich will keinen Laut hören und auch niemand im Mondschein erwischen.«

Andy sagte: »Jau.«

Wir stiegen aus. Wir gingen vorsichtig über den Weg, dann über Kiefernnadeln. Wir filterten uns durch die Bäume, schlichen um gefallene Stämme herum, bis das Wasser tief unten zu unseren Füßen lag. Barron setzte sich auf den Boden und streckte sich dann lang aus. Andy und ich taten das gleiche. Barron brachte sein Gesicht nahe an Andys Ohr.

»Hörst du was?«

Andy sagte: »Acht Zylinder, ziemlich rauh.«

Ich lauschte. Ich konnte mir zwar sagen, daß ich's ebenfalls hörte, aber ganz sicher war ich doch nicht. Barron nickte im Dunkeln. »Beobachtet das Licht in der Hütte«, flüsterte er.

Wir beobachteten. Fünf Minuten vergingen – oder jedenfalls eine Zeit, die uns wie fünf Minuten vorkam. Das Licht in der Hütte blieb unverändert. Dann das ferne, halb nur ahnbare Geräusch einer sich schließenden Tür. Schuhe auf hölzernen Stufen.

»Raffiniert. Lassen das Licht an«, sagte Barron Andy ins Ohr.

Wir warteten noch eine weitere kurze Minute. Der leerlaufende Motor dröhnte plötzlich hämmernd auf, zu einem konfusen Stotterkrach, mit einer Art Dreisprung darin. Der Krach senkte sich zu einem schweren, surrenden Dröhnen und begann dann rasch zu verklingen. Ein dunkles Etwas glitt auf das mondbeschienene Wasser hinaus, schlug einen schön geschwungenen Schaumbogen und fegte um die Spitze der Landzunge außer Sicht.

Barron holte einen Priem Tabak heraus und biß herzhaft hinein. Er kaute behaglich und spuckte vier Fuß weit über seine Füße hinaus. Dann stand er auf und staubte sich die Kiefernnadeln ab. Andy und ich erhoben uns ebenfalls.

»Der Mensch ist doch bloß halb bei Verstand, wenn er nicht Tabak kaut, heutzutage«, sagte er. »Ohne das kommt er einfach nicht mehr klar. In der Hütte eben, da wär ich doch fast eingeschlafen.« Er hob den Colt, den er immer noch in der linken Hand hielt, nahm ihn in die andere Hand und packte ihn weg an die Hüfte.

»Also?« sagte er und sah Andy an.

»Ted Rooneys Boot«, sagte Andy. »Hat zwei ausgeschlagene Ventile und ein großes Loch im Auspufftopf. Man hört's am besten, wenn man den Motor hochjagt, wie sie's beim Start gemacht haben.«

Das war eine lange Rede, für Andys Verhältnisse, aber dem Sheriff gefiel sie.

»Kein Irrtum möglich, Andy? Ausgeschlagene Ventile gibt's in vielen Booten.«

Andy sagte: »Was, zum Teufel, fragst du mich dann?« Es klang garstig.

»Okay, Andy, reg dich bloß nicht auf.«

Andy grunzte. Wir überquerten den Weg und stiegen wieder in den Wagen. Andy startete, stieß zurück und wendete, sagte: »Licht?«

Barron nickte. Andy schaltete die Scheinwerfer ein. »Wohin jetzt?«

»Ted Rooneys Haus«, sagte Barron friedlich. »Und mach ein bißchen fix. Sind zehn Meilen bis hin.«

»Kann ich nicht fixer als in zwanzig Minuten schaffen«, sagte Andy säuerlich. »Müssen ganz durch Point durch.«

Der Wagen erreichte die gepflasterte Seestraße und kam wieder an dem jetzt dunklen Jungenlager und den anderen Campingplätzen vorbei und bog dann nach links auf die Chaussee. Barron sagte kein Wort, bis wir das Städtchen hinter uns hatten und uns auf der Straße zum Speaker Point befanden. Die Tanzkapelle im Pavillon lief immer noch auf vollen Touren.

»Haben Sie den blauen Dunst eigentlich geschluckt, den ich Ihnen vorgemacht habe?« fragte er mich dann.

»Genug davon.«

»Hab ich was falsch gemacht?«

»An sich war alles perfekt«, sagte ich, »aber ich glaube nicht, daß Sie Luders blauen Dunst vorgemacht haben.«

»Die Dame da fühlte sich ganz und gar nicht wohl in ihrer Haut«, sagte Barron. »Dieser Luders dagegen ist ein guter Mann. Hart, ruhig, scharfer Blick. Aber ein bißchen hab ich ihn doch eingewickelt. Er hat Fehler gemacht.«

»Ein paar schon«, sagte ich. »Einer war, daß er überhaupt dort auf der Bildfläche erschienen ist. Ein weiterer, daß er uns erzählt hat, ein Freund von ihm käme vorbei und holte ihn ab, bloß um zu erklären, warum er keinen Wagen dabei hatte. Dafür brauchte er gar keine Erklärung. Es stand ja ein Wagen in der Garage, und Sie wußten doch nicht, wessen Wagen das war. Weiterer Fehler: daß er den Bootsmotor laufen ließ.«

»Das war kein Fehler«, sagte Andy vom Vordersitz. »Probieren *Sie* mal einen Kaltstart mit so einem Ding.«

Barron sagte: »Man stellt hier auch seinen Wagen nicht in die Garage, wenn man einen Besuch macht. Gibt keine Feuchtigkeit, die ihm schaden könnte. Und das Boot hätte ja sonstwem gehören können. Ein Pärchen hätte drinsitzen können, junge Leute, die sich etwas näherkommen wollen. Ich habe jedenfalls nichts gegen ihn in der Hand, soweit er weiß. Er ist bei seinem Versuch, mich abzulenken, einfach ein bißchen zu scharf rangegangen.«

Er spuckte aus dem Wagen. Ich hörte es auf den hinteren Kotflügel klatschen, wie ein nasser Lappen. Der Wagen sauste durch die mondhelle Nacht, um Kurven herum, Hügel hinauf und hinunter, durch ziemlich dichte Kiefernwaldungen und an offenen Flächen vorbei, auf denen Weidevieh lagerte.

Ich sagte: »Er wußte genau, daß ich den Brief von Lacey nicht mehr hatte. Und zwar weil er ihn mir selber weggenommen hat, oben in meinem Zimmer im Hotel. Es war Luders, der mich niedergeschlagen und Weber erstochen hat. Luders weiß, daß Lacey tot ist, selbst wenn er ihn nicht selber umgebracht hat. Das ist's auch, was er gegen Mrs. Lacey in der Hand hat. Sie glaubt, daß ihr Mann noch lebt und sich in Luders' Gewalt befindet.«

»Sie machen ja einen richtigen Bösewicht aus diesem Luders«, sagte Barron gemächlich. »Warum hätte Luders denn Weber erdolchen sollen?«

»Weil Weber erst die ganzen Schwierigkeiten heraufbeschworen hat. Wir haben es hier mit einer Organisation zu tun. Ihr Ziel ist, sehr gut gefälschte Zehndollarscheine in großen Mengen unter die Leute zu bringen. Dieser edlen Sache tut man aber gar keinen Dienst, wenn man das Zeug gleich in Packen zu fünfhundert Dollar abstößt, alle funkelnagelneu, und das unter Umständen, die jeden Menschen mißtrauisch machen mußten, die selbst einen weniger vorsichtigen Mann als Fred Lacey mißtrauisch machen mußten.«

»Sie raten sich da ganz schön was zusammen, mein Sohn«, sagte der Sheriff und grapschte nach dem Türgriff, da wir scharf in eine Kurve gingen, »aber Ihnen gucken ja auch die Nachbarn nicht in den Kochtopf. Ich muß da ein bißchen vorsichtiger sein. Ich sitze hier in meinem eigenen Hinterhof. Puma Lake scheint mir an sich kein besonders günstiger Startplatz zu sein, um ins Falschgeldgeschäft einzusteigen.«

»Okay«, sagte ich.

»Andererseits – wenn Luders der Mann ist, den ich suche, dürfte er ziemlich schwer zu schnappen sein. Es gibt drei Straßen aus dem Tal heraus, und am Ostende des Golfplatzes vom Woodland Club stehen immer ein halbes Dutzend Flugzeuge. Den ganzen Sommer über.«

»Große Sorgen scheinen Sie sich aber deswegen nicht zu machen«, sagte ich.

»Ein Sheriff in den Bergen macht sich nie große Sorgen«, sagte Barron. »Kein Mensch traut ihm zu, daß er Gehirn hat. Und schon gar nicht Leute wie Mr. Luders.«

X

Das Boot lag am Ende einer kurzen Fangleine im Wasser und bewegte sich, wie Boote sich selbst im stillsten Wasser bewegen. Eine Segeltuchplane bedeckte es zum größten Teil und war hier und da festgebunden, aber nicht überall, wo sie hätte festgebunden sein sollen. Hinter dem kurzen rachitischen Steg wand sich ein Feldweg durch Wacholderbäume zur Chaussee hinauf. Etwas abseits auf der einen Seite lag ein Campingplatz, mit einem weißen Miniaturleuchtturm als Handelsmarke. Tanzmusik drang aus einer der Behausungen herüber, aber sonst schienen die Leute fast alle zu Bett zu sein.

Wir gingen zu Fuß hinunter, hatten den Wagen am Rand der Chaussee stehenlassen. Barron hatte eine große Taschenlampe in der Hand und ließ den Strahl hierhin und dorthin fahren, schaltete sie an und aus. Als wir ans Wasser kamen und ans Ende des Feldwegs zum Steg hinunter, richtete er seine Taschenlampe auf den Boden und studierte ihn sorgsam. Es waren Reifenspuren zu erkennen, die frisch aussahen.

»Was meinen Sie?« fragte er mich.

»Sieht aus wie Reifenspuren«, sagte ich.

»Was meinst du, Andy?« sagte Barron. »Dieser Mann ist zwar ein netter Mensch, aber auf Ideen bringt er mich leider nicht.«

Andy bückte sich und studierte die Spuren. »Neue Reifen und groß«, sagte er und ging auf den Steg zu. Er beugte sich abermals vor und streckte den Finger aus. Der Sheriff leuchtete die Stelle an, auf die er zeigte. »Jau, hier hat er gewendet«, sagte Andy. »Aber was soll's? Die Gegend wimmelt nur so von neuen Autos, gerade jetzt. Wenn wir Oktober hätten, wär's was anderes. Die Leute, die hier oben leben, kaufen immer bloß einen Reifen auf einmal, und auch dann nur billige Sorten. Die hier haben Hochleistungsprofil.«

»Wir könnten uns mal das Boot ansehen«, sagte der Sheriff.

»Wieso das denn?«

»Könnten sehen, ob es vor kurzem benutzt worden ist«, sagte Barron.

»Zum Teufel«, sagte Andy, »wir wissen doch genau, daß es vor kurzem benutzt worden ist, oder etwa nicht?«

»Immer vorausgesetzt, du hast richtig geraten«, sagte Barron milde.

Andy betrachtete ihn einen Moment lang schweigend. Dann spuckte er auf den Boden und machte sich auf den Rückweg zum Wagen. Als er ein Dutzend Schritte gegangen war, sagte er über die Schulter: »Ich hab nicht geraten.« Er wandte den Kopf wieder ab und ging weiter, bahnte sich einen Weg durch die Bäume.

»Bißchen empfindlich«, sagte Barron. »Aber ein guter Mann.« Er ging hinunter auf den Bootssteg und bückte sich über den Rand, fuhr mit der Hand an der Vorderseite des Boots entlang, unter der Segeltuchplane. Er kam langsam wieder zurück und nickte. »Andy hat recht gehabt, verflixt und zugenäht. Hat er immer. Was meinen Sie, was das für Reifen waren, diese Spuren da, Mr. Evans? Sagen sie Ihnen was?«

»Cadillac V-12«, sagte ich. »Club-Coupé mit roten Ledersitzen und zwei Koffern auf dem Rücksitz. Die Uhr am Armaturenbrett geht zwölfeinhalb Minuten nach.«

Er stand da, dachte darüber nach. Dann nickte er mit dem dicken Kopf. Er seufzte. »Hm, hoffentlich verdienen Sie auch anständig Geld damit«, sagte er und wandte sich ab.

Wir gingen zurück zum Wagen. Andy saß wieder auf dem Vordersitz hinter dem Steuer. Er hatte sich eine Zigarette angesteckt. Er sah starr geradeaus durch die staubige Windschutzscheibe.

»Wo ist das, wo Rooney jetzt wohnt?« fragte Barron.

»Wo er immer gewohnt hat«, sagte Andy.

»Himmel, das ist ja noch ein ganzes Stück die Bascomb Road rauf!«

»Was anderes hab ich nie behauptet«, knurrte Andy.

»Fahren wir hin«, sagte der Sheriff und stieg ein. Ich setzte mich neben ihn.

Andy wendete den Wagen und fuhr eine halbe Meile zurück und wollte dann abbiegen. Der Sheriff fuhr ihn an: »Halt eine Minute!«

Er stieg aus und richtete seine Taschenlampe auf die Fahrbahn. Er kam wieder in den Wagen. »Ich glaube, jetzt haben wir was. Die Spuren da unten am Steg haben nicht viel zu sagen. Aber dieselben Spuren hier oben könnten sich doch als bedeutsam erweisen. Wenn sie bis nach Bascomb hineinführen, bedeuten sie sogar eine ganze Menge. Das alte Goldgräberlager da drüben ist für faule Geschäfte wie geschaffen.«

Der Wagen bog auf die Seitenstraße ein und kletterte langsam in eine Schlucht. Große Felsblöcke türmten sich zu beiden Seiten, und der Berghang war von ihnen übersät. Sie schimmerten rein weiß im Mondlicht. Der Wagen grummelte noch eine halbe Meile weiter, dann hielt Andy wieder an.

»Okay, scharfsinniger Mann, das ist die Hütte«, sagte er. Barron stieg wieder aus und stapfte mit seiner Taschenlampe herum. In der Hütte war keinerlei Licht. Er kam zurück zum Wagen.

»Sie sind hier vorbeigekommen«, sagte er. »Haben Ted nach Hause gebracht. Dann sind sie nach Bascomb weitergefahren. Kannst du dir vorstellen, daß Ted Rooney sich auf krumme Sachen einlassen würde, Andy?«

»Nur wenn er was dafür bezahlt kriegt«, sagte Andy.

Ich stieg aus dem Wagen, und Barron und ich gingen auf die Hütte zu. Sie war klein, aus rohem Material gebaut, gedeckt mit einheimischer Kiefer. Sie hatte eine hölzerne Veranda, einen Blechschornstein, der mit Drähten gesichert war, und ein wackliges Klohäuschen an der Rückseite, am Rand der Waldung. Sie war dunkel. Wir gingen auf die Veranda, und Barron hämmerte an die Tür. Nichts regte sich. Er probierte die Klinke. Die Tür war verschlossen. Wir gingen wieder hinunter von der Veranda und ums Haus herum, sahen uns die Fenster an. Sie waren alle geschlossen. Barron probierte die Hintertür, die zu ebener Erde lag. Auch sie war verschlossen. Er klopfte. Das Echo wanderte durch die Bäume davon und hallte hoch oben am Hang zwischen den Felsen wider.

»Er ist mit ihnen gefahren«, sagte Barron. »Vermutlich wollten sie nicht das Risiko eingehen, ihn jetzt hier zu lassen. Sie haben bloß angehalten, um ihn sein Zeug holen zu lassen – das Nötigste. Tja.«

Ich sagte: »Das glaube ich eigentlich nicht. Was sie von Rooney wollten, war einzig und allein sein Boot. Mit dem Boot haben sie heute am frühen Abend Fred Laceys Leiche am Ende von Speaker Point abgeholt, um sie dann draußen im See zu versenken. Sie haben damit gewartet, bis es dunkel war. Rooney steckte mit drin und hat Geld dafür gekriegt. Heute nacht nun brauchten sie das Boot noch einmal. Aber da haben sie sich überlegt, daß sie Rooney selber eigentlich nicht brauchten. Und wenn sie jetzt drüben in Bascomb Valley in einem ruhigen kleinen Schlupfwinkel sitzen und an ihrem Falschgeld basteln, dann könnten sie ganz und gar nicht wünschen, daß Rooney da mit hinkam.«

»Sie sind schon wieder am Raten, mein Sohn«, sagte der Sheriff freundlich. »Wie dem aber auch sei, ich habe keinen Haussuchungsbefehl. Höchstens Rooneys Kackhäuschen kann ich mal kurz besichtigen. Warten Sie auf mich.«

Er ging hinüber. Ich nahm sechs Schritte Anlauf und warf mich gegen die Hüttentür. Sie erbebte in ihren Grundfesten und bekam einen diagonalen Riß quer durch die obere Füllung. Hinter mir rief der Sheriff »He!«, aber ganz schwach nur, als meinte er's gar nicht so.

Ich nahm noch einmal sechs Schritte Anlauf und warf mich noch einmal gegen die Tür. Ich krachte mit ihr zusammen ins Haus und landete mit Händen und Knien auf einem Stück Linoleum, das wie eine Fischbratpfanne roch. Ich brachte mich auf die Füße und langte hoch und drehte den Schalter einer Birne, die von der Decke hing. Barron war bereits hinter mir und gab glucksende Laute der Mißbilligung von sich.

Wir befanden uns in einer Küche mit einem Holzherd, einigen schmutzigen hölzernen Regalen, auf denen Geschirr stand. Der Herd gab noch schwache Wärme ab. Unabgewaschene Töpfe standen auf der Platte und rochen. Ich schaltete eine weitere Hängebirne ein. An der Seite stand ein schmales Bett, flüchtig gemacht, mit einer schmierigen Steppdecke darauf. Ferner ein hölzerner Tisch, einige hölzerne Stühle, eine alte Musiktruhe, Haken an den Wänden, ein Aschbecher mit vier ausgebrannten Pfeifen drin, ein Stoß Groschenhefte in der Ecke am Boden.

Die Decke war niedrig, um die Wärme im Raum zu halten. In der Ecke hatte sie eine Klappe, durch die man auf den Boden konnte, und darunter stand eine Trittleiter. Ein alter Koffer aus wasserfleckigem Segeltuch lag offen auf einer Holzkiste und in ihm aller möglicher Kleiderkrempel.

Barron ging hinüber und sah sich den Koffer an. »Sieht so aus, als wäre Rooney im Begriff gewesen, auszuziehen oder eine kleine Reise zu machen. Dann sind die Jungs vorbeigekommen und haben ihn mitgenommen. Er ist nicht fertig geworden mit dem Packen, hatte seinen Anzug aber schon drin. Ein Mann wie Rooney hat bloß einen einzigen Anzug, und den trägt er nur, wenn er vorhat, ins Tal runterzufahren.«

»Er ist aber nicht da«, sagte ich. »Zu Abend gegessen hat er allerdings hier. Der Herd ist noch warm.«

Der Sheriff warf einen grübelnden Blick auf die Trittleiter. Er ging hinüber und stieg sie hinauf und schob die Klappe mit dem Kopf in die Höhe. Er hob die Taschenlampe und leuchtete oben in die Runde. Er ließ die Klappe wieder zufallen und kam die Trittleiter wieder herunter.

»Offenbar hat er den Koffer da oben stehen gehabt«, sagte er. »Es steht auch noch ein alter Schiffskoffer da. Können wir wieder?«

»Ich hab hier gar keinen Wagen gesehen«, sagte ich. »Er muß aber doch einen gehabt haben.«

»Jau. Hatte einen alten Plymouth. Machen Sie das Licht aus.«

Er ging in die Küche zurück und sah sich darin um, und dann machten wir die Lichter aus und verließen das Haus. Ich verschloß, was von der Hintertür noch übrig war. Barron untersuchte Reifenspuren im morschen weichen Granitgeröll, folgte ihnen zu einer Stelle unter einer großen Eiche, wo zwei dunkle Flecken zeigten, daß hier schon viele Male ein Wagen gestanden und Öl verloren hatte.

Er kam mit schwingender Taschenlampe zurück, blickte dann zu der wackligen Bude im Hintergrund hinüber und sagte: »Sie können schon wieder zu Andy gehen. Ich will nur schnell noch dem Kackhäuschen einen Besuch machen.«

Ich sagte nichts. Ich sah ihm nach, wie er hinüberging und den Riegel zog und die Tür aufmachte. Ich sah, wie er hineinleuchtete, und das Licht drang durch ein Dutzend Spalten heraus in den Wänden und durch das bresthafte Dach. Ich ging an der Hütte entlang nach vorn und stieg in den Wagen. Der Sheriff blieb lange fort. Er kam dann ganz langsam an, blieb neben dem Wagen stehen und biß sich einen frischen Priem ab. Er wälzte ihn im Mund herum und nahm ihn dann in Angriff.

»Rooney«, sagte er, »liegt drüben in dem Büdchen. Zweimal in den Kopf geschossen.« Er stieg in den Wagen. »Schüsse aus einer großen Pistole, war sofort tot. Den Umständen nach würde ich sagen, daß es da jemandem verdammt auf den Nägeln gebrannt hat.«

XI

Die Straße stieg eine Weile steil bergan, folgte den Windungen eines ausgetrockneten Gebirgsbachs, dessen Bett voller Felsbrocken lag. Dann führte sie über ebenes Gelände, wohl tausend oder fünfzehnhundert Fuß über dem Wasserspiegel des Sees. Wir überquerten eine Viehsperre aus mit Zwischenlücken aneinandergelegten Bohlen, die unter den Wagenrädern polterten. Dann begann sich die Straße wieder zu senken. Eine weite, gewellte Fläche erschien, mit verstreut weidendem Vieh. Ein lichtloses Bauernhaus zeichnete sich vor dem mondhellen Himmel ab. Wir erreichten eine breitere Straße, die rechtwinklig die unsere kreuzte. Andy brachte den Wagen zum Stehen, und Barron stieg mit seiner großen Taschenlampe wieder aus und ließ den Strahl langsam über die Straßendecke gleiten.

»Nach links abgebogen«, sagte er und richtete sich wieder auf. »Zum Glück ist kein anderer Wagen mehr hier langgekommen, seit die Spuren entstanden.« Er stieg wieder in den Wagen.

»Links geht's aber nicht zu den alten Minen«, sagte Andy. »Links geht's zur Worden-Hütte und dann weiter runter zum Damm am See.«

Barron saß einen Moment lang schweigend da, dann stieg er wieder aus und zückte erneut die Taschenlampe. Er gab einen überraschten Laut von sich, als er die rechte Seite der Dreierkreuzung untersuchte. Er kam zurück, knipste das Licht aus.

»Sind auch nach rechts gefahren«, sagte er. »Aber zuerst nach links. Sind dann zurückgekommen, aber vorher irgendwo im Westen von hier gewesen. Wir machen's genauso.«

Andy sagte: »Bist du sicher, daß sie auch zuerst nach links sind und nicht zuletzt? Links geht's doch wieder zur Chaussee.«

»Jau. Die rechten Spuren liegen über den linken«, sagte Barron.

Wir wandten uns nach links. Die Kuppen über dem Tal waren mit Eisenbäumen bedeckt, manche von ihnen halb tot. Der Eisenbaum erreicht etwa achtzehn bis zwanzig Fuß Höhe und stirbt dann ab. Wenn er abstirbt, verlieren die Äste ihr Laub und werden grauweiß und schimmern im Mondlicht.

Wir fuhren etwa eine Meile, und dann bog ein schmaler Weg jäh nach Norden ab, eine bloße Fahrrinne eigentlich nur. Andy hielt an. Barron stieg wieder aus und benutzte seine Taschenlampe. Er gab ein Zeichen mit dem Daumen, und Andy wendete. Der Sheriff stieg wieder ein.

»Also sehr vorsichtig sind die Jungs wahrhaftig nicht«, sagte er.

»Nee. Sie sind sogar sehr unvorsichtig, würde ich sagen. Aber sie hatten natürlich auch keine Ahnung, daß Andy bloß das Motorgeräusch zu hören brauchte, um sagen zu können, wo das Boot herkam.«

Der Weg führte in eine Bergfalte, und das Buschwerk wurde so dicht, daß der Wagen kaum ohne Kratzer hindurchkam. Dann machte er eine scharfe Kurve und stieg wieder an und führte um einen Hügelvorsprung, und eine kleine Hütte tauchte auf, dicht an den Hang gedrückt und ringsum von Bäumen umgeben.

Und plötzlich erscholl, vom Haus her oder aus seiner näheren Nähe, ein langgezogenes, kreischendes Heulen, das in einem schnappenden Bellen endete. Das Bellen wurde jäh abgewürgt.

Barron setzte an: »Das Licht . . .«, aber Andy hatte die Scheinwerfer bereits abgestellt und am Wegrand gehalten. »Zu spät, schätze ich«, sagte er trocken. »Sind schon gesehen worden, wenn jemand aufgepaßt hat.«

Barron stieg aus dem Wagen. »Sag mal, das klang doch ganz nach einem Coyoten, Andy.«

»Jau.«

»Bißchen sehr nah am Haus für einen Coyoten, findest du nicht auch, Andy?«

»Nee«, sagte Andy. »Wenn kein Licht ist, kommt der Coyote auch direkt bis an die Hütten, um nach vergrabenen Abfällen zu wühlen.«

»Und dann könnte's ja auch wieder dieser kleine Hund sein«, sagte Barron.

»Oder ein Huhn, das ein viereckiges Ei gelegt hat«, sagte ich. »Worauf warten wir eigentlich noch? Und wie wär's, wenn Sie mir mal meine Knarre wiedergäben? Und was ist, wollen wir eigentlich jemanden beim Kragen nehmen – oder vertreiben wir uns bloß die Zeit mit kleinen Ratespielen?«

Der Sheriff zog meine Pistole von der linken Hüfte und händigte sie mir aus. »Ich hab's nicht eilig«, sagte er. »Weil nämlich Luders es auch nicht eilig hat. Sonst könnte er schon lange weg sein. Eilig hatten sie's nur, Rooney zu erledigen, weil Rooney etwas über sie wußte. Aber Rooney weiß nun nichts mehr über sie, weil er tot ist und sein Haus abgeschlossen und sein Auto weggeschafft. Wenn Sie die Hintertür nicht eingerannt hätten, könnte er dort noch wochenlang auf seinem Lokus sitzen, bevor jemand neugierig würde. Die Reifenspuren wirken an sich ein bißchen sehr auffällig, aber das auch nur, weil wir wissen, wo sie abgefahren sind. Daß wir das rauskriegen könnten, für die Annahme haben sie keinerlei Grund. Wo sollten wir also anfangen? Nein, ich hab's nicht eilig.«

Andy bückte sich und kam mit einer Schrotflinte wieder hoch. Er machte die linke Tür auf und stieg aus dem Wagen.

»Der kleine Hund ist da drin«, sagte Barron friedlich. »Das bedeutet, daß auch Mrs. Lacey da drin ist. Und außerdem dürfte noch jemand da sein, der sie bewacht. Jau, ich glaube, wir gehn am besten mal rauf und schauen nach, Andy.«

»Ich hoffe, du hast Angst«, sagte Andy. »Ich hab die nämlich.«

Wir machten uns auf den Weg durch die Bäume. Es waren etwa zweihundert Yards bis zum Haus. Die Nacht war sehr still. Selbst auf diese Entfernung hörte ich, wie ein Fenster geöffnet wurde. Wir gingen in Abständen von etwa fünfzig Fuß. Andy blieb noch etwas zurück, um den Wagen abzuschließen. Dann setzte er sich nach rechts in Bewegung, schlug einen weiten Bogen.

Nichts regte sich in der Hütte, als wir näher kamen, keinerlei Licht zeigte sich. Der Coyote – oder Shiny, der Hund, wer immer es war – bellte auch nicht wieder.

Wir kamen sehr nah an das Haus, es waren höchstens noch zwanzig Yards. Barron und ich hatten etwa denselben Abstand voneinander. Es war eine kleine, roh gebaute Hütte, ganz wie Rooneys Häuschen, nur etwas größer. Hinten gab es eine offene Garage, aber sie stand leer. Die Hütte hatte eine kleine Veranda aus Feldsteinen.

Dann gab es das Geräusch eines kurzen, scharfen Kampfes in der Hütte und den Ansatz eines Bellens, das jäh abgewürgt wurde. Barron ließ sich flach zu Boden fallen. Ich tat dasselbe. Nichts geschah.

Barron stand langsam auf und begann sich vorwärts zu bewegen, Schritt für Schritt, mit einer Pause nach jedem. Ich blieb zurück. Barron erreichte die gerodete Fläche vor dem Haus und begann die Stufen zur Veranda hinaufzusteigen. Er stand da, massig, scharf umrissen im Mondlicht, den Colt an der Seite. Es wirkte wie eine schlechthin einmalige Methode, Selbstmord zu begehen.

Nichts passierte. Barron erreichte die oberste Stufe, bewegte sich hinüber und drückte sich dicht an die Wand. Links von ihm war ein Fenster, rechts von ihm die Tür. Er drehte die Pistole in seiner Hand um und streckte den Arm aus, um mit dem Kolben an die Tür zu klopfen, drehte sie dann wieder um, blitzschnell, und preßte sich flach an die Wand.

Der Hund im Haus heulte auf. Eine Hand, die eine Pistole hielt, kam über den Rand des geöffneten Fensters und drehte sich nach links.

Es war ein heikler Schuß auf diese Entfernung. Aber ich mußte es machen. Das Bellen der Automatik ertrank im dumpferen Krach einer Flinte. Die Hand wurde schlaff, und die Pistole fiel auf die Veranda. Die Hand kam noch ein bißchen weiter heraus, und die Finger verzerrten sich, begannen dann über das Fensterbrett zu kratzen. Dann rutschten sie nach innen zurück durch das Fenster, und der Hund heulte auf. Barron war schon an der Tür, rüttelte daran. Und Andy und ich liefen zu gleicher Zeit auf die Hütte zu, aus verschiedenen Richtungen.

Barron bekam die Tür auf, und Licht rahmte ihn plötzlich ein, da drinnen jemand eine Lampe angemacht und hochgerichtet hatte.

Ich schaffte die Veranda, als Barron hineinsprang, Andy dicht hinter mir. Wir traten ins Wohnzimmer der Hütte.

Mrs. Lacey stand mitten im Raum, neben einem Tisch, auf dem eine Lampe brannte, und hielt den kleinen Hund in ihren Armen. Ein untersetzter blonder Mann lag unter dem Fenster auf der Seite und atmete schwer, mit ziellos um sich tastender Hand – nach der Pistole, die draußen vors Fenster gefallen war.

Mrs. Lacey öffnete die Arme und ließ den Hund zu Boden. Er tat einen Sprung und prallte dem Sheriff mitten vor den Bauch mit seiner kleinen, scharfen Nase, die er ihm gleich unter die Jacke grub, um an das Hemd zu kommen. Dann fiel er wieder zu Boden und rannte im Kreis herum und wedelte dabei still mit dem ganzen Hinterteil vor Entzücken.

Mrs. Lacey stand wie erfroren da, das Gesicht so leer wie im Tode. Der Mann am Boden stöhnte ein wenig zwischen seinen schweren Atemzügen. Seine Augen öffneten und schlossen sich schnell. Seine Lippen bewegten sich, und rosa Schaum trat ihm vor den Mund.

»Das ist mir wirklich ein reizendes Hundchen, Mrs. Lacey, sagte Barron und stopfte sich das Hemd in die Hose zurück. »Aber ich finde den Zeitpunkt doch schlecht gewählt, ihn dabeizuhaben – für gewisse Leute jedenfalls.«

Er betrachtete den blonden Mann am Boden. Die Augen des blonden Mannes öffneten sich und richteten sich ins Nichts.

»Ich hatte sie angelogen«, sagte Mrs. Lacey rasch. »Ich mußte es einfach. Das Leben meines Mannes hing davon ab. Luders hat ihn in der Gewalt. Er hält ihn irgendwo hier drüben fest. Ich weiß nicht, wo das ist, aber weit ist es nicht, hat er gesagt. Er ist jetzt weggefahren, um ihn mir wiederzubringen, hat aber diesen Mann als Wache dagelassen für mich. Ich konnte nichts daran ändern, Sheriff. Es – es tut mir leid.«

»Ich wußte genau, daß Sie logen, Mrs. Lacey«, sagte Barron ruhig. Er blickte auf seinen Colt nieder und steckte ihn an die Hüfte zurück. »Ich wußte auch, warum Sie es taten. Aber Ihr Mann ist tot, Mrs. Lacey. Er war schon lange tot, als wir zu Ihnen kamen. Mr. Evans hier hat ihn gesehen. Es ist schwer für Sie, Mrs. Lacey, aber Sie sollten es doch lieber gleich wissen.«

Sie rührte sich nicht und schien kaum zu atmen. Dann ging sie sehr langsam zu einem Sessel und setzte sich und legte das Gesicht in die Hände. Sie saß bewegungslos da, ohne einen Laut. Der kleine Hund winselte und kroch unter ihren Sessel.

Der Mann am Boden setzte an, sich mit dem Oberkörper aufzurichten. Er brachte ihn ganz langsam in die Höhe, steif. Seine Augen waren leer. Barron ging hin und bückte sich zu ihm nieder.

»Hat's Sie schlimm erwischt, mein Sohn?«

Der Mann preßte die linke Hand gegen die Brust. Blut quoll ihm zwischen den Fingern hervor. Er hob ganz langsam die rechte Hand, bis der Arm starr und gerade war und in die gegenüberliegende Deckenecke zeigte. Seine Lippen zitterten, steiften sich, sprachen.

»Heil Hilter!« sagte er heiser.

Er fiel zurück und lag bewegungslos. In seiner Kehle rasselte es noch ein wenig, dann wurde auch das still, und alles im Zimmer war still, sogar der Hund.

»Der Mann muß einer von diesen Nazis sein«, sagte der Sheriff. »Habt ihr gehört, was er gesagt hat?«

»Tja«, sagte ich.

Ich drehte mich um und ging aus dem Haus, die Stufen hinunter und durch die Bäume zum Wagen. Ich setzte mich auf das Trittbrett und zündete mir eine Zigarette an und saß da und rauchte und dachte nach.

Nach einem Weilchen erschienen sie alle unter den Bäumen. Barron trug den Hund. Andy trug seine Flinte in der linken Hand. Sein ledriges junges Gesicht sah geschockt aus.

Mrs. Lacey stieg in den Wagen, und Barron reichte ihr den Hund hinein. Er sah mich an und sagte: »Hier draußen ist Rauchen verboten, mein Sohn, wenn man weiter als fünfzig Fuß von einer Hütte entfernt ist.«

Ich ließ die Zigarette fallen und mahlte sie mit dem Absatz tief in den pulvrigen grauen Boden. Ich stieg in den Wagen, vorn jetzt, neben Andy.

Der Wagen startete wieder, und wir fuhren zu dem Weg zurück, der hier drüben wahrscheinlich als Hauptstraße bezeichnet wurde. Lange sagte niemand ein Wort, dann sagte Mrs. Lacey mit leiser Stimme: »Luders erwähnte einen Namen, der so ähnlich klang wie Sloat. Gegenüber dem Mann, den Sie erschossen haben. Den nannten sie Kurt. Sie sprachen deutsch. Ich verstehe Deutsch ein bißchen, aber sie haben zu schnell geredet. Der Name, Sloat, klang nicht deutsch. Sagt er Ihnen vielleicht etwas?«

»Das ist der Name einer alten Mine nicht weit von hier«, sagte Barron. »Sloat's Mine. Du weißt doch, wo sie liegt, Andy, oder?«

»Jau. Ich glaube, ich hab diesen Burschen getötet, stimmt's?«

»Wird wohl so sein, Andy.«

»Ich hab noch nie einen getötet bis jetzt«, sagte Andy.

»Vielleicht hab ich ihn auch erwischt«, sagte ich. »Ich hab ebenfalls geschossen.«

»Nee«, sagte Andy. »Sie standen nicht hoch genug, um ihn in die Brust zu treffen. Ich bin's gewesen.«

Barron sagte: »Wieviel Leute waren das, die Sie zu der Hütte gebracht haben, Mrs. Lacey? Es ist mir schrecklich, Ihnen jetzt solche Fragen zu stellen, aber es bleibt mir einfach nichts anderes übrig.«

Die tote Stimme sagte: »Zwei. Luders und der Mann, den Sie getötet haben. Er hat das Boot gesteuert.«

»Haben sie unterwegs irgendwo gehalten – auf dieser Seite des Sees, Mrs. Lacey?«

»Ja. Sie hielten bei einer kleinen Hütte, nahe am See. Luders saß am Steuer. Der andere Mann, Kurt, stieg aus, und wir fuhren weiter. Nach einer Weile hielt Luders an, und Kurt kam in einem alten Auto hinter uns her. Er fuhr den Wagen in einen Wassergraben hinter einigen Weiden und kam dann wieder zu uns.«

»Das ist alles, was wir brauchen«, sagte Barron. »Wenn wir Luders kriegen, ist der Fall erledigt. Bloß daß ich immer noch nicht klarsehe, worum es da eigentlich überhaupt geht.«

Ich sagte nichts dazu. Wir fuhren weiter bis zu der Stelle, wo die Dreierkreuzung lag und die Straße rechts zum See hinunterführte. Wir hielten uns geradeaus und fuhren noch etwa vier Meilen.

»Am besten hältst du hier, Andy. Den Rest des Weges gehen wir zu Fuß. Du bleibst hier.«

»Nee. Ich denke gar nicht dran«, sagte Andy.

»Du bleibst hier«, sagte Barron, mit einer Stimme plötzlich, die keinen Widerspruch duldete. »Du hast auf eine Dame aufzupassen, und im Schießen hast du heute abend schon dein Teil erfüllt. Ich verlange nur, daß du mir das Hundchen ruhighältst.«

Der Wagen blieb stehen. Barron und ich stiegen aus. Der kleine Hund winselte und war dann still. Wir verließen die Straße und machten uns über wildes Gelände auf den Weg, durch einen Hain von jungen Kiefern und Manzanita und Eisenholz. Wir gingen still, ohne zu sprechen. Das Geräusch, das unsere Schuhe machten, hätte nur ein Indianer in mehr als dreißig Fuß Entfernung hören können.

XII

Wir erreichten das andere Ende des Dickichts binnen weniger Minuten. Jenseits war das Gelände eben und offen. Vor dem Himmel erhob sich ein spinnenartiges Etwas; ein paar niedrige Schutthalden; ein Satz Goldwäscherkästen, wie zu einem Miniaturkühlturm aufeinandergestapelt; ein Transportband, das von einer Schürfstelle darauf zuführte.

Barron brachte den Mund an mein Ohr. »Hier ist seit Jahren nicht mehr gearbeitet worden«, sagte er. »Lohnt sich nicht mehr. Bei einem harten Tagewerk zweier Männer springen vielleicht anderthalb Gramm Gold heraus. Das Land hier ist vor sechzig Jahren zu Tode gesiebt worden. Die niedrige Hütte da drüben ist ein alter Kühlwagen. Ein stabiles und praktisch kugelsicheres Ding. Einen Wagen sonst sehe ich nicht, aber vielleicht steht er dahinter. Oder ist versteckt worden. Höchstwahrscheinlich versteckt. Sind Sie bereit?«

Ich nickte. Wir gingen über das offene Gelände. Der Mond schien fast taghell. Ich fühlte mich blendend, wie ein Tonpfeifchen in einer Schießbude. Barron wirkte ganz gelassen. Er hielt den großen Colt tief an der Seite, den Daumen über dem Hahn.

Plötzlich schien Licht auf an der Seite des Kühlwagens, und wir gingen zu Boden. Das Licht kam aus einer halb geöffneten Tür, ein gelbes Feld und eine gelbe Speerspitze auf dem grauen Grund. Eine Bewegung entstand im Mondlicht und das Geräusch von Wasser, das auf den Boden geschüttet wird. Wir warteten ein wenig, dann standen wir auf und gingen weiter.

Es hatte nicht viel Zweck, Indianer zu spielen. Entweder kamen sie zur Tür heraus, oder sie kamen nicht. Wenn ja, dann sahen sie uns in jedem Fall, ob wir nun gingen, krochen oder lagen. So kahl war das Gelände und so hell der Mond. Unsere Schuhe schlurften ein bißchen, aber der Boden war hart, viel begangen worden und festgetreten. Wir erreichten einen Sandhaufen und blieben daneben stehen. Ich hörte mir beim Atmen zu. Ich keuchte nicht gerade, und auch Barron keuchte nicht. Aber mein Atmen interessierte mich auf einmal brennend. Es war etwas, was ich lange für ganz selbstverständlich gehalten hatte, was aber jetzt plötzlich ein besonderes Interesse für mich bekam. Ich hoffte, daß es noch lange weitergehen würde, war aber gar nicht sicher.

Angst hatte ich eigentlich nicht. Ich war ein gestandener Mann, und ich hatte eine Pistole in der Hand. Aber der blonde Mann drüben in der anderen Hütte war auch ein gestandener Mann gewesen und hatte auch eine Pistole in der Hand gehabt. Und er hatte sogar noch eine Wand gehabt, hinter der er sich verstecken konnte. Trotzdem hatte ich keine Angst. Nur machten mich verschiedene kleine Sachen nachdenklich. Ich fand, daß Barron entschieden zu laut atmete, aber ich mußte auch daran denken, daß eine Ermahnung, nicht so laut zu atmen, noch viel lauter ausfallen würde als sein Atmen selbst. Das war etwa der Zustand, in dem ich mich befand und in dem mich die kleinen Sachen so sehr nachdenklich machten.

Dann ging die Tür wieder auf. Diesmal war kein Licht dahinter. Ein kleiner Mann, sehr klein, kam heraus und schleppte ein Etwas, das wie ein schwerer Koffer aussah. Er schleppte ihn seitlich am Wagen entlang und grunzte dabei laut vor sich hin. Barron hielt meinen Arm gepackt. Sein Atem zischte leicht.

Der kleine Mann mit dem schweren Koffer, oder was immer es war, erreichte das Ende des Wagens und ging um die Ecke. Dann kam mir der Gedanke, daß der Sandhaufen, obwohl er nicht sehr hoch aussah, vielleicht doch hoch genug war, um uns zu verbergen. Und daß der kleine Mann, wenn er nicht grad direkt Besuch erwartete, uns gar nicht unbedingt sehen mußte. Wir warteten, daß er zurückkam. Wir warteten zu lange.

Eine klare Stimme hinter uns sagte: »Ich habe hier eine Maschinenpistole, Mr. Barron. Nehmen Sie doch bitte die Hände in die Höhe. Wenn Sie irgendeine andere Bewegung machen, schieße ich.«

Ich hob sofort die Hände. Barron zögerte ein wenig. Aber dann nahm auch er die Hände hoch. Wir drehten uns langsam um. Frank Luders stand etwa vier Schritt von uns entfernt, eine Maschinenpistole in Hüfthöhe auf uns gerichtet. Die Mündung sah so groß aus wie der Second-Street-Tunnel in L. A.

Luders sagte ruhig: »Ich würde es vorziehen, wenn Sie in die andere Richtung blicken wollten. Wenn Charlie vom Wagen zurückkommt, macht er drinnen die Lampen an. Dann gehen wir alle hinein.«

Wir drehten uns wieder zu dem langen, niedrigen Wagen um. Luders pfiff einmal scharf. Der kleine Mann kam um die Ecke zurück, blieb einen Moment stehen, ging dann auf die Tür zu. Luders rief laut: »Mach Licht, Charlie. Wir haben Besuch.«

Der kleine Mann ging ruhig in den Wagen, ein Streichholz kratschte, und drinnen entstand Licht.

»Nun, meine Herren, möchten Sie sich vielleicht in Bewegung setzen«, sagte Luders. »Wobei Sie beachten wollen, natürlich, daß dicht hinter Ihnen der Tod geht, und sich entsprechend betragen.«

Wir gingen.

XIII

»Nimm ihnen die Knarren ab und sieh nach, ob sie noch mehr davon haben, Charlie.«

Wir standen mit dem Rücken an der Wand, neben einem langen hölzernen Tisch. Zu beiden Seiten des Tisches standen Bänke, ebenfalls aus Holz. Auf der Tischplatte lag ein Tablett mit einer Flasche Whisky und ein paar Gläsern drauf; daneben sahen wir eine Sturmlaterne und eine altmodische ländliche Öllampe aus dickem Glas, beide angezündet, eine Untertasse voller Streichhölzer und eine zweite voll Asche und Kippen. Am andern Ende der Hütte, dem Tisch gegenüber, dann ein kleiner Ofen und zwei Feldbetten, das eine zerwühlt, das andere so adrett gemacht wie in einer Puppenstube.

Der kleine Japaner kam auf uns zu, und das Licht funkelte auf seinen Brillengläsern.

»Oh, haben Schießzeug«, schnurrte er. »Oh, sehr schlimm.«

Er nahm uns die Pistolen ab und schob sie nach hinten über den Tisch, Luders zu. Seine kleinen Hände tasteten uns flink und geschickt ab.

Barron zuckte, und sein Gesicht lief rot an, aber er sagte nichts. Charlie sagte: »Sonst keine Schießeisen. Erfreut sehr zu sehen, die Gentlemen. Sehr schöne Nacht, sehr angenehm. Haben gemacht Picknick bei Mondschein?«

Barron ließ ein wütendes Geräusch aus der Kehle. Luders sagte: »Nehmen Sie doch bitte Platz, meine Herren, und sagen Sie mir, was ich für Sie tun kann.«

Wir setzten uns. Luders setzte sich gegenüber. Die beiden Pistolen lagen vor ihm auf dem Tisch, und die Maschinenpistole ruhte darauf, von seiner linken Hand sicher gehalten. Seine Augen waren ruhig und hart. Es war kein angenehmes Gesicht mehr, aber es war immer noch ein intelligentes Gesicht. So intelligent, wie solche Gesichter sein können.

Barron sagte: »Schätze, ich muß ein bißchen kauen. Es denkt sich dann besser.« Er holte seinen Tabak heraus und biß hinein und steckte ihn wieder weg. Er kaute schweigend und spuckte dann auf den Boden.

»Schätze, es gibt eine kleine Sauerei auf Ihrem Fußboden«, sagte er. »Stört Sie aber hoffentlich nicht.«

Der Japs saß am Ende des adrett gemachten Bettes, und seine Schuhe reichten nicht bis auf den Boden. »Mögen gar nicht«, zischte er, »sehr schlechtes Geruch.«

Barron sah ihn nicht an. Er sagte gemächlich: »Haben Sie die Absicht, uns zu erschießen und dann das Weite zu suchen, Mr. Luders?«

Luders zuckte die Achseln und nahm die Hand von der Maschinenpistole und lehnte sich zurück gegen die Wand.

Barron sagte: »Sie haben eine ziemlich breite Spur hinterlassen, die allerdings einen Haken hatte. Daß wir nämlich wissen mußten, wo wir sie aufzunehmen hatten. Das konnten Sie sich nicht vorstellen, sonst hätten Sie sich anders verhalten. Aber dann waren Sie auch wieder auf uns vorbereitet, als wir hier auftauchten. Das will mir nicht in den Kopf.«

Luders sagte: »Es liegt daran, daß wir Deutschen Fatalisten sind. Wenn alles so glatt geht wie heute abend – bis auf diesen Narren, den Weber –, dann werden wir mißtrauisch. So habe ich mir gesagt: Ich habe keine Spur hinterlassen, und sie haben keine Möglichkeit, mir rasch genug über den See zu folgen. Sie hatten kein Boot, und mir ist auch kein Boot gefolgt. Es ist unmöglich, daß sie mich finden. Ganz unmöglich. So habe ich mir gesagt: Eben *weil* alles dagegen spricht, werden sie mich finden. Folglich werde ich auf sie warten.«

»Während Charlie die Koffer voll Geld raus zum Wagen schleppte«, sagte ich.

»Was für Geld?« fragte Luders, und er schien keinen von uns dabei anzusehen. Er schien nach innen zu blicken, forschend.

Ich sagte: »Die schönen neuen Zehndollarscheine, die Sie im Flugzeug von Mexiko hergebracht haben.«

Jetzt sah Luders mich an, aber ganz indifferent. »Mein lieber Freund, das kann doch wohl nicht Ihr Ernst sein.«

»Pfui. Das leichteste Ding von der Welt. Die Grenzpatrouille hat jetzt keine Flugzeuge mehr. Sie hatte vor einiger Zeit mal ein paar Maschinen von der Küstenwache, aber da nichts anfiel, wurden die wieder abgezogen. Ein Flugzeug, das die Grenze in großer Höhe überfliegt, landet auf dem Feld hinter dem Golfplatz des Woodland Club. Das Flugzeug gehört Mr. Luders, und Mr. Luders hat Anteile am Club und wohnt auch dort. Warum sollte da wohl jemand neugierig werden. Aber Mr. Luders hat keine Lust, eine halbe Million Blüten in seiner Hütte beim Club liegen zu haben, und so sucht er sich hier drüben eine alte Mine und versteckt das Geld in diesem Kühlwagen hier. Der ist fast so stabil wie ein Safe und sieht dabei noch nicht einmal wie ein Safe aus.«

»Sie interessieren mich«, sagte Luders ruhig. »Fahren Sie fort.«

Ich sagte: »Das Geld ist sehr gut gemacht. Wir haben ein Gutachten darüber. Das bedeutet Organisation – um die Farben zu kriegen, das richtige Papier und die Platten. Es bedeutet eine weit größere Organisation, als sie irgendeine bloße Gangsterbande auf die Beine bringen könnte. Die Organisation einer Regierung. Die Organisation der Naziregierung.«

Der kleine Japs sprang vom Bett und zischte, aber Luders' Gesicht änderte sich nicht. »Ich bin immer noch interessiert«, sagte er lakonisch.

»Ich nicht«, sagte Barron. »Mir klingt das alles, als hätten Sie's drauf angelegt, sich partout um Kopf und Kragen zu reden.«

Ich fuhr fort: »Vor ein paar Jahren haben die Russen denselben Schmu versucht. Haben hier drüben einen Haufen Blüten in Umlauf gesetzt, um sich einen Fonds für Spionagearbeit zu schaffen und, nebenbei, unsere Währung zu ruinieren. Die Nazis sind zu schlau, um auf die Karte viel zu setzen. Sie wollen nur gute amerikanische Dollars, um damit in Zentral- oder Südamerika zu arbeiten. Schönes, gemischtes Geld, das schon in Umlauf war. Man kann ja nicht einfach in eine Bank gehen und hunderttausend Dollar in nagelneuen Zehndollarscheinen einzahlen. Was den Sheriff stört, ist die Frage, warum Sie sich ausgerechnet diese Gegend ausgesucht haben, einen Gebirgskurort, wo eigentlich nur ziemlich arme Leute sitzen.«

»Aber Sie mit Ihrem Supergehirn stört das nicht, was?« höhnte Luders.

»Es stört auch mich nicht besonders«, sagte Barron. »Was mich stört, ist nur die Tatsache, daß in meinem Amtsbezirk Leute erschossen werden. Das bin ich nicht gewohnt.«

Ich sagte: »Sie haben sich diese Gegend in erster Linie ausgesucht, weil sich das Geld hier spielend leicht herschaffen läßt. Das Städtchen ist vermutlich nur einer von hundert Orten überall im Land, Orten, wo man nur mit ganz wenig Polizei rechnen muß und wo im Sommer ein dauerndes Kommen und Gehen ist, von lauter fremden Leuten. Und wo Flugzeuge landen können, ohne daß es irgendwem einfällt, sie zu kontrollieren. Aber das ist nicht der einzige Grund. Das Städtchen ist außerdem wie geschaffen dafür, das Geld in Umlauf zu bringen, eine große Menge davon, wenn man Glück hat. Aber Sie hatten kein Glück. Ihr Mann Weber zog einen saublöden Trick ab, und damit begann Ihre Pechsträhne. Soll ich Ihnen vielleicht erzählen, warum das Städtchen sich so gut dafür eignet, Blüten zu verbreiten, wenn man genug Leute hat, die für einen arbeiten?«

»Ich bitte sogar darum«, sagte Luders und tätschelte seine Maschinenpistole.

»Weil dieser Bezirk hier drei Monate im Jahr eine ständig wechselnde Bevölkerung von irgendwo zwischen zwanzig- und fünfzigtausend Leuten hat, je nach Feiertagen und Wochenenden. Das bedeutet, daß eine Menge Geld hereinkommt und eine Menge Umsatz gemacht wird. Und eine Bank gibt es hier nicht. Folglich müssen die Hotels und Bars und Geschäfte dauernd Schecks annehmen. Und ebenso folglich besteht das, was sie ihrerseits bei den Banken einzahlen, nur aus Schecks, fast nur, und das Bargeld bleibt dauernd im Umlauf. Bis zum Ende der Saison natürlich nur.«

»Ich finde das wirklich sehr interessant«, sagte Luders. »Aber wenn diese Operation unter meiner Kontrolle stünde, würde ich mir kaum einfallen lassen, hier oben sehr viel Geld unter die Leute zu bringen. Ein bißchen wohl, hier und da einmal, aber nicht viel. Ich würde das Geld nur testen, um zu sehen, wie es aufgenommen wird. Und das aus einem Grund, an den Sie schon gedacht haben. Weil nämlich das meiste sehr rasch von einer Hand in die andere ginge und somit, wenn denn einmal entdeckt würde, daß es sich um Blüten handelt, wie Sie sagen, praktisch keine Möglichkeit bestünde, die Herkunft bis zur Quelle zurückzuverfolgen.«

»Ja-ah«, sagte ich. »Das wäre noch gerissener. Sie sind ja wirklich sehr offenherzig.«

»Für Sie«, sagte Luders, »spielt es natürlich keine Rolle mehr, wie offenherzig ich bin.«

Barron beugte sich plötzlich vor. »Schauen Sie, Luders, wenn Sie uns umbringen, hilft Ihnen das doch kein bißchen. Wenn man's genau betrachtet, haben wir praktisch gar nichts gegen Sie in der Hand. Diesen Weber haben Sie wahrscheinlich getötet, ja, aber so wie die Dinge liegen, dürfte es sehr schwer sein, Ihnen das nachzuweisen. Wenn Sie Falschgeld verbreitet haben, kriegt man Sie dafür natürlich ran, aber deswegen hängt man Sie nicht. Ich habe hier nun zufällig ein Paar Handschellen im Gürtel, und mein Vorschlag ist, Sie machen Gebrauch davon und kommen schön friedlich mit, Sie und Ihr japanischer Freund.«

Charlie, der Japs, sagte: »Ha, ha. Sehr witzige Mann. Aber auch großes Dummkopf, finden ich, ja.«

Luders lächelte schwach. »Hast du das ganze Zeug im Wagen, Charlie?«

»Nur eine Koffer noch, kommt sofort«, sagte Charlie.

»Trag ihn am besten gleich raus und laß den Motor an, Charlie.«

»Hören Sie, Luders, das kann doch gar nicht klappen«, sagte Barron drängend. »Ich habe einen Mann draußen im Wald stehen, mit einer Jagdflinte. Es ist heller Mondschein. Sie haben eine ganz schöne Waffe da, aber gegen eine Jagdflinte haben Sie nicht mehr Chancen als Evans und ich hier gegen Sie. Sie kommen hier nicht mehr lebend raus, wenn wir nicht mit Ihnen kommen. Er hat gesehen, wie wir hier reingegangen sind und unter welchen Umständen. Er gibt uns zwanzig Minuten. Dann läßt er ein paar Jungs holen, die mit Dynamit rangehen. So habe ich's angeordnet.«

Luders sagte ruhig: »Diese Arbeit ist sehr schwierig. Selbst wir Deutschen finden sie schwierig. Ich bin müde. Ich habe einen bösen Fehler begangen. Ich habe mich eines Mannes bedient, der ein Narr war, der etwas Albernes anstellte und dann einen Mann umbrachte, weil er's angestellt hatte und der Mann wußte, daß er's angestellt hatte. Aber es war auch mein Fehler. Man wird es mir nicht verzeihen. Mein Leben hat keinen großen Wert mehr. Bring den Koffer zum Wagen, Charlie.«

Charlie kam rasch auf ihn zu. »Mir nicht gefallen so«, sagte er scharf. »Koffer verdammt schwer. Mann mit Flinte schießen. Großes Mist.«

Luders lächelte langsam. »Das ist alles nur Unsinn, Charlie. Wenn sie noch mehr Männer bei sich gehabt hätten, dann wären die längst schon hier. Darum habe ich diese Leute reden lassen. Um zu sehen, ob sie allein wären. Sie sind allein. Geh schon, Charlie.«

Charlie sagte zischend: »Ich gehen, aber mir immer noch nicht gefallen.«

Er ging in die Ecke hinüber und hob den Koffer auf, der dort stand. Er konnte ihn kaum tragen. Er schleppte sich langsam zur Tür und setzte den Koffer ab und seufzte. Er öffnete die Tür einen Spalt und blickte hinaus. »Sehen kein Mensch«, sagte er. »Vielleicht alles gelogen.«

Luders sagte sinnend: »Ich hätte den Hund und die Frau auch töten sollen. Ich war schwach. Dieser andere Mann, Kurt, was ist aus ihm geworden?«

»Nie gehört von ihm«, sagte ich. »Wo war er denn?«

Luders starrte mich an. »Stehen Sie auf, alle beide.«

Ich stand auf. Ein Eiszapfen strich mir über den Rücken. Auch Barron stand auf. Sein Gesicht war grau. Das weiß werdende Haar an der Seite seines Kopfes glitzerte vor Schweiß. Sein ganzes Gesicht war schweißbedeckt, aber seine Kinnbacken kauten weiter.

Er sagte leise: »Wieviel kriegen Sie für diesen Job, mein Sohn?«

Ich sagte belegt: »Hundert Eier, hab ich aber zum Teil schon ausgegeben.«

Barron sagte im selben leisen Ton: »Ich bin vierzig Jahre verheiratet. Ich krieg achtzig Dollar im Monat gezahlt, dazu Wohnung und Feuerholz. Das ist nicht genug. Herrje, ich sollte doch mindestens hundert kriegen.« Er grinste schief und spuckte und sah Luders an. »Zur Hölle mit Ihnen, Sie Nazischwein«, sagte er.

Luders hob langsam die Maschinenpistole, und seine Lippen zogen sich über den Zähnen zurück. Sein Atem machte ein zischendes Geräusch. Dann legte er die Waffe ganz langsam hin und griff in seine Jacke. Er zog eine Lueger heraus und legte den Sicherungsflügel mit dem Daumen um. Er nahm die Pistole in die linke Hand und stand da und sah uns ruhig an. Ganz langsam wich aller Ausdruck aus seinem Gesicht, und es wurde eine todgraue Maske. Er hob die Pistole, und gleichzeitig hob er den rechten Arm steif über Schulterhöhe. Der Arm war so starr wie eine Stange.

»Heil Hitler!« sagte er scharf.

Er drehte die Pistole rasch herum, steckte die Mündung in den Mund und drückte ab.

XIV

Der Japs schrie auf und raste zur Tür hinaus. Barron und ich warfen uns über den Tisch. Wir bekamen unsere Waffen zu fassen. Blut fiel mir auf den Handrücken, und dann bröckelte Luders langsam an der Wand zu Boden.

Barron war schon zur Tür hinaus. Als ich hinter ihm draußen war, sah ich, daß der kleine Japs wie von Sinnen den Berg hinunterlief, auf eine Buschgruppe zu.

Barron richtete sich auf, hob den Colt, senkte ihn dann wieder.

»Ist noch nicht weit genug«, sagte er. »Ich gebe einem Mann immer vierzig Schritt Vorsprung.«

Er hob den großen Colt abermals und drehte den Körper ein wenig, und als die Waffe im Anschlag lag, bewegte sie sich nur noch ganz langsam, und Barrons Kopf senkte sich ein wenig, bis Arm, Schulter und rechtes Auge eine Gerade bildeten.

Er blieb so, einen langen Moment lang vollkommen starr, dann dröhnte die Pistole auf und sprang zurück in seiner Hand, und ein dünner Rauchfaden stand schwach im Mondlicht und verschwand.

Der Japs rannte weiter. Barron senkte den Colt und sah zu, wie er im Gebüsch untertauchte.

»Mist«, sagte er. »Ich hab ihn verfehlt.« Er warf mir einen kurzen Blick zu und sah dann wieder weg. »Aber er kommt nicht weit. Hat nichts zum Weiterkommen. Seine Beinchen sind ja kaum lang genug, um damit über einen Tannenzapfen zu springen.«

»Er hatte eine Knarre«, sagte ich. »Unter dem linken Arm.«

Barron schüttelte den Kopf. »Nee. Das Halfter war leer, hab ich gesehen. Nehme an, daß Luders ihm die Knarre weggenommen hat. Wollte ihn wahrscheinlich auch erschießen, bevor er sich dünnmachte.«

Wagenlichter zeigten sich in der Ferne, kamen staubig die Straße entlang.

»Was hat Luders auf einmal weichgemacht?«

»Nehme an, sein Stolz hatte was abgekriegt«, sagte Barron nachdenklich. »So ein großer Organisator wie er – und läßt sich von ein paar kleinen Pinschern wie uns die ganze Tour vermasseln.«

Wir gingen um den Kühlwagen herum. Ein großes neues Coupé parkte dort. Barron marschierte hinüber und öffnete die Tür. Der Wagen auf der Straße war jetzt ganz nah. Er bog ab, und die Scheinwerfer erfaßten das große Coupé. Barron starrte einen Moment hinein, knallte dann grimmig die Tür zu und spuckte auf den Boden.

»Caddy V-12«, sagte er. »Rote Ledersitze und Koffer auf dem Rücksitz.« Er langte nochmals hinein und knipste die Armaturenbeleuchtung an. »Wie spät ist es?«

»Zwölf vor zwei«, sagte ich.

»Dann geht diese Uhr keine zwölfeinhalb Minuten nach«, sagte Barron wütend. »Da haben Sie sich verhauen.« Er wandte sich um und faßte mich ins Auge, schob den Hut auf den Hinterkopf zurück. »Verdammt, Sie haben das Ding vor dem Indian Head parken sehen«, sagte er.

»Richtig.«

»Und ich dachte, Sie wären ein ganz Schlauer.«

»Auch richtig«, sagte ich.

»Mein Sohn, wenn ich das nächste Mal fast erschossen werde, können Sie's dann rechtzeitig einplanen, daß Sie wieder in der Nähe sind?«

Der Wagen, der auf der Straße gekommen war, hielt ein paar Yards entfernt, und ein Hund winselte. Andy rief laut: »Jemand verletzt?«

Barron und ich gingen hinüber. Die Tür sprang auf, und der kleine seidige Hund kam herausgeschossen und stürmte auf Barron zu. Er hob etwa vier Fuß vor ihm vom Boden ab und segelte durch die Luft und pflanzte Barron seine Vorderpfoten mit Wucht auf den Bauch, ließ sich dann wieder zu Boden fallen und lief im Kreis.

Barron sagte: »Luders hat sich da drinnen selber erschossen. Da unten in den Büschen kraucht ein kleiner Japs herum, den wir uns schnappen müssen. Und dann sind noch drei, vier Koffer voll Falschgeld da, die müssen wir in Verwahrung nehmen.«

Er blickte in die Ferne, ein Mann wie ein Felsen, massig, schwer. »Eine schöne Nacht«, sagte er. »Und so was muß voller Tod sein.«

Inhalt